TYPO3-Handbuch für Redakteure

3. AUFLAGE

TYPO3-Handbuch für Redakteure

Michael Bielitza & Christoph Klümpel
mit Pascal Hinz, Martin Holtz & André Steiling

O'REILLY®
Beijing · Cambridge · Farnham · Köln · Sebastopol · Tokyo

Kommentare und Fragen können Sie gerne an uns richten:

O'Reilly Verlag
Balthasarstr. 81
50670 Köln
E-Mail: kommentar@oreilly.de

1. Auflage 2007
2. Auflage 2009
3. Auflage 2011

Bibliografische Information Der Deutschen Nationalbibliothek
Die Deutsche Nationalbibliothek verzeichnet diese Publikation in der Deutschen Nationalbibliografie; detaillierte bibliografische Daten sind im Internet über *http://dnb.d-nb.de* abrufbar.

Lektorat: Alexandra Follenius & Susanne Gerbert, Köln
Korrektorat: Sibylle Feldmann, Düsseldorf
Satz: III-Satz, Husby; www.drei-satz.de
Umschlaggestaltung: Michael Oreal, Köln
Produktion: Andrea Miß, Köln
Belichtung, Druck und buchbinderische Verarbeitung:
Druckerei Kösel; Krugzell, www.koeselbuch.de

ISBN 978-3-86899-116-1

Dieses Buch ist auf 100% chlorfrei gebleichtem Papier gedruckt.

Inhalt

Teil II: Mehr aus TYPO3 herausholen

Teil III: Praxiswissen Bild und Text für Redakteure

Teil IV: Tipps für Administratoren und Entwickler

Einleitung

TYPO3 ist ein kostenlos erhältliches Open Source-Content-Management-System, das für die Inhaltspflege von Websites für Unternehmen, Vereine, Verbände, Organisationen, Städte, Gemeinden und Privatpersonen gleichermaßen geeignet ist. Dabei bietet sich TYPO3 als zweckmäßige Lösung für das Internet, Intranet und Extranet an.

Zu den Aufgaben eines Webredakteurs gehört es, bestehende Inhalte zu aktualisieren, neue Inhalte zu schaffen und diese in den Webauftritt zu integrieren. Um Webinhalte mit TYPO3 zu pflegen, benötigen Sie keine Programmierkenntnisse. Wer ganz allgemein im Umgang mit dem Computer Erfahrung als normaler Benutzer besitzt, Textverarbeitung beherrscht und sich im Internet einigermaßen sicher bewegt, kann mit TYPO3 ohne Probleme Inhalte erstellen und Websites pflegen. Anders als bei statischen Webauftritten sind keine HTML-Kenntnisse notwendig (schaden aber auch nicht), und Sie müssen mit TYPO3 auch keine Änderungen an mehreren Stellen der Website vornehmen, um z.B. eine zusätzliche Seite hinzuzufügen, die automatisch in die Website-Navigation aufgenommen wird. Das erledigt TYPO3 für Sie. Dabei berücksichtigt TYPO3 natürlich bestimmte Vorgaben. Um das Erscheinungsbild der Inhalte müssen Sie sich daher als Redakteur in TYPO3 in der Regel nicht kümmern. Durch die Trennung von Inhalt und Design sorgt TYPO3 dafür, dass der gesamte Content – auch wenn er von mehreren Redakteuren gepflegt wird – in einem einheitlichen Design ausgegeben wird.

TYPO3 bietet allein mit seinen Bordmitteln für fast jede erdenkliche Pflegeaufgabe im Redakteursalltag eine Lösung an, ist mit zahlreichen Erweiterungen äußerst skalierbar und damit ein sehr mächtiges Werkzeug zur Pflege von Websites. Das kann auf der anderen Seite aber auch ein hohes Maß an Komplexität mit sich bringen. Dies betrifft nicht nur Entwickler und Administratoren, sondern im gleichen Maße auch TYPO3-Redakteure. TYPO3 ist eines der sich am schnellsten verbreitenden Content-Management-Systeme mit einer ständig wachsenden, weltweiten Gemeinschaft von Entwicklern, Administratoren und Redakteuren. TYPO3 ist gut dokumentiert, und Entwickler wie Administratoren finden allein im Internet zahlreiche frei verfügbare Dokumente und können zusätzlich auch auf eine große Bandbreite an guten TYPO3-Büchern zurückgreifen.

Die im Internet frei verfügbaren Anleitungen für TYPO3-Redakteure sind oft lückenhaft, beziehen sich häufig auf ältere TYPO3-Versionen oder beleuchten nur bestimmte Spezialaufgaben. Die aus Mangel an aktuellen Handbüchern entstandenen Kurzanleitungen, die man an verschiedenen Stellen im Internet findet, sind oftmals stark projektorientiert aufgebaut und beleuchten daher nur Teilbereiche der redaktionellen Arbeit. Dabei ist die Aufgabe für den Redakteur in den letzten Jahren nicht einfacher, das Aufgabenfeld nicht kleiner geworden. Das Internet ist ein sich sehr schnell wandelndes Medium, dadurch ist auch das Tätigkeitsfeld von Webredakteuren großen Veränderungen unterworfen. Musste sich der Redakteur bis vor einiger Zeit nur damit beschäftigen, wie man in TYPO3 Seiten anlegt sowie Texte und Bilder einpflegt, ist er jetzt angehalten, seine Inhalte so aufzubereiten, dass sie validieren, barrierefrei und semantisch korrekt ausgezeichnet sind und von Suchmaschinen gefunden werden. Er muss Bilder bearbeiten, ihre Qualität verbessern, retuschieren, Ausschnitte festlegen und Webvideos einbinden. Deshalb kann man feststellen: Webredakteure müssen in der Regel über deutlich mehr Computerkenntnisse und Internetwissen verfügen als »normale« Redakteure.

Genau darum geht es in diesem Buch. Der Fokus liegt ganz eindeutig auf der Vermittlung des Umgangs mit dem Web-Content-Management-System TYPO3. Es behandelt aber neben den TYPO3-eigenen Bearbeitungsmöglichkeiten auch wichtige angrenzende Themen wie Bildbearbeitung und die dafür geeignete Software und gibt dem eher unerfahrenen Redakteur erste Hilfestellung in der mediengerechten Aufbereitung seiner Inhalte. Es kann und soll nicht erschöpfend alle Bereiche der Content-Pflege beinhalten, aber dem Redakteur als hilfreiches Handbuch im Redakteursalltag bei allen klassischen Aufgabenstellungen als Nachschlagewerk zur Verfügung stehen.

Bei den einen gilt TYPO3 als ein sehr komplexes und schwer zu erlernendes Programm mit einer steilen Lernkurve, andere sprechen von einer intuitiven Benutzeroberfläche, die kaum Einarbeitungszeit erfordert. Die Wahrheit liegt wie so oft dazwischen. Unsere Ansprüche an Websites werden immer größer, und TYPO3 kann viel leisten. Dafür ist aber auch mehr Wissen notwendig. Für denjenigen, der mit TYPO3 nur Texte und Bilder einpflegen möchte, ist TYPO3 vielleicht wirklich intuitiv bedienbar. Für den Redakteur, der daneben auch noch das Newsmodul, ein Shopsystem und den Newsletter-Versand bedienen soll, sieht die Aufgabenstellung aber schon wieder ganz anders aus. Dieses Buch versucht, beiden gerecht zu werden.

Über dieses Buch

Mit dem *TYPO3-Handbuch für Redakteure* sprechen wir alle an, die mit TYPO3 Website-Inhalte pflegen. Es werden keinerlei Kenntnisse in TYPO3 vorausgesetzt, nur Grundkenntnisse im Umgang mit Computern und mit gängigen Textverarbeitungsprogrammen wie Word oder OpenOffice sollten vorhanden sein. Vorteilhaft ist es natürlich auch, wenn Sie sich im Internet relativ sicher bewegen können. Aber auch wenn das alles nicht der Fall ist, führt Sie das Buch Schritt für Schritt in den Umgang mit TYPO3 ein – von der grundlegenden Begriffserklärung bis hin zu fortgeschrittenen Themen.

Um vielleicht einem Missverständnis vorzugreifen: Dieses Buch definiert Redakteure keinesfalls als ausgebildete Journalisten, sondern meint damit alle, die mit TYPO3 Inhalte pflegen und an der Schaffung neuer Inhalte und deren Einbindung in eine Website beteiligt sind. Dabei ist es vollkommen gleich, ob Sie mit TYPO3 Ihre private Hobbysite oder als hauptberuflicher Onlineredakteur den Internetauftritt eines multinationalen Mischkonzerns pflegen. Für TYPO3 und in diesem Buch sind Sie in beiden Fällen ein Redakteur.

Bei unseren TYPO3-Schulungen sind erfahrungsgemäß mindestens 50% der Teilnehmer weiblich, und wir gehen daher davon aus, dass dieses Buch auch von sehr vielen Redakteurinnen gelesen wird. Trotzdem haben wir uns nach einiger Diskussion dazu entschlossen, zugunsten einer besseren Lesbarkeit auf den Gebrauch der weiblichen Form zu verzichten.

Lesen Sie das TYPO3-Handbuch für Redakteure ...

- wenn Sie als Anfänger vor der Aufgabe stehen, die Inhalte einer Website mit TYPO3 zu pflegen,
- wenn Sie bereits Erfahrungen in der redaktionellen Arbeit mit TYPO3 haben und Ihr Wissen auffrischen oder vertiefen oder die neuen Möglichkeiten der aktuellsten Version kennenlernen möchten,
- wenn Sie ein Nachschlagewerk benötigen, auf das Sie immer wieder zugreifen können.

Wenn Ihnen TYPO3 gefällt und Sie das Projekt fördern möchten, gibt es dafür auch für Sie als Redakteur einige Möglichkeiten, zum Beispiel eine Mitgliedschaft in der TYPO3 Association. Die TYPO3 Association ist ein nicht kommerzieller und nicht gewinnorientierter Verein, der die Weiterentwicklung von TYPO3 weltweit organisiert. Bei der TYPO3 Association gibt es zwei Arten von Mitgliedern: aktive Mitglieder und nicht aktive Mitglieder. Informieren Sie sich darüber auf der Website *association.typo3.org*. Eine andere Möglichkeit besteht sicherlich darin, Ihr Wissen mit anderen Redakteuren zu teilen.

Abschließend noch der Hinweis, dass dieses Handbuch für Redakteure keinen Anspruch auf Vollständigkeit erhebt. TYPO3 kennt – und das ist vielleicht auch das einzige Problem von TYPO3 – viele verschiedene Wege, um zu einem identischen Ergebnis zu gelangen. Das kann mitunter sehr verwirren. Wir haben daher darauf geachtet, immer nur einen, den unserer Ansicht nach effizienten Weg zu beschreiben und diesen dann anhand eines Praxisbeispiels zu erläutern. Sie werden bei Ihrer Beschäftigung mit TYPO3 sicherlich noch weitere Wege für sich entdecken und im Einzelfall sogar vielleicht einen anderen als den hier beschriebenen vorziehen.

Wir würden uns freuen, Ihnen mit diesem Buch einen guten Ratgeber für die tägliche Arbeit bei der Pflege Ihrer Webinhalte zur Seite zu stellen. Über Feedback, Kritik und Anregungen an die E-Mail-Adresse *info@typo3-fuer-redakteure.de* freuen wir uns.

Die verwendete TYPO3-Umgebung

Die bei Drucklegung dieses Buchs aktuellste TYPO3-Version war die Version 4.5. Diese hat auch in diesem Buch Verwendung gefunden bzw. ist bei der Erläuterung des TYPO3-Backends und bei allen Abbildungen benutzt worden. Allerdings kann Ihr persönliches Backend Ihrer TYPO3-Installation sich von dem hier gezeigten Backend in Struktur, Umfang und sogar im Layout unterscheiden, selbst wenn Sie mit der gleichen TYPO3-Version arbeiten. Wie kann das kommen? Wichtig ist schon einmal, ob Sie sich als Redakteur oder als Administrator ins TYPO3-Backend einloggen. Administratorzugänge bieten den kompletten, uneingeschränkten Funktionsumfang von TYPO3. Dazu gehören auch sehr viele Funktionen und Editiermöglichkeiten, die mit der reinen Redaktionsarbeit nichts zu tun haben. Deshalb haben Redakteure in der Regel »nur« einen Redakteurszugang, der sich vom Admin-Zugang dadurch unterscheidet, dass hier nur die für das Arbeitsfeld des Redakteurs wichtigen Möglichkeiten abgebildet werden. Das kann bedeuten, dass Sie in Ihrem Backend nicht alle Möglichkeiten und Editierfunktionen, die in diesem Buch beschrieben werden, nutzen und nachvollziehen können, und zwar ganz einfach deshalb, weil diese Funktionen für Sie vom Administrator nicht freigegeben wurden.

Auch das Erscheinungsbild des Backends kann durch die Installation und Aktivierung verschiedener Skins verändert werden. Skins sind eine Art Gestaltungsvorlage, in der u.a. Farben und Symbole für das Backend festgelegt werden können. In diesem Buch wurde das TYPO3-Standard-Skin für die Version 4 benutzt. Sollte Ihr Administrator ein anderes installiert haben, kann es sein, dass sich einige der in diesem Buch abgebildeten Symbole von den in Ihrem Backend angezeigten unterscheiden. Wenn Sie das stört oder verwirrt, sollten Sie Ihren Administrator bitten, das TYPO3-Standard-Skin zu verwenden.

TYPO3-Version 4.5

Während wir diese Auflage schrieben, war die aktuelle und offiziell verfügbare TYPO3-Version die Version 4.5. Das Entwicklerteam hat hier ganze Arbeit geleistet und die Usability im Backend insgesamt stark verbessert. Das Backend enthält nun keine Framesets mehr, und die Backend-Formulare bei Seiteneigenschaften und Inhaltselementen, die Workspaces sowie der Seitenbaum sind komplett überarbeitet und aufgeräumt worden. Die Formulare zeigen sich nun mit verständlichen Bezeichnungen, sinnvollen Gruppierungen und einer deutlichen Trennung der Eigenschaften. Mittels Doppelklick auf einen Seitentitel im Seitenbaum kann dieser direkt an Ort und Stelle geändert werden. Auch das Kopieren und Verschieben von Seiten durch Drag-and-Drop wurde verbessert, und das Löschen einer Seite funktioniert nun auch ganz einfach, indem man eine Seite nach unten verschiebt. Der Rich Text Editor befindet sich innerhalb der Bearbeitungsmaske der Inhaltselemente nun bereits im ersten Tab und bietet endlich auch die Möglichkeit zum Einfügen von einfachem Text (Plain-Text) direkt aus der Zwischenablage – dadurch entfällt der umständliche Zwischenschritt über einen Texteditor, um ungewünschte Formatierungen und Steuerzeichen zu entfernen. Auf unserer Website zu diesem Buch, zu finden unter *www.typo3-fuer-redakteure.de*, werden wir weitere Informationen bereitstellen, wenn Veränderungen oder neue Features lauffähig sind.

TYPO3 für Administratoren und Entwickler

Neben den Informationen für Redakteure gibt es in diesem Buch auch einen umfangreichen Teil IV mit *Tipps für Administratoren und Entwickler*. Redakteure, Entwickler und Administratoren finden hier zahlreiche Vorschläge, um das Backend und damit die Inhaltspflege deutlich zu vereinfachen. Dieser Bereich richtet sich an alle, die einfacher und schneller mit TYPO3 arbeiten oder anderen ein einfacheres und schnelleres Arbeiten ermöglichen möchten. Redakteure erfahren hier, welche Verbesserungen am System überhaupt möglich sind und mit welchen Kniffen sich ihre tägliche Arbeit mit TYPO3 vereinfachen lässt. Administratoren und Entwickler bekommen das Handwerkszeug geliefert, um die Verbesserungen an TYPO3 umzusetzen und den Redakteuren damit eine noch leichter zu nutzende Arbeitsumgebung zu ermöglichen.

Aufbau dieses Buchs

Das *TYPO3-Handbuch für Redakteure* ist eine Schritt-für-Schritt-Einführung in die redaktionelle Arbeit mit TYPO3. Sie werden erfahren, wie Sie mit TYPO3 Inhalte aktualisieren, pflegen und neue Inhalte in Ihre Website integrieren können. Das Handbuch kann, muss aber nicht von vorn bis hinten durchgelesen werden. Es ist ebenso gut möglich, ein Kapitel zu lesen, das Sie interessiert oder das Ihnen dabei hilft, eine gerade aktuelle Aufgabe zu lösen.

TYPO3 bietet für die Inhaltspflege sehr oft viele unterschiedliche Wege an, die alle zum selben Ergebnis führen können. In diesem Buch beschränken wir uns auf einen Weg, der sich in unserem Redaktionsalltag als besonders geeignet erwiesen hat. Scheuen Sie sich aber nicht, mit wachsender Erfahrung auch andere Wege zu probieren, um für sich selbst den besten zu finden.

Sollten bestimmte Kapitel oder Abschnitte Vorwissen benötigen oder werden an anderen Stellen des Buchs ergänzende Informationen angeboten, weisen Querverweise Sie darauf hin. Das Buch ist in vier Teile gegliedert. In jedem Kapitel finden Sie am Anfang eine kurze Einführung zu dem, was Sie in dem jeweiligen Kapitel erwartet. Hier ein Überblick über die einzelnen Teile und Kapitel:

In Teil I, *Mit TYPO3 arbeiten*, wird in acht Kapiteln die redaktionelle Arbeit mit TYPO3 im Detail erläutert. Möchten Sie zunächst das System kennenlernen und ausprobieren, starten Sie mit dem Kapitel 2, das Ihnen einen schnellen Einstieg in TYPO3 ermöglicht. Für eine systematischere Einarbeitung sollten Sie mit Kapitel 1 beginnen:

- Kapitel 1, *Richtig starten: Standards, Begriffe, Einstellungen*, führt Sie in das Thema ein, indem zunächst kurz der aktuelle Stand der Entwicklung des Internets grob skizziert, spezifische Begriffe erläutert und damit der Einstieg ins Web-Content-Management mit TYPO3 geebnet wird.
- In Kapitel 2, *Schnelleinstieg in die Arbeit mit TYPO3*, finden Sie eine Art Kurzanleitung für TYPO3. Dabei werden alle wichtigen TYPO3-Funktionen, die für einen sofortigen Einstieg notwendig sind, erläutert, ohne die einzelnen Funktionen weiter zu vertiefen. Es ist daher für alle geeignet, die sofort mit der Arbeit beginnen möchten. Es ist aber auch für TYPO3-Anfänger ein wichtiges Grundlagenkapitel, auf dessen Wissensvermittlung andere Kapitel aufbauen.
- Das Kapitel 3, *Mit den Standard-Editiermasken von TYPO3 arbeiten*, beschäftigt sich mit den beinahe überall auftauchenden Elementen der TYPO3-Eingabemasken, die Sie bei der Arbeit mit TYPO3 immer wieder verwenden werden, egal ob Sie Texte, Bilder oder aktuelle Nachrichten im Newsmodul einpflegen möchten.
- In Kapitel 4, *Seiten anlegen und bearbeiten* erfahren Sie, wie Sie in Ihrem Webauftritt Seiten und Unterseiten erstellen, verschieben, kopieren, sortieren und auch wieder löschen. Sie lernen die wichtigsten Seitentypen und ihre Verwendung kennen und wie Sie mit TYPO3 mehrsprachige Webseiten anlegen und verwalten.
- In Kapitel 5, *Den Rich Text Editor einsetzen*, lernen Sie den Umgang mit dem Rich Text Editor kennen. Dabei wird auch der Unterschied zwischen gedrucktem Text und Internettext erläutert. Sie erfahren, wie man mit dem Editor Texte erstellt, formatiert, Listen aufbaut, Tabellen richtig einpflegt und Bilder einbaut. Am Ende bekommen Sie in einem Crashkurs noch einen Einblick in HTML, der Ihnen im Redakteursalltag dann und wann sehr nützlich sein kann.
- Das Kapitel 6, *Inhalte anlegen und editieren*, bringt Ihnen näher, wie Sie mit Inhalten arbeiten und welche Inhaltstypen TYPO3 Ihnen zur Verfügung stellt. Texte, Bilder, Punktlisten, Tabellen – selbst Formulare können mit TYPO3 einfach erstellt und gepflegt werden.
- Kapitel 7, *Dateiverwaltung mit der Dateiliste und dem Element-Browser*, behandelt den Umgang mit Dateien wie Bildern, PDFs und Textdokumenten und wie diese in TYPO3 verwaltet und zu Inhaltselementen hinzugefügt werden.
- Kapitel 8, *DAM, die moderne Dateiverwaltung von TYPO3*, beleuchtet, wie Sie Bilder, PDFs, Textdokumente und andere Medien mit dem Modul Digital Asset Management (*DAM*) verwalten, Metadaten pflegen, Dateien indexieren und in Ihrer Mediendatenbank suchen. Dieses Modul bietet Ihnen noch umfassendere Möglichkeiten zum strukturierten Datenmanagement als das im Kapitel zuvor beschriebene Modul *Dateiliste*.

In Teil II, *Mehr aus TYPO3 herausholen*, steigen Sie noch tiefer in die Materie ein. Sie lernen einige Erweiterungen kennen und bekommen eine Reihe von zusätzlichen Werkzeugen an die Hand, mit denen Sie sich Ihre Arbeit mit TYPO3 erleichtern können.

- In Kapitel 9, *Die wichtigsten Tools und TYPO3-Erweiterungen für Redakteure*, erhalten Sie einen Überblick über die wichtigsten Erweiterungen für TYPO3 und Ihren Browser. Sie erfahren unter anderem, wie Sie aktuelle Nachrichten mit der News-Extension in Ihre Seite einbinden und wie Sie Newsletter verwalten und versenden. Sie lernen außerdem, wie Sie Bildergalerien erzeugen, Ihre Website mit dem erweiterten Frontend-Editing einfach pflegen und wie Sie sie auf Fehler überprüfen.
- In Kapitel 10, *Effizientes Arbeiten mit TYPO3*, gewinnen Sie tiefere Einblicke, wie Sie mit den richtigen Tricks und Kniffen bei der Arbeit mit TYPO3 Zeit sparen und unnötige Fehler vermeiden und wie Sie geänderte und gelöschte Daten wiederherstellen und Daten aus TYPO3 für andere Anwendungen exportieren.
- In Kapitel 11, *Workspaces und Workflow*, erfahren Sie, wie Sie – für Besucher nicht sichtbar – in eigenen Entwurfsumgebungen arbeiten und Inhalte bis zu ihrer Veröffentlichung in einem Workflow abstimmen.
- Kapitel 12, *TYPO3-Konfiguration auf einen Blick*, erklärt, wie man die Benutzereinstellungen von TYPO3 individuell für sich anpasst, das Backend nach seinen eigenen Wünschen gestaltet und welche Browsereinstellungen notwendig sind, um mit TYPO3 effizient zu arbeiten.

In den beiden Kapiteln des Teil III, *Praxiswissen Bild und Text für Redakteure*, werden Themen behandelt, die nicht direkt mit TYPO3 zu tun haben, aber im Redaktionsalltag immer wieder eine Rolle spielen.

- Kapitel 13, *Bildbearbeitung für Redakteure*, zeigt Ihnen, welche Bildtypen für das Internet geeignet sind und wie Sie die Bilder mit TYPO3 sowie mit externer Software optimieren und bearbeiten. Lernen Sie hier außerdem die wichtigsten Abläufe bei der Bildverarbeitung und -verbesserung kennen.
- Das Kapitel 14, *Typografie und Text*, zeigt Ihnen, welche Schriften Sie auf Ihrer Website verwenden können und wie Sie Texte formatieren und richtig setzen, und Sie lernen die wichtigsten Regeln zum Schreiben und Aufbereiten von Texten für das Internet kennen.

Teil IV, *Tipps für Administratoren und Entwickler*, richtet sich an alle, die einfacher und schneller mit TYPO3 arbeiten oder anderen einfacheres und schnelleres Arbeiten ermöglichen möchten. Die beiden Kapitel sollen Redakteure, Entwickler und Administratoren gleichermaßen informieren. Redakteure erfahren hier, welche Verbesserungen überhaupt möglich sind und mit welchen Kniffen sich ihre tägliche Arbeit mit TYPO3 verbessern lässt. Administratoren und Entwickler bekommen das Handwerkszeug geliefert, um die Verbesserungen umzusetzen.

- In Kapitel 15, *Das TYPO3-Backend anpassen*, wird erläutert, wie die Arbeitsumgebung von TYPO3 an die jeweiligen Anforderungen einer Redaktion angepasst und dadurch die Arbeit erleichtert werden kann.

- Kapitel 16, *Techniken und Tipps für die Arbeit am Frontend*, bietet zahlreiche Zusatzinformationen, Werkzeuge und Praxistipps für ein effizienteres Erstellen des Frontends.

In Anhang A finden Sie eine FAQ, in der Sie ausführliche Antworten sowie Hinweise auf weiterführende Hilfe zu den wichtigsten Redakteursfragen des Alltags nachschlagen können.

Die Website zum Buch

Anstatt diesem Buch eine CD-ROM beizulegen, haben wir uns entschlossen, eine Website zum Buch zu realisieren. Das Internet und TYPO3 sind ständig in Bewegung, und eine Website bietet uns deutlich bessere Möglichkeiten, flexibel darauf zu reagieren. Was erwartet Sie auf *www.typo3-fuer-redakteure.de*? Zunächst finden Sie darauf ergänzende Informationen, zusätzlich werden wir auch Veränderungen von Funktionen und Editiermöglichkeiten in TYPO3 sowie aktuelle Tipps und Tricks auflisten.

Um Ihnen die Möglichkeit zu geben, mit der gleichen TYPO3-Umgebung, wie sie in diesem Buch beschrieben wird, zu arbeiten, stellen wir dort auch eine spezielle TYPO3-Schulungsinstallation zur Verfügung.

Die Website zum Buch finden Sie unter *www.typo3-fuer-redakteure.de*.

Typografische Konventionen

Dieses Buch verwendet die folgenden typografischen Konventionen:

Kursiv
: Wird für wichtige Begriffe, Programm- und Dateinamen, URLs, Ordner und Verzeichnispfade, Menüs, Optionen und zur Hervorhebung verwendet.

`Nichtproportionalschrift`
: Wird für Programmcodes verwendet.

Dies ist ein praktischer Hinweis darauf, wie Sie Dinge einfacher und schneller durchführen können.

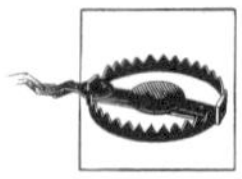

Mit diesem Symbol wird auf Besonderheiten hingewiesen, die zu Problemen führen oder ein Risiko darstellen können.

Danksagung

Unser herzlichster Dank gilt Kasper Skårhøj und allen, die TYPO3 weiterentwickeln und damit dieses Buch überhaupt möglich gemacht haben. Des Weiteren möchten wir uns bei allen Kollegen vom TYPO3-Dienstleister elemente-websolutions bedanken, besonders bei unseren Beratern und Koautoren Pascal Hinz, André Steiling und ganz besonders Martin Holtz, die uns aktiv bei der Erstellung des Buchs mit ihrem Fachwissen unterstützt haben und die als Hauptautoren maßgeblich für die Kapitel 15 und 16 verantwortlich sind.

Ein ganz großes Lob gehört auch dem Team des O'Reilly Verlags, das uns während der gesamten Entstehungsphase dieses Buchs und der Neuauflage unterstützt hat.

TEIL I

Mit TYPO3 arbeiten

Kapitel 1, *Richtig starten: Standards, Begriffe, Einstellungen*
Kapitel 2, *Schnelleinstieg in die Arbeit mit TYPO3*
Kapitel 3, *Mit den Standard-Editiermasken von TYPO3 arbeiten*
Kapitel 4, *Seiten anlegen und bearbeiten*
Kapitel 5, *Den Rich Text Editor einsetzen*
Kapitel 6, *Inhalte anlegen und editieren*
Kapitel 7, *Dateiverwaltung mit der Dateiliste und dem Element-Browser*
Kapitel 8, *DAM, die moderne Dateiverwaltung von TYPO3*

Richtig starten: Standards, Begriffe, Einstellungen

Sie haben sich für TYPO3 entschieden und möchten (oder müssen) Ihre Webinhalte jetzt selbst in die Hand nehmen. Eine gute Entscheidung, denn die technischen Hürden, im Internet direkt zu publizieren, ohne den Umweg über externe Dienstleiter und HTML-Profis, sind in den letzten Jahren deutlich niedriger geworden. TYPO3 selbst ist ein gutes Beispiel dafür, wie einfach es heute sein kann, kleine private Websites bis hin zu großen Unternehmensauftritten in Eigenregie redaktionell zu managen. Für den Erfolg eines Internetauftritts sind viele verschiedene Faktoren ausschlaggebend, und es ist wichtig, das Umfeld zu kennen, in dem man sich mit seiner Website aufhält. In diesem ersten Kapitel sollen daher zunächst der aktuelle Stand der Entwicklung des Internets grob skizziert und einige spezifische Begriffe erläutern werden, um den Einstieg ins Web-Content-Management zu erleichtern.

Das Internet – eine Momentaufnahme

Die Entwicklung des Internets der letzten 15 Jahre war einzigartig rasant, und ein Ende ist nicht abzusehen. Mitte der 90er-Jahre begann das Internet, immer schneller zu wachsen – und genießt seitdem durch steigende Zugangsgeschwindigkeiten und verbesserte Computerleistungen bei immer größeren Teilen der Bevölkerung eine stetig wachsende Popularität. Durch die immer bessere Technik werden im Internet Dienste wie z.B. iTunes oder das Videoportal *youtube.com* möglich, die noch vor Jahren undenkbar waren und heute bereits von Hunderttausenden von Internetnutzern täglich besucht werden. Dabei ist das Internet auch sozialer geworden. Man speichert seine Lesezeichen (Bookmarks) nicht mehr nur auf seinem Computer, sondern teilt sie mit vielen anderen bei einem der Social Bookmarking-Dienste wie z.B. *del.icio.us* – der größten Lesezeichensammlung der Welt. Fotos werden nicht mehr allein auf der eigenen Festplatte abgelegt, sondern auf Flickr einem interessierten, weltweiten Publikum offen zum Betrachten und Bewerten zur Verfügung gestellt. War der Internetnutzer früher noch reiner Zuschauer und Konsument von Websites, die Anbieter ihm zur Verfügung gestellt haben, ist er heute aktiver Mitgestalter, der seine eigenen Inhalte in Websites und Blogs öffentlich publizieren und die Beiträge anderer kommentieren kann. Alles in allem spricht man dabei gern von Web 2.0 und Social Media, aber egal wie man es nennt – es geht dabei immer um die Vernetzung von Menschen und Inhalten. Noch stehen wir am Anfang einer Entwicklung, an deren Ende das Verschwinden der lokalen Datenspeicherung stehen könnte. Desktop-Applikationen wie Word oder Outlook scheinen keine Zukunft zu haben, es lebe die Onlineanwendung im Browser, die per WLAN, UMTS – oder was auch immer da noch auf uns zukommen mag – ständig und überall für uns verfügbar ist.

Auch die Produktion von Websites hat sich seit den Anfängen stark verändert. Früher wurden Websites meist statisch mit HTML erstellt und von Spezialisten gepflegt. Diese Tätigkeit war ausnahmslos Fachleuten vorbehalten, die sich mit der Technik auskannten. Nur große Unternehmen konnten sich Content-Management-Systeme leisten – zu hoch waren die Investitions- und Lizenzkosten. Daher haben sich viele Entwickler in Agenturen selbst aufgemacht, um den existierenden Bedarf zu decken, und proprietäre, günstige Systeme entwickelt, damit auch kleine bis mittelständische Unternehmen ihren Web-Content selbst pflegen können. Der Umweg über die Agentur, um mal eben eine neue Unternehmensnachricht oder an anderer Stelle eine Telefonnummer eines Mitarbeiters zu ändern, war einfach viel zu zeitaufwendig und teilweise auch zu kostenintensiv. Aber natürlich ist der Gebrauch einer Eigenentwicklung nicht ganz unproblematisch: Was, wenn die Agentur nicht mehr existiert oder sich entschließt, das Produkt nicht mehr weiterzuentwickeln? Kann eine Agentur mit begrenzter Manpower auf die ständigen Veränderungen im Internet reagieren, können Updates beständig geliefert, Sicherheitslücken zeitnah geschlossen werden?

Das Content-Management-System TYPO3 wurde im Jahr 2000 von seinem Erschaffer Kasper Skårhøj als Open Source-Software unter der GPL (GNU Public Licence) freigegeben und wird seitdem von einer wachsenden weltweiten Gemeinschaft weiterentwickelt – mit genügend Manpower, um der aktuellen Entwicklung im Internet standzuhalten. Denn auch TYPO3 musste und wird sich stetig verändern. Schlagworte wie Barrierefreiheit, Webstandards oder Social Media sind nicht spurlos an TYPO3 vorübergegangen. Im Gegenteil. Nicht nur TYPO3 selbst wird beständig weiterentwickelt und berücksichtigt dabei aktuelle Tendenzen und Richtlinien, auch bei den TYPO3-Erweiterungen (Extensions) ist die allgemeine Entwicklung des Internets gut zu erkennen: Es existieren Erweiterungen, um mit TYPO3 zu bloggen, ein Wiki aufzusetzen oder eine Community ins Leben zu rufen.

Dadurch verändern sich natürlich auch die Anforderungen an den Webredakteur. Musste dieser früher vielleicht »nur« einfach seine Inhalte pflegen, so muss er heute auch darauf achten, dass diese Inhalte barrierearm, semantisch korrekt und suchmaschinentauglich aufbereitet sind. Er muss Website-Benutzer verwalten, Communitys managen, Foren leiten oder Blogs von Spam befreien.

Insgesamt muss der Webredakteur von heute ein breit gefächertes Internetwissen besitzen. Die Arbeit ist dadurch nicht weniger geworden – aber eigentlich auch nicht wirklich mehr: Sie wird ganz einfach nur richtig gemacht. Die Frage »Muss ich das jetzt auch noch machen oder beachten?« stellt sich heute nicht wirklich. Denn was nützen die schönsten

Inhalte, wenn Menschen von der Website ausgeschlossen werden, ihnen der Zugang erschwert wird, wenn Suchmaschinen die Inhalte nicht richtig bewerten und sie dadurch nicht oder nur unzureichend gefunden werden können? Deshalb ist die Berücksichtigung der folgenden drei Aspekte für jeden Redakteur wichtig:

- Barrierearmut
- Semantik
- Einhaltung von Standards

Sie sind elementar und werden daher in diesem Buch auch immer wieder Erwähnung finden, ohne in eigenen Kapiteln abgehandelt zu werden, denn das würde möglicherweise implizieren, dass man Webinhalte pflegen kann, auch ohne sie zu beachten und Webstandards und Barrierearmut nur zusätzliche Themen für Spezialisten und Fortgeschrittene sind. Was Sie als Redakteur direkt dafür tun können, damit die von Ihnen erstellten Inhalte möglichst technisch korrekt eingepflegt werden, erfahren Sie in den einzelnen Kapiteln immer genau dort, wo besondere Eingriffe notwendig sind, um einen möglichst hohen Grad an Barrierearmut zu gewährleisten und Webstandards sowie semantische Auszeichnungen zu berücksichtigen.

Um was genau handelt es sich bei Barrierearmut, Semantik und Webstandards? Eine erste Antwort darauf soll der folgende Abschnitt geben.

Barrierearmut und Suchmaschinen

Jede Website sollte für möglichst viele Menschen ungehindert erreichbar und einfach zu bedienen sein. Meist spricht man in Deutschland dabei von Barrierefreiheit. Es ist jedoch sehr schwierig, eine Website wirklich gänzlich barrierefrei anzubieten, zumindest in einem hohen Maße barrierearm sollte sie aber sein. Besser trifft es die Bezeichnung »Accessibility«, die im englischen Sprachraum genutzt wird und ins Deutsche übersetzt »Zugänglichkeit« bedeutet. Denn es geht hierbei keinesfalls allein darum, nur Menschen mit Behinderungen den Zugang zu Internetangeboten zu ermöglichen. Vielmehr heißt es, Barrieren im Allgemeinen abzubauen – auch technische.

Ein paar Fakten:

- Viele Internetbenutzer in Deutschland haben ein Handicap. Darunter fallen Sehbehinderte und Blinde, Schwerhörige und Gehörlose, motorisch Behinderte, psychisch Behinderte, geistig Behinderte und Menschen mit Lernschwierigkeiten.
- Nicht überall in Deutschland ist eine hohe Zugangsgeschwindigkeit wie DSL verfügbar. Ein nicht geringer Teil der Bevölkerung muss immer noch auf ISDN oder sogar auf ein Modem zurückgreifen.
- Websites werden heute nicht nur von modernen Browsern auf schnellen Computern, sondern auch mit veralteten Browsern, Mobiltelefonen, Smartphones oder Netbooks aufgerufen.

Warum sollten Ihre Seiten zugänglich sein?

- Weil Ihre Website dadurch einem größeren Publikum offensteht. Internet ist mittlerweile definitiv eine Alltagskompetenz, daher sollte niemandem der Zugang unnötig erschwert werden. Nicht unerheblich ist sicherlich auch das Argument, dass alle Besucher der eigenen Website potenzielle Kunden sind.
- Weil Ihre Website dadurch für eine Vielzahl unterschiedlicher Geräte wie z.B. Smartphones, Screenreader, Browser und Suchmaschinen erreichbar wird.
- Weil Sie damit die Bedingungen der »Barrierefreien Informationstechnik-Verordnung«, kurz BITV, erfüllen, die zumindest für Websites der Bundesverwaltung und von Städten und Gemeinden verbindlich ist.

Suchmaschinenoptimierung

- Dass es immens wichtig ist, dass Ihre Seiten auch von den bekannten Suchmaschinen gefunden werden, liegt auf der Hand. Deshalb müssen Sie beim Pflegen Ihrer Inhalte auch darauf achten, dass diese suchmaschinenfreundlich angelegt werden. Die gute Nachricht: Dadurch kommt auf Sie als Redakteur nicht unbedingt mehr Arbeit zu. Denn wenn Sie bereits Webstandards, Semantik und Barrierearmut berücksichtigen, haben Sie automatisch einen großen Schritt in die richtige Richtung gemacht. Suchmaschinen lieben solche Seiten nämlich. Warum? Durch die einfache, klare HTML-Struktur können Suchmaschinen Ihre Website wesentlich schneller und einfacher durchsuchen. Durch semantisch korrekte Auszeichnungen kann Ihre Website auch von Maschinen gelesen und »bewertet« werden, da die einzelnen Elemente dann ebenfalls inhaltlich eingeordnet werden können.

Semantik

Semantik ist in der Sprachwissenschaft das Teilgebiet, das sich mit dem Sinn und der Bedeutung von Sprache befasst. Im Internet werden Webseiten nicht nur von Menschen betrachtet, auch Maschinen wie Screenreader für Sehbehinderte oder Suchmaschinen versuchen, unsere Websites zu lesen und zu »verstehen«. Ein Beispiel: Der Screenreader möchte begreifen, welches Wort in unserem Text wichtig ist, damit er es auch besonders betont vorlesen kann. Suchmaschinen möchten unsere Webinhalte verstehen, da sie dadurch die Möglichkeit erhalten, diese einzuordnen, zu bewerten und damit zu einem aussagekräftigeren Ranking zu kommen. Deshalb ist es enorm wichtig, bei der Pflege der Inhalte darauf zu achten, diese für Menschen und Maschinen lesbar auszuzeichnen.

Damit Maschinen unsere Inhalte verstehen können, müssen sie semantisch ausgezeichnet werden, sie müssen eine für Maschinen nachvollziehbare Bedeutung bekommen. Das lässt sich oftmals ganz einfach dadurch erreichen, dass die passenden HTML-Elemente, die die Bedeutung richtig markieren, eingesetzt werden. Dazu müssen Sie sich aber nicht unbedingt mit HTML beschäftigen. Ein Beispiel: Ein Text auf einer Webseite soll eine Überschrift erhalten. In Ihrer Vorstellung soll diese Überschrift etwas größer und fetter als der normale Fließtext sein, damit sie sich von diesem auch optisch genug abhebt. Sie könnten nun diese Überschrift im Rich Text Editor, dem Werkzeug, mit dem Sie in TYPO3 Texte erstellen und formatieren können (siehe Kapitel 5, *Den Rich Text Editor einsetzen*), über die Textformatierungsfunktionen *Fett* und *Textgröße* rein optisch als Überschrift formatieren. Jeder sehende Mensch würde diese Überschrift dann wahrscheinlich aufgrund ihrer Positionierung auf der Seite und ihre Formatierung sofort als solche wahrnehmen. Für eine nicht sehende Maschine wie zum Beispiel eine Suchmaschine ist das aber mit ziemlicher Sicherheit nur ein einfacher Text.

Es gibt allerdings spezielle Formate (HTML-Elemente), die für Maschinen und Menschen gleichermaßen erkennbar sind. Daher müssen Sie – bevor Sie einen Text, eine Liste oder wie in diesem Beispiel eine Überschrift anlegen – zunächst überlegen, welches dieser Elemente den Inhalt am besten beschreibt. Über das Aussehen müssen Sie sich dabei keine Gedanken machen, da all diese Elemente vom Webdesigner nach Ihren Vorstellungen visuell eingestellt wurden bzw. werden können. Wichtig ist: Diese Elemente übermitteln nicht das Aussehen der Inhalte, sondern welche Bedeutung oder Funktion sie haben. Im Rich Text Editor können Sie diese semantischen Elemente ganz einfach anwählen und damit Ihre Texte sinnvoll auszeichnen. Welches Element wann am besten eingesetzt werden kann, wird in diesem Buch immer dann erläutert, wenn Textformatierungen beschrieben werden und geeignete semantische Elemente zur Verfügung stehen.

Webstandards für ein besseres Web

In Deutschland gibt es für fast alle Produkte bestimmte Standards und technische Richtlinien, denen sie unterworfen sind. Das gilt auch für das Internet oder, genauer gesagt, für Websites. Nur einen verbindlichen TÜV dafür gibt es nicht. Anders als Autos dürfen Websites auch ohne abgelegte Prüfung und ohne TÜV-Plakette auf den Datenverkehr losgelassen werden. Sinnvoll ist das aber nicht. Denn wenn sich Ihre Websites nicht an den Webstandards orientieren, kann das negative Auswirkungen unter anderem in Bezug auf Ladezeit, Zugänglichkeit und Suchmaschinenplatzierung haben. Vielleicht haben sich die Entwickler Ihres Webauftritts bereits bei der Erstellung der Website an die geltenden Standards gehalten, vielleicht achtet auch Ihr Administrator darauf, nur TYPO3-Erweiterungen zu installieren, die ebenfalls standardkonform entwickelt wurden. Dann ist es noch an Ihnen, Inhalte so einzupflegen, dass sie dabei ebenfalls für Websites geltende Standards berücksichtigen. Damit das gelingt, wird in den einzelnen Beschreibungen der TYPO3-Funktionen und -Editiermöglichkeiten immer auch erläutert, was Sie in Bezug auf standardkonforme Content-Pflege beachten müssen. Dieser Abschnitt soll Ihnen zunächst einen Einblick in die Vorteile von Webstandards verschaffen. Zuständig für die Festlegung der Standards ist das World Wide Web Consortium (W3C), eine der einflussreichsten Organisationen im Web, die technische Spezifikationen, Empfehlungen usw. zu Websites veröffentlicht.

Was bieten Webstandards für Vorteile, wenn man sich nach ihnen richtet? Welchen Mehrwert haben Sie und welchen Ihre Besucher? Die folgende Auflistung gibt Ihnen einen Überblick:

Schnellere Ladezeiten und günstigere Hosting-Kosten
: Der Quellcode von standardkonformen Seiten ist gerade nur so groß, wie unbedingt nötig. Dadurch ist die Dateigröße der einzelnen Webseite geringer, und die Seiten werden in kürzerer Zeit geladen. Hosting-Kosten werden oftmals nach Datenvolumen berechnet, dadurch bedeutet geringere Dateigröße auch geringere Kosten.

Bessere Zugänglichkeit
: Höchstmögliche Zugänglichkeit der Website für eine maximale Anzahl von Internetnutzern und Ausgabegeräten. Durch die Verwendung von Standards kann der Inhalt einer Webseite z.B. von Webbrowsern, Screenreadern und Mobiltelefonen gleichermaßen ausgegeben werden.

Ermöglicht Nutzern die Anpassung der Site an ihre Bedürfnisse
: Besucher können z.B. die Schriftgrößen der Website nach eigenen Vorstellungen vergrößern, ohne dass das Erscheinungsbild der Website dadurch zerstört würde.

Bessere Suchmaschinenplatzierungen
: Standardkonforme Websites mit sauberer Struktur und deutlicher Trennung von Layout und Inhalt können von Suchmaschinen leichter indexiert werden – das beeinflusst das Ranking in Suchmaschinen sehr positiv.

Einfache Website-Pflege
: Der Quellcode von Websites, die sich an Standards halten, ist klar und nachvollziehbar strukturiert. Die Pflege wird dadurch einfacher. Websites können somit auch durch andere als den eigentlichen Ersteller weiterentwickelt werden.

Ermöglicht druckfreundliche Versionen
: Durch die Trennung von Layout und Inhalt können für Drucker definierte Layoutvorlagen bereitgestellt werden, die die Druckausgabe optimieren.

Vorwärts-Kompatibilität
: Immer mehr Browser halten sich an aktuelle Standards. Websites, die diese Standards ebenso berücksichtigen, funktionieren weiterhin, auch wenn sich Browser und andere Ausgabegeräte weiterentwickeln.

Die Sprache von TYPO3

Jede Branche hat ihre Fachsprache, das sogenannte Fachchinesisch. Diese Fachsprache unterscheidet sich von der Umgangssprache allein schon dadurch, dass sie außerhalb der Branche niemand versteht. Es ist aber oft sehr hilfreich, Begriffe zu nutzen, die für ein bestimmtes Fach eine eindeutige Bedeutung haben. Natürlich wimmelt es im Internet und auch in TYPO3 nur so von Fachwörtern, und da diese Fachwörter auf Websites, in Diskussionsforen und TYPO3-Dokumentationen, aber auch in diesem Handbuch benutzt werden, ist es wichtig, die gebräuchlichsten davon zu kennen. Denn auch wenn

Sie mit CSS oder HTML bei Ihrer Arbeit mit TYPO3 nur wenig zu tun haben werden (dafür benutzen Sie ja schließlich ein ausgereiftes CMS wie TYPO3), ist es trotzdem nützlich, mal etwas hinter die Kulissen zu blicken, ohne gleich Programmierer werden zu wollen. Klar, Sie müssen ja auch keine Ausbildung zum Automechaniker machen, um ein Auto zu fahren, aber es ist sicher von Vorteil, wenn man weiß, wie man ein Rad wechselt – sonst werden Sie schon bei einem banalen Malheur unnötigerweise auf fremde Hilfe angewiesen sein. Die folgende Auflistung ist nicht alphabetisch, sondern aufeinander aufbauend angeordnet.

Website
: Die Gesamtheit einer Webpräsenz wird als Website bezeichnet. Sie besteht meist aus mehreren Dokumenten, die durch eine einheitliche Navigation zusammengefasst und miteinander verknüpft werden. Wird oft auch als Web- oder Internetauftritt, Webpräsenz oder Homepage bezeichnet. Technisch aufgebaut wird eine Website aus verschiedenen Elementen. Die wichtigsten sind bei modernen Websites XHTML und CSS.

TYPO3
: TYPO3 ist im Grunde genommen ein System zur Verwaltung von Datenbankinhalten und enthält bereits in seiner Basisfunktionalität Möglichkeiten, mit denen Datenbankinhalte bearbeitet, gespeichert, abgebildet, mit hochgeladenen Dateien verknüpft und mit denen Benutzerrechte verwaltet werden können. Das System ist ausgezeichnet erweiterbar, und viele dieser Erweiterungen (Extensions) stehen zur Einbindung in TYPO3 zur freien Verfügung – so sie denn von ihren Entwicklern veröffentlicht wurden. Dadurch kann ein sehr mächtiges, leistungsfähiges, individualisiertes System entstehen. Meist wird TYPO3 als Content-Management-System (CMS) zur Pflege von Websites genutzt. TYPO3 ist eine freie Software und unterliegt der GNU/GPL-Lizenz. Es wurde ursprünglich von Kasper Skårhøj geschaffen, die Entwicklung des Systems teilt sich zurzeit auf den 4.x-Zweig und die Version 5.0, die von Oliver Hader bzw. Robert Lemke geleitet werden. Weitere Informationen finden Sie unter *www.typo3.org*.

XHTML
: Der Nachfolger von HTML ist eine textbasierte Auszeichnungssprache zur Strukturierung von Websites. Einfach gesagt: Wenn eine Website im Browser aufgerufen wird, liest der Browser eine Textdatei ein, die ihm beschreibt, wie die einzelnen Elemente (Navigation, Kopf- und Fußzeile, Inhaltsbereich usw.) der Website angeordnet werden sollen. Diese Datei beschreibt dem Browser aber nicht, wie die Elemente aussehen. Das schlägt der Browser wiederum in einer anderen Datei – dem CSS-Stylesheet – nach. Die einzelnen Auszeichnungen in XHTML heißen Tags. Ein Beispiel ist das Tag `<strong>`. Damit kann einem Wort innerhalb eines Texts eine größere Bedeutung zugewiesen werden. Man schreibt dann `<strong>wichtig</strong>`. Dem Browser ist damit klar, dass das Wort »wichtig« wichtig ist. Jetzt muss er nur noch im CSS-Stylesheet nachschauen, wie dieses wichtige Wort auf der Website dargestellt werden soll.

CSS
Die Abkürzung steht für Cascading Style Sheets. Das sind Textdokumente, in denen beschrieben wird, wie die durch XHTML strukturierte Website aussehen soll. Ein Beispiel, wie mit CSS das XHTML-Tag `<strong>` formatiert werden kann: `strong {color: red; font-size: large; font-weight: bold;}`. Der Browser wird nun Wörter, die in XHTML mit `<strong>` formatiert wurden, in einer roten, fetten und großen Schrift anzeigen.

Stylesheet
Ein Stylesheet ist eine Textdatei, in der die einzelnen CSS-Formatierungen notiert werden und die als eine Art Formatvorlage dient, die damit das Aussehen der Website steuert. Mit unterschiedlichen Stylesheets kann eine Website in vollkommen unterschiedlichen Layouts erscheinen.

YAML
»Yet Another Multicolumn Layout« ist eine Rahmenstruktur zur Erstellung moderner und flexibler Layouts auf XHTML- und CSS-Basis. Dabei stehen ein möglichst hohes Maß an Flexibilität für den Webdesigner und Zugänglichkeit für die Nutzer im Vordergrund. Auf der Grundlage von YAML wurden bereits viele Websites mit TYPO3 erstellt und gepflegt.

Frontend
Bezeichnung für das, was der »normale« Benutzer von einer Website sieht, also der eigentliche Internetauftritt ohne weitere Bearbeitungsfunktionen.

Backend
Die Verwaltung und der Bearbeitungsmodus von TYPO3. Wenn Sie mit TYPO3 Änderungen an den Inhalten einer mit TYPO3 erstellten Website durchführen möchten und sich im Browser am TYPO3-System anmelden, gelangen Sie automatisch ins Backend. Dieses Buch befasst sich fast ausschließlich mit dem Backend.

Login/Logout
Um eine Website im Backend zu verwalten, müssen Sie sich am Backend zunächst anmelden und sich mit einem Benutzernamen und einem Passwort eindeutig identifizieren. Die Zugangsdaten erhalten Sie in der Regel vom Administrator der Website.

URL
Als »Uniform Resource Locator« (einheitlicher Ortsangeber für Ressourcen), kurz URL, bezeichnet man die eindeutige Adresse einer Website, z.B. *www.ihredomain.de*, aber auch *ihredomain.de*.

Administrator
Ein TYPO3-Benutzer, der spezielle Aufgaben betreut und dessen Benutzerkonto dazu mit erweiterten Rechten ausgestattet ist. Zu den Aufgaben eines Administrators gehört die Pflege des Systems, also u.a. die Einrichtung von Accounts (Konten) für Redakteure, die Freigabe oder Einschränkung von Rechten, das Installieren von TYPO3-Updates und die Einrichtung von TYPO3-Extensions.

Redakteur

Der Redakteur ist in der Regel ein TYPO3-Benutzer, dessen Account vom Administrator eingerichtet wurde. Der Redakteur ist für die Pflege der Inhalte einer Website zuständig. Ein Redakteur hat meist nicht alle, aber für die tägliche Arbeit vollkommen ausreichende Rechte. Nicht alle Rechte zu haben, kann sich durchaus positiv auswirken: Man kann weniger falsch machen, und das Backend wirkt deutlich aufgeräumter und übersichtlicher.

Template

Templates sind Formatvorlagen, die die Darstellung der Website definieren, und werden von Webdesignern bereitgestellt: Sie bestimmen, an welcher Stelle die Navigation und die Inhalte angezeigt werden, die Schriftfarben und -größen, die Positionierung von Bildern und Texten usw.

Asset

Alle Mediendateien wie zum Beispiel Grafiken, Videos, Sounddateien und PDFs werden als Assets bezeichnet. Assets liegen in TYPO3 im Ordner *fileadmin* und können, obwohl nur einmal vorhanden, in unterschiedlichen Seiten mehrfach eingesetzt und mit Inhalten verknüpft werden.

Extensions

Dies sind Erweiterungsprogramme (Plug-ins), die vom Administrator installiert und angepasst werden können. Damit lassen sich die Fähigkeiten von TYPO3 enorm erweitern, um z.B. aktuelle Nachrichten mit Anreißern (Teasern) und Archivfunktion, Fotogalerien, Shopsysteme und Ähnliches einzupflegen.

Seiteninhalt

Die sichtbaren Inhalte einer TYPO3-Webseite werden als Seiteninhaltselemente erstellt. Sie werden auch als Datensätze bezeichnet.

Rollenverteilung: Administratoren und Redakteure

TYPO3 ist das Haus, die Webdesigner seine Architekten, der Administrator der Hausmeister, und die Redakteure sind die Mieter. Der Vergleich ist vielleicht nicht zu 100% stimmig, ist aber ein gutes Bild für die Rollenverteilung innerhalb eines Redaktionssystems wie TYPO3. Der Webdesigner entwirft und entwickelt die Website, der Administrator pflegt das System, und der Redakteur bearbeitet die Inhalte – eine klare und eindeutige Aufgabenteilung.

Dieses Buch richtet sich in erster Linie an Redakteure, und es sollen deshalb nur die für Redakteure wichtigen Bearbeitungsmöglichkeiten von TYPO3 dargestellt werden. Normalerweise beschäftigt sich ein Buch wie das vorliegende mit einem homogenen System, das – bis auf feine Nuancen – auf allen PCs der Welt ähnlich ausschauen und funktionieren wird, zumindest wenn die gleiche Programmversion vorliegt. TYPO3 aber wird oft oder sogar meistens von mehreren Personen installiert und bereitgestellt. Da sind die

Webdesigner, die sich um Konzept und Layout der TYPO3-Website kümmern und dafür zuständig sind, Ihnen als Redakteur geeignete Gestaltungsmöglichkeiten für Ihre Inhalte, z. B. in Form von vorgefertigten CSS-Stilen, an die Hand zu geben, die Sie dann wiederum bei der Pflege von Inhalten im Backend benutzen können. Was aber, wenn die in diesem Buch besprochenen Gestaltungsmöglichkeiten in dem Ihnen zur Verfügung stehenden TYPO3-Web überhaupt nicht angelegt wurden? Administratoren können bestimmen, welche Module, Bearbeitungsmöglichkeiten und Seiten des Backends Sie nach dem Login überhaupt zu sehen bekommen (Abbildung 1-1). Nicht nur dass ein komplettes Modul fehlen kann, selbst die kleinste Bearbeitungsmöglichkeit, und sei es auch nur ein einzelnes Eingabefeld, kann – und dafür gibt es oftmals sogar gute Gründe – vom Administrator für Ihre Benutzerrolle gesperrt werden.

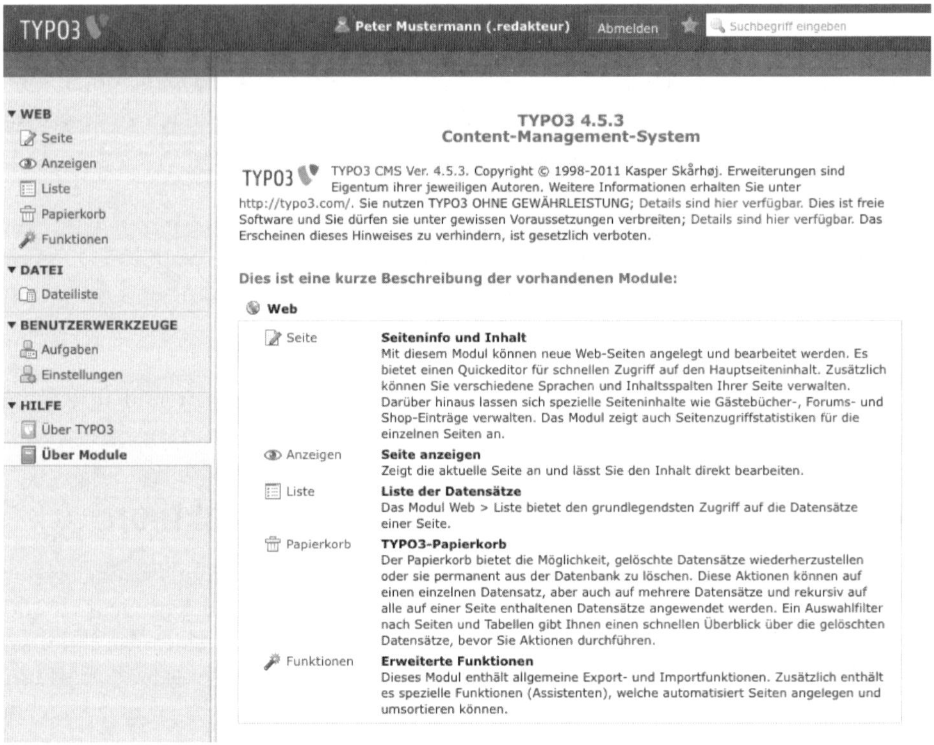

Abbildung 1-1: Ein typisches Redakteur-Backend mit eingeschränkten Rechten

Dann kann es passieren, dass Sie etwas, das hier Erwähnung findet, nicht ohne Weiteres nachvollziehen können. Es gibt also leider nicht das eine, gültige TYPO3, sondern immer nur dasjenige, das für Sie individualisiert bereitgestellt wurde.

Sind Sie – was nicht selten vorkommt – Webdesigner, Administrator und Redakteur in Personalunion, sind Sie fein raus. Wenn Ihnen ein hier beschriebener CSS-Stil fehlt, erweitern Sie mit Ihrem Know-how einfach Ihr Stylesheet. Ist eine Funktion nicht freigegeben, ändern Sie die Einstellungen für Ihren Benutzer-Account, und schon ist sie nutzbar. Sind Sie jedoch ausschließlich Redakteur – was noch deutlich häufiger vorkommt –, bleibt Ihnen nichts anderes übrig, als einen mit allen Rechten ausgestatteten Administrator (Abbildung 1-2) um Hilfe zu bitten, wenn Sie etwas innerhalb von TYPO3 ausprobieren oder erlernen möchten, aber nicht können.

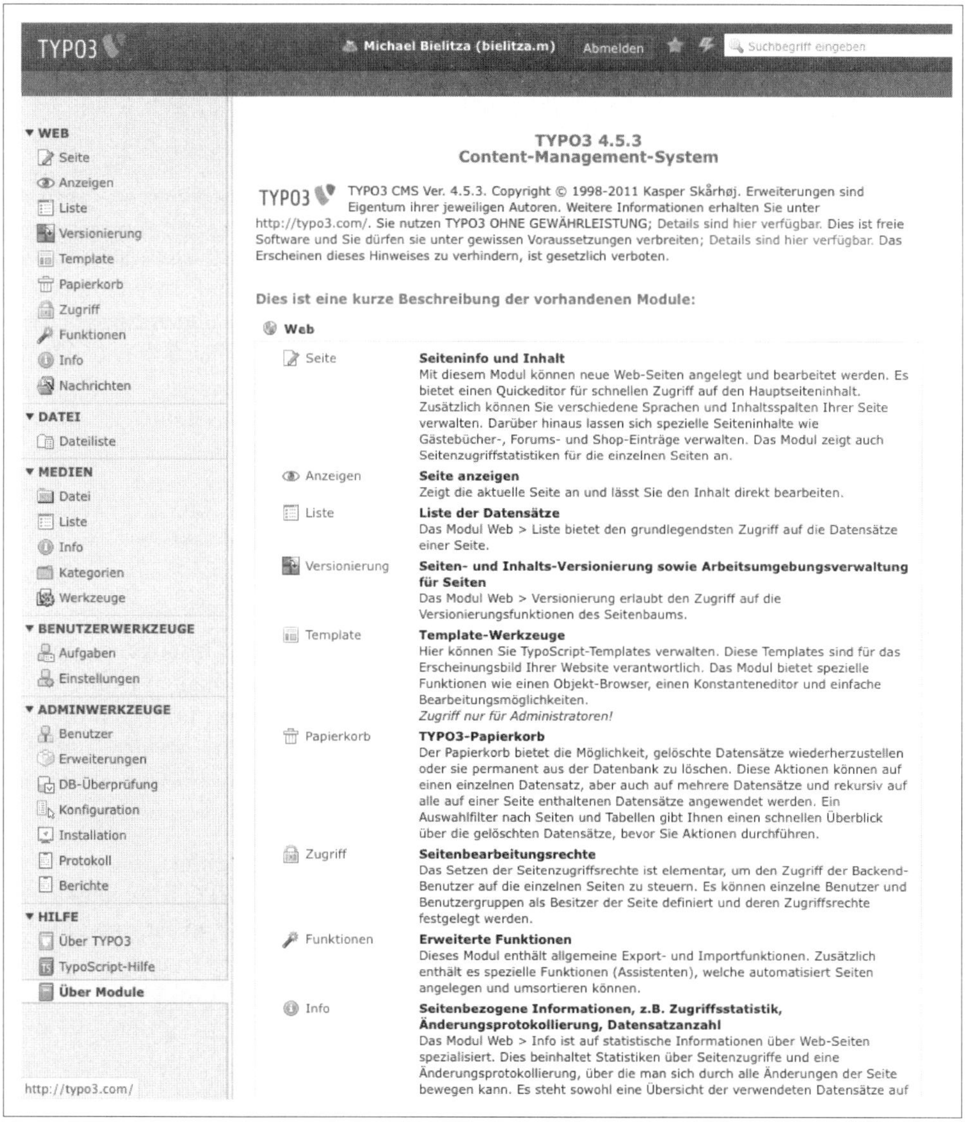

Abbildung 1-2: TYPO3-Admin-Backend

Für TYPO3 gibt es keine Standardinstallation, denn TYPO3 kann und muss an Projektbedürfnisse anpassbar sein. Um Ihnen möglichst viele Funktionen von TYPO3 zugänglich zu machen, finden Sie unter *www.typo3-fuer-redakteure.de* eine kostenlose TYPO3-Schulungsinstallation, die alle in diesem Buch besprochenen Funktionen und Bearbeitungsmöglichkeiten zum Ausprobieren und Üben enthält.

Aber natürlich sind auch alle, die mit einer bereits fertigen, speziell angepassten und eventuell eingeschränkten TYPO3-Installation arbeiten, hier bestens aufgehoben. Dann kann es nur passieren, dass die eine oder andere hier gezeigte Abbildung oder auch mal eine Funktion von Ihrem TYPO3-Web abweicht. Dies liegt aber in der Natur von TYPO3 begründet und sollte durch die oben erwähnte Schulungsversion so weit wie möglich abgefangen werden. In allen Kapiteln, die die Installation einer speziellen Extension voraussetzen, wird auch explizit darauf hingewiesen. Sprechen Sie dann Ihren Admin an, damit dieser Ihnen die eventuell fehlende Extension nachinstallieren kann.

In den Kapiteln 15 und 16 werden auch konkrete Admin- und Entwicklertipps gegeben, die beschreiben, welche notwendigen Änderungen, Einstellungen und Erweiterungen an TYPO3 vorgenommen werden können, um Ihnen als Redakteur das Leben zu erleichtern oder um Ihrer Website neue, interessante Funktionen und Möglichkeiten hinzuzufügen. Sie können diese Veränderungen – tiefere TYPO3-Kenntnisse vorausgesetzt – selbst vorzunehmen oder sie zumindest an einen erfahrenen Administrator oder Entwickler weitergeben.

Voraussetzungen und nützliche Tipps für die Arbeit mit TYPO3

Für TYPO3 müssen Sie keine spezielle Software auf Ihrem Computer installieren. TYPO3 bringt alles mit, was notwendig ist, um sofort mit der Pflege von Inhalten zu beginnen. Da es sich um ein Onlinesystem handelt, benötigen Sie für die Arbeit nur einen Browser und einen Internetzugang. TYPO3 wird auf einem Server im Internet installiert, und deshalb können Sie von jedem Ort der Welt die Inhalte Ihrer Website pflegen – natürlich nur, wenn die beiden genannten Voraussetzungen erfüllt sind.

Das Flaggschiff unter den Browsern ist – zumindest in vielen Unternehmen – immer noch der Internet Explorer. Ob er auch der beste für Ihre Arbeit mit TYPO3 ist, müssen Sie selbst entscheiden. Der Vorteil der Arbeit mit dem Internet Explorer ist, dass Sie die Ergebnisse Ihrer Arbeit in dem Browser erstellen und kontrollieren können, den heute weltweit immer noch die meisten Internetnutzer verwenden, wenn auch in vielen unterschiedlichen Versionen.

Der zweitgrößte Browser Firefox hat aber einige Pluspunkte, die nicht zu verachten sind. So gibt es zum Beispiel die ausgezeichnete Erweiterung »Web Developer Toolbar«, die es Ihnen ermöglicht, Ihre Website unter unterschiedlichen Bedingungen zu testen, zum Beispiel mit verschiedenen Bildschirmauflösungen. Mehr Informationen dazu finden Sie im

Abschnitt »Inhalte auf Fehler überprüfen: Die Firefox Web Developer Toolbar« auf Seite 315. Das Frontend und das Backend können in verschiedenen Tabs aufgerufen werden, was das Fensterchaos bei der Arbeit mit TYPO3 minimiert (Abbildung 1-3).

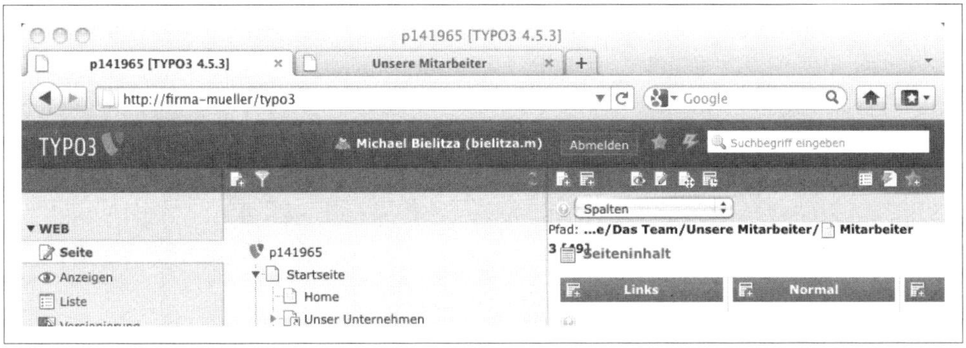

Abbildung 1-3: Firefox mit zwei geöffneten Tabs für das Frontend und das Backend

Firefox läuft unter Windows, Linux und dem Macintosh-Betriebssystem OS X und ist wie TYPO3 eine freie Software.

Im Endeffekt ist es aber auch eine Geschmacksfrage, welchen Browser Sie für die Arbeit mit TYPO3 verwenden. Allerdings sollte man vor Beginn der Arbeit auf die richtigen Browsereinstellungen achten und eventuell zusätzlich noch einen einfachen Texteditor zur Hand haben, der einem ab und an das Leben vereinfacht.

Die wichtigsten Browsereinstellungen

Voraussetzung für die Arbeit mit TYPO3 ist, dass Ihr Browser Cookies und die Verwendung von JavaScript erlaubt. Cookies sind kleine Minidateien, die von Websites auf Ihrem Computer abgelegt werden, um den Informationsaustausch mit der Website zu vereinfachen. In den meisten Fällen sind diese Cookies vollkommen harmlos, und keine größere Website kann heute mehr auf sie verzichten. JavaScript ist eine Skriptsprache, die sehr häufig verwendet wird, um Websites interaktiver zu gestalten. Oft werden JavaScript und Java verwechselt. Java hat trotz der ähnlichen Bezeichnung aber nichts mit JavaScript zu tun und wird für TYPO3 auch nicht benötigt.

Um TYPO3 nutzen zu können, muss Ihr Browser nur Cookies akzeptieren und die Verwendung von JavaScript ermöglichen, sonst können Sie sich noch nicht einmal in das Backend von TYPO3 einloggen. Mit einem erfolgreichen Login haben Sie aber auch gleichzeitig eine einfache Kontrolle darüber, ob die Einstellungen Ihres Browsers für TYPO3 im Groben bereits geeignet sind. Können Sie sich ohne Probleme im Backend einloggen, überspringen Sie diese Passage und lesen gleich bei den Pop-up-Einstellungen weiter. Haben Sie aber Probleme und sind sich ganz sicher, das richtige Passwort und den richtigen Benutzernamen eingegeben zu haben, kann es gut möglich sein, dass Ihnen der folgende Abschnitt weiterhilft.

TYPO3 nutzt an einigen Stellen Pop-up-Fenster, deshalb sollten diese ebenfalls, zumindest für Ihre Website, erlaubt sein. Sie sollten auch die Cache-Einstellungen Ihres Browsers kontrollieren. Beim Cache handelt es sich um einen Zwischenspeicher, in dem Daten temporär vom System abgelegt werden, um einen schnelleren Seitenaufbau der Internetseiten zu gewährleisten. Dadurch kann es aber passieren, dass im Frontend nicht immer die aktuellen Inhalte abgebildet werden.

Im Folgenden finden Sie die wichtigsten Browsereinstellungen für den Internet Explorer und den Firefox-Browser in den aktuellen Versionen.

Eine detaillierte Übersicht der empfohlenen Einstellungen für die gängigen Browser finden Sie im Abschnitt »Die richtigen Browsereinstellungen für TYPO3« auf Seite 388.

Seiten-Cache (Zwischenspeicher) einstellen

Internet Explorer

Öffnen Sie unter *Extras* → *Internetoptionen* die Registerkarte *Allgemein* und klicken Sie dann im Bereich *Browserverlauf* auf *Einstellungen*. Wählen Sie hier unter *Neue Version der gespeicherten Seite suchen* die Option *Bei jedem Zugriff auf die Website*.

Firefox

Um das Cachen von Webseiten in Firefox zu unterbinden, setzen Sie unter *Extras* → *Einstellungen* → *Erweitert* auf der Registerkarte *Netzwerk* den Wert für den Offlinespeicher auf *0* MByte. Gegebenenfalls müssen Sie dazu zunächst die Option *Automatisches Cache-Management ausschalten* aktivieren.

Cookies ermöglichen

Internet Explorer

Kontrollieren Sie die Einstellungen unter *Extras* → *Internetoptionen* → *Datenschutz*. Hier reicht es normalerweise aus, wenn der Schieberegler für die Datenschutzeinstellungen der Internetzone auf *Mittel* gesetzt wird. Ist dies nicht der Fall, sollte man die automatische Cookie-Behandlung des Internet Explorer aufheben. Das geschieht auf derselben Registerkarte. Aktivieren Sie zunächst die Option *Erweitert* → *Automatische Cookie-Behandlung aufheben* und dann *Cookies von Erstanbietern Annehmen* und *Cookies von Drittanbietern Annehmen*.

Firefox

Aktivieren Sie die Option *Extras* → *Einstellungen* → *Datenschutz*, Bereich: *Cookies* → *Cookies akzeptieren*.

In aktuelleren Versionen müssen Sie im Bereich: *Chronik* die Option *Firefox wird eine Chronik:* auf *anlegen* einstellen, falls diese nicht bereits standardmäßig so eingestellt ist.

JavaScript aktivieren

Internet Explorer

Aktivieren Sie die Option unter *Extras → Internetoptionen → Sicherheit → Internet → Stufe anpassen, Abschnitt Skripting: Active Scripting.*

Firefox

Die richtige Einstellung für TYPO3: *Extras → Einstellungen → Inhalt → JavaScript aktivieren.*

Pop-up-Fenster erlauben

Internet Explorer

Extras → Popupblocker → Popupblocker ausschalten. Hier können Sie entweder den Popupblocker ganz ausstellen oder über *Popupblockereinstellungen* ein Fenster aufrufen, in das Sie Adressen (URLs) von Websites eintragen können, von denen Sie Pop-up-Fenster zulassen möchten.

Firefox

Aktivieren Sie unter *Extras → Einstellungen → Inhalt* die Option *Pop-up-Fenster blockieren* und tragen Sie im selben Fenster unter *Ausnahmen → Berechtigte Websites* die URL Ihrer TYPO3-Website als Ausnahme ein. Natürlich können Sie auch ganz einfach die Option *Pop-up-Fenster blockieren* deaktivieren, was allerdings bei der Flut an Werbe-Pop-ups nicht unbedingt empfehlenswert ist.

Was Sie sonst noch benötigen

Nichts. Fast nichts: Für die Arbeit mit TYPO3 kann ab und an auch ein einfacher Texteditor nützlich sein. Denn oft werden Sie Ihre Texte nicht direkt in TYPO3 eintippen, sondern per Copy-and-Paste aus anderen Dokumenten übernehmen. Dazu kopieren Sie die Texte vielleicht aus unterschiedlichen Quellen und Anwendungen, z.B. aus Word oder von anderen Internetseiten. Möglicherweise werden dabei dann aber Formatierungen übernommen, die Sie auf Ihrer Website nicht benutzen möchten. Dabei kann es sich um Schriftarten und -größen, Farben, Tabellen und Ähnliches handeln. Um wirklich nur den reinen Text in TYPO3 zu importieren, ist es daher manchmal sinnvoll, den Umweg über einen einfachen Texteditor zu gehen, den Text zunächst dort »zwischenzuparken«, um ihn dann erneut zu kopieren und erst danach in TYPO3 einzusetzen. Durch den Umweg über den Texteditor verliert der Text seine Formatierungen und kann danach problemlos in TYPO3 übertragen werden.

Manchmal können auch diese einfachen Texteditoren mit formatiertem Text (RTF) umgehen. Dann müssen Sie in den Programmeinstellungen dafür sorgen, dass das Format für neue Texte auf »Reiner Text« eingestellt ist. Informieren Sie sich gegebenenfalls in der Hilfe Ihres Texteditors darüber, wie Sie diese Einstellung vornehmen können. Bei den beiden bekanntesten Betriebssystemen ist von Haus aus ein geeigneter Editor an Bord: Bei Windows ist es der »Editor« und bei OS X »TextEdit«.

## KAPITEL 2

Schnelleinstieg in die Arbeit mit TYPO3

Sie möchten direkt mit der Arbeit beginnen, müssen dringend Textkorrekturen vornehmen oder schnell eine neue Seite zu Ihrer Website hinzufügen? Oder Sie haben im Moment leider keine Zeit, TYPO3 von Grund auf zu erlernen, und ziehen es daher vor, sich erst später mit den Feinheiten dieses mächtigen Content-Management-Systems auseinanderzusetzen? Dann ist dieses Kapitel für Sie genau richtig. Hier bekommen Sie einen Überblick über die elementarsten Funktionen von TYPO3, damit Sie so schnell wie möglich loslegen können und in der Lage sind, Änderungen und neue Inhalte in Ihre Website einzupflegen. Dabei werden nur die wichtigsten Grundfunktionen berücksichtigt – Sie sollen zunächst ein Gefühl für TYPO3 bekommen und bereits erste Erfolge feiern, bevor Sie sich mit allen Einzelheiten der Inhaltspflege beschäftigen.

Aber auch für alle anderen ist dieses Kapitel ein guter Einstieg in die redaktionelle Arbeit mit TYPO3 und bildet die Grundlage, um sich mit den umfangreichen Möglichkeiten und zahlreichen Funktionen von TYPO3 eingehender zu befassen. Hat man die Funktionsweise von TYPO3 nämlich erst einmal im Großen und Ganzen verstanden und besitzt bereits ein – wenn auch noch lückenhaftes – Grundwissen, fällt es sicherlich deutlich leichter, die folgenden Kapitel nachzuvollziehen. Hier erfahren Sie, wie TYPO3 tickt. Nehmen Sie sich also etwas Zeit, die verschiedenen Bearbeitungsmöglichkeiten zu betrachten, und probieren Sie ruhig etwas aus. In TYPO3 kann man selbst mit der Trial-and-Error-Methode weit kommen, denn vieles ist – zumindest in Teilen – selbsterklärend.

Einige Beispiele: Sie möchten einen Link in einem Text erstellen? Das Icon dafür ist dem Texteingabefeld zugeordnet und sieht der Funktion zur Erstellung von Hyperlinks aus bekannten Office-Programmen sehr ähnlich. Alles Weitere ist dann ein Kinderspiel. Oder Sie möchten, dass ein Seiteninhalt, eventuell ein zeitlich begrenztes Angebot, erst zu einem bestimmten Zeitpunkt auf der Website erscheint und zu einem von Ihnen festgesetzten Datum wieder verschwindet? Halten Sie nach Eingabefeldern Ausschau, deren Bezeichnung auf diese Funktion hinweist, und Sie werden direkt unterhalb des Texteingabefensters fündig.

Formulieren Sie Ihr Anliegen und suchen Sie innerhalb der entsprechenden Bearbeitungsmaske nach einer Lösung. Oft antwortet Ihnen TYPO3 ganz einfach von selbst. Nicht selten ist dieses Vorgehen während der Arbeit mit TYPO3 von Erfolg gekrönt.

Login

Um sich in der Verwaltung von TYPO3, dem Backend, anzumelden, benötigen Sie einen Benutzernamen und ein Passwort, die Sie in der Regel von Ihrem Administrator erhalten. Normalerweise wird das Backend im Browser aufgerufen, indem hinter die URL der Website einfach */typo3* angehängt wird (Abbildung 2-1). Es erscheint der TYPO3-Login-Bildschirm (Abbildung 2-2).

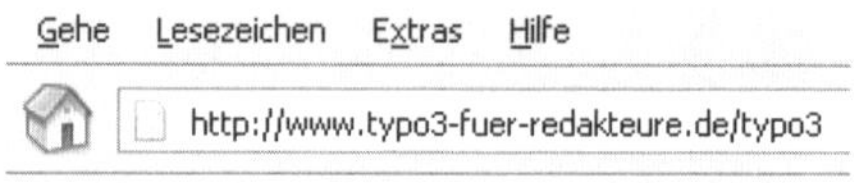

Abbildung 2-1: URL-Eingabefeld beim Firefox-Browser

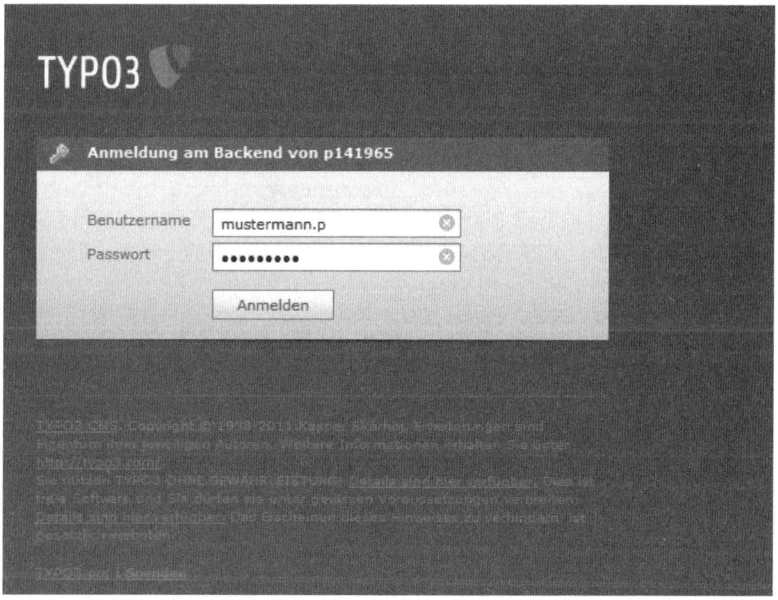

Abbildung 2-2: Login-Screen für die Eingabe der Benutzerkennung

Nach der Eingabe Ihrer Benutzerkennung und einem Mausklick auf *Anmelden* haben Sie es geschafft – Sie befinden sich im Backend, dem Herzen von TYPO3, und sehen dort die allgemeine TYPO3-Startseite mit einem Überblick über die installierten und für Sie vom Administrator freigeschalteten Module. Um sich wieder auszuloggen und damit Ihre Arbeitssitzung zu beenden, müssen Sie nur auf den Button *Verlassen* (vormals *Abmelden)* in der obersten Leiste rechts neben Ihrem Namen klicken (Abbildung 2-3). In älteren TYPO3-Versionen (vor 4.2) befindet sich der Button *Logout* ganz unten links. Sie werden dann direkt wieder zur Login-Maske weitergeleitet, in der Sie sich bei Bedarf sofort erneut einloggen können. TYPO3 speichert übrigens den Status des Seitenbaums, also welche Seitenbaumäste Sie beim letzten Besuch geöffnet bzw. geschlossen haben.

Abbildung 2-3: Der Abmelden-Button

Das Backend im Überblick

Klicken Sie für den schnellen Einstieg zunächst in der linken Leiste auf das Modul *Web → Seite* (Abbildung 2-4). Damit rufen Sie den Seitenbaum der Website auf. Auf den ersten Blick fällt die Unterteilung des Backends in drei Hauptbereiche auf (Abbildung 2-5).

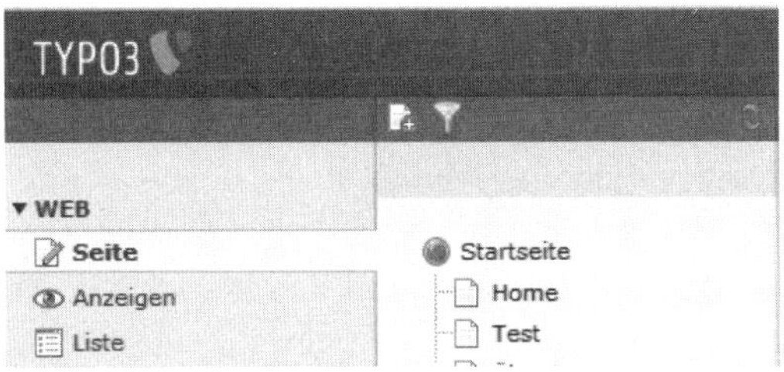

Abbildung 2-4: Modul Web → Seite

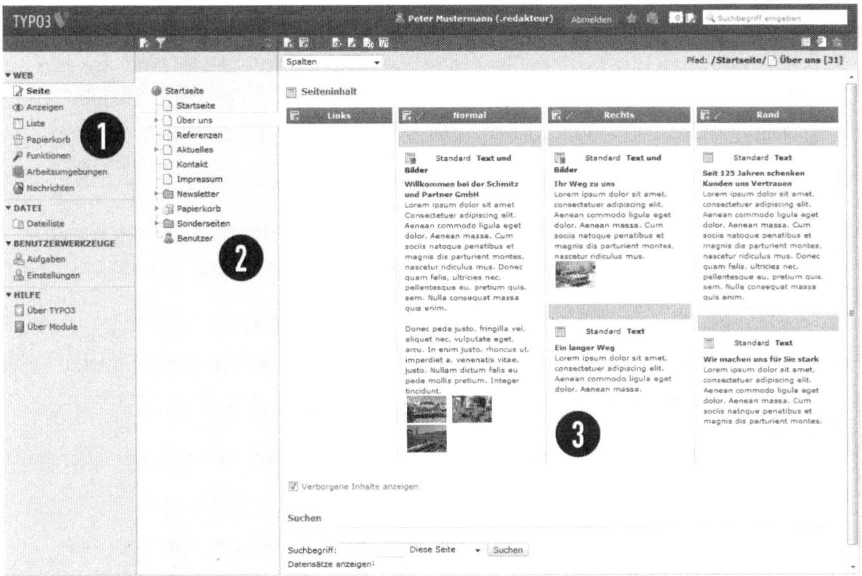

Abbildung 2-5: Die drei Hauptbereiche: 1. Modulleiste, 2. Navigationsleiste und 3. Detailansicht

Die Modulleiste

Beim linken, ersten Bereich handelt es sich um die Modulleiste ❶, in der Sie zwischen verschiedenen Modulen wählen können. Modul ist die in TYPO3 gebräuchliche Bezeichnung für Funktionen, mit denen Sie alle grundlegenden Operationen durchführen können, die Sie benötigen, um den Inhalt Ihres Webauftritts zu pflegen. Die einzelnen Module sind hierbei zu Modulgruppen (u.a. *Web*, *Datei*, *Benutzerwerkzeuge* und *Hilfe*) zusammengefasst worden, um den Überblick zu erleichtern. Mit einem Klick auf die Modulgruppenbezeichnungen lassen sich die einzelnen Bereiche öffnen und schließen.

Die Navigationsleiste

Im zweiten, mittleren Bereich, der Navigationsleiste ❷, wird das zugehörige Menü oder die Navigation für das zuvor in der Modulleiste gewählte Modul abgebildet. Beispiel: Wurde in der Modulleiste das Modul *Web → Seite* gewählt, baut TYPO3 in der Navigationsleiste den Seitenbaum des Webauftritts auf. Nach der Auswahl des Moduls *Benutzer → Aufgaben* erscheinen alle zum Modul *Aufgaben* dazugehörigen Menüpunkte.

Die Detailansicht

Die Detailansicht ❸ ist der dritte Bereich und damit auch der, in dem Sie am meisten arbeiten werden. Hier erscheinen die zur zuvor gewählten Kombination aus Modulleiste und Navigationsleiste passenden Eingabemasken mit den Bearbeitungsfunktionen und Informationen, also zum Beispiel der Inhalt einer Seite, wenn vorher in der Modulleiste das Modul *Seite* und im Seitenbaum ein Seitentitel angeklickt wurde.

Die drei Bereiche des Backends bauen logisch aufeinander auf. Eine Auswahl in der Modulleiste beeinflusst die Anzeige innerhalb der Navigationsleiste, und die Auswahl in der Navigationsleiste bestimmt wiederum, was man in der Detailansicht zu sehen bekommt. Das kann unter Umständen dazu führen, dass Sie nach dem Anklicken eines Seitentitels in der Navigationsleiste in der Detailansicht etwas anderes als das von Ihnen Erwartete zu sehen bekommen. Haben Sie nämlich z.B. zuletzt das Modul *Liste* gewählt, »merkt« sich TYPO3 diese Wahl und zeigt in der Detailansicht eine Listenansicht einer Seite an. Möchten Sie aber die Seitenansicht einer Seite sehen, müssen Sie in der Modulleiste erst wieder auf das Modul *Seite* klicken. Klingt kompliziert? Stimmt, ist es aber eigentlich nicht. Probieren Sie es einfach mal aus. Es ist sehr wichtig, frühzeitig zu verstehen, wie die drei Bereiche des Backends zusammenhängen und voneinander abhängig sind.

Die wichtigsten Benutzereinstellungen

Zum Start Ihrer Arbeit mit TYPO3 sollten Sie einige wichtige persönliche Einstellungen vornehmen. Klicken Sie dazu in der linken Modulleiste auf *Benutzerwerkzeuge → Einstel-*

lungen (Abbildung 2-6). Es erscheint eine Eingabemaske, in der Sie im ersten Schritt nur die persönlichen Daten eintragen und damit Ihr TYPO3-Backend-Benutzerprofil grundsätzlich konfigurieren können (Abbildung 2-7). Die Angaben werden u.a. bei der Kommunikation mit anderen Projektbeteiligten und zu Ihrer eigenen Sicherheit verwendet. Auch einige Erweiterungen wie z.B. News benutzen an bestimmten Stellen die hier eingetragenen Daten. Eine vollständige Erläuterung aller Benutzereinstellungen finden Sie im Abschnitt »TYPO3 personalisieren: Benutzereinstellungen« auf Seite 377.

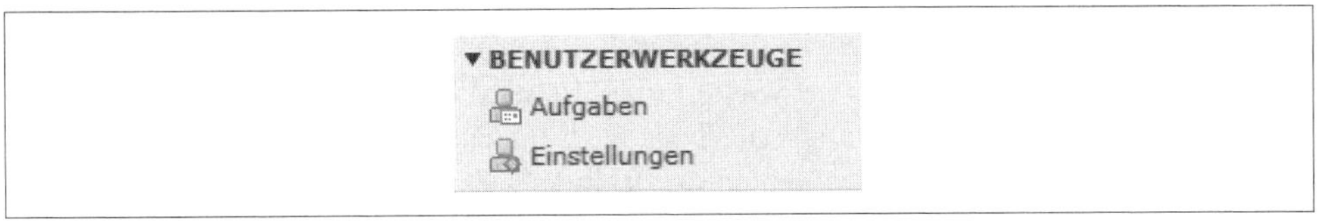

Abbildung 2-6: Modul Benutzerwerkzeuge → Einstellungen

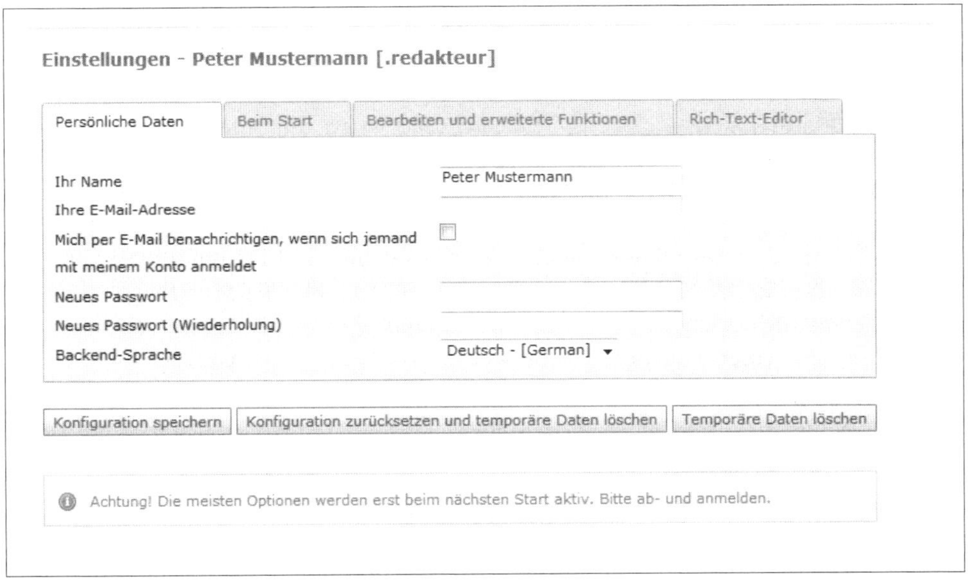

Abbildung 2-7: Benutzereinstellungen → Persönliche Daten

Folgende Eingabefelder und Optionen stehen Ihnen auf der ersten Registerkarte *Persönliche Daten* für Ihre persönlichen Einstellungen zur Verfügung:

Ihr Name
: Hier können Sie Ihren Namen eintragen.

Ihre E-Mail-Adresse
: Tragen Sie hier eine gültige E-Mail-Adresse ein. Ab und an kann es passieren, dass TYPO3 Ihnen eine E-Mail schicken möchte. Wird hier eine falsche Adresse angegeben, kann TYPO3 die E-Mails an Sie nicht versenden.

Mich per E-Mail benachrichtigen, wenn sich jemand mit meinem Konto anmeldet
: Eine Sicherheitsmaßnahme, mit der Sie feststellen können, ob Ihre Benutzerkennung eventuell missbraucht wird. Loggen Sie sich oder loggt sich jemand anderer mit Ihren Zugangsdaten im Backend ein, generiert TYPO3 eine E-Mail und versendet diese an die hier eingetragene Adresse.

Neues Passwort, Neues Passwort (Wiederholung)
: Hier können Sie das Passwort, das Sie vom Administrator bekommen haben, in ein Passwort ändern, das allein Ihnen bekannt ist. Nur so können Sie sicherstellen, dass die Änderungen an der Website auch wirklich von Ihnen stammen. Im zweiten Feld müssen Sie Ihr neues Passwort wiederholen. Es wird überprüft, ob beide Passwörter übereinstimmen – ist das nicht der Fall, wird Ihr Passwort auch nicht von TYPO3 geändert. Passwörter werden verschlüsselt und als Punkte dargestellt, sobald Sie das Eingabefeld mit der Maus verlassen. Es werden keine Klartextpasswörter von TYPO3 über das Internet gesendet.

Der Seitenbaum

Zu den wichtigsten Elementen von TYPO3 gehören Seiten und Seiteninhalte. Jede Website besteht zumindest aus einer Seite mit einem Inhalt. So wie Sie sich auf Ihrer Website im Frontend über Hyperlinks von Seite zu Seite bewegen (navigieren), so können Sie auch im Backend von TYPO3 durch Klicken auf die Seitentitel (der Text rechts neben dem Blattsymbol) im Seitenbaum die einzelnen Seiten und damit deren Inhalte aufrufen. Klicken Sie dazu in der Modulleiste auf *Web → Seite*, um den Seitenbaum der im Webauftritt bereits vorhandenen Seiten aufzurufen (Abbildung 2-8). Dabei ist die Anordnung von Haupt- und Unterseiten der Website im Frontend meist deckungsgleich mit dem Seitenbaum im Backend. Gibt es auf der Website beispielsweise einen Navigationspunkt »Über uns« mit den Unterseiten »Das Team«, »Philosophie« und »Historie«, wird man im Backend innerhalb des Seitenbaums ebenfalls eine Seite »Über uns« mit den entsprechenden Unterseiten finden. Die Website »liest« beim Aufruf im Browser den Seitenbaum aus und bildet ihn als Website-Navigation ab (Abbildung 2-9). Wird eine Seite im Backend verschoben, umbenannt, gelöscht oder hinzugefügt, hat dies unmittelbar Auswirkungen auf die Ansicht, die der nächste Besucher der Website zu sehen bekommt.

Ist eine Seite innerhalb des Seitenbaums mit einem Pfeilsymbol (in älteren Versionen einem Pluszeichen) versehen, signalisiert TYPO3 damit, dass hier noch Unterseiten existieren, die man durch einen einfachen Mausklick auf den Pfeil öffnen kann. Nach einem Klick ist aus dem nach rechts zeigenden Pfeil ein nach unten gerichteter geworden, mit dem sich der geöffnete Seitenast wieder schließen lässt.

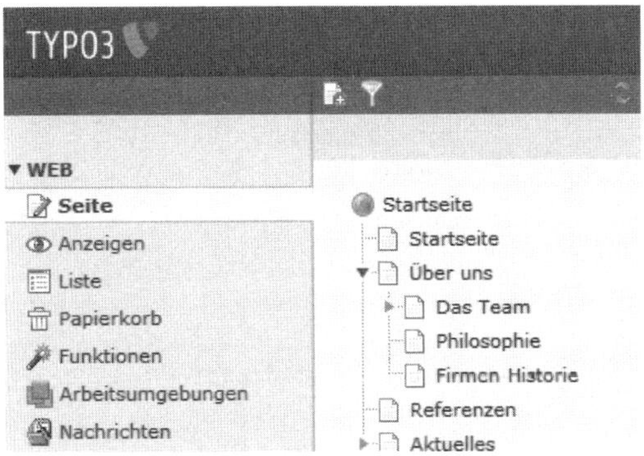

Abbildung 2-8: Seitenbaum innerhalb der Navigationsleiste

Abbildung 2-9: Der Backend-Seitenbaum erscheint im Frontend als Website-Navigation

Ein guter Gärtner sollte seine Bäume pflegen und die Äste beschneiden, um Wildwuchs zu vermeiden. Für TYPO3 bedeutet das: Schließen Sie nicht benötigte Seitenäste sofort wieder. Am Anfang ist der Seitenbaum vielleicht noch übersichtlich, aber sobald viele Seiten, Unterseiten und Ordner hinzukommen, kann es schnell passieren, dass man den Überblick verliert. TYPO3 merkt sich, ob ein Seitenast geöffnet oder geschlossen wurde. Beim nächsten Einloggen werden Sie dann nicht mit einem schier unübersichtlichen Astgeflecht überrascht.

Eine neue Seite anlegen

Um einem Seitenbaum eine neue Seite hinzuzufügen, klicken Sie auf das Seitensymbol (in Form eines Blatts Papier) einer bereits existierenden Seite. Es erscheint ein Kontextmenü, in dem Sie die Funktion *Seitenaktionen -> Neu* wählen (Abbildung 2-10).

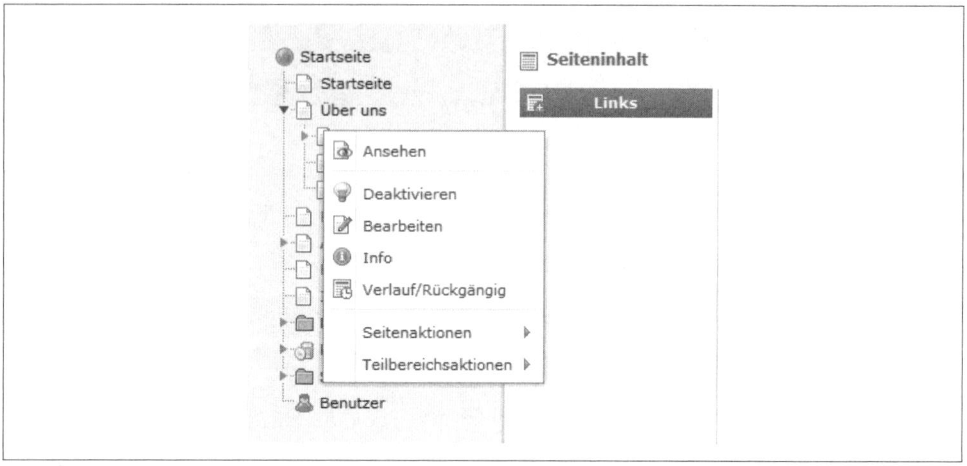

Abbildung 2-10: Das Kontextmenü einer Seite

In der Detailansicht des Backends erscheint daraufhin die Abfrage für einen neuen Datensatz (Abbildung 2-11). Hier können Sie nun die Position der neuen Seite im Seitenbaum wählen, indem Sie mit der Maus auf einen der Pfeile klicken.

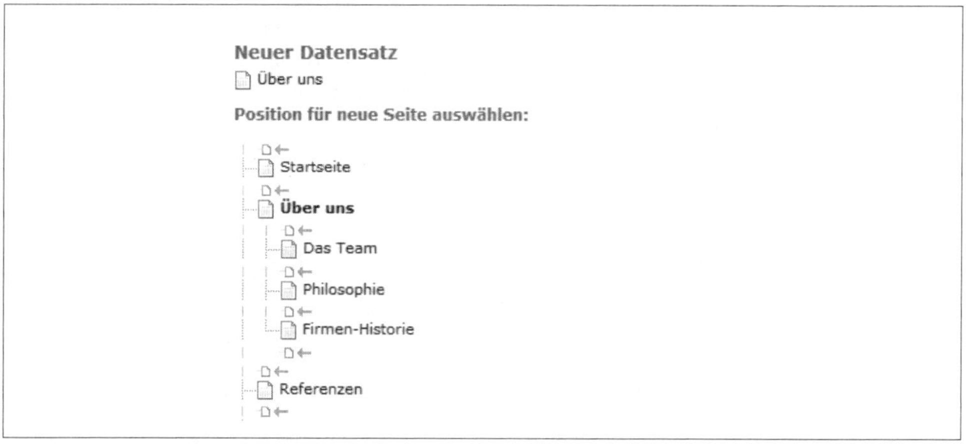

Abbildung 2-11: Ein neuer Datensatz

Dadurch wird eine neue Seite innerhalb oder unterhalb einer bestehenden Seite erstellt. Anschließend erscheint eine Eingabemaske, in der Sie der Einfachheit halber nur den Seitentitel vergeben müssen (Abbildung 2-12).

Symbole mit einem Ausrufezeichen in einem gelben Rechteck vor Eingabefeldern innerhalb von Eingabemasken signalisieren Pflichtfelder, die ausgefüllt werden müssen. Ist ein Pflichtfeld leer, akzeptiert TYPO3 das Speichern der Eingabemaske nicht.

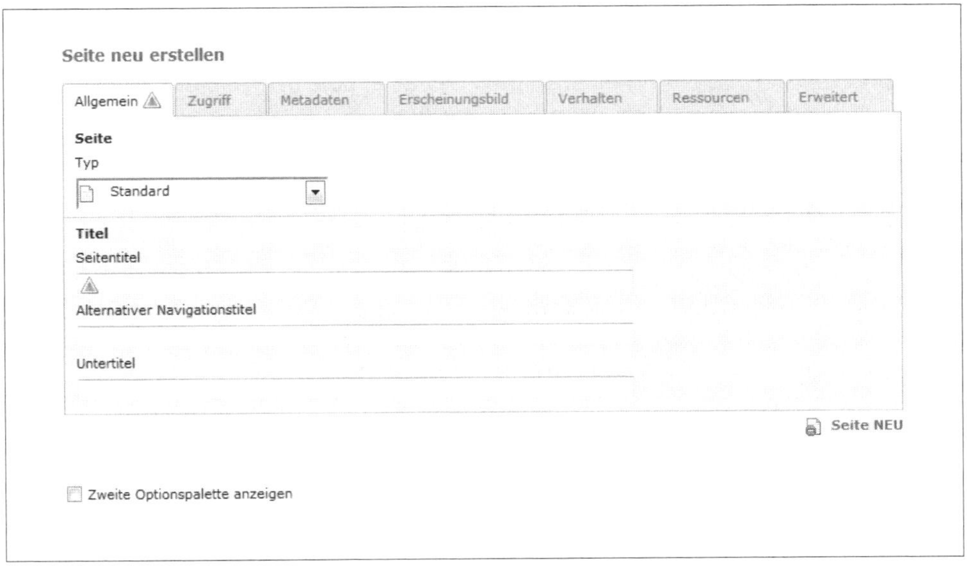

Abbildung 2-12: Maske für eine neue Seite

Jetzt haben Sie eine neue leere Seite angelegt, die im Backend innerhalb des Seitenbaums und im Frontend in der Website-Navigation angezeigt wird. Dazu müssen Sie die neue Seite aber noch speichern. Damit Sie Ihre Eingaben sichern können, folgt nun zunächst ein kleiner Ausflug in die Welt der Speichermöglichkeiten von TYPO3, bevor die Seite mit Text und Bildern gefüllt wird.

Speichern

Ober- und unterhalb jeder Eingabemaske gibt es fünf wichtige Dokumentsymbole, seit der TYPO3-Version 4.2 nur noch oben (Abbildung 2-13).

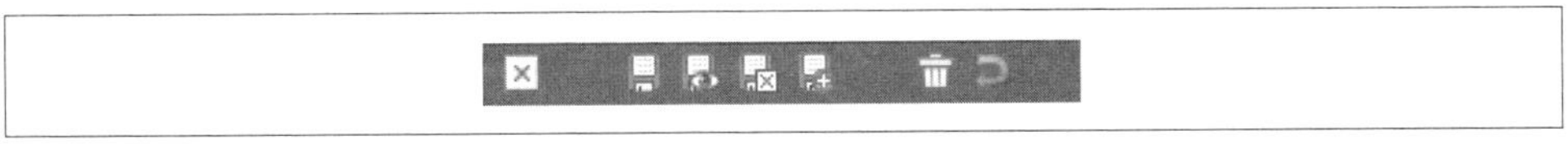

Abbildung 2-13: Oberer Teil einer Bearbeitungsmaske mit Speichern-Symbolen (Disketten)

Diese Symbole stehen für die folgenden Speicheroptionen:

Dokument schließen (X-Symbol)
: Schließt die Eingabemaske ohne Speicherung (auch ohne Warnung) und öffnet die vorherige Ansicht. Geeignet, wenn man seine Eingaben verwerfen möchte oder einfach nur nichts ändern will.

Dokument speichern (Diskettensymbol)
: Das Dokument wird gespeichert, die Maske bleibt aber für die weiteren Arbeiten daran geöffnet.

Dokument speichern und Web-Seite anzeigen (Diskette mit Augensymbol)
: Hiermit wird das Dokument gespeichert, und danach wird automatisch ein neues Browserfenster mit der Frontend-Ansicht der Seite geöffnet. Dadurch haben Sie die Möglichkeit, Ihre Eingaben sofort zu kontrollieren.

> Diese Funktion ist nur dann erfolgreich, wenn Ihr Browser Pop-up-Fenster nicht unterdrückt. Sollte bei Ihnen nach dem Anklicken des Symbols kein neues Fenster erscheinen, ändern Sie Ihre Browsereinstellungen. Weitere Hinweise dazu finden Sie im Abschnitt »Die richtigen Browsereinstellungen für TYPO3« auf Seite 388.

Dokument speichern und schließen (Diskette mit X-Symbol)
: Das Dokument wird gespeichert und die Eingabemaske geschlossen. Dies ist sinnvoll, wenn Sie mit der Bearbeitung dieses Dokuments fertig sind und nach dem Speichern direkt zur vorherigen Ansicht wechseln möchten.

Entfernen (Mülleimersymbol)
: Das Dokument oder, besser gesagt, der Datensatz wird gelöscht!

Letzte Änderungen zurücknehmen/ausführen (Pfeilsymbol)
: Hiermit können Sie in einzelnen Schritten Ihre Änderungen wieder zurücknehmen.

Texte und Bilder einfügen

Die neue Seite hat noch keinen Inhalt. Bisher haben Sie nur ein neues weißes Blatt Papier auf Ihren Schreibtisch gelegt, das Sie jetzt mit Text und Bildern füllen können. Dazu klicken Sie im Seitenbaum auf den Titel Ihrer neuen Seite und wählen dann in der Detailansicht dieser Seite das Plussymbol mit dem darunterliegenden Blatt *Einen neuen Datensatz am Anfang dieser Maske erstellen* in der Spalte *Normal* (Abbildung 2-14). Dadurch rufen Sie innerhalb der Detailansicht den Assistenten für neue Inhaltselemente auf und können dort das Inhaltselement *Text* auswählen, indem Sie einfach darauf klicken (Abbildung 2-15).

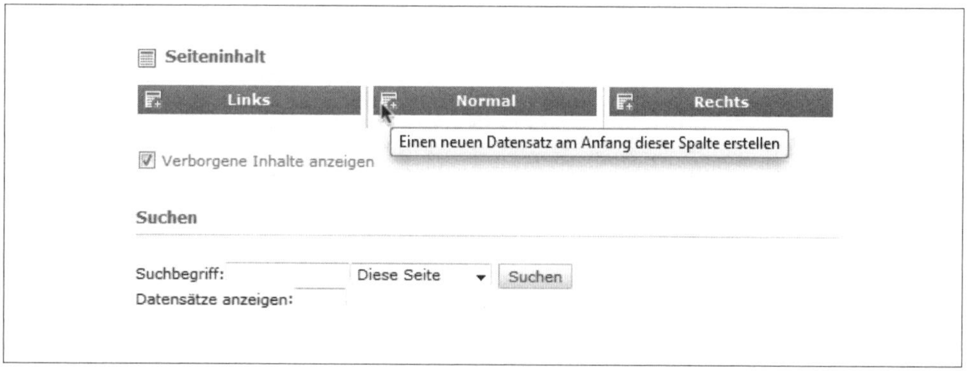

Abbildung 2-14: Ansicht Neuer Datensatz

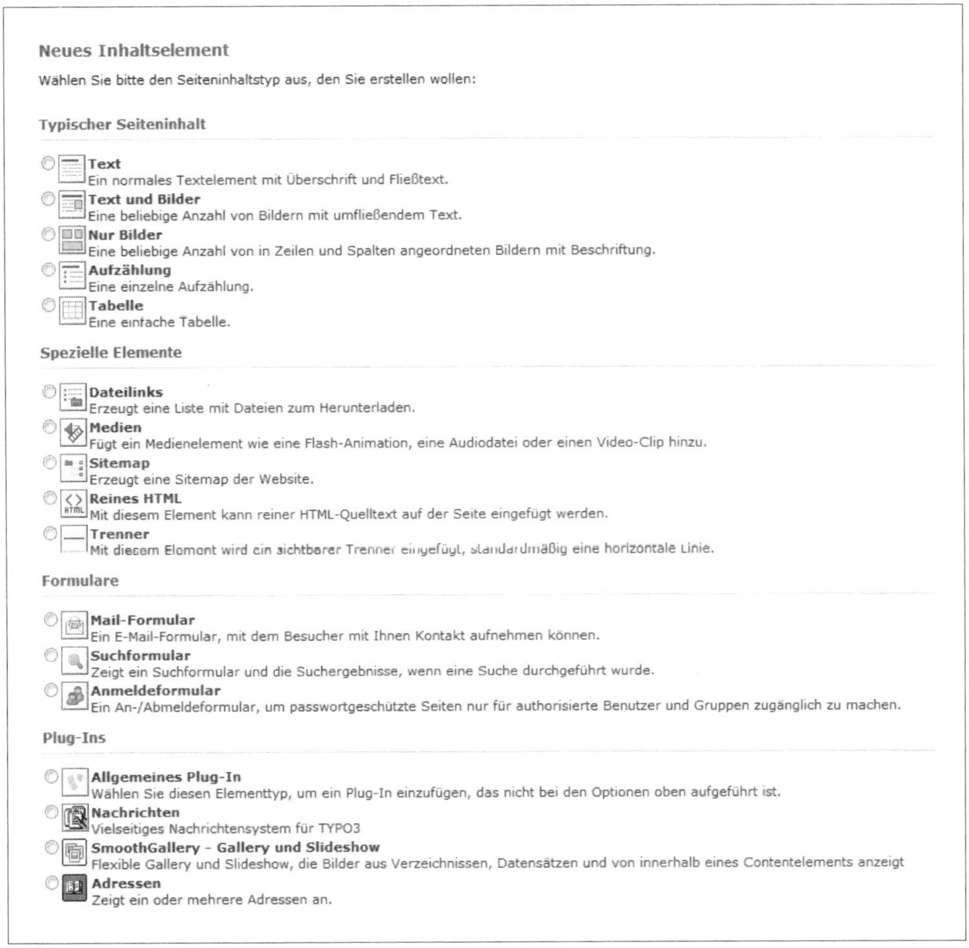

Abbildung 2-15: Assistent für neue Inhaltselemente

Jetzt sehen Sie zum ersten Mal eine Eingabemaske für Seiteninhalte, mit der Sie sich als Redakteur in der Regel hauptsächlich beschäftigen werden (Abbildung 2-16).

Seit Version 4.2 befinden sich die verschiedenen Eingabefelder nicht mehr alle in einer Maske untereinander, sondern wurden gruppiert auf verschiedene Registerkarten verteilt. Ganz oben in der ersten Registerkarte *Allgemein* finden Sie zunächst ein Aufklappmenü mit dem vorgewählten Seitentyp *Text*. Es soll aber ein Text mit Bildern eingepflegt werden. Wählen Sie daher als neuen Typ *Text und Bilder*. TYPO3 weist Sie in einem Hinweisfenster darauf hin, dass die Änderung die zur Verfügung stehenden Eingabefelder beeinflusst, und fragt nach, ob Sie das wirklich möchten. Da Sie aber genau das wünschen – nämlich die bestehenden Texteingabefelder um weitere Bildbearbeitungsfelder zu erweitern –, bestätigen Sie einfach mit *OK* und geben nach der Aktualisierung der Maske eine geeignete Überschrift für Ihren neuen Seiteninhalt ein. Durch den Wechsel auf den Seitentyp *Text und Bilder* ist neben den Registerkarten *Allgemein, Erscheinungsbild* und *Zugriff* noch die Registerkarte *Bilder* hinzugekommen.

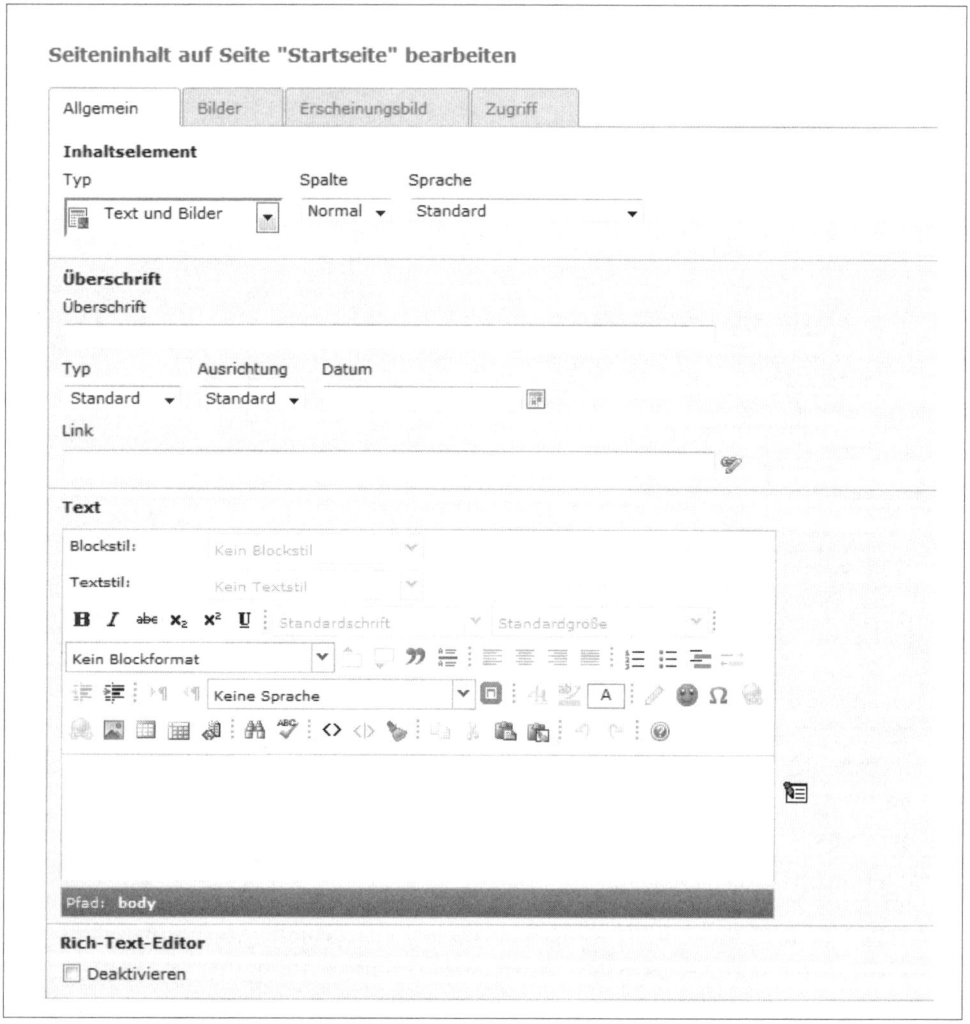

Abbildung 2-16: Eingabemaske für Text und Bilder

Auf der Registerkarte *Allgemein* können Sie nun nach Belieben Text einfügen und diesen über die dort zur Verfügung stehenden Icons – die möglicherweise schon aus Office-Anwendungen bekannten Buttons – formatieren. Bei diesem Bereich handelt es sich um den Rich Text Editor, und dieser ist innerhalb von TYPO3 von immenser Wichtigkeit, sodass ihm in diesem Buch ein eigenes Kapitel gewidmet wird. Freunden Sie sich lieber schon einmal mit ihm an, Sie werden ihm noch sehr häufig begegnen. Versuchen Sie z.B. einmal, einen Text fett auszuzeichnen, indem Sie ihn zunächst mit der Maus markieren und danach das Symbol für *Fett* anklicken. Wenn Sie dieses Symbol nicht sofort finden können, verweilen Sie einfach eine Zeit lang mit der Maus über dem plausibelsten Symbol und warten, bis ein erscheinender Hilfetext Ihnen endgültig Aufschluss gibt.

Oder erstellen Sie einen Hyperlink, indem Sie das Wort oder die Wörter Ihres Texts, die als Linkbezeichnung dienen sollen, markieren und auf das Icon *Link einfügen* klicken. Wählen Sie im dann erscheinenden Fenster die Registerkarte *Externe URL* und tragen Sie in das Feld *URL* hinter *http://* die Adresse einer Website, also z.B. *www.typo3.org*, ein. Bestätigen Sie die Eingabe mit *Link setzen*.

Falls dabei irgendetwas mal noch nicht so ausschaut oder funktioniert wie erhofft – keine Sorge, darauf wird in den einzelnen Kapiteln und speziell im Kapitel 5 über den Rich Text Editor ausführlich eingegangen. Jetzt dürfen Sie noch spielen und ausprobieren. Wechseln Sie zur Registerkarte *Bilder*, um die Bearbeitungsmöglichkeiten für Fotos und Grafiken zu sehen. Die erste und wichtigste Funktion finden Sie hier im Bereich *Bilder und Beschriftungen,* in dem Sie Bilder auf dem Server auswählen und in Ihre Seite einbinden können (Abbildung 2-17).

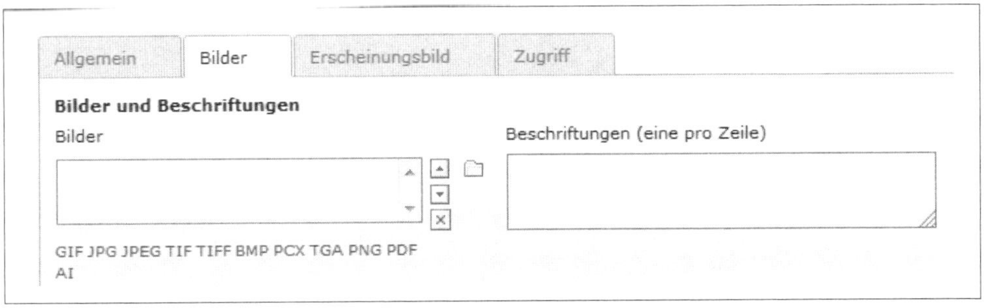

Abbildung 2-17: Der Bereich Bilder und Beschriftungen auf der Registerkarte Bilder

Mit der Funktion *Dateien durchblättern* (Ordnersymbol) öffnet sich ein Pop-up-Fenster, in dem Sie den Verzeichnisbaum des Asset-Ordners sehen bzw. das, was der Administrator Ihnen davon freigegeben hat (Abbildung 2-18). Hier können Sie Bilder aus Ordnern auswählen, neue Ordner erstellen und Bilder von Ihrer lokalen Festplatte auf den Webserver zur späteren Verwendung hochladen. Um ein Bild in die Site einzubauen, wählen Sie zunächst einen Ordner aus, der entweder bereits ein Bild, das Sie verwenden möchten, enthält, oder in den Sie ein Bild hochladen möchten.

Ist das Bild schon auf dem Server, können Sie es durch Klicken auf den Bildtitel auswählen. Um ein neues Bild hochzuladen, nutzen Sie die *Durchsuchen*-Eingabefelder im oberen Bereich des Fensters (Abbildung 2-19). Bei einer TYPO3-Version kleiner als 4.2 müssen Sie ein wenig im Dateibrowserfenster herunterscrollen, bis Sie zu den Eingabefeldern kommen. Durchsuchen Sie dann Ihre eigene Festplatte nach geeignetem Bildmaterial. Mithilfe der Funktion *Hochladen* wird das gewählte Bild schließlich von Ihrer lokalen Festplatte in den von Ihnen festgelegten Ordner auf dem Webserver übertragen.

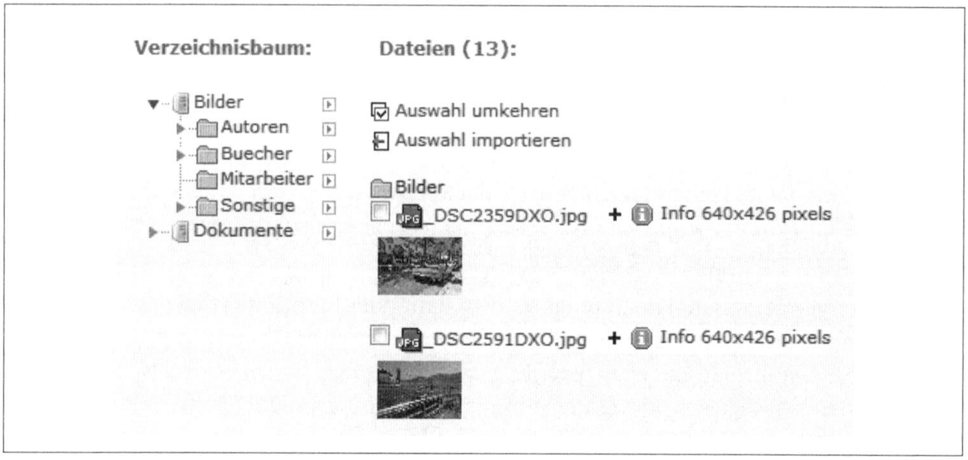

Abbildung 2-18: Pop-up-Fenster mit dem Verzeichnisbaum des Asset-Ordners

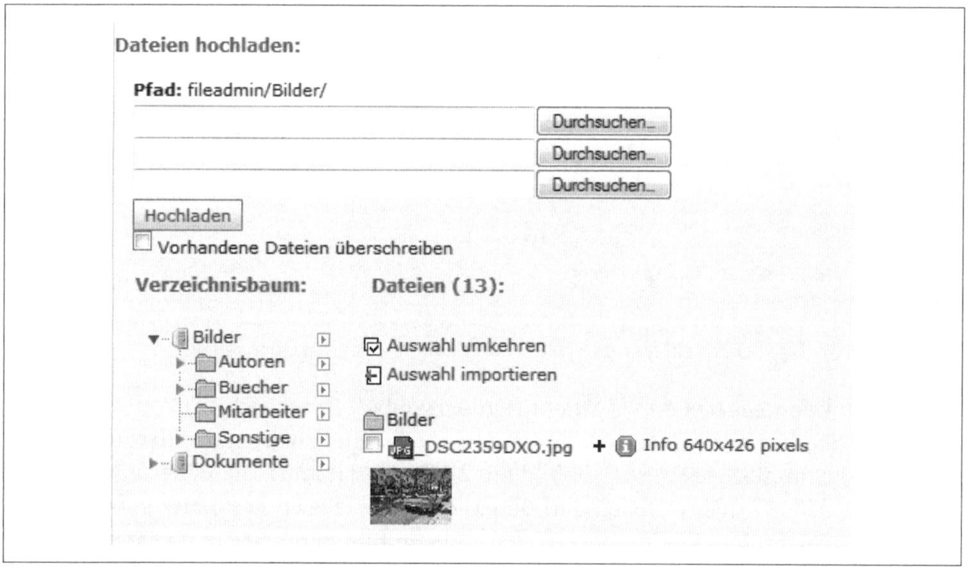

Abbildung 2-19: Upload-Formular für Assets

Die Liste der in diesem Ordner befindlichen Bilder wird automatisch erneuert. Das neue Bild erscheint nun auch in der Liste, und Sie können es ebenso einfach auswählen wie die Bilder zuvor. Hier liegt eine der großen Stärken von TYPO3. Egal was für ein Dateiformat Ihnen vorliegt, ob Sie ein TIFF, ein PDF oder eine AI-Datei einbinden möchten – TYPO3 erstellt daraus automatisch das richtige, webtaugliche Bildformat. Sie wussten noch gar nicht, dass ein bestimmtes Bildformat überhaupt zwingend erforderlich für die Abbildung im Browser ist? Normalerweise ja. Webbrowser können nämlich nur drei Bildformate anzeigen. Dabei handelt es sich um die Formate JPG, GIF und PNG. Ist Ihre Grafik oder Ihr Foto nicht in diesem Format gespeichert worden, müssen Sie sich erst eines Bildbearbeitungsprogramms wie z.B. Photoshop bedienen und die Datei in ein webtaugliches Format konvertieren. Bei vielen Content-Management-Systemen ist das auch notwendig – nicht aber bei TYPO3. Eine eingebundene, auf dem Server installierte Grafiksoftware nimmt Ihnen die Arbeit ab. Deshalb müsste es hier eigentlich auch nicht unbedingt thematisiert werden – aber Ehre, wem Ehre gebührt. Um das Bild im Text zu positionieren oder die Größe festzulegen, können Sie die zur Verfügung stehenden weiteren Bildfunktionen auf der Registerkarte *Erscheinungsbild* nutzen (Abbildung 2-20).

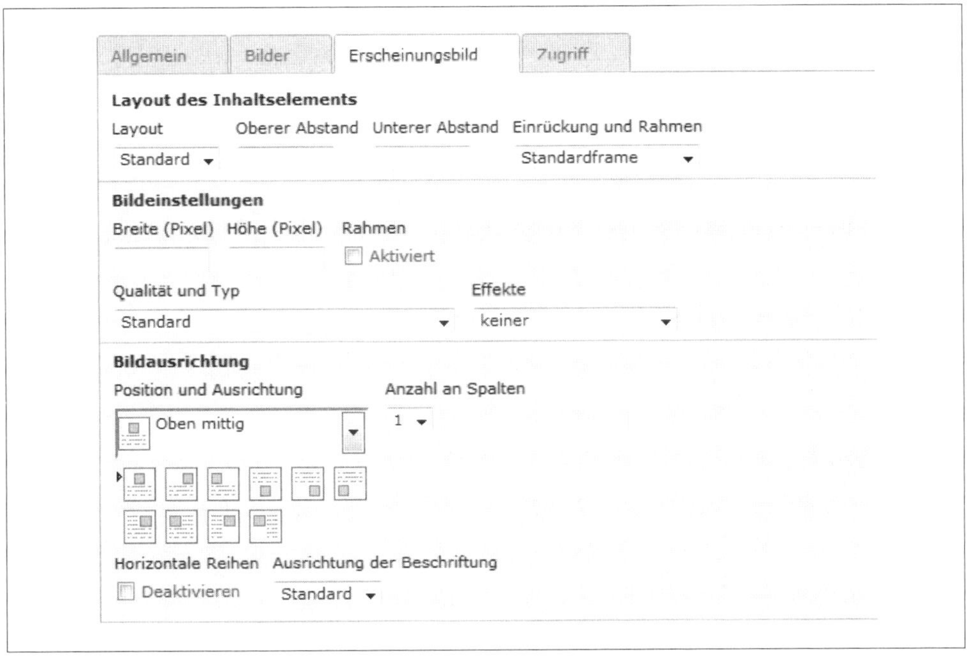

Abbildung 2-20: Bildfunktionen auf der Registerkarte Erscheinungsbild

Um die erste eigene Seite mit dem erstellten und formatierten Inhalt im Frontend zu betrachten, klicken Sie auf das Icon *Dokument speichern und Web-Seite anzeigen* ganz oben in der Maske. TYPO3 öffnet dann ein neues Browserfenster, in dem die Website mit der neuen Seite gezeigt wird.

> Manchmal verhindern Browsereinstellungen (Pop-up-Blocker) das Öffnen eines neuen Fensters. Wie Sie das Problem lösen, lesen Sie im Abschnitt »Die richtigen Browsereinstellungen für TYPO3« auf Seite 388.

Eine Seite mit der Vorschaufunktion betrachten

Haben Sie eine neue Seite mit Inhalten erstellt, möchten Sie diese natürlich auch im Browser überprüfen. Am einfachsten geht das über die Website-Vorschaufunktion von TYPO3. Wählen Sie dazu im Seitenbaum innerhalb der Navigationsleiste die Seite aus, die Sie betrachten möchten, indem Sie auf die Seitenbezeichnung klicken. Bitte achten Sie darauf, dass zuvor auch das Modul *Seite* in der Modulleiste ausgewählt wurde. In der Detailansicht erscheint nun in einer Strukturansicht der Inhalt der gewählten Seite. Ganz oben finden Sie ein Augensymbol. Wenn Sie darauf mit der Maus klicken, öffnet TYPO3 – je nach Browsereinstellung – ein neues Fenster oder eine neue Registerkarte und zeigt Ihnen darin Ihre Seite so an, wie sie auch für jeden anderen Besucher Ihrer Website erscheint.

Eine andere, noch schnellere Möglichkeit bietet der Aufruf der Vorschau aus dem Kontextmenü einer Seite. Dazu müssen Sie ganz einfach per Mausklick auf das Seitensymbol einer Seite im Seitenbaum oder – ab TYPO3-Version 4 – auch per Rechtsklick auf die Seitenbezeichnung das Kontextmenü der Seite aufrufen und dort den allerersten Menüpunkt *Ansehen* auswählen.

Kopieren, Positionieren und Löschen von Elementen

Soll eine einzelne Seite, ein ganzer Seitenast oder ein Inhaltselement woanders ein- oder anders angeordnet werden, kann dies durch *Kopieren* und *Ausschneiden* und anschließendes *Einfügen in* oder *Einfügen nach* entweder im Kontextmenü einer Seite im Seitenbaum oder bei einem Datensatz in der Detailansicht einer Seite erreicht werden.

Seiten kopieren und verschieben

Folgendermaßen gehen Sie vor, wenn Sie Seiten kopieren oder verschieben möchten:

1. Rufen Sie das Kontextmenü der Seite, die anders angeordnet werden soll, durch Klick auf das Seitensymbol auf.
2. Wählen Sie die Funktion *Seitenaktionen → Kopieren* oder *Ausschneiden* (Abbildung 2-21).

Abbildung 2-21: Die Funktionen Kopieren und Ausschneiden

3. Rufen Sie durch Klick auf das Seitensymbol das Kontextmenü der Seite auf, nach der oder in der die soeben kopierte oder ausgeschnittene Seite eingefügt werden soll.
4. Wählen Sie die Funktion *Seitenaktionen → Einfügen in* oder *Einfügen nach* (Abbildung 2-22).

Abbildung 2-22: Die Funktionen Einfügen in und Einfügen nach

Seit TYPO3-Version 4 funktioniert im Seitenbaum auch Drag-and-Drop (Abbildung 2-23). Sie können also, Seiten auch ganz einfach mit der Maus verschieben. Dazu muss zunächst das Seitensymbol oder der Seitentitel angeklickt und bei gehaltener rechter Maustaste an die neue Position geschoben werden. Möchten Sie eine Seite nicht nur verschieben, sondern dabei auch kopieren, halten Sie einfach während des Verschiebens die *Strg-Taste* gedrückt. Um einen eingeleiteten Vorgang abzubrechen, drücken Sie zusätzlich noch die *Esc-Taste.*

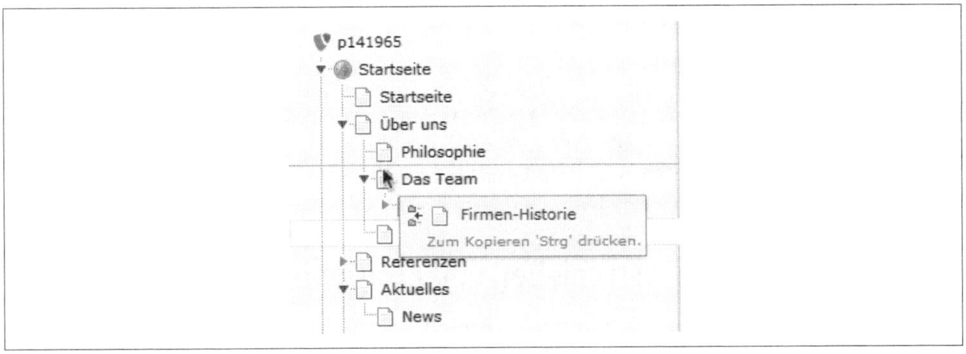

Abbildung 2-23: Kopieren und Verschieben von Seiten mit Drag-and-Drop

Die Veränderungen durch Kopieren und Verschieben von Seiten haben sofort Auswirkungen auf die Navigation im Frontend der Website.

Seiten löschen

Um eine Seite zu löschen, müssen Sie das Kontextmenü der Seite und die Funktion *Seitenaktionen → Löschen* aufrufen. TYPO3 fragt zur Sicherheit noch mal nach, ob die Seite wirklich gelöscht werden soll – löscht die Seite dann aber klaglos, wenn der *OK*-Button angeklickt wird.

1. Rufen Sie das Kontextmenü der Seite, die gelöscht werden soll, auf.
2. Wählen Sie die Funktion *Seitenaktionen → Löschen* (Abbildung 2-24).

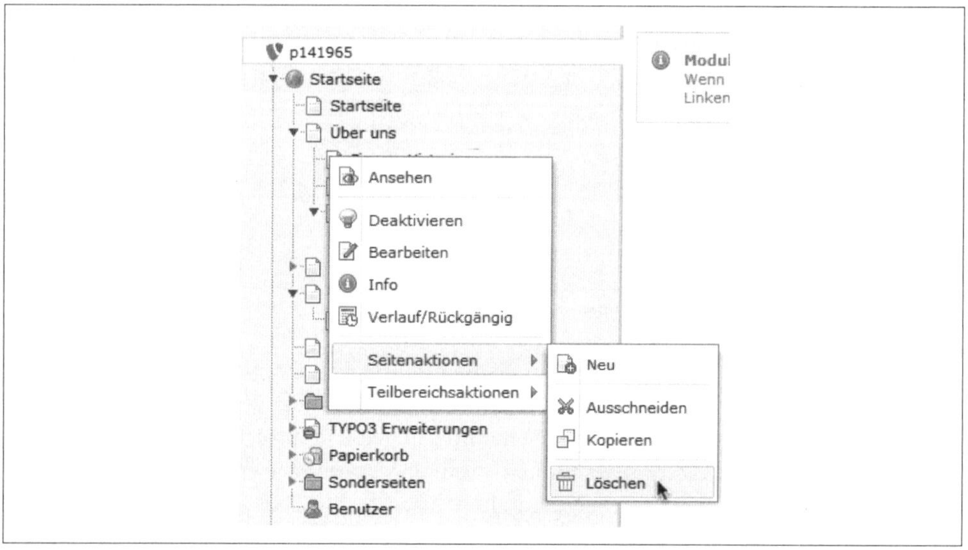

Abbildung 2-24: Funktion Löschen

3. Bestätigen Sie die Abfrage mit *OK*.

Möchten Sie eine Seite mit Unterseiten kopieren, verschieben oder löschen und bemerken, dass TYPO3 die Aktion nur mit der Hauptseite ohne Unterseiten durchgeführt hat, kann das an Ihren Benutzereinstellungen liegen. Weitere Hinweise dazu finden Sie im Abschnitt »TYPO3 personalisieren: Benutzereinstellungen« auf Seite 377.

Datensätze kopieren, verschieben und positionieren

Auch Seiteninhalte können ganz einfach kopiert, verschoben und auf der Seite positioniert werden:

1. Klicken Sie im Seitenbaum auf die Bezeichnung der Seite, die die Datensätze enthält.
2. Im rechten Detailbereich sehen Sie den Seiteninhalt mit allen auf dieser Seite vorhandenen Datensätzen in einer kompakten Strukturansicht (Abbildung 2-25). Jedes Element ist dabei mit einem Symbol und einer Typbezeichnung versehen. Wählen Sie das zu kopierende Element aus, indem Sie das Icon vor der Typbezeichnung anklicken, und wählen Sie im Kontextmenü *Kopieren* oder *Ausschneiden*. TYPO3 weiß jetzt, welches Element kopiert oder verschoben werden soll.

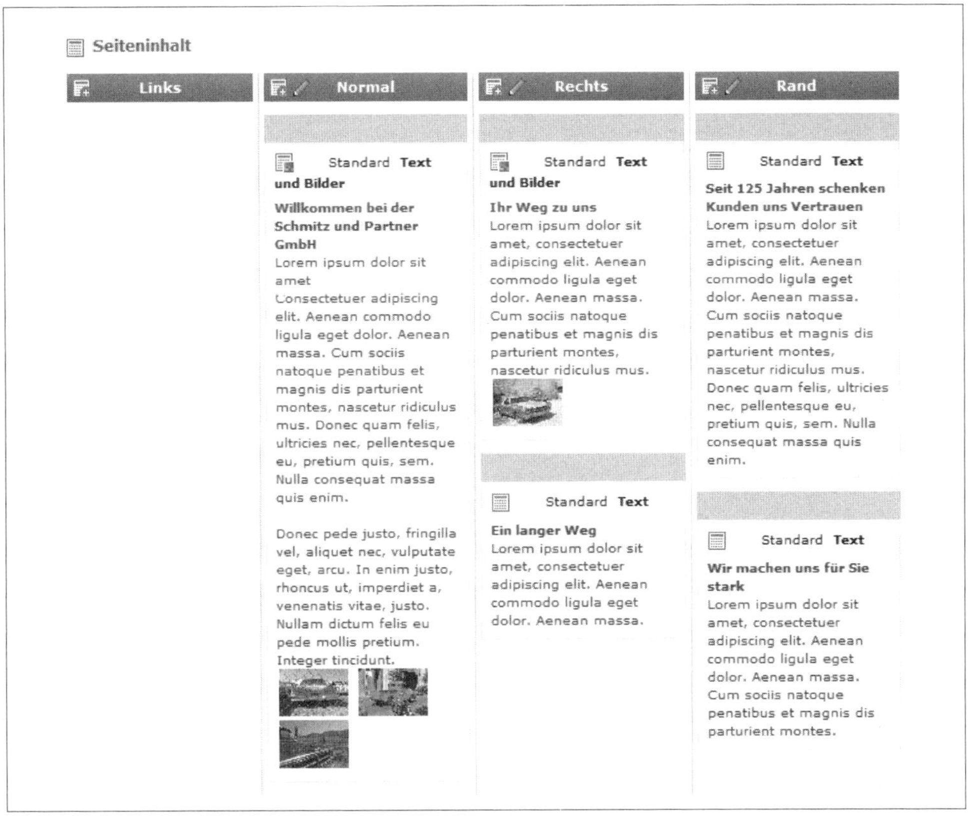

Abbildung 2-25: Detailbereich mit der Strukturansicht der Seiteninhalte

3. Rufen Sie das Kontextmenü der Seite, in die das Element kopiert oder verschoben werden soll, im Seitenbaum durch Klicken auf das Blattsymbol vor der Seitenbezeichnung auf und wählen Sie dort *Einfügen in*.
4. Um den eingefügten Inhalt innerhalb einer Seite zu positionieren, müssen Sie zuerst die Detailansicht einer Seite durch Anklicken der Seitenbezeichnung aufrufen. Alle Datensätze sind mit Pfeilen versehen, die die Positionierung der Datensätze (Verschieben um eine Position nach oben oder nach unten) innerhalb einer Seite per Mausklick ermöglichen. Ab Version 4.5 erscheinen diese Icons erst, wenn Sie mit der Maus über das Inhaltselement fahren (Abbildung 2-26).

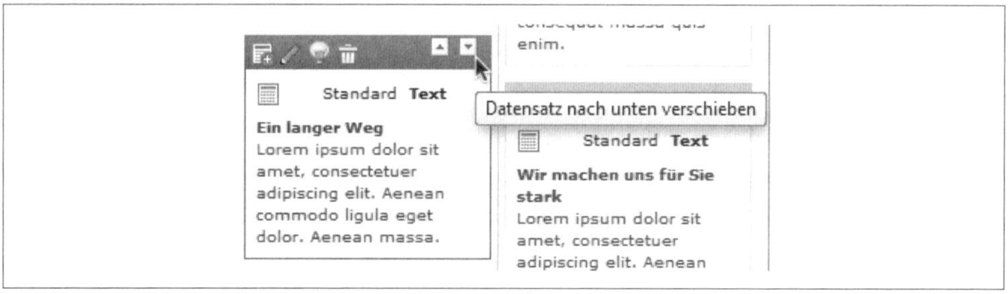

Abbildung 2-26: Datensätze mit Pfeilen für die Positionierung innerhalb der Seite

Datensätze löschen

Sie können jeden Datensatz entweder mit dem kleinen Mülleimersymbol in der übergeordneten Iconleiste löschen oder wahlweise über das Kontextmenü. Gehen Sie dazu wie folgt vor:

1. Klicken Sie im Seitenbaum auf die Bezeichnung der Seite.
2. Im rechten Bereich sehen Sie den Seiteninhalt mit allen auf dieser Seite vorhandenen Seitenelementen. Wählen Sie das zu löschende Element aus, indem Sie mit der Maus auf das Inhaltselement fahren und das dann erscheinende Mülleimersymbol anklicken (Abbildung 2-27).

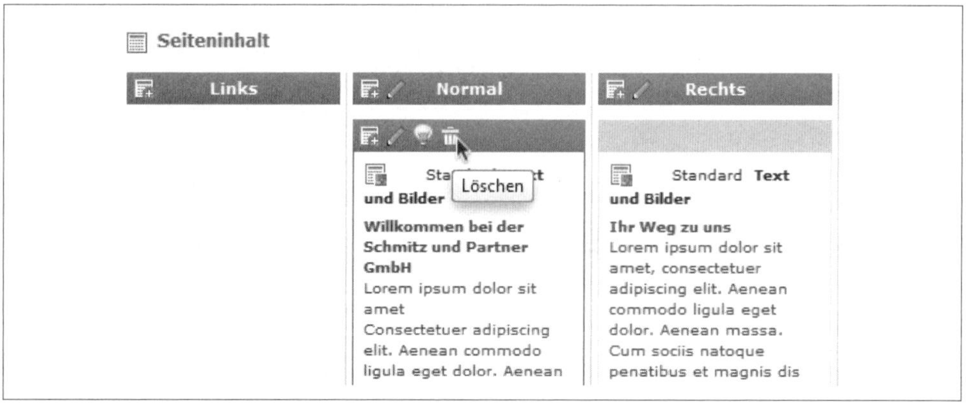

Abbildung 2-27: Inhaltselement mit eingeblendetem Löschensymbol

Die Module von TYPO3

Um die verschiedenen Aufgaben bei der täglichen Arbeit eines Webredakteurs zu bewältigen, stellt TYPO3 Ihnen verschiedene Funktionen – unterteilt in mehrere Funktionsgruppen – zur Verfügung. Diese Funktionsgruppen werden in TYPO3 Modulgruppen genannt. Die Modulgruppen von TYPO3 werden in der linken Modulleiste des Backends aufgeführt. Je nach Konfiguration Ihrer Benutzerrechte finden Sie als Redakteur dort die

Modulgruppen *Web*, *Datei*, *Benutzerwerkzeuge* und *Hilfe*. Die einzelnen Modulgruppen können Sie bei Bedarf über ein kleines Pfeilsymbol ▾ öffnen und schließen und damit für mehr Übersicht in der Modulleiste sorgen. Im Grunde ist die Modulleiste von TYPO3 mit den Modulgruppen und den einzelnen Modulen vergleichbar mit der Menüleiste einer Desktop-Software wie zum Beispiel Word oder OpenOffice. Diese Programme haben meist eine horizontale Menüleiste mit verschiedenen Aufklappmenüs wie z. B. *Datei*, *Bearbeiten*, *Ansicht*, *Einfügen* usw. Die einzelnen Menüpunkte ähneln dabei den Modulgruppen in TYPO3. Die Menüpunkte der Desktop-Anwendungen haben oft noch weitere Unterpunkte wie z. B. der Menüpunkt *Datei* mit den Unterpunkten *Neu*, *Öffnen*, *Zuletzt benutzte Dokumente* usw. Diese Unterpunkte sind wiederum mit den Submodulen von TYPO3 vergleichbar.

Die wichtigsten Module für Redakteure sind die Module *Web* und *Datei*, mit denen Sie bei Ihrer Arbeit häufig zu tun haben werden. Im Folgenden werden zunächst die wichtigsten Symbole und Funktionen der einzelnen TYPO3-Module erläutert und dann alle dem Redakteur zur Verfügung stehenden Modulgruppen und Module kurz vorgestellt.

In manchen TYPO3-Dokumentationen werden die Modulgruppen auch als Module und die einzelnen Module der Modulgruppen als Submodule bezeichnet.

Die wichtigsten Symbole und Funktionen

In vielen TYPO3-Modulen finden Sie im Kopfbereich der Detailansicht eine Pfadangabe. Der Pfad soll für mehr Orientierung sorgen und Ihnen zeigen, wo Sie sich im Moment befinden, also welche Seite oder Unterseite Sie im Seitenbaum ausgewählt haben und im Moment bearbeiten können (Abbildung 2-28).

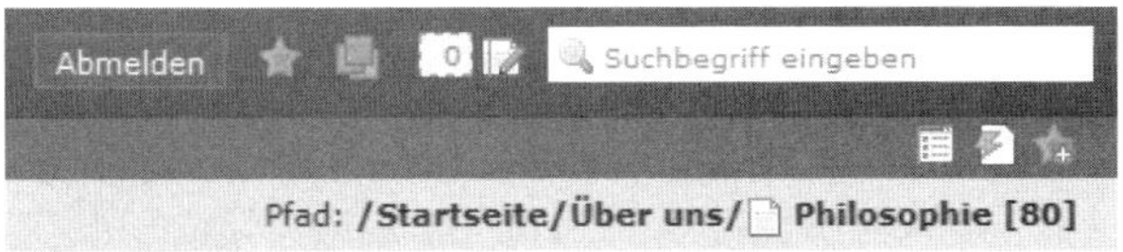

Abbildung 2-28: Pfadangabe im Kopfbereich der Detailansicht

Die Module von TYPO3 kennen eine größere Anzahl unterschiedlicher Symbole, die an vielen Stellen des Backends gleich mehrmals auftauchen und auch in Kontextmenüs verwendet werden. Teilweise sind bestimmte Funktionen oder Editiermöglichkeiten in Modulen sogar gleich doppelt oder dreifach vorhanden und stehen Ihnen als Symbole und zusätzlich als Button zur Verfügung. Dabei haben manche Symbole – je nachdem, in welchem Kontext sie erscheinen – bei gleichem Erscheinungsbild manchmal eine leicht unterschiedliche Funktionsweise. In der unten stehenden Auflistung finden Sie hinter jedem Symbol, durch einen Schrägstrich getrennt, die im Backend verwendeten Funktionen für das Symbol. Am einfachsten können Sie im Backend die genaue Funktion eines Symbols herausbekommen, indem Sie mit der Maus darüberfahren und kurz warten, bis ein Tooltipp erscheint und Sie per Informationstext über die Funktionsweise des Symbols aufklärt.

Die nachfolgende Aufstellung versucht, etwas Ordnung und Übersicht in die – zugegeben – oft verwirrende Symbolvielfalt von TYPO3 zu bringen, indem gleiche Symbole mit ähnlichen Funktionen in Gruppen zusammengefasst erläutert werden:

Kontextmenü aufrufen
: Ruft das Seitenkontextmenü auf, so wie es auch im Seitenbaum durch Klick auf ein Seitensymbol erscheint.

Datensatzliste anzeigen
: Listet bei Mausklick entweder die Unterseiten einer Seite (bei Klick auf eine Seite mit Unterseiten) oder die Inhaltselemente einer Seite (bei Klick auf eine Seite ohne Unterseite) auf.

Web-Seite anzeigen
: Öffnet je nach Browsereinstellung eine Vorschau der Seite in einem neuen Browserfenster oder in einer neuen Registerkarte.

Änderungsverlauf des Datensatzes anzeigen/Rückgängig
: Öffnet die Ansicht *Bearbeitungsverlauf anzeigen* mit einer visuellen Übersicht aller Änderungen am momentan gewählten Element. Hier können Änderungen auch rückgängig gemacht werden. Weitere Informationen zum Umgang mit dem Änderungsverlauf finden Sie im Abschnitt »TYPO3 ist keine Einbahnstraße: Rückgängig machen und Änderungsverlauf« auf Seite 346.

Neues Inhaltselement anlegen/Erstelle einen neuen Datensatz am Anfang dieser Spalte/Neuen Datensatz nach diesem einfügen (auch als Button verfügbar)
: Im Grunde erzeugen Sie mit diesem Symbol immer einen neuen Datensatz, also ein neues Seiteninhaltselement. Je nachdem, in welchem Kontext Sie das Symbol anklicken, wird der neue Datensatz z. B. am Anfang einer Spalte oder nach einem bereits existierenden Inhaltselement angelegt.

Seite verschieben (auch als Button verfügbar)/Datensatz verschieben
: Mit dem Symbol kann entweder eine Seite im Seitenbaum oder ein Datensatz neu positioniert werden. Wird eine Seite verschoben, taucht nach dem Klick auf das Symbol in der Detailansicht ein Ausschnitt des Seitenbaums auf, in dem die neue Position für die Seite per Mausklick ausgewählt werden kann. Im Modul *Liste* erscheint das Symbol mit der Funktion für das Verschieben von Datensätzen. Damit kann die Position eines Datensatzes innerhalb einer Seite neu definiert werden.

Neue Seite anlegen (auch als Button)/Neue Seite nach dieser anlegen
: Hiermit wird eine neue Seite im Seitenbaum erzeugt.

Bearbeiten/Diese Spalte bearbeiten/Seiteneigenschaften bearbeiten (auch als Button verfügbar)/Datensatz bearbeiten
: Das Stiftsymbol wird im TYPO3-Backend sehr häufig benutzt und signalisiert immer die Möglichkeit, entweder ein TYPO3-Inhaltselement oder die Eigenschaften einer

Seite zu bearbeiten. Das Symbol mit der Funktion *Diese Spalte bearbeiten* bewirkt, dass, in einer Editiermaske zusammengefasst, alle Inhaltselemente einer Spalte gemeinsam untereinander aufgerufen werden und somit effizient überarbeitet werden können.

Nach unten verschieben bzw. *Nach oben verschieben*
Hiermit können Inhaltselemente auf der Seite ganz einfach per Mausklick um jeweils eine Position nach oben oder eine Position nach unten verschoben werden.

Verbergen/Seite verstecken/Deaktivieren
Damit machen Sie ganze Seiten oder einzelne Inhaltselemente im Frontend für die Besucher unsichtbar. Wenn Sie diese Option nutzen, kann es sein, dass nicht nur den Frontend-Besuchern die Elemente verborgen bleiben. Auch im Backend kann es passieren, dass diese für Sie dann nicht mehr sichtbar sind. Mit der Option *Verborgene Inhalte anzeigen* in der Detailansicht schalten Sie die Ansicht von versteckten Elementen im Backend ein bzw. aus.

Seite sichtbar machen/Nicht verbergen/Aktivieren
Das Pendant zu den Optionen *Verbergen/Seite verstecken* (siehe oben). Hiermit können Sie zuvor auf versteckt gestellte Elemente wieder im Frontend sichtbar machen.

Löschen
Über dieses Symbol können Elemente gelöscht werden.

Cache dieser Seite löschen
TYPO3 speichert aus Gründen der Performance eine Seite mit allen Elementen in einer Art Zwischenspeicher. Diesen Zwischenspeicher nennt man Cache. Manchmal ist es notwendig, diesen Cache zu löschen, damit TYPO3 beim nächsten Aufruf der Seite im Frontend die Seite neu aus der Datenbank zusammenbaut und somit den aktuellen Stand der Seite im Backend auch im Frontend der Website anzeigt. Weitere Informationen zu diesem Thema finden Sie im Abschnitt »Menü Speichern/Schließen und Cache löschen« auf Seite 58.

Neu laden/Baumansicht aktualisieren
Lädt den Seitenbaum bzw. die Detailansicht neu und aktualisiert die Inhalte.

Eine Ebene höher gehen
Wird dieses Symbol angeklickt, springt man im Seitenbaum eine Ebene höher. Das bedeutet: Befindet man sich auf einer Unterseite, springt man bei einem Klick auf das Symbol auf die nächstliegende übergeordnete Seite.

Informationen anzeigen
Beim Klicken öffnet sich ein Fenster, das in einer Tabelle folgende Informationen zur ausgewählten Seite anzeigt: *Typ*, *Seitentitel*, *Alias*, *Seite verstecken*, *Start*, *Stop*, *Zugriff*, *URL*, *Ziel*, *Nicht cachen*, *Shortcut zur Seite*, *Stichworte*, *Beschreibung*, *Inhaltsangabe*, *'Neu' bis*, *Letzte Änderung* und *Cache verfällt*.

Versionen anzeigen
Leitet Sie weiter zu einer Ansicht des Moduls *Versionierung*, in der die verschiedenen Versionen einer Seite aufgelistet werden. Hier können Sie bestehende Versionen

bearbeiten und eine neue Version der Seite erstellen. Falls bereits eine oder mehrere Versionen einer Seite vorhanden sind, ändert sich das Symbol. Dann zeigt eine Zahl die Anzahl bereits angelegter Versionen an 1. In der aktuellen TYPO3-Version 4.5 funktioniert bei Drucklegung dieses Buchs die Versionierung allerdings nicht mehr richtig. Weiterführende Informationen zu diesem Thema finden Sie in Kapitel 11, *Workspaces und Workflow*.

Zugriffsrechte für Seite einstellen
Ein Klick auf das Symbol leitet Sie direkt weiter zur Ansicht des Moduls *Zugriff*. Hier können Sie die Rechte für Benutzer und Benutzergruppen an der Seite vergeben und anpassen.

Diese Seite hinter die derzeit übergeordnete Seite verschieben (einwärts)
Damit lässt sich die Position einer Seite im Seitenbaum mit einem Klick verändern. Die gewählte Seite wird dann genau hinter die übergeordnete Seite verschoben. Ein Beispiel: Im Seitenbaum existieren die Seiten »Eins« und »Zwei«. Bei beiden Seiten handelt es sich um übergeordnete Seiten, die jeweils noch die Unterseiten »Unterseite eins« und »Unterseite zwei« haben. Wird in der Detailansicht des Moduls *Liste* das Symbol von »Unterseite zwei« angeklickt, wird diese Seite sofort hinter Seite »Eins« verschoben:

Vorher	Nachher
Eins	Eins
– Unterseite eins	– Unterseite eins
– Unterseite zwei	Unterseite zwei
Zwei	Zwei
– Unterseite eins	– Unterseite eins
– Unterseite zwei	– Unterseite zwei

Diese Seite als Unterseite in die derzeit vorhergehende Seite verschieben (auswärts)
Macht eine Seite zur Unterseite der im Seitenbaum über ihr stehenden Seite. Ein Beispiel: Die Seite »Eins« besitzt die Unterseiten »Unterseite eins« und »Unterseite zwei«. Wird das Symbol in der Detailansicht des Moduls *Liste* bei der Seite »Unterseite zwei« angeklickt, verschiebt sich diese Seite und wird zur neuen Unterseite der darüberliegenden Seite »Unterseite eins«:

Vorher	Nachher
Eins	Eins
– Unterseite eins	– Unterseite eins
– Unterseite zwei	– – Unterseite zwei

Kopieren und Ausschneiden
Hierüber lassen sich in der Listenansicht Seiten kopieren bzw. ausschneiden und in die Zwischenablage transferieren. Weitere Informationen zum Umgang mit der Zwischenablage finden Sie im Abschnitt »Die Zwischenablage: Mehrere Inhalte gleichzeitig bearbeiten« auf Seite 341.

Einfügen nach
Der Inhalt der Zwischenablage wird nach dem Datensatz eingefügt, dem das Symbol zugeordnet ist.

Einfügen in
Der Inhalt der Zwischenablage wird in die Seite eingefügt, der das Symbol zugeordnet ist.

Suchfunktion

In TYPO3 stehen Ihnen drei Suchfunktionen zur Verfügung: Mit der TYPO3-Suchfunktion der Detailansicht können Sie in den Datenbankfeldern aller Inhaltselemente suchen (Abbildung 2-29). Über das Aufklappmenü zur Auswahl der Ebenentiefe rechts neben dem Suchfeld können Sie bestimmen, in wie vielen Ebenen von Unterseiten gesucht werden soll. Eine systemweite Suche befindet sich hinter dem Lupensymbol ganz oben rechts.

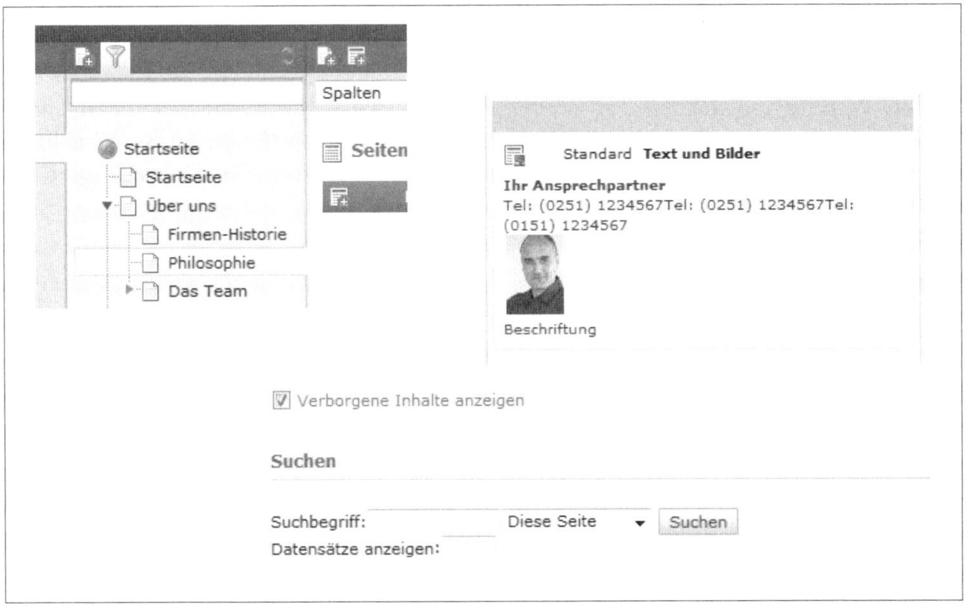

Abbildung 2-29: Suchfunktionen in der Navigationsleiste und in der Detailansicht

Mit der Suchfunktion in der Navigationsleiste (wenn ein Submodul aus der Modulgruppe *Web* gewählt wurde) können Sie nach Seiten im Seitenbaum suchen oder, besser gesagt, bestimmte Seiten ausfiltern. Geben Sie in das Suchfeld einen Begriff ein, der in einer Seitenbezeichnung vorkommt, werden alle Seiten bis auf diejenigen, die den Suchbegriff enthalten, in Hellgrau dargestellt. Sollte sich ein Treffer in einem zugeklappten Seitenast befinden, wird die Hauptseite des Seitenasts als Treffer markiert, auch wenn der Suchbegriff dort selbst nicht vorhanden ist.

Die Modulgruppe Web

Im Modul *Web* editieren und strukturieren Sie die Inhalte Ihrer Website und definieren deren Erscheinungsbild im Frontend. Hier legen Sie die Seiten und Inhalte an, bearbeiten sie, und hier können Sie sich Ihre Seiten auch als Vorschau anzeigen lassen. Die Modulgruppe *Web* beinhaltet folgende Module:

Seite

Mit dem Modul *Seite* legen Sie neue Seiten und Seiteninhalte an und editieren diese. Bei Klick auf *Seite* erscheint in der Navigationsleiste der Seitenbaum. Wenn Sie hier eine Seite mit einem weiteren Mausklick auf die Seitenbezeichnung auswählen, wird der Inhalt der Seite im Detailbereich in einer Strukturansicht angezeigt. In der Detailansicht stehen Ihnen die vier Ansichten *Spalten*, *Schnelleingabe*, *Sprachen* und *Seiteninformationen* zur Verfügung. Die Ansicht *Sprache* steht Ihnen nur zur Verfügung, wenn bereits eine weitere Website-Sprache angelegt wurde. Mehr zum Anlegen von Sprachen finden Sie im Abschnitt »Eine neue Website-Sprache anlegen« auf Seite 104. Zwischen verschiedenen Ansichten können Sie über ein Aufklappmenü rechts oben im Detailbereich wechseln (Abbildung 2-30).

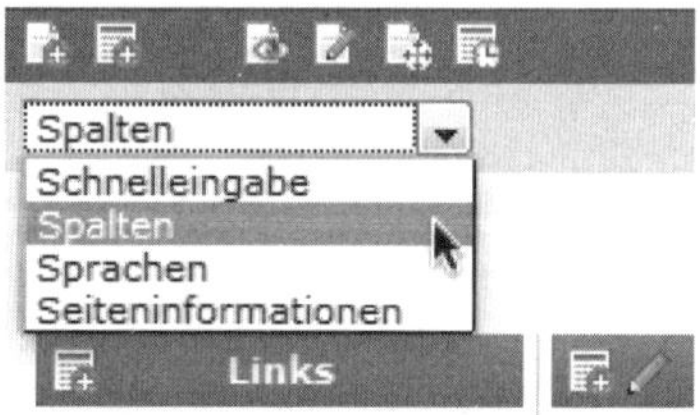

Abbildung 2-30: Aufklappmenü zum Wechseln der Ansichten in der Detailansicht

Die Ansicht Spalten

In dieser Ansicht können Sie Seiten und Inhalte erstellen, die Seiteneigenschaften und die Inhaltselemente einer Seite bearbeiten und die Datensätze verschiedenen Spalten zuordnen. Mehr über die Arbeit mit Spalten erfahren Sie im Abschnitt »Wohin mit dem Content? Die Arbeit mit Spalten« auf Seite 174.

Im unteren Bereich der Ansicht *Spalten* finden Sie das Optionsfeld *Verborgene Inhalte anzeigen*. Aktivieren Sie diese Option, damit neben den sichtbaren Inhaltselementen auch versteckte Inhalte in der Detailansicht des Backends angezeigt werden. Wie Sie Seiten oder Inhalte verstecken, erfahren Sie im Abschnitt »Typübergreifende Angaben« auf Seite 181.

Die Ansicht Schnelleingabe
In der Ansicht *Schnelleingabe* springen Sie direkt zur Editiermaske des ersten Inhaltselements der Haupt-Content-Spalte und können dieses dort auch sofort bearbeiten. Die weiteren Inhaltselemente dieser Seite stehen Ihnen am unteren Ende der Editiermaske im Bereich *Inhaltselemente auf dieser Seite* zur Verfügung. Weitere Informationen zur Arbeit mit der Ansicht *Schnelleingabe* finden Sie in Kapitel 6, *Inhalte anlegen und editieren*.

Die Ansicht Sprachen
In der Ansicht *Sprachen* können Sie von einer Seite und deren Inhalten neue Übersetzungen anlegen und die verschiedenen, bereits vorhandenen Sprachversionen bearbeiten. Wie Sie mehrsprachige Websites anlegen und bearbeiten, erfahren Sie im Abschnitt »Eine neue Website-Sprache anlegen« auf Seite 104.

Die Ansicht Seiteninformationen
Hier bekommen Sie einen Überblick über die wichtigsten Seiteninformationen und Zugriffsstatistiken für einzelne Seiten. Angezeigt werden: *Erstellungsdatum*, *Änderungsdatum der Seite* und *Änderungsdatum des Inhalts*.

Anzeigen

Das Modul *Anzeigen* lädt eine Vorschau Ihrer Website in die Detailansicht des Backends. Sie können hier dann direkt Änderungen an den einzelnen Elementen vornehmen. Alle in dieser Ansicht bearbeitbaren Inhalte werden dabei mit einem kleinen Stiftsymbol markiert. Die Stiftsymbole können angeklickt werden, TYPO3 ruft dann sofort eine Editiermaske auf, in der das Element bearbeitet werden kann. Diese Arbeitsweise wird in TYPO3 *Frontend Editing* genannt. Mehr über Frontend Editing erfahren Sie im Abschnitt »Frontend Editing: Durch die Vordertür ins Backend« auf Seite 225.

Liste

Im Modul *Liste* bekommen Sie eine Übersicht aller Datensätze der aufgerufenen Seite. Die einzelnen Datensätze werden darin für Sie übersichtlich aufgelistet. Wenn Sie die Option *Erweiterte Ansicht* im unteren Bereich der Detailansicht einschalten, wird hinter jedem Datensatz der Liste eine Werkzeugpalette mit Symbolen für die Bearbeitung zur Verfügung gestellt (Abbildung 2-31). Damit können Sie sich unter anderem die Website als Vorschau anzeigen lassen, den Datensatz bearbeiten, die Seite verschieben, die Reihenfolge der Inhalte ändern und kopieren oder sich den Änderungsverlauf eines Datensatzes anzeigen lassen. Die Symbole variieren je nach Art des Datensatzes. Einen

Überblick und die Erläuterung aller Symbole finden Sie unter »Die wichtigsten Symbole und Funktionen« auf Seite 39.

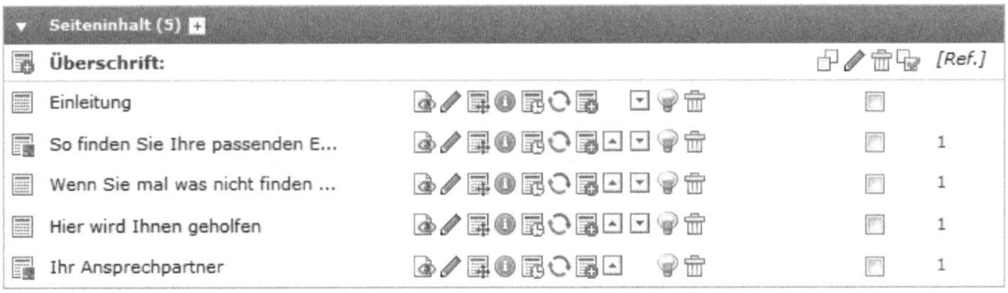

Abbildung 2-31: Die Detailansicht des Moduls Liste in der erweiterten Ansicht

Das Modul *Liste* bietet Ihnen auch die Möglichkeit, mehrere Inhaltselemente auf einmal mithilfe der Zwischenablage zu bearbeiten. Weitere Informationen dazu finden Sie im Abschnitt »Die Zwischenablage: Mehrere Inhalte gleichzeitig bearbeiten« auf Seite 341.

Info

Das Modul *Info* zeigt Ihnen wichtige Informationen zur ausgewählten Seite an. Hier finden Sie u.a. Statistiken, Analysen, Infos zum Cache, Änderungsverläufe, Logdaten usw. Das Modul stellt Ihnen – ähnlich wie das Modul *Seite* – unterschiedliche Ansichten zur Verfügung:

Seitenbaum-Übersicht

In dieser Ansicht werden übersichtlich die Seiten des Seitenbaums mit verschiedenen Informationen wie z.B. Seitentitel, Alias, Zeitsteuerungsdaten (Start, Stop, Optionen), Zugriffsbeschränkung usw. aufgelistet. Über die Stiftsymbole können die einzelnen Angaben auch direkt bearbeitet werden.

Unter *Seiteninformationen* im unteren Bereich der Detailansicht erfahren Sie, wer die Seite erstellt hat, wann das geschehen ist und zu welchem Zeitpunkt die letzten Änderungen an der Seite oder am Seiteninhalt vorgenommen wurden.

Übersetzungsübersicht

Wurden bereits mehrere Sprachen in TYPO3 angelegt, wird in dieser Ansicht dargestellt, welche Seiten und Seiteninhalte bereits in einer weiteren Sprachversion angelegt wurden. Mehr Infos zum Thema »Mehrsprachige Websites« gibt es im Abschnitt »Eine neue Website-Sprache anlegen« auf Seite 104.

Log

Hier finden Sie eine Historie darüber, welche Änderung von welchem Benutzer an Seiten und Seiteninhalten vorgenommen wurde.

Zugriff

Mit dem Modul *Zugriff* können Sie die Rechte für Redakteure an Seiten vergeben und anpassen. Das bedeutet, Sie bestimmen dadurch, an welchen Seiten welcher Redakteur was ändern kann. Auch das Modul *Zugriff* kennt unterschiedliche Ansichten, die in einem Aufklappmenü rechts oben im Detailbereich ausgewählt werden können:

Rechte

Um die Rechte für eine Seite einzustellen, wählen Sie die Seite zunächst im Seitenbaum in der Navigationsleiste aus. Klicken Sie dann in der Detailansicht auf das Stiftsymbol, das der Seite zugeordnet ist, deren Rechte Sie vergeben möchten. Es erscheint eine Rechtematrix, in deren oberem Bereich die Seite einem Besitzer und einer Benutzergruppe zugeordnet werden kann (Abbildung 2-32).

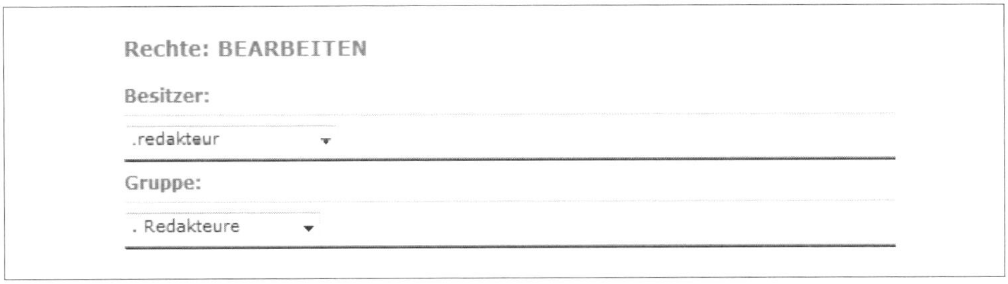

Abbildung 2-32: Aufklappmenüs für Besitzer und Benutzergruppe

Durch das Zuweisen einer Gruppenzugehörigkeit können die Rechte an Seiten gleich mehreren Redakteuren auf einmal verliehen werden. Im Bereich *Rechte* können Sie die einzelnen Rechte genau festlegen und darüber bestimmen, welche Möglichkeiten Sie dem Besitzer der zuvor ausgewählten Gruppe oder allen Redakteuren des Backends gemeinsam einräumen möchten. Damit legen Sie fest, wer die Seite überhaupt im Seitenbaum zu sehen bekommt, wer die Inhalte und die Seiteneigenschaften bearbeiten kann, wer eine Seite löschen oder neue Seiten anlegen darf (Abbildung 2-33).

Abbildung 2-33: Der Bereich Rechte

Um die Rechte auch auf eventuell vorhandene Unterseiten der gewählten Seite zu vererben, können Sie in einem Aufklappmenü die Ebenentiefe auswählen, auf die Ihre Angaben rekursiv angewendet werden sollen (Abbildung 2-34).

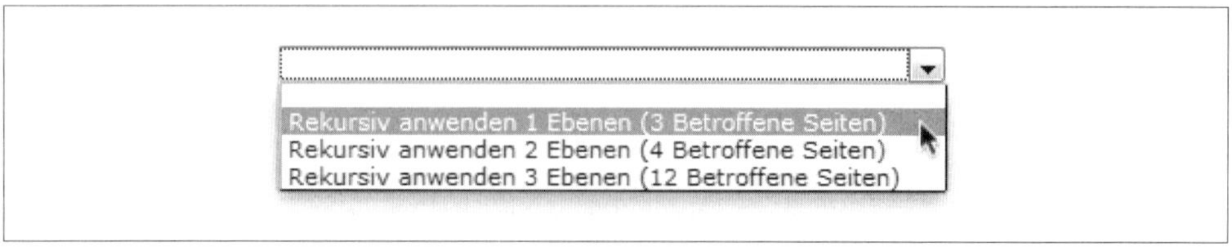

Abbildung 2-34: Aufklappmenü zur Einstellung der Ebenentiefe

Benutzer-Übersicht

Um sich die vergebenen Rechte von Seiten übersichtlich anzeigen zu lassen, können Sie im Aufklappmenü die Ansicht *Benutzer-Übersicht* wählen. In einer Legende im unteren Bereich der Ansicht werden die hier verwendeten Symbole aufgelistet mit einer Erklärung ihrer Bedeutung. Über die Stiftsymbole können die Rechte auch direkt bearbeitet werden (Abbildung 2-35).

Abbildung 2-35: Die Ansicht Benutzer-Übersicht im Modul Zugriff

Funktionen

Im Modul *Funktionen* steht Ihnen in der TYPO3-Standardinstallation der Assistent zur Erzeugung und Sortierung mehrerer Seiten zur Verfügung. Hiermit lassen sich sehr effizient viele Seiten auf einen Schlag erstellen und nach bestimmten Kriterien automatisch sortieren. Eine Beschreibung des Umgangs mit diesem Assistenten finden Sie im

Abschnitt »Mehrere Seiten effizient erzeugen« auf Seite 71 sowie im Abschnitt »Seiten mit dem Sortierungs-Assistenten automatisch sortieren« auf Seite 74.

Versionierung

Seit Version 4 ermöglicht TYPO3 die Versionierung von Datenbankelementen. Damit können – meist in Zusammenhang mit dem Workflow – unterschiedliche Versionen einer Seite oder eines Inhaltselements vorgehalten werden. Weitere Informationen zu diesem Thema finden Sie in Kapitel 11, *Workspaces und Workflow*.

Die Modulgruppe Datei

Das Modulgruppe *Datei* ist für die Verwaltung von Dateien auf Ihrem Webserver zuständig. Sie bietet eine Übersicht über alle Ressourcen Ihrer Website. Darunter versteht man Bilder, PDFs, Word- und Excel-Dokumente, PowerPoint-Dateien, Flash- und Videofilme usw. All diesen Dateien ist gemeinsam, dass sie in Ihrer Website gleich mehrfach verwendet werden können.

TYPO3 bietet Ihnen für die Arbeit mit Ressourcen eine übersichtliche Dateistruktur an. Hier können Sie neue Dateien auf den Webserver laden, Ordner und Unterordner zur Sortierung erstellen, Dateien löschen, umbenennen usw. Die Modulgruppe bietet auch eine Vorschau von Bildern sowie das Abrufen von Dateiinformationen. Für die tägliche Arbeit mit TYPO3 ist diese Modulgruppe sehr wichtig, aus diesem Grund wird ihr in diesem Buch auch ein ganzes Kapitel gewidmet: Kapitel 7, *Dateiverwaltung mit der Dateiliste und dem Element-Browser*. Die Modulgruppe enthält:

Dateiliste

Beim Modul *Dateiliste* handelt es sich um das Dateiverwaltungssystem von TYPO3. Hier sehen Sie die Ordnerstruktur, die Ihnen vom Administrator für die Verwaltung Ihrer Ressourcen auf dem Webserver freigegeben wurde. Sie können Ordner anlegen und umbenennen, Dateien wie z.B. Fotos und PDFs von Ihrer lokalen Festplatte auf den Server hochladen, kopieren, ausschneiden, löschen oder Informationen dazu abrufen.

Das Modul Dokumente

Im *Dokumente*-Modul können Sie auf alle geöffneten, sich momentan in Ihrer Bearbeitung befindlichen Seiten, Inhaltselemente usw. zugreifen. Das ermöglicht Ihnen einen raschen Zugriff auf die zuletzt geöffneten Elemente. Ein Beispiel: Sie arbeiten in der Editiermaske einer bestimmten Seite und möchten sich kurz in der *Dateiliste* über ein Bild informieren. Wechseln Sie einfach – ohne die Editiermaske zu schließen – zum Modul *Dateiliste*, bleibt im Hintergrund Ihre zuvor bearbeitete Editiermaske geöffnet. Rufen Sie dann das Modul *Dokumente* auf, öffnet sich automatisch das zuletzt bearbeitete, nicht geschlossene Element, also in diesem Fall die Editiermaske der von Ihnen zuletzt bearbeiteten Seite. Ist kein Element geöffnet, erscheint eine Liste mit den zuletzt bearbeiteten Elementen.

Die Modulgruppe Benutzerwerkzeuge

In dieser Modulgruppe können Sie sich mit anderen Redakteuren austauschen, Ihre ganz individuellen Benutzereinstellungen festlegen und die Arbeitsumgebungsverwaltung (Workflow) aufrufen. Hier finden Sie Ihr persönliches Aufgaben-Center, das der Kommunikation unter Redakteuren dient sowie die Möglichkeit für eigene Notizen bietet. Die Modulgruppe beinhaltet folgende Module:

Aufgaben

Das *Aufgaben*-Modul – auch Taskcenter genannt – dient der internen Kommunikation zwischen den einzelnen Redakteuren und stellt Ihnen einige Hilfsmittel wie zum Beispiel ein Notizbuch für Ihre persönliche To-do-Liste zur Verfügung. Weitere Informationen dazu finden Sie im Abschnitt »Das TYPO3-Taskcenter: Ihre persönliche Organisationszentrale im Backend« auf Seite 356.

Einstellungen

Mit dem Modul *Einstellungen* können Sie das TYPO3-Backend Ihren Vorstellungen anpassen. Alle Informationen zu den möglichen Einstellungen finden Sie im Abschnitt »TYPO3 personalisieren: Benutzereinstellungen« auf Seite 377.

Arbeitsumgebung (Workspace)

Seit der TYPO3-Version 4 haben Sie über dieses Modul Zugriff auf die Arbeitsumgebungsverwaltung. Damit können unterschiedliche Versionen von Seiten und Seiteninhalten verwaltet und komplette Workflow-Systeme realisiert werden. Weiterführende Informationen zu diesem Thema finden Sie in Kapitel 11, *Workspaces und Workflow*.

Die Modulgruppe Hilfe

Die Module dieser Gruppe geben Ihnen einen kurzen Überblick über die verschiedenen Module von TYPO3. Folgende Module stehen hier zur Verfügung:

Über Module

Zeigt Ihnen eine Kurzbeschreibung der zur Verfügung stehenden Module. Die abgebildete Anzeige der Module entspricht der Freigabe durch Ihren Administrator.

Über TYPO3

Nicht unwichtig: Hier werden Ihnen kurz und knapp Informationen über das Copyright von TYPO3, ein Link zur TYPO3-Lizenz GNU/GPL und eine Information zu Ihrer TYPO3-Version gezeigt.

Handbuch

Das Modul *Handbuch* ruft das lokale TYPO3-Handbuch Ihrer TYPO3-Installation auf Ihrem Webserver auf, das dynamisch aus den einzelnen Hilfetexten (oder der kontextsensitiven Hilfe) der TYPO3-Installation erzeugt wird.

Gratulation, die elementarsten Arbeitsschritte und Bereiche von TYPO3 kennen Sie nun schon, Sie können bereits loslegen. Aber wie das nun mal so ist: Der Teufel steckt im Detail. TYPO3 kann mehr, sehr viel mehr, und der Rest dieses Buchs wird sich damit beschäftigen.

KAPITEL 3

Mit den Standard-Editiermasken von TYPO3 arbeiten

Wenn Sie mit TYPO3 Seiten oder Seiteninhalte pflegen, werden Sie es immer mit Standardformularen, den TYPO3-Editiermasken, zu tun haben (Abbildung 3-1). All diese Masken sind nach einem ähnlichen Prinzip aufgebaut, und vielen Eingabe- und Optionsfeldern werden Sie immer wieder begegnen. Zwar sind die Editiermasken wie z.B. für Text, Text mit Bild oder News an ihre jeweilige Aufgabe angepasst, was bedeutet, dass die Anzahl, Bezeichnung und Funktion einzelner Eingabefelder variieren kann, die übergeordneten Editiermöglichkeiten aber bleiben gleich. Diese übergeordneten Funktionen werden in diesem Kapitel erläutert, damit Sie möglichst schnell mit der grundsätzlichen Content-Pflege von TYPO3 vertraut werden. In den Beschreibungen der verschiedenen Seitentypen und Seiteninhaltselementen in den folgenden Kapiteln liegt der Fokus dann nur auf der Erläuterung der individuellen Editiermöglichkeiten.

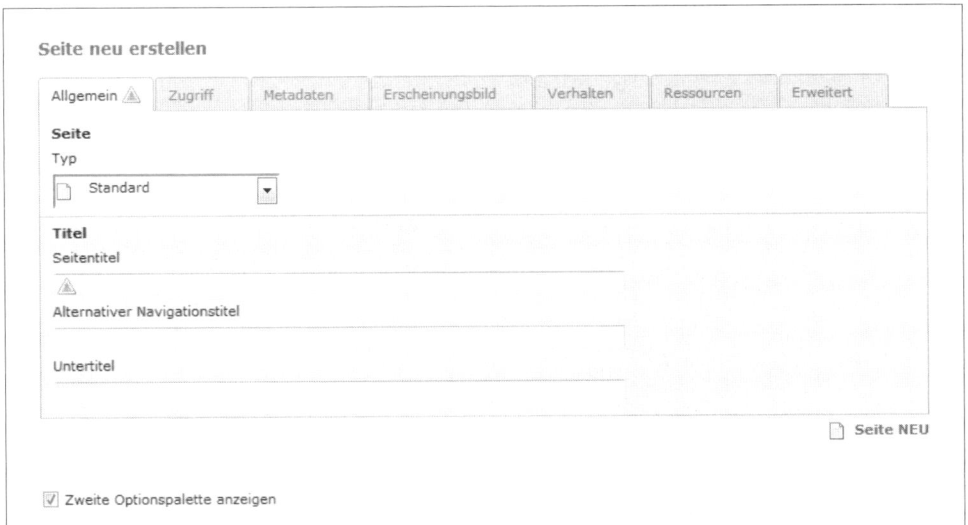

Abbildung 3-1: Eine Standard-Editiermaske von TYP03, Registerkarte Allgemein

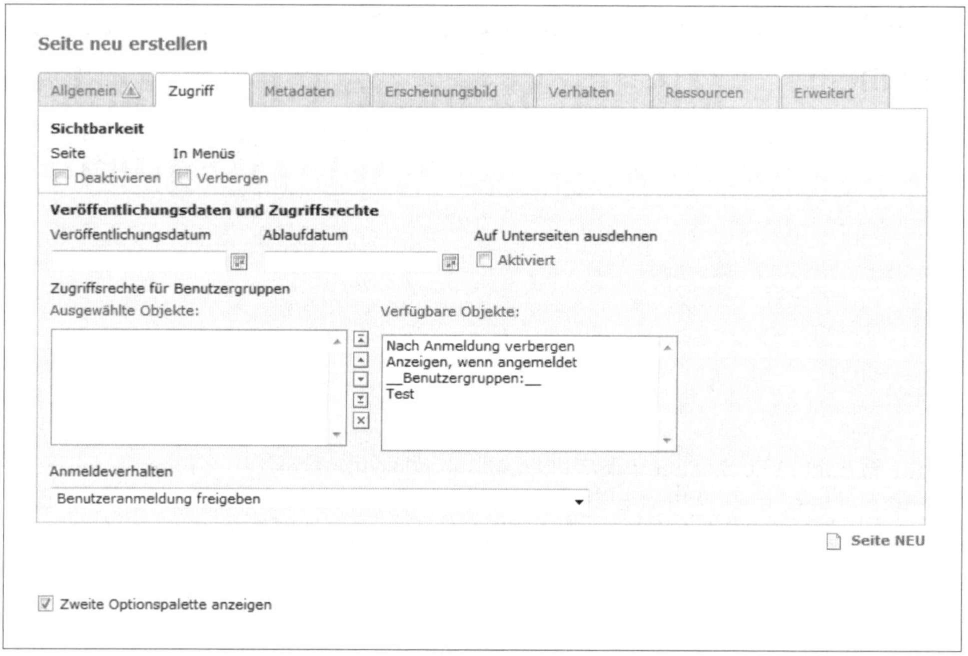

Abbildung 3-2: Eine Standard-Editiermaske von TYPO3, Registerkarte Zugriff

Um zu verhindern, dass verschiedene Redakteure an denselben Seiten oder Seiteninhaltselementen arbeiten und sich damit aus Versehen gegenseitig Inhalte überschreiben, blendet TYPO3 automatisch Warnhinweise ein, an denen man erkennen kann, dass eine andere Person ebenfalls im Backend eingeloggt ist und an welcher Seite oder an welchem Seitenelement sie gerade arbeitet.

Im Seitenbaum innerhalb der Navigationsleiste wird eine Seite, an der ein anderer Redakteur bereits arbeitet, durch ein kleines Stiftsymbol mit einem roten Ausrufezeichen direkt hinter dem Seiten-Icon gekennzeichnet (Abbildung 3-3).

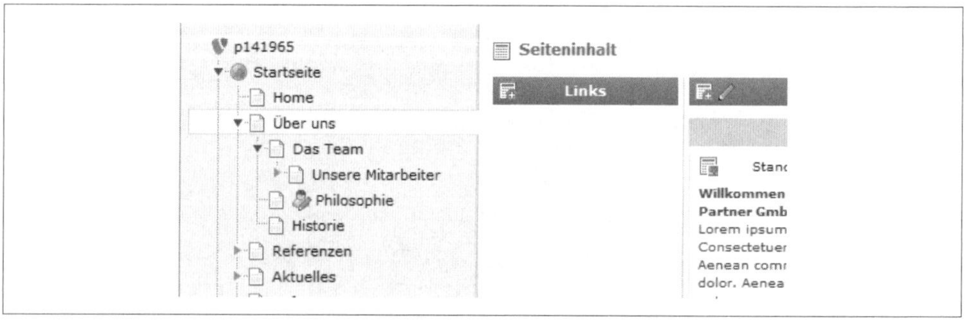

Abbildung 3-3: Warnhinweise im Seitenbaum und in der Editiermaske, wenn mehrere Redakteure im Backend eingeloggt sind

Speichern, löschen, Änderungen zurücknehmen und mehr

Um eine Seite oder einen Seiteninhalt zu speichern, zu schließen, zu löschen, die letzte Änderung rückgängig zu machen oder Verweise auf Elemente zu erstellen, steht Ihnen am Anfang und am Ende jeder Editiermaske eine Leiste mit Buttons zur Verfügung (Abbildung 3-4). Die doppelte Darstellung der Buttons oben und unten ist sinnvoll, denn so müssen Sie zum Speichern – auch bei langen Editiermasken – nicht endlos scrollen, sondern suchen sich einfach die für Sie am nächsten liegende Möglichkeit aus. Seit der TYPO3-Version 4.2 erscheinen die Buttons nur noch im Kopfbereich einer Seite, aber dafür bleiben sie permanent sichtbar, wenn durch die Seite gescrollt wird.

Abbildung 3-4: Leiste mit Buttons zur übergeordneten Dokumentenbearbeitung

Folgende Buttons finden Sie in jeder Editiermaske:

Dokument speichern (Diskettensymbol)
: Das Dokument wird gespeichert, die Editiermaske bleibt aber für die weiteren Arbeiten daran geöffnet.

Dokument speichern und Webseite anzeigen (Diskette mit Lupensymbol)
: Hiermit wird das Dokument gespeichert, und danach wird automatisch ein neues Browserfenster mit der Frontend-Ansicht der Seite geöffnet. Dadurch haben Sie die Möglichkeit, Ihre Eingaben sofort zu kontrollieren.

> Diese Funktion ist nur dann erfolgreich, wenn Ihr Browser Pop-up-Fenster nicht unterdrückt. Sollte bei Ihnen nach dem Anklicken des Symbols kein neues Fenster erscheinen, ändern Sie Ihre Browsereinstellungen. Weitere Hinweise dazu finden Sie in Kapitel 12 »TYPO3-Konfiguration auf einen Blick«.

Dokument speichern und schließen (Diskette mit X-Symbol)
: Das Dokument wird gespeichert und die Eingabemaske geschlossen. Sinnvoll, wenn Sie mit der Bearbeitung dieses Dokuments fertig sind und nach dem Speichern direkt zur vorherigen Ansicht wechseln möchten.

Dokument speichern und neues erstellen (Diskette mit Plussymbol)
: Dieses Symbol ist (leider) noch nicht in jeder Eingabemaske vorhanden. Hiermit können Sie das Dokument speichern und direkt danach eine neue Eingabemaske für das gleiche Inhaltselement öffnen. Sinnvoll, wenn Sie mit der Bearbeitung eines Dokuments fertig sind und nach dem Speichern direkt ein weiteres erstellen möchten.

Dokument schließen (X-Symbol)

Schließt die Eingabemaske ohne vorherige Speicherung (auch ohne Warnung) und öffnet die vorherige Ansicht. Geeignet, wenn man seine Eingaben verwerfen möchte oder einfach nur nichts ändern will.

Entfernen (Mülleimersymbol)

Das Dokument oder, besser gesagt, der Datensatz wird – nach Bestätigen des Warnhinweises – gelöscht!

Letzte Änderung zurücknehmen/ausführen

Das Symbol wird nur eingeblendet, wenn eine Änderung am Datensatz vorgenommen wurde. Mithilfe dieses Symbols kann die letzte Änderung an der Editiermaske aufgehoben und das Dokument auf den Stand der letzten Speicherung zurückgesetzt werden. Ein nochmaliges Klicken auf das Symbol führt die Änderung dann erneut aus.

Ein Lesezeichen für diese Seite erzeugen?

 Hiermit lassen sich nützliche Verweise zu Seiten und Seiteninhalten erstellen. Benutzen Sie die Funktion, um Seiten oder Elemente, die Sie ständig bearbeiten möchten, zu »bookmarken«. Der Vorteil dabei ist, dass Sie mit nur einem Mausklick zwischen verschiedenen Masken hin- und herspringen können, ohne sich dazu erst durch mehrere Backend-Module klicken zu müssen. Wenn Sie auf das Symbol klicken, erscheint zunächst ein Hinweisfenster des Browsers, in dem Sie gefragt werden, ob das Lesezeichen tatsächlich erstellt werden soll. Wenn Sie die Frage per *OK*-Button bestätigen, wird der erstellte Verweis angezeigt, wenn Sie mit der Maus auf das Symbol *Lesezeichen* in der obersten Zeile der Detailansicht klicken (Abbildung 3-5). Mit einem Mausklick auf einen Verweis gelangen Sie sofort und ohne Umwege zu der Editiermaske, aus der Sie das Lesezeichen erstellt haben. Bis zur TYPO3-Version 4.2 erscheinen die erstellten Verweise als Stiftsymbole am unteren linken Rand des Browserfensters rechts neben dem *Bearbeiten/Suchen*-Eingabefeld. Haben Sie einen Verweis auf eine Seite erstellt, wird als Verweisbezeichnung der Titel der Seite übernommen, bei einem Verweis auf ein Seiteninhaltselement werden Verweise zunächst einfach *Shortcut* genannt.

Um einen Verweis zu bearbeiten, müssen Sie das Stiftsymbol dieses Verweises anklicken. Das Stiftsymbol zum Editieren der Verweisbezeichnung sowie ein Mülleimersymbol zum Löschen eines Verweises erscheinen ab TYPO3 4.2, wenn Sie mit der Maus über einen Verweis fahren. Nach dem Mausklick auf ein Stiftsymbol erscheint ein Eingabefeld, um die Verweisbezeichnung zu editieren, und ein Aufklappmenü mit wählbaren Verweisgruppen. Mit dem Button *OK* können Sie die Eingaben speichern. Nach dem Speichern stehen Ihnen die erstellten Verweise übersichtlich in dem Aufklappmenü zur Verfügung. Haben Sie einen oder mehrere Verweise einer Gruppe zugeordnet, werden die Verweise nach Gruppen sortiert dargestellt.

Bis zur TYPO3-Version 4.2 stellten nicht alle Module die Verweisfunktion zur Verfügung, und standardmäßig konnten nur Administratoren diese Funktion verwenden.

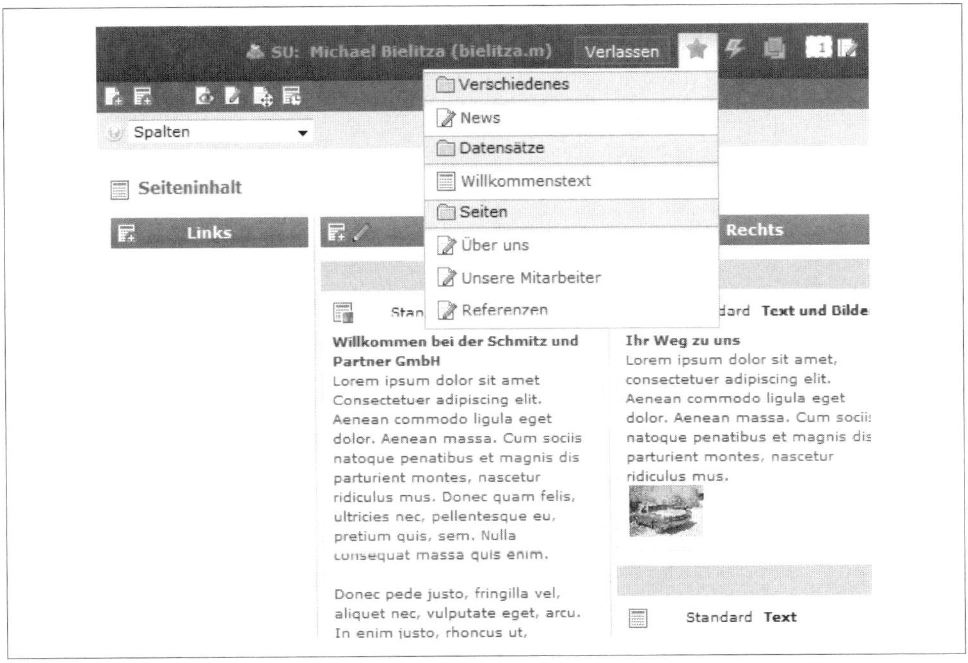

Abbildung 3-5: Verschiedene Verweise auf Seiten und Seiteninhalte

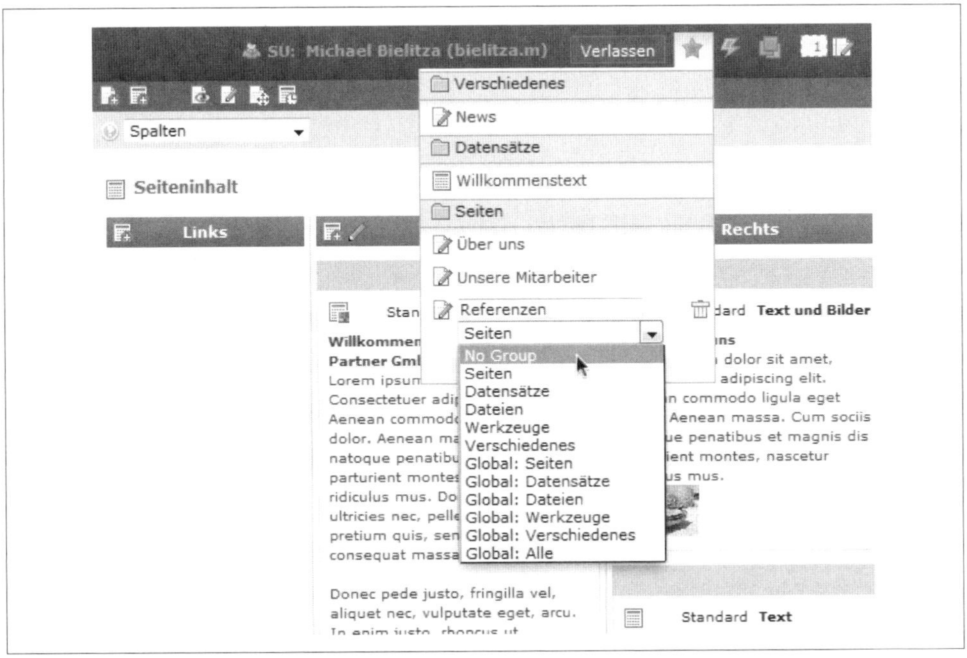

Abbildung 3-6: Bearbeitungsmöglichkeiten für Lesezeichen

Damit auch Benutzer mit Redakteurszugang mit dieser praktischen Funktion arbeiten können, muss sie vom Administrator in älteren TYPO3-Installationen extra freigegeben werden.

Admin-Tipp: Um das Erstellen von Verweisen in TYPO3-Versionen vor Version 4.2 auch Redakteuren zu ermöglichen, muss bei der entsprechenden Benutzergruppe im Feld *TSconfig* die Zeile `options.shortcutFrame = 1` eingetragen werden.

In neuem Fenster öffnen
: Mit dem Symbol können Sie die Editiermaske in einem neuen Pop-up-Fenster öffnen, um mehr Platz und Übersicht zu gewinnen. Sie können die Maske auch in einem neuen Tab öffnen, indem Sie mit der rechten Maustaste auf das Symbol *In neuem Fenster öffnen* klicken und im Kontextmenü des Browsers den Befehl *In neuem TAB öffnen* wählen. Die Bezeichnung dieses Befehls kann von Browser zu Browser variieren.

Pfad
: Der Pfad soll für mehr Orientierung sorgen und Ihnen zeigen, wo Sie sich im Moment befinden, also welche Seite oder Unterseite Sie im Seitenbaum ausgewählt haben und im Moment bearbeiten können.

Blattsymbol (pid)
: Mit einem Klick auf das Blattsymbol rechts neben der Pfadangabe erreichen Sie alle Funktionen, die Ihnen auch im Kontextmenü von Seiten im Seitenbaum zur Verfügung stehen. Bei der Zahl in Klammern hinter dem Blattsymbol, z.B. *pid: 9*, handelt es sich um die eindeutige Identifikationsnummer einer Seite, die immer bestehen bleibt, unabhängig davon, wie oft die Seite umbenannt wird.

Schnellnavigation für geöffnete Dokumente

Über das Symbol *Geöffnete und kürzlich verwendete Dokumente* können Sie zwischen bereits geöffneten Seiteninhaltselementen wählen und gelangen darüber direkt in die Editiermaske des ausgewählten Seiteninhalts (Abbildung 3-7). Damit können Sie schnell zwischen verschiedenen Inhalten hin- und herwechseln.

Menü Speichern/Schließen und Cache löschen

Das Aufklappmenü *Menü*, das sich direkt neben dem Aufklappmenü *Geöffnete Dokumente* befindet, bietet eine alternative Möglichkeit zum Speichern und Schließen von Dokumenten. Alle Funktionen, die Sie über die Speichern- und Schließen-Symbole ausführen können, finden Sie auch hier (Abbildung 3-8).

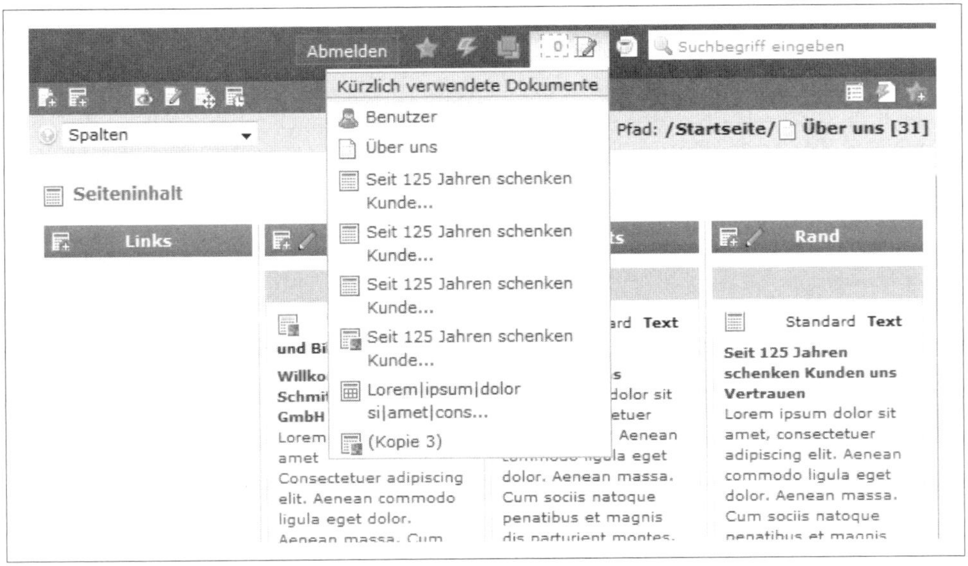

Abbildung 3-7: Aufklappmenü Geöffnete und kürzlich verwendete Dokumente für den schnellen Wechsel zwischen Seiteninhaltselementen

Zusätzlich verbirgt sich an dieser Stelle aber noch eine andere wichtige TYPO3-Funktion, die für die tägliche Arbeit notwendig ist: die Funktion *Cache löschen*. Das Aufklappmenü gehört seit der TYPO3-Version 4.2 nicht mehr zu den Standard-Editiermasken. Die Funktion *Cache löschen* kann aber noch über das Blitzsymbol in der obersten Leiste der Detailansicht ausgeführt werden.

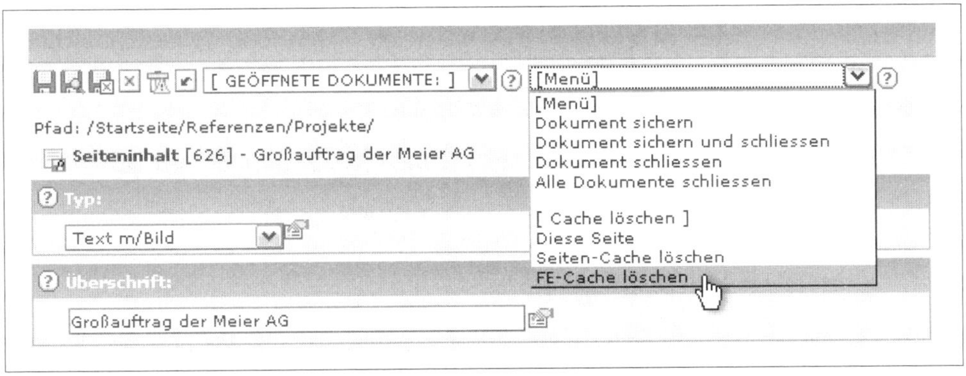

Abbildung 3-8: Das Aufklappmenü Menü zum Speichern und Schließen von Dokumenten

Seiten und Inhalte zeitgesteuert veröffentlichen

Jede Seite und beinahe jedes Seiteninhaltselement kann zu einem von Ihnen festgelegten Datum veröffentlicht und auch wieder ausgeblendet werden. Einige Beispiele: Um Ihren

Besuchern am Neujahrstag ein frohes neues Jahr zu wünschen, müssen Sie sich nicht am Feiertag selbst mit TYPO3 beschäftigen, und das Angebot des Tages muss auch nicht täglich frühmorgens, sondern kann bei Bedarf schon für das ganze Jahr eingepflegt werden. Möglich machen das die *Start-* und *Stop-*Felder auf der Registerkarte *Zugriff* innerhalb der meisten Editiermasken (Abbildung 3-9).

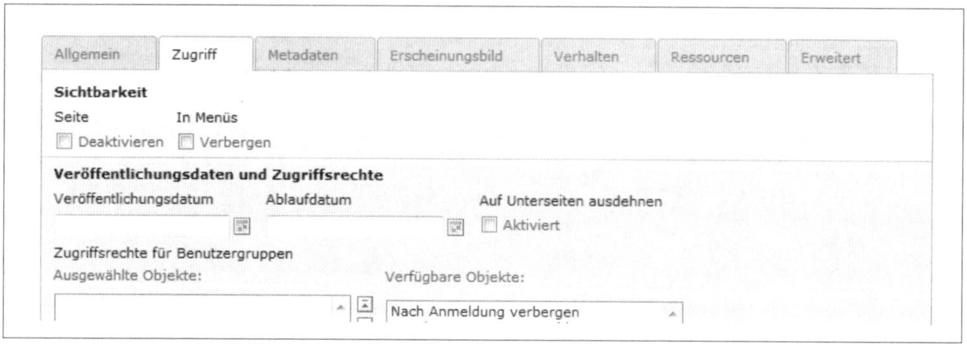

Abbildung 3-9: Start- und Stop-Eingabefelder (Veröffentlichungsdatum und Ablaufdatum) für das zeitgesteuerte Publizieren

Um den vollen Umfang dieser TYPO3-Funktion nutzen zu können, ist es wichtig, zu verstehen, welchen Unterschied es macht, ob Seiten oder Inhalte zeitgesteuert publiziert werden oder nicht. Wenn Sie möchten, dass eine ganze Seite des Seitenbaums und damit auch Ihres Webauftritts zu einem definierten Zeitpunkt erscheint oder/und wieder ausgeblendet wird, müssen Sie die Einstellungen in den Seiteneigenschaften über das Modul *Web, Seite → Seite in der Navigationsleiste auswählen → Seiteneigenschaften bearbeiten* vornehmen. Diese Seiten werden dann im Seitenbaum (Abbildung 3-10) und in der Detailansicht einer Seite (Abbildung 3-11) mit einem Uhrsymbol gekennzeichnet. Theoretisch sind natürlich auch Kombinationen der beiden Optionen möglich.

Abbildung 3-10: Gekennzeichnete zeitgesteuerte Seiten im Seitenbaum

Um eine Seite oder einen Seiteninhalt zeitlich zu steuern, geben Sie in die Felder *Veröffentlichungsdatum* und *Ablaufdatum* der Registerkarte *Zugriff* das Datum ein oder wählen

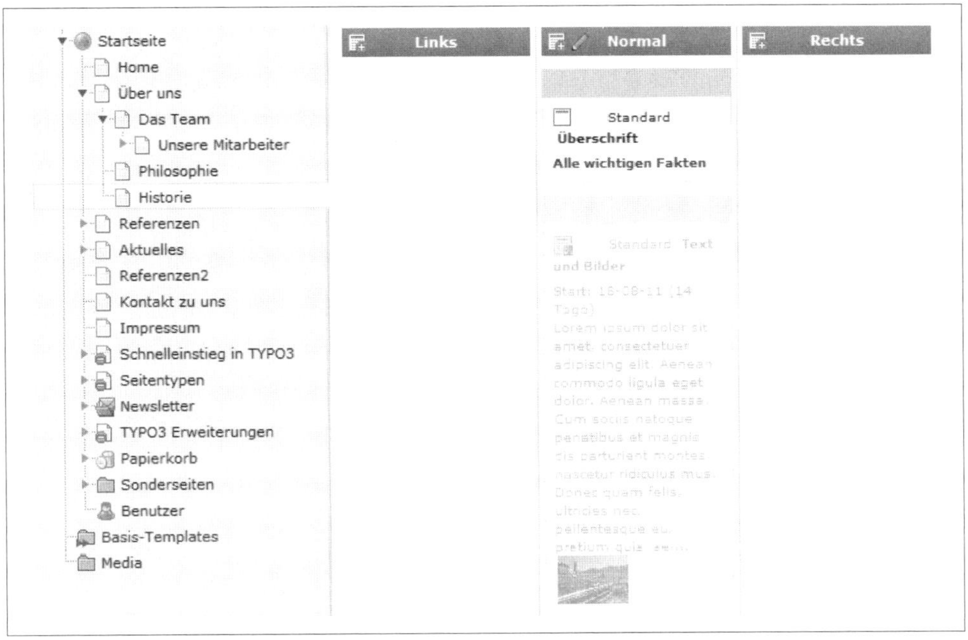

Abbildung 3-11: Gekennzeichnete zeitgesteuerte Seiteninhaltselemente in der Detailansicht einer Seite

das Datum aus dem Datumswähler aus, ab dem die Seite oder ein Seiteninhalt sichtbar bzw. unsichtbar werden soll. In allen Datumsfeldern von TYPO3 können Sie auch ein `d` eingeben, um das aktuelle Datum zu erhalten. Es können ebenfalls einfache Datumsberechnungen wie das Addieren oder Subtrahieren von Tagen eingegeben werden. Mit der Eingabe `d+7` erhalten Sie z.B. das Datum in einer Woche.

Zutritt nur für Mitglieder: Website-Benutzer und -Benutzergruppen

Seiten und Seiteninhalte können in TYPO3 so eingestellt werden, dass sie zugriffsbeschränkt und damit nur für eine bestimmte Gruppe von Besuchern sichtbar sind. Die Mitglieder einer solchen Gruppe werden in TYPO3 *Website-Benutzer* und die Gruppen, zu denen sie gehören, *Website-Benutzergruppen* genannt.

Website-Benutzer sind Besucher der Website, die durch eigene Registrierung oder durch Einrichtung des Administrators mehr Rechte erhalten als normale Website-Besucher. Sie können damit zum Beispiel geschützte Inhalte aufrufen oder spezielle Tools wie Gästebücher, Foren usw. nutzen, die unregistrierten Besuchern eventuell nicht zur Verfügung stehen. Das Anlegen von Website-Benutzergruppen ist in der Regel Aufgabe des Administrators. Oft gehört aber zumindest das Anlegen von Website-Benutzern zu den Aufgaben des Redakteurs.

Damit zugriffsbeschränkte Seiten und Inhalte für den Website-Benutzer sichtbar werden, muss sich dieser zunächst mit einem Passwort und einem Benutzernamen im Frontend Ihrer Website einloggen. TYPO3 überprüft dann, zu welcher Gruppe er gehört, und gibt alle seiner Gruppe zugewiesenen Seiten und Inhalte frei bzw. macht sie für ihn in der Website-Navigation oder auf einer Seite sicht- und anwählbar.

Dass Seiten und auch Seiteninhalte nur für bestimmte Gruppen zugänglich gemacht werden können, erweitert die Möglichkeiten, Content zielgerichtet verfügbar zu machen, enorm. Damit kann eine Website für eine definierte Zielgruppe individualisiert aufgebaut werden. Je nachdem, zu welcher Gruppe der Besucher gehört, sieht er »seine« Seiten mit »seinen« Informationen.

Zuweisen von Seiten und Inhalten

Zuweisen kann man eine Seite oder einen Seiteninhalt einer Website-Benutzergruppe auf der Registerkarte *Zugriff* innerhalb der Editiermaske für die Seiteneigenschaften oder in der Bearbeitungsmaske eines Seiteninhaltselements im Bereich *Zugriffsrechte für Benutzergruppen*. Hier kann die Seite oder der Inhalt einer bereits erstellten Gruppe zugeteilt werden. Wählen Sie dazu einfach im rechten Auswahlfeld *Verfügbare Objekte* eine der unter der Überschrift *Benutzergruppen* aufgeführten Gruppen, indem Sie mit der Maus darauf klicken. Die ausgewählte Gruppe erscheint sofort im linken Feld unter *Ausgewählt* (Abbildung 3-12).

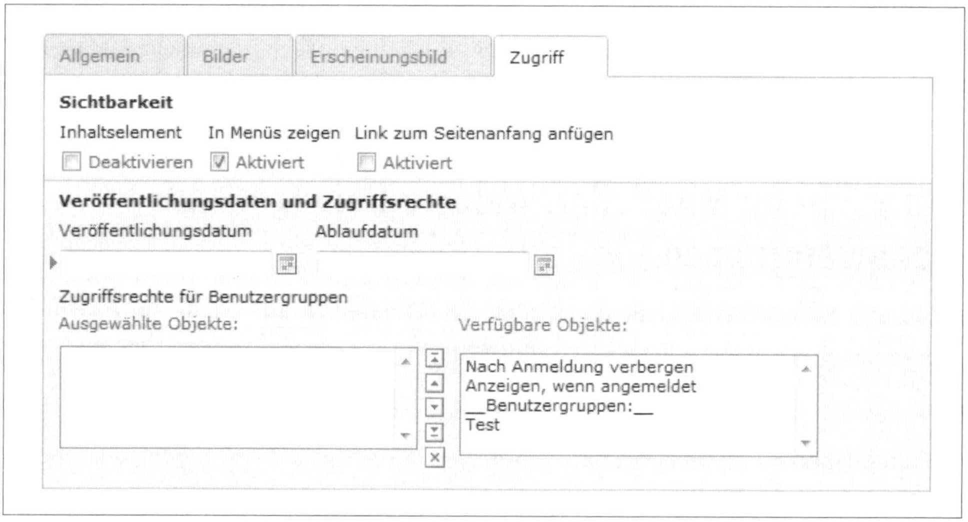

Abbildung 3-12: Allgemeine Optionen auf der Registerkarte Zugriff

Ein Beispiel: Vom Administrator wurden verschiedene Benutzergruppen für Ihre Website angelegt. Die Gruppe der *Mitarbeiter* soll auch firmeninterne Informationen einsehen dürfen, für die Gruppe *Kunden* sollen weiterführende Informationen für Ihre Bestandskunden angeboten werden. Sie möchten nun als Unterseite der Seite »Unsere Firma« – zu den dort bereits existierenden Unterseiten – eine neue Seite mit dem aktuellen Speiseplan Ihrer Kantine erstellen, sichtbar nur für die eigenen Kollegen. Dazu wählen Sie per Mausklick einfach die Benutzergruppe *Mitarbeiter* aus. Die Website erscheint dann für normale Besucher im bisherigen Umfang – ohne die neue Seite »Speiseplan«. Loggen sich aber Kollegen mit Passwort und Benutzernamen ein, die zur Website-Benutzergruppe *Mitarbeiter* gehören, erscheint, anders als bei allen anderen, auch die Seite »Speiseplan«.

Die zusätzliche Option *Nach Anmeldung verbergen* bedeutet, dass die Seite eingeloggten Benutzern nicht angezeigt wird. Mit der Option *Anzeigen, wenn angemeldet* wird die Seite allen angemeldeten Benutzern gezeigt, also genau das Gegenteil. Da der Sinn dieser beiden Optionen nicht sofort einleuchtet, hier ein erläuterndes Beispiel: In Ihrer Website existiert ein Seite mit dem Seitentitel »Kundeninfos« und bestimmten Unterseiten: Auf der Seite »Login« kann sich der Benutzer mit seinem Benutzernamen und seinem Passwort anmelden, auf der Seite »Registrierung« kann er einen Zugang, also die Mitgliedschaft in der Website-Benutzergruppe *Kunden* beantragen, und unter »Allgemeine Benutzerhinweise« bekommt er übergreifende Informationen über spezielle Funktionen der Website für angemeldete Besucher. Darunter befinden sich dann noch einige weitere Seiten, sagen wir einmal die Seiten »Infos 1« bis »Infos 6«, die nur für bereits angemeldete Besucher der Gruppe *Kunden* sichtbar sein sollen. Was muss getan werden? Bei den letzten sechs Seiten liegt es auf der Hand: Sie beschränken in den Seiteneigenschaften den Zugriff der Seiten auf die Benutzergruppe *Kunden*, und schon schrumpft die Anzahl der sichtbaren Seiten für unangemeldete Besucher auf die beiden Seiten »Login« und »Registrierung« zusammen.

Besucht aber jemand Ihren Webauftritt und loggt sich auf der Seite »Login« ein, kann er die sechs Informationsseiten betrachten, benötigt jedoch die Seite »Registrierung« nicht mehr, da er ja bereits verifiziertes Gruppenmitglied ist. Also wäre es geschickt, die Seite »Login« auf *Nach Anmeldung verbergen* zu stellen. Dann verschwindet diese nämlich aus der Website-Navigation sofort nach geglückter Anmeldung des Benutzers. Die Seite »Allgemeine Benutzerhinweise« hingegen soll allen angemeldeten Benutzern – gleich welcher Gruppe sie angehören – angezeigt werden. Deshalb ist es sinnvoll, diese spezielle Seite auf *Anzeigen, wenn angemeldet* zu stellen, damit man sich das Eintragen aller Benutzergruppen sparen kann. Das müsste nämlich sonst auch noch nachträglich für alle neuen Benutzergruppen geschehen, wenn später einmal welche von Ihnen angelegt würden. Diese Option spart möglicherweise somit einiges an Arbeit.

Website-Benutzer anlegen

Website-Benutzer können Sie in einem vom Administrator im Seitenbaum erstellten Ordner anlegen und editieren. Für diese und ähnliche Aufgaben hält TYPO3 den Seitentyp *Ordner* bereit. Ordner dienen als Container für bestimmte Datensätze wie zum Beispiel News-Kategorien, die im Frontend nicht angezeigt werden. Um einen neuen Website-Benutzer anzulegen, wählen Sie am besten zunächst das Modul *Liste* und klicken dann im Seitenbaum auf die Textbezeichnung des Ordners, der für die Benutzer vorgesehen ist. In der Detailansicht klicken Sie nun ganz oben auf das Symbol *Neuen Datensatz erstellen* und wählen danach aus der erscheinenden Liste mit Datensätzen unter *Systemdatensätze* den Punkt *Website-Benutzer* aus. Sind im Ordner bereits Benutzer angelegt, können Sie auch im Seitenbaum auf die Bezeichnung des Ordners und danach auf eines der Kopfsymbole in der Benutzerliste im Detailfenster klicken und im Kontextmenü den Eintrag *Neu* wählen. Vorteil: Dann erscheint sofort die richtige Editiermaske zum Anlegen einen neuen Benutzers mit den Registerkarten *Allgemein*, *Persönliche Daten*, *Optionen*, *Zugriff* und *Direct mail*.

Allgemein
: In der ersten Registerkarte *Allgemein* der Editiermaske können Sie für den Benutzer einen Benutzernamen und ein Passwort anlegen und ihn einer oder mehreren Gruppen zuweisen. Dazu wählen Sie im Feld *Verfügbare Objekte* im Abschnitt *Benutzergruppe* einzeln per Mausklick die Gruppen aus, die Sie zuweisen möchten. Die Gruppen werden dann automatisch in das linke Feld unter *Ausgewählt* übernommen. Falsche Gruppen können Sie durch Markieren und Klicken auf das Mülleimersymbol wieder abwählen.

Persönliche Daten
: Auch der richtige Name, die komplette Adresse und ein Bild des Website-Benutzers können eingepflegt werden. Diese Daten sind nicht unbedingt notwendig, können aber an bestimmten Stellen in Ihrer Website im Frontend ausgegeben werden, wenn dieses technisch dafür vorbereitet wurde, beispielsweise um das Profil von Teilnehmern eines Forums anzuzeigen.

Optionen
: Um sicherzustellen, dass sich Benutzer nur von einer bestimmten Domain aus auf Ihrer Website einloggen, können Sie auf der Registerkarte *Optionen* in das Eingabefeld *An Domain binden* den zulässigen Domainnamen oder die Netzwerkadresse eintragen, von der sich der Benutzer einloggen muss, also zum Beispiel *www.ihre-domain.de* oder eine IP-Adresse. Eine IP-Adresse (Internet Protocol-Adresse) ist eine individuelle Nummer, die die Verbindung zwischen Computern oder anderen über ein Netzwerk verbundenen Geräten erlaubt – vergleichbar mit einer Telefonnummer.

Zugriff
: Über die Optionen *Start* und *Stop* kann festgelegt werden, ab wann und bis wann der Website-Benutzer aktiv, das heißt freigeschaltet, ist.

Direkt mail
: Die Option *E-Mails im HTML-Format empfangen*? ist interessant, wenn der Benutzer eventuell auch Newsletter empfangen soll. Damit kann entschieden werden, ob er den E-Mail-Newsletter nur als reine Textmail oder als HTML-Mail bekommen soll. Lesen Sie mehr zum Thema Newsletter im Abschnitt »Halten Sie Ihre Besucher auf dem Laufenden: Die Newsletter-Extension« auf Seite 296.

Website-Benutzer können sich aber in der Realität auch oft selbst im Frontend anlegen, indem sie sich einfach über ein auf der Website bereitgestelltes Formular registrieren. Sie werden das sicherlich kennen: Sie möchten aktiv an einem Forum teilnehmen, müssen sich aber zunächst mit einem Benutzernamen und einem Passwort im Login-Bereich der Website anmelden. Dazu benötigen Sie jedoch einen Account. Haben Sie den noch nicht, können Sie sich meist irgendwo auf der Website registrieren, indem Sie dort mehr oder weniger viele persönliche Angaben machen. Benutzername und Passwort werden dann – entweder automatisch vom System oder vom jeweiligen Administrator – erstellt und per E-Mail zugeschickt. Bei TYPO3 würden Ihre Daten dann genau in Form eines neuen Website-Benutzers in den Benutzerordner einfließen. Registriert sich also jemand am Frontend, finden Sie Sekunden später einen neuen Eintrag im betreffenden Ordner. Je nach Systemeinstellung kann es sein, dass Sie von einer Neuanmeldung per E-Mail unterrichtet werden – falls Ihre E-Mail-Adresse dafür vom Administrator eingetragen wurde. Es kann auch sein, dass neue Benutzer erst einmal auf versteckt gestellt werden und Sie somit die Gelegenheit haben, seine Angaben zu überprüfen, bevor Sie ihn dann manuell freigeben.

Zusätzliche Optionen für Editiermasken

Am Ende einer Editiermaske finden Sie (teilweise nur bis zur TYPO3-Version 4.2) einige zusätzliche Optionen und Buttons, mit denen Sie die Darstellung und den Funktionsumfang der Editiermasken beeinflussen können (Abbildung 3-13).

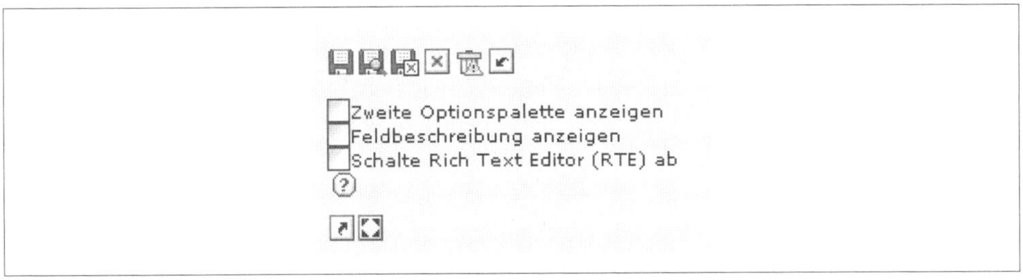

Abbildung 3-13: Zusätzliche Optionen und Buttons für die Editiermasken

Folgende Möglichkeiten stehen Ihnen zur Verfügung:

Zweite Optionspalette anzeigen
: Innerhalb der Editiermasken können Sie zwischen einer reduzierten Ansicht und der Vollansicht wechseln, indem Sie eine zweite Optionspalette ab- bzw. hinzuschalten. Dazu finden Sie am Ende der Masken das Optionsfeld *Zweite Optionspalette anzeigen*. Ist das Häkchen dort gesetzt, befinden Sie sich bereits in der Vollansicht. Falls nicht, arbeiten Sie im Moment noch in der reduzierten Variante, in der die Eingabe- und Optionsfelder auf das Notwendigste reduziert und darüber hinausgehende Editiermöglichkeiten nicht direkt vorhanden sind, sondern über das Icon *Weitere Optio-*

nen, das sich in den jeweiligen Editierbereichen befindet, eingeschaltet werden müssen. Die zuvor noch ausgeblendeten Editiermöglichkeiten erscheinen dann nach Mausklick auf eines der Symbole in einer Leiste ganz oben im TYPO3-Backend (Abbildung 3-14).

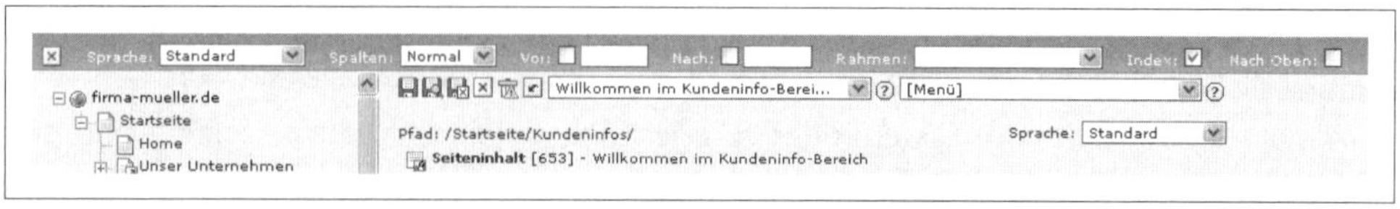

Abbildung 3-14: Leiste mit eingeblendeten erweiterten Editiermöglichkeiten

Die reduzierte Ansicht sorgt auf der einen Seite durch schlankere Editiermasken für mehr Übersicht, verwirrt aber auf der anderen Seite auch, da man nicht alle Editiermöglichkeiten auf einen Blick vor sich hat. Außerdem benötigt man immer einen Klick mehr, um die erweiterten Möglichkeiten zu nutzen. Schalten Sie deshalb die zweite Optionspalette einfach immer ein. Die Einstellung müssen Sie auch nur einmal in einer beliebigen Editiermaske vornehmen. Sie gilt dann global für Ihren Account und für alle Masken gleichzeitig.

Feldbeschreibung anzeigen
: Um für die einzelnen Elemente kleine Hilfetexte, die deren Verwendungszweck erläutern, einzublenden, schalten Sie die Option *Feldbeschreibung anzeigen* an.

Schalte Rich Text Editor (RTE) ab
: Möchten Sie den Rich Text Editor abschalten (wozu auch immer das gut sein soll), benutzen Sie die Option *Schalte Rich Text Editor (RTE) ab*.

Sie kennen jetzt alle Elemente, die Sie standardmäßig in Editiermasken vorfinden, alle speziellen Elemente und Funktionen werden in den folgenden Kapitel erläutert.

## KAPITEL 4

Seiten anlegen und bearbeiten

Erfahren Sie in diesem Kapitel, wie Sie in Ihrem Webauftritt Seiten und Unterseiten erstellen, verschieben, kopieren, sortieren und auch wieder löschen. Lernen Sie die wichtigsten Seitentypen und ihre Verwendung kennen und wie Sie mit TYPO3 mehrsprachige Webseiten anlegen und verwalten können.

Seiten erfüllen in TYPO3 verschiedene wichtige Funktionen. Sie enthalten als eine Art Container die für jede Website wichtigen Inhalte wie Texte, Bilder und Tabellen, die im Frontend auf ihr abgebildet werden. In der Regel baut sich durch die Struktur der Seiten im Seitenbaum des Backends die Navigation einer Website im Frontend auf. Der Seitenbaum im Backend entspricht also meist eins zu eins der Navigationsstruktur der Website. Das Erscheinungsbild von Seiten im Frontend wird durch die vom Webdesigner oder Administrator vorbereiteten Templates (Vorlagen) bestimmt. Das sind Design- und Funktionsvorlagen, die aus mehreren Dateien (HTML, CSS) und TypoScript-Anweisungen bestehen. Dabei kann ein zentrales Template für das einheitliche Erscheinungsbild einer Website sorgen und verschiedene Ausnahme-Templates für einzelne Seiten individuelle Möglichkeiten eröffnen.

TYPO3 hält – je nachdem, was eine Seite in Ihrem Webauftritt leisten soll, verschiedene Seitentypen für beinahe jede mögliche Anwendung bereit. Dadurch können Seiten für einige Besucher sichtbar und für andere unsichtbar sein. Sie können an einem festgesetzten Datum erscheinen und an einem anderen wieder verschwinden, manche haben eigene Unterseiten, andere bedienen sich der Unterseiten anderer Seiten. Darüber hinaus können Seiten mit Erweiterungen für z.B. Foren, Veranstaltungskalender, Webshops und Ähnliches im Funktionsumfang stark ausgeweitet werden. Verwirrend? Also eins nach dem anderen. Der Ausgangspunkt ist zunächst immer die Erstellung einer neuen Seite.

Seiten erstellen, verschieben, kopieren und löschen

Jede Seite hat bestimmte Eigenschaften, die über die Editiermaske *Seiteneigenschaften* aufgerufen und bearbeitet werden können. Wenn Sie im Seitenbaum eine neue Seite anlegen, wird diese Editiermaske automatisch geöffnet, damit Sie darin die notwendigen Einstellungen für die neue Seite vornehmen können. Viele übergeordnete und immer wieder vorkommende Eingabe- und Optionsfelder dieser Editiermaske kennen Sie bereits aus Kapitel 3, *Mit den Standard-Editiermasken von TYPO3 arbeiten*. In diesem Kapitel werden daher nur die für Seiten und bestimmte Seitentypen wichtigen Editiermöglichkeiten erläutert.

Eine neue Seite erstellen

Um zu Ihrem Webauftritt eine neue Seite hinzuzufügen, müssen Sie in der Modulleiste innerhalb der Modulgruppe *Web* das Modul *Seite* wählen. Es erscheint der Seitenbaum in der Navigationsleiste.

Wie bereits erwähnt, entspricht die Navigationsstruktur einer Website in den meisten Fällen dem Aufbau des Seitenbaums im Backend. Das bedeutet, dass die Platzierung einer Seite innerhalb des Seitenbaums im Backend auch unmittelbare Auswirkungen auf die Platzierung der Seite innerhalb der Website-Navigation im Frontend hat. Weitere Erläuterungen dazu finden Sie im Abschnitt »Der Seitenbaum« auf Seite 24.

Jede Seite im Seitenbaum kann um Unterseiten erweitert werden. Bei der Erstellung neuer Seiten müssen Sie daher immer entscheiden, ob Sie eine neue Seite oder eine Unterseite einer bereits bestehenden Seite erzeugen möchten.

Ein Beispiel für die Erweiterung einer Website um neue Seiten und Unterseiten: Sie möchten zunächst nach der bereits existierenden Seite »Über uns« und vor der Seite »Philosophie« eine neue Seite mit der Bezeichnung »Das Team« anlegen (Abbildung 4-1).

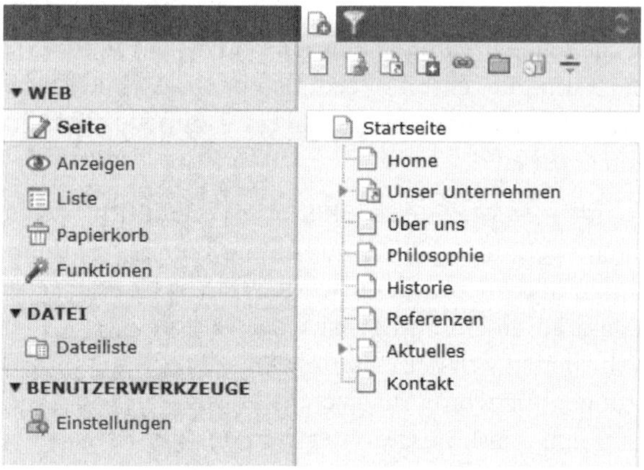

Abbildung 4-1: Der Seitenbaum im Backend

Klicken Sie im Seitenbaum auf das Seitensymbol der Seite »Über uns« und wählen Sie im sich öffnenden Kontextmenü *Seitenaktionen* und dort die Funktion *Neu* (Abbildung 4-2). Im Detailfenster erhalten Sie nun die Auswahlmöglichkeit, um neue Seiten im aktuell gewählten Seitenbaum anzulegen (Abbildung 4-3).

Abbildung 4-2: Kontextmenü für Seiten im Seitenbaum

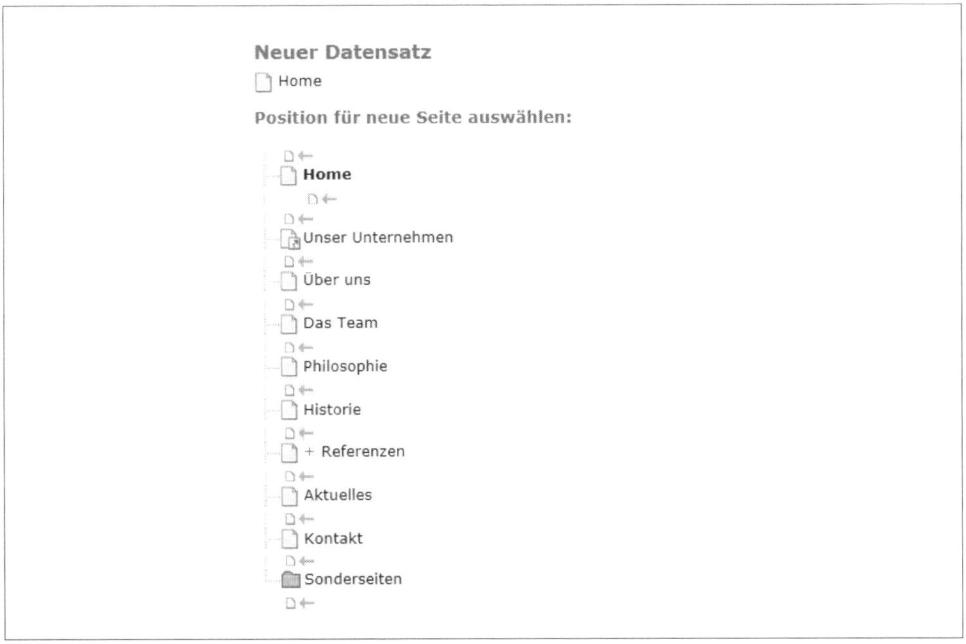

Abbildung 4-3: Detailfenster mit den Auswahlmöglichkeiten für neue Datensätze

Die hier dargestellte Seitenstruktur entspricht dem Seitenbaum des gewählten Bereichs. Sichtbar sind alle Seiten inklusive Unterseiten, jeweils getrennt durch kleine Pfeilsymbole, die die mögliche Position der neuen Seite angeben. In unserem Beispiel soll eine neue Seite nach einer existierenden Seite erstellt werden. Also wählen Sie den kleinen Pfeil nach »Über uns«, vergeben in der dann erscheinenden Editiermaske für die Seiteneigenschaften den Seitentitel »Das Team« und speichern danach die Seite ab. Das Feld *Sei-*

tentitel ist ein Pflichtfeld, erkennbar an dem warnenden Ausrufezeichen. TYPO3 erlaubt es also nicht, Seiten ohne Seitennamen anzulegen. Nach der Speicherung wird der Seitenbaum neu geladen, und die soeben erstellte Seite wird im Seitenbaum an der richtigen Stelle zwischen »Über uns« und »Philosophie« angezeigt (Abbildung 4-4).

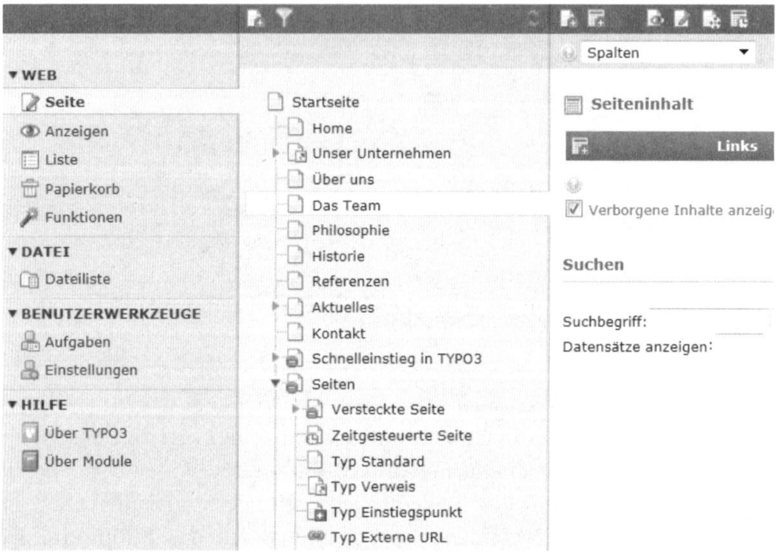

Abbildung 4-4: Der Seitenbaum mit der neu erstellten Seite »Das Team«

Jetzt soll noch die Unterseite »Unsere Mitarbeiter« der Seite »Das Team« erzeugt werden. Klicken Sie dazu wieder auf das Seitensymbol der Seite »Das Team« und wählen Sie im Kontextmenü erneut *Seitenaktionen* und die Option *Neu* aus. Da es sich nun aber um eine Unterseite handelt, klicken Sie im Detailfenster auf den entsprechenden (eingerückten) Pfeil unterhalb der Seite »Das Team« und vergeben in der Editiermaske den Seitentitel »Unsere Mitarbeiter«. Nach dem Speichern aktualisiert sich der Seitenbaum in der Navigationsleiste, und die neue Seite ist als Unterseite von »Das Team« zu sehen. Seiten, die Unterseiten besitzen, sind übrigens immer an einem kleinen Plus- oder Minuszeichen zu erkennen. Mit einem Klick darauf kann ein Seitenast geöffnet oder geschlossen werden. TYPO3 merkt sich den Zustand der Äste im Seitenbaum und zeigt sie beim nächsten Login geöffnet oder geschlossen an – ganz so, wie Sie das Web beim letzten Mal verlassen haben.

Eine der eher unauffälligen Neuerungen in der TYPO3-Version 4.5 verbirgt sich hinter dem Icon *Neue Seiten erstellen* am oberen Ende der Navigationsansicht. Einmal angewählt, öffnet sich ein Untermenü, in dem die verschiedenen TYPO3-Seitentypen in Form von Icons dargestellt werden. Diese Icons können per Drag-and-Drop an beliebiger Stelle im Seitenbaum positioniert werden. Um zu verhindern, dass diese Seiten sofort in der Website sichtbar sind, werden sie nach ihrer Positionierung unsichtbar dargestellt. Zusätzlich verbleibt auch der Textcursor im Feld zur Vergabe des Seitennamens, sodass an dieser Stelle direkt ein Seitentitel vergeben werden kann (Abbildung 4-5).

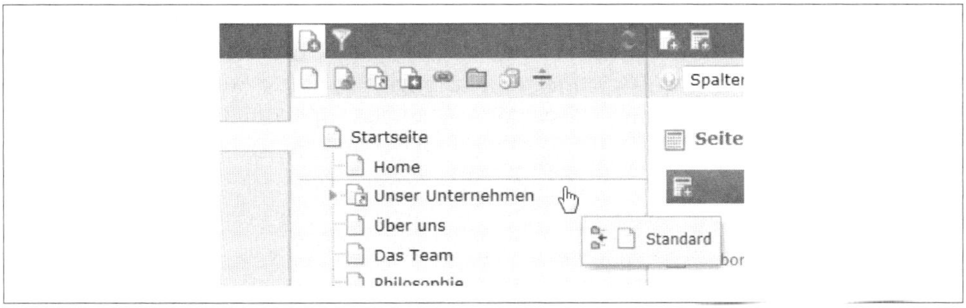

Abbildung 4-5: Noch schneller in TYPO3 4.5: die neue Funktion zum Anlegen von Seiten

Diese Neuerung ist zwar unspektakulär, sie erleichtert das Redakteursleben aber ungemein. Waren vorher einige Klicks inklusive Bearbeitung der Editiermaske *Seiteneigenschaften* notwendig, so kann man dies nun mit deutlich geringerem Aufwand erledigen. Danke an die TYPO3-Programmierer für diese sinnvolle Funktion!

Mehrere Seiten effizient erzeugen

Der bisher beschriebene Weg eignet sich gut, um einzelne Seiten zu erstellen. Müssen mehrere Seiten erzeugt werden, bietet sich die effizientere Methode über den Seitenerstellungs-Assistenten im Submodul *Web → Funktionen* an. Hiermit können Sie beliebig viele Seiten auf einmal erstellen. Nachdem Sie per Mausklick das Submodul *Funktionen* gewählt haben, erscheint im Detailfenster ein Assistent, mit dem Sie mehrere Seiten anlegen können (Abbildung 4-6).

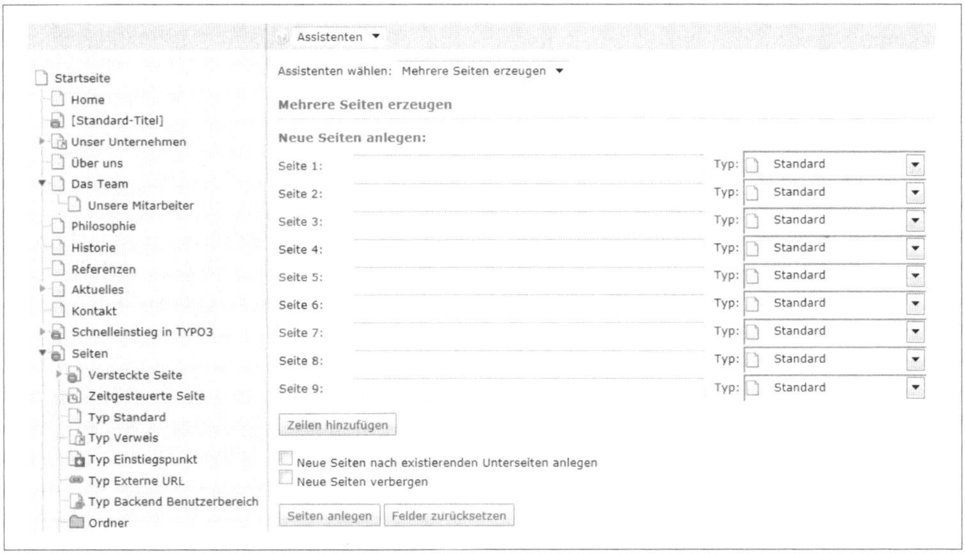

Abbildung 4-6: Der Assistent zum gleichzeitigen Anlegen mehrerer neuer Seiten

Wo TYPO3 die neuen Seiten anlegt, ist davon abhängig, welche Seite im Seitenbaum Sie zuvor angeklickt haben. Die neuen Seiten erscheinen immer als Unterseiten der derzeit aktiven Seite, der Pfad oben rechts im Detailbereich zeigt diese Seite an. Wurde zuvor noch keine Seite im Seitenbaum ausgewählt, werden Sie durch den Texthinweis *Bitte Seitentitel im Seitenbaum anklicken* im Detailfenster dazu aufgefordert. Um die neuen Seiten anzulegen, tragen Sie einfach die Titel für diese Seiten in die zur Verfügung stehenden Felder ein. Sollen weniger Seiten erstellt werden, als Felder zur Verfügung stehen, lassen Sie überzählige Felder einfach frei, da nur ausgefüllte Felder neue Seiten erzeugen. Am Ende des jeweiligen Felds zur Vergabe des Seitennamens können Sie den Seitentyp der jeweiligen Seite vergeben. Das heißt, Sie können bereits an dieser Stelle entscheiden, um welchen Seitentyp es sich handeln soll. Lesen Sie mehr über die verschiedenen Seitentypen in »Aufklappmenü Typ: Die verschiedenen Seitentypen von TYPO3« auf Seite 77. Möchten Sie noch zusätzliche Seiten erstellen, wählen Sie die Funktion *Zeilen hinzufügen* am Ende der Liste. Diese Funktion kann beliebig oft verwendet werden, um eine große Anzahl von Seiten »in einem Rutsch« anzulegen. Sind alle notwendigen Seitentitel vergeben, können Sie per Optionsfeld noch entscheiden, ob sie nach bereits existierenden Unterseiten anlegt werden sollen und ob die neuen Seiten zunächst noch verborgen, also für den Besucher Ihrer Website unsichtbar sein sollen. Wenn Sie nicht das Recht haben, neue Seiten zu erstellen, die direkt online publiziert werden, kann es sein, dass diese Option automatisch gesetzt wird.

Seiten verschieben und kopieren

Seiten können ab der TYPO3-Version 4 innerhalb des Seitenbaums ganz einfach per Drag-and-Drop verschoben oder kopiert werden. Klicken Sie dazu auf das Seitensymbol oder die Seitenbezeichnung der zu verschiebenden bzw. zu kopierenden Seite und ziehen Sie das Seitensymbol bei gedrückt gehaltener linker Maustaste auf das Seitensymbol oder die Seitenbezeichnung der Seite, in oder unter die die Seite verschoben oder kopiert werden soll. Die zukünftige neue Position wird immer durch eine dünne Linie zwischen zwei bestehenden Seiten angezeigt. Lassen Sie die Seite an dieser Stelle »fallen«, wird sie sofort an die neue Position verschoben. Um eine Seite zu kopieren, verfahren Sie auf die gleiche Weise, halten aber zusätzlich zur linken Maustaste noch die Strg-Taste der Tastatur gedrückt. Die gleichen Funktionen können alternativ auch über das Kontextmenü der betreffenden Seite vorgenommen werden. Klicken Sie dazu auf das Icon der betreffenden Seite, um das Kontextmenü aufzurufen. Wählen Sie in den Seitenaktionen des Kontextmenüs die Funktionen *Ausschneiden,* um eine Seite zu verschieben, und *Kopieren,* um die Seite zu duplizieren. Anschließend begeben Sie sich zu der Position im Seitenbaum, an der die Seite eingefügt werden soll. Im Kontextmenü dieser Seite können Sie nun (unter *Seitenaktionen*) zwischen *Einfügen in* oder *Einfügen nach* wählen (Abbildung 4-7).

Benutzer älterer TYPO3-Versionen müssen hier leider anders vorgehen, da Drag-and-Drop noch nicht funktioniert: Klicken Sie auf das Seitensymbol der zu verschiebenden bzw. zu kopierenden Seite und wählen Sie im erscheinenden Kontextmenü *Kopieren* oder

Ausschneiden. Um die Seite jetzt an die richtige Stelle zu verschieben, klicken Sie anschließend auf das Seitensymbol der Seite, in oder unter die die Seite verschoben oder kopiert werden soll, und wählen im Kontextmenü je nach Bedarf *Einfügen in* oder *Einfügen nach* (Abbildung 4-8).

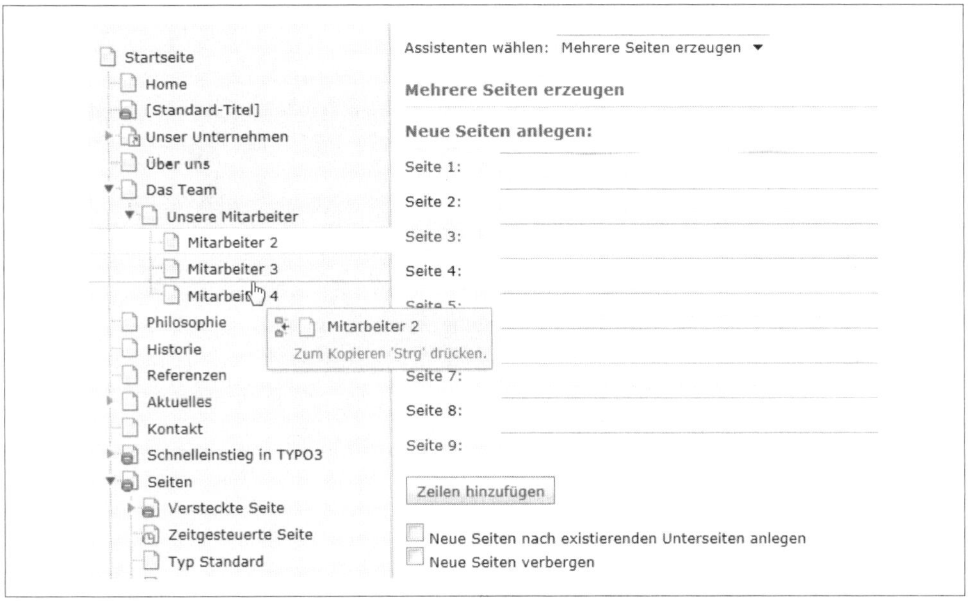

Abbildung 4-7: Seiten im Seitenbaum per Drag-and-Drop verschieben und kopieren

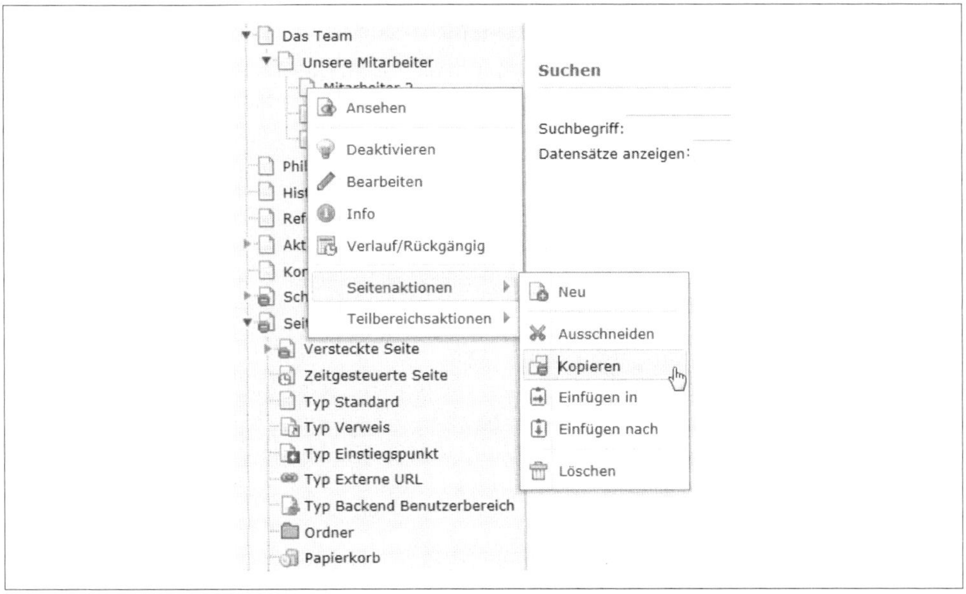

Abbildung 4-8: Kontextmenü einer Seite

Eine weitere komfortable und übersichtliche Ansicht für die Sortierung von Seiten bietet das Submodul *Liste*. Aktivieren Sie dafür dieses Submodul und wählen Sie dann eine Seite mit Unterseiten im Seitenbaum aus. In der Detailansicht erscheint nun eine Liste aller Seiten. Achten Sie darauf, dass die Option *Erweiterte Ansicht* im unteren Bereich der Liste aktiviert ist. Jede Seite ist mit Pfeilsymbolen ausgestattet, die es Ihnen erlauben, Seiten um eine Position nach oben oder nach unten zu verschieben (Abbildung 4-9).

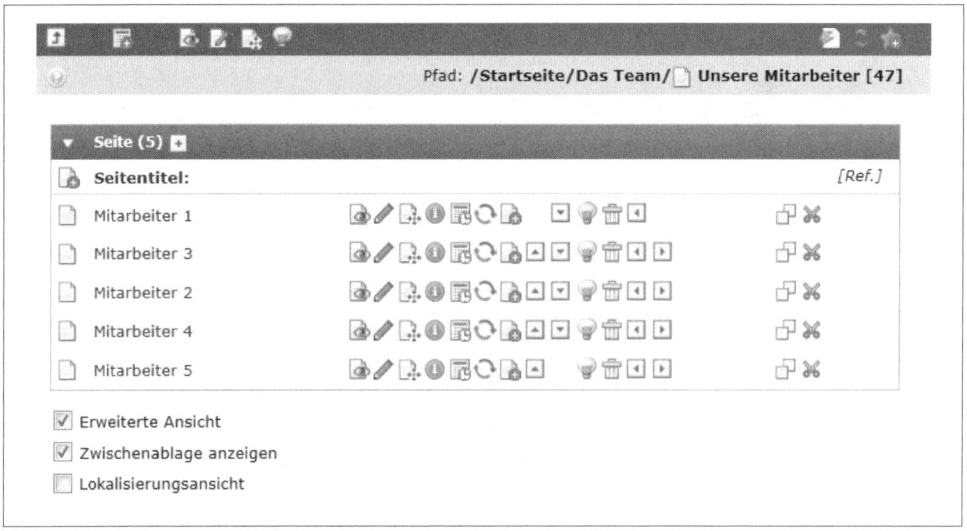

Abbildung 4-9: Detailansicht von Seiten im Submodul Liste

Seiten mit dem Sortierungs-Assistenten automatisch sortieren

Mithilfe des Submoduls *Funktionen* können Seiten auch automatisch nach festgelegten Vorgaben sortiert werden. Die Detailansicht des Submoduls bietet nämlich neben dem Assistenten für neue Seiten auch einen Assistenten, um Seiten zu sortieren. Im Aufklappmenü *Assistenten wählen* können Sie zwischen dem Seitenerstellungs-Assistenten und dem Sortierungs-Assistenten hin- und herschalten. Mithilfe des Sortierungs-Assistenten bekommen Sie die Möglichkeit, die Sortierreihenfolge von Unterseiten zu ändern (Abbildung 4-10).

Der Assistent ermöglicht es Ihnen, Unterseiten alphabetisch nach Seitentitel und Untertitel, nach Änderungszeitpunkt und Erzeugungszeitpunkt zu sortieren und mit der Option *Reihenfolge umkehren* die Reihenfolge der Seiten im Seitenbaum umzukehren. Das bedeutet in Abhängigkeit von Ihrer vorher gewählten Sortierung beispielsweise, dass eine alphabetische Sortierung von A bis Z in umgekehrt alphabetischer Reihenfolge von Z nach A sortiert wird.

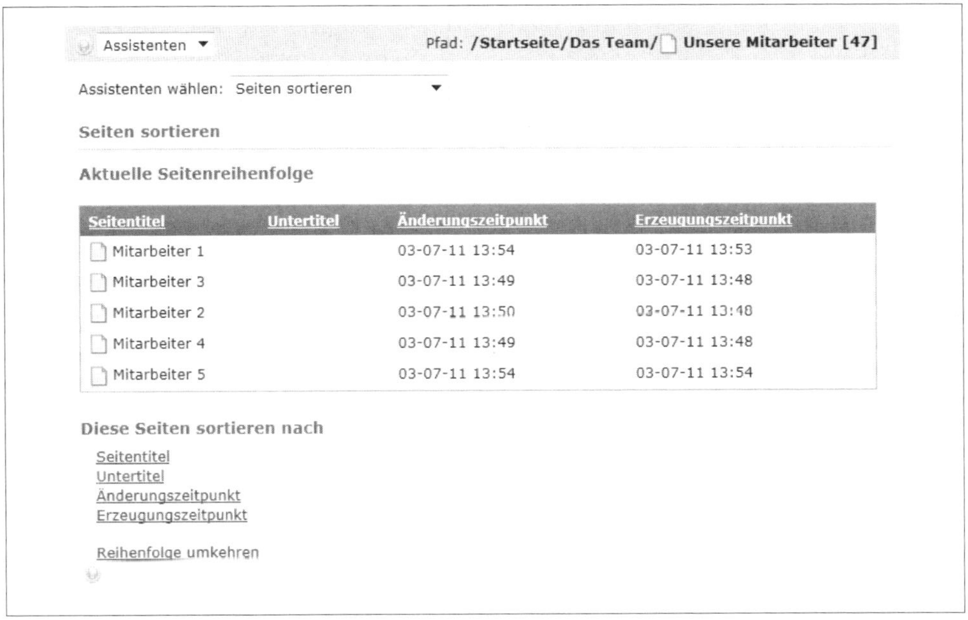

Abbildung 4-10: Der Assistent zur Sortierung von neuen Seiten

Seiten löschen

Um eine Seite zu löschen und damit aus dem Seitenbaum und aus Ihrem Webauftritt zu entfernen, klicken Sie auf das Seitensymbol der betreffenden Seite und wählen im erscheinenden Kontextmenü die Option *Seitenaktionen* und dort die Option *Löschen* (Abbildung 4-12). TYPO3 fragt Sie zur Sicherheit in einem Dialogfenster noch einmal, ob die Seite wirklich gelöscht werden soll, was Sie per Mausklick auf den *OK*-Button bestätigen können. Aber Achtung! Diese Option steht Ihnen nicht zur Verfügung, wenn Sie nicht auch der Erzeuger der Seite sind. Hat ein anderer Redakteur die Seite angelegt, ist auch nur dieser berechtigt, die Seite zu löschen. Dann können Sie die Seite lediglich verbergen und eventuell Ihren Kollegen um Unterstützung bitten. Nur Administratoren genießen das uneingeschränkte Recht, beliebig Seiten zu löschen.

Neu in der TYPO3-Version 4.5 ist auch die sogenannte Dropzone am Fuß des Seitenbaums. Wenn eine Seite angewählt und mit der Maus »festgehalten« wird, erscheint diese Zone am unteren Ende des Seitenbaums (*zum Löschen hier ablegen*). Zieht man die Seite dort hinein und lässt sie los, wird sie gelöscht (Abbildung 4-11).

Innerhalb von ca. zehn Sekunden kann man mit einem Klick auf die Funktion *Zum Wiederherstellen hier klicken* die versehentlich gelöschte Seite wieder aktivieren. Danach ist die Wiederherstellung nur über das Modul *Papierkorb* möglich.

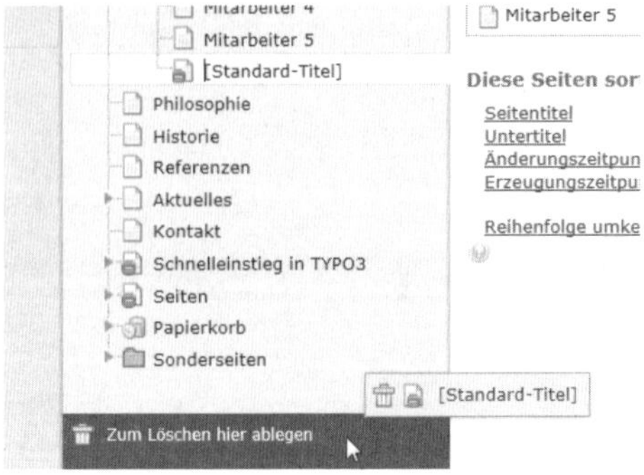

Abbildung 4-11: Die Dropzone in der Navigationsleiste

Lesen Sie mehr über das neue Modul *Papierkorb* im Abschnitt »TYPO3 ist keine Einbahnstraße: Rückgängig machen und Änderungsverlauf« auf Seite 346.

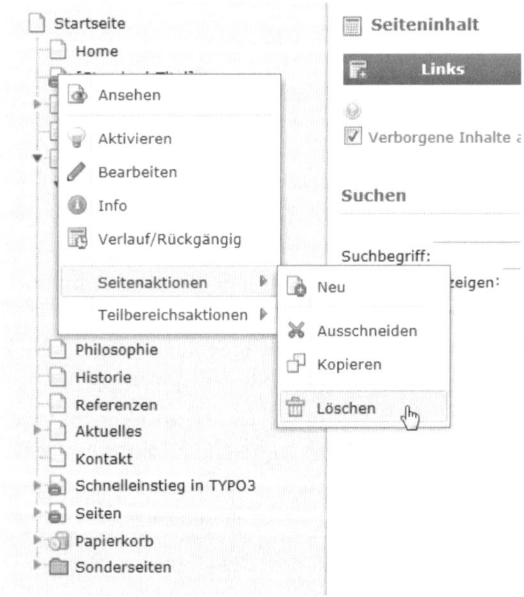

Abbildung 4-12: Die Option Löschen im Kontextmenü einer Seite im Seitenbaum

Seiteneigenschaften einer Seite bearbeiten

Mit den Eigenschaften einer Seite legen Sie fest, welchen Zweck eine Seite in Ihrem TYPO3-Web erfüllt und wie sich die Seite dabei verhält. Hier können Sie der Seite einen Typ zuweisen und damit zum Beispiel bestimmen, ob sie in der Website-Navigation angezeigt wird oder ob sie direkt zu einer anderen Seite weiterleitet. Sie können eine Seite so einstellen, dass sie nur während eines bestimmten Zeitraums im Frontend sichtbar ist, Metadaten für sie anlegen und vieles mehr.

Beim Anlegen einer neuen Seite öffnet sich die Editiermaske für die Seiteneigenschaften (Abbildung 4-13) automatisch. Um die Seiteneigenschaften auch außerhalb dieses Vorgangs zu bearbeiten, beispielsweise zum Ändern eines einmal vergebenen Seitentitels, rufen Sie am einfachsten das Kontextmenü der Seite im Seitenbaum auf und wählen darin den Punkt *Bearbeiten*.

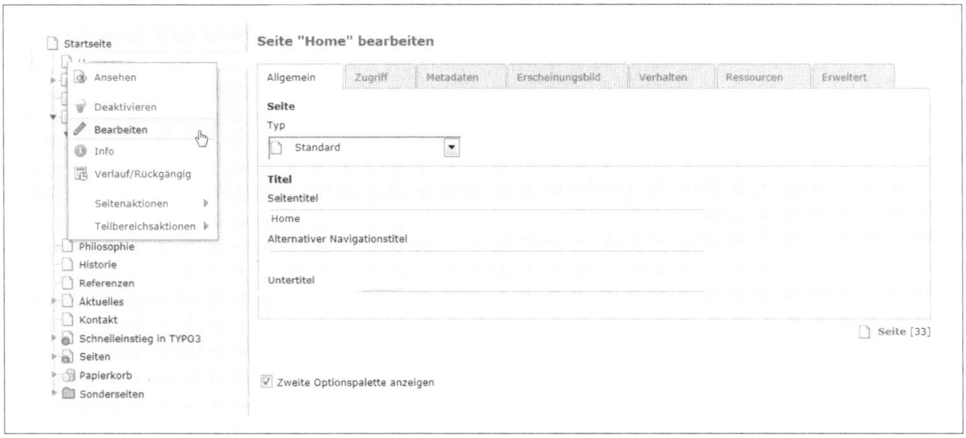

Abbildung 4-13: Die Editiermaske Seiteneigenschaften

Mit der TYPO3-Version 4.2 ist an dieser Stelle die Verwendung von Registerkarten in der Eingabemaske *Seiteneigenschaften bearbeiten* eingeführt worden. Bisher war diese Eingabemaske einfach so lang, wie die dort abgebildeten Eingabefelder es verlangten. Das konnte unter Umständen erhebliche Mauswege erzeugen. Je nach Seitentyp existieren nun verschiedene Registerkarten, die als Ordnungskriterium dienen und einen deutlichen Bedienvorteil bringen. Jetzt ist es kaum noch nötig, zu scrollen, und alle Formularfelder lassen sich bequem über die Register erreichen.

Eine Seite kann ganz einfach per Doppelklick auf den Seitentitel im Seitenbaum editiert werden. Nach dem Doppelklick ist der Seitenname aktiviert und kann überschrieben werden. Verlassen Sie das Feld mit Drücken der Enter-Taste, um die Eingabe zu bestätigen, oder mit der Esc-Taste, um die Eingabe abzubrechen.

Aufklappmenü Typ: Die verschiedenen Seitentypen von TYPO3

Wenn Sie eine neue Seite erstellen, müssen Sie sich auch immer für einen Seitentyp entscheiden. TYPO3 kennt unterschiedliche Seitentypen für verschiedene Zwecke. Durch die Wahl des Typs einer Seite bestimmen Sie u.a., wie eine Seite im Frontend und in der

Website-Navigation angezeigt wird. Einige Seitentypen werden für bestimmte Zwecke sogar nur im Backend angezeigt.

Das Aufklappmenü *Typ* befindet sich auf der Registerkarte *Allgemein*. Dort können Sie aus einer Reihe von Seitentypen auswählen, um, wie bereits gesagt, festzulegen, wie eine Seite im Frontend und in der Website-Navigation angezeigt oder ob eine Seite für bestimmte Zwecke nur im Backend benötigt wird. Wenn Sie von einem Seitentyp zu einem anderen Seitentyp mit unterschiedlichen, z.B. erweiterten Optionen wechseln, gehen die bereits gemachten Angaben nicht verloren. Haben Sie beispielsweise im Seitentyp *Verweis* Angaben gemacht und wechseln dann zum Seitentyp *Standard*, sind die Angaben nach einem erneuten Wechsel zu *Verweis* noch vorhanden – sie sind nur für Sie im Moment nicht sichtbar, weil Sie mit dem Typ *Standard* einen Typ gewählt haben, der einen anderen Ausschnitt der gesamten Eingabemaske *Seiteneigenschaften bearbeiten* zeigt als der Typ *Verweis*. Das liegt daran, dass die Eingabemasken der einzelnen Seitentypen Ihnen immer verschiedene Ausschnitte ein und derselben Datenbanktabelle zeigen. Unterschiedliche Seitentypen erkennen Sie an ihrem Icon im Seitenbaum (Abbildung 4-14).

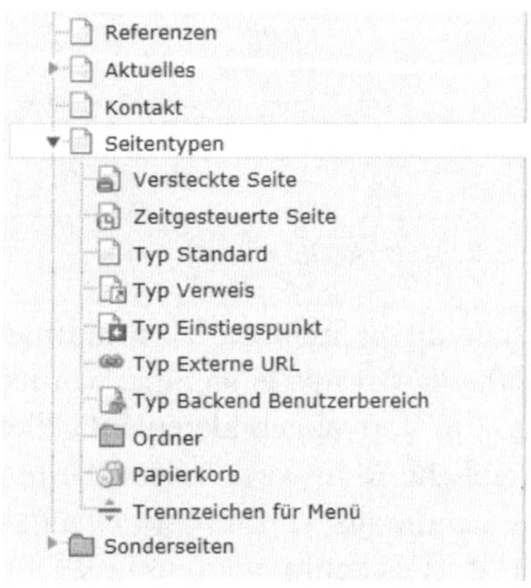

Abbildung 4-14: Die verschiedenen Seitentypen mit ihren Icons im Seitenbaum

Die einzelnen Seitentypen unterscheiden sich auf den ersten Blick wenig voneinander. Bei näherer Betrachtung werden Sie jedoch feststellen, dass sie sich hauptsächlich in der Anzahl der Registerkarten und deren spezifischen Inhalten unterscheiden. Alle Seitentypen verfügen über die Registerkarte *Allgemein*, auf der der grundlegende Seitentyp definiert wird. Der Seitentyp *Standard* deckt mittlerweile – im Gegensatz zu früheren TYPO3-Versionen – den Großteil der benötigten Seiten ab. Alle anderen Seitentypen unterscheiden sich nur noch in Details.

Typ Standard

Der Klassiker unter den Seitentypen und Redakteurs Liebling. Genau der richtige Typ, um normale Seiten für Ihre Website zu erstellen. Folgende Optionen und Eingabemöglichkeiten stehen Ihnen zur Verfügung:

Die Registerkarte Allgemein

Aufklappmenü Typ
: Hier wählen Sie den grundlegenden Seitentyp, die Beschreibung der verschiedenen Typen finden Sie auf den folgenden Seiten.

Seitentitel
: Das erste Pflichtfeld! Pflichtfelder erkennen Sie an einem kleinen Pflichtfeldsymbol, das jedem Pflichtfeld vorangestellt ist, solange dort nichts eingetragen wurde (Abbildung 4-15).

Abbildung 4-15: Als Pflichtfeld markiertes Eingabefeld einer Editiermaske

Jede Seite in TYPO3 muss einen Seitentitel haben, sonst können Sie sie nicht speichern. Geben Sie deshalb hier einen kurzen, prägnanten und möglichst eindeutigen Titel für die Seite ein. Unter dem Seitentitel wird die Seite dann im Backend geführt, u.a. im Seitenbaum. Außerdem wird der Titel meist für die Website-Navigation im Frontend verwendet. Einen einmal vergebenen Titel können Sie jederzeit wieder ändern, ohne dass sich dadurch die Beziehungen der Seiten innerhalb der Navigation verändern. Innerhalb von TYPO3 werden Seiten nämlich nicht über ihre Titel, sondern durch eindeutige, automatisch von TYPO3 vergebene Nummern, die Seiten-IDs, referenziert.

Alternativer Navigationstitel
: Der Navigationstitel ist ein alternativer Titel für die Menüeinträge der Seitennavigation im Frontend. Ein hier eingetragener Titel hat Vorrang und wird anstelle des Seitentitels innerhalb der Website-Navigation benutzt.

Untertitel
: Zusätzlich zum Seitentitel können Sie hier einen Untertitel eintragen. Ob und wie das Feld genutzt wird, hängt von der Programmierung der Website bzw. vom Template ab. Der Einsatz kann zum Beispiel sinnvoll sein, wenn der Seitentitel als Bezeich-

nung für den Navigationspunkt im Frontend Ihrer Website und der Untertitel für einen den Titel erläuternden oder erweiternden Eintrag in die Sitemap genutzt wird.

Die Registerkarte Zugriff

Seite deaktivieren (ehem. Seite verbergen)

Markieren Sie die Option *Seite deaktivieren* am Anfang einer Seiteneditiermaske, wenn Sie verhindern möchten, dass eine Seite für den normalen Besucher im Frontend Ihrer Website angezeigt wird. Sie selbst sowie andere im Backend eingeloggte Redakteure mit Lesezugriff können die Seite aber im Backend wie auch im Frontend betrachten. Da nur eingeloggte Redakteure eine deaktivierte Seite als Preview ansehen können, ist die Option nicht dazu geeignet, eine Seite z. B. vor Veröffentlichung von einem Kollegen oder Vorgesetzten, der kein Login zum Backend hat, begutachten und freigeben zu lassen. Es nutzt auch nichts, sich eine Seite über die Vorschaufunktion im Browser anzeigen zu lassen, die URL im Browser zu kopieren und per E-Mail zu versenden. Hat der Empfänger keinen Zugang zum Backend bzw. ist nicht eingeloggt, wird er nach dem Aufruf der URL in seinem Browser nur die Fehlermeldung »Page not found« erhalten. Eine Lösung für diese Art von Workflow bietet die Option *In Menüs verbergen*. Eine auf »verborgen« gestellte Seite wird im Seitenbaum (je nach TYPO3-Version) durch ein graues, mit einem roten X oder einem Einfahrt-verboten-Schild versehenes Seitensymbol gekennzeichnet (Abbildung 4-16).

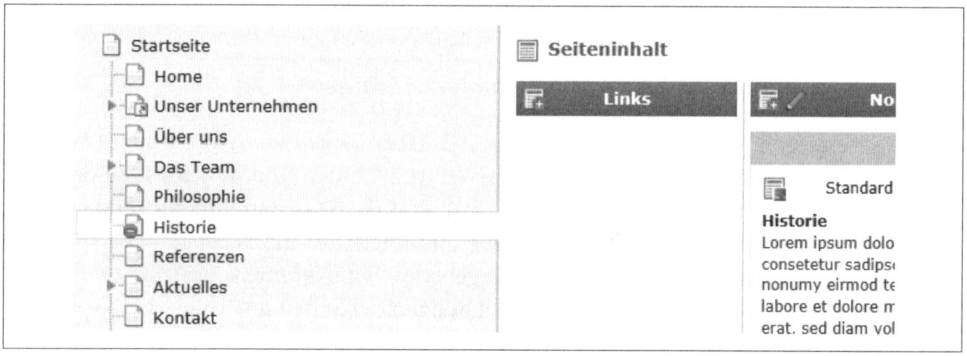

Abbildung 4-16: Seitensymbol einer deaktivierten Seite im Seitenbaum

Schauen Sie sich eine versteckte Seite im Frontend an, weist ein roter Preview-Hinweis in Form eines Kastens am oberen Rand der Seite darauf hin, dass es sich hierbei um eine verborgene, nur für im Backend eingeloggte Redakteure sichtbare Seite handelt (Abbildung 4-17).

Bedenken Sie, dass die Optionen nur die Seiten betreffen, auf denen sie gesetzt wurden. Sollen auch Unterseiten verborgen werden, müssen Sie die Option *Auf Unterseiten ausdehnen* auf derselben Registerkarte aktivieren.

Abbildung 4-17: Eine »versteckte« TYPO3-Seite im Frontend-Preview

In Menüs verbergen

Mit dieser Option stellen Sie ein, dass die Seite nicht im Navigationsmenü des Frontends angezeigt wird. In bestimmten Fällen kann das sehr nützlich sein. Vielleicht möchten Sie eine Seite erstellen, auf die Sie von einer anderen Seite Ihres Webauftritts verlinken. Die Seite soll aber nur über diesen Link und nicht über die Seitennavigation erreichbar sein. Oder Sie möchten eine Seite, die Sie erstellt haben, vor der Veröffentlichung auf Ihrer Website zunächst noch von jemandem überprüfen lassen, der keinen Zugang zum Backend hat. Eine verborgene Seite scheidet hier aus, da sie lediglich von im Backend eingeloggten Redakteuren betrachtet werden kann. Eine im Menü verborgene Seite kann aber von jedem aufgerufen werden. Dazu müssen Sie die Person nur über die URL der Seite informieren. Das geht ganz einfach, Sie brauchen die Seite nur mit der Vorschaufunktion im Browser aufzurufen, die im Browser angezeigte URL zu kopieren und sie zum Beispiel per E-Mail weiterzuleiten.

Veröffentlichungsdatum und Ablaufdatum (ehem. Start und Stop)

Normalerweise wird eine Seite, die Sie erstellt oder an der Sie Veränderungen vorgenommen haben, sofort online gestellt und ist damit für alle Besucher Ihrer Website sichtbar, außer die Seite wurde auf verborgen gesetzt (siehe oben *Seite deaktivieren*). Oder Sie haben mit den Optionen *Veröffentlichungsdatum* und *Ablaufdatum* den Zeitpunkt der Veröffentlichung der Seite terminiert. Mit diesen Optionen legen Sie fest, ab wann die Seite online sichtbar und zu welchem Zeitpunkt sie wieder unsichtbar wird. Um den Zeitpunkt des Erscheinens festzulegen, geben Sie einfach in das Feld *Veröffentlichungsdatum* ein Datum Ihrer Wahl ein. Um den Offlinetermin einer Seite zu bestimmen, tragen Sie ein Datum in das Feld *Ablaufdatum* ein. Das Format für die Eingabe ist *TT-MM-JJJJ*. Um ein bestimmtes Datum zu ermitteln, können Sie sich auch von TYPO3 helfen lassen. Fügen Sie in das Feld ein `d` ein, wird von TYPO3 umgehend das aktuelle Datum eingetragen, sobald Sie das Feld wieder verlassen und in ein anderes klicken (die Tab-Taste funktioniert auch). Durch das Anhängen eines Werts wie z.B. `d+10` werden von TYPO3 zehn Tage zum aktuellen Datum dazugerechnet, bei `d-10` werden zehn Tage abgezogen.

Auf Unterseiten ausdehnen (ehem. Inklusive Unterseiten)
: Standardmäßig beziehen sich die Optionen *Seite deaktivieren*, *Veröffentlichungsdatum*, *Ablaufdatum* und *Zugriff* nur auf die Seiten, bei denen sie gesetzt wurden. Wird aber zusätzlich die Option *Auf Unterseiten ausdehnen* gewählt, wird die Einstellung auch auf die Unterseiten vererbt. Ein Beispiel macht die Bedeutung dieser Option verständlich: Sie arbeiten an neuen Seiten für Ihren Internetauftritt. Ein ganzer Seitenbaum ist neu, teilweise aber erst halb fertig. Damit niemand Ihre halbfertige Arbeit online betrachten kann, deaktivieren Sie die oberste Seite des Seitenbaums. Damit erscheint die Seite nicht mehr in der Navigation der Website, und somit sind auch ihre Unterseiten nicht erreichbar – allerdings nur nicht direkt über die Website-Navigation! Denn sollte jemand die Seitennummer oder den Alias einer Unterseite kennen oder erraten und im Browser die URL direkt eingeben, wird die Seite ganz normal angezeigt. Noch gravierender ist es, wenn Suchmaschinen (z.B. Google oder die eigene Webseitensuche!) die noch nicht fertigen Unterseiten indexieren und als Treffer ausgeben. Abhilfe schafft hier das Markieren der Option *Auf Unterseiten ausdehnen*. Dadurch wird die Zugriffsbeschränkung auf alle Unterseiten ausgeweitet, und die Seiten sind dann nur noch für angemeldete Backend-Benutzer mit Leserechten sichtbar

Zugriffsrechte für Benutzergruppen (ehem. Zugriff)
: Seiten und Seiteninhalte können in TYPO3 so eingestellt werden, dass sie zugriffsbeschränkt und damit nur für eine bestimmte Gruppe von Besuchern sichtbar sind. Wie Sie eine Seite einer bestimmten Website-Benutzergruppe zuweisen, erfahren Sie im Abschnitt »Zutritt nur für Mitglieder: Website-Benutzer und -Benutzergruppen« auf Seite 61.

Anmeldeverhalten (ehem. Anmeldemodus)
: Das Anmeldeverhalten kann bei Webseiten, in denen geschlossene Benutzergruppen Verwendung finden, für eine Verbesserung der Geschwindigkeit/Performance sorgen. Folgendes Beispiel soll dies veranschaulichen:

  Normalerweise ist kaum eine TYPO3-Website ausschließlich nur für eine einzelne Benutzergruppe zugänglich, meist ist ein kleinerer Bereich der Website für den öffentlichen Zugriff gesperrt, d.h., ein Login wird verlangt. Sobald sich ein Benutzer an der Website angemeldet hat und Zugriff auf die zuvor geschützten Seiten erhält, kontrolliert TYPO3 fortlaufend den Status des Benutzers in einer sogenannten »Session«. Dadurch wird aber die Nutzung des TYPO3-Caches eingeschränkt, alle aufgerufenen Seiten müssen ständig auf die Zugriffsrechte des angemeldeten Benutzers hin kontrolliert und immer wieder von TYPO3 neu erstellt werden, die Verwendung des Caches – der eigentlich die Geschwindigkeit beim Seitenaufruf erhöhen soll – entfällt.

Dieses Verhalten bezieht sich aber auch auf Seiten ohne Zugangsbeschränkung und erzeugt so eine allgemeine Geschwindigkeitseinbuße. Über die Einstellungsmöglichkeiten des Anmeldemodus kann die »Kontrolle« des Anmeldestatus für eine Seite auch inklusive Unterseiten komplett deaktiviert werden, die Nutzung des TYPO3-Caches wird nicht verhindert. Sinnvollerweise sollten also alle Seiten außerhalb des geschützten Login-Bereichs mit dem Login-Modus *Benutzeranmeldung deaktivieren* eingestellt sein.

Ob das bei Ihrem Webauftritt überhaupt notwendig ist und wie Sie dann mit dieser Option umgehen sollen, erfragen Sie bei Ihrem Administrator.

Wissenswertes zum Thema geschlossene Benutzergruppen finden Sie im Abschnitt »Zutritt nur für Mitglieder: Website-Benutzer und -Benutzergruppen« auf Seite 61.

Die Registerkarte Metadaten

Inhaltsangabe

Hier können Sie eine Inhaltsangabe zu dieser Seite eintragen. Angezeigt wird sie im Frontend allerdings nur in zwei Fällen: Im ersten Fall wurde im Template der Seite vom Entwickler der Website explizit festgelegt, wo und wann diese Inhaltsangabe erscheinen soll. Im zweiten Fall setzen Sie das Inhaltselement *Menü/Sitemap* mit der Einstellung *Menü der Unterseiten (mit Zusammenfassung)* ein. Mehr zu diesem Inhaltstyp finden Sie im Abschnitt »Vielfältiger Content mit den verschiedenen TYPO3-Inhaltstypen« auf Seite 180. Dabei wird nämlich der Inhalt dieses Felds als Kurzbeschreibung unter dem Seitentitel ausgegeben. Noch ein Hinweis: Angaben, die im Feld *Inhaltsangabe* gemacht werden, finden keine Aufnahme in die Metatags dieser Seite! Unter Metatags versteht man Angaben zur Webseite, durch die sie beschrieben und dadurch für Suchmaschinen besser auffindbar gemacht wird (siehe dazu auch den folgenden Abschnitt »Schlagworte«). Das ist nur beim Feld *Beschreibung* und bei den *Schlagworten* der Fall. Ansonsten können Sie das Feld bei Bedarf noch für eigene Kommentare oder Ähnliches verwenden, was Ihnen und Ihren Koredakteuren eventuell dabei hilft, den Überblick über die einzelnen Seiten und Inhalte zu behalten.

Schlagworte (ehem. Stichworte kommagetrennt)

Geben Sie in dieses Feld durch Kommata voneinander getrennt die Schlüsselwörter für diese Seite ein. Die meisten TYPO3-Webs sind so eingerichtet, dass diese Schlüsselwörter im Kopfbereich des HTML-Quellcodes der Seite den Suchmaschinen als Metatags zur Nutzung bereitgestellt werden. Sie sollten sich daher gut überlegen, welche Begriffe Sie hier eintragen. Es sollten Begriffe sein, die etwas mit dem Inhalt der Seite zu tun haben und bei denen Sie möchten, dass eine Suchmaschine Ihre Website als Ergebnis ausgibt, wenn danach gesucht wird. Metatags wurden nämlich erfunden, um die Indexierung einer Internetpräsenz für Suchmaschinen zu verbessern. Mit ihnen können einer Suchmaschine wie Google unter anderem Anweisungen zur Steuerung von Suchrobotern, ein kurzer beschreibender Text als Inhaltsangabe und eben die hier beschriebenen Schlüsselwörter übergeben werden.

Wenn Sie jetzt aber vor Ihrem geistigen Auge Ihren Webauftritt bei Google, Yahoo! und Co. durch das gezielte Einpflegen von Stichwörtern schon ganz oben in der Ergebnisliste sehen, lassen Sie uns bitte zuvor noch erwähnen, dass der Lack bei den Metatags leider ab ist. Die als Geheimwaffe gehandelten Angaben wurden zu oft missbraucht. Schuld sind die Website-Betreiber, die alle möglichen irreführenden Angaben doppelt und dreifach in ihre Metatags gepackt haben, um als Lieferant von Schrauben und Dübeln selbst beim Suchwort »Dessous« noch so weit wie möglich oben zu stehen. Keiner weiß heute genau, ob Metatags überhaupt noch für Suchmaschinen relevant sind. Mittlerweile wird mehr Wert auf den eigentlichen, echten Inhalt der Webseite gelegt, und das ist auch gut so. Nur auf diesem Weg kann die Qualität der Suchmaschinenergebnisse verbessert werden. Aber schaden können Metatags sicherlich auch nicht, daher: Einpflegen!

Die Möglichkeit, hier Stichwörter anzugeben, hat aber auch noch einen ganz anderen, viel wertvolleren Vorteil: Sie gibt Ihnen die Chance, Ihre eigenen Seiten zu verschlagworten. Oder um es mit einem Zauberwort der Web 2.0-Welt auszudrücken: Tagging. Unter Tagging (engl. für: mit einem Etikett versehen) versteht man im Grunde genommen die systematische Verschlagwortung von Inhalten. Was Sie und Ihre Besucher von dem Mehraufwand haben? Ihre Inhalte können besser gefunden werden, und zwar über Ihre eigene Website-Suchfunktion im Frontend und im Backend. Denn bei der Suche nach Begriffen auf Webseiten gibt es häufig ein Problem: Es ist wichtig, dass die exakte Schreibweise für den gesuchten Begriff eingegeben wird, genau so, wie er im Inhalt der Website hinterlegt ist. Das ist aber gar nicht so einfach. Sucht Ihr Besucher nach dem korrekt ausgeschriebenen Begriff oder doch nach der Abkürzung oder eher nach der umgangssprachlichen Variante oder vielleicht gar nach der korrekten lateinischen Bezeichnung? Sie haben es nicht unter Kontrolle. In das Feld *Schlagworte* können Sie aber alle möglichen Varianten eingeben und damit zumindest aktiv mithelfen, dass Ihre Inhalte besser gefunden werden.

Die Schlüsselwörter können außerdem auch zur internen Suche im Backend verwendet werden. Das kann Sie beim Auffinden von Inhalten in der x-ten Unterseite einer Unterseite im Seitenbaum ungemein unterstützen (Abbildung 4-18).

Abbildung 4-18: Die TYPO3-Backend-Suche

Es ist ebenfalls möglich, Menüs auf der Basis von Schlüsselwörtern zu erzeugen. Bekannt dürfte Ihnen so etwas eventuell von der einen oder anderen Website in Form von Tag-Clouds sein. Hierbei werden Stichwörter neben- und untereinander im Frontend der Website aufgelistet, wobei die Größe des einzelnen Stichworts die Anzahl der dahinterliegenden Inhalte visualisieren kann (Abbildung 4-19).

Abbildung 4-19: Beispiel für den Einsatz einer Tag-Cloud auf einer Website

Beschreibung

Geben Sie hier eine kurze Beschreibung ein, die den Inhalt der Seite zusammengefasst wiedergibt. Anders als beim Feld *Inhaltsangabe* wird die Beschreibung den Metatags einer Webseite je nach Einstellung Ihres TYPO3-Webs hinzugefügt und in Suchmaschinen als Suchergebnistext auch angezeigt. Wenn Sie hier keinen Text eintragen, wird die Suchmaschine immer einen Text aus dem vorgefundenen Inhalt Ihrer Seite extrahieren und im Suchergebnis anzeigen. Möchten Sie diesen automatisch generierten Text beinflussen bzw. ändern, ist hier die geeignete Stelle dafür. Um in den Trefferlisten mit dem eigenen Text berücksichtigt zu werden, sollten Sie nicht mehr als 160 Zeichen schreiben und keine Inhalte verwenden, die bereits auf der Seite vorhanden sind!

Name des Autors

Hier kann der Autor der Seite eingetragen werden. Der Name kann dann – falls von der Programmierung und vom Template vorgesehen – im Frontend an geeigneter Stelle, z.B. im Fuß der Seite, angezeigt werden. Die Eintragung kann aber auch nützlich sein, um schnell und unkompliziert festzustellen, wer der Verfasser und damit verantwortlich für diese Seite ist.

E-Mail des Autors

Was für den Namen des Autors gilt, ist auch für die E-Mail-Adresse richtig: Kann im Frontend abgebildet werden, schadet aber auch nicht im Sinne einer besseren Übersicht.

Letzte Aktualisierung (ehem. Letzte Änderung)

Vielleicht haben Sie es schon einmal auf einer Website gesehen: *Zuletzt geändert am 18.04.2011*. Der Autor gibt hier den Zeitpunkt der letzten Änderung an der Seite bekannt und zeigt damit, wie aktuell der Inhalt ist. Am häufigsten wird diese Option bei der automatischen Anzeige des Zeitpunkts der letzten Änderung verwendet. Geben Sie in das Eingabefeld ein `d` ein, damit wird automatisiert das aktuelle Datum eingefügt. Tragen Sie z.B. `d+10` ein, werden zum aktuellen Datum zehn Tage hinzuaddiert; damit wird ein Datum eingefügt, das zehn Tage in der Zukunft liegt. Sie können ein Datum allerdings auch manuell eintragen. Geben Sie dazu einfach das Datum und die Uhrzeit im Format *HH:MM TT-MM-JJJJ* ein und überschreiben Sie damit den automatisch eingetragenen Wert oder wählen Sie per Kalender-Icon einen beliebigen Tag aus dem sich öffnenden Kalender aus.

Die Registerkarte Erscheinungsbild

Frontendlayout (ehem. Layout)
: Mit der Option *Frontendlayout* können Sie zwischen verschiedenen Layouts für die Seite wählen. Die Seite wird dann in einem vom Designer der Website im Template der Seite definierten Layout gezeigt, aber nur, wenn in diesem Template auch verschiedene Layouts definiert wurden. Da die meisten Designer diese Option aber nicht mehr nutzen, wird die Einstellung dann auch keine Auswirkung auf das Aussehen der Website haben. Aber Sie sollten wenigstens wissen, worum es geht.

Markiere als »Neu« bis:
: Hier können Sie das Ablaufdatum der Seite eintragen. Das hat keine Auswirkungen auf die Anzeige der Webseite im Frontend und ist eher für den internen Gebrauch gedacht, sozusagen für Sie als Erinnerung, zu welchem Zeitpunkt eine Seite überarbeitet werden soll. Natürlich müssen Sie nicht jede Seite des Seitenbaums einzeln abrufen, um einen Überblick über die Ablaufdaten Ihrer Seiten zu bekommen. Benutzen Sie dazu einfach die Seitenbaumübersicht und die Anzeige der Seiteninformationen des Moduls *Web → Info*.

Backend-Layout (nur für diese Seite) und Backend-Layout (für Unterseiten dieser Seite)
: Diese beiden Optionen sind unscheinbare, aber sinnvolle Neuerungen in der TYPO3-Version 4.5. Mit der Auswahl dieser Optionen lässt sich nämlich das Backend-Layout der betreffenden Seite (*nur für diese Seite*) oder/und auch für alle Unterseiten einer Seite (*für Unterseiten dieser Seite*) steuern. Was ist damit gemeint? Das Backend-Layout ist die Detailansicht einer TYPO3-Seite im Backend. Normalerweise sehen Sie immer die gleichen Ansichten unterteilt in immer die gleichen Spalten. In der Regel sind diese Spalten auch immer mit Inhalten belegt, und ihre Ansicht ist nötig, um sich im Einzelfall zu entscheiden, in welcher Spalte man etwas einpflegen möchte. In Ausnahmefällen kann es aber sinnvoll sein, bestimmte Spalten auszublenden, um die Backend-Ansicht zu „verschlanken" oder um zu verhindern, dass Spalten mit Inhalten gefüllt werden. Je nachdem, welche Varianten des Backend-Layouts vom Administrator der Website vorgesehen wurden, kann man an dieser Stelle also verschiedene Layouts auswählen.

: Die Funktion hat übrigens keine Auswirkung auf das Frontend-Layout der Website, sondern nur auf das Backend-Layout – wie der Name schon sagt.

Benutze als Container/Enthält Erweiterung (ehem. Enthält Plug-In)

Diese Option markiert die Seite z. B. als Forum oder als Onlineshop Ihrer Website. Das bedeutet aber eigentlich nur, dass sie in der Liste der Erweiterungen im Backend erscheint. Die Darstellung der Seite wird davon nicht beeinflusst. Damit ein Shop oder ein Forum dann auch wirklich funktioniert, müssen noch einige weitere Einstellungen vom Administrator vorgenommen werden. TYPO3 selbst empfiehlt, dass nur Administratoren Zugriff auf dieses Feld erhalten.

Ersetze den Inhalt/Zeige Inhalt von Seite (ehem. Inhalt dieser Seite anzeigen)

Wenn Sie den Inhalt einer anderen als der aktuell gewählten Seite abbilden möchten, können Sie über das Ordnersymbol *Durch Datensätze browsen* den TYPO3-Element-Browser aufrufen und darin im abgebildeten Seitenbaum eine Seite auswählen, deren Inhaltselemente angezeigt werden sollen.

Die Registerkarte Verhalten

URL-Alias (ehem. Alias)

Jetzt wird es interessant. Erstellen Sie doch einmal eine neue Seite und vergeben Sie nur einen Seitentitel, z. B. »Über uns«. Wenn Sie diese Seite im Browser aufrufen und sich die URL einmal genauer ansehen, bemerken Sie, wie kryptisch diese angezeigt wird. Da steht dann wahrscheinlich *www.ihre-domain/index.php?id=278* oder im besten Fall, je nach Einstellung Ihres TYPO3-Webs, *www.ihre-domain/278.html* (Abbildung 4-20).

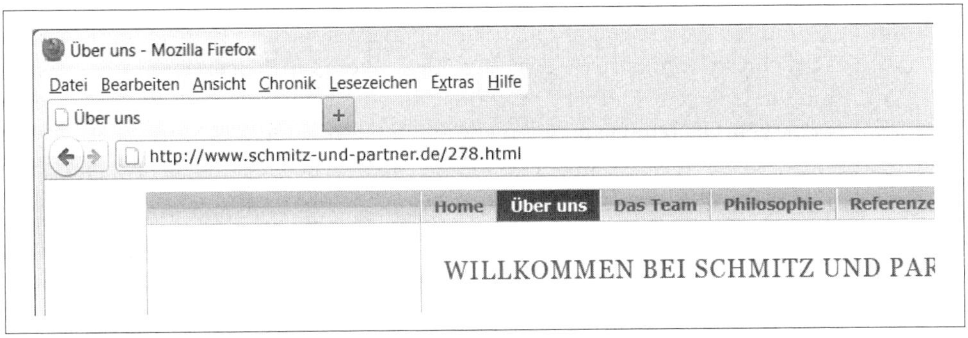

Abbildung 4-20: URL einer Seite in der Adresszeile eines Browsers

Es wird also die numerische ID der Seite angezeigt. Das sieht erstens nicht besonders schön aus und ist auch schwer zu merken, und zweitens verkompliziert es die Auswertung von Website-Statistiken. Wenn dort steht, dass die Seite *www.ihre-domain/278.html* von Besuchern 245-mal aufgerufen wurde, müssen Sie erst einmal nachschauen, um welche Seite es sich hierbei handelt. Schöner wäre da schon eine Anzeige, wie man sie auch von nicht CMS-basierten HTML-Seiten kennt, also in diesem Fall vielleicht *www.ihre-domain/ueber_uns.html*. Hier kommt der Alias einer

Seite ins Spiel. Der Alias ist ein eindeutiger Name für eine Seite. Innerhalb Ihres TYPO3-Seitenbaums muss ein Alias eindeutig sein. Das bedeutet, es darf keine Seite existieren, die bereits denselben Alias besitzt. Falls der eingegebene Alias nicht eindeutig ist, wird automatisch eine eindeutige Zahl angefügt. Das passiert auch, wenn Sie Seiten kopieren. Tragen Sie – um bei unserem Beispiel zu bleiben – in das Eingabefeld *Alias* die Bezeichnung »ueber_uns« ein und rufen Sie die Seite erneut im Browser auf (Abbildung 4-21).

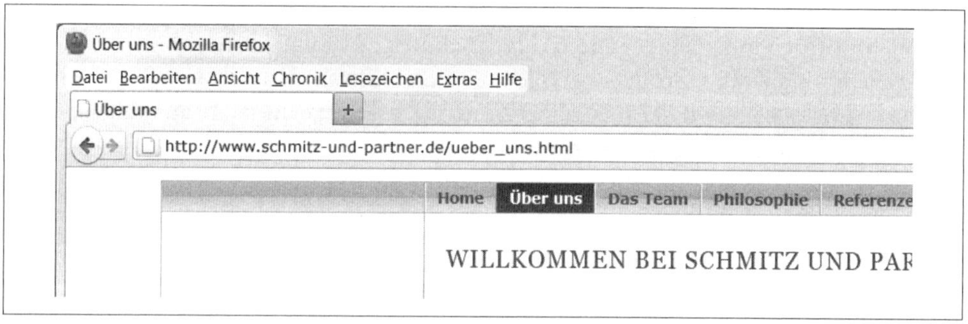

Abbildung 4-21: URL einer Seite im Browser, der ein Alias zugewiesen wurde

In der Adresszeile des Browsers steht nun *www.ihre-domain/ueber_uns.html* – genau so sollte es sein. Wenn dies jedoch nicht dort steht, kann das zwei Gründe haben: Der erste ist, dass Sie die Seite aus dem TYPO3-Backend über die Funktion *Vorschau* aufgerufen haben, dann wird nicht der Alias einer Seite angezeigt, sondern weiterhin nur die Seiten-ID. Zweitens und damit auch gravierender: Der Ersteller der Website hat diese nicht so konfiguriert, dass der Alias überhaupt angezeigt werden kann. Dann sind Sie leider im Moment machtlos. Bitten Sie Ihren Administrator einfach, die notwendigen Einstellungen vorzunehmen. Ein eleganter Weg, sprechende URLs zu erzeugen, ist die Verwendung der Extension RealURL. Sie ermöglicht es, automatisiert Seitennamen in der Adresszeile des Browsers auszugeben, anstatt jeder Seite einen eigenen Alias zuzuordnen. Wie Sie die Extension einsetzen und konfigurieren, lesen Sie in Kapitel 9.

> Hinweise zur Vorbereitung auf den Einsatz von Aliasen und RealURL gibt es im Abschnitt »SimulateStaticDocuments und RealURL einsetzen« auf Seite 543.

Achten Sie bei der Eingabe eines Alias darauf, nur kleine, alphanumerische Zeichen zu verwenden. Um Wörter voneinander zu trennen, dürfen Sie keine Leerzeichen, sondern nur den Unterstrich einsetzen. Sie können mithilfe der Aliase auch eine Seite, auf die durch interne Links verwiesen wird, austauschen. Löschen Sie dazu den vorhandenen Alias der bisherigen Zielseite und tragen Sie ihn dann in die neue Zielseite ein. Alle Verweise auf den Alias zeigen nun automatisch auf die neue ID.

Aliase sind aber auch für Suchmaschinen wichtig. Diese bevorzugen statisch erstellte Webseiten, z.B. *ueber_uns.html*, anstelle von dynamisch generierten wie z.B. *index.php?id=96*.

Nehmen wir einmal an, Sie handeln mit Tee und möchten bei der Suche nach Tee in Suchmaschinen gut gefunden werden. Suchmaschinen bewerten u.a. Schlüsselwörter in der Adresse von Webseiten. Ist das Schlüsselwort in der Domain, also z.B. *www.tee.de*, enthalten, wird das für das Ranking der Seite auf der Ergebnisliste bei der Suche nach diesem Suchbegriff positiv bewertet. Aber auch wenn das Schlüsselwort im Pfad oder im Seitennamen, z.B. *www.ihre-domain.de/tee.html*, aufgeführt ist, kann sich das positiv auf das Ranking auswirken.

Linkziel

Wird auf eine Seite verlinkt, können Sie mit dieser Angabe festlegen, ob sich die Seite dann in einem neuen Browserfenster, dem gleichen Fenster oder einem bestimmten Frame öffnet. Mithilfe von Frames kann der Webdesigner oder Administrator den Anzeigebereich des Browsers in verschiedene, frei definierbare Bereiche aufteilen (Abbildung 4-22). Jeder Bereich kann eigene Inhalte in Form einzelner HTML-Seiten enthalten. Möchten Sie, dass die Seite in einem bestimmten Frame aufgerufen wird, können Sie hier die Bezeichnung dieses Frames angeben. Die möglichen Namen müssen Sie bei Ihrem Administrator erfragen.

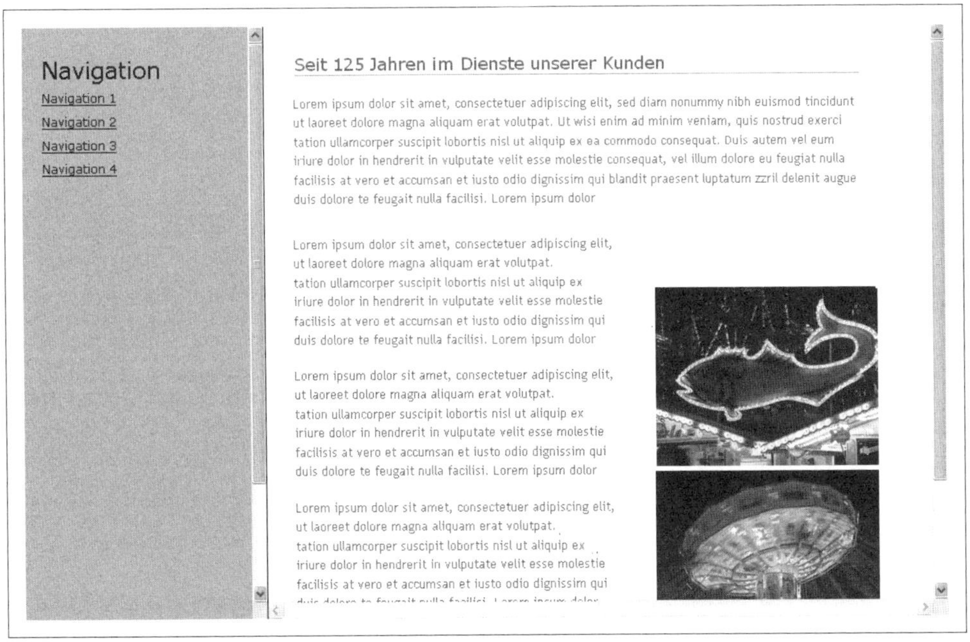

Abbildung 4-22: Ein mit Frames aufgeteilter Anzeigebereich eines Browsers

Es gibt aber auch einige reservierte Namen, die hier eingetragen werden können:

- *self*: Zeigt die Seite im gleichen Fenster bzw. Frame, von der aus sie per Link aufgerufen wurde.
- *blank*: Ruft die Seite immer in einem neuen Browserfenster auf.
- *top*: Zeigt die Seite im gleichen Fenster und ignoriert die vorhandenen Frames.

Eine Eingabe in das Feld *Linkziel* ist aber eigentlich überhaupt nur nötig, wenn Ihre Website mit Frames aufgebaut ist. Die meisten modernen Websites nutzen diese Technik nämlich gar nicht mehr, und das vollkommen zu Recht, da sie immense Nachteile in Bezug auf Suchmaschinenoptimierung, Barrierefreiheit und Usability mit sich bringt. Auch der Pflegeaufwand solcher Webauftritte ist deutlich höher. Sie sind wirklich nicht zu beneiden, wenn Sie sich als Redakteur damit herumschlagen müssen. Alle anderen dürfen diesen Absatz getrost wieder vergessen.

Benutzer Protokoll

Hier können Sie das Protokoll, mit dem die Website von einem Computer zum nächsten übertragen wird, ändern. Wählen Sie die Option *Standard* oder das Präfix *http://*, um ganz einfach zu einer anderen, normalen Website weiterzuleiten (z.B. *http://www.ihre-domain.de)*.

Das Protokoll HTTPS dient der Verschlüsselung und Authentifizierung der Kommunikation zwischen einem Webserver und dem eigenen Computer. Dieses Verfahren wird sehr gern bei der Übertragung von sensiblen Daten, zum Beispiel von Kreditkarteninformationen und Ähnlichem beim Bestellvorgang eines Webshops, genutzt. Wählen Sie dieses Präfix, um zu einem geschützten Webserver weiterzuleiten (z.B. *https://www.ihre-domain.de)*.

Cache Dauer

Um die Geschwindigkeit Ihrer Internetpräsenz beim Aufruf von Seiten zu steigern, speichert TYPO3 eine einmal fertiggestellte und von Ihnen im Backend gespeicherte Seite nach ihrem ersten Aufruf im Browser als komplette Seite auf dem Server in einer Art Zwischenspeicher, der Cache genannt wird. Dadurch muss die Seite nicht jedes Mal von TYPO3 – wenn sie von einem Besucher im Browser aufgerufen wird – neu aus den einzelnen Inhalten und Elementen zusammengebaut werden. Erst wenn Sie an der Seite im Backend etwas ändern und speichern, wird die im Cache angelegte Seite verworfen und beim nächsten Aufruf im Frontend erneut zwischengespeichert. Es kann aber manchmal notwendig sein, das Cachen von Seiten zu deaktivieren. Dies ist zum Beispiel bei Seiten mit sich ständig ändernden Inhalten ratsam (z.B. bei Newsseiten).

Der Zeitraum, nach dem der Cache verfällt, wird standardmäßig im System definiert. Normalerweise werden alle Seiten 24 Stunden lang im Cache vorgehalten. Danach wird die Seite beim ersten Aufruf im Frontend erneut aufgebaut und der Cache aktualisiert. Im Aufklappmenü *Cache-Dauer* können Sie selbst bestimmen, wann der Cache gelöscht werden soll. Dazu stehen Ihnen verschiedene Auswahlmöglichkeiten zwischen einer Minute und einem Monat zur Verfügung.

Cache Deaktivieren

Mit der Option *Cache Deaktivieren* schalten Sie das serverseitige Cachen der Seite ab und verhindern somit zuverlässig, dass die Inhalte auf der Seite, die der Besucher im Frontend zu sehen bekommt, eventuell nicht dem neuesten Stand derselben Seite im Backend entsprechen. Das Einschalten der Option kann zum Beispiel bei Seiten sinnvoll sein, die das News-Modul enthalten, um damit zu gewährleisten, dass auch wirklich immer die aktuell im Backend eingepflegten Nachrichten im Frontend erscheinen. Sprechen Sie im Zweifelsfall mit Ihrem Administrator darüber, in welchen Fällen die Option *Cache Deaktivieren* gesetzt werden sollte.

Sprache/Lokalisierung

In den Spracheinstellungen stehen Ihnen zwei Möglichkeiten zur Verfügung: *Standardübersetzung verbergen* und *Seite anzeigen, auch wenn keine Übersetzung vorhanden ist.* Weitere Informationen dazu finden Sie unter »Spracheinstellungen in den Seiteneigenschaften« auf Seite 107.

Als Anfang der Website benutzen

Wenn innerhalb einer TYPO3-Installation mehrere Domains nicht nur nebeneinander, beispielsweise als parallele Websites, existieren, sondern ineinander verschachtelt im Seitenbaum liegen, kann die Option *Als Anfang der Website benutzen* in den Seiteneigenschaften Anwendung finden. Nur wenn diese Option aktiviert ist, kann TYPO3 diesen Unterzweig der Navigation auch als eigenständige Website behandeln und die Navigation entsprechend der Konfiguration des Programmierers rendern. Andernfalls würde TYPO3 die Website einfach als Unterseite der übergeordneten Website betrachten und entsprechend darstellen.

In Indexsuche einbeziehen (ehem. Nicht suchen)

Wenn Sie diese Option aktivieren, verhindern Sie, dass diese Seite in eine Suche im Frontend einbezogen wird.

Bearbeitbar nur für Administratoren

Wird diese Option aktiviert, können die Seite und deren Inhalt nur noch von Administratoren bearbeitet werden. Einfache Redakteure können auch keine neuen Unterseiten mehr anlegen. Bereits existierende Unterseiten können sie allerdings bearbeiten.

Seitenbaum stoppen

Mit dieser Option können Sie im Seitenbaum Seiten in tiefer liegenden Ebenen für eine bessere Übersicht im Backend ausblenden. Im Seitenbaum erkennen Sie an einem roten Pluszeichen, dass sich hier noch Unterseiten befinden (Abbildung 4-23). Klicken Sie darauf, um den Seitenast innerhalb der Navigationsleiste einzeln aufzurufen. Oberhalb dieses Seitenasts wird dann der Link *Temporäre Datenbankfreigabe aufheben* angezeigt, über den Sie wieder den kompletten Seitenbaum aufrufen können. Diese Option hat keine Auswirkungen auf das Frontend.

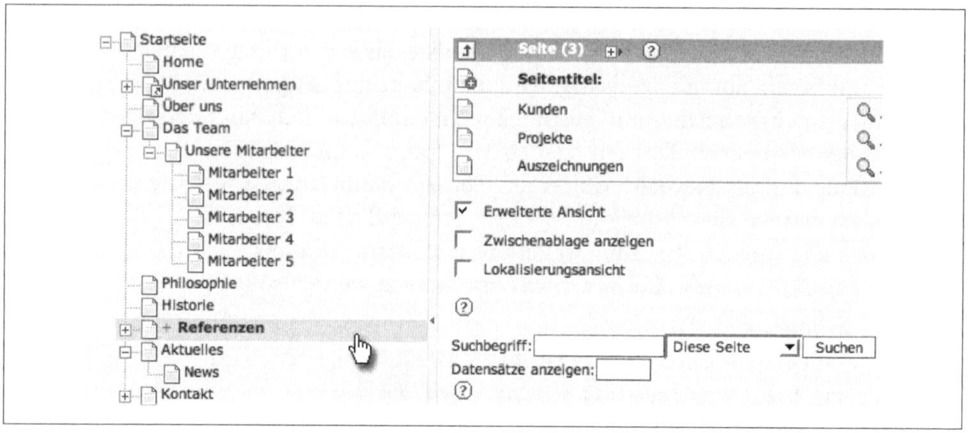

Abbildung 4-23: Eine Seite mit gesetzter Seitenbaum stoppen-Option

Eigentlich ist diese Option ausgezeichnet dazu geeignet, bei umfangreichen Websites Ordnung in den Seitenbaum zu bringen. Allerdings gibt es einen Wermutstropfen: Wird bei einem Seitenast die Option gesetzt, kann – bis zur TYPO3-Version 4.0 – dieser im TYPO3-Element-Browser nicht geöffnet werden. Das bedeutet, wenn Sie zum Beispiel im Rich Text Editor einen Link auf eine Seite innerhalb dieses Seitenasts setzen möchten, erstellen Sie diesen Link normalerweise, indem Sie das Wort mit der Maus markieren, auf das Linksymbol im RTE klicken und dann im sich öffnenden Element-Browser innerhalb des dort abgebildeten Seitenbaums das Linkziel auswählen. Das gelingt natürlich nicht, wenn der Seitenast gar nicht erst aufklappt. Erst ab der TYPO3-Version 4.2 ist dieser Fehler behoben.

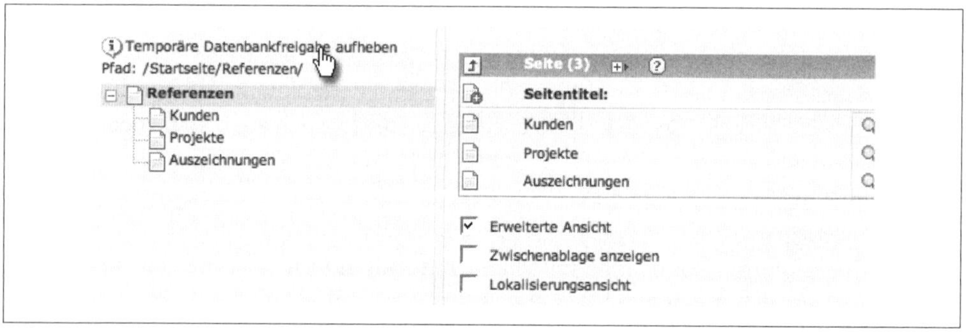

Abbildung 4-24: Ein geöffneter Einstiegspunkt im Backend

Die Registerkarte Ressourcen

Dateien

Einer TYPO3-Seite können Sie auch verschiedene Dateien zuordnen. Ein gutes Anwendungsbeispiel für diese Funktion ist das Auswechseln der Kopfgrafik einer

Seite. Oft ist dieser Bereich nicht durch Redakteure pflegbar. In unserer täglichen Praxis verwenden wir aber genau diese Funktionalität, um Redakteuren auf simple Weise zu ermöglichen, eben diese Grafiken zu ersetzen. Der Bereich wird meist von Webdesignern gestaltet und in die Templates Ihrer Website eingebunden. Beim Erstellen von neuen Seiten und Füllen derselben mit Inhaltselementen haben Sie keinen Einfluss darauf – dieser Bereich ist für Sie sozusagen unerreichbar. Das Eingabefeld *Dateien* kann das Problem lösen. Es hängt aber – mal wieder – vom Template ab, ob es funktioniert. Nehmen wir einmal an, es ist vorgesehen, dass Sie diese Bereiche über *Dateien* auch ändern können. Dann haben Sie hier die Möglichkeit, z.B. eine Grafik mit einem Logo und eine weitere mit einem Bild für den Kopfbereich der Seite im TYPO3-Element-Browser auszuwählen und damit in die Seite einzubinden. Informationen zum Umgang mit dem Element-Browser finden Sie im Abschnitt »Der TYPO3-Element-Browser« auf Seite 244. Je nach Programmierung werden Ihre hier angegebenen Dateien dann an den richtigen Stellen im Frontend Ihrer TYPO3-Website angezeigt (Abbildung 4-25).

Abbildung 4-25: Beispiel für den Einsatz von Dateien

Allgemeine Datensatzsammlung

Falls auf der Seite ein Plug-in verwendet wird, wie z.B. ein Shop-Modul, kann hier der Pfad auf die Seite oder den Ordner angegeben werden, aus dem die Shop-Datensätze aufgerufen werden. Dieses Eingabefeld findet allerdings kaum Verwendung. Sinnvoller ist die Pfadangabe im jeweiligen Plug-in selbst – sofern möglich –, da dort mehrere Ausgangspunkte angegeben werden können. Lediglich für Module, die letztere Möglichkeit nicht anbieten, kann hier der Pfad eingetragen werden.

TypoScript-Konfiguration (ehem. TSconfig)

Dieser Formularbereich dient der Konfiguration seitenspezifischer Angaben und der Steuerung des Verhaltens der Seite über TypoScript. Er ist damit ausschließlich für Entwickler und Administratoren vorgesehen.

Die Registerkarte Erweitert

Das Erscheinungsbild einer Seite, so wie sie im Frontend für den Besucher erscheint, wird in TYPO3 über Vorlagen, den sogenannten Templates, bestimmt. Templates sind HTML- und CSS-Vorlagen, die vom Webdesigner für TYPO3 vorbereitet und im Backend zur Verfügung gestellt werden. Einige Anwendungsbeispiele: Die Startseite Ihrer Website soll in einem jahreszeitlich angepassten Erscheinungsbild präsentiert werden. Dazu hat Ihnen der Webdesigner die vier Templates Frühling, Sommer, Herbst und Winter zur Verfügung gestellt. Diese Vorlagen können Sie im Backend auswählen, und je nach Auswahl erscheint Ihre bisher vielleicht noch in winterlich kühlen Farben gehaltene und mit dem Bild einer schneebedeckten Landschaft versehene Startseite in einer frischen, warmen Farbpalette mit einem sonnigen Motiv als Willkommensgruß.

Eventuell möchten Sie aber nichts am Erscheinungsbild, sondern am Aufbau der Inhalte ändern, zum Beispiel, dass der bislang einspaltige Text im Inhaltsbereich zweispaltig abgebildet wird. Auch das können Sie über die Wahl eines geeigneten Templates erreichen – wenn diese für Sie vorbereitet wurden. Damit Sie Templates in den Seiteneigenschaften überhaupt auswählen können, muss die Extension »Template Selector« installiert sein. Fragen Sie Ihren Administrator danach. Fest steht: Solange die technischen Voraussetzungen stimmen, können Sie für jede beliebige Seite eine spezielle Vorlage auswählen, und das bedeutet, dass eine Seite im Frontend vollkommen anders erscheinen kann, wenn für sie ein anderes Template ausgewählt wird. Dabei wird in TYPO3 noch zwischen Vorlagen und Inhaltsvorlagen unterschieden.

> **Admin-Tipp:** Die Auswahl verschiedener Templates steht aber nur zur Verfügung, wenn die Website nach dem *Modern Template Building* aufgebaut wurde. Dazu sind die Extensions »Page Template Selector« (rlmp-tmplselector) und »Template Auto-parser« (automaketemplate) notwendig. Ein Tutorial dazu finden Sie auf *www.typo3.org*.

Wählen Sie eine Vorlage

Unter der Überschrift *Wählen Sie eine Vorlage* steht Ihnen die Auswahl von Templates über ein Aufklappmenü und alternativ über Symbole zur Verfügung (Abbildung 4-26). Immer enthalten ist das Template *Standard*. Hier ist das Template definiert, das das Aussehen der Seiten steuert, wenn kein anderes Template ausgewählt wurde. Dazu kommen aber – falls erstellt – gegebenenfalls noch weitere Templates. Mit den hier wählbaren Vorlagen wird der »äußere« Aufbau der Website bestimmt: also wo sich die Navigation, die Kopf- und Fußzeile, die Hauptinhaltsspalte für Texte und Bilder usw. befinden (Abbildung 4-27).

Wählen Sie eine Inhaltsvorlage

Auch das Aussehen und die Struktur der Hauptinhaltsspalte können durch Templates bestimmt werden. Wählen Sie dazu im Bereich *Inhaltsvorlage* ein passendes Template aus (Abbildung 4-28). So können Sie u.a. durch die Auswahl von Inhaltsvorlagen bestimmen, aus wie vielen Spalten dieser Bereich besteht, wie diese aufgeteilt und welche Inhalte an welcher Stelle abgebildet werden (Abbildung 4-29). Mehr zum Thema »Inhalte und Spalten« finden Sie im Abschnitt »Wohin mit dem Content? Die Arbeit mit Spalten« auf Seite 174.

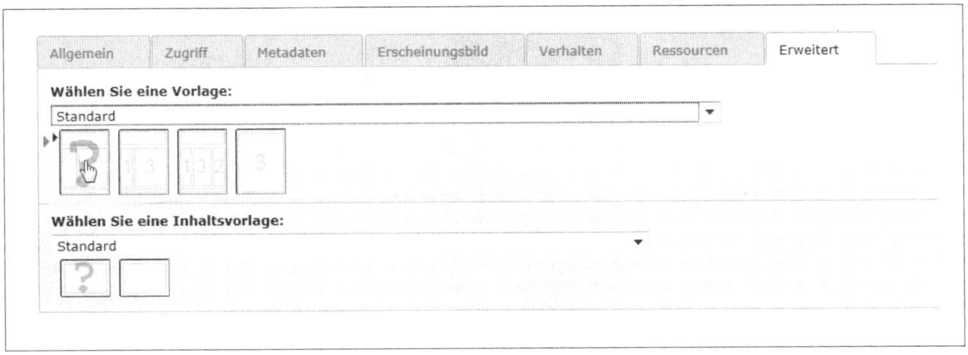

Abbildung 4-26: Aufklappmenü und Symbole zum Auswählen eines Templates

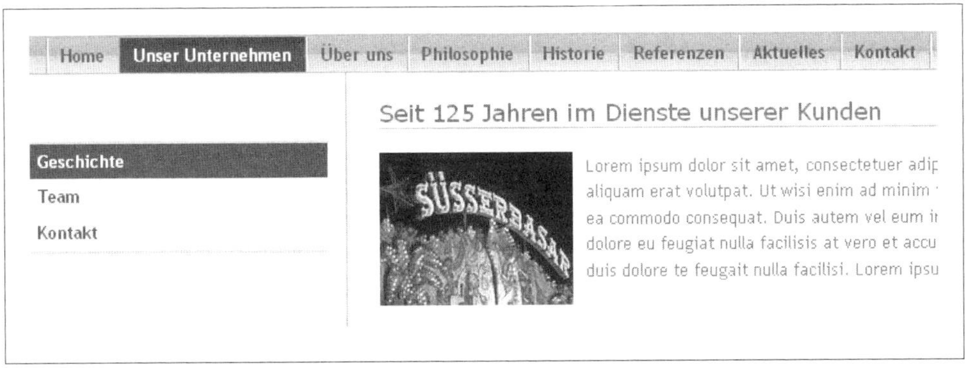

Abbildung 4-27: Seite im Frontend – definiert über ein ausgewähltes Template

Abbildung 4-28: Aufklappmenü und Symbole zum Auswählen einer Inhaltsvorlage

Abbildung 4-29: Die Hauptinhaltsspalte einer Seite im Frontend – definiert über ein ausgewähltes Inhalts-Template

Typ Link zu externer URL

Sie können eine Seite auch so einstellen, dass sie bei ihrem Aufruf direkt auf eine externe Website, in ein externes Dokument oder an eine E-Mail-Adresse weiterleitet, indem Sie hier die URL bzw. die E-Mail-Adresse eintragen, auf die diese Seite verweisen soll. Geben Sie dazu im Feld *URL* die E-Mail-Adresse oder die URL der Ziel-Website an, zum Beispiel *www.ihre-domain.de*. Klickt jemand im Navigationsmenü Ihrer Website auf den Menüeintrag dieser Seite, verlässt er Ihren Webauftritt und wird sofort – ohne vorherige Information – zur externen Website weitergeleitet. Eigentlich gilt aber die Regel, dass aus der eigenen Website-Navigation niemand direkt auf eine externe Website weitergeleitet werden sollte. Das ist auch der Grund dafür, dass wir von der Verwendung dieses Seitentyps – außer in besonderen Ausnahmefällen – abraten. Außerdem müssen Sie in Betracht ziehen, dass sich die URL der Website oder der dort bereitgestellte Content verändern kann. Besser ist folgende Lösung: Lassen Sie den Besucher selbst entscheiden, ob er Ihren Webauftritt verlassen möchte, um eine andere Website aufzurufen, indem Sie ihn darüber informieren. Schreiben Sie diese Information einfach als Seiteninhaltselement in die Seite und verlinken Sie im Text auf die externe URL, zu der Sie ihn führen möchten.

Soll dieser Seitentyp dennoch benutzt werden, sollten Sie noch das richtige URL-Präfix einstellen. Ein URL-Präfix legt, einfach ausgedrückt, das Protokoll, also das Kommunikationsschema, zwischen Computern fest, die durch ein Netz miteinander verbunden sind. Die notwendigen Einstellungsmöglichkeiten hierfür finden Sie auf der Registerkarte *Allgemein*. Alle übrigen Registerkarten werden beim Seitentyp *Standard* erläutert.

Die Registerkarte Allgemein (ehem. URL)

Das Optionsfeld *Protokoll* und das Formularfeld *URL* sind bei diesem Seitentyp die Felder, in denen Sie die nötigen Einstellungen vornehmen, um auf andere Seiten zu verweisen. Die Erläuterung der restlichen Formularfelder und Registerkarten finden Sie bei der Beschreibung des Seitentyps *Standard*.

Protokoll

- *http://*
  HTTP ist das Protokoll, um Webseiten von einem Webserver auf den eigenen Computer zu übertragen. Wählen Sie dieses Präfix, um ganz einfach zu einer anderen normalen Website weiterzuleiten (z.B. *http://www.ihre-domain.de*).
- *https://*
  HTTPS dient der Verschlüsselung und Authentifizierung der Kommunikation zwischen einem Webserver und dem eigenen Computer. Dieses Verfahren wird sehr gern bei der Übertragung von sensiblen Daten, zum Beispiel von Kreditkarteninformationen und Ähnlichem beim Bestellvorgang eines Webshops, genutzt. Wählen Sie dieses Präfix, um zu einem geschützten Webserver weiterzuleiten (z.B. *https://www.ihre-domain.de*).
- *ftp://*
  FTP ist ein Protokoll für die Dateiübertragung. Wählen Sie dieses Präfix, um zu einem FTP-Server, z.B. zu einem Download-Bereich, weiterzuleiten (z.B. *ftp://www.ihre-domain.de*).
- *mailto:*
  Wählen Sie das Präfix *mailto:*, damit der E-Mail-Client des Besuchers aufgerufen wird, sobald dieser die Seite im Menü aufruft. Die E-Mail-Adresse, die Sie hier hinterlegen, wird dann automatisch als Empfänger in die E-Mail eingetragen (z.B. *mailto:info@ihre-domain.de)*.

URL

In dieses Textfeld geben Sie die gewünschte Adresse ein.

Typ Verweis (ehem. Shortcut)

Dieser Seitentyp erfüllt eine ähnliche Aufgabe wie der Seitentyp *Link zu externer URL*, leitet aber direkt zu einer internen TYPO3-Seite Ihres Seitenbaums weiter. Der Seitentyp wird relativ häufig eingesetzt, wenn eine Website in einzelne Themenbereiche aufgeteilt ist, der jeweilige Oberpunkt im Menü aber keinen eigenen Inhalt aufweist und daher direkt auf die erste Unterseite weitergeleitet werden soll. Ein Beispiel: Sie haben in Ihrer Website einige Hauptpunkte, die jeweils wiederum einige Unterseiten besitzen. Schauen wir uns einen dieser möglichen Hauptpunkte einmal beispielhaft an. Er heißt »Unser Unternehmen« und besitzt die Unterseiten »Geschichte«, »Team« und »Kontakt« (Abbildung 4-30).

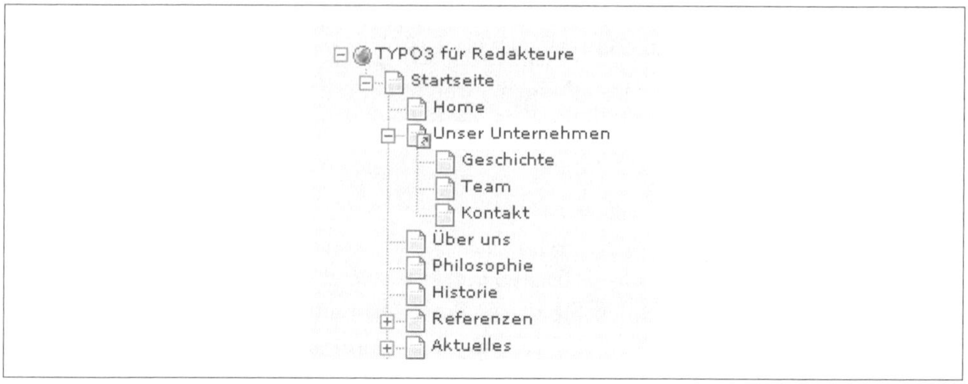

Abbildung 4-30: Beispiel für den Einsatz des Seitentyps Verweis im Backend

Die Seite »Unser Unternehmen« existiert eigentlich nur, damit im Menü der Website dieser Punkt auftaucht. Es sollen sich aber beim Anklicken nur die jeweiligen Unterpunkte öffnen, deshalb benötigt diese Seite auch keinen eigenen Inhalt und wird daher als Seite des Typs *Verweis* definiert, damit – nachdem der Website-Besucher den Menüpunkt gewählt hat – sofort der Inhalt der ersten Unterseite »Geschichte« abgebildet wird (Abbildung 4-31).

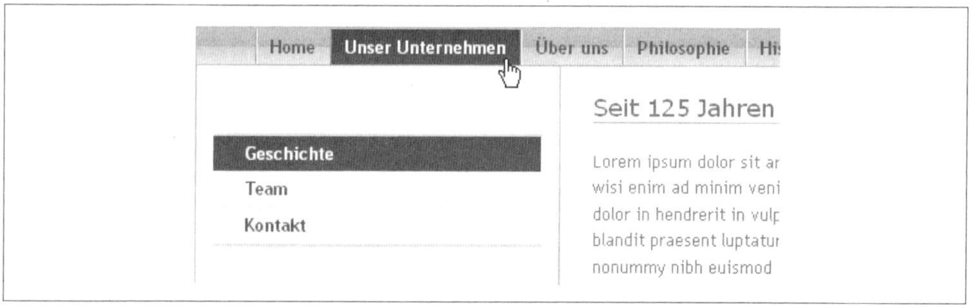

Abbildung 4-31: Beispiel für den Einsatz des Seitentyps Verweis im Frontend

Die notwendigen Einstellungsmöglichkeiten hierfür finden Sie auf der Registerkarte *Allgemein*. Die Erläuterung der restlichen Formularfelder und Registerkarten finden Sie bei der Beschreibung des Seitentyps *Standard*.

Die Registerkarte Allgemein (ehem. Verweis)

Verweismodus

Alternativ zur Auswahl einer Seite im Bereich *Verweisziel (s.u.)* können Sie TYPO3 auch anweisen, immer zur ersten Unterseite oder zu einer zufällig ausgewählten Unterseite zu springen, indem Sie einen der beiden Shortcut-Modi *Erste Unterseite der aktuellen Seite* oder *Zufällige Unterseite der aktuellen Seite* wählen. Wenn Sie möchten, dass immer zur ersten Unterseite gesprungen wird, sollten Sie den Shortcut lieber über den Modus *Erste Unterseite der aktuellen Seite* setzen und keine feste Seite über den TYPO3-Element-Browser zuweisen. Möglicherweise ändern Sie ja irgendwann einmal die Reihenfolge der Unterseiten. Durch die Festlegung über den Shortcut-Modus *Erste Unterseite der aktuellen Seite* legen Sie aber fest, dass immer auf die erste Unterseite weitergeleitet werden soll. Das ist sehr sinnvoll und schützt vor möglichen Fehlern. Der Modus *Zufällige Unterseite der aktuellen Seite* könnte unter Umständen sinnvoll sein, wenn Sie Besuchern ständig wechselnde Inhalte bei jedem neuen Aufruf einer Seite anbieten möchten. Vielleicht präsentieren Sie auf diese Art Ihre Produkte und erreichen gleichzeitig, dass bei Aufruf der Referenzseite jedes Mal eine andere Seite gezeigt wird. Dann wäre dieser Modus sicherlich eine gute Wahl. Bedenken Sie aber, dass Besucher Ihrer Website auch irritiert sein können, weil die Seite, die sie gerade noch angesurft sind, beim nächsten Mal scheinbar nicht mehr vorhanden ist.

Die letzte Option *Oberseite der aktuellen Seite* schließlich führt die Seitenbesucher auf die übergeordnete Seite im Seitenbaum der gewählten Seite.

Verweisziel

Wenn Sie die Option *Ausgewählte Seite* gewählt haben – und nur dann – müssen Sie ein Verweisziel definieren. Geben Sie deshalb hier die Seite an, auf die diese Seite weiterleiten soll. Klicken Sie dazu auf das Symbol *Datensätze durchblättern,* um den TYPO3-Element-Browser aufzurufen. Dieser steht Ihnen an mehreren Stellen des TYPO3-Backends zur Verfügung und zeigt, je nachdem, wo er aufgerufen wird, den Seiten- oder Dateibaum an. Ein neues Fenster mit Ihrem Seitenbaum erscheint, in dem die Seite, auf die Sie verweisen möchten, durch einen Mausklick auf das Seitensymbol oder die Seitenbezeichnung ausgewählt werden kann. Der Verweis wird dann übernommen und der Element-Browser geschlossen. Weitere Informationen zum Element-Browser finden Sie im Abschnitt »Der TYPO3-Element-Browser« auf Seite 244.

Typ Backend-Benutzerbereich

Seiten mit diesem Seitentyp sind nur für Backend-Benutzer sichtbar, im Frontend einer Website werden sie nicht angezeigt. Nutzen Sie diesen Typ, um für sich im Backend einen Bereich zu erstellen, in dem Sie bestimmte Seiten oder Datensätze für die spätere Verwendung abspeichern, ohne dass sie für den Frontend-Besucher Ihrer Website sichtbar werden. Dieser Seitentyp eignet sich auch ausgezeichnet als Übungsbereich für Redakteure. Erzeugen Sie einfach eine Seite vom Typ *Backend-Benutzerbereich*, um alle darin enthaltenen Unterseiten als Spielwiese für Redakteure freizugeben. Auf diese Weise brauchen Sie sich keine Gedanken darüber zu machen, ob auch alle Kollegen ihre Seiten brav versteckt haben, damit sie nicht versehentlich auf der »echten« Website auftauchen. Oder verwenden Sie diesen Bereich, um neue Seiten in Ruhe fertigzustellen und sie anschließend einfach von hier aus an ihre endgültige Position zu schieben.

Die Inhalte der restlichen Registerkarten werden beim Seitentyp *Standard* erläutert.

Typ Einstiegspunkt

Der Seitentyp *Einstiegspunkt* ermöglicht es Ihnen, Unterseiten einer anderen Seite als Unterseiten der Seite *Einstiegspunkt* aufzuführen. Ein Beispiel: Sie haben in Ihrem Webauftritt die Seite »Wichtige Informationen« mit einigen Unterseiten. Sie möchten diese Unterseiten mit den wichtigen Informationen nun an verschiedenen Stellen eines Webauftritts abbilden. Natürlich könnten Sie die Seiten auch kopieren, aber wenn sich dann im Inhalt dieser Seiten einmal etwas ändern soll, müssen Sie die Änderungen in allen Seiten einzeln einpflegen. Dazu müssen Sie dann natürlich auch noch den Überblick darüber behalten, wohin Sie diese Inhalte kopiert haben. Das kann zu Problemen führen. Mit dem Typ *Einstiegspunkt* wird eine solche Aufgabe aber überschaubar: Mit diesem Seitentyp müssen Sie die Seiten erst gar nicht kopieren, sondern können sie einfach als Unterseiten einer anderen Seite abbilden – Sie können sozusagen vorgaukeln, dass diese Seite eigene Unterseiten hat. Änderungen am Inhalt müssen Sie dann nur noch an zentraler Stelle in den Originalseiten vornehmen.

Einstiegspunkt-Seiten erkennen Sie an einem speziellen Symbol im Seitenbaum. Leider sehen Sie im Seitenbaum nicht auf einen Blick, welche Seiten die Seite »mountet«. Um eine gemountete Seite zu erkennen, bewegen Sie die Maus über das Seitensymbol der jeweiligen *Einstiegspunkt*-Seite. Im Tooltipp werden dann die gemountete Seite und der entsprechende Pfad dorthin abgebildet. Außerdem ist es ratsam, diese Informationen durch die Benennung der Seiten anzugeben und die Unterseiten zentral in einem Ordner (mehr über Ordner finden Sie im Abschnitt »Spracheinstellungen in den Seiteneigenschaften« auf Seite 107), der in TYPO3 als Datenbehälter dient, zu speichern. Dann erkennen Sie schon am Ordnersymbol und an der Benennung dieses Ordners, um welchen Inhalt es sich handelt.

Anhand des oben aufgeführten Beispiels soll das hier einmal gezeigt werden: Erzeugen Sie im Seitenbaum eine Seite mit dem Seitentyp *Ordner* und vergeben Sie dafür die aussagekräftige Bezeichnung »Ablage Einstiegspunkt-Seiten«. Die Seite »Wichtige Infos« und ihre Unterseiten erstellen Sie nun in diesem Ordner. Ordner selbst tauchen im Frontend der Website nirgendwo auf. Überall dort, wo Sie in Ihrem Webauftritt auf Seiten dieses Ordners zurückgreifen möchten, erstellen Sie einfach eine *Einstiegspunkt*-Seite und wählen als Einstiegspunkt (siehe unten) die geeignete Seite in Ihrem Ordner aus. Für die *Einstiegspunkt*-Seite selbst vergeben Sie einen Navigationstitel Ihrer Wahl, also z.B. »Wichtige Infos«. Dieser wird auch in der Navigation Ihrer Website zu sehen sein. Für die bessere Übersicht im Seitenbaum des Backends vergeben Sie aber zusätzlich noch eine besser geeignete, informativere Bezeichnung, indem Sie im Feld *Seitentitel* für die Seite den bereits vergebenen Navigationstitel plus Zusatz (»mounted wichtige Infos«) vergeben. So behalten Sie einigermaßen den Überblick in Ihrem Seitenbaum (Abbildung 4-32).

Die notwendigen Einstellungsmöglichkeiten hierfür finden Sie auf der Registerkarte *Allgemein*. Die Erläuterung der restlichen Formularfelder und Registerkarten finden Sie bei der Beschreibung des Seitentyps *Standard*.

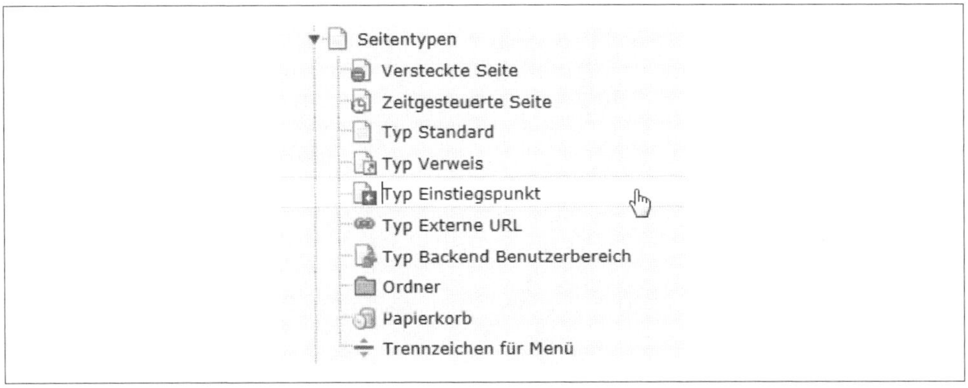

Abbildung 4-32: Ist im Frontend nicht von einer normalen Seite zu unterscheiden: der Seitentyp Einstiegspunkt

Die Registerkarte Allgemein

Zeige Inhalt von: Diese Seite/Einstiegsseite
: Wenn Sie lediglich den Inhalt einer anderen Seite anzeigen möchten, wählen Sie die Option *Diese Seite*. Möchten Sie nicht nur die Unterseiten einer anderen Seite in eine Seite übernehmen, sondern auch die Seite und ihren Inhalt selbst durch die Hauptseite der anderen Seite ersetzen, müssen Sie die Option *Einstiegspunkt (diese Seite) durch eingebundene Seite ersetzen* aktivieren. Die *Einstiegspunkt*-Seite selbst taucht dann nicht mehr in Ihrer Website-Navigation auf.

Einstiegsseite
: Rufen Sie hier den Element-Browser auf, um eine Seite auszuwählen, deren Unterseiten als Unterseiten dieser *Einstiegsseite* aufgeführt werden sollen.

Typ Trennzeichen für Menü

Mit dem Seitentyp *Trennzeichen für Menü* können Sie Menüs im Backend und im Frontend strukturieren und damit für mehr Übersicht im Seitenbaum und der Website-Navigation sorgen (Abbildung 4-33). Zum Beispiel kann man damit zusammenhängende Navigationsblöcke gruppieren und sie so voneinander trennen. Seiten vom Seitentyp *Trennzeichen für Menü* können – wenn sie im Template über TypoScript abgefragt werden – im Frontend als nicht verlinkte Zwischenüberschriften für definierte Navigationsbereiche verwendet werden. Da auch diese Seite einen Seitentitel benötigt, um gespeichert zu werden, empfiehlt sich hier eine Aneinanderreihung von Bindestrichen. Auf diese Art sieht der Abstandhalter im Backend schließlich auch aus wie eine Trennlinie.

Die Inhalte der Registerkarten werden beim Seitentyp *Standard* erläutert.

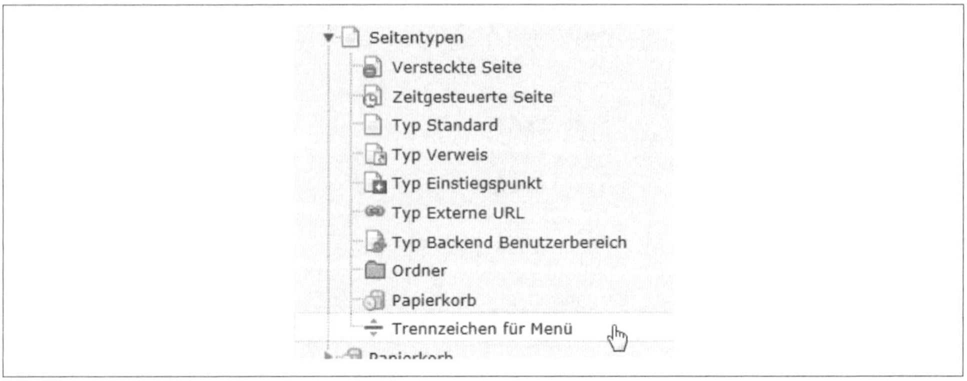

Abbildung 4-33: Seitentyp Trennzeichen für Menü im Seitenbaum des Backends

Typ Ordner (ehem. SysOrdner)

Seiten vom Typ *Ordner* werden nicht im Frontend der Website abgebildet und dienen lediglich als Container für Datensätze oder andere Seiten. Ordner können z. B. Daten in Form von Seiten und Seiteninhalten beinhalten, die dann in *Einstiegspunkt*-Seiten eingebunden werden können. Sie können auch News für das TYPO3-Newssystem, Website-Benutzer, Adressdatensätze oder die Produkte des TYPO3-Shopsystems beinhalten. Es handelt sich also um Daten, die nicht direkt in dieser Seite im Frontend abgebildet werden, sondern von anderen TYPO3-Seiten oder -Funktionen aufgerufen werden. Ein Beispiel: Besucher Ihrer Website müssen sich auf einer Login-Seite anmelden, um das erweiterte Angebot Ihrer Website betrachten zu können. Wenn sie noch keine Login-Daten haben, können sie sich auf der Seite registrieren. Dazu müssen sie ein Formular ausfüllen, in dem einige Angaben wie z. B. Name, Adresse, E-Mail, gewünschter Benutzername, gewünschtes Passwort usw. eingetragen werden müssen. Bestätigt der Benutzer seine Angaben durch Anklicken eines Registrieren-Buttons, wird dieser Benutzer für das Login freigeschaltet und in TYPO3 als Website-Benutzer angelegt. Eine Liste mit allen Website-Benutzern wird im Backend von TYPO3 dann oft in einem Ordner abgebildet. Diese Liste erscheint nicht im Frontend, die einzelnen Benutzer können hier aber von Ihnen bearbeitet werden. Es handelt sich hierbei also um ein typisches Beispiel für die Verwendung eines Ordners.

Die Inhalte der restlichen Registerkarten werden beim Seitentyp *Standard* erläutert.

Typ Papierkorb

Leider verspricht dieser Seitentyp mehr, als er halten kann, aber er ist dennoch ganz nützlich. Seiten von diesem Seitentyp werden nur im Backend angezeigt und können im Seitenbaum an einem Mülleimersymbol erkannt werden. So komfortabel wie der Papierkorb bekannter Betriebssysteme ist er allerdings nicht. In diesen Papierkorb können Sie Seiten und Seiteninhalte verschieben, die Sie im Moment nicht mehr benötigen, aber die Sie zwecks späterer Verwendung auch nicht löschen möchten. Seiten können Sie per Drag-and-Drop und Seiteninhalte mit Ausschneiden und Einfügen im Papierkorb ablegen. Automatisch wieder an ihre ursprüngliche Stelle zurückspeichern können Sie die Elemente leider nicht, und das unterscheidet den TYPO3-Papierkorb vom bekannten Windows- oder Mac OS X-Papierkorb. Die Inhalte der restlichen Registerkarten werden beim Seitentyp *Standard* erläutert.

Mit der TYPO3-Version 4.5 hat nun endlich auch ein Papierkorb in die Modulgruppe *Web* Einzug gehalten, der weit mehr Funktionen bietet als dieser Seitentyp. Unabhängig von dem hier beschriebenen Papierkorb existiert nämlich noch ein eigenes Modul, um gelöschte Seiten und Inhalte wieder zu reaktivieren.

Lesen Sie mehr über das neue Modul *Papierkorb* im Abschnitt »TYPO3 ist keine Einbahnstraße: Rückgängig machen und Änderungsverlauf« auf Seite 346.

Seiten mehrsprachig anlegen und verwalten

TYPO3 unterstützt mehrsprachige Websites. Dabei kann für jede Seite und jedes Inhaltselement eine Übersetzung in Form einer Sprachversion angelegt werden. Alle Seiten werden dabei von TYPO3 in einem einzigen Seitenbaum abgebildet. Die Sprachversionen einer Seite stehen hierbei nebeneinander. Das ist ein großer Vorteil und vereinfacht die Arbeit mit verschiedenen Sprachen immens. Ein einziger Seitenbaum sorgt für erheblich mehr Überblick als ein mehrmals für jede Sprache kopierter Seitenbaum. Im Frontend wechselt man die Website-Sprache – abhängig vom Template meist über kleine Flaggensymbole.

Um eine mehrsprachige Website mit TYPO3 anzulegen und zu bearbeiten, sind allerdings einige administrative Vorbereitungen notwendig, da es sich dabei leider nicht um eine TYPO3-Standardeigenschaft handelt. Erkundigen Sie sich bei Ihrem Administrator, ob Ihre Website dafür bereits vorbereitet wurde.

Es ist wichtig, den grundsätzlichen Ablauf bei der Erstellung mehrsprachiger Seiten in TYPO3 – so wie er in diesem Kapitel im Folgenden beschrieben wird – zu verstehen:

- Erstellen Sie als Erstes eine neue *Website Sprache*, in der Sie Seiten und Seiteninhalte übersetzen möchten (falls noch nicht durch den Administrator geschehen).
- Legen Sie dann zunächst immer eine neue Sprachversion der Seiten in der Website-Sprache an, bevor Sie die Inhalte der Seiten übersetzen. Im Backend von TYPO3 wird das Anlegen neuer Sprachversionen etwas verwirrend mit *Neue Übersetzung dieser Seite anlegen* bezeichnet. Damit ist aber noch nicht das Übersetzen der Seiteninhalte, sondern nur das Anlegen einer Sprachversion dieser Seite gemeint.
- Übersetzen Sie danach die Inhalte der Seiten, von denen Sie eine Sprachversion in der Website-Sprache angelegt haben.

- Legen Sie über die *Spracheinstellungen* in den Seiteneigenschaften der Seiten fest, wie mit nicht übersetzten Seiten im Frontend umgegangen werden soll, und definieren Sie hier gegebenenfalls Seiten, die ausschließlich in anderen Sprachversionen, nicht aber in der Standardsprache sichtbar sein sollen.

Eine neue Website-Sprache anlegen

Vorausgesetzt, dass Mehrsprachigkeit schon vom Administrator eingerichtet und vorbereitet wurde, legen Sie als Erstes eine neue Website-Sprache im Backend an, indem Sie auf das *Web*-Modul *Seite* oder *Liste* klicken, dann das Kontextmenü der Rootseite, also der ersten, obersten Seite Ihres Seitenbaums, aufrufen und hier die Option *Neuer Datensatz* wählen. Im Detailbereich erscheint nun die Ansicht für neue Datensätze. Wählen Sie aus der Liste den Punkt *Website-Sprache* aus. Hier stehen Ihnen einige Felder und Optionen zur Verfügung (Abbildung 4-34).

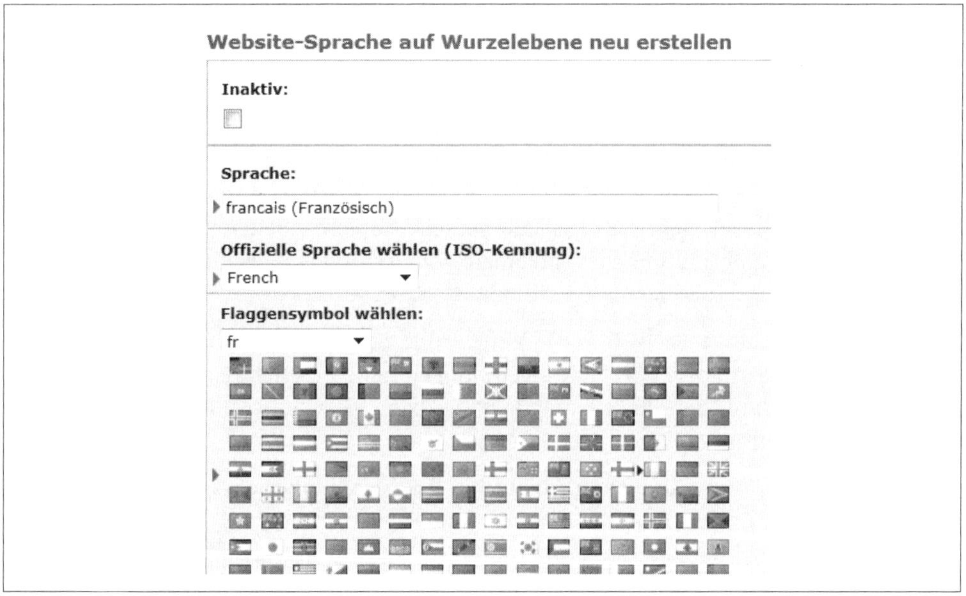

Abbildung 4-34: Maske zum Anlegen einer neuen Website-Sprache

Inaktiv
: Diese Option versteckt diese Sprache im Backend. Backend-Benutzern steht sie damit nicht für Sprachversionen von Seiten und Seiteninhalten zur Verfügung.

Sprache
: Ein Pflichtfeld. Geben Sie hier eine (beliebige) neue Sprache ein, z.B. Englisch.

Offizielle Sprache wählen (ISO-Kennung):
In diesem Auswahlmenü müssen Sie dem Flaggensymbol (s.u.) eine Kennung zuweisen, damit die Ausgabe im Frontend funktioniert.

Flaggensymbol wählen
Hier können Sie über das Aufklappmenü oder durch Klick auf eines der Flaggen-Icons ein Symbol für die neue Website-Sprache auswählen. Dieses Symbol wird dann zur Kennzeichnung der Sprache im Backend und zum Umschalten zwischen den Sprachen im Frontend verwendet.

Um noch weitere Sprachen für Ihre Website anzulegen, müssen Sie den Vorgang einfach wiederholen.

Eine neue Sprachversion anlegen

Um Sprachversionen in TYPO3 zu verwalten, gibt es einige spezielle Ansichten im Detailbereich des Moduls *Seite*. So steht Ihnen im Kopf des Detailbereichs einer im Seitenbaum ausgewählten Seite im Aufklappmenü *Spalten* jetzt auch die Option *Sprachen* zur Verfügung. Wählen Sie diese Option, um zunächst eine neue Sprachversion einer Seite anzulegen. Im Detailbereich finden Sie dann das Aufklappmenü *Neue Übersetzung dieser Seite anlegen*, in dem Sie die im TYPO3-System angelegten Sprachen auswählen können (Abbildung 4-35).

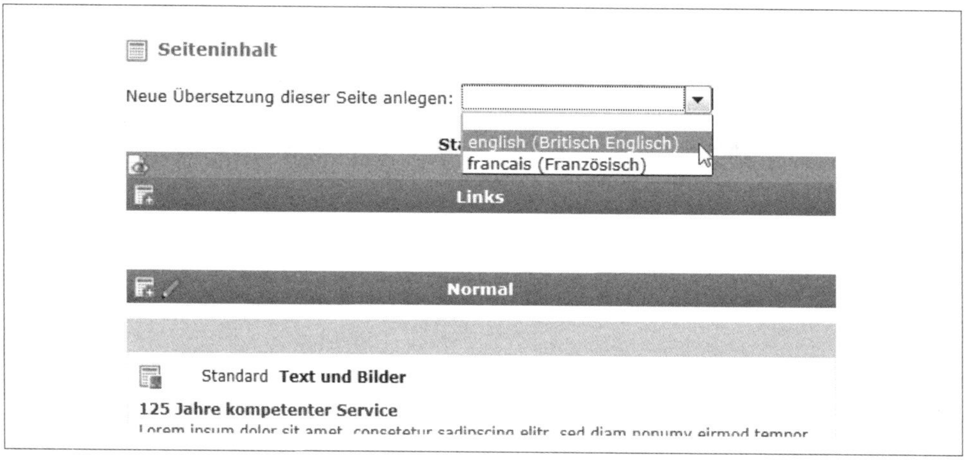

Abbildung 4-35: Aufklappmenü Neue Übersetzung dieser Seite anlegen im Detailbereich

Wählen Sie die Sprache, in der Sie eine Übersetzung anlegen möchten, und vergeben Sie einen Seitentitel in der dann erscheinenden Editiermaske. Der Seitentitel der Standardsprache wird zu Ihrer Orientierung unter dem Feld für den Seitentitel grün hinterlegt angezeigt. Denken Sie daran, die Option *Verbergen* zu deaktivieren, falls diese Sprachversion der Seite auch im Frontend sichtbar sein soll. Speichern Sie die Seite mit dem Symbol *Dokument speichern und schließen* im Kopfbereich des Detailfensters. Jetzt sehen Sie, dass die Seite nun in zwei Sprachen vorliegt, die jeweils in einer eigenen Spalte angezeigt werden. Bedenken Sie, dass Sie bisher nur die Seite – ohne Inhalte – in die neue Sprache kopiert haben.

Seiteninhalte übersetzen

Wenn in der Seite in der Standardsprache bereits Inhalte eingepflegt wurde, können Sie diese jetzt in die neue Sprachversion übernehmen, indem Sie in der Spalte der neuen Sprachversion auf die Schaltfläche *Standardinhalte kopieren* klicken. Die in den eckigen Klammern angegebene Zahl zeigt Ihnen, wie viele Seiteninhalte in die neue Sprachversion kopiert werden können. Nach dem Mausklick auf die Schaltfläche baut sich die Detailansicht neu auf, und Sie sehen nun, dass auch die Inhalte in der neuen Sprachversion vorhanden sind. Jetzt müssen diese Inhalte nur noch von Ihnen ersetzt werden – das übernimmt TYPO3 leider nicht. Alle noch nicht übersetzten Inhalte werden von TYPO3 automatisch mit dem Hinweis »Translate to (Ihre neue Sprache)« umklammert. Wenn Sie z.B. einen Inhalt noch nicht in die neue Sprache Englisch übersetzt haben, werden alle diese Felder mit *Translate to English* gekennzeichnet. Klicken Sie zur Bearbeitung auf die Stifte oder die Schaltfläche *In Rich-Text-Editor bearbeiten* (Abbildung 4-36).

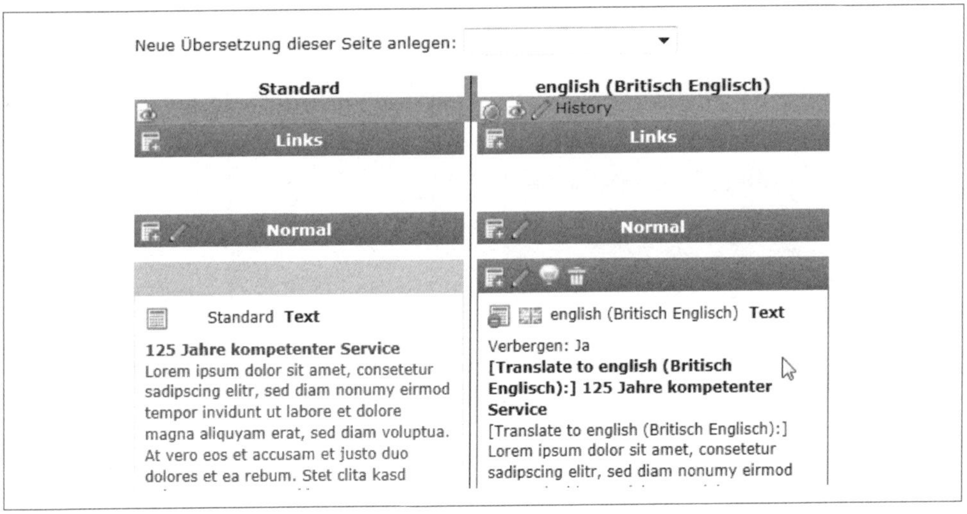

Abbildung 4-36: Detailansicht mit lokalisierten, aber nicht übersetzten Inhalten.

Natürlich müssen die Inhalte der einzelnen Sprachversionen nicht identisch sein. Sie können für eine Sprachversion auch eigene Inhalte, die dann nur in dieser Sprache, aber z.B. nicht in der Standardsprache vorliegen, erstellen. Dazu müssen Sie einfach nur in der jeweiligen Sprache ein neues Inhaltselement erstellen. Das Kopieren und Einfügen einzelner Inhaltselemente von einer Sprachversion in die andere funktioniert mit den gewohnten Funktionen *Ausschneiden/Kopieren* und *Einfügen* wie sonst auch. Wie Sie Seiteninhalte in TYPO3 bearbeiten, erfahren Sie in Kapitel 6, *Inhalte anlegen und editie-*

ren. Alles über den Umgang mit dem Rich Text Editor finden Sie in Kapitel 5, *Den Rich Text Editor einsetzen*.

> Legen Sie immer zuerst wie zuvor beschrieben die neue Sprachversion einer Seite an, bevor Sie Inhaltselemente in eine Seite in einer anderen Sprache einpflegen, da diese Inhaltselemente in den verschiedenen Ansichten im Detailbereich sonst nicht angezeigt werden.

Ansichten des Detailbereichs zur Bearbeitung von Sprachen

Bisher haben wir die Sprachversionen nur mit der Detailbereichsansicht *Sprachen* bearbeitet. Sie können sie aber auch mit den anderen Detailansichten für das Modul *Seite*, *Spalten* und *Schnelleingabe*, bearbeiten. Um zu einer anderen Sprache zu wechseln, müssen Sie dann im Aufklappmenü direkt neben der Ansichtsauswahl eine Sprache wählen. Informationen über das Arbeiten mit den verschiedenen Ansichten des Detailbereichs finden Sie im Abschnitt »Die Modulgruppe Web« auf Seite 44.

Möchten Sie sich eine Seite mit dem Modul *Liste* anschauen und dabei auch die einzelnen Sprachen unterscheiden können, müssen Sie die Option *Lokalisierungsansicht* in der Detailansicht aktivieren, da die Inhaltselemente sonst optisch nicht eindeutig einer Sprachversion zugeordnet werden können. Dann werden alle Seiteninhalte mit dem jeweiligen Flaggensymbol gekennzeichnet, wobei Deutsch als Standardsprache kein Flaggensymbol bekommt (Abbildung 4-37).

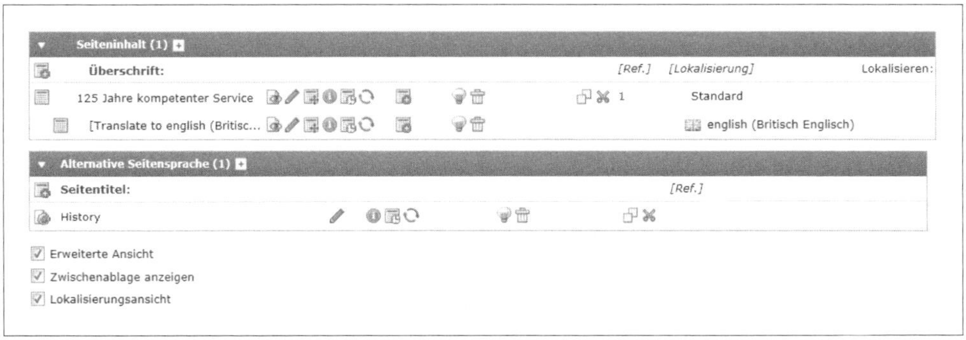

Abbildung 4-37: Die Lokalisierungsansicht im Modul Liste

Spracheinstellungen in den Seiteneigenschaften

In den Seiteneigenschaften einer Seite (auf der Registerkarte *Verhalten*), die in verschiedenen Sprachen vorliegt, können noch zwei sehr interessante Optionen angewählt werden:

Standardübersetzung verbergen
: Möchten Sie, dass eine Seite nur in anderen Sprachversionen, nicht aber in der Standardsprache sichtbar ist, aktivieren Sie diese Option. Das folgende Beispiel verdeutlicht den Nutzen dieser Option: Die Seite »Lieferbedingungen für das Ausland« soll

vielleicht nur in den weiteren Sprachversionen, nicht aber in der Standardsprache angezeigt werden, da das Anzeigen der Seite dort keinen Sinn ergibt. Durch das Aktivieren der Option *Standardübersetzung verbergen* können Sie genau diesen Zustand herbeiführen.

Seite verbergen, wenn keine Übersetzung für die aktuelle Sprache vorhanden ist
Aktivieren Sie diese Option, um sicherzustellen, dass wirklich nur die Seiten in der Website-Navigation des Frontends angezeigt werden, von denen bereits eine Sprachversion angelegt wurde. Dadurch werden dem Besucher Ihrer Website Seiten gar nicht erst angeboten, wenn er in eine Sprache wechselt, in der keine Sprachversion der gewählten Sprache vorliegt. Aktivieren Sie diese Option nicht, wird diese Seite – falls noch nicht übersetzt – in der Standardsprache angezeigt. Nach dem Prinzip »Besser als nichts« kann das natürlich auch durchaus sinnvoll sein.

Einen guten Überblick über den Stand der Übersetzungen bekommen Sie, wenn Sie das *Info*-Modul aktivieren und die Detailansicht *Übersetzungsübersicht* wählen (Abbildung 4-38).

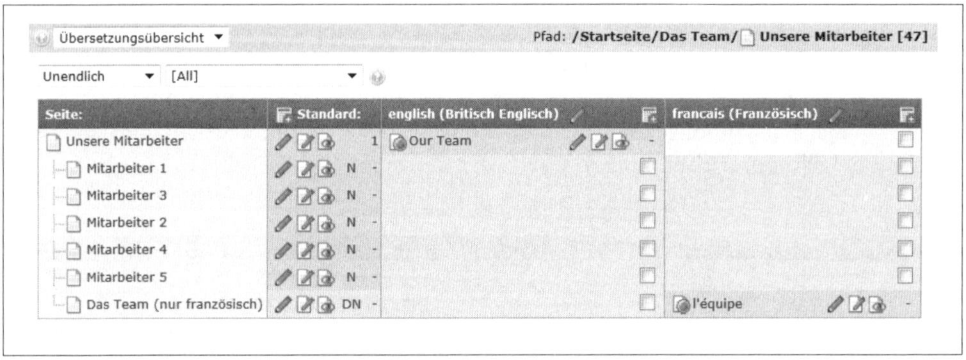

Abbildung 4-38: Die Detailansicht Übersetzungs-Übersicht im Modul Info

Abhängig von der im Seitenbaum gewählten Seite und der eingestellten Ebenentiefe im Aufklappmenü *Ebenen* in der Detailansicht können Sie sich schnell und übersichtlich über den Status der einzelnen Übersetzungen informieren. Um zum Beispiel alle Seiten und Unterseiten in dieser Ansicht zu sehen, klicken Sie im Seitenbaum auf die oberste Seite und stellen die Ebenentiefe auf die höchstmögliche Anzahl ein.

Grün zeigt Ihnen an, dass eine Seite in den Sprachversionen bereits übersetzt wurde. Rot signalisiert versteckt gestellte Standardsprachversionen einer Seite, und verborgene Fremdsprachversionen werden mit einem roten Kreuz gekennzeichnet.

Ein `D` kennzeichnet die in den Seiteneigenschaften gesetzte Option *Standardübersetzung verbergen* und `N` die Option *Seite verbergen, wenn keine Übersetzung für die aktuelle Sprache vorhanden ist*. Von hier aus können Sie auch schnell die jeweiligen Seiteneigenschaften über die einzelnen Stiftsymbole bearbeiten.

Um fehlende Sprachversionen von Seiten in dieser Listenansicht auf einen Schlag zu erstellen, wählen Sie alle Seiten, die Sie bearbeiten möchten, und klicken dann auf das *Neue Übersetzungen erstellen*-Symbol ganz rechts am Anfang der Liste. TYPO3 öffnet nun eine Editiermaske, in der Sie alle Seitentitel für die Übersetzungen eintragen und abspeichern können.

> In den Seiteneigenschaften einer Seite kann standardmäßig leider nur ein Alias (siehe den Abschnitt »URL-Alias« auf Seite 87) für die Erstellung von suchmaschinen- und benutzerfreundlichen URLs eingepflegt werden. Es gibt aber über TYPO3-Extensions mittlerweile Möglichkeiten, auch bei mehrsprachigen Seiten für jede Sprachversion einen Alias anzulegen. Am elegantesten ist dies mit der Extension RealURL möglich. Hinweise zum Umgang mit RealURL gibt es im Abschnitt »SimulateStaticDocuments und RealURL einsetzen« auf Seite 543.

KAPITEL 5

Den Rich Text Editor einsetzen

In diesem Kapitel lernen Sie den Umgang mit dem Rich Text Editor kennen. Zunächst wird der Unterschied zwischen gedrucktem Text und Internettext erläutert. Dann erfahren Sie, wie man mit dem Editor Texte erstellt, formatiert, Listen damit aufbaut, Tabellen richtig einpflegt und Bilder einbaut. Zum Schluss bekommen Sie in einem Crashkurs noch einen Einblick in HTML, weil sich Kenntnisse darin im Redakteursalltag als sehr hilfreich erweisen können.

Fast immer, wenn in TYPO3 Texte erstellt und formatiert werden, ist dabei der Rich Text Editor im Einsatz (Abbildung 5-1). Das gilt für die Seiteninhalte *Text*, *Text mit Bild* und das Modul *News*, aber auch in vielen anderen TYPO3-Erweiterungen wie zum Beispiel dem Shopsystem wurde der Rich Text Editor mittlerweile implementiert und ist dort nutzbar.

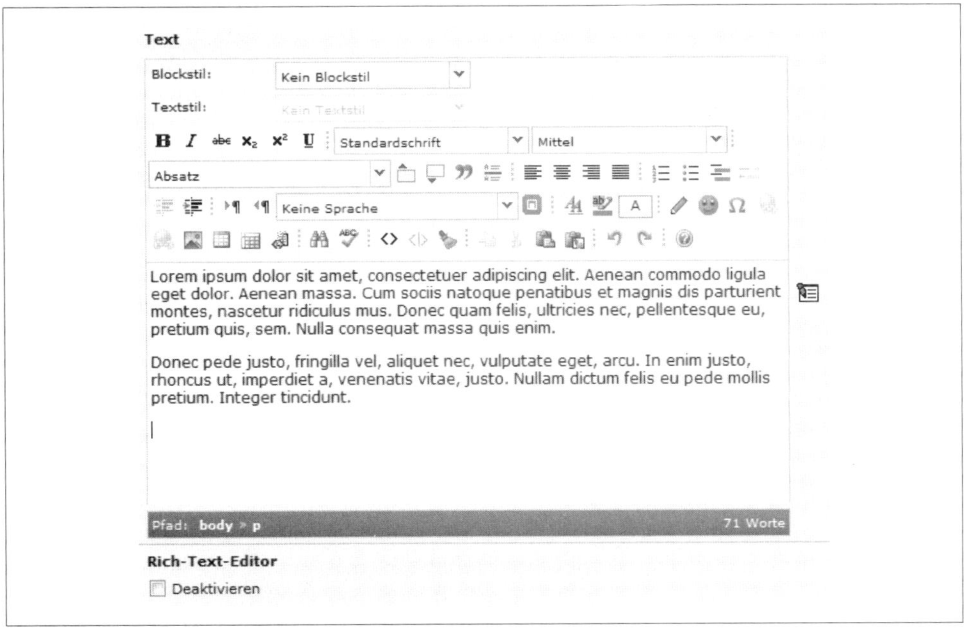

Abbildung 5-1: Der Rich Text Editor (RTE) mit formatiertem Text

Ein Rich Text Editor (RTE) ist eine WYSIWYG-Anwendung, mit der man innerhalb eines Browsers Texte, die sonst eigentlich nur mit HTML- und CSS-Kenntnissen erstellt und formatiert werden können, wie aus Word oder OpenOffice gewohnt editieren kann. Die dort verwendeten Symbole haben so oder ähnlich auch im RTE Einzug gehalten. Beim RTE handelt es sich im Grunde genommen um ein Programm im Programm – eine Textverarbeitung innerhalb von TYPO3.

Bei dem ab Version 4 in TYPO3 installierten RTE handelt es sich um den Open Source-Editor htmlArea, der in Firefox sowie im Internet Explorer in allen aktuellen Versionen und auf allen Plattformen gut funktioniert.

Allerdings muss der RTE in TYPO3 aktiviert sein, damit Sie ihn überhaupt im Backend verwenden können. Ist das nicht der Fall, erkennen Sie dies daran, dass Sie anstelle von formatiertem Text nur HTML-Quellcode sehen und bearbeiten können. Kontrollieren Sie dann im Modul *Benutzer → Einstellungen*, ob das Häkchen bei der Option *Rich Text Editor aktivieren (falls verfügbar)* unter *Bearbeiten* gesetzt ist. Sollte der RTE trotz dieser Aktivierung nicht funktionieren, ist entweder die RTE-Extension deinstalliert worden, oder Sie benutzen einen Browser, der den RTE nicht unterstützt.

Hinweise für die Verwendung des Rich Text Editor

Ein Problem ergibt sich aus der Tatsache, dass der Rich Text Editor auf verschiedene Art und Weise konfiguriert werden kann. Es kann also sein, dass Sie nach der Funktion *Bilder einfügen* suchen, diese Funktion aber vom Administrator überhaupt nicht freigegeben wurde. Jede Funktion des RTE kann einzeln aus- und eingeblendet werden, und es ist oftmals auch klug, den Funktionsumfang einzuschränken. Bestimmte Funktionen wie Schriftauswahl oder Textfarbe, die nicht mehr den aktuellen Richtlinien für die Auszeichnung von Webinhalten entsprechen, können somit auch nicht »aus Versehen« benutzt werden. Eine sinnvolle Konfiguration des RTE (htmlArea) für die aktuelle Version mit detaillierter Anleitung finden Sie im Abschnitt »Den RTE individuell einrichten« auf Seite 490.

Für Menschen und Maschinen: Texte im Internet

Texte und die darüber kommunizierten Informationen sind für eine Website das Salz in der Suppe. Das Hauptziel der meisten Besucher von Websites ist es, sich zu informieren. Dass dies in einem optisch ansprechenden Design und einer funktionalen, technisch sauber programmierten Umgebung geschehen kann, sollte selbstverständlich sein. Aber eine Website wird – zumindest längerfristig – nur dann für Besucher interessant bleiben, wenn sie die für ihre Zielgruppe relevanten Inhalte aktuell, interessant und übersichtlich darbietet. Die Strukturierung und das Design eines Texts haben großen Einfluss darauf, wie gut die Informationen vom Leser aufgenommen werden können. Der Rich Text Editor in TYPO3 bietet Ihnen alle Möglichkeiten dazu.

Texte für das Internet unterscheiden sich von gedruckten Texten gewaltig. Gedruckter Text, also Text in Büchern, Zeitungen und Broschüren, wird nur von Menschen gelesen, Texte im Internet aber auch von Maschinen. Science-Fiction? Keineswegs. Damit sind nicht im Web surfende Haushaltsroboter gemeint, sondern vielmehr Maschinen wie z.B. Suchroboter von Google und Vorlesegeräte – sogenannte Screenreader. Diese Geräte ermöglichen Menschen mit einer Sehbehinderung, Informationen im Internet zu erfassen, indem sie die Texte vorlesen. Dafür muss der Text für diese Maschinen aber auch lesbar und »verständlich« sein. Die Aufgabe des Redakteurs ist es, dies beim Verfassen eines Texts zu berücksichtigen und ihn für Menschen und Maschinen gleichermaßen geeignet aufzubereiten.

Leider wird dadurch der Aufwand für den Redakteur nicht geringer, die Arbeit nicht einfacher, und vielleicht denken Sie jetzt, dass doch schon das normale Erstellen von Texten viel Arbeit macht und die Aufbereitung für Maschinen eigentlich etwas übertrieben und nur was für Perfektionisten ist. Aber bedenken Sie, dass Ihre Arbeit nur dann sinnvoll ist, wenn sie auch von Suchmaschinen gefunden wird und für möglichst viele Interessierte zugänglich ist. Menschen mit Behinderungen sollte der Zugang zu Ihrer Website so einfach wie möglich gemacht werden – denn nicht zuletzt sind es mögliche Kunden. Die Mühe lohnt sich also. In Deutschland spricht man oft von Barrierefreiheit, einem populären Schlagwort im Internetbereich der letzten Jahre. Leider wird es eine komplett barrierefreie Seite kaum geben können, deshalb trifft die Bezeichnung Barrierearmut deutlich besser zu. Das bedeutet, dass das Ziel der technisch, physisch und inhaltlich ungehinderte Zugang zur Website sein sollte. Menschen besuchen Ihre Website schließlich nicht nur mit den neuesten Browsern, sondern auch mit Screenreadern, Braillegeräten, veralteten Browsern mit fehlenden Plug-ins, mit Smartphones, Mobiltelefonen und langsamen Zugangsgeschwindigkeiten.

Wie Sie gute Texte für Menschen schreiben, wissen Sie als Redakteur wahrscheinlich. Einige zusätzliche Tipps für die mediengerechte Erstellung bekommen Sie in Kapitel 14, *Typografie und Text*. In diesem Kapitel geht es darum, wie Sie mit dem RTE Texte editieren und was Maschinen benötigen, damit sie mit Ihren Texten umgehen, sie auswerten und daraus die richtigen Schlussfolgerungen ziehen können.

Ein Beispiel: Für den menschlichen Leser formatieren Sie ein bestimmtes Wort fett und etwas größer als andere, um die Wichtigkeit dieses Worts innerhalb des Texts herauszustreichen. Das Wort ist somit visuell gekennzeichnet und fällt dann dem Betrachter der Webseite auf.

Aber woher weiß eine nicht sehende Suchmaschine, dass es sich um ein wichtiges Wort handelt, und warum ist das überhaupt von Bedeutung? Die Antwort lautet: Wenn wir es auch der Suchmaschine ermöglichen, zu erkennen, ob ein Wort wichtig ist, kann die Suchmaschine die Relevanz der Website bei einem bestimmten Suchwort erhöhen und Ihrer Site eine bessere Suchmaschinenplatzierung gönnen. Das bedeutet, Sie werden besser gefunden und bekommen dadurch sicherlich mehr Besucher, die an Ihren Inhalten interessiert sind. Richtig aufbereitet, erkennt auch ein Screenreader ein wichtiges Wort und wird dieses beim Vorlesen anders betonen.

Aber wie kommuniziert man mit Maschinen? Die Bedeutung der einzelnen Wörter und Sätze und ihre visuellen Attribute wie Farbigkeit, Größe usw. bleibt ihnen ja verborgen. Die Lösung lautet: Semantik (Bedeutungslehre). In der Sprachwissenschaft ist die Semantik ein Teilgebiet, das sich mit dem Sinn und der Bedeutung von Sprache befasst. In Bezug auf die Erstellung von Texten für das Internet spricht man von Semantik, wenn dem Text eine für Maschinen verständliche Bedeutung mitgegeben wird. Ein Beispiel: Eine Suchmaschine durchsucht Ihre Website und deren Inhalte nach Auszeichnungen (Tags), die für den Menschen unsichtbar sind, der Maschine aber wertvolle Informationen liefern. Um bei dem Beispiel des wichtigen, fett formatierten Worts zu bleiben: Die Suchmaschine hält nach einer Auszeichnung Ausschau, die ihr signalisiert, ob ein Wort »wichtig« ist. Bei diesem Beispiel passiert das ganz automatisch, da der RTE ein Wort, das fett ausgezeichnet wird, automatisch im Hintergrund um die für Maschinenleser verständlichen Tags erweitert. Dabei umklammert der RTE das Wort mit dem semantischen (X)HTML-Tag `strong`: `<strong>Wort</strong>` (Abbildung 5-2).

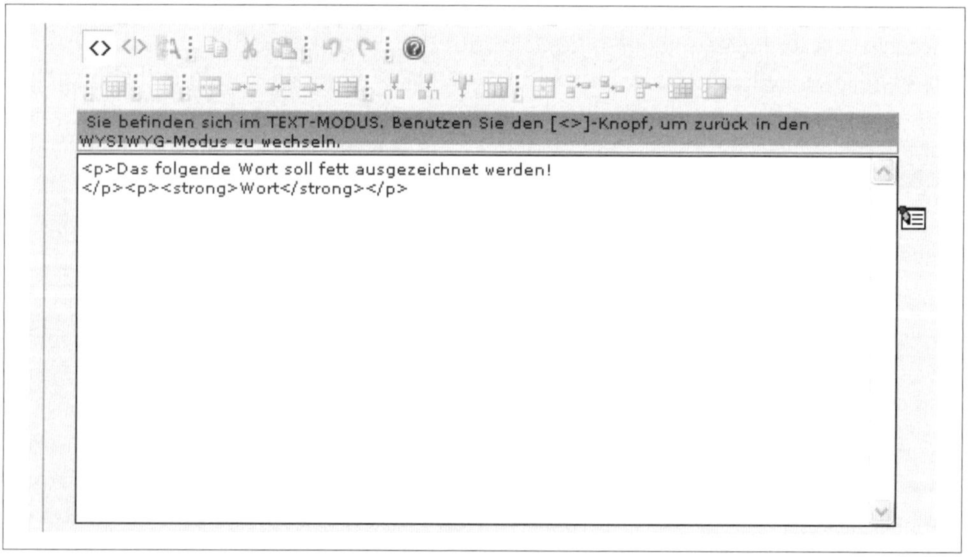

Abbildung 5-2: Der formatierte Text in der HTML-Ansicht

Hier ist es also ganz einfach, ein Wort für Menschen und für Maschinen gleichermaßen kenntlich zu machen. In anderen Fällen muss mit etwas mehr Aufwand manuell eingegriffen werden. Am besten ist es, dabei an den Inhalt und nicht an das Aussehen zu denken. Definieren Sie zunächst, welche Art von Informationen vorliegen, welche Bedeutung und welche Funktion der Text haben soll, und wählen Sie dann immer das (X)HTML-Element zur semantischen Auszeichnung, das den Inhalt am besten beschreibt.

Deshalb wird in diesem Kapitel bei der Erläuterung der einzelnen Funktionen und der zur Verfügung stehenden Textformatierungen des wichtigsten TYPO3-Textproduzenten, dem Rich Text Editor, neben der reinen Funktionserklärung auch immer der semantische Aspekt beleuchtet.

Leider gibt es für viele Inhaltselemente noch kein geeignetes (X)HTML-Element. Das kann sich aber in Zukunft schnell ändern. An möglichen Techniken wird bereits eifrig gearbeitet, als Beispiel seien die »Mikroformate« genannt. Dabei handelt es sich um semantische Annotationen von (X)HTML, z.B. für Kontaktinformationen oder Termine, die von Maschinen ausgelesen werden können und diesen die Bedeutung eines Webseiteninhalts verständlich machen. Die Maschine (z.B. eine Suchmaschine) »weiß« dann, dass es sich um einen Termin oder eine Kontaktinformation handelt, und kann entsprechend mit der Information umgehen.

Im semantischen Web von morgen ist es also durchaus möglich, nicht nur rein lexikalisch, sondern auch semantisch zu suchen. Sie können dann entscheiden, ob Sie beim Suchwort »Koch« auch den Namen oder nur den Beruf finden möchten.

Die Vorteile einer optimal aufbereiteten Website liegen also auf der Hand: Zugänglichkeit, Suchmaschinenfreundlichkeit, eine gute Browserunterstützung und Zukunftsfähigkeit – um nur einige zu nennen.

Texte erstellen, bearbeiten und formatieren

Um sich mit dem RTE vertraut zu machen, erstellen Sie über das Modul *Web → Seite → Neu* (im Kontextmenü einer Seite) → *Seiteninhalt* zunächst einen neuen Seiteninhalt, bei dem der RTE zur Anwendung kommen kann.

> Um einen besseren Überblick bei der Bearbeitung von Text zu bekommen, kann man mit der Funktion *Rich Text Eingabe im Vollbild* dem Textbereich der Bearbeitungsmasken, in denen der RTE eingebunden ist, den kompletten rechten Detailbereich zur Verfügung stellen (Abbildung 5-3). Um wieder zur gesamten Maske zurückzukehren, muss man entweder die Speichernfunktion *Dokument speichern und schließen* oder *Dokument schließen* benutzen. Im Kontextmenü des Symbols *Vollbild Rich Text Eingabe* hat man sogar die Möglichkeit, über *Link in neuem Fenster* oder *Link in neuem Tab* (Firefox) für noch mehr Platz zu sorgen.

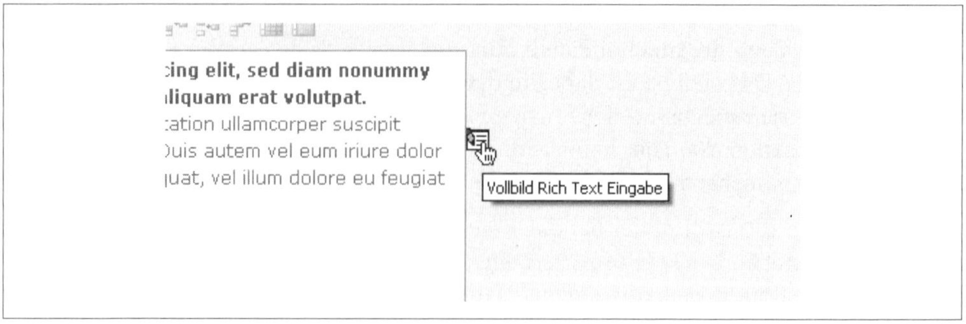

Abbildung 5-3: Symbol Vollbild Rich Text Eingabe

Absätze und Zeilenumbrüche

Innerhalb des Textfelds des RTE kann problemlos Text eingetippt und in einzelne Absätze aufgeteilt werden. Ein neuer Absatz wird ganz einfach über die Enter-Taste, ein manueller Zeilenumbruch mit gedrückter Umschalt-Taste (Shift) und der Enter-Taste erzeugt.

Normalerweise verzichtet man bei Fließtexten im Internet auf manuelle Zeilenumbrüche und Worttrennungen. Das hat auch einen guten Grund. Ein Beispiel: Vielleicht steht Ihnen für Ihre Arbeit ein 19-Zoll-Bildschirm mit einer Bildschirmauflösung von 1.024 × 768 Pixeln zur Verfügung, und die Textspalte auf Ihrer Website, in der Ihr Text angezeigt wird, hat eine bestimmte Breite (Abbildung 5-4). Nun ist man vielleicht versucht, dem eventuell entstandenen unschönen Flattersatz entgegenzuwirken und den Text auf diese Breite anzupassen, indem man Wörter trennt und manuelle Zeilenumbrüche erzeugt. Allein schon dieses Vorhaben wird sich als relativ mühsam erweisen, da jede Textänderung die Umbrüche verschiebt und der Text wieder und wieder auf die »richtige« Breite gebracht werden muss. Aber irgendwann ist auch diese Arbeit erledigt, und der Text sieht in der eigenen Browservorschau gut aus. Leider nur bei Ihnen!

Abbildung 5-4: Textblock bei einer Bildschirmauflösung von 1.024 × 768 Pixeln

Denn nehmen wir jetzt einmal an, der Webdesigner hat schon bei der Erstellung der Website an die Besucher mit höheren Auflösungen gedacht und das Layout der Seiten flexibel angelegt. Das bedeutet, die Breite der einzelnen Spalten der Webseite passt sich bis zu einem bestimmten Grad der Breite des Monitors an. Der Besucher Ihrer Website, der das Glück hat, mit einem 24-Zoll-Monitor und einer sehr hohen Auflösung Ihren Webauftritt zu besuchen, bekommt dann einen von Ihnen künstlich für Ihre ganz persönliche Auflösung optimierten Text zu sehen, der sich bei ihm leider vollkommen chaotisch darstellt (Abbildung 5-5).

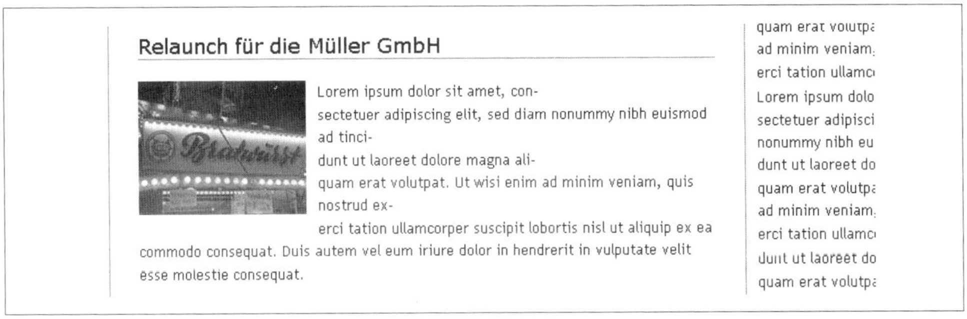

Abbildung 5-5: Derselbe Textblock bei höherer Bildschirmauflösung

Aber selbst wenn Ihre Website nicht flexibel angelegt ist, können Probleme auftreten. Suchmaschinen geben oft in der Ergebnisliste einen Teil des Texts der Website an. Der Text läuft mit hoher Wahrscheinlichkeit dann dort aber ganz anders als auf Ihrer Website in Ihrem Layout, und plötzlich erscheinen Worttrennungen an Stellen, an denen sie gar nicht notwendig wären (Abbildung 5-6).

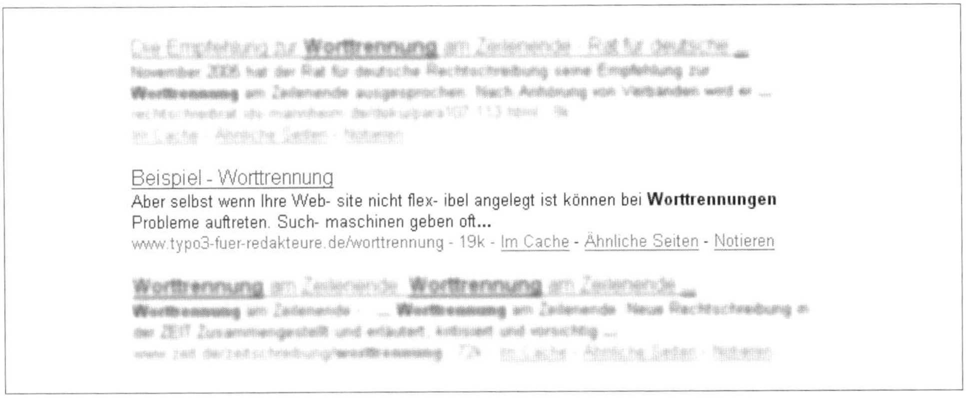

Abbildung 5-6: Suchmaschinenergebnis bei Google

Oder jemand ruft Ihre Internetseite mit einem dafür geeigneten Mobiltelefon, Smartphone oder Netbook auf, bei dem nur ein deutlich schmaleres Display zur Verfügung steht (Abbildung 5-7).

Abbildung 5-7: Text auf dem Display eines Mobiltelefons

All dies sind gute Gründe dafür, keine künstlichen Zeilenumbrüche oder Worttrennungen in Texte einzufügen, um damit die Silbentrennung einer echten Textverarbeitung zu simulieren. Stören Sie sich nicht am teilweise heftigen Flattersatz – das ist im Internet einfach so. Aber natürlich gibt es auch gute Gründe, einen manuellen Zeilenumbruch vorzunehmen, z. B. wenn ein neuer Satz in einer neuen Zeile beginnen soll.

Beachten Sie außerdem, dass der Abstand zwischen zwei Textzeilen und Absätzen über CSS festgelegt wird. Deshalb sollten Sie vertikale Abstände zwischen Texten oder Textabsätzen nicht über mehrere manuelle Zeilenumbrüche erzeugen – das erzeugt nur unnötigen Quellcode und größere Dateien.

Horizontale Trennlinien einfügen

Um Absätze oder Textblöcke optisch deutlich voneinander zu trennen, kann eine horizontale Linie innerhalb des Texts eingefügt werden (Abbildung 5-8). Über das Symbol *Horizontale Linie* wird eine über CSS definierte Linie erzeugt, die sich der Breite des Textfelds anpasst.

Formatierungen

Zur Formatierung von Text bietet sich meist folgende Vorgehensweise an: Der zu formatierende Text wird zunächst mit der Maus markiert (Abbildung 5-9), dann wird ein Format über die Symbole oder Aufklappmenüs ausgewählt und zugewiesen. Eine Mehrfachauswahl von Wörtern per Tastenkombination funktioniert im RTE leider nicht.

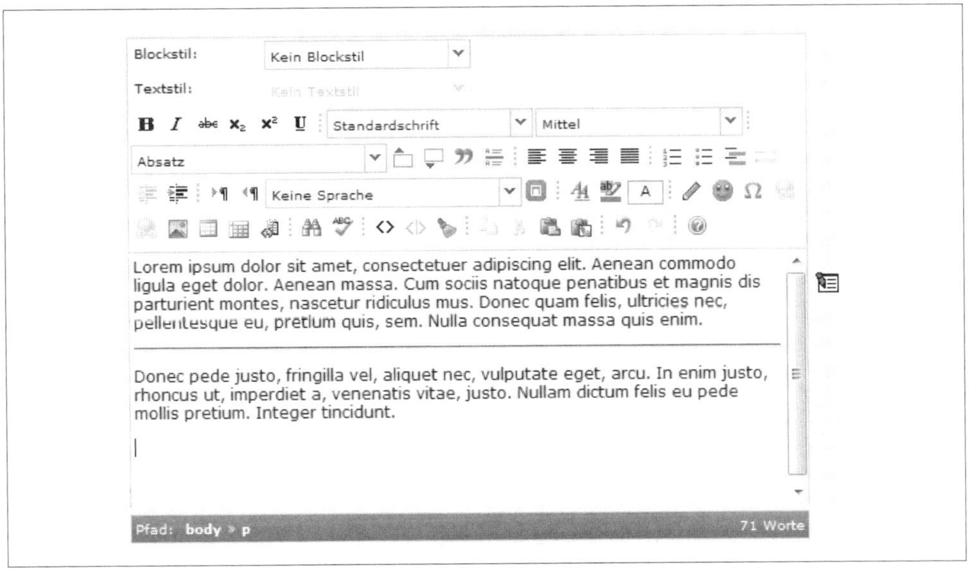

Abbildung 5-8: Horizontale Linie zur Abgrenzung von Textblöcken

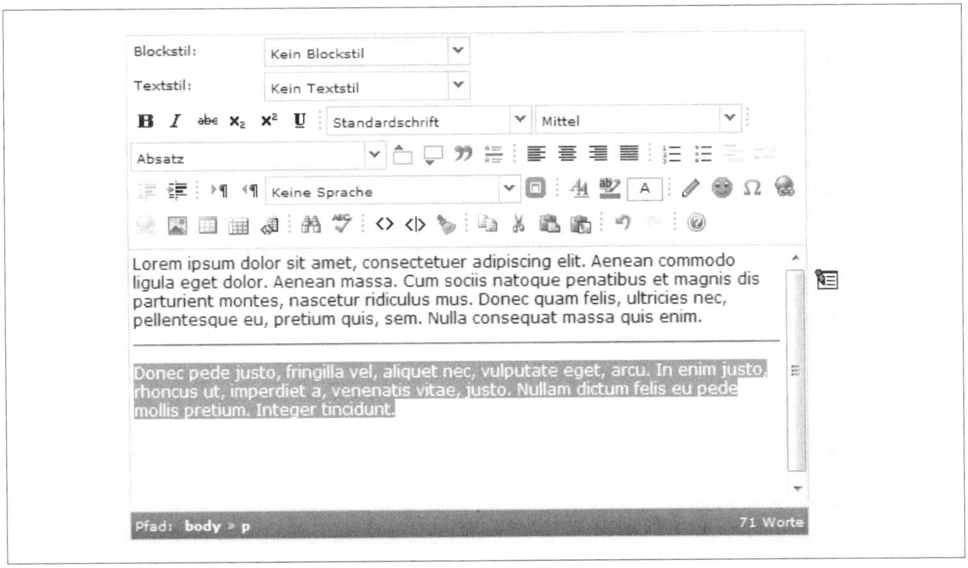

Abbildung 5-9: Mit der Maus (dem Mauscursor) markierter Text

Absätze formatieren

Das Aufklappmenü *Blockstil* ist erst anwählbar, wenn der Cursor bereits per Mausklick im RTE-Textfeld platziert oder schon ein Absatz eingegeben wurde (Abbildung 5-10).

Mittels der zur Verfügung stehenden CSS-Styles können ganze Absätze visuell formatiert werden (Abbildung 5-11).

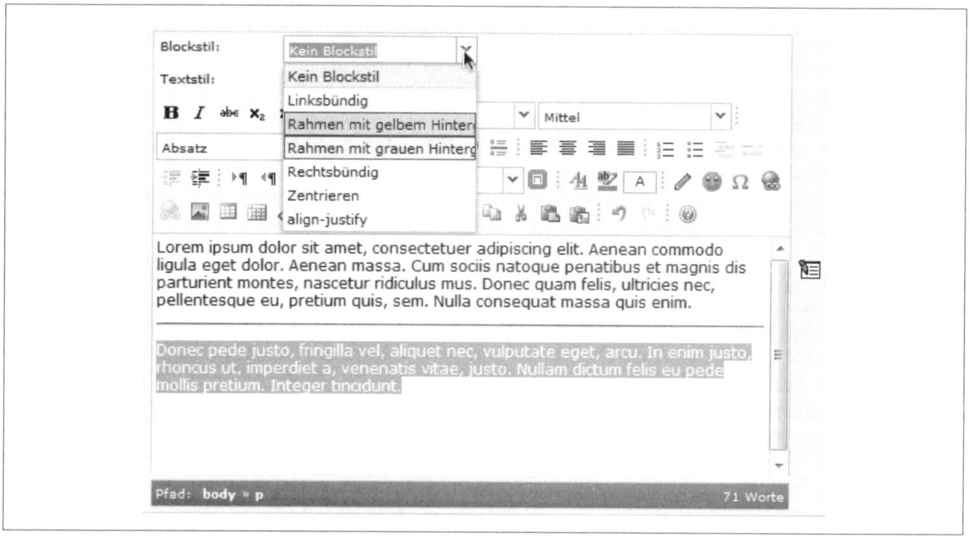

Abbildung 5-10: Aufklappmenü Absatz (seit 4.2 Blockstil)

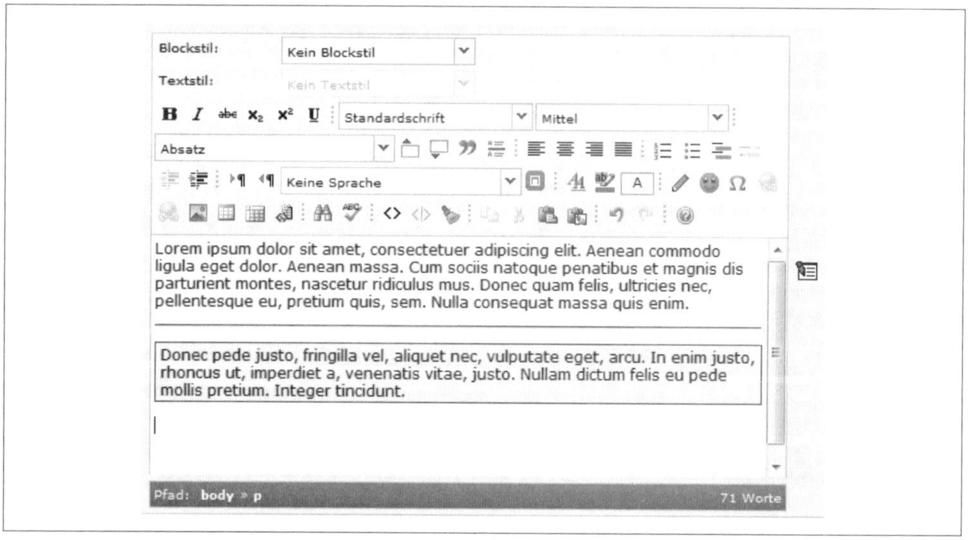

Abbildung 5-11: Beispiel eines über Absatz (seit 4.2 Blockstil) formatierten Textblocks

Wörter formatieren

Das Aufklappmenü *Textstil* ist nur nutzbar, wenn im Textfeld bereits ein oder mehrere Wörter mit der Maus markiert wurden (Abbildung 5-12). Hiermit lassen sich mittels vorgefertigter CSS-Styles Wörter visuell formatieren und mit Grafiken versehen. Das ist durchaus sinnvoll, um z.B. Dokumentbezeichnungen innerhalb eines Texts mit einem geeigneten Symbol als Dokument zu kennzeichnen oder Ordnerbezeichnungen auch grafisch als Ordner darzustellen (Abbildung 5-13). Mithilfe verschiedener Formate können sogar Buttons erzeugt werden.

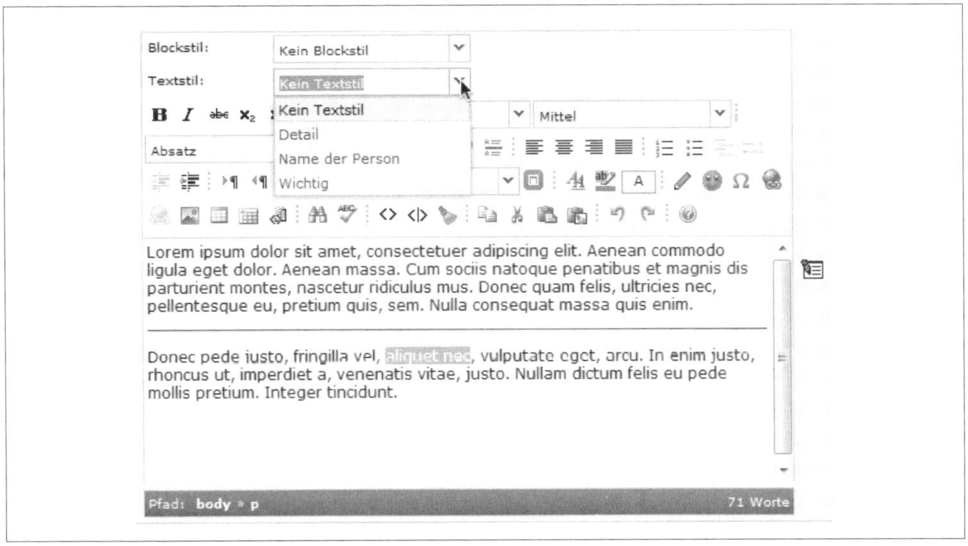

Abbildung 5-12: Aufklappmenü Text (seit 4.2 Textstil)

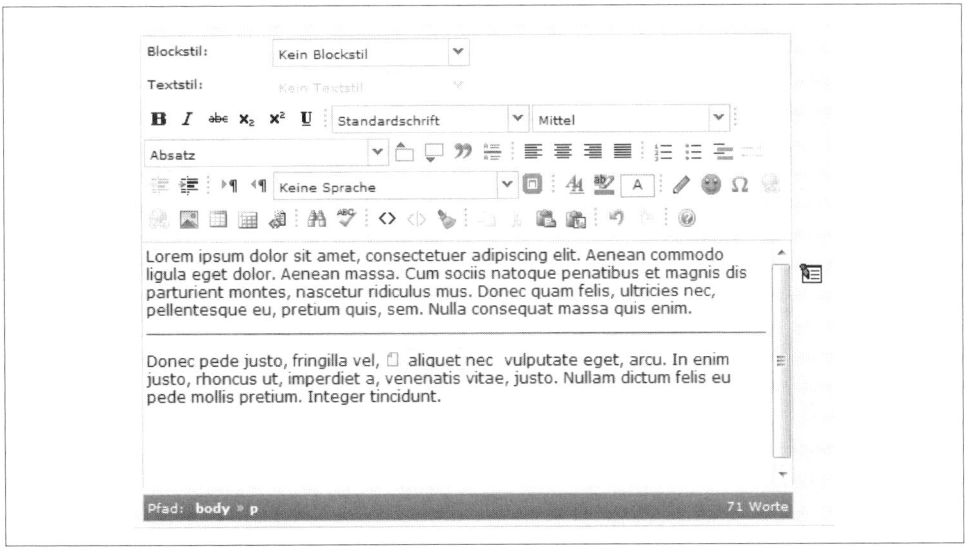

Abbildung 5-13: Beispiele für über Text (seit 4.2 Textstil) formatierte Wörter

Text fett und kursiv hervorheben

Mit *Fett* und *Kursiv* ausgezeichnete Wörter werden im Browser visuell anders dargestellt und damit besonders hervorgehoben. Sie werden auch von Screenreadern erkannt und anders als normaler Text betont. Damit können Textpassagen wie bei einer Rede besonders hervorgehoben werden.

Ein Textbeispiel: »Er war reichlich verspätet. Sie war jedoch froh, *dass* er kam.« Das Wort »dass« wird durch die kursive Schreibweise besonders betont und signalisiert: Dieses Wort ist wichtig und soll betont werden. Am Bildschirm geschieht das durch die kursive Schrift, im Screenreader durch Intonation.

Fett und kursiv formatierte Wörter helfen Suchmaschinen bei der Interpretation der Bedeutung und Gewichtung.

Text unterstreichen und durchstreichen

Mit diesem Symbol lassen sich Wörter und ganze Sätze unterstreichen. Allerdings ist hierbei etwas Vorsicht geboten. Anders als bei gedruckten Texten signalisiert unterstrichener Text im Internet normalerweise, dass es sich dabei um einen Link handelt. Der Leser des Texts könnte also durch nicht verlinkten, aber unterstrichenen Text verwirrt werden.

Diese Formatierung ist gut geeignet, um darzustellen, dass eine einmal getroffene Aussage so nicht mehr zutrifft, die Tatsache, dass sie einmal getroffen wurde, aber immer noch kommuniziert werden soll. Das gibt dem Leser die Möglichkeit, die Historie besser nachvollziehen zu können, und wird im Internet, z.B. in Blogs, gern benutzt. Dort können sich Kommentare auf bestimmte im Beitrag getroffene Aussagen beziehen. Löscht der Autor aus bestimmten Gründen die Aussagen einfach, sind die Kommentare nicht mehr nachvollziehbar. Streicht er sie aber durch, ist der Bezug noch da und die Kommentare bleiben verständlich. Ein anderes Beispiel sind Fehlerlisten bei Software (Abbildung 5-14).

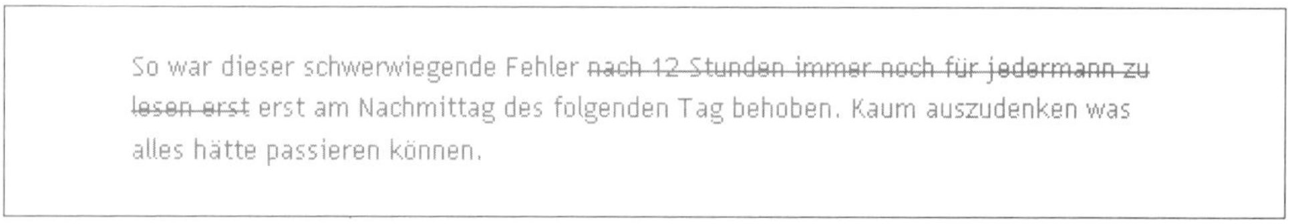
So war dieser schwerwiegende Fehler ~~nach 12 Stunden immer noch für jedermann zu lesen erst~~ erst am Nachmittag des folgenden Tag behoben. Kaum auszudenken was alles hätte passieren können.

Abbildung 5-14: Beispiel für sinnvoll durchgestrichenen Text

Zeichen hoch- und tiefstellen

Dieses Icon ist geeignet, um Zeichen hoch- oder tiefzustellen, um z.B. das Quadratmeterzeichen m² oder Markenzeichen wie Photoshop™ einzugeben.

Text ausrichten

Diese Symbole sind dazu geeignet, Texte links- oder rechtsbündig, zentriert oder als Blocksatz zu formatieren. *Linksbündig* richtet die ausgewählten Absätze am linken, *Rechtsbündig* am rechten Rand des zur Verfügung stehenden Textbereichs auf der Website aus. *Zentriert* richtet den Text mittig aus. Gleichmäßig am linken und rechten Rand wird der Text ausgerichtet, wenn *Blocksatz* gewählt wird.

Auch wenn Blocksatz möglich ist, kann man von der Verwendung im Internet nur abraten. Durch die fehlende automatische Trennfunktion, wie man sie von Textverarbeitungsprogrammen gewohnt ist, entstehen – abhängig von der Anzahl der Zeichen pro Zeile und der Größe der Wörter – teilweise sehr große Lücken zwischen den Wörtern (Abbildung 5-15).

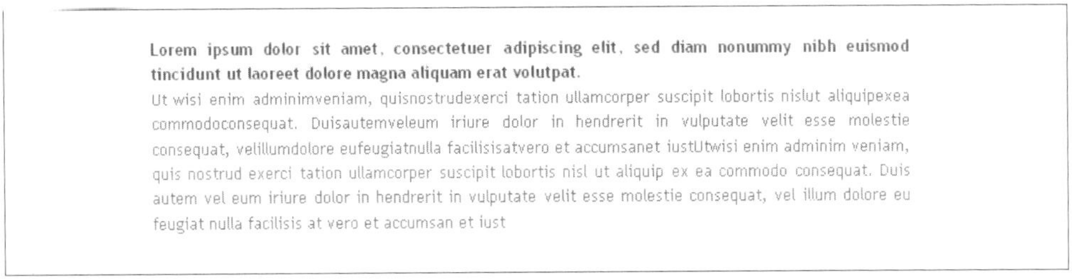

Abbildung 5-15: Text im Blocksatz

Texteinzug verkleinern und vergrößern

Klicken Sie auf das Symbol *Einzug verkleinern*, um den linken Einzug des aktuellen Absatzes zu verringern und auf die vorige Position zu setzen, oder auf das Symbol *Einzug vergrößern*, um den linken Einzug zu erweitern und den Text einzurücken (Abbildung 5-16).

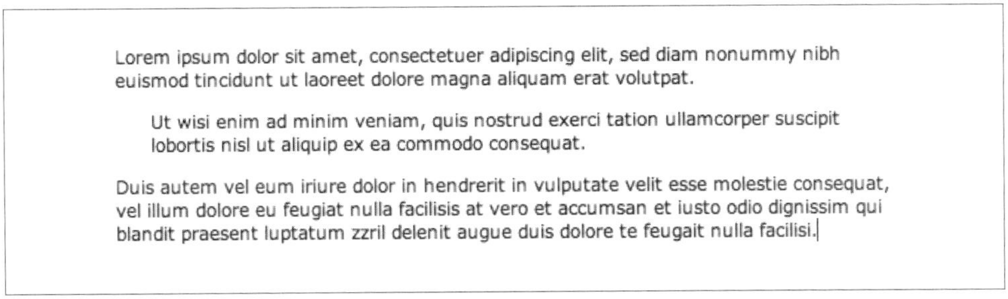

Abbildung 5-16: Mit Einzug vergrößern formatierter Absatz

Textfarbe

Über *Textfarbe* können Sie Texte farbig darstellen. Bedenken Sie, dass dieser Effekt sparsam und sinnvoll eingesetzt werden sollte, denn sicherlich liegt Ihrer Website ein Farbkonzept zugrunde, das man möglichst auch einhalten sollte, um ein homogenes Aussehen zu gewährleisten.

Hintergrundfarbe

Mit *Hintergrundfarbe* können Textstellen wie mit einem Textmarker besonders hervorgehoben werden (Abbildung 5-17). Es handelt sich dabei um ein grafisch sehr wuchtiges Element, das vorsichtig und sparsam eingesetzt werden sollte.

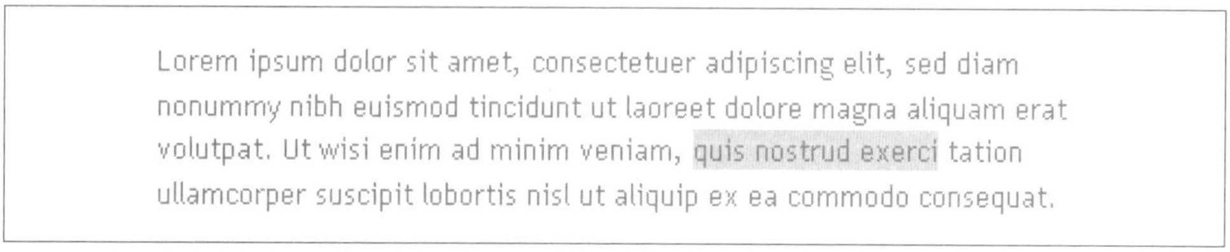

Abbildung 5-17: Mit Hintergrundfarbe markierte Textstellen

Momentaner Style

Das Symbol *Momentaner Style* zeigt lediglich bestimmte Textformatierungen wie Fettsetzung oder Farbe innerhalb des Symbols an, indem der Buchstabe A im Symbol bzw. der Hintergrund diese Formatierung übernimmt, solange man Text mit der Maus markiert (Abbildung 5-18).

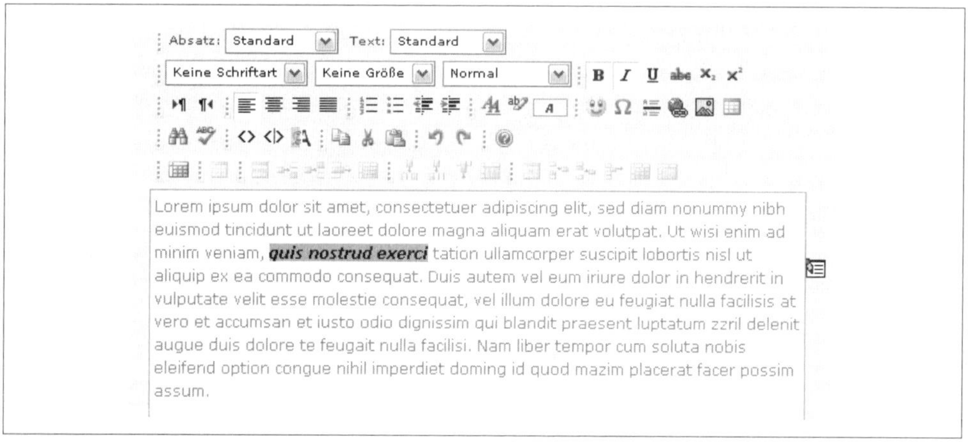

Abbildung 5-18: Ansicht des Symbols Momentaner Style bei mit der Maus markiertem Text

In älteren TYPO3-Versionen und je nach Konfiguration stehen eventuell noch weitere Optionen zur Formatierung von Texten unterhalb des RTE-Textfelds zur Verfügung. Dabei handelt es sich um *Justierung*, *Schrift*, *Größe* und *Farbe* (Abbildung 5-19) sowie um die Eigenschaften *Fett*, *Kursiv*, *Unterstrichen* und *Großbuchstaben* (Abbildung 5-20). Diese Optionen und Formatierungen sind aber veraltet und haben seit TYPO3-Version 4 keine Auswirkungen mehr auf den Text. Sie wurden durch die RTE-eigenen Funktionen vollständig ersetzt. In vielen TYPO3-Installationen werden sie daher auch gar nicht mehr zu sehen sein und nicht zur Verfügung stehen.

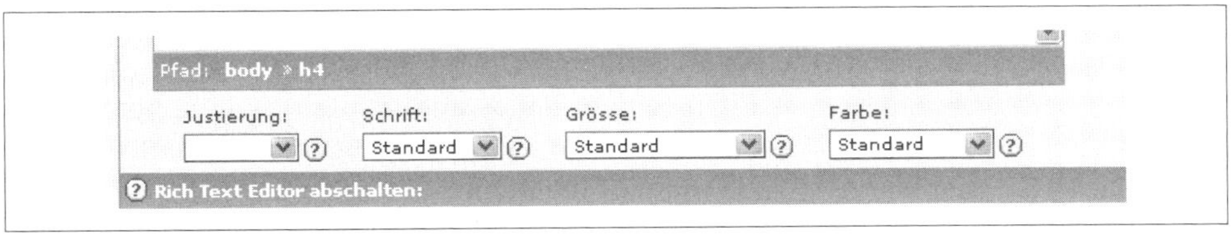

Abbildung 5-19: Veraltet: die Optionen Justierung, Schrift, Größe und Farbe

Abbildung 5-20: Veraltet: die Eigenschaften Fett, Kursiv, Unterstrichen und Großbuchstaben

Überschriften

Im Internet stehen sechs verschiedene Überschriftenformate zur Verfügung. Das gewählte Format ist semantisch von großer Bedeutung und sollte daher mit Bedacht gewählt werden.

Mit dem Aufklappmenü *Blocktyp* können Überschriften bestimmte Überschriftenformate und Absätzen zusätzliche Absatzformatierungen zugewiesen werden (Abbildung 5-21). Die Formatierung *Normal (Absatz)* wird standardmäßig gesetzt und zeichnet einen Text als einfachen Absatz aus.

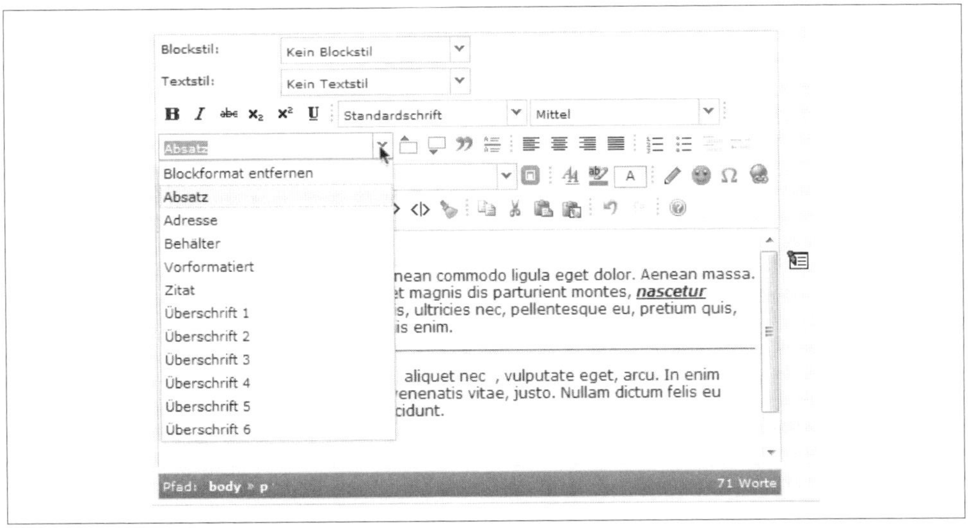

Abbildung 5-21: Aufklappmenü Blocktyp (ehem. Absatzart)

Es gibt sechs Level oder Ränge für Überschriften (Abbildung 5-22). Die Bezeichnungen der Überschriftenformate in diesem Aufklappmenü sind frei wählbar, also z.B. *Überschrift 1*, *Überschrift 2* usw. Der RTE erzeugt daraus automatisch im Hintergrund die richtigen (X)HTML-Auszeichnungen H1 bis H6, wobei H1 die wichtigste Überschrift einer Seite ist. Die Zahl hinter dem H legt die Hierarchie fest und bezeichnet die Wichtigkeit der Überschrift. Sie sollte daher auch pro Seite nur ein einziges Mal vergeben werden. Meist ist dies natürlich die oberste Hauptüberschrift eines Texts bzw. einer Seite. Die Formate H2 bis H6 (oder ihre gefälliger gewählten Bezeichnungen im Aufklappmenü) können auf einer Seite auch mehrfach verwendet werden und stehen dem Redakteur zur hierarchischen Auszeichnung und Strukturierung der weiteren Überschriften zur Verfügung. Es dürfen auch Ränge übersprungen werden, wichtig ist es aber, eine gewisse Logik zu berücksichtigen, was bedeutet, dass die Reihenfolge der Überschriften eingehalten und auf eine sinnvolle Gliederung geachtet werden sollte. Überschriften erzeugen automatisch einen Zeilenumbruch.

Abbildung 5-22: Mit H1 bis H6 formatierte Überschriften

Überschriften, die semantisch nicht als solche ausgezeichnet sind, können durch RSS-Reader für Newsfeeds oder Screenreader nicht als solche wahrgenommen werden. Auch in Bezug auf Suchmaschinen spielen Überschriften eine wichtige Rolle, denn diese gewichten Websites und deren Relevanz für ein Suchwort auch nach ihren Überschriften. Sehbehinderte Besucher lassen sich gern zur besseren Orientierung die wichtigsten Überschriften einer Seite vorlesen, um sich so zunächst einen Eindruck verschaffen und anschließend gezielter vorgehen zu können. Hier fungieren die Überschriften dann sogar als eine Art Inhaltsverzeichnis der Seite.

Damit Sie Überschriften semantisch korrekt auszeichnen können, sollten in jedem Fall im Aufklappmenü *Absatz* die geeigneten Formate zur Verfügung stehen. Ob dies der Fall ist und ob hier zusätzlich noch weitere Formate, z.B. um Adressen zu formatieren, aufgeführt sind, liegt in der Obhut des Administrators. Mehr Infos zum Thema »Konfiguration des RTE« finden Sie im Abschnitt »Den RTE individuell einrichten« auf Seite 490.

Listen im Text erstellen

Es gibt im Web drei Arten von Listen: ungeordnete und geordnete Listen sowie Definitionslisten. Damit lassen sich nicht nur Textnummerierungen und Punktlisten erstellen, sondern auch Bildergalerien und Navigationsmenüs. Die Verwendungsmöglichkeiten sind vielfältig, und es ist sinnvoll, Listen überall da einzusetzen, wo sie zu einer besseren Übersichtlichkeit der Inhalte beitragen und damit die Zugänglichkeit steigern, beispielsweise bei der einfachen Auflistung von Zutaten eines Rezepts. Dabei ist es sicherlich möglich, hinter jedem Listeneintrag einen Zeilenumbruch zu erstellen und z.B. durch ein Minuszeichen vor den einzelnen Punkten zumindest visuell den Eindruck einer Liste entstehen zu lassen (Abbildung 5-23).

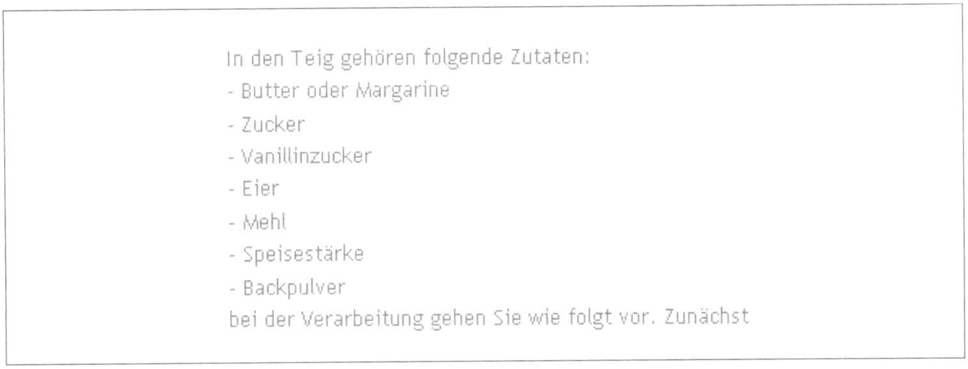

Abbildung 5-23: Eine rein optisch formatierte Aufzählung

Deutlich besser ist es aber, diese Liste nicht nur visuell, sondern auch semantisch als solche auszuzeichnen, indem man die Listenformatierungen des RTE nutzt, also z.B. eine ungeordnete Liste erstellt (Abbildung 5-24).

Listen lassen sich auch verschachteln, um Unterpunkte hinzuzufügen. Dabei werden die Unterpunkte zur besseren Übersicht meist anders formatiert als die Hauptpunkte.

Allgemeines Vorgehen bei der Erstellung von Listen

Das Erstellen von Listen mit dem RTE ist nicht immer ganz einfach und erfordert etwas Fingerspitzengefühl. Oftmals treten die Probleme erst beim Einfügen von Unterpunkten auf oder wenn man eine Unterebene verlassen und wieder in der Hauptebene weiterschreiben möchte.

Um Listen mit Unterpunkten problemlos zu formatieren, hat sich folgende Vorgehensweise bewährt: Schreiben Sie jede Ebene einzeln für sich zunächst komplett fertig, bevor Sie weitere Unterebenen einfügen. Beispiel: Sie möchten eine Baustoffliste erstellen, bei der die Hauptpunkte weiter in ihre Bestandteile aufgegliedert werden (Abbildung 5-25). Tippen Sie zunächst die Hauptpunkte in das RTE-Textfeld, also Boden, Wände, Decke

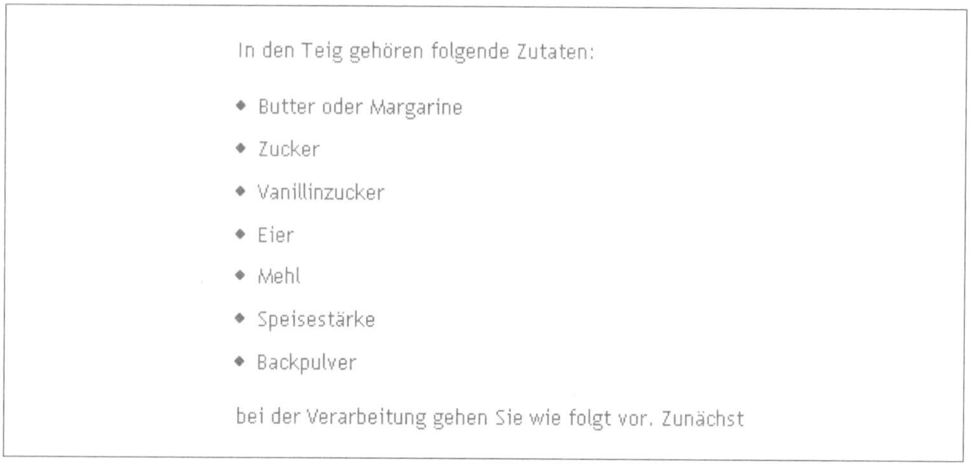

Abbildung 5-24: Eine über die Funktion Punktliste formatierte Aufzählung

usw., markieren Sie die Punkte dann und erstellen Sie daraus über das Symbol *Punktliste* eine ungeordnete Liste. Dann platzieren Sie den Cursor hinter das Wort »Boden«, erzeugen mit Umschalt + Enter einen Zeilenumbruch und geben ein: »Estrich« Umschalt + Enter »Parkett«. Sie können auch nur mit der Enter-Taste die nächste Ebene erzeugen, ein Umschalt + Enter hat aber den Vorteil, dass durch das sofortige Einrücken mehr Übersicht gegeben ist.

Genau so gehen Sie nun vor, wenn Sie die Unterpunkte für die Wände und Decken eintragen möchten. Es ist so viel leichter, zwischen den einzelnen Listen und Unterlisten zu wechseln, als wenn die Liste von oben nach unten direkt mit Unterpunkten aufgebaut wird. Es ist ebenfalls möglich, Unterpunkte innerhalb von Listen über das Symbol *Einzug vergrößern* zu erzeugen. Dazu müssen Sie die Liste zunächst als *Punktliste* oder *Nummerierung* formatieren und danach die einzurückenden Unterpunkte markieren. Ein Klick auf *Einzug vergrößern* erzeugt dann Unterpunkte, ein Klick auf *Einzug verkleinern* stellt die erzeugten Unterpunkte wieder in der Hierarchie zurück.

Ungeordnete Listen

Diese Standardlisten sind gut geeignet, um Inhalte aufzulisten, die untereinander einen Bezug, aber nicht unbedingt eine bestimmte Reihenfolge haben. Standardmäßig werden diese Listen vertikal und mit einem gefüllten Kreis leicht eingerückt aufgeführt. Beides kann aber durch CSS-Styles geändert werden. So ist es möglich, als Aufzählungszeichen auch Kreise ohne Füllung, Quadrate oder eigene Symbole (Grafiken) zu verwenden. Man kann sogar ganz auf sie verzichten, um z.B. eine Navigation damit zu erstellen.

Hiermit lassen sich in zwei Schritten Punktlisten erstellen:

1. Wählen Sie den oder die Absätze aus, die Sie mit Aufzählungszeichen versehen möchten.

Abbildung 5-25: Beispielliste Baustoffe

2. Klicken Sie in der Formatierungsleiste auf das Symbol *Punktliste*, um die Funktion an- oder abzuschalten.

Um die Aufzählungszeichen zu entfernen, wählen Sie die betreffenden Absätze aus und klicken dann auf das Symbol *Punktliste* in der RTE-Symbolleiste.

Geordnete Listen

Geordnete Listen unterscheiden sich von ungeordneten nur dadurch, dass die einzelnen Listeneinträge dabei durchnummeriert werden. Die Nummerierung erfolgt fortlaufend und automatisch. Geordnete Listen sollten eingesetzt werden, wenn die Reihenfolge der einzelnen Einträge wichtig ist, also z.B. bei einer Sporttabelle oder einer Step-by-Step-Anleitung. Standardmäßig werden die Listeneinträge mit arabischen Ziffern nummeriert. Über CSS-Styles lassen sich auch andere Nummerierungsformen erstellen, wie Sie in Tabelle 5-1 sehen können.

Tabelle 5-1: Mögliche Nummerierungen

Nummerierungsbezeichnung	Nummerierung
Große römische Zahlen	I, II, III ...
Kleine römische Zahlen	i, ii, iii ...
Nummerierung mit führender Null	01., 02., 03. ...
Griechische Buchstaben	α, β, γ ...
Alphanumerisch klein	a., b., c. ...
Alphanumerisch groß	A., B., C. ...
Hebräische Buchstaben	.., ., ...

Weitere selten genutzte Möglichkeiten: Armenisch, Georgisch, verschiedene japanische Formate (katakana-iroha, hiragana-iroha, katakana, hiragana, cjk-ideographic) und eine Nummerierung mit ideografischen Zeichen. Ein Ideogramm ist ein Schriftzeichen, das einen ganzen Begriff (z.B. Baum) darstellt und dabei symbolische Zeichen verwendet.

Wie die ungeordneten Listen, so lassen sich auch geordnete Listen verschachteln, beispielsweise für Inhaltsverzeichnisse im Kopf einer Seite, um dabei mit Sprungmarken innerhalb von langen Seiten besser navigieren zu können (Abbildung 5-26).

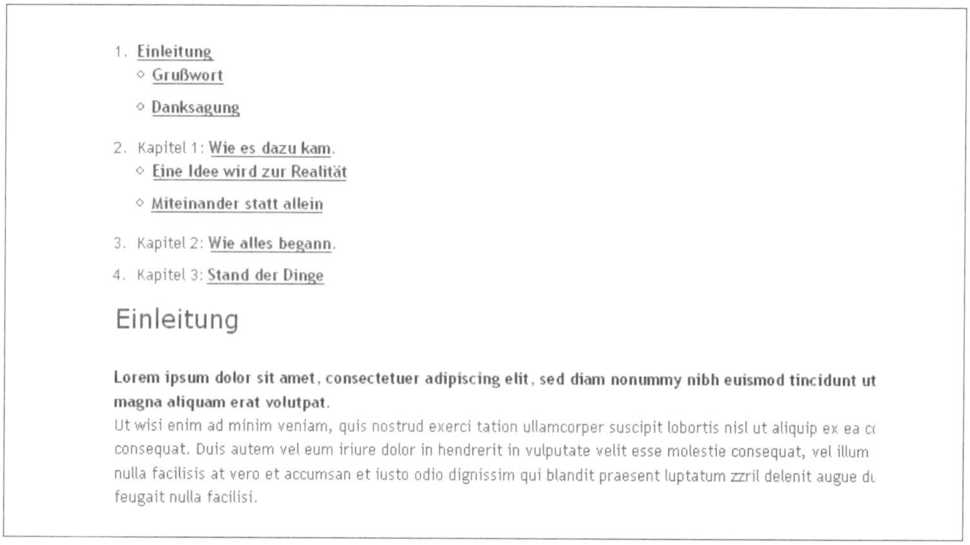

Abbildung 5-26: Eine verschachtelte geordnete Liste als Inhaltsverzeichnis einer Webseite

Dieses Symbol dient dem Einfügen von Nummerierungen in den aktuellen Absatz (Abbildung 5-27). Um die Nummerierung anzuwenden, markieren Sie den Absatz und klicken dann auf das Symbol *Nummerierung* in der Symbolleiste.

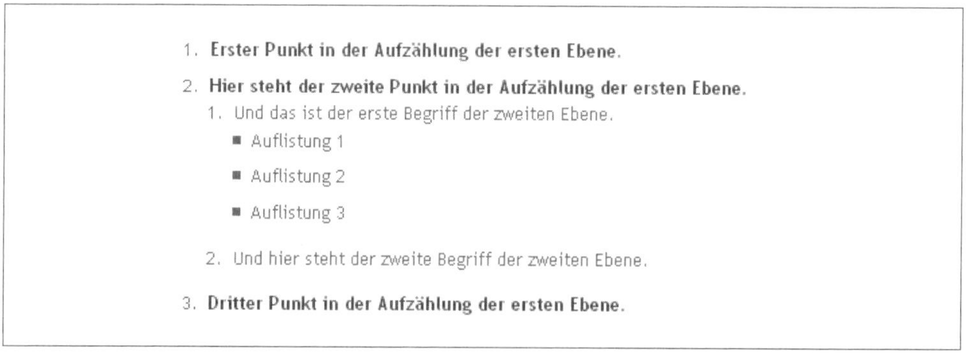

Abbildung 5-27: Text mit Nummerierung und mehreren Hierarchieebenen

Definitionslisten

Definitionslisten unterscheiden sich von den beiden anderen bereits vorgestellten Listentypen, da sie aus einem Definitionsterm und einer Beschreibung bestehen. Sie eignen sich damit u.a. ausgezeichnet für Glossars und Begriffsdefinitionen. Standardmäßig wird die Beschreibung etwas eingerückt, der Aufbau kann aber durch CSS-Styles verändert werden, sodass die Zusammenhänge zwischen Definitionsterm und Beschreibung optisch deutlicher werden (Abbildung 5-28). Wie schon bei den anderen beiden Listentypen gesehen, lassen sich auch Definitionslisten verschachteln.

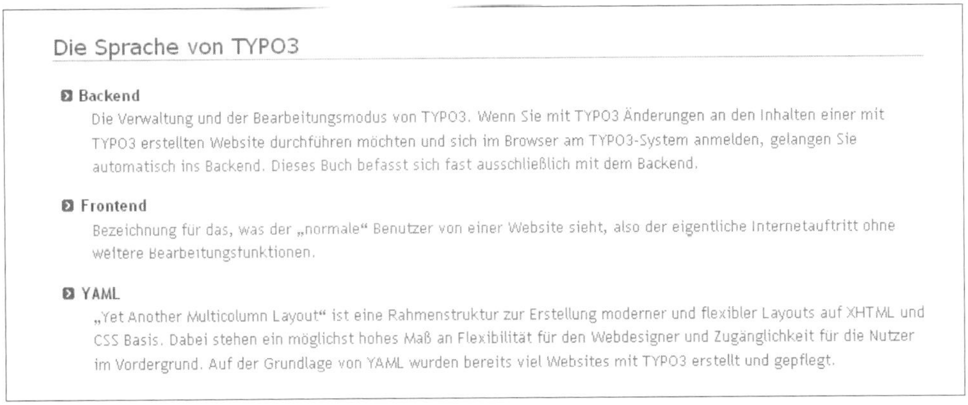

Abbildung 5-28: Definitionsliste, über CSS-Styles formatiert

Bis zur Version 4.5.x bietet der RTE von Haus aus keine geeignete Funktion zum Erstellen von Definitionslisten an. Sie müssen daher selbst per HTML Hand anlegen (Abbildung 5-29):

1. Schalten Sie über das Symbol *Zur HTML Ansicht wechseln* in die HTML-Ansicht.
2. Leiten Sie die Definitionsliste über das Tag `<dl>` ein.
3. Schreiben Sie zwischen die Tags `<dt>` und `</dt>` den Begriff bzw. den Definitionsterm.
4. Die Erläuterung notieren Sie zwischen den Tags `<dd>` und `</dd>`.
5. Für weitere Definitionsterme und Erläuterungen wiederholen Sie die Schritte 3 und 4.
6. Beenden Sie die Definitionsliste mit dem Abschlusstag `</dl>`.
7. Schalten Sie über das Symbol *Zur HTML Ansicht wechseln* zurück in die WYSIWYG-Ansicht.

Seit Version 4.5.x stehen Ihnen zur Erstellung von Definitionslisten zwei neue Symbole zur Verfügung. Über das Symbol ☰ können Sie einen Definitionsterm erstellen, indem Sie vor oder nach dem Schreiben des Worts, das Sie als Definitionsterm deklarieren möchten, auf das Symbol *Definitionsliste* klicken. Wenn Sie dann über die Enter-Taste einen neuen Absatz erzeugen, erstellt TYPO3 automatisch die Beschreibung und rückt diese auch optisch etwas ein. Ein weiterer Klick auf die Enter-Taste erstellt einen neuen Definiti-

```
<dl>
<dt><b>Backend</b></dt>
<dd>Die Verwaltung und der Bearbeitungsmodus von TYPO3. Wenn Sie mit TYPO3 Änderungen an den Inhalten einer mit TYPO3
erstellten Website durchführen möchten und sich im Browser am TYPO3-System anmelden, gelangen Sie automatisch ins Backend.
Dieses Buch befasst sich fast ausschließlich mit dem Backend.</dd>
<dt><b>Frontend</b></dt>
<dd>Bezeichnung für das, was der „normale“ Benutzer von einer Website sieht, also der eigentliche Internetauftritt ohne weitere
Bearbeitungsfunktionen.</dd>
<dt><b>YAML</b></dt>
<dd>„Yet Another Multicolumn Layout“ ist eine Rahmenstruktur zur Erstellung moderner und flexibler Layouts auf XHTML und CSS
Basis. Dabei stehen ein möglichst hohes Maß an Flexibilität für den Webdesigner und Zugänglichkeit für die Nutzer im Vordergrund.
Auf der Grundlage von YAML wurden bereits viel Websites mit TYPO3 erstellt und gepflegt.<br /></dd>
</dl>
```

Abbildung 5-29: Aufbau der Definitionsliste mit HTML

onsterm usw. Um einen Definitionsterm in eine Beschreibung oder eine Beschreibung in einen Definitionsterm umzuschalten, markieren Sie einfach das entsprechende Wort mit der Maus und klicken dann auf das Symbol *Begriff und Definition umschalten* .

Bildergalerien mit Definitionslisten

Definitionslisten sind auch ein optimaler Weg, um Bildergalerien mit Bildunterschriften oder Bildlegenden aufzubauen (Abbildung 5-30). Fälschlicherweise werden solche Galerien oft mit Tabellen realisiert. Die sind aber nicht unbedingt dazu geeignet, da es sich bei Bildern in der Regel nicht um tabellarische Daten handelt. Um eine Bildergalerie mit einer Definitionsliste zu erstellen, legen Sie über das Symbol *Definitionsliste* oder per Hand eine Definitionsliste in der HTML-Ansicht an und füllen die einzelnen Definitionsterme mit Platzhaltern wie *Bild1*, *Bild2* usw. (Abbildung 5-31). Ersetzen Sie dann die Platzhalter in der WYSIWYG-Ansicht, indem Sie jeden einzelnen mit der Maus markieren und dann über das Symbol *Bild einfügen/ändern* durch ein Bild ersetzen.

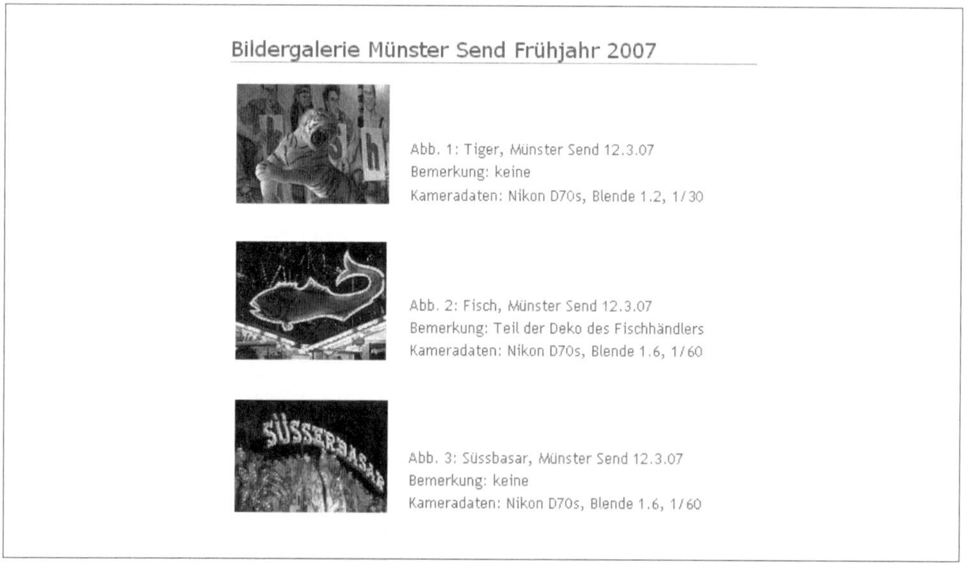

Abbildung 5-30: Bildergalerie als Definitionsliste im Frontend

```
<dl>
<dt><img src="http://firma-mueller.de/fileadmin/bilder/tiger.jpg" border="0" height="101" width="134" /></dt>
<dd>Abb. 1: Tiger, Münster Send 12.3.07<br />Bemerkung: keine<br />Kameradaten: Nikon D70s, Blende 1.2, 1/30<br /></dd>
<dt><img src="http://firma-mueller.de/fileadmin/bilder/fisch_01.jpg" border="0" height="100" width="132" /></dt>
<dd>Abb. 2: Fisch, Münster Send 12.3.07<br />Bemerkung: Teil der Deko des Fischhändlers<br />Kameradaten: Nikon D70s, Blende 1.6,
1/60</dd>
<dt><img src="http://firma-mueller.de/fileadmin/bilder/suesserbasar.jpg" height="95" width="134" /></dt>
<dd>Abb. 3: Süssbasar, Münster Send 12.3.07<br />Bemerkung: keine<br />Kameradaten: Nikon D70s, Blende 1.6, 1/60</dd>
</dl>
```

Abbildung 5-31: Bildergalerie als Definitionsliste im RTE in der HTML-Ansicht

Kombinationen

Manchmal kann es durchaus sinnvoll sein, verschiedene Listentypen miteinander zu kombinieren. Beispielhaft sei hier die Liste für ein Drei-Gänge-Menü genannt, bei dem die einzelnen Gänge als sortierte und die jeweiligen Bestandteile als unsortierte Liste aufgeführt sind (Abbildung 5-32).

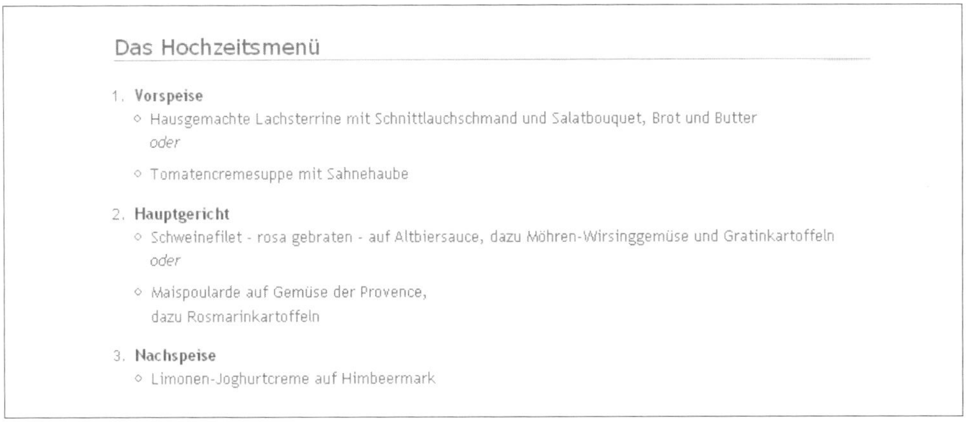

Abbildung 5-32: Auflistung mit kombinierten Listentypen

Navigationsmenüs

Navigationsmenüs eignen sich aufgrund ihres Charakters ausgezeichnet, um sie als Listen darzustellen. Denn eine Navigation ist im Grunde nichts anderes als eine Liste von Links, die zu internen oder externen Seiten oder zu bestimmten Inhaltselementen führen. Dabei müssen die einzelnen Links nicht wie bei einer Liste sonst üblich untereinander, sondern können per CSS-Style auch nebeneinander platziert werden (Abbildung 5-33).

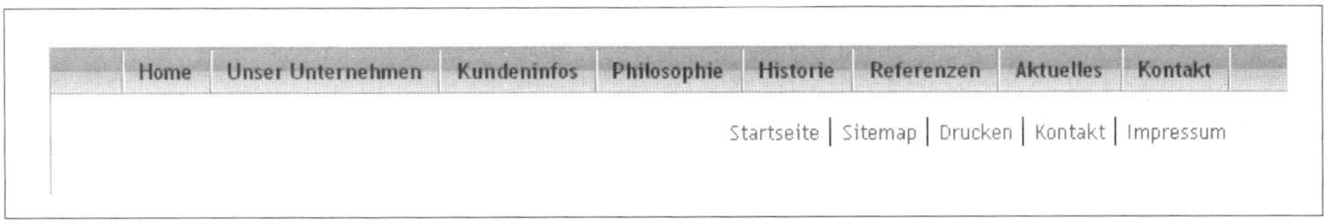

Abbildung 5-33: Navigationsmenü mit per CSS horizontal angeordneten Links

In den meisten Fällen wird die Hauptnavigation einer Seite vom Webdesigner dynamisch erstellt, und Sie müssen sich als Redakteur damit nicht beschäftigen. Es kann aber für die Übersichtlichkeit einer Seite durchaus von Vorteil sein, eine kleine Seitennavigation einzubauen, z. B. wenn eine Seite sehr lang ist. Dann kann man im Kopf der Seite eine Navigation einfügen, mit der man zu den einzelnen Abschnitten einer Seite springen kann. Eine solche Seitennavigation nennt man auch Sprungmarken (Abbildung 5-34).

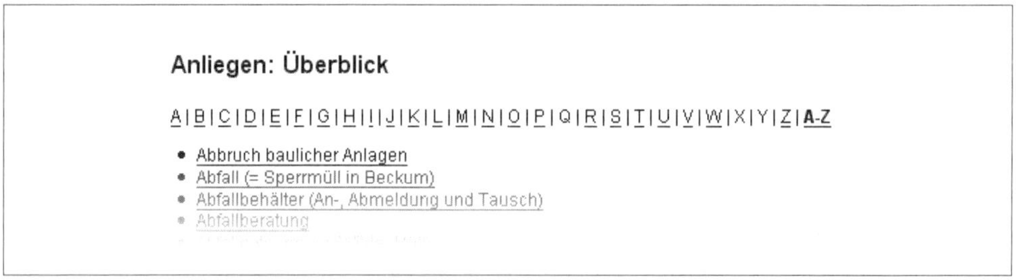

Abbildung 5-34: Ein Navigationsmenü (Sprungmarken) in Form einer unsortierten Liste

Um eine Seite mit einer Seitennavigation auszustatten, muss der Inhalt zunächst in sinnvolle Abschnitte (einzelne Inhaltselemente) aufgeteilt werden. Das bedeutet, dass die einzelnen Absätze oder Textblöcke, auf die Sie über die Seitennavigation verweisen möchten, nicht in einem einzigen Inhaltselement – allein durch Absätze im RTE voneinander getrennt – enthalten sein dürfen, sondern aus einzelnen Seiteninhaltselementen bestehen müssen (Abbildung 5-35). Sie müssten also für jeden Textabschnitt, auf den Sie verlinken möchten, einen neuen Datensatz erstellen. Dabei sollten Sie für jeden Datensatz auch eine eigene Überschrift vergeben, auch wenn der Textabschnitt vielleicht gar keine eigene Überschrift haben soll. Stellen Sie die Überschrift einfach auf unsichtbar (Abbildung 5-36). Sie wird dann im Frontend nicht angezeigt, hilft Ihnen aber, sich zu orientieren, wenn Sie den richtigen Link zu diesem Textabschnitt erstellen möchten.

Sind alle Inhaltselemente erstellt, fügen Sie ganz oben einen neuen Datensatz vom Typ *Text* ein, der als Navigationsmenü dieser Seite dienen soll. Notieren Sie innerhalb dieses Datensatzes im RTE alle Navigationspunkte und verlinken Sie diese mit den einzelnen Datensätzen auf der Seite. Dazu markieren Sie mit der Maus jeden einzelnen Navigationspunkt, klicken auf das Symbol *Link einfügen* und wählen im Pop-up die Registerkarte *Seite*. Es erscheint zunächst nur der Seitenbaum, in dem Sie ganze Seiten auswählen und verlinken können. Um aber nicht zu einer Seite, sondern zu einem Seiteninhalt – einem einzelnen Datensatz – zu verlinken, muss der kleine rote Pfeil, der sich hinter jeder Seite im Seitenbaum befindet, angeklickt werden. Erst dann erscheinen die Inhaltselemente dieser Seite. TYPO3 nutzt für die Auflistung die Überschriften der Datensätze, deshalb ist es gut, immer eine Überschrift zu vergeben – wenn auch manchmal versteckt. Sonst würden an dieser Stelle nur unbenannte Datensätze aufgeführt werden, was das Auffinden des richtigen Datensatzes erschwert. Um den Link zum gewählten Textabschnitt zu erstellen, wählen Sie nun per Mausklick auf die Bezeichnung einen Datensatz aus. Wenn

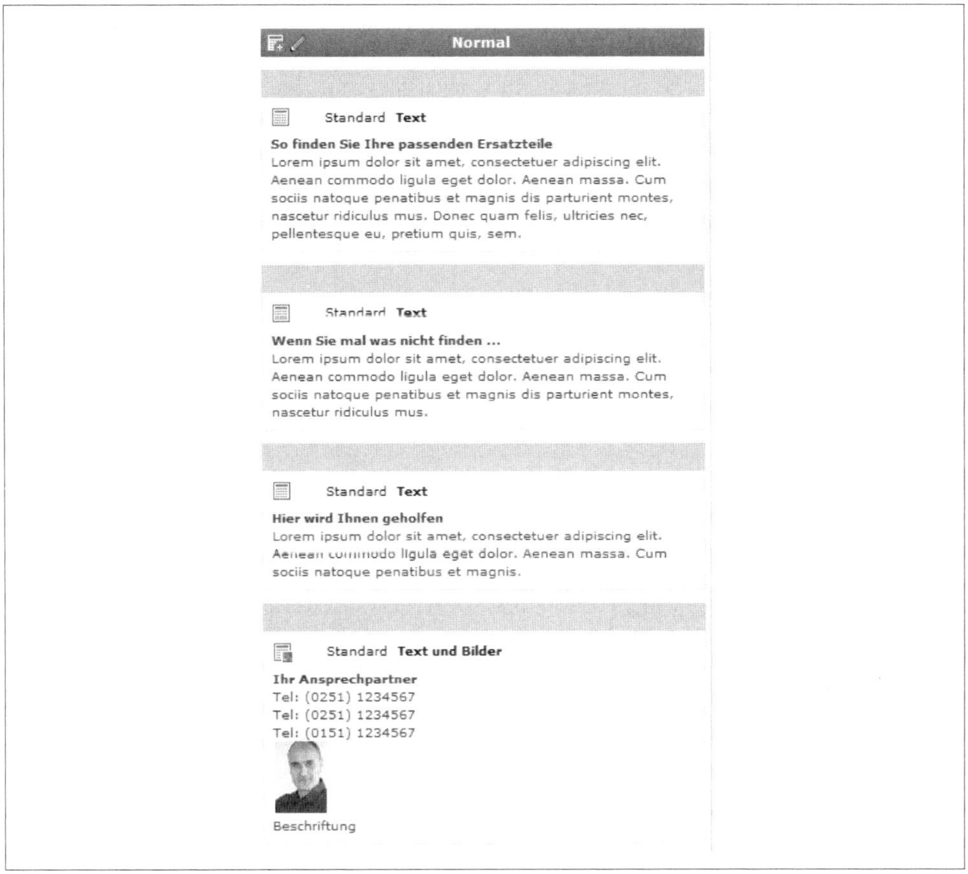

Abbildung 5-35: Eine Seite mit in einzelne Datensätze aufgeteiltem Seiteninhalt

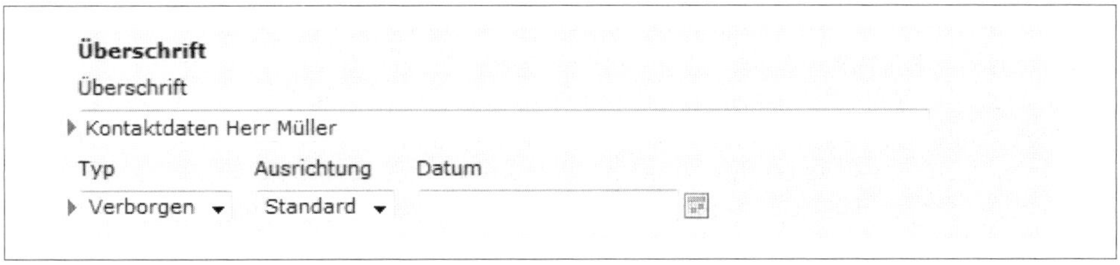

Abbildung 5-36: Eine auf Verborgen gestellte Überschrift

Sie danach im RTE den Link mit der Maus markieren und erneut das Symbol *Link einfügen* wählen, sehen Sie im Pop-up sofort den Seitenbaum und die Inhaltselemente. Die Verbindung zwischen Seite und verlinktem Inhaltselement wird über zwei blinkende Dreiecke angezeigt (Abbildung 5-37).

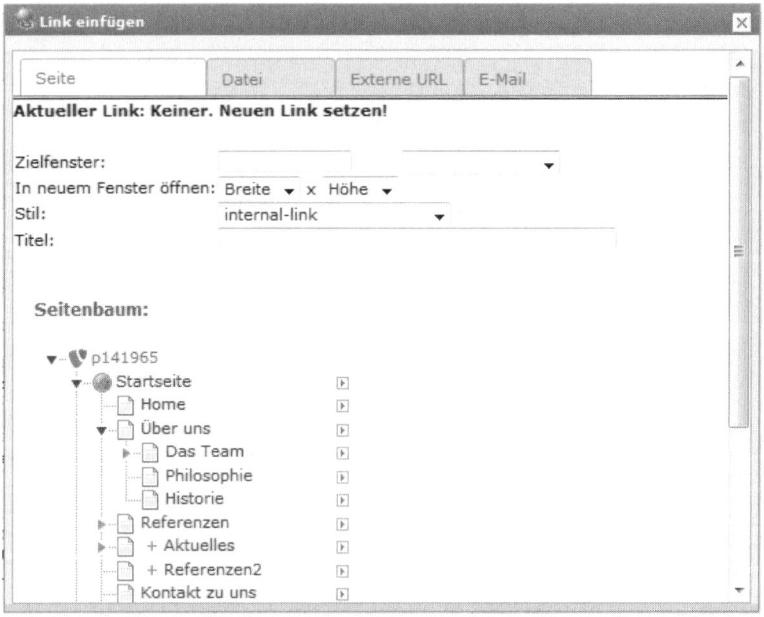

Abbildung 5-37: Pop-up Link einfügen/verändern

Auch bei der Erstellung einer Linkliste sollten Listen verwendet werden, wie schon die Bezeichnung »Linkliste« nahelegt. Eine Linkliste kann z.B. dazu genutzt werden, dem Besucher Ihrer Website zu einem bestimmten Thema passende und interessante Verweise auf andere Websites anzubieten.

Der Nachteil der hier beschriebenen Methode ist, dass jedes neue Seiteninhaltselement manuell im Navigationsmenü nachgetragen werden muss. Daher gibt es in TYPO3 auch den Datensatztyp *Sitemap*, der ein solches Navigationsmenü automatisch erstellt und jedes auf der Seite neu angelegte Inhaltselement automatisch ausliest und nachträgt. Erzeugen Sie dazu auf einer Seite mit mehreren Seiteninhaltselementen einen neuen Datensatz und wählen Sie das spezielle Element *Sitemap*. Damit nun auch wirklich die einzelnen Sprungmarken zu den Inhalten dieser Seite erzeugt werden, sind zwei Schritte notwendig: Stellen Sie die Sitemap in der Registerkarte *Menü/Sitemap* auf *Menü Typ: Abschnittsübersicht (mit Seiteninhalt)* und wählen Sie als Ausgangspunkt die Seite, von der die einzelnen Datensätze ausgelesen werden sollen. Bei einer Seitennavigation ist das die Seite, in der sich auch dieser Datensatz befindet.

Wenn Sie die Seite jetzt über *Dokument speichern und Webseite ansehen* aufrufen, werden Sie feststellen, dass TYPO3 automatisch ein Navigationsmenü aufgebaut hat und als Linkbezeichnung die von Ihnen vergebenen Überschriften nutzt. TYPO3 formatiert dabei das Navigationsmenü automatisch als unsortierte Liste (Abbildung 5-38).

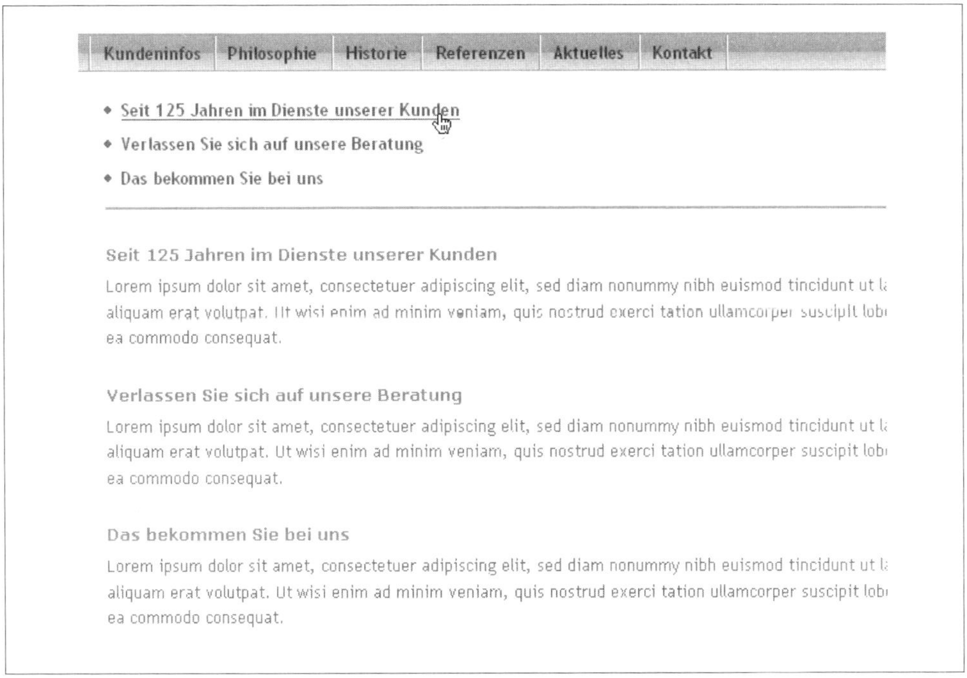

Abbildung 5-38: Seiteninhaltstyp Sitemap

Um nicht nur vom Navigationsmenü zu den einzelnen Seiteninhalten, sondern auch wieder zurück zur Seitennavigation springen zu können, empfiehlt es sich, in jedem Datensatz die *Nach Oben*-Option zu markieren. Dann fügt TYPO3 nach jedem Datensatz automatisch einen Link ein, der wieder zum Navigationsmenü zurückspringt.

Texte verlinken und erweiterte RTE-Features nutzen

TYPO3 stellt Ihnen einige geeignete Werkzeuge zur Verfügung, mit denen Sie Sonderzeichen einpflegen und Ihre Texte verlinken können (Stichwort Hypertext), um ihnen damit den letzten Feinschliff zu geben. Mit der Rechtschreibprüfung, den Funktionen *Suchen und Ersetzen* und *Kopieren und Einfügen* sowie der Vollbild-Rich-Text-Eingabe bietet der RTE weitere Möglichkeiten, um Ihre Texte schnell und effizient zu bearbeiten.

Bitte lächeln – Emoticons einbinden

Emoticons sind eine geeignete Methode für Redakteure, in Internettexten ihre eigene Gefühlslage auszudrücken und damit den Bedeutungskontext (Ironie, Scherz usw.) des Texts zu verdeutlichen, um Missverständnissen bei der Internetkommunikation vorzubeugen (Abbildung 5-39). Eines der bekanntesten Emoticons bildet einen Smiley nach und kann über die Tastatur mit :) eingegeben werden. Um im RTE ein grafisches Emoticon hinzuzufügen, klicken Sie auf das Symbol *Smiley einfügen* und wählen aus dem erscheinenden Pop-up-Fenster ein geeignetes Symbol aus.

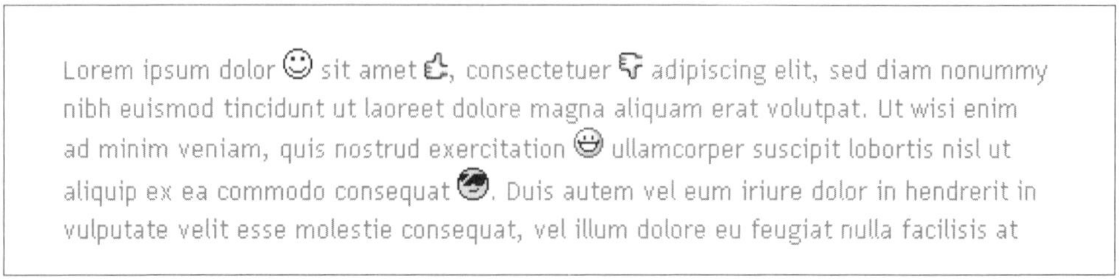

Abbildung 5-39: Mit Emoticons versehener Text

Sonderzeichen

Hiermit können Sonderzeichen wie z.B. das Copyright-Zeichen © oder griechische Buchstaben wie α, β, γ usw. eingefügt werden. Klicken Sie dazu auf das Symbol *Sonderzeichen* und wählen Sie aus dem erscheinenden Pop-up ein Sonderzeichen aus, das dann sofort in das RTE-Textfeld an die Stelle des Cursors eingefügt wird (Abbildung 5-40).

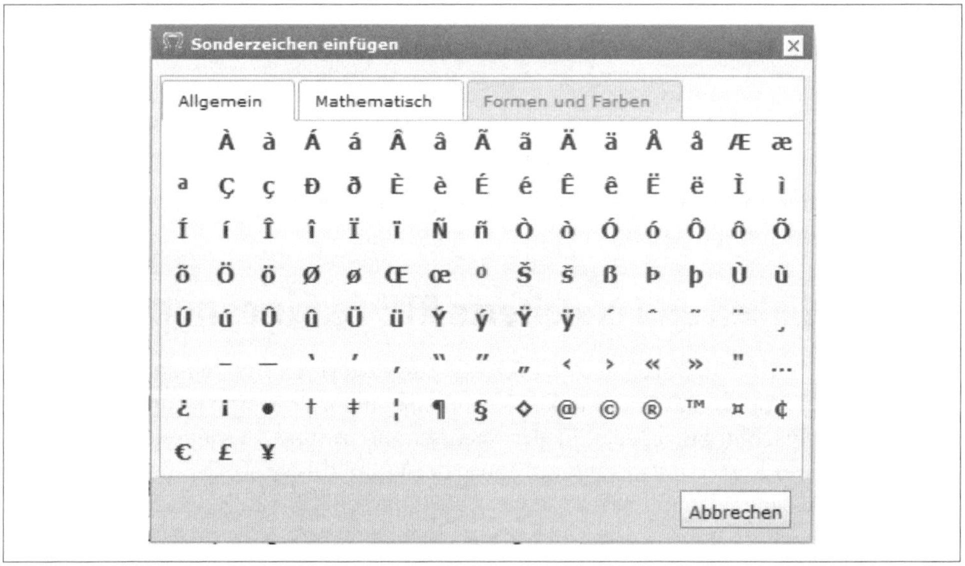

Abbildung 5-40: Pop-up mit wählbaren Sonderzeichen

Links

Links, auch Hyperlinks genannt, verbinden einzelne Webseiten und Dateien wie Bilder, Audio-, Videodateien, PDFs usw. miteinander und sind ein charakteristisches Merkmal des Internets. Links können auf Seiten innerhalb des eigenen TYPO3-Webs oder auf Seiten externer Websites verweisen. Ein Link kann aber auch zu einer Datei führen oder als E-Mail-Link das E-Mail-Programm (Outlook, Mail o.Ä.) des Benutzers öffnen. Im RTE können Texte und Bilder verlinkt werden (Abbildung 5-41).

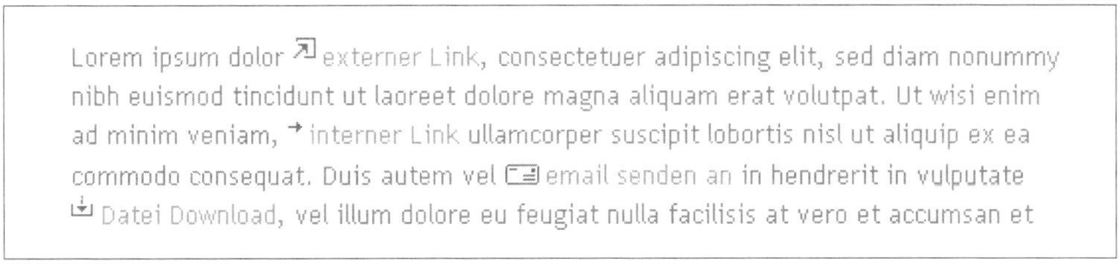

Abbildung 5-41: Text mit den verschiedenen Linktypen im RTE

Um einen Link zu erzeugen, klicken Sie auf das Symbol *Link einfügen*. Es öffnet sich ein Pop-up, in dem zwischen verschiedenen Linktypen gewählt werden kann.

Link auf eine interne Seite

Das Register *Seite* ist im Pop-up standardmäßig vorgewählt (Abbildung 5-42). Hiermit kann ein Link zu einer Seite im eigenen TYPO3-Seitenbaum erstellt werden. Folgende Optionen und Felder stehen Ihnen hier zur Verfügung:

Zielfenster
: Wählen Sie im Aufklappmenü *Ganzes Fenster*, um die verlinkte Seite innerhalb desselben Browserfensters aufzurufen, in dem auch der Link angeklickt wurde. Um eine Seite in einem neuen Browserfenster zu öffnen, müssen Sie *Neues Fenster* wählen.

In neuem Fenster öffnen
: Sie können eine Seite auch in einem Pop-up-Fenster ohne Symbol- und Statusleisten öffnen, indem Sie hier die Breite und Höhe (in Pixeln) des Fensters auswählen. Die gewählten Maße können dort jederzeit geändert werden.

Stil
: Zwei Stile, mit denen ein Link durch eine vorangestellte Grafik ausgezeichnet werden kann, stehen standardmäßig zur Verfügung: *internal-link* für einen Link, der innerhalb des Browserfensters aufgerufen wird, und *internal-link-new-window*, der einen Link, der sich in einem neuen Fenster öffnet, kennzeichnet.

Titel
: Ziel sollte es immer sein, als Linkbeschriftung einen aussagekräftigen Text zu wählen und damit einen sprechenden bzw. sich selbst erläuternden Link zu setzen. Ein Titel sollte immer nur dann vergeben werden, wenn die Linkbeschriftung allein nicht aussagekräftig genug ist (wie beispielsweise »Hier klicken«) und damit zu wenig Rückschlüsse darauf zulässt, wohin der Link führt.

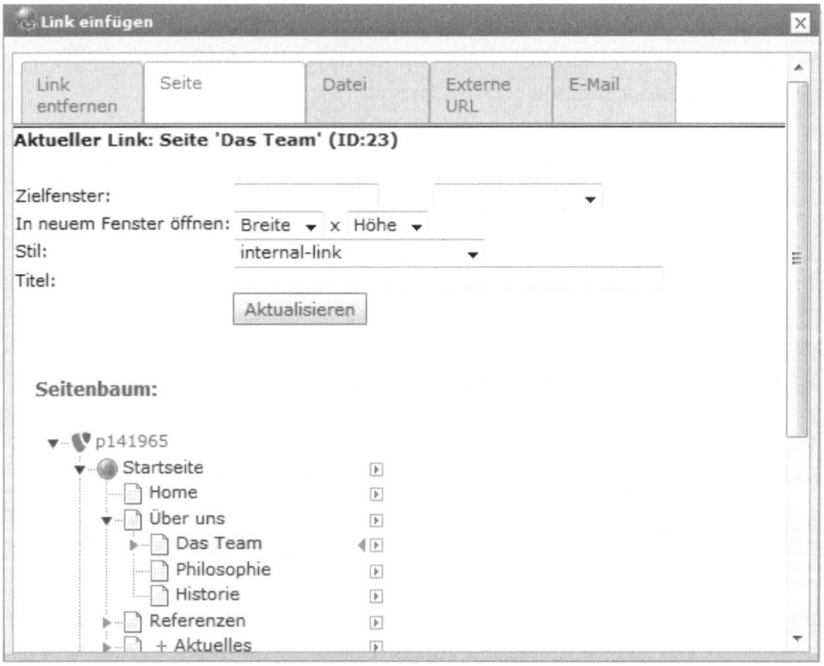

Abbildung 5-42: Pop-up für Links zu einer internen Seite

Vermeiden Sie es, beim Titel die Linkbeschriftung zu wiederholen. Screenreader lesen den Titel nämlich vor und würden sich dann wiederholen.

Sind alle Einstellungen gemacht, kann die Seite, auf die verlinkt werden soll, im Seitenbaum durch Klicken auf die Seitenbezeichnung gewählt werden. Nicht umgekehrt! Nach dem Klicken auf die Seitenbezeichnung schließt sich das Pop-up nämlich sofort wieder automatisch.

Link zu einer internen Seite – direkt auf ein Seiteninhaltselement

Es ist möglich, nicht nur auf eine Seite, sondern auch auf ein bestimmtes Inhaltselement dieser Seite zu verlinken. Das kann sinnvoll sein, wenn das Inhaltselement, auf das hingewiesen werden soll, auf der verlinkten Seite erst durch Scrollen sichtbar wird. Beim Verlinken auf ein Inhaltselement springt der Browser nicht nur zu der jeweiligen Seite, sondern scrollt auch noch automatisch zur richtigen Stelle.

Im Pop-up *Link einfügen* muss dazu das quadratische Symbol mit dem roten Pfeil hinter der Seitenbezeichnung im Seitenbaum angeklickt werden. Dann erscheinen alle zu dieser Seite gehörenden Inhaltselemente, die als Linkziel ausgewählt werden können.

Hier zeigt sich, wie sinnvoll es ist, allen Datensätzen eine Überschrift zu geben. Nur so findet man sie bei einer späteren Verwendung wieder. Soll ein Datensatz keine im Frontend sichtbare Überschrift haben, kann diese einfach auf *Versteckt* gestellt werden.

Link auf eine Datei

Das Register *Datei* bietet die Gelegenheit, auf eine Datei im Verzeichnisbaum des Ordners *fileadmin* zu verlinken (Abbildung 5-43). Der Ordner *fileadmin* ist der Platz, an dem TYPO3 alle Assets wie Bilder, PDFs, Word-Dokumente, Videodateien usw. speichert.

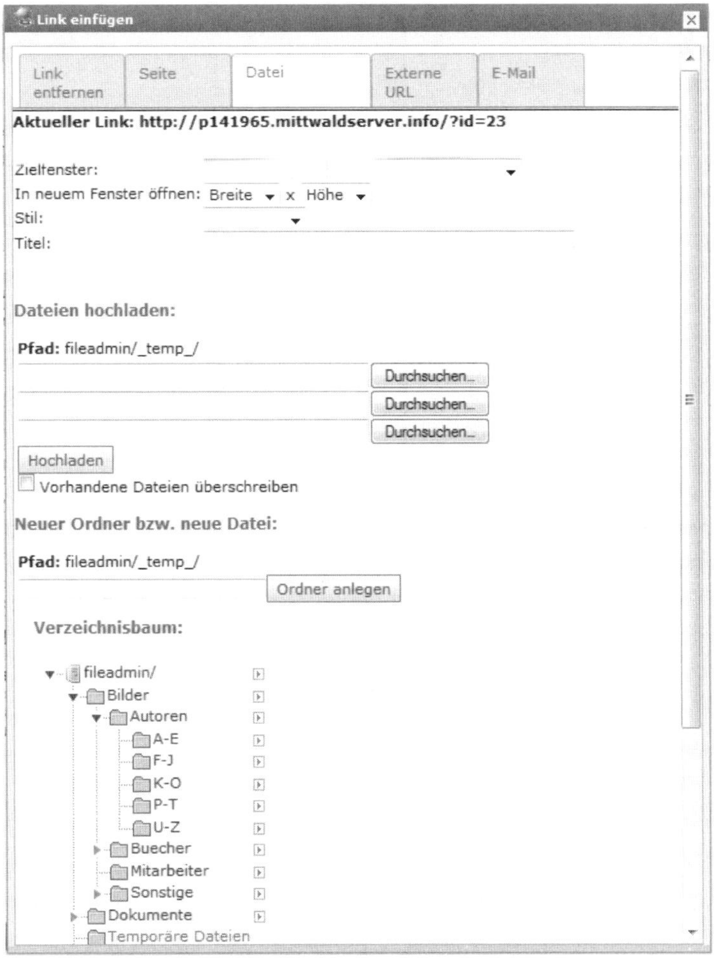

Abbildung 5-43: Pop-up für Links zu einer Datei (Download)

Link auf eine externe Website

Um einen Link auf eine externe Website zu erstellen, aktivieren Sie das Register *Externe URL* im Pop-up *Link einfügen* (Abbildung 5-44). In das Feld *URL* können Sie hinter *http://* die URL einer Website in der Form von z.B. *www typo3-fuer-redakteure.de* eintragen.

Abbildung 5-44: Pop-up für Links zu einer externen URL

Bei der Verlinkung zu externen Seiten gibt es zwei Philosophien dazu, in welchem Browserfenster die externe Seite angezeigt werden soll. Die einen plädieren für das Öffnen in einem neuen Browserfenster. Schließlich handelt es sich ja um ein externes Angebot, und der Besucher soll ganz deutlich merken, wenn er die eigene Website verlässt. Sie möchten damit auch sicherstellen, dass der Besucher nach dem Schließen des Browserfensters mit einer externen Seite darunter wieder ihren eigenen Webauftritt vorfindet. Hört sich logisch an, also im neuen Browserfenster? Moment. Auch die anderen haben gute Argumente: Sie behaupten, dass der Besucher die Grundfunktionen seines Browsers unbedingt selbst kontrollieren können muss und man ihn in seiner Freiheit, den Browser nach seinen eigenen Vorstellungen zu benutzen, nicht einschränken darf. Dasselbe gilt ihrer Meinung nach auch für den Vor- und Zurück-Button oder für die Größe eines Browserfensters. Ihr Credo lautet: Der Browser wird vom Besucher kontrolliert und nicht von der Website. Auch nicht schlecht, oder?

Wie macht man es denn nun richtig? Schwer zu sagen. Natürlich kann – das nötige Wissen vorausgesetzt – jeder selbst entscheiden, ob er einen Link in einem neuen Fenster oder einem Tab aufrufen möchte. Aber hat jeder dieses Wissen? Ist es nicht eher nervig, wenn sich ein Link im selben Fenster öffnet, man eventuell dort etwas umherklickt und danach mehrmals den Zurück-Button anklicken muss, bis man wieder zu seinem Ausgangspunkt zurückkommt? Andererseits ist es für die nicht visuellen Browser für Behinderte schwieriger, mit den automatisch geöffneten neuen Browserfenstern umzugehen. Entscheiden Sie selbst. Das Für und Wider kennen Sie ja nun.

E-Mail-Links

Einen E-Mail-Link erstellen Sie, indem Sie das Register *E-Mail* im Pop-up *Link einfügen auswählen* (Abbildung 5-45). Dort können Sie in das Feld *E-Mail-Adresse* eine E-Mail-Adresse eintragen und durch Klicken des nebenstehenden Buttons den Link setzen. Damit können Sie ein Wort oder einen Satzteil wie zum Beispiel »Schreiben Sie mir Ihre Meinung« so verlinken, dass sich der E-Mail-Client (z.B. Outlook oder Mail) des Besuchers öffnet, wenn er auf diesen Link klickt.

Abbildung 5-45: Pop-up für E-Mail-Links

Akronyme und Abkürzungen

Akronyme können als sprechende Abkürzungen definiert werden. Ein gutes Beispiel dafür ist UNO, das nicht U-N-O, sondern als ein Wort »Uno« ausgesprochen wird. Streng genommen gehören Akronyme aber zu den Abkürzungen. Unter Abkürzungen versteht man meist solche mit Punkten, wie »z.B.«, oder die nur sehr schwer als ganzes Wort aussprechbar sind. Es gibt aber auch Sonderfälle wie zum Beispiel ADAC. Hier wäre es sicherlich kein großes Problem, ADAC als Wort Adac auszusprechen, es wird aber normalerweise in Deutschland A-D-A-C gesprochen.

Mit der RTE-Funktion *Akronym oder Abkürzung einfügen/bearbeiten* können Akronyme und Abkürzungen auch als solche formatiert werden. Das hilft Besuchern bei der Verwendung von Abkürzungen, die Inhalte Ihrer Website besser zu verstehen, da es die Funktion ermöglicht, Abkürzungen und Akronyme per Tooltipp zu erläutern (Abbildung 5-46). Außerdem erleichtert es Screenreadern das Vorlesen von Akronymen und Abkürzungen.

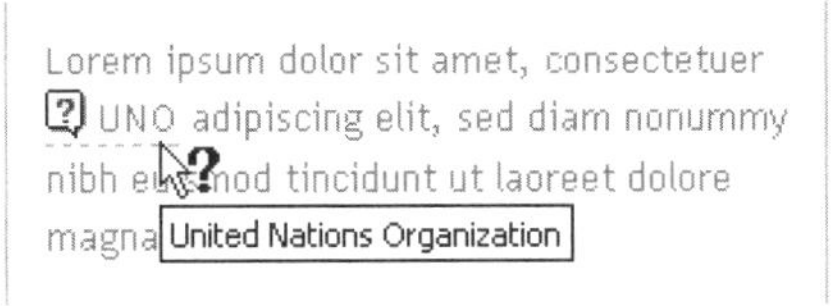

Abbildung 5-46: Akronyme im Fließtext mit Tooltipp bei Mouseover

Akronyme und Abkürzungen einpflegen

Markieren Sie mit der Maus das zu bearbeitende Wort. Ein Mausklick auf das Symbol *Akronym oder Abkürzung einfügen/bearbeiten* (im Internet Explorer nicht vorhanden!) öffnet das Pop-up-Fenster *Akronym* (Abbildung 5-47).

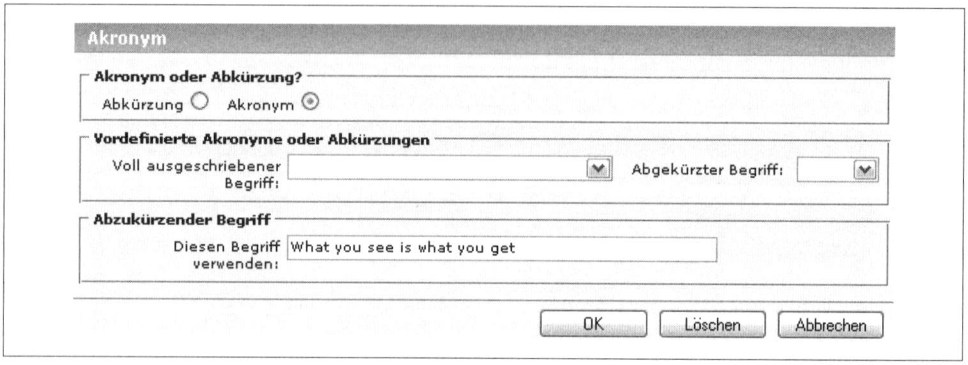

Abbildung 5-47: Pop-up zum Einfügen und Bearbeiten von Akronymen

Zunächst muss im Pop-up definiert werden, ob es sich bei dem Wort um eine Abkürzung oder ein Akronym handelt. Dann können aus einer Liste vordefinierte Akronyme und Abkürzungen gewählt werden, je nachdem, was Sie vorher aktiviert haben. Wenn der Begriff noch nicht in der Liste enthalten ist, können Sie ihn im Feld *Abzukürzender Begriff* direkt eintragen und mit *OK* bestätigen. Ein Nachteil dabei ist aber, dass dieser Begriff nicht zur Liste hinzugefügt wird und Sie ihn beim nächsten Mal erneut per Hand eintragen müssen. Besser ist es, die Liste der Akronyme und Abkürzungen mit dem neuen Begriff zu erweitern, dazu ist aber – unverständlicherweise – ein Admin-Zugang notwendig.

Dazu wählen Sie das Modul *Liste* und klicken danach im Seitenbaum auf das Wurzelverzeichnis (die Seite mit der Weltkugel am Anfang Ihres Seitenbaums). Sie müssen jetzt eventuell ziemlich weit in der Detailansicht herunterscrollen, bis Sie zum Bereich *Akronym* kommen. Um einen bestehenden Begriff zu bearbeiten, klicken Sie auf das Sprechblasensymbol mit dem Fragezeichen und wählen *Bearbeiten* im Kontextmenü. Möchten Sie einen neuen Begriff erstellen, müssen Sie *Neu* auswählen oder auf das Symbol *Datensatz einfügen* klicken, das sich am rechten Rand des Bereichs *Akronym* befindet. Es öffnet sich die Bearbeitungsmaske für Akronyme (Abbildung 5-48).

Die in der Maske enthaltenen Optionen *Verstecken*, *Start* und *Stop* können Sie zunächst getrost vergessen, da sie an dieser Stelle recht wenig Sinn ergeben. Im Aufklappmenü *Sprache* können Sie – falls vorhanden – die Sprache auswählen, für die Sie den Begriff anlegen möchten. Dann entscheiden Sie bei *Typ*, ob es sich eher um ein Akronym oder um eine Abkürzung handelt. Im Feld *Begriff* tragen Sie den voll ausgeschriebenen Begriff und im Feld *Abgekürzte Form* die Abkürzung ein. Nach dem Speichern ist dann der Liste der Akronyme Ihr neuer Begriff hinzugefügt worden, der nun im Backend überall dort, wo der RTE Verwendung findet, benutzt werden kann.

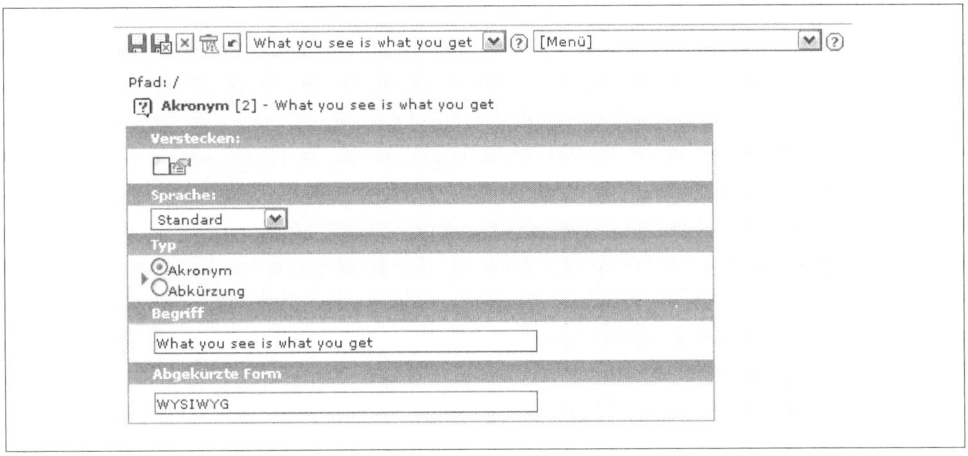

Abbildung 5-48: Bearbeitungsmaske zur Pflege von Akronymen und Abkürzungen

Der RTE setzt die eingepflegten Akronyme nicht automatisch ein. Sie müssen immer noch das Wort markieren und auf das Symbol *Akronym oder Abkürzung einfügen/bearbeiten* klicken. Jetzt bestimmen Sie nur noch, ob es sich um ein Akronym oder eine Abkürzung handelt. So findet der RTE den Begriff in der Liste und schlägt ihn automatisch vor. Sobald Sie auf den Button *OK* klicken, wird das Wort Ihrer Definition entsprechend formatiert, und sobald Sie mit der Maus darübergehen, wird in einem Tooltipp der ausgeschriebene Begriff der Abkürzung angezeigt.

Suchen und Ersetzen

 Der RTE bietet Ihnen auch die aus Textverarbeitungsprogrammen bekannte *Suchen und Ersetzen*-Funktion. Um ein Wort oder einen Satzteil im RTE-Textfeld zu suchen und dann gegebenenfalls auch zu ersetzen, können Sie den Text mit der Maus markieren und dann auf das Symbol für *Suchen und Ersetzen* klicken. In dem erscheinenden Pop-up ist der markierte Text im Feld *Suche nach* dann bereits automatisch eingetragen (Abbildung 5-49). Im Feld *Ersetze durch* direkt darunter können Sie den Text eintragen, durch den der markierte Text ersetzt werden soll. Klicken Sie auf den Button *Nächster*, wird der Text durchsucht. Wird das Wort oder der Satzteil gefunden, müssen Sie zunächst in einem erscheinenden Browserfenster die Frage »Diesen Eintrag ändern?« mit dem *OK*-Button bestätigen, damit die Textstellen ersetzt werden. Um die Funktion *Suchen und Ersetzen* wieder zu verlassen, klicken Sie auf den Button *Fertig*. Es stehen Ihnen außerdem noch die selbsterklärenden Optionen *Nur ganze Wörter*, *Groß- und Kleinschreibung beachten* und *Alle Fundstellen ersetzen* zur Verfügung. Folgende Aktionen können noch ausgeführt werden:

Löschen
: Gefundene Wörter werden im Textfeld des RTE markiert, solange das *Suchen und Ersetzen*-Fenster geöffnet ist. Mit *Löschen* können Sie diese Markierung entfernen – Sie löschen damit aber nicht das Wort.

Hervorhebung
Hiermit schalten Sie die Markierung wieder ein, die zuvor über *Löschen* abgeschaltet wurden.

Rückgängig
Macht den Ersetzungsvorgang wieder rückgängig.

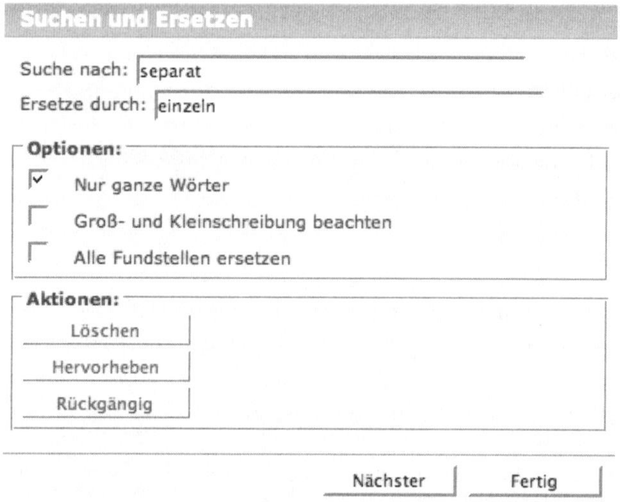

Abbildung 5-49: Pop-up Suchen und Ersetzen

Rechtschreibprüfung

Texte können im RTE auch einer Rechtschreibprüfung unterzogen werden. Klicken Sie dazu auf das Symbol *Rechtschreibprüfung*, es öffnet sich ein Fenster, in das der Text aus dem RTE-Textfeld geladen wird (Abbildung 5-50). Hier müssen Sie etwas Geduld haben. Der Text wird geladen und gleichzeitig einer Prüfung unterzogen. Das kann schon einmal einige Sekunden bis zu einer Minute dauern – je nach Länge des Texts. Vermutliche Fehler werden im Textfeld durch eine rote gestrichelte Linie unter den Wörtern kenntlich gemacht. Sie können diese Wörter auch durch einen Doppelklick direkt auswählen. Ein für die Korrektur aktiviertes, aber noch nicht korrigiertes Wort wird in der Rechtschreibprüfung als *ursprüngliches Wort* bezeichnet. Sie finden folgende Optionen in diesem Fenster:

Info
Es öffnet sich ein Fenster mit Dokumentinformationen wie Anzahl der Wörter, Anzahl der »vermutlich« fehlerhaften Wörter und Ähnlichem.

Umkehren

Tauschen Sie hiermit das ursprüngliche Wort gegen den Eintrag im Feld *Ersetzen durch* aus.

Ersetzen und Alle ersetzen

Ersetzen ersetzt das im Textfeld durch eine farbige Hinterlegung markierte Wort gegen den Eintrag im Feld *Ersetzen durch. Alle ersetzen* korrigiert alle Vorkommnisse des Worts im gesamten Text.

Ignorieren und Alle ignorieren

Beim Klick auf *Ignorieren* springen Sie direkt zum nächsten fehlerhaften Wort – ohne es vorab zu korrigieren. *Alle ignorieren* bedeutet, dass alle Vorkommnisse des Worts als »korrekt« gekennzeichnet und im weiteren Verlauf nicht mehr überprüft werden.

Wörterbuch

Im Aufklappmenü *Wörterbuch* kann zwischen den auf dem Webserver installierten Wörterbüchern gewechselt werden. Haben Sie hier ein anderes Wörterbuch ausgewählt, können Sie die Rechtschreibprüfung über den Button *Nochmals prüfen* erneut in Gang setzen.

Vorschläge

Hier werden alle Korrekturvorschläge für ein Wort aufgelistet. Diese können durch Mausklick direkt ausgewählt und in das Feld *Ersetzen durch* übertragen werden.

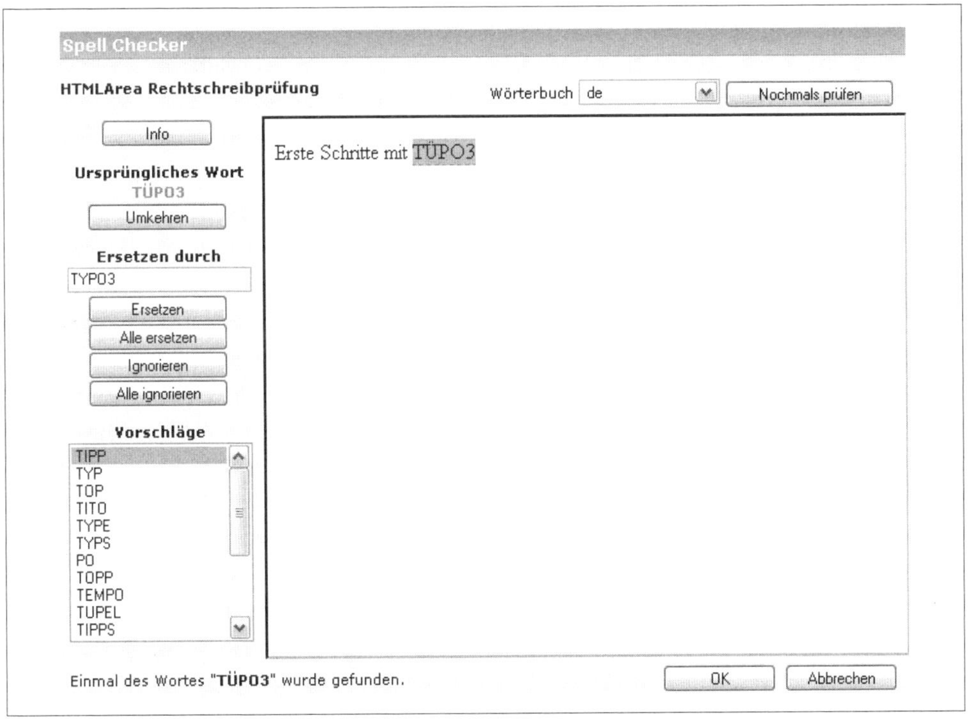

Abbildung 5-50: Pop-up Rechtschreibprüfung

Formatierung entfernen

Beim Übertragen von Text aus anderen Internetseiten oder z.B. aus Word-Dokumenten in das RTE-Textfeld werden eventuell Formatierungen mitkopiert, die nicht gewünscht sind. Es ist daher dringend anzuraten, diese Funktion auszuführen, wenn Sie aus anderen Anwendungen Texte per Copy-and-Paste in den RTE übertragen haben. Sonst kann es passieren, dass ganze Tabellen oder Schriftformatierungen wie Schriftgröße und Schriftfarbe zusammen mit dem Text in den RTE gelangen. Mit der Funktion *Formatierung entfernen* können Sie solche störenden Formatierungen und unnötig den Quelltext einer Seite aufblähenden Ballast eliminieren. Diese Formatierungen müssen für Sie nicht auf den ersten Blick in der normalen WYSIWYG-Ansicht zu sehen sein. Im Gegenteil: Meist werden sie erst sichtbar, wenn man auf die HTML-Ansicht des RTE umschaltet.

Markieren Sie zur Entfernung von Formatierungen bei Bedarf zunächst im RTE-Textfeld den Text, der von störenden oder überflüssigen Formaten befreit werden soll, und klicken Sie dann auf das Symbol *Formatierungen entfernen*. Es öffnet sich ein Fenster (Abbildung 5-51). Darin stehen Ihnen folgende Optionen zur Verfügung:

Bereich
: Hier haben Sie die Wahl zwischen *Ausgewählter Text* und *Gesamt*. Bei *Ausgewählter Text* wird nur der zuvor mit der Maus markierte Textbereich, bei *Gesamt* der gesamte Text von störenden Formatierungen befreit.

Art der Formatierung(en), die entfernt werden soll(en)
: Hier können Sie auswählen, ob Sie *HTML-* oder *MS Word-Formatierungen* bzw. *Bilder* entfernen möchten.

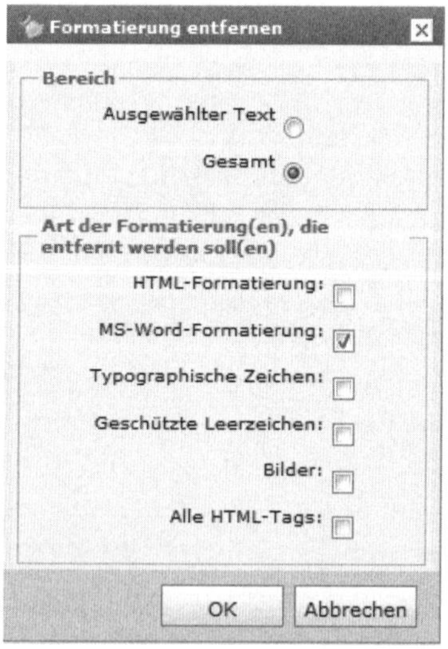

Abbildung 5-51: Pop-up Formatierung entfernen zur Auswahl des Bereichs und der Art

Kopieren, Ausschneiden, Einfügen

Hiermit können Sie zuvor mit der Maus markierten Text in die Zwischenablage kopieren. Mit dem Symbol schneiden Sie den Text aus, und mit können Sie kopierten oder ausgeschnittenen Text wieder einfügen. Platzieren Sie dazu den Cursor im Textfeld des RTE an die Stelle, an der die Daten aus der Zwischenablage eingefügt werden sollen. Über das Symbol können Sie die Option *Kopierten Text als einfachen Text einfügen* aktivieren bzw. deaktivieren, um damit den zu kopierenden Text direkt beim Einfügen von störenden Formatierungen zu befreien.

Undo, Redo

Über das Symbol *Letzte Aktion rückgängig machen* und das Symbol *Letzte Aktion wiederholen* können Sie pro Mausklick einen Schritt vor- oder einen Schritt zurückgehen.

Rich-Text-Eingabe im Vollbild

Damit kann der RTE einzeln und ohne die weiteren Felder und Optionen der Editiermaske in der Dateiansicht geöffnet werden. Das bringt mehr Übersicht und mehr Platz zum Schreiben, da das RTE-Textfeld dann in der Detailansicht größer dargestellt wird. Wenn Sie das Symbol mit der rechten Maustaste anklicken, können Sie bei den meisten modernen Browsern in einem erscheinenden Kontextmenü auch noch auswählen (wie bei allen Links), ob der Link – in diesem Fall also der RTE – in einem neuen Browserfenster oder einem neuen Tab aufgerufen werden soll. Dort ist dann noch einmal deutlich mehr Platz für den RTE und das Textfeld vorhanden.

Bilder im RTE einbauen

Wie der Name schon sagt, ist der Rich Text Editor in erster Linie für das Editieren von Texten zuständig. Um Webseiten Bilder hinzuzufügen, gibt es die dafür bestens geeigneten Seiteninhaltselemente *Text und Bilder* und *Bilder*. Einige Text/Bild-Konstellationen lassen sich damit allerdings nur sehr aufwendig bis gar nicht erstellen. Sollen zum Beispiel Bilder in einen Fließtext eingebunden oder bestimmte Spaltenkombinationen aufgebaut werden, bietet sich das Einfügen von Bildern über den RTE manchmal an (Abbildung 5-52 und Abbildung 5-53). Sie sollten bei der Arbeit mit dem RTE allerdings streng darauf achten, die geplante Struktur und die Text/Bild-Anordnung konsistent zu halten. Durch die Möglichkeit, Bilder auch im RTE einzupflegen, könnten eventuelle Gestaltungsvorgaben umgangen werden. Dies gefährdet dann das einheitliche Erscheinungsbild der Seiten und Inhaltselemente der Website. Einige Administratoren haben daher das Symbol *Bild einfügen* sogar aus dem RTE verbannt. Wenn man allerdings das Gesamterscheinungsbild der Website im Hinterkopf behält und sorgfältig mit der Bildfunktion umgeht, eröffnet das Einfügen von Bildern im RTE neue Möglichkeiten.

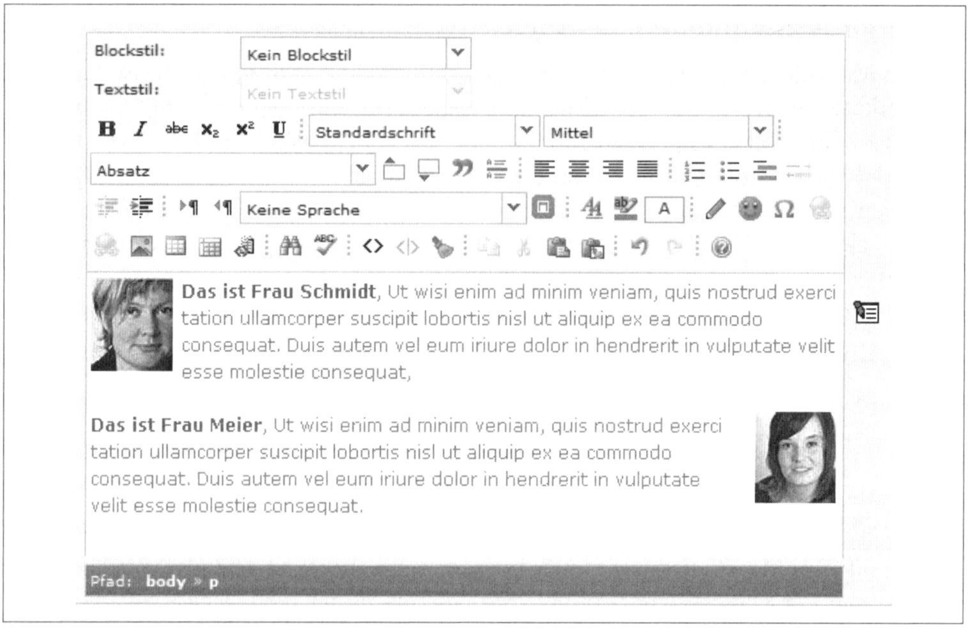

Abbildung 5-52: Fließtext mit Bildern

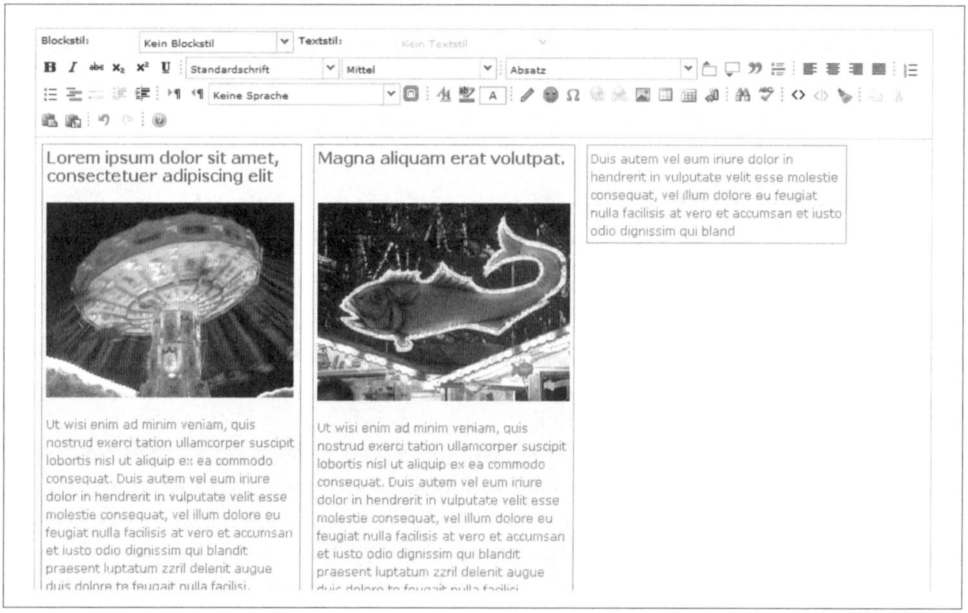

Abbildung 5-53: Text/Bild-Spaltenkombination, realisiert mit CSS im RTE

Bilder einfügen

Ein Mausklick auf das Symbol öffnet das Pop-up-Fenster *Bild einfügen* mit den drei Registerkarten *Neues Zauberbild*, *Neues normales Bild* und *Drag and Drop* (Abbildung 5-54). Jede Registerkarte enthält den Verzeichnisbaum des *fileadmin*-Ordners, in dem die Assets der Website abgelegt sind.

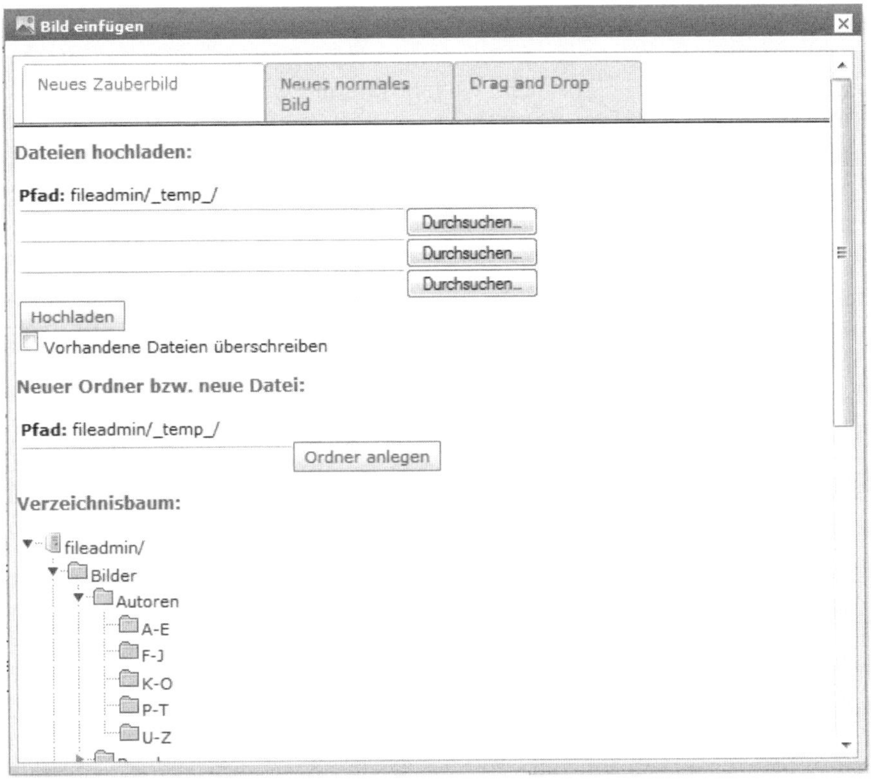

Abbildung 5-54: Pop-up-Fenster Bild einfügen

Um ein Bild hinzuzufügen, muss zunächst der richtige Ordner ausgewählt werden, in dem sich das einzubindende Bild befindet. Der Inhalt des geöffneten Ordners wird rechts vom Verzeichnisbaum mit den Dateibezeichnungen und den Größen der Grafiken in Pixeln aufgelistet. Durch das Einschalten der Option *Vorschaubilder anzeigen* werden zusätzlich kleine Vorschaubilder (Thumbnails) der Dateien gezeigt, was die Orientierung vereinfacht. Ein Klick auf die Bildbezeichnung fügt das Bild umgehend in das RTE-Textfeld ein. Ein Klick auf das Vorschaubild öffnet ein weiteres Pop-up mit den Informationen zur Datei (Dateibezeichnung, Dateigröße und Auflösung). Die Dateibezeichnung ist hier ebenfalls anklickbar und öffnet ein weiteres Browserfenster, in dem das Bild in Originalgröße angezeigt wird.

Falls sich das Bild, das Sie verwenden möchten, noch nicht auf dem Server, sondern auf Ihrer lokalen Festplatte befindet, müssen Sie es zunächst auf dem Webserver speichern. Dies ist im Pop-up *Bild einfügen* in jeder Registerkarte möglich. Klicken Sie dazu auf einen der drei *Durchsuchen*-Buttons und wählen Sie dann ein Bild von Ihrer Festplatte aus. Bis zu drei Bilder können hier auf einmal ausgewählt und durch Klicken auf *Hochladen* auf dem Webserver gespeichert werden (Abbildung 5-55). Überprüfen Sie in der Pfadangabe oberhalb der *Duchsuchen*-Felder, ob der richtige Zielordner für die Bilder ausgewählt ist, und korrigieren Sie diesen gegebenenfalls über Anklicken des richtigen Ordners im Verzeichnisbaum. Über die Funktion *Neuer Ordner bzw. neue Datei* können Sie auch ganz neue Ordner erstellen. Weitere Informationen zum Thema Bilder- und Datei-Upload finden Sie in Kapitel 7, *Dateiverwaltung mit der Dateiliste und dem Element-Browser*.

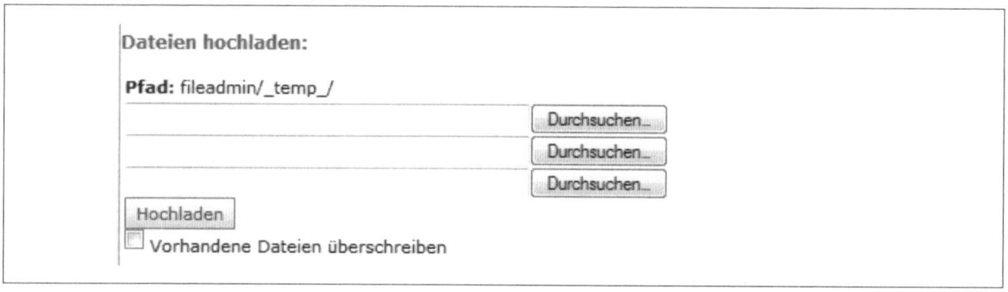

Abbildung 5-55: Bereich zum Hochladen von Bildern auf den Server im Pop-up Bild einfügen

Neues Zauberbild

Im Zaubermodus können Grafiken und Fotos verschiedener Dateiformate auswählt werden. Die Grafik wird dann von TYPO3 automatisch in ein webtaugliches Grafikformat umgewandelt. Die mit diesem Modus eingebauten Bilder werden unabhängig von der ursprünglichen Bildgröße mit einer maximalen Breite und Höhe von 300 × 300 Pixeln angezeigt. Um größere Grafiken einzubauen, benutzen Sie die Funktion *Neues normales Bild*.

Zauberbilder haben den Vorteil, dass nach der Einbindung ihre Auflösung geändert werden kann. TYPO3 erzeugt dann ein neues Bild mit der eingestellten Auflösung. Dabei wird immer nur eine Kopie mit einer Referenz auf das Originalbild erzeugt, sodass bei späteren Änderungen immer wieder auf das Originalbild zurückgegriffen werden kann. Das Skalieren eines Bilds geht im Modus *Neues normales Bild* auch, allerdings berechnet TYPO3 dann das Bild nicht physikalisch neu wie beim Zauberbild, sondern zeigt es nur visuell skaliert in der gewählten Auflösung an. Tatsächlich ist aber die ursprüngliche Auflösung und damit auch die ursprüngliche Dateigröße erhalten geblieben. Sie können das leicht feststellen, indem Sie eine Seite mit einem so skalierten Bild in Firefox über einen Mausklick auf das Icon *Dokument sichern und Webseite anzeigen* (am Anfang und am

Ende jeder Editiermaske eines Seiteninhaltselements) aufrufen und im Browser über das Kontextmenü des Bilds die Funktion *Grafik anzeigen* wählen. Firefox zeigt Ihnen das Bild dann in der Originalgröße.

Neues normales Bild

Im Normalmodus können nur bereits webtaugliche Dateiformate (JPG, GIF und PNG) bis zu einer Auflösung von maximal 600 × 680 Pixeln verwendet werden. Das Bild wird dabei weder im Dateiformat geändert, noch bei einer nachträglichen Größenänderung physikalisch neu berechnet. Die Funktion eignet sich daher immer dann, wenn webtaugliche Bilder in passender Größe bereits vorliegen. Wie Sie webtaugliche Grafikformate erstellen, erfahren Sie in Kapitel 13, *Bildbearbeitung für Redakteure*.

Drag and Drop

Im *Drag and Drop*-Modus können Bilder ganz einfach aus dem Pop-up-Fenster *Bild einfügen* direkt in das RTE-Textfeld hineingezogen werden. Klicken Sie dazu auf ein Bild und ziehen Sie es anschließend mit gedrückt gehaltener rechter Maustaste in das Textfeld des RTE an die Stelle, an der das Bild positioniert werden soll.

Bildeigenschaften bearbeiten

Um die Größe eines Bilds zu verändern, aktivieren Sie dieses im RTE-Textfenster per Mausklick und ziehen dann mit gedrückt gehaltener Maustaste an einem der acht quadratischen Anfasser, die das Bild umgeben. Durch Ziehen der Anfasser an den Bildecken wird das Bild proportional, durch die Anfasser in der Mitte jeder Bildseite nicht proportional skaliert.

Eine Möglichkeit, Bilder nach dem Einbinden noch zu verändern, ist, das Bild per Mausklick zu markieren und das Symbol *Bild einfügen* (heißt bei markierten Bildern *Bild verändern*) anzuklicken oder im Kontextmenü des Bilds (Rechtsklick auf das Bild) die Funktion *Bild verändern* zu wählen. Es erscheint das Pop-up *Bild einfügen (Bild verändern)*, in dem nun die Registerkarte *Aktuelles Bild* hinzugekommen ist (Abbildung 5-56).

Es können folgende Attribute gesetzt werden:

Breite/Höhe
: Die Angabe erfolgt in Pixeln. Um ein in seiner Auflösung geändertes Bild wieder in die Originalgröße zurückzusetzen, löschen Sie einfach die eingetragenen Werte und klicken auf den *Aktualisieren*-Button. TYPO3 trägt dann wieder die Originalmaße ein.

Rand
: Es wird ein Rahmen um das Bild gesetzt. Die Stärke des Rahmens ist nur per CSS veränderbar.

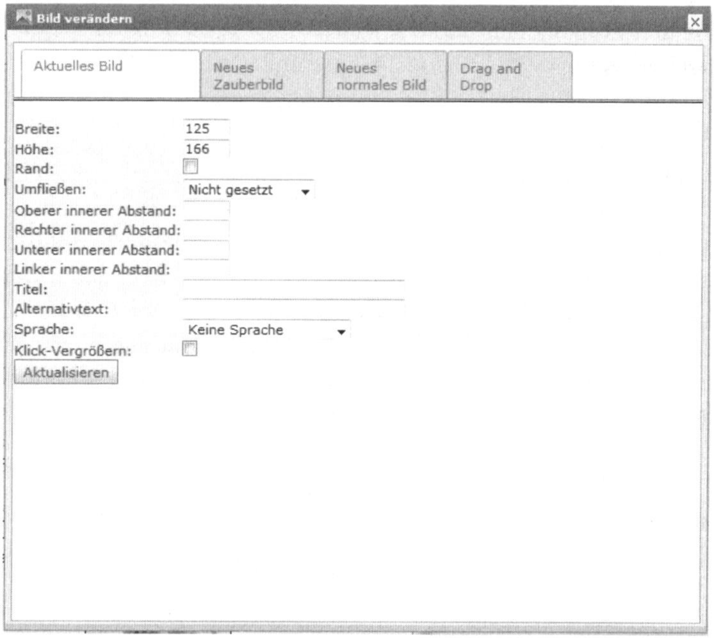

Abbildung 5-56: Pop-up Bild einfügen (Bild verändern)

Umfließen

Die Angaben, die Sie hier vornehmen, beziehen sich immer auf den nachfolgenden Text oder nachfolgende Bilder. Wird *Nicht umfließen* gewählt, werden nachfolgende Elemente unter dem gewählten Bild angeordnet. *Links/Rechts*: Das gewählte Bild wird links bzw. rechts positioniert und Nachfolgendes rechts bzw. links daneben platziert. Ist die Anzahl der Zeilen des nachfolgenden Texts höher als die Höhe des Bilds, umfließt der Text das Bild (Abbildung 5-57).

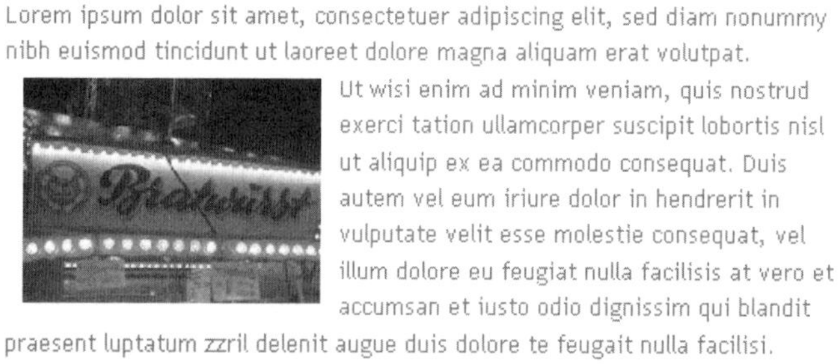

Abbildung 5-57: Von Text umflossenes Bild

Oberer/Rechter/Unterer/Linker Abstand
Verändert den horizontalen und vertikalen Abstand von Texten und Bildern zum gewählten Bild. Auch der Rahmen – falls gewählt – erhält einen Abstand.

Titel
Der Titel des Bilds wird angezeigt, wenn man im Frontend mit dem Mauszeiger über das Bild fährt. Damit können erläuternde Informationen zur Funktion der Grafik in Form eines Tooltipps angezeigt werden.

Alternativtext
Der Alternativtext ist eine Alternative für Bilder, der überall dort angezeigt wird, wo Bilder nicht dargestellt werden können. Das ist z. B. bei Textbrowsern und Screenreadern der Fall. Auch das Suchmaschinen-Ranking kann durch eine sinnvolle Vergabe von Alternativtexten positiv beeinflusst werden. Weitere Informationen dazu finden Sie in Kapitel 6, *Inhalte anlegen und editieren*.

Klick-Vergrößern
Erzeugt ein Bild, bei dem sich nach dem Anklicken ein Pop-up-Fenster mit einer größeren Bildversion öffnet.

Hat man im RTE ein Bild eingefügt und möchte darunter Text einpflegen, treten manchmal Probleme auf. Der Text neben einem Bild wird normalerweise an der unteren Kante des Bilds angesetzt. Um den Text nun unter dem Bild zu positionieren, müssen Sie zunächst den Cursor vor die erste Zeile des Texts bringen und dann mit der Tastenkombination Umschalt + Enter einen Zeilenumbruch (keinen Absatz nur mit Enter) erzeugen. Mit Enter löscht TYPO3 das Bild! Das Problem ergibt sich aus der Tatsache, dass der RTE alle eingefügten Bilder nach der Speicherung fälschlicherweise als Textabsatz formatiert und mit dem nur für Textabsätze geeigneten HTML-Tag `P` umschließt. Das ist aber falsch, denn dieses Tag formatiert einen Textbereich als Absatz, ist deshalb auch nur für Texte sinnvoll und auch nur hierbei semantisch korrekt. Das Löschen in der HTML-Ansicht bringt lediglich temporär Abhilfe, da TYPO3 das Tag nach dem nächsten Speichern wieder hinzufügt.

Tabellen – Daten mit dem RTE übersichtlich einpflegen

Tabellen sind ein geeignetes Mittel, um Informationen übersichtlich und sortiert darzustellen. Die Erstellung von Tabellen ist nicht ganz einfach, und es sollte deshalb genau überlegt werden, ob eine Tabelle wirklich notwendig ist, um die Inhalte anschaulicher abzubilden. Nicht alle Daten sind für die tabellarische Darstellung geeignet. Als Faustformel gilt: Tabellen können und sollen immer dann eingesetzt werden, wenn zwischen Zellen, Zeilen und Spalten eine logische Beziehung besteht. Bei der Erstellung eine Tabelle ist zu bedenken, dass es etwas Arbeit macht, sie so aufzubauen, dass sie für die meisten Besucher einer Website zugänglich ist.

Tabellen sind geeignet für:

- Preislisten
- Terminübersichten
- Messwerte
- Lebensläufe
- Börsenkurse

Tabellen sollten nicht verwendet werden:

- um Texte und Bilder auf einer Seite zu positionieren
- zur Strukturierung einfacher Texte
- um Texte in Spalten darzustellen
- als Ersatz für eine Liste

TYPO3 bietet für die Erstellung von Tabellen zwei Möglichkeiten: den Rich Text Editor und das Inhaltselement *Tabelle*. Durch die deutlich einfachere Einbindung von Bildern und Links wird der Methode über den RTE allerdings der Vorzug gegeben. Die Erstellung von Tabellen mit dem Inhaltselement *Tabelle* wird in Kapitel 6, *Inhalte anlegen und editieren* erläutert.

Bei Bedarf können vom Administrator auch weitere Extensions eingebunden werden, die es u.a. möglich machen, durch zusätzliche Optionen komplexere Tabellen zu erstellen oder den Grad ihrer Barrierefreiheit weiter zu steigern.

Grundsätzlicher Aufbau einer Tabelle

Eine Tabelle besteht aus den sichtbaren und unsichtbaren Elementen *Titel*, *Zusammenfassung*, *Tabellen-Kopf*, *Tabellen-Fuß*, *Zellen*, *Zeilen und Spalten* (Abbildung 5-58).

Titel (sichtbar)
: Der Titel dient als Überschrift für die Tabelle. Er wird in der Standardformatierung meist fett und mittig über die Tabelle gesetzt.

Zusammenfassung (nicht sichtbar)
: Die Zusammenfassung ist eine Art Inhaltsverzeichnis der Tabelle und ist standardmäßig für den Besucher einer Website unsichtbar. Sie hilft aber Menschen, die sich mit nicht visuellen Geräten im Internet bewegen, ihren Inhalt schneller zu erfassen und sich dadurch einen besseren Überblick zu verschaffen. Die Zusammenfassung wird z.B. den Benutzern von Screenreadern oder ähnlichen Geräten vorgelesen. Beispiel für eine Zusammenfassung: »Diese Tabelle zeigt einen Vergleich von Größe, Ausstattung und Kosten der Ferienhäuser A und B.«

Tabellen-Kopf mit Spaltenüberschriften (sichtbar)
: Im Kopfbereich einer Tabelle können sich eine oder mehrere Reihen befinden, wobei die erste Reihe den Überschriften der einzelnen Spalten vorbehalten sein sollte.

Das Jahr im Überblick

Name des Monats:	Anzahl Tage:	Jahreszeit:
Januar	31	Winter
Februar	28 (29)*	Winter
März	31	Winter / Frühjahr
April	30	Frühjahr
Mai	31	Frühjahr
Juni	30	Frühjahr / Sommer
Juli	31	Sommer
August	31	Sommer
September	30	Sommer / Herbst
Oktober	31	Herbst
November	30	Herbst
Dezember	31	Herbst / Winter

* Alle 4 Jahre hat der Februar 29 Tage, das nennt man ein Schaltjahr.

Abbildung 5-58: Beispieltabelle mit Titel, Kopfbereich und Fußzeile

Tabellen-Fuß (sichtbar)
: Dient für ergänzende Informationen wie Quellenangaben, Copyright-Hinweise, Datumsangaben, Links usw.

Zellen, Zeilen und Spalten
: Als Zelle bezeichnet man ein einzelnes Tabellenfeld, eine Zeile ist die horizontale Reihe von nebeneinanderliegenden Zellen, und als Spalte bezeichnet man die vertikale Reihe von untereinanderliegenden Zellen.

Tabellen anlegen

Alle für die Bearbeitung einer Tabelle notwendigen Funktionen im RTE sind beim Öffnen einer Seiteninhalt-Editiermaske zunächst inaktiv und erst anklickbar, wenn bereits über den Button *Tabelle einfügen* eine Tabelle erstellt oder eine bereits bestehende Tabelle per Mausklick aktiviert wurde. Neben dem Button *Tabelle einfügen* ist zunächst nur das Symbol *Ränder umschalten* wählbar. Mit der *Tabelle einfügen*-Funktion wird ein Pop-up aufgerufen, in dem alle wichtigen Angaben zur Erstellung einer Tabelle gemacht werden können. Dazu stellt der RTE, wie bei allen weiteren Bearbeitungsschritten, grundsätzlich auch die Möglichkeit über das Kontextmenü – rechter Mausklick innerhalb der Tabelle – und über die Tabellen-Buttons zur Verfügung (Abbildung 5-59).

Titel und Zusammenfassung

Im Bereich Beschreibung können Sie für die Tabelle einen Titel und die Zusammenfassung erstellen.

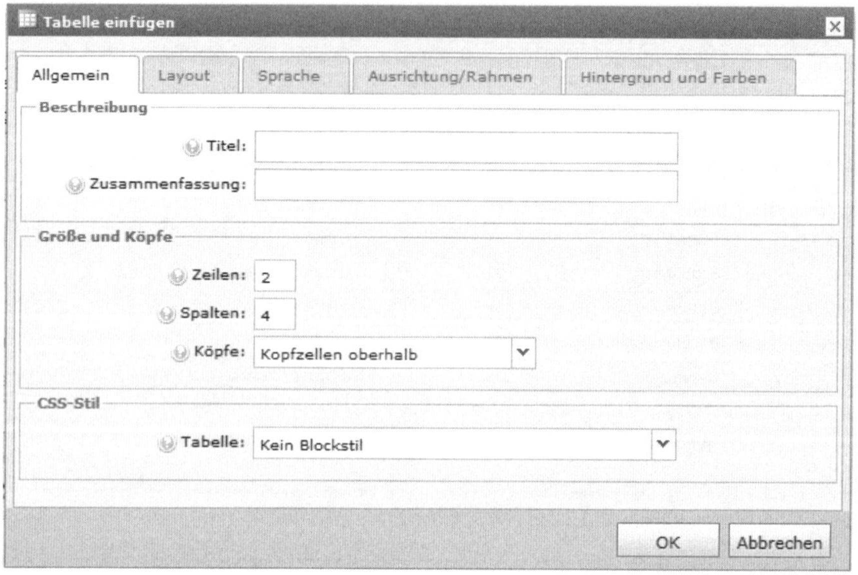

Abbildung 5-59: Pop-up zur Definition der Tabelle

Anzahl der Spalten und Zeilen festlegen und Tabellenköpfe definieren

Im Bereich *Größe und Köpfe* kann die Anzahl der Zeilen und Spalten der Tabelle festgelegt werden (Abbildung 5-59). Im Aufklappmenü *Köpfe* legen Sie fest, welcher Bereich der Tabelle als Kopfbereich dienen soll (Abbildung 5-61).

Im Bereich *CSS-Stil* kann über ein Auswahlmenü das grundsätzliche Aussehen der Tabelle bestimmt werden. In der Grundkonfiguration stehen nur zwei Wahlmöglichkeiten zur Verfügung. Weitere Layouts können über CSS hinzugefügt werden.

Nach Bestätigung der Eingaben durch den *Button OK*, erscheint die Tabelle manchmal noch nicht direkt im RTE. Erst ein Klick auf den Button *Ränder umschalten* macht die Tabelle als gestrichelte Linie sichtbar (Abbildung 5-60). Die Linien dienen ausschließlich der Orientierung und werden auf der Website selbst später nicht angezeigt.

Die einzelnen Zellen können nun mit Daten gefüllt werden. Die Breite der Zellen passt sich automatisch der Breite des Inhalts an. Anschließend müssen die einzelnen Zeilen und Zellen definiert werden.

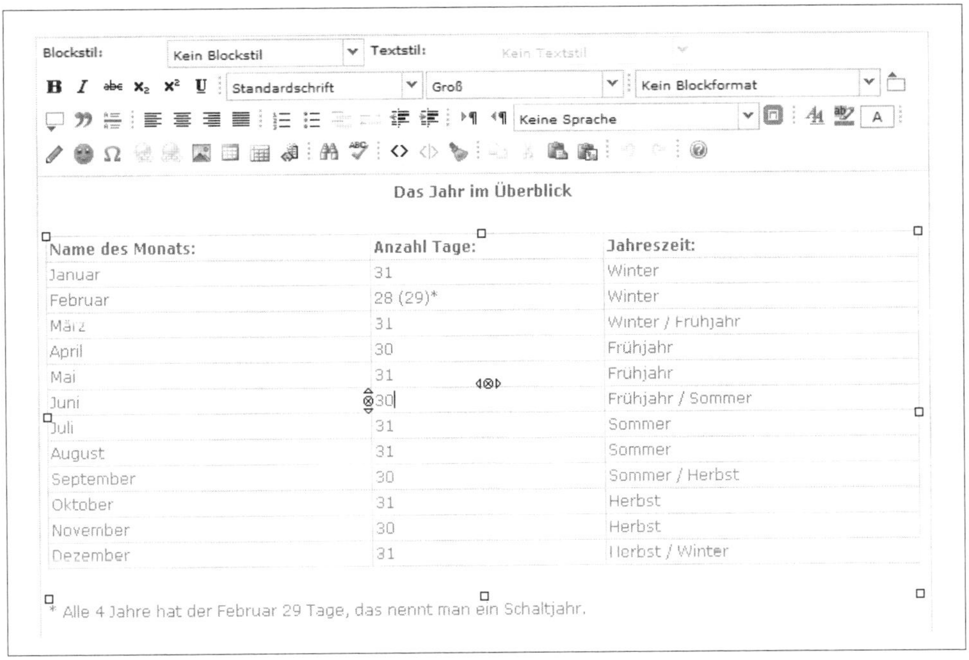

Abbildung 5-60: Die Beispieltabelle im RTE

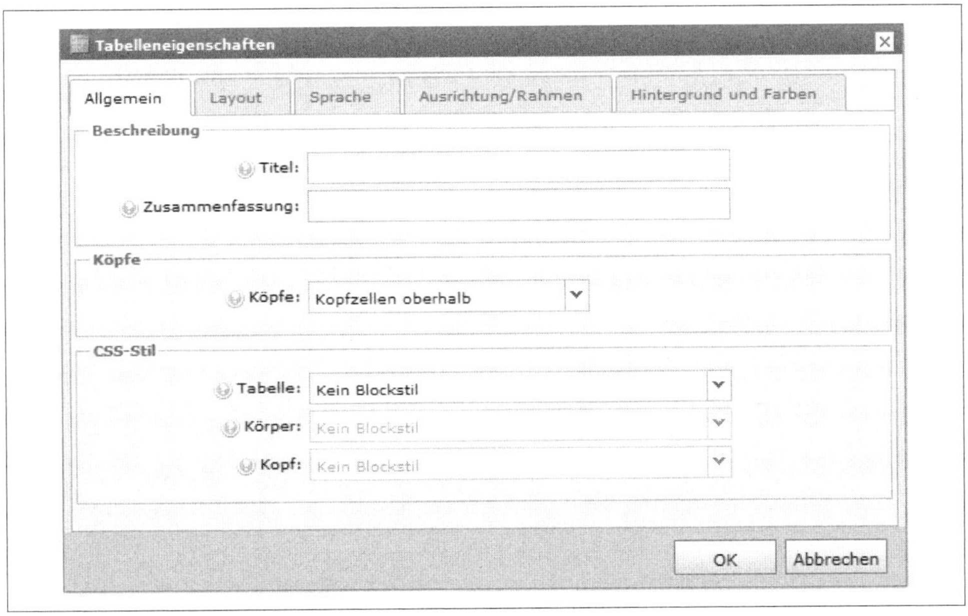

Abbildung 5-61: Pop-up Tabelleneigenschaften

Abbildung 5-62: Pop-up Zeileneigenschaften

Mit der Tab-Taste können Sie von Zelle zu Zelle springen, wie Sie es vielleicht aus anderen Office-Anwendungen gewohnt sind. Damit kann man schnell und einfach die verschiedenen Zellen mit Daten füllen.

Überschriften der Spalten

Nun müssen die einzelnen Zellen mit den Überschriften als Überschriftenzellen ausgezeichnet werden. Dazu wird jede einzelne Zelle ausgewählt und über *Zelleigenschaften* → *Allgemein* → *Zellentyp*: *Kopf-Zelle für Spalte* ausgezeichnet (Abbildung 5-63).

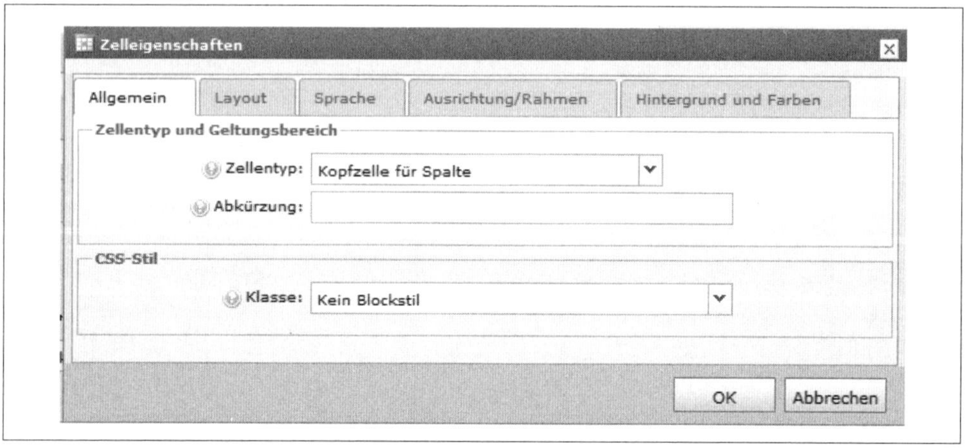

Abbildung 5-63: Pop-up Zelleigenschaften

Tabellenfuß definieren

Ähnlich wie schon beim Kopfbereich gehen wir bei der Fußzeile vor: eine Zelle der Zeile markieren und über *Zeileneigenschaften → Zelltyp: Tabellen-Fuß* auszeichnen. Jetzt haben wir eine semantisch korrekte, saubere Tabelle erstellt, die im Folgenden erweitert werden kann.

Bearbeiten von Zeilen und Spalten

Ist die Tabelle erst einmal erstellt, lässt sich relativ einfach mit ihr arbeiten. Zeilen und Spalten können mit wenigen Mausklicks komfortabel editiert werden. Klickt man in eine Zelle, stehen die Funktionen *Zeile einfügen vor*, *Zeile einfügen nach* und *Spalte einfügen vor*, *Spalte einfügen nach* sowie Löschfunktionen zur Verfügung.

Alternativ dazu erscheinen im RTE an der linken und oberen Seite einer angeklickten Zelle zwei Symbole, mit denen sich ebenfalls schnell Zeilen und Spalten hinzufügen (zwei Dreiecke) und löschen (Kreis mit einem X) lassen (Abbildung 5-64).

Abbildung 5-64: Tabelle mit Zeilen und Spalten sowie den passenden Bearbeitungssymbolen

Über das Kontextmenü lassen sich auch einzelne Zellen hinzufügen. Dies kann aber durch die eventuell entstehende ungleiche Anzahl an Zellen pro Zeile oder Spalte zu unvorhergesehenen optischen Ergebnissen führen und ist deshalb nur mit Vorsicht zu genießen.

Die Maße einer Tabelle ändern

Die Tabelle selbst ist, nachdem sie markiert wurde, von acht quadratischen »Anfassern« umgeben, mit denen sich Höhe und Breite der Tabelle beeinflussen lassen. Sobald man mit gedrückter Maustaste einen Anfasser bewegt, gibt ein grauer Tooltipp Auskunft über die Maße (Pixel) der Tabelle (Abbildung 5-65). Bedenken Sie, dass eine Tabelle niemals kleiner als das größte in ihr befindliche Bild sein kann.

Abbildung 5-65: Tabelle mit Anfassern zum Ändern der Tabellenmaße

Zellen und Spalten verbinden und teilen

Zellen und Spalten können problemlos miteinander verbunden werden. Um in der Beispieltabelle die geteilte Fußzeile mit je zwei Links in eine Zelle mit nur einem mittig gesetzten Link zu verwandeln, müssen beide Zellen markiert und mit der Kontextfunktion *Zellen verbinden* zusammengefügt werden. Danach muss der überflüssige Link gelöscht und der verbleibende Link über die Kontextfunktion *Zeilen-* oder *Zelleigenschaften → CSS-Stil: Zentrieren* ausgerichtet werden. Enthält eine Zelle ein Bild, lässt sie sich nicht mit einer darunter- oder darüberliegenden Zelle verbinden. Bei nebeneinanderliegenden Zellen funktioniert das problemlos.

> Es kommt vor, dass durch das Verbinden von Zellen vom RTE Umbrüche erzeugt werden und die Zelle dadurch höher wird als beabsichtigt. Sie können die Umbrüche aber ganz einfach wieder löschen, indem Sie in die Zelle klicken und die Rückschritt-Taste so lange drücken, bis alle überflüssigen Umbrüche entfernt sind.

Über die Funktion *Spalte teilen* lassen sich verbundene Zellen wieder in Einzelzellen aufteilen. Der Inhalt muss jedoch, z.B. durch Copy-and-Paste, erneut per Hand in die einzelnen Zellen aufgeteilt werden.

Bilder und Links einfügen

Bilder und Links können wie im RTE gewohnt der Tabelle hinzugefügt werden. Ist ein Bild größer als eine Zelle, passt sich diese immer automatisch der Größe des Bilds an, selbst wenn der Zelle oder Tabelle über numerische Angaben feste Ausmaße zugewiesen wurde.

Drag and Drop

Texte und Bilder lassen sich innerhalb des RTE einfach mit gedrückt gehaltener linker Maustaste auf den Text oder das Bild in andere Zellen verschieben und mit zusätzlich gehaltener Strg-Taste duplizieren. Der zu verschiebende Text muss dafür zunächst mit der Maus markiert werden.

Einfügen von Text vor und nach einer Tabelle

Wenn Sie vor oder nach einer Tabelle Text hinzufügen möchten, haben Sie natürlich die Möglichkeit, das über ein neues Inhaltselement zu tun. Soll der Text allerdings innerhalb des RTE, in dem sich auch die Tabelle befindet, eingepflegt werden, müssen Sie sich eines Tricks bedienen, da der Cursor nicht ohne Weiteres ober- und unterhalb der Tabelle platziert werden kann. Nehmen Sie Ihren Mut zusammen und wechseln Sie dazu in die HTML-Ansicht. Sie sehen dann die Tabelle in Textform, da der RTE bereits freundlicherweise unsere Eingaben in korrektes HTML umgesetzt hat. Eingeleitet und abgeschlossen wird die Tabelle in dieser Ansicht mit den Tags `<table>` und `</table>`. Fügen Sie nun einigen Blindtext (wenige Buchstaben reichen aus) vor oder nach diesen

Tags ein, wechseln Sie danach wieder in den WYSIWYG-Modus und speichern Sie. Nun können Sie den Text ganz normal bearbeiten. Vorteil dieser Methode: Der RTE erstellt nicht nur einen einfachen Umbruch, sondern einen richtigen Absatz, was semantisch korrekt und wünschenswert ist. Eine weitere Möglichkeit bietet das Kontextmenü einer Tabelle: Mittels der dort wählbaren Funktionen *Absatz einfügen vor* und *Absatz einfügen nach* wird der Curser im Textfenster vor bzw. hinter die Tabelle platziert.

Import von bestehenden Tabellen aus Office-Anwendungen

Einem Import einer bereits fertigen Tabelle aus einer Office-Anwendung wie zum Beispiel Word durch Copy-and-Paste steht eigentlich nichts im Wege. Sie sollten die Tabelle aber im RTE nachbearbeiten und webtauglich umarbeiten. Dazu entfernen Sie mit der RTE-Funktion *Formatierung entfernen → Alle: MS Word-Formatierung* überflüssigen Ballast und formatieren die Tabelle dann wie beschrieben mit einem Tabellenkopf mit Spaltenüberschriften und einem Tabellenfuß sowie einem Titel und einer Zusammenfassung. Hinweis: Bedenken Sie, dass der RTE keine Word-Formatierungen entfernt, die das Aussehen der Tabelle, wie beispielsweise Rahmenstärke oder Farbe, bestimmen. Das könnte zur Folge haben, dass die Tabelle optisch nicht zum Rest der Website passt oder nicht den Bestimmungen von eventuell vorhandenen Designvorschriften entspricht.

Eine Tabelle löschen

Um eine komplette Tabelle zu löschen, klicken Sie in irgendeine Zelle der Tabelle. Klicken Sie in die RTE-Statuszeile am unteren Ende des RTE-Bereichs auf *table* und drücken Sie dann die Entf- oder Rückschritt-Taste (Abbildung 5-66). Sie können eine Tabelle auch über das Kontextmenü löschen. Klicken Sie dazu mit der rechten Maustaste in eine Zelle und wählen Sie aus dem erscheinenden Kontextmenü die Option *Entferne das <table> Element*.

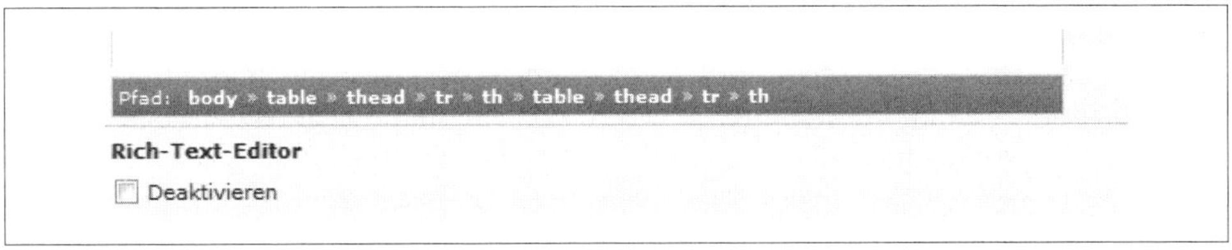

Abbildung 5-66: RTE-Statuszeile

Im Internet Explorer kann man den Cursor im RTE auch hinter eine Tabelle setzen und ganz einfach die Rückschritt-Taste drücken. Ebenso können Sie im Internet Explorer den Tabellenrand anklicken und die Tabelle durch Drücken der Entf-Taste entfernen.

Abkürzungen für Spaltenüberschriften

Gerade bei der Erstellung von Tabellen ergibt sich oft das Problem, dass in der Breite nicht genügend Platz auf der Website zur Verfügung steht, um alle Spalten mit sinnvollen, ausführlichen Überschriften abzubilden. Abkürzungen bieten sich an, bergen aber auch Probleme. Nicht für jeden sind die gewählten Abkürzungen nachvollziehbar, und gerade für Screenreader sind Abkürzungen nur schwer fassbar. Die in diesem Kapitel weiter unten erwähnte Extension »Akronyme« bietet hier interessante Lösungsmöglichkeiten an.

Tabellen mit dem RTE oder mit dem Inhaltselement Tabelle erstellen?

Die Erstellung von Tabellen gehört in TYPO3 eher zu den schwierigen und aufwendigen Aufgaben im Redakteursalltag. Daher rühren auch die zahlreichen Extensions, die zu diesem Thema verfügbar sind. Aber auch mit den TYPO3-Bordmitteln können mit etwas Übung korrekte Tabellen erstellt werden. Die Gegenüberstellung der beiden Methoden RTE und Inhaltselement in Tabelle 5-2 zeigt jedoch, dass die Methode über den RTE der Methode über das Inhaltselement vorzuziehen ist.

Tabelle 5-2: Gegenüberstellung der Methoden RTE und Inhaltselement Tabelle

Tabellen mit dem RTE	Tabellen mit dem Inhaltselement Tabelle
+ gewohnte Arbeitsumgebung	+ übersichtliches, einfaches Formular
+ einfaches Einbinden von Links	– Einbinden von Bildern nur mit HTML
+ komfortables Hinzufügen von Bildern	– Einbinden von Links nur mit HTML
– möglicherweise ungenügende Konfiguration	– weiteres Inhaltselement

Crashkurs HTML für Redakteure

An dieser Stelle soll einmal kurz der Blick hinter die Kulissen gewagt werden, damit Sie die Funktionsweise des RTE etwas besser verstehen lernen, Ihre Möglichkeiten mit dem RTE erweitern und eine Chance zur Fehlerbehebung erhalten.

Keine Sorge: Sie sollen hier nicht zum HTML-Profi geschult werden, und – mit Verlaub – das würde man auf den wenigen Seiten, die in diesem Buch dem Thema gewidmet sind, auch nicht schaffen. Es gibt aber einen Kernsatz an HTML-Tags, die Ihnen als Redakteur den Arbeitsalltag dann und wann vereinfachen können, und nur um diese elementarsten Grundbegriffe geht es hier. Allen, die nach der Lektüre eventuell Blut geleckt haben und sich dem Thema intensiver widmen möchten, seien die ausgezeichneten Fachbücher des O'Reilly Verlags ans Herz gelegt.

Zur HTML-Ansicht wechseln

Wenn Sie im RTE einen Satz schreiben und danach die Enter-Taste drücken, wird optisch und technisch ein Absatz erzeugt. Damit der Browser beim Aufruf Ihres Seiteninhalts weiß, dass es sich bei dem Textabschnitt um einen Absatz handelt, der von ihm auch als solcher dargestellt werden soll, muss der RTE diesen Satz also mit den richtigen, für den Browser verständlichen HTML-Tags auszeichnen. Das bedeutet, der RTE verwandelt Ihren geschriebenen Satz im Hintergrund in gültiges HTML. Bei dem Beispiel Absatz umklammert er den Satz mit einem <p>-Tag (Abbildung 5-67).

Um nun einmal unter die Motorhaube des RTE zu schauen und zu betrachten, was der Editor erzeugt, klicken Sie auf das Symbol *Zur HTML-Ansicht wechseln* in der RTE-Werkzeugleiste.

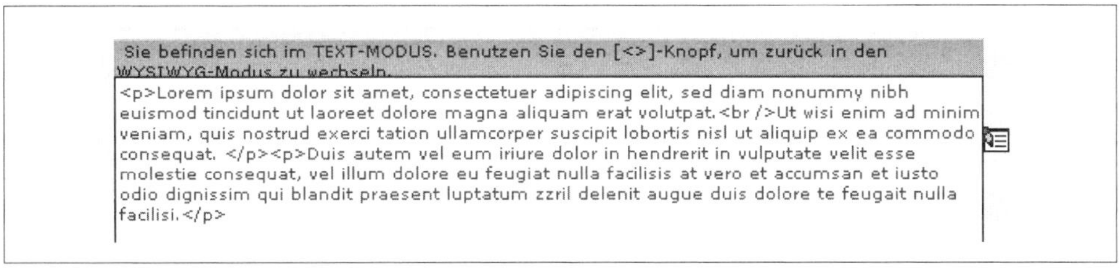

Abbildung 5-67: HTML-Quelltext

Sie sehen dann den eingegebenen Text mit dem `<p>`-Tag am Anfang und am Ende des Absatzes. Dem Browser wird damit angezeigt, wann ein Absatz anfängt und wann dieser wieder zu Ende ist. Der RTE hat diese HTML-Tags automatisch eingefügt. Um wieder zur WYSIWYG-Ansicht zurückzukehren, müssen Sie erneut auf das Symbol *Zur HTML-Ansicht wechseln* klicken. Bei einem einfachen Zeilenumbruch mit Umschalt + Enter wird vom RTE im Hintergrund das
-Tag am Ende eines Satzes erzeugt. Ein weiteres Beispiel: Sie möchten ein Wort fett auszeichnen. Dazu können Sie das Wort im RTE einfach mit der Maus markieren und über das entsprechende Symbol <|> fett setzen. Wenn Sie dann zur HTML-Ansicht wechseln, sehen Sie, dass der RTE das Wort mit dem HTML-Tag <strong> umklammert hat. Sie hätten also auch genauso gut direkt in die HTML-Ansicht wechseln und das Wort über die Eingabe der HTML-Tags formatieren können, also <strong>Wort</strong>. Das Ergebnis wäre dasselbe. Allerdings rate ich Ihnen davon ab, in der Regel so zu verfahren, denn wenn Sie nicht wirklich geübt im Umgang mit HTML sind, können Ihnen leicht Fehler unterlaufen. Das Grundwissen über HTML und das Verständnis dafür, wie der RTE funktioniert, kann für Ihre Arbeit aber sehr nützlich sein, denn nicht immer klappt in der WYSIWYG-Ansicht des RTE das, was man erreichen möchte. Dann kann man zur Not in die HTML-Ansicht wechseln, Fehler ausbessern und dort weiterarbeiten.

So schreibt man HTML

HTML können Sie direkt in das RTE-Textfenster schreiben, wenn Sie von der WYSIWYG-Ansicht in die HTML-Ansicht gewechselt sind. Fast alle HTML-Elemente werden durch ein einleitendes und ein abschließendes Tag markiert. Ein Tag wird immer in spitzen Klammern notiert:

```
<h1>So schreibt man HTML</h1>
```

h1 ist das HTML-Tag für Überschriften ersten Rangs, also besonders wichtige Überschriften. Das einleitende Tag <h1> signalisiert dem Browser, dass eine Überschrift ersten Rangs folgt (das h steht dabei für das englische Wort »heading«, also »Überschrift«). Das abschließende Tag </h1> signalisiert das Ende der Überschrift. Abschließende Tags haben immer, im Gegensatz zu öffnenden Tags, einen Schrägstrich vor dem eigentlichen Tag. Es gibt auch Elemente mit »Standalone-Tags«. Sie haben keinen Inhalt und bestehen daher nur aus einem Tag statt aus Anfangs- und End-Tag:

```
Hier ist die erste Zeile eines Satzes, <br> hier die zweite.
```

Das Tag <br /> sorgt für einen manuellen Zeilenumbruch (br steht dabei für das englische »break«, also »Umbruch«). Schreiben Sie die Tags immer klein, da in der neueren HTML-Variante alle (X)HTML-Elementnamen kleingeschrieben werden müssen! Elemente dürfen auch ineinander verschachtelt werden:

```
<h1>So schreibt man <em>HTML</em></h1>
```

Eine Übersicht der wichtigsten (X)HTML-Elemente für Redakteure finden Sie in der nachfolgenden Tabelle 5-3:

Tabelle 5-3: Die wichtigsten (X)HTML-Elemente für Redakteure

HTML-Element	Erläuterung, Beispiel
 	Texte werden vom Webbrowser automatisch umbrochen. Sie können aber auch einen Zeilenumbruch erzwingen. (br bedeutet break) fügt an der gewünschten Stelle einen Zeilenumbruch ein.
<p>...</p>	Absätze dienen der Gliederung von Texten. <p> (p bedeutet paragraph) leitet den Textabsatz ein, und </p> steht am Ende des Texts und beendet den Absatz.
<em>...</em>	Zeichnet einen Text mit der Bedeutung »betont« (emphatisch) aus.
<strong>...</strong>	Zeichnet einen Text mit der Bedeutung »stark betont, wichtig« aus.
<code>...</code>	Zeichnet einen Text mit der Bedeutung »Quelltext« aus.
<cite>...</cite>	Zeichnet einen Text innerhalb eines Zitats mit der Bedeutung »Quellenangabe« aus. Das Zitat selbst wird mit <blockquote> ausgezeichnet.
<q>...</q>	Zeichnet ein kurzes Zitat innerhalb eines Satzes aus. Das Format erzeugt keinen Umbruch und fügt automatisch An- und Abführungszeichen ein.
<abbr>...</abbr>	Zeichnet einen Text mit der Bedeutung »Abkürzung« aus.
<acronym>...</acronym>	Zeichnet einen Text mit der Bedeutung »Akronym« aus. Bei Akronymen handelt es sich meist um Abkürzungen, die aus Anfangsbuchstaben gebildet und ohne Punkte notiert werden und die sich oft als Wort aussprechen lassen (Beispiel UNESCO).
<tt>...</tt>	Zeichnet einen Text als schreibmaschinenähnliche, nicht proportionale Schrift aus (tt bedeutet Teletyper).
<u>...</u>	Zeichnet einen Text als unterstrichen aus.
<strike>...</strike>	Zeichnet einen Text als durchgestrichen aus.
<address>...</address>	Mit <address> können Sie Adressen in einem eigenen formatierten Absatz hervorheben.

Tabelle 5-3: Die wichtigsten (X)HTML-Elemente für Redakteure (Fortsetzung)

HTML-Element	Erläuterung, Beispiel
`<blockquote>...</blockquote>`	Mit `<blockquote>` können Sie Zitate als solche kennzeichnen und in einem eigenen formatierten (oft eingerückten) Absatz hervorheben.
`<pre>...</pre>`	Mit `<pre>` ausgezeichneter Text wird im Browser so angezeigt, wie er eingegeben wurde. Damit können vorformatierte Textabschnitte angelegt werden. Dies eignet sich unter anderem zur Darstellung von Quelltext. Dabei ist es wichtig, dass Einrückungen wie beim Editieren wiedergegeben werden und der Text in einer nicht proportionalen Schrift dargestellt wird.
`<ins>...</ins>` `<del>...</del>`	Geeignet, um Änderungen im Text zu protokollieren. Mit `<del>...</del>` zeichnen Sie Text aus, der nicht mehr gültig ist (del bedeutet delete). Mit `<ins>...</ins>` zeichnen Sie Text aus, der neu hinzugekommen ist (ins bedeutet insert).

`<h1>...</h1>`
`<h2>...</h2>`
`<h3>...</h3>`
`<h4>...</h4>`
`<h5>...</h5>`
`<h6>...</h6>`
	Überschriften:
	In HTML existieren sechs verschiedene Ebenen, um Hierarchien in Texten von Webseiten abzubilden. Die Nummer steht dabei für die Überschriftenebene: 1 ist die höchste, 6 die niedrigste Ebene.

`<ul><li>...</li></ul>`	Aufzählungslisten: Bei einer Aufzählungsliste (ul bedeutet unordered list) werden alle Listeneinträge mit einem Aufzählungszeichen (Kreis) versehen. `<ul>` leitet die Aufzählungsliste ein. Mit `<li>` beginnt ein neuer Listenpunkt, `</li>` beendet den Listeneintrag (li bedeutet list item).
`<ol><li>...</li></ol>`	Nummerierte Listen: Bei einer nummerierten Liste (ol bedeutet ordered list) werden alle Listeneinträge automatisch durchnummeriert. `<ol>` leitet die Aufzählungsliste ein. Mit `<li>` beginnt ein neuer Listenpunkt, `</li>` beendet den Listeneintrag (li bedeutet list item).
`<dl><dt>...</dt><dd>...</dd>` `</dl>`	Definitionslisten: Definitionslisten (dl bedeutet definition list) sind unter anderem für Glossars geeignet. Dabei bestehen die Einträge aus einem zu definierenden Ausdruck und der dazugehörigen Definition. `<dl>` leitet eine Definitionsliste ein, `<dt>` leitet den zu definierenden Ausdruck ein (dt bedeutet definition term), `<dd>` leitet eine Definition des Ausdrucks ein (dd bedeutet definition definition), und `</dl>` beendet die Liste.
`<a href="...">...</a>`	Hyperlink: Mit Hyperlinks können Verweise auf andere Dokumente erstellt werden. Ein Link besteht aus dem a-Element (a bedeutet anchor, Anker) und dem Attribut `href` (href bedeutet hyper reference). Dem `href`-Attribut müssen Sie das Verweisziel zuweisen, und zwischen `<a>` und `</a>` notieren Sie den Text, der als Verweisbezeichnung angezeigt werden soll, zum Beispiel: `<a href="home.html">Zur Startseite</a>`

Tabelle 5-3: Die wichtigsten (X)HTML-Elemente für Redakteure (Fortsetzung)

HTML-Element	Erläuterung, Beispiel
<img src="..." alt="..." width="..." height="..." />	Bilder und Grafiken referenzieren: Mit <img> (img bedeutet image) können Sie Bilder und Grafiken in Ihre Website einbauen, indem Sie sie referenzieren. Das Tag besteht aus der Quellenangabe (img src bedeutet image source), dem alt-Attribut für den Alternativtext (falls die Grafik nicht angezeigt werden kann und für Screenreader) und den Angaben für Höhe und Breite (width und height) des Bilds bzw. der Grafik. Beispiel: <img src="firmen_logo.gif" alt="Firma Meier" width="120" height="80" />
<a title="..." href="mailto:...">...</a>	Verlinkte E-Mail-Adresse: Hiermit können E-Mail-Adressen verlinkt werden. Ein Mausklick darauf öffnet dann den Standard-E-Mail-Client des Benutzers, zum Beispiel: <a title="Nehmen Sie per E-Mail Kontakt mit mir auf" href="mailto:mailadresse@domain.de">E-Mail</a>
<table><tr><th>...</th> <th>...</th></tr> <tr><td>...</td><td>...</td> </tr></table>	Einfache Tabellen: Mit Tabellen lassen sich logisch verknüpfte Daten strukturiert darstellen. <table> leitet die Tabelle ein, <tr> eröffnet die erste Zeile. <th> erstellt darin eine Zelle und deklariert diese als Überschriftenzelle, </th> schließt eine Überschriftenzelle, und </tr> beendet eine Zeile. <td> erstellt eine normale Datenzelle, und mit </table> wird die Tabelle beendet: <table><tr><th>Überschrift 1</th><th>Überschrift 2</th></tr><tr><td>Inhalt 1</td> <td>Inhalt 2</td> </tr></table>

Der Quick TAG Editor

Im Quick TAG Editor können fertig vordefinierte HTML-Tags ausgewählt werden (Abbildung 5-68). Das bedeutet, Sie müssen die Tags nicht mehr selbst schreiben. Diese Tags müssen in TYPO3 vom Administrator bereitgestellt werden, damit sie an dieser Stelle sicht- und nutzbar sind. Der Ersteller dieser Tags bestimmt auch, unter welcher Bezeichnung sie im Auswahlfeld auftauchen. Technisch gesehen, ist z. B. das HTML-Tag <blockquote> für die Auszeichnung von Zitaten zuständig. Es kann aber sein, dass der Administrator der besseren Verständlichkeit halber die Formatierung anders benannt hat, z. B. »Zitat-Format«.

Do you speak English? Das lang-Attribut

Es ist durchaus sinnvoll, dem Browser mitzuteilen, wenn ein Wort oder ein Textabschnitt in einer anderen als der Standardseitensprache aufgeführt wird, zum Beispiel bei einem Sprachwechsel von Deutsch nach Englisch. Das ist besonders für Screenreader wichtig, wie folgendes Beispiel zeigt: Sie schreiben: Willkommen auf unserer »Website« und würden

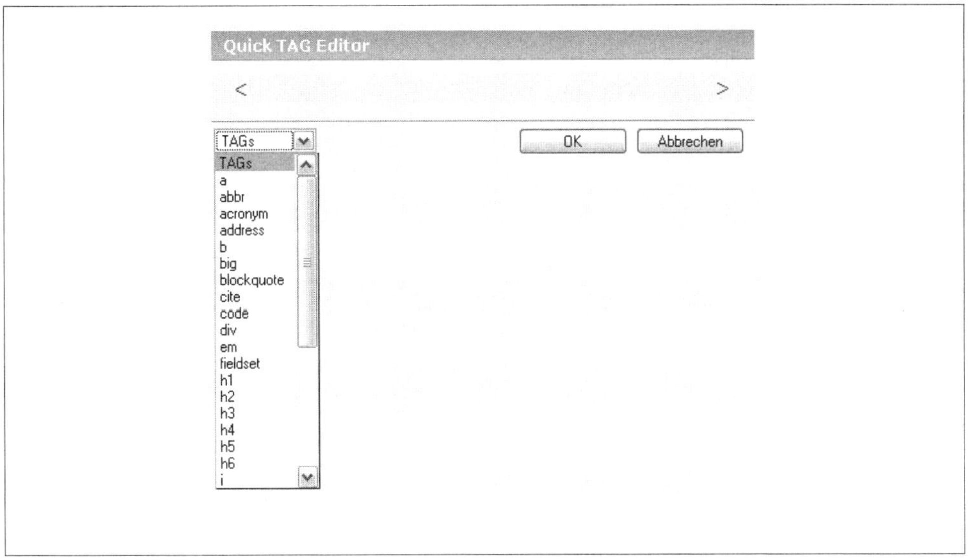

Abbildung 5-68: Pop-up Quick TAG Editor

dabei das uns bekannte Wort »Website« natürlich »wepßait« aussprechen. Der Screenreader hat aber vom Sprachwechsel nichts mitbekommen und liest »Website« so, wie es geschrieben wird. Mit dem lang-Attribut kann man dem Browser einen Sprachwechsel bekannt geben. Das ist vielleicht etwas mühsam, aber wichtig, wenn Sie auch für Nutzer von nicht visuellen Geräten das Verstehen Ihrer Website so einfach wie möglich gestalten möchten. Nur so ist die optimale sprachliche Verarbeitung der Inhalte gewährleistet.

Ein Beispiel: Auf Ihrer Website möchten Sie das englische Zitat »If you can dream it, you can do it« von Walt Disney einfügen und das Zitat als solches kennzeichnen. Dazu schreiben Sie zunächst in der WYSIWYG-Ansicht des Rich Text Editor den Satz »If you can dream it, you can do it«, formatieren ihn über den Quick TAG Editor mit dem für Zitate geeigneten HTML-Element <blockquote> und wechseln dann in die HTML-Ansicht. Dort sehen Sie, dass das Zitat bereits vom RTE mit <blockquote> umklammert wurde. Jetzt müssen Sie nur noch die Sprache für das Zitat angeben. Das machen Sie, indem Sie das HTML-Element um das lang-Attribut erweitern. In diesem Beispiel wäre das: <blockquote lang="en">If you can dream it, you can do it</blockquote>. Damit teilen Sie dem Browser oder dem Screenreader mit, dass es sich um ein Zitat in der englischen Sprache handelt.

Die gängigsten Sprachangaben lauten de für Deutsch, en für Englisch, fr für Französisch und es für Spanisch. Möchten Sie ein einzelnes Wort oder einen Satzteil als Fremdsprache kennzeichnen, müssen Sie auf das <span>-Element ausweichen. Ein Beispiel: Sie möchten den Satz schreiben: »Er ist ein Redner par exellence«. In der HTML-Ansicht umklammern Sie dazu den Satzteil »par exellence« mit <span> und vergeben dazu das lang-Attribut fr.

```
Er ist ein Redner <span lang="fr">par exellence</span>
```

Rein theoretisch können Sie auch den Quick TAG Editor dafür benutzen. Der Administrator muss Ihnen dazu alle Elemente, die Sie brauchen, zusätzlich noch für die verwendeten Fremdsprachen vorbereiten. Das bedeutet, dass Sie dann beispielsweise neben »Zitat« auch noch »Zitat EN« und »Zitat FR« zur Auswahl haben. Sprachversionen können von jedem HTML-Element erstellt werden.

Schneller zum Ziel mit Tastaturbefehlen

Bei richtiger Konfiguration des RTE können die verschiedenen Textformatierungen auch über Tastaturbefehle gewählt werden. In Tabelle 5-4 finden Sie eine Auflistung aller im RTE nutzbaren Tastaturbefehle.

Tabelle 5-4: Übersicht der RTE-Tastaturbefehle

Tastenkombination	Funktion/Formatierung
Strg+A	Alles auswählen
Strg+B	Fett
Strg+I	Kursiv
Strg+U	Unterstrichen
Strg+S	Durchgestrichen
Strg+L	Ausrichtung links
Strg+E	Ausrichtung zentriert
Strg+R	Ausrichtung rechts
Strg+J	Blocksatz
Strg+Z	Macht die letzte Aktion rückgängig
Strg+Y	Wiederholt die letzte Aktion
Strg+X	Auswahl ausschneiden
Strg+C	Auswahl kopieren
Strg+V	Aus der Zwischenablage einfügen
Strg+N	Als Absatz formatieren
Strg+0	Word-Formatierungen entfernen
Strg+1	Überschrift 1 (H1)
Strg+2	Überschrift 2 (H2)
Strg+3	Überschrift 3 (H3)
Strg+4	Überschrift 4 (H4)
Strg+5	Überschrift 5 (H5)
Strg+6	Überschrift 6 (H6)
Strg+Leertaste	Geschützten Leerraum einfügen

KAPITEL 6

Inhalte anlegen und editieren

Inhaltlich interessante und technisch sauber eingepflegte Informationen sind ein wichtiges Kriterium für eine gute Website. Erfahren Sie in diesem Kapitel, wie Sie mit Inhalten arbeiten und welche Inhaltstypen TYPO3 Ihnen dafür zur Verfügung stellt. Texte, Bilder, Punktlisten, Tabellen – selbst Formulare können mit TYPO3 einfach erstellt und gepflegt werden. Inhalte werden in TYPO3-Seiten zugeordnet und auf ihnen abgebildet. Um den vielen verschiedenen Aufgaben im Redakteursalltag gerecht werden zu können, bietet TYPO3 eine ganze Reihe unterschiedlicher Möglichkeiten an, mit denen Sie Ihre Inhalte in die Website einbinden können.

Im TYPO3-Backend existieren verschiedene Begriffe – Inhalt, Datensatz und Inhaltselement –, die alle ein und dasselbe meinen: Seiteninhalt. Lassen Sie sich dadurch nicht verwirren. Für die Arbeit mit Seiteninhalten empfiehlt sich in erster Linie das Modul *Seite*. Achten Sie darauf, dass im Detailbereich die Ansicht *Spalten* ausgewählt ist. In diesem Darstellungsmodus einer Seite arbeitet es sich am übersichtlichsten, da Sie alle Inhaltselemente auf einen Blick sehen und bearbeiten können. Lesen Sie mehr über die unterschiedlichen Ansichten einer Seite im Abschnitt »Die Modulgruppe Web« auf Seite 44. Um auf einer bestehenden Seite einen neuen Seiteninhalt anzulegen, sollten Sie zuerst die Seite im Seitenbaum auswählen, die mit dem Inhalt ausgestattet werden soll. Klicken Sie dazu einfach auf die textliche Seitenbezeichnung der Seite im Seitenbaum. Im Detailbereich sehen Sie dann – falls vorhanden – alle auf dieser Seite bereits eingepflegten Seiteninhalte, aufgeteilt in die verschiedenen Spalten. Die Inhalte erscheinen hier nicht so wie auf der Website. Vielmehr handelt es sich dabei um eine strukturierte Ansicht aller auf der Seite enthaltenen Inhalte, die Ihnen die Orientierung auf der Seite und die Arbeit damit erleichtern soll – auch wenn Ihnen das am Anfang vielleicht noch nicht sofort so erscheint. Man gewöhnt sich aber relativ schnell daran (Abbildung 6-1).

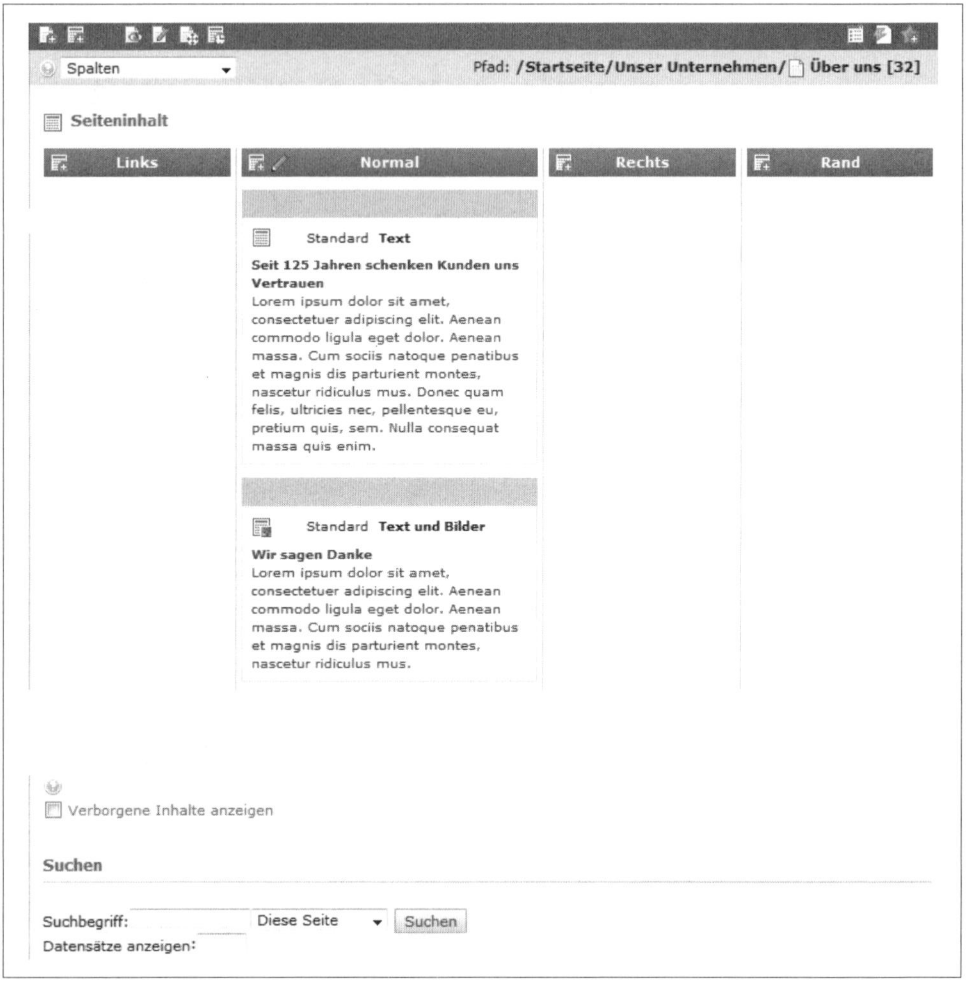

Abbildung 6-1: Strukturansicht einer Seite mit Inhaltselementen im Detailbereich

Neben der Detailansicht *Spalten* eignet sich noch die Ansicht *Schnelleingabe* zum Bearbeiten von Inhalten. Worin liegt der Unterschied? Wenn Sie auf die Ansicht *Schnelleingabe* wechseln, wird immer sofort die Editiermaske des ersten Inhaltselements einer im Seitenbaum gewählten Seite zur Bearbeitung aufgerufen. Alle weiteren auf der Seite befindlichen Inhalte werden dabei direkt unterhalb der Editiermaske unter der Überschrift *Inhaltselemente auf dieser Seite* den jeweiligen Spalten zugeordnet aufgelistet. Ob Ihnen die Arbeit in der Ansicht *Schnelleingabe* tatsächlich »schneller« von der Hand geht, müssen Sie ausprobieren, bei unserer redaktionellen Arbeit hat sich die Ansicht *Spalten* mehr bewährt (Abbildung 6-2).

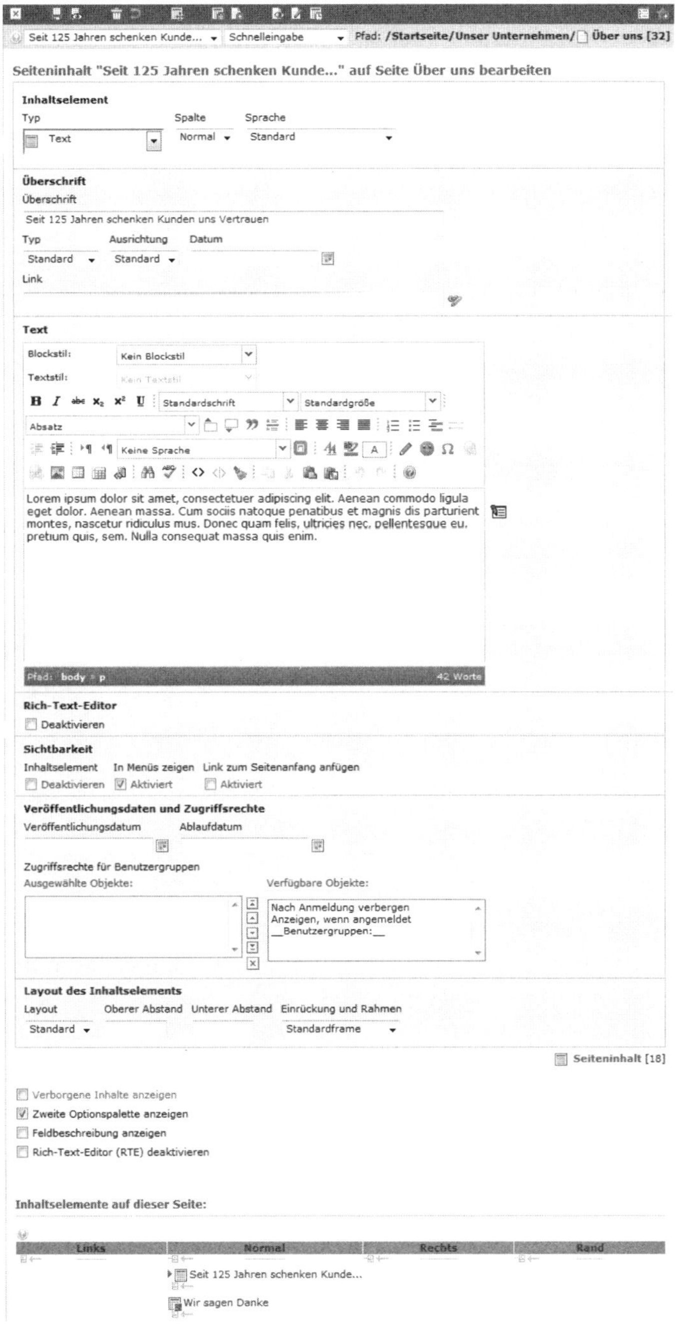

Abbildung 6-2: Die Detailansicht Schnelleingabe

Wohin mit dem Content? Die Arbeit mit Spalten

Inhalte können in TYPO3 in verschiedenen Spalten angelegt werden. Dadurch definieren Sie, an welcher Stelle die Inhalte auf der Seite angezeigt werden. Eine Website ist nämlich meist in mehrere Anzeige- oder Content-Bereiche unterteilt. Klassisch sind ein-, zwei- oder dreispaltige Aufteilungen mit einem Kopf- und einem Fußbereich. Dabei kann dann z.B. die linke Spalte die Website-Navigation abbilden, die mittlere Spalte ist für den Haupt-Content zuständig, und die rechte Spalte dient oftmals Kontextinformationen nach dem Motto »wenn dich, lieber Besucher, der Inhalt im Haupt-Content-Bereich interessiert, habe ich hier noch weitere passende Informationen für dich« (Abbildung 6-3).

Abbildung 6-3: Eine Website mit einer typischen Aufteilung in verschiedene Bereiche

Verschiedene Inhaltsbereiche auf der Website bedeuten dann aber natürlich auch, dass Sie sich als Redakteur beim Einpflegen eines Inhalts zunächst für einen Bereich (bzw. eine Spalte) entscheiden müssen, in dem dieser Inhalt abgebildet werden soll. Im TYPO3-Backend entscheiden Sie sich dazu einfach für eine Spalte, in die Sie den Inhalt einpflegen. Ihr Administrator hat festgelegt, wo der Inhalt einer Backend-Spalte im Frontend abgebildet wird. Wurden die Bezeichnungen der Spalten vom Administrator nicht umbenannt und nicht benötigte Spalten auch nicht ausgeblendet, können Sie im Detailbereich vier Spalten mit den Bezeichnungen *Links*, *Normal*, *Rechts* und *Rand* sehen (Abbildung 6-4).

Eventuell treffen die Bezeichnungen der Spalten die Anordnung der Inhaltsbereiche auf Ihrer Website schon ganz gut, sonst müssen Sie sich beim Administrator erkundigen, welche Spalte in Ihrem Frontend überhaupt genutzt und wo die genutzten angezeigt werden. So kann es passieren, dass die Spalte *RECHTS* im Frontend Ihrer Website als Kopfzeile angezeigt wird.

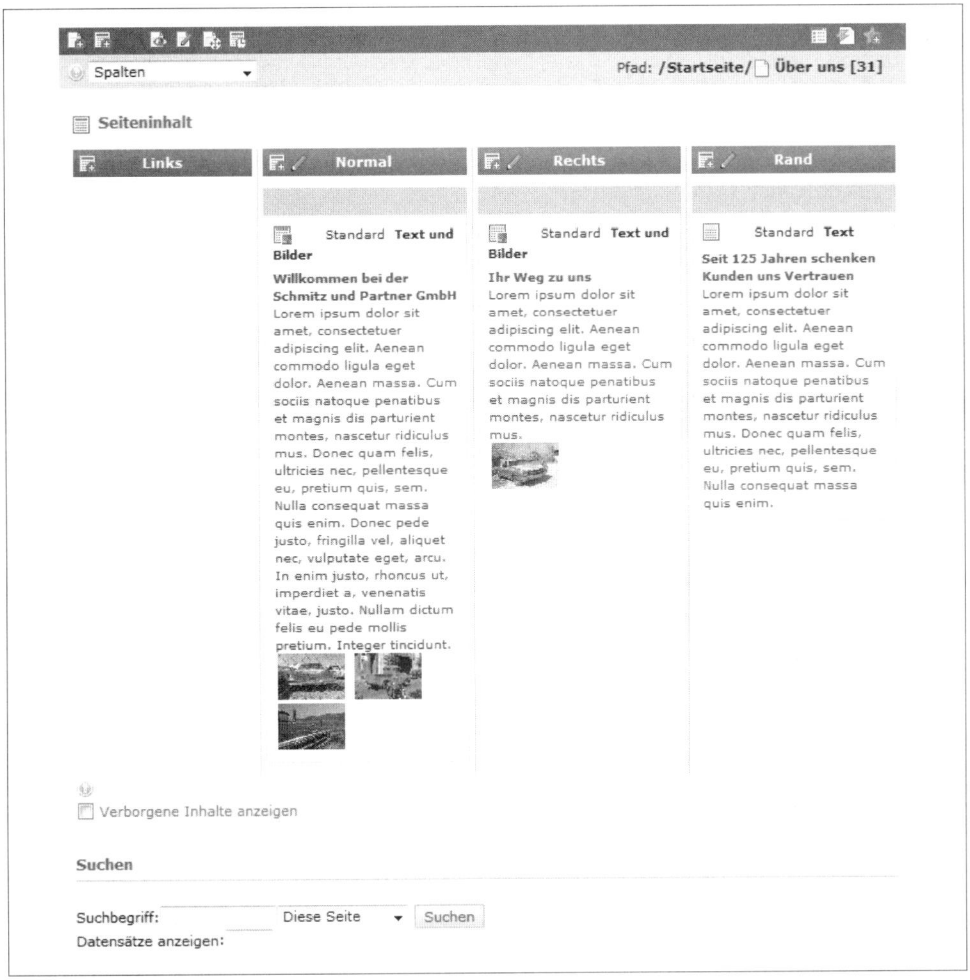

Abbildung 6-4: Die Detailansicht einer Seite mit Inhalten in Spalten

Admin-Tipp: Besser ist es, überflüssige Spalten erst gar nicht mehr einzublenden und die wirklich benutzten Spalten eindeutig, z.B. mit Hauptinhalt, News, Kopf usw., zu benennen. Wie das geht, erfahren Sie im Abschnitt »Inhaltsspalten anpassen« auf Seite 478.

Das Erstellen und Bearbeiten der einzelnen Inhalte ist auch über das Modul *Liste* möglich, allerdings ist hier die Übersicht der Spalten nicht vorhanden, deshalb muss in vielen Fällen auf dieses Modul bei der Bearbeitung von Inhalten verzichtet werden.

Inhalte anlegen, bearbeiten, speichern, löschen

Um Inhalte auf der Website abzubilden, müssen diese zuerst auf Seiten angelegt werden. Wählen Sie mit dem Submodul *Seite* im Seitenbaum eine Seite aus, indem Sie auf ihren Titel klicken. Im Detailbereich wird der Inhalt der Seite – falls vorhanden – in den existierenden Spalten angezeigt. Jede einzelne Spalte ist mit dem Icon *Einen neuen Datensatz am Anfang dieser Spalte erstellen* ausgestattet. Enthält Ihre Seite noch keinen Inhalt, gibt es – je nach TYPO3-Version – in der Hauptinhaltsspalte *Normal* zusätzlich noch den Button *Einen Neuen Datensatz am Anfang der Spalte erstellen* (Abbildung 6-5).

Abbildung 6-5: Eine leere Seite mit dem Button zum Anlegen eines neuen Seiteninhalts

Sind bereits Inhalte vorhanden, ist jedes Inhaltselement mit dem Symbol *Neuen Datensatz nach diesem anfügen* versehen. Klicken Sie auf eine dieser Möglichkeiten, um einen neuen Inhalt anzulegen. Wie fast überall in TYPO3, so gibt es auch für das Anlegen von Inhalten noch weitere, zusätzliche Buttons und Symbole, die im Endeffekt aber immer zur selben Maske führen, in der Sie den Inhaltstyp, den Sie erstellen möchten, auswählen können. TYPO3 unterscheidet dabei zwischen verschiedenen Inhaltstypen, die je nach gewünschtem Endergebnis auf der Website gewählt werden müssen. Lesen Sie mehr über die Inhaltstypen unter »Vielfältiger Content mit den verschiedenen TYPO3-Inhaltstypen« auf Seite 180. Bei manchen Inhaltstypen wählen Sie die Spalte und die Position des Elements vorher aus, bei anderen nach der Bestimmung des Typs.

Einen geeigneten Inhaltstyp festlegen

Nach dem Mausklick auf eines der Symbole *Datensatz* bzw. *Seiteninhalt anlegen* erscheint im Detailfenster eine Maske, in der Sie den Inhaltstyp, den Sie erstellen möchten, durch einen weiteren Klick auswählen können. Die Maske ist in die Bereiche *Typischer Seiteninhalt*, *Spezielle Elemente*, *Formulare* und *Plug-Ins* aufgeteilt (Abbildung 6-6).

Je nachdem, über welchen Weg Sie zu dieser Maske gelangt sind, kann es sein, dass Sie im nächsten Schritt noch die Position, an der der Inhalt in der Seite eingefügt werden soll, bestimmen müssen. Bei dem hier bevorzugten und oben beschriebenen Weg haben Sie das durch Auswahl eines bestimmten Symbols oder Buttons *Datensatz* bzw. *Seiteninhalt anlegen* bereits vorher getan und gelangen dann direkt zur Editiermaske für den ausgewählten Inhaltstyp. Für jede Redakteursaufgabe gibt es einen Spezialisten, manche Typen lassen sich aber ebenso gut – im Fall einer Tabelle oder einer Punktliste – sogar besser direkt im Rich Text Editor erledigen. Probieren Sie die einzelnen Inhaltstypen einfach einmal aus und entscheiden Sie dann, welcher Weg für Sie der richtige ist (siehe dazu auch den Abschnitt »Vielfältiger Content mit den verschiedenen TYPO3-Inhaltstypen« auf Seite 180).

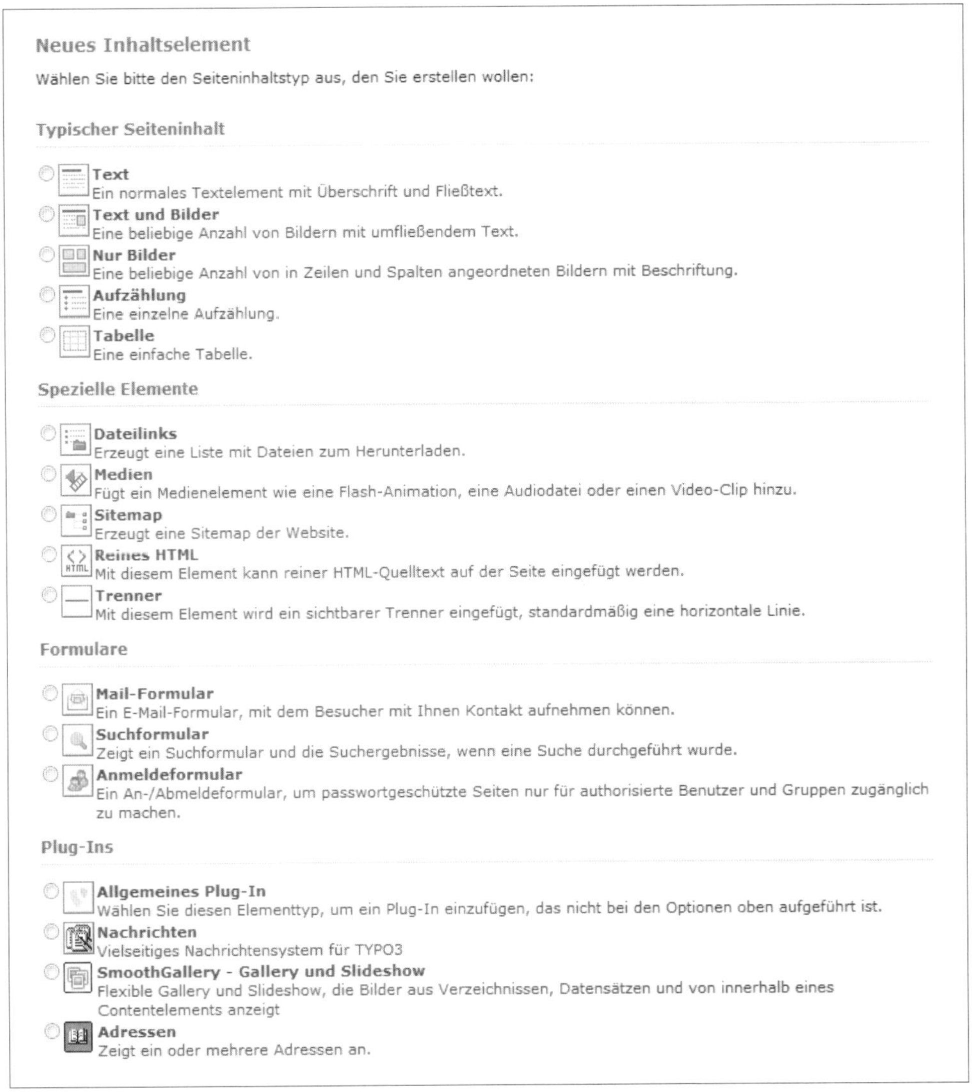

Abbildung 6-6: Auswahlmaske Neues Inhaltselement

Inhalte bearbeiten

Zu jedem Inhaltselement in der Detailansicht des Moduls *Seite* gehören verschiedene Bearbeitungs-Icons, die in der aktuellen Version aber erst erscheinen, wenn man mit der Maus über ein Inhaltselement fährt. So führt Sie ein Mausklick auf das Stiftsymbol in die Editiermaske dieses Seiteninhalts. Sie können aber ebenso gut auch ganz einfach auf den darunterstehenden Text klicken (Abbildung 6-7).

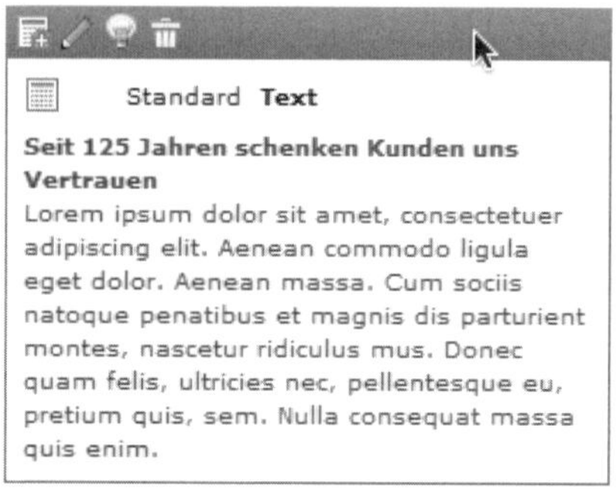

Abbildung 6-7: Inhaltselement in der Detailansicht mit Bearbeitungssymbolen

Inhaltselemente löschen

Um einen Seiteninhalt zu löschen, klicken Sie auf das Mülleimersymbol eines Seiteninhaltselements in der Detailansicht des Moduls *Seite*. TYPO3 erkundigt sich zur Sicherheit dann in einem Hinweisfenster noch einmal darüber, ob der Datensatz wirklich gelöscht werden soll. Sie können in diesem Hinweisfenster das Löschen also immer noch über den Button *Abbrechen* verhindern.

Inhalte sortieren, verschieben und kopieren

In jeder Spalte können so viele Inhaltselemente existieren, wie Sie dort erstellen möchten. So kann ein schlichter Text einer Überschrift folgen, darunter eine Tabelle erscheinen und eine Punktliste den Seitenabschluss bilden. Möchten Sie die einzelnen Inhalte einer Spalte anders sortieren, stehen Ihnen dazu die *Datensatz verschieben*-Symbole bei jedem Datensatz zur Verfügung. Damit können Sie einen Datensatz jeweils um eine Position nach oben oder unten verschieben. Nur beim obersten und untersten Datensatz steht Ihnen lediglich eine Richtung zur Verfügung (Abbildung 6-8). Das Verändern der Position im Backend hat natürlich Auswirkungen auf die Position der Inhaltselemente in der Frontend-Ansicht. Möchten Sie Daten auch in eine andere Spalte einsortieren, stehen Ihnen die Funktionen *Kopieren* und *Ausschneiden* zur Verfügung.

Inhaltselemente kopieren und ausschneiden

Alle Inhaltselemente besitzen – wie Seiten auch – ein Kontextmenü. Viele der bereits beschriebenen Funktionen und Bearbeitungsmöglichkeiten lassen sich auch hierüber aufrufen (Abbildung 6-9).

Um ein Inhaltselement zu kopieren oder auszuschneiden und an anderer Stelle – z.B. in eine andere Spalte oder sogar in eine andere Seite – einzufügen, stehen Ihnen in diesem Kontextmenü die bereits von den Seiten bekannten *Kopieren*- und *Ausschneiden*-Funktio-

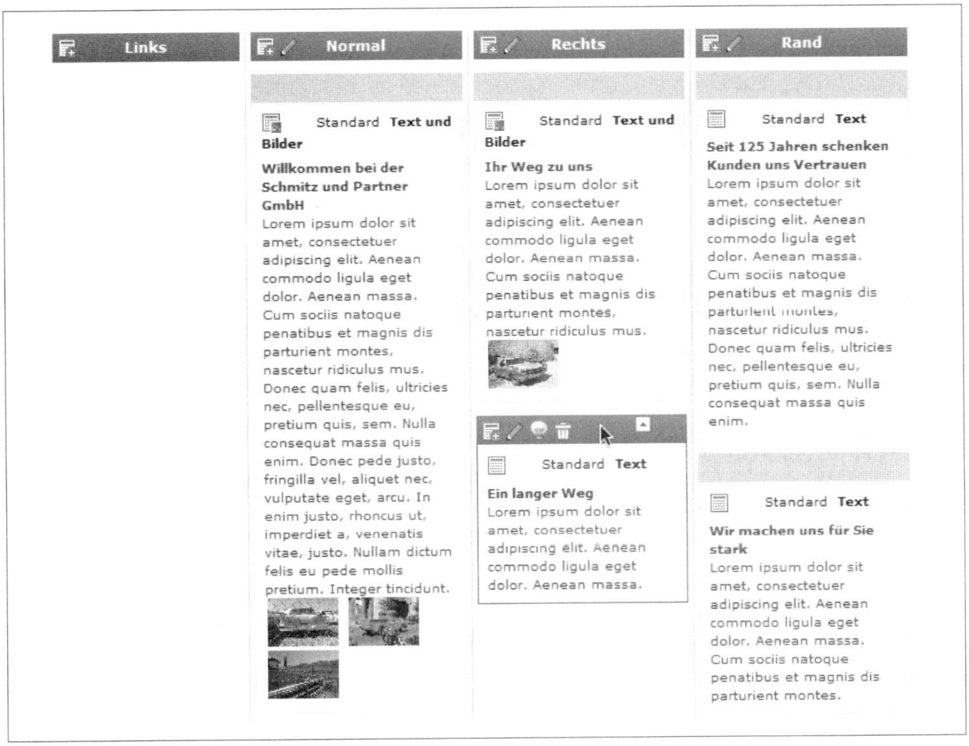

Abbildung 6-8: Inhaltselement mit Bearbeitungssymbolen

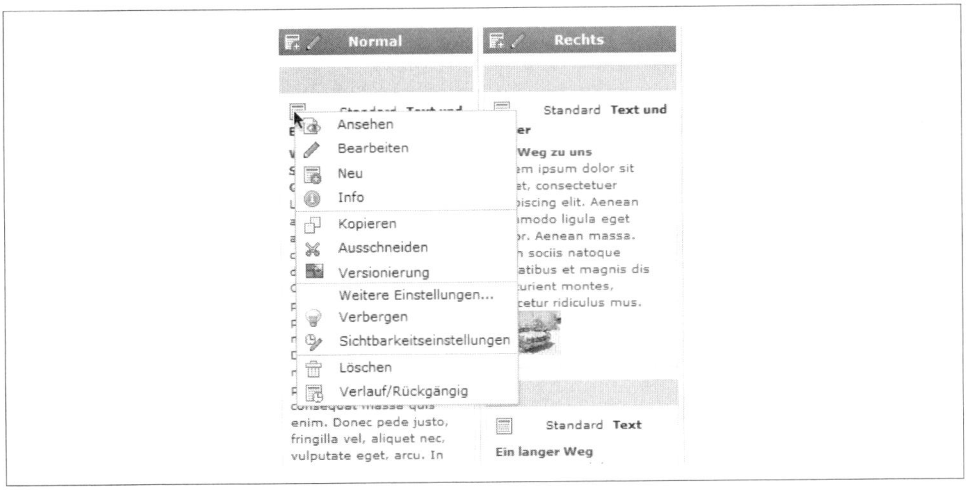

Abbildung 6-9: Kontextmenü eines Inhaltselements

nen zur Verfügung. Wählen Sie eine davon, passiert zunächst nichts Sichtbares – TYPO3 hat sich nur gemerkt, was und womit Sie etwas tun möchten. Sie können nun in einem beliebigen Inhaltselement einer beliebigen Seite in einer Spalte Ihrer Wahl noch mal das Kontextmenü öffnen und das markierte Inhaltselement mit *Einfügen nach* hinter einem bestehenden Element einfügen. Im Übrigen wird ein ausgeschnittenes Element erst dann an seiner Ursprungsposition ausgeblendet, wenn Sie es an anderer Position einfügen.

Sind auf einer Seite noch keine Inhaltselemente vorhanden, können Sie natürlich auch kein Kontextmenü zum Einfügen öffnen. Wählen Sie in diesem Fall im Seitenbaum das Kontextmenü der Seite und benutzen Sie den dort vorhandenen Befehl *Einfügen in*. TYPO3 fügt den Inhalt dann in der leeren Seite in die Spalte ein, aus der Sie es zuvor ausgeschnitten oder kopiert haben. Möchten Sie das Inhaltselement dann in eine andere Spalte auf die Seite setzen, müssen Sie erneut mit den *Kopieren*- und *Ausschneiden*-Funktionen arbeiten.

Vielfältiger Content mit den verschiedenen TYPO3-Inhaltstypen

TYPO3 kennt unterschiedliche Typen von Inhaltselementen. Für jeden Typ wird eine eigene Editiermaske in der Detailansicht aufgerufen. Die Eingabefelder und Optionen der einzelnen Editiermasken sind dabei seit der TYPO3-Version 4.2 in verschiedene Registerkarten unterteilt. Beim Inhaltstyp *Text* sind das z.B. die Registerkarten *Allgemein*, *Zugriff* und *Erscheinungsbild*, beim Inhaltstyp *Text und Bilder* finden sich die Registerkarten *Allgemein*, *Bilder*, *Zugriff* und *Erscheinungsbild*.

Zunächst werden auf den folgenden Seiten die typübergreifenden Eingabefelder und Optionen der Registerkarten *Allgemein* und *Zugriff* erläutert, die in jeder Editiermaske der verschiedenen Inhaltstypen zu finden sind. Die einzelnen Inhaltstypen bestehen nämlich immer aus bestimmten in jeder Maske erscheinenden Feldern. Bei den Inhaltstypen *Text* und *Text mit Bild* steht Ihnen zusätzlich der Rich Text Editor zur Verfügung.

Danach werden alle Inhaltstypen einzeln mit ihren Besonderheiten und Einsatzmöglichkeiten vorgestellt. Dort erfahren Sie, wie Sie zu Ihrem Webauftritt Texte, Bilder, Tabellen und Listen hinzufügen können. Dabei handelt es sich um Inhaltselemente, mit denen Sie es im Redakteursalltag am häufigsten zu tun bekommen werden. Darüber hinaus erhalten Sie detaillierte Erläuterungen zum Einfügen von multimedialen Inhalten, zum Einbauen von Seitenmenüs sowie zum Übernehmen von Inhalten anderer Seiten.

Beachten Sie, dass bei der Beschreibung der verschiedenen Eingabemasken davon ausgegangen wird, dass die zweite Optionspalette am Ende jeder Seiteninhaltselement-Eingabemaske eingeschaltet ist. Diese müssen Sie nur einmal in einem Seitenelement einschalten. Die Einstellung gilt dann global für alle Masken, bis Sie diese Option wieder ausschalten. Lesen Sie dazu auch den Abschnitt »Zusätzliche Optionen für Editiermasken« auf Seite 65.

Typübergreifende Angaben

Die Registerkarten *Allgemein*, *Zugriff* und *Erscheinungsbild* erscheinen in jedem Inhaltselement. Neben dem grundsätzlichen Typ eines Elements können Sie noch einige typübergreifende Optionen wählen sowie bestimmen, in welchem Zeitraum ein Inhaltselement veröffentlicht werden und für welche Besucher einer Website es sichtbar sein soll.

Die Registerkarte Allgemein

Aufklappmenü Typ

Über das Menü *Typ* kann der Inhaltstyp jederzeit geändert werden. Eingepflegte Inhalte bleiben erhalten. Wenn Sie also in einem Inhaltstyp *Text* bereits einen Text eingepflegt haben und dann zum Typ *Text mit Bild* wechseln, gehen Ihre Eingaben nicht verloren. Beim Wechsel zu einem anderen Typ weist TYPO3 Sie in einem Hinweisfenster darauf hin, dass die Eingabemaske durch den Wechsel verändert wird, was ja auch meist notwendig und gewünscht ist.

Spalte – Den Anzeigebereich auf der Website festlegen

Sie können ein Inhaltselement einer anderen als der gewählten Spalte zuweisen. Das kann nützlich sein, wenn Sie ein Element beispielsweise aus der mittleren Spalte in die rechte Spalte verschieben möchten, da dies aus redaktioneller Sicht notwendig ist. Sie definieren damit also dessen Anzeigebereich auf der Website. Das ist aber nur ratsam, wenn Ihre Website in mehrere Anzeigebereiche aufgeteilt ist und die Spalten vom Administrator im Template eingerichtet und konfiguriert wurden. Sonst kann es passieren, dass das Inhaltselement nicht mehr angezeigt wird. Mehr über das Arbeiten mit Spalten erfahren Sie in diesem Kapitel unter »Wohin mit dem Content? Die Arbeit mit Spalten« auf Seite 174.

Sprache

Hiermit können Sie das Inhaltselement einer der im TYPO3-Backend verfügbaren Sprachen zuordnen. Wie Sie Sprachen einrichten, erfahren Sie im Abschnitt »Eine neue Website-Sprache anlegen« auf Seite 104. Bedenken Sie, dass das Zuweisen einer anderen als der Standardsprache nur sinnvoll ist, wenn Ihre Website bereits vom Administrator für Mehrsprachigkeit konfiguriert wurde. Wenn nicht, wird das Inhaltselement nicht mehr angezeigt, wenn Sie es einer anderen als der Standardsprache zuweisen.

Überschrift

Geben Sie hier eine Überschrift für das Inhaltselement ein, die im Frontend vor dem Inhalt anzeigt werden soll. Aber auch wenn Sie keine Überschrift auf der Website anzeigen möchten, sollten Sie das Feld nicht leer lassen. Vergeben Sie trotzdem eine Überschrift und wählen Sie dann den Überschriftentyp *Verborgen* aus (siehe unten). In bestimmten Fällen erleichtert das die Übersicht enorm. Wenn Sie z.B. direkt auf ein Inhaltselement verlinken möchten, listet TYPO3 Ihnen im Element-Browser alle auf einer Seite befindlichen Inhaltselemente auf. Anhand der vergebenen Überschriften können diese dann deutlich leichter identifiziert und ausgewählt bzw. verlinkt werden.

Typ
: Hier können Sie Ihrer Überschrift einen Typ zuweisen und dabei im Aufklappmenü zwischen verschiedenen Formaten wählen. Bei der Wahl von *Standard* wird einer der angegebenen Typen verwendet, der im Template als Standard definiert wurde. Die Bezeichnungen und die Anzahl der abgebildeten Überschriften können vom Administrator festgelegt werden, und daher können sie von Backend zu Backend unterschiedlich sein. Wurden die Bezeichnungen der Überschriften nicht geändert, stehen Ihnen die Typen *Layout 1-5* und *Verborgen* zur Verfügung. Die Bezeichnung *Layout* kann den Eindruck erwecken, dass es hierbei nur um eine rein grafische Formatierung geht, mit der festgelegt wird, in welcher Größe und Farbe eine Überschrift auf Ihrer Website erscheinen soll. Das ist auch sicherlich zum Teil richtig, aber zusätzlich geht es hier darum, dass der Administrator die verschiedenen Typen nicht nur visuell, sondern auch semantisch über die HTML-Elemente *h1* bis *h6* korrekt definiert hat. Denn nur dann haben Sie als Redakteur die Möglichkeit, nicht nur für Ihre sehenden Besucher geeignete Überschriften zu vergeben, sondern auch Screenreader-Nutzer und Suchmaschinen davon profitieren zu lassen. Lesen Sie mehr zu diesem wichtigen Thema im Abschnitt »Überschriften« auf Seite 443.

Ausrichtung
: Über *Ausrichtung* können Sie eine Überschrift mittig, rechts oder links innerhalb des Anzeigebereichs auf der Website ausrichten.

Datum
: Tragen Sie ein Datum ein, das – falls vom Template vorgesehen – oberhalb der Überschrift angezeigt wird.

Link
: Sie können eine Überschrift auch verlinken, indem Sie über das Linksymbol rechts des Eingabefelds *Link* den Element-Browser aufrufen und dort den Linktyp und das Linkziel definieren. Die Möglichkeit, eine Headline zu verlinken, ist zwar schön, aber in der Realität eher selten, da Links meistens im Bodytext selbst gesetzt werden. Mehr zum Einrichten von Links finden Sie im Abschnitt »Links« auf Seite 138.

Die Registerkarte Zugriff

Diese Registerkarte beginnt zunächst mit dem Abschnitt Sichtbarkeit, in dem die Anzeige von Inhaltselementen auf der Website gesteuert werden kann.

Inhaltselement deaktivieren
: Diese Option, funktioniert im Grunde genau so wie bei Seiten (siehe dazu den Abschnitt »Verbergen/Seite verstecken« auf Seite 41). Markieren Sie diese Option, wenn Sie verhindern möchten, dass ein Inhaltselement für den normalen Besucher Ihrer Website angezeigt wird. Sie selbst sowie andere im Backend eingeloggte Redak-

teure mit Lesezugriff können die Seite aber sehen und bearbeiten. Anders als bei Seiten ist es allerdings nicht möglich, ein auf versteckt gestelltes Inhaltselement im Browser in der Vorschau zu betrachten.

In Menüs zeigen
: Mit dieser Option die standardmäßig aktiviert ist, steuern Sie die Sichtbarkeit von Inhaltselementen in Menüs. Bestimmte Inhaltstypen, die Menüs von Seiteninhalten erzeugen können, nehmen einen Seiteninhalt nicht in ihr Menü auf, wenn die Option *Index* abgewählt wurde. Möchten Sie z.B. verhindern, dass bei einer Sprungmarkennavigation ein Inhaltselement aufgeführt wird, entfernen Sie das Häkchen bei dieser Option. Standardmäßig ist es bei Inhaltselementen immer gesetzt. Mehr über den sinnvollen Umgang mit der Option erfahren Sie in diesem Kapitel im Abschnitt »Typ Menü/Sitemap« auf Seite 217.

Abbildung 6-10: Inhaltselemente mit einem typischen Nach oben-Link

Link zum Seitenanfang anfügen

Aktivieren Sie diese Option, erscheint ein Link oder Button unter dem Inhaltselement. Die verwendete Bezeichnung, beispielsweise »Seitenanfang« oder »nach oben«, kann vom Administrator definiert werden. Das Betätigen des Links führt dazu, dass die Seite nach oben zum Anfang der Webseite scrollt. Der Einsatz dieser Option ist in verschiedenen Situationen angebracht. Bei sehr langen Webseiten oder falls Sie z.B. direkt zu einem weiter unten gelegenen Inhalt verlinkt haben, kann der Besucher darüber mit nur einem Klick schnell wieder von jedem Inhaltselement aus nach oben gelangen (Abbildung 6-10).

Veröffentlichungsdaten und Zugriffsrechte

Mit den Optionen *Veröffentlichungsdatum* und *Ablaufdatum* können Sie Seiteninhalte zeitgesteuert veröffentlichen. Mehr Informationen dazu finden Sie im Abschnitt »Seiten und Inhalte zeitgesteuert veröffentlichen« auf Seite 59.

Zugriffsrechte für Benutzergruppen

Seiten und Seiteninhalte können in TYPO3 so eingestellt werden, dass sie zugriffsbeschränkt und damit nur für eine bestimmte Gruppe von Besuchern sichtbar sind. Wie Sie ein Inhaltselement einer bestimmten Website Benutzergruppen zuweisen, erfahren Sie im Abschnitt »Zutritt nur für Mitglieder: Website-Benutzer und -Benutzergruppen« auf Seite 61.

Die Registerkarte Erscheinungsbild

Layout

Im Aufklappmenü *Layout* können Sie das Erscheinungsbild für ein Inhaltselement auswählen. Ob und welche Auswirkungen das auf das Erscheinungsbild im Frontend hat, ist von den Einstellungen des Administrators im Template abhängig.

Oberer Abstand, Unterer Abstand

Geben Sie den Abstand in Pixeln ein, der vor bzw. nach diesem Inhaltselement eingefügt werden soll. Ein Pixel (Abkürzung px) bezeichnet die kleinste Maßeinheit für die Darstellung von Objekten auf einem Bildschirm, ähnlich den Millimetern auf Papier. Damit können Sie den Abstand zum vorherigen oder folgenden Seiteninhalt definieren, falls der voreingestellte Wert einmal nicht Ihren Vorstellungen entspricht. Wie »groß« ein Pixel auf einem Monitor wirklich dargestellt wird, hängt von dessen Auflösung ab. Tasten Sie sich einfach mit der Eingabe von verschiedenen Werten in der Größenordnung von bis zu 50 px an Ihre Vorstellung heran – Sie werden bald ein Gefühl dafür bekommen.

Einrückung und Rahmen

Über dieses Aufklappmenü kann für das aktive Inhaltselement ein im Template definierter Rahmen festgelegt werden. Die Bezeichnung »Rahmen« ist hier vielleicht etwas irreführend, da hiermit nicht nur Rahmen, Aufteilungen und farbige Hinterlegungen zugewiesen werden können, sondern auch z.B. Linien vor und nach einem Inhaltselement. Dadurch lassen sich Inhaltselemente stärker visuell voneinander abgrenzen. Alle hier verfügbaren Rahmen können vom Administrator individuell definiert werden. Dadurch lassen sich die Gestaltungsmöglichkeiten von Inhaltselementen steigern – der Content kann abwechslungsreich und interessant aufbereitet werden. Mit diesem Element können einzelne Inhaltselemente z.B. durch grafische oder farbige Hintergründe besonders deutlich in den Vordergrund gestellt werden (Abbildung 6-11).

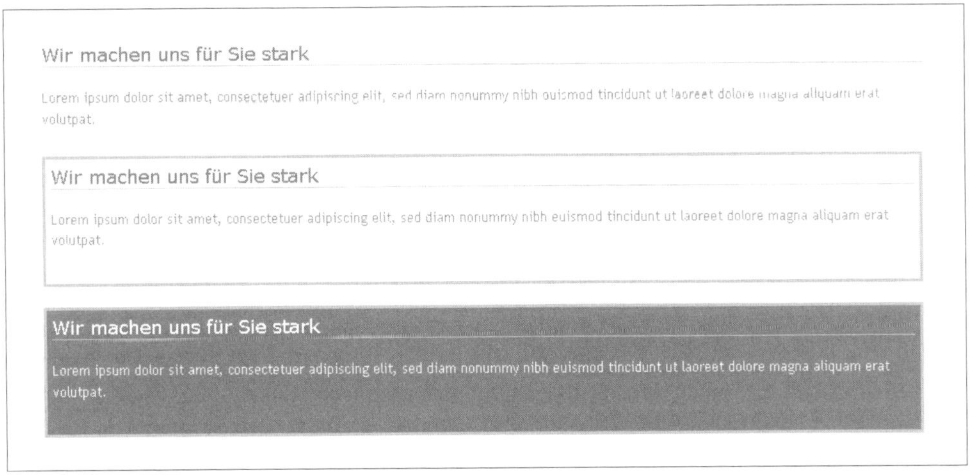

Abbildung 6-11: Inhaltselemente mit unterschiedlichem Layout, per Rahmen festgelegt

Typ Überschrift

Mit dem Typ *Überschrift* wird eine einfache Überschrift ohne weiteren Inhalt angelegt. Im Grunde kann bei allen Inhaltstypen eine Überschrift eingefügt werden, und der Typ erscheint daher vielleicht auf den ersten Blick überflüssig. Trotzdem ist er hin und wieder sehr brauchbar. Ein Beispiel: Sie möchten über einen Inhaltstyp *Text mit Bild* eine Überschrift setzen. Das Bild soll *Im Text links* sitzen und die Überschrift linksbündig darüber (Abbildung 6-12). Mit dem Inhaltselement *Text mit Bild* allein ist dies nicht zu realisieren. Die Überschrift befindet sich hierbei immer bündig über dem Textblock. Mit einem Inhaltselement *Überschrift* und dem Inhaltselement *Text mit Bild* ist dieses Beispiel aber ganz einfach zu realisieren. Außerdem ist das Anlegen eines Untertitels nur in Seiteninhalten vom Typ *Überschrift* möglich.

> In der Auswahlmaske *Neues Inhaltselement* ist der Typ *Überschrift* leider nicht aufgelistet. Sie müssen daher zunächst z.B. einen Typ *Normaler Text* erstellen, um in der Inhaltselement-Editiermaske im Auswahlfeld *Typ* auf den Inhaltstyp *Überschrift* zu wechseln.

Folgendes Feld finden Sie in auf Registerkarte *Allgemein* speziell für diesen Typ in der Editiermaske:

Abbildung 6-12: Seiteninhalt mit der Kombination aus Überschrift/Text mit Bild

Untertitel
: Zusätzlich zur Überschrift kann ein Untertitel vergeben werden.

Alle weiteren editierbaren Eigenschaften dieses Typs werden weiter oben im Abschnitt »Typübergreifende Angaben« auf Seite 181 ausführlich beschrieben.

Typ Text

Der Typ *Text* ist der richtige Inhaltstyp zum Einpflegen von reinem Text in eine Webseite. In der Registerkarte *Text* steht Ihnen der Rich Text Editor für die Eingabe und Formatierung Ihres Texts zur Verfügung. Alles Wissenswerte zum Thema Text und zum RTE finden Sie im umfangreichen Kapitel 5, *Den Rich Text Editor einsetzen*. Es könnte auch sein, dass Sie in Ihrem Rich Text Editor noch zusätzliche Aufklappmenüs und Optionen für die Textformatierung vorfinden, mit denen Sie dem Text Schriftarten und Farben zuweisen oder Texte kursiv und fett auszeichnen können. Das ist allerdings nur der Fall, wenn Ihre Website zwar mit TYPO3, aber leider mit einer veralteten, nicht den heutigen Standards entsprechenden Technik erstellt wurde. Moderne TYPO3-Webauftritte sollten mit der TYPO3-Erweiterung »CSS Styled Content« entwickelt werden, die die Anzeige dieser Formatierungsmöglichkeiten generell unterdrückt.

Alle weiteren editierbaren Eigenschaften dieses Typs werden weiter oben im Abschnitt »Typübergreifende Angaben« auf Seite 181 ausführlich beschrieben.

Typ Bild

Dieser Typ ist ein Highlight von TYPO3, denn der einfache Umgang mit Bildern und die umfangreichen Bild- und Bildbearbeitungsfunktionen gehören zu den Stärken des Redaktionssystems. Mit dem Inhaltstyp können Sie beliebig viele Bilder ohne weiteren Text in Ihre Seite einbinden und dabei u.a. sogar Größe und Komprimierung festlegen sowie einstellen, ob Bilder verlinkt werden oder nach einem Mausklick vergrößert in einem Pop-up-Fenster dargestellt werden sollen.

Die Registerkarte Bilder

Bilder

Um dem Inhaltselement Bilder hinzuzufügen, klicken Sie im Bereich *Bilder* auf das Ordnersymbol *Dateien durchbättern*. Hiermit öffnen Sie den TYPO3-Element-Browser, in dem Sie Bilder aus Ihrer Dateiliste auswählen und auch neue Bilder, die sich noch nicht auf dem Webserver befinden, hinzufügen können. Im Detail wird der TYPO3-Element-Browser im Abschnitt »Der TYPO3-Element-Browser« auf Seite 244 beschrieben. TYPO3 kann sehr viele Dateiformate verarbeiten, die eigentlich für die Verwendung im Internet nicht geeignet sind. Auf diese Weise ist es möglich, neben den üblichen Dateiformaten GIF, JPG und PNG auch die Formate TIF, BMP, PCX, TGA, PDF und AI zu verwenden. Dadurch entfällt das aufwendige Umwandeln in webgerechte Dateiformate mit zusätzlicher Bildbearbeitungssoftware.

Damit ist es auch ohne Weiteres möglich, z.B. hochaufgelöste Fotos im TIF-Format einer Spiegelreflexdigitalkamera direkt ohne Umwandlung auf den Webserver zu laden und in Inhaltselemente einzubinden. Bedenken Sie aber, dass diese Fotos eine immense Dateigröße besitzen können und der Download je nach Zugangsgeschwindigkeit Ihres Internetanschlusses sehr zeitintensiv sein kann. Außerdem wird dadurch die Festplatte Ihres Webservers schneller voll. Lesen Sie dazu auch den Abschnitt »Upload-Limit« auf Seite 245.

Im Modul *Benutzerwerkzeuge* kann man unter *Einstellungen* in der Registerkarte *Bearbeiten & Erweiterte Funktionen* die Option *Hochladen von Dateien direkt im Web-Modul* wählen. Dadurch erscheint beim Typ *Bild* ein weiteres Feld und ein Button mit der Bezeichnung *Durchsuchen*. Manche Redakteure benutzen gern diese Möglichkeit, schnell und unkompliziert Bilder von der eigenen Festplatte auf den Webserver hochzuladen und sofort in die Seite einzubinden (Abbildung 6-13). Dies hat aber einen entscheidenden Nachteil.

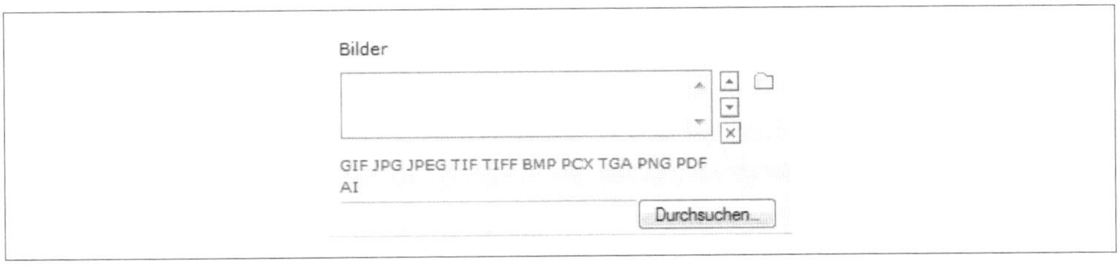

Abbildung 6-13: Bilder-Upload mit der Durchsuchen-Funktion

So verlockend das auch ist: Tun Sie es nicht. Der Unterschied zum TYPO3-Element-Browser ist, dass die mit dieser Methode eingebundenen Bilder nicht der Dateiliste hinzugefügt werden und damit auch nicht für die weitere Verwendung zu Verfügung stehen. Die Bilder werden vielmehr TYPO3-intern verwaltet – ohne Zugriffsmöglichkeit für Sie oder andere Redakteure. Deshalb empfehlen wir sogar, die Möglichkeit über den Button *Durchsuchen* im Benutzerprofil zu unterbinden. Informationen dazu finden Sie im Abschnitt »TYPO3 personalisieren: Benutzereinstellungen« auf Seite 377.

Beschriftung (eine pro Zeile)

Über das Eingabefeld *Bildunterschrift* können Sie den Bildern einen Untertitel zuweisen (Abbildung 6-14). Dabei kann es sich z.B. um eine Kurzbeschreibung des Bilds handeln oder um einen Copyright-Hinweis. Um bei mehreren Bildern für jedes Bild einen eigenen Bildtext zu erstellen, müssen Sie die Bildtexte einfach untereinander, durch einen Umbruch getrennt, in der Reihenfolge der Bilder eintragen.

Abbildung 6-14: Bild mit Bildtext

Bei Klick vergrößern

Oft ist es nicht möglich, Bilder in einer akzeptablen Größe im Inhaltsbereich einer Webseite abzubilden. Mit dieser Option können Sie Bilder als eine Art Vorschaubild in eine Seite einbauen, die bei Bedarf vom Besucher angeklickt werden können und die sich dann vergrößert in einem Pop-up-Fenster öffnen. Das Geniale daran: Die gesamte Bildbearbeitung, die Sie ohne TYPO3 mit einem Bildbearbeitungsprogramm erledigen müssten, übernimmt TYPO3.

Fügen Sie die Bilder dazu zunächst ganz normal über den TYPO3-Element-Browser ein. Die Bilder sollten zu diesem Zweck nicht zu klein sein, sonst ist die Vergrößerung nicht sinnvoll. Stellen Sie danach entweder über das Feld *Höhe* oder über das Feld *Breite* die Größe in Pixeln ein, in der die Bilder später auf der Website erscheinen sollen. Jetzt müssen Sie nur noch das Häkchen bei der Option *Klick-vergrößern* setzen. In der Vorschau der Seite werden alle eingepflegten Bilder in der von Ihnen definierten Größe abgebildet – so weit ist das bereits bekannt. Klicken Sie jetzt aber auf eines der Bilder, öffnet sich ein Pop-up mit dem Bild in der Originalgröße bzw. der maximal vom Administrator eingestellten Größe (Abbildung 6-15).

Abbildung 6-15: Vorschaubild mit Klick-vergrößern-Funktion

Damit ein Besucher Ihrer Website auf den ersten Blick erkennt, dass ein Bild vergrößerbar ist, können Bilder automatisiert mit einem Icon, zum Beispiel einer Lupe, versehen werden. Dazu sind allerdings Eingriffe eines Entwicklers notwendig. Mehr dazu finden Sie unter »Lupen und andere Symbole in Bilder integrieren« auf Seite 514.

Links (einer pro Zeile, ein Link pro Bild)

Bilder können ebenso wie Texte mit einer Seite, einer Datei, einer externen URL oder mit einer E-Mail-Adresse verlinkt werden. Wird für jedes Bild ein einzelner Link benötigt, separieren Sie die Links voneinander mit Hilfe eines Zeilenumruchs. Mit Bilderlinks wird eigentlich genau so umgegangen wie mit Textlinks – zumindest technisch. Über das Erstellen und den Umgang mit Links wurde bereits im Kapitel über den Rich Text Editor ausführlich berichtet (siehe den Abschnitt »Links« auf Seite 138.

Damit ein Besucher Ihrer Website auf den ersten Blick erkennt, dass auf einem Bild ein Verweis liegt, können Bilder automatisiert mit einem Icon, zum Beispiel einem Pfeil, versehen werden. Dazu sind allerdings Eingriffe eines Entwicklers notwendig. Mehr dazu in Kapitel 15.

Alternative Texte – Das alt-Attribut

Der in dieses Feld eingetragene Text ist eine Alternative zu Bildern, der überall dort angezeigt wird, wo die Bilder nicht dargestellt werden können. Das ist z.B. bei Textbrowsern und Screenreadern der Fall. Auch das Suchmaschinenranking kann durch eine sinnvolle Vergabe von Alternativtexten positiv beeinflusst werden, denn Suchmaschinen werten keine Bilder, sehr wohl aber den alternativen Text aus. Allerdings sollten alternative Texte nur dort eingesetzt werden, wo sie auch wirklich sinnvoll sind. Oft haben Bilder auf einer Webseite einen rein gestalterischen oder dekorativen Zweck und benötigen daher auch keinen alternativen Text, denn dieser würde ebenfalls von Screenreadern vorgelesen werden – ohne wirklich brauchbare Informationen zu liefern. Das kann sich als sehr störend erweisen. Überlegen Sie daher immer genau, welche Bilder Ihrer Website Informationen bieten, die auch schlecht bzw. nicht sehenden Besuchern vermittelt werden sollen. Bei Bildern ohne informativen Nutzen sollten Sie das Feld für den alternativen Text einfach leer lassen und hier auch nicht – wie manchmal empfohlen – irgendein Leerzeichen einsetzen (Abbildung 6-16).

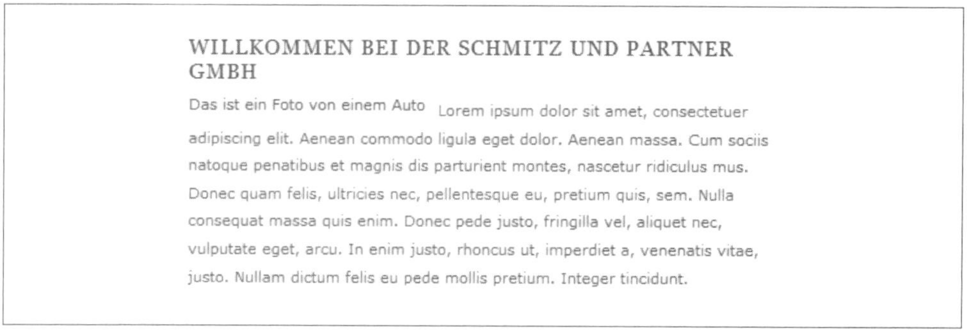

Abbildung 6-16: Webseite mit ausgeschalteter Anzeige von Bildern

Titel – Das title-Attribut

Der *Titeltext* des Bilds wird in einem meist gelben Kästchen (Tooltipp) angezeigt, wenn man im Frontend den Mauszeiger über das Bild bewegt. Damit können ergänzende Informationen zur Funktion der Grafik angezeigt werden. Auch Screenreader können das `title`-Attribut auslesen (Abbildung 6-17).

Abbildung 6-17: Bild mit Tooltipp bei Mouseover

Auch beim *Titeltext* sollte man sich vor dessen Verwendung Gedanken darüber machen, ob er richtig eingesetzt ist. Muten Sie Ihren Besuchern mit nicht visuellen Geräten nicht zu, ein `title`-Attribut mit dem Text »Hier klicken« bei jedem verlinkten Bild vorgelesen zu bekommen.

Langbeschreibung URL – longdesc-Attribut

Ist es aufgrund einer zu hohen Komplexität nicht möglich, die Informationen eines Bilds im Fließtext oder kurz und bündig im `alt`-Attribut oder im Bildtext unterzubringen, können Sie für Besucher mit Screenreadern eine spezielle Beschreibungsseite zur Verfügung stellen. Dazu dient das `longdesc`-Attribut, das einen Link zu einer speziellen Beschreibungsseite angibt, auf der Sie die zu vermittelnden Informationen bereitstellen können. Die Beschreibungsseite sollte einfach und in reiner Textform aufgebaut sein und zusätzlich einen Link zurück zur Seite mit dem Bild enthalten. Leider ist die Unterstützung für dieses Attribut in den Browsern bisher noch nicht unbedingt ausreichend gegeben.

Eine Alternative zu *Langbeschreibung URL* ist eventuell ein zusätzlicher, dem Bild zugeordneter Link. Solche Links können per CSS aus dem sichtbaren Monitorbereich herausgeschoben werden. Er wird dann nur den Besuchern mit Screenreadern vorgelesen. Lassen Sie sich bei Bedarf eine geeignete CSS-Klasse von Ihrem Administrator zur Verfügung stellen.

Gehen Sie folgendermaßen vor, um Besuchern eine Bildbeschreibungsseite per *Langbeschreibung URL* zu bieten: Erstellen Sie im Seitenbaum eine Seite – gut ist z. B. eine Unterseite der Seite, die das Bild enthält – und aktivieren Sie in ihren Seiteneigenschaften die Option *Im Menü verbergen*, damit sie nicht in die Website-Navigation aufgenommen wird. Vergeben Sie hier auch einen Seitentitel und gegebenenfalls einen *Alias*. Diese Seite kann von Ihnen nun über das Inhaltselement *Text* im Rich Text Editor mit der Bildbeschreibung gefüllt werden. Nach dem beschreibenden Text setzen Sie einen Textlink zurück zur Seite, die das Bild enthält. In das Feld *Langbeschreibung URL* der Bildseite müssen Sie jetzt noch den genauen *Alias* der Beschreibungsseite und die Dateierweiterung *.html* eintragen, zum Beispiel *beschreibung_bild.html*.

Um Ihre Angaben zu überprüfen und um zu testen, ob alles geklappt hat, können Sie sich die Bildseite im Firefox anzeigen lassen und dort mit der rechten Maustaste das Kontextmenü des Bilds aufrufen. Wählen Sie den Eintrag *Eigenschaften*, damit Firefox Ihnen in einem Pop-up-Fenster die Grafikeigenschaften des Bilds anzeigt. Beim Punkt *Beschreibung* finden Sie den von Ihnen im Feld *Langbeschreibung URL* eingetragenen Link. Kopieren Sie diesen Link und tragen Sie ihn in die Adresszeile Ihres Browsers ein, um auszuprobieren, ob die richtige Beschreibungsseite aufgerufen wird (Abbildung 6-18).

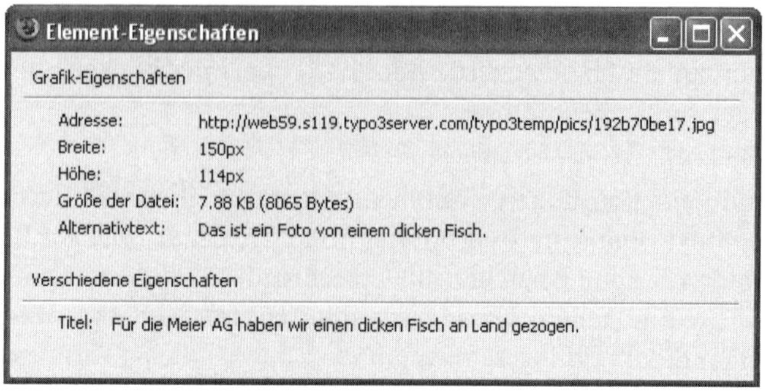

Abbildung 6-18: Kontextmenü eines Bilds im Firefox

Die Registerkarte Erscheinungsbild

Breite und Höhe (Pixel)

Über die Eingabe von Zahlenwerten in eines der beiden Felder *Höhe* oder *Breite* können Sie die Anzeigegröße der Bilder auf Ihrer Website bestimmen. Die Einheit hierfür ist Pixel (siehe dazu auch Kapitel 13, *Bildbearbeitung für Redakteure*). Das Besondere daran ist, dass TYPO3 die Bilder nicht einfach nur visuell skaliert, sondern sie tatsächlich automatisch durch eine integrierte Software in der eingestellten Größe neu berechnet und auf dem Server abspeichert. Dabei verringert sich natürlich auch die Dateigröße deutlich, wenn Sie ein großes Bild über die Eingabe von Pixelwerten verkleinern. Sie sollten darauf achten, Werte nur in eines der beiden möglichen Felder, also entweder *Breite* oder *Höhe*, einzutragen, denn sonst kann es passieren, dass Ihr Bild nicht proportional skaliert, sondern verzerrt dargestellt wird. Es kann sein, dass über das Template eine maximale Größe für Bilder vom Administrator festgelegt wurde. Dies soll verhindern, dass durch den Einsatz zu großer Bilder das Layout Ihrer Website verändert wird.

Rahmen

Soll den Bildern ein Rahmen hinzugefügt werden, können Sie diese Option einschalten. Die Stärke und Farbe des Rahmens wird vom Administrator festgelegt.

Qualität und Typ

Im Aufklappmenü *Qualität und Typ* können Sie den eingearbeiteten Bildern ein Bildformat (GIF, PNG oder JPG) zuweisen. Dabei sind die Bildformate noch in unterschiedliche Qualitätsstufen unterteilt. Mehr zu diesem Themenbereich finden Sie im Abschnitt »Bildbearbeitung mit TYPO3« auf Seite 404.

Effekte

Um die Abbildungsqualität von Bildern zu verändern und damit gegebenenfalls zu verbessern, stehen Ihnen in TYPO3 einige gute Effekte, oder besser gesagt Filter, zur Verfügung. Damit haben Sie die Möglichkeit, Kontrast, Helligkeit und Schärfe zu beeinflussen, unterbelichtete Bilder zu normalisieren, Bilder zu drehen oder sie in Schwarz-Weiß-Abbildungen umzuwandeln. Mehr dazu im Abschnitt »Bildbearbeitung mit TYPO3« auf Seite 404.

Position und Ausrichtung
Über die Auswahl einer der möglichen Positionen *Oben links*, *Oben mittig* oder *Oben rechts* bestimmen Sie die Platzierung der Bilder im Inhaltsbereich Ihrer Seite (Abbildung 6-19).

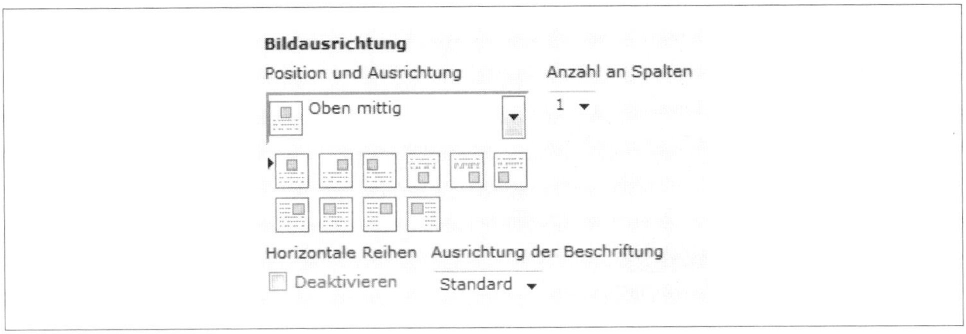

Abbildung 6-19: Funktionen zur Positionierung von Bildern im Inhaltsbereich

Anzahl an Spalten
Standardmäßig werden mehrere eingepflegte Bilder untereinander – man könnte auch sagen, in einer Spalte – angezeigt. Sollen die Bilder nebeneinander in mehreren Spalten ausgegeben werden, können Sie im Aufklappmenü *Anzahl an Spalten* die Zahl der Bilder auswählen, die maximal nebeneinander angezeigt werden sollen (Abbildung 6-20).

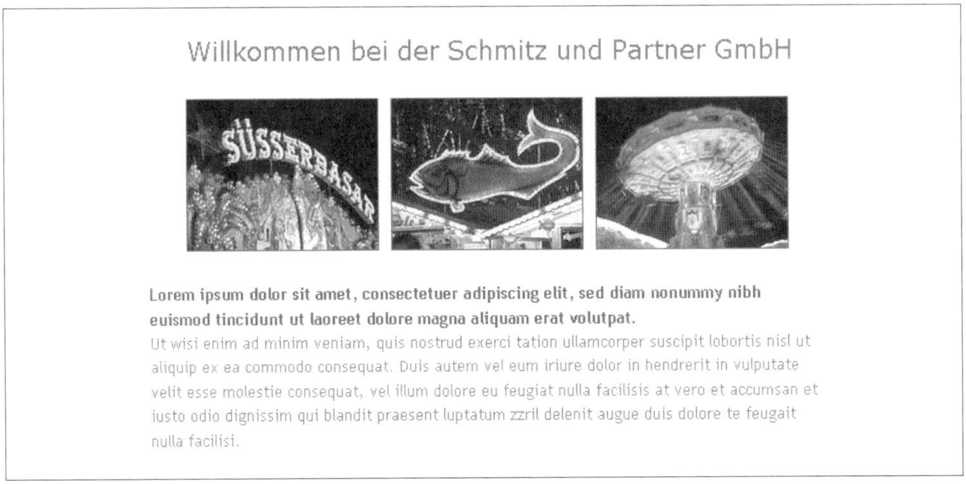

Abbildung 6-20: Mehrere Bilder auf einer Webseite, in drei Spalten aufgeteilt

Horizontale Reihen
Wie steht es im Hilfetext des TYPO3-Backends so schön geschrieben: »Diese Option ist nicht ganz einfach zu erklären …« Das stimmt, deshalb zunächst ein Beispiel: Sie möchten Bilder mit unterschiedlicher Breite in zwei Spalten nebeneinander anzeigen

lassen. Dazu pflegen Sie die Bilder über den TYPO3-Element-Browser ein und wählen im Aufklappmenü *Spalten* die Ziffer 2. Der Unterschied zwischen aktivierter und nicht aktivierter *Horizontale Reihen*-Option ist im Frontend folgender: Bei nicht aktivierter Funktion erscheinen die Bilder nebeneinander, sind aber, bedingt durch die unterschiedliche Breite, teilweise gegeneinander verschoben. Das sieht vielleicht etwas wirr und ungeordnet aus. Bei aktivierter Option *Horizontale Reihen* werden die Bilder in einer senkrechten Spalte untereinander abgebildet, wobei das jeweils breiteste Bild einer Spalte auch die Breite der Spalte selbst festlegt. Das kann in manchen Fällen besser aussehen als das Ergebnis des ersten Beispiels. Probieren Sie daher einfach beide Möglichkeiten aus und wählen Sie dann die, die Ihnen besser gefällt (Abbildung 6-21).

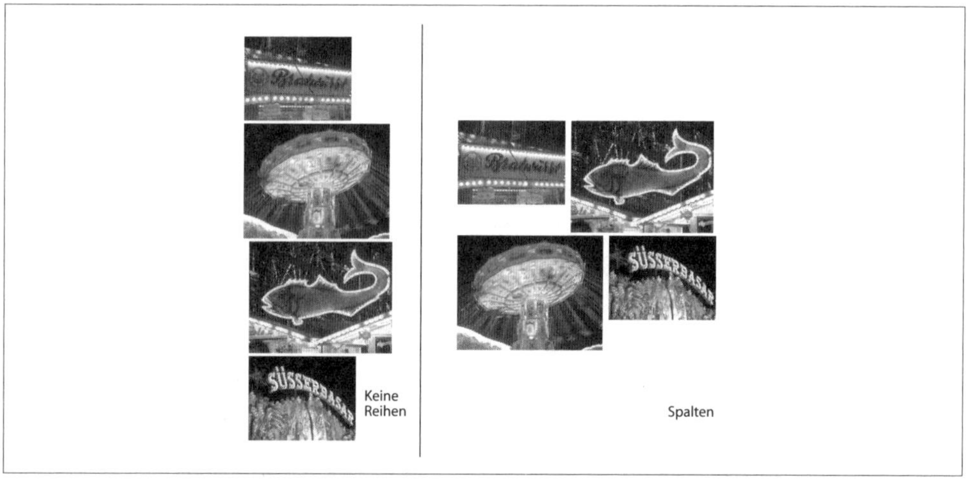

Abbildung 6-21: Mehrere Bilder mit aktivierter und deaktivierter Option Horizontale Reihen

Ausrichtung der Beschriftung
: Es stehen Ihnen die Optionen *Mitte*, *Rechts* und *Links* zur Verfügung. Damit definieren Sie, wie die Bildunterschrift in Bezug zum Bild positioniert wird.

Alle weiteren editierbaren Eigenschaften dieses Typs werden weiter oben im Abschnitt »Typübergreifende Angaben« auf Seite 181 ausführlich beschrieben.

Typ Text und Bilder

Der Inhaltstyp *Text und Bilder* ist eine Kombination aus den Inhaltstypen *Text* und *Bilder,* die meisten Formularfelder sind daher identisch. Damit können Sie in einem Inhaltselement einem Text Bilder zuordnen und sie in Bezug auf den Text positionieren. Die Möglichkeiten der Positionierung sind hier zahlreicher als beim Typ *Bilder*. Zur Festlegung der Bild-Text-Position stehen Ihnen auf der Registerkarte *Erscheinungsbild* Icons und ein Aufklappmenü zur Verfügung. Die Funktionen sind bei beiden deckungsgleich. Sie können wählen zwischen:

Oben mittig, Oben rechts, Oben links

Das Bild oder die Bilder werden über dem Text je nach Wahl zentriert, rechts oder links angeordnet (Abbildung 6-22).

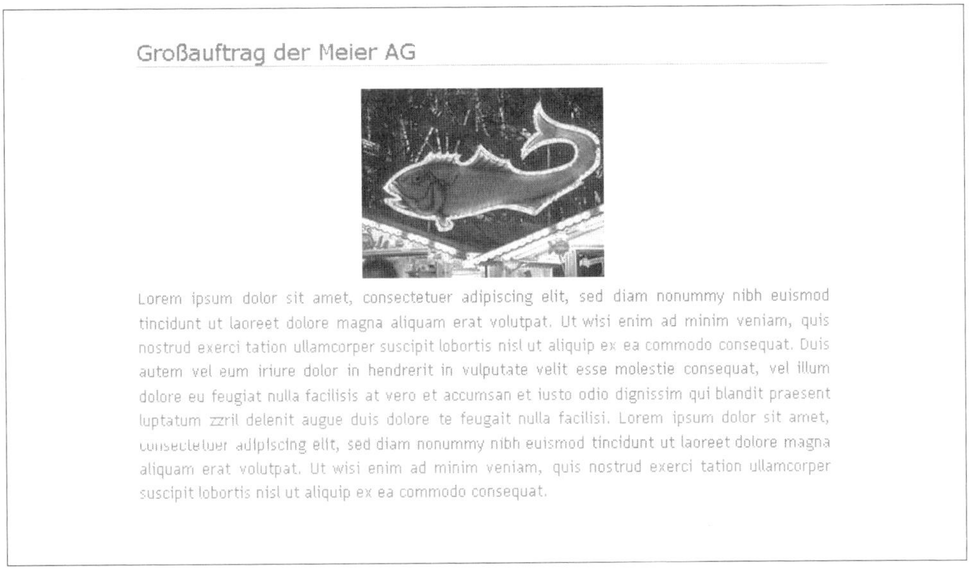

Abbildung 6-22: Inhaltselement Text mit Bild und Bild-Text-Position Oben mittig

Unten mittig, Unten rechts, Unten links

Das Bild oder die Bilder werden unter dem Text je nach Wahl zentriert, rechts oder links angeordnet (Abbildung 6-23).

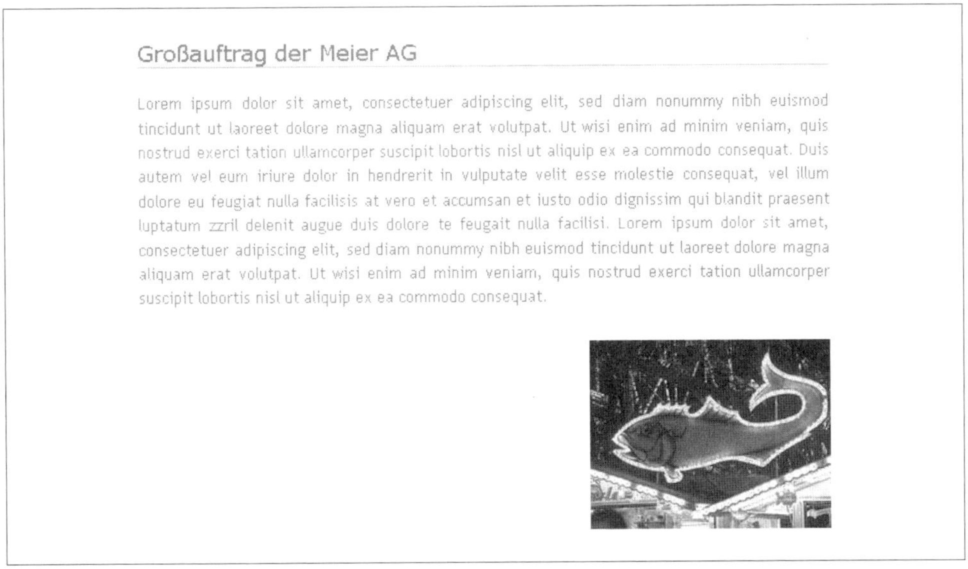

Abbildung 6-23: Inhaltselement Text mit Bild und Bild-Text-Position Unten rechts

Im Text rechts, Im Text links

Die Bilder werden je nach Wahl links oben oder rechts oben positioniert, und der Text umfließt dabei die Bilder (Abbildung 6-24).

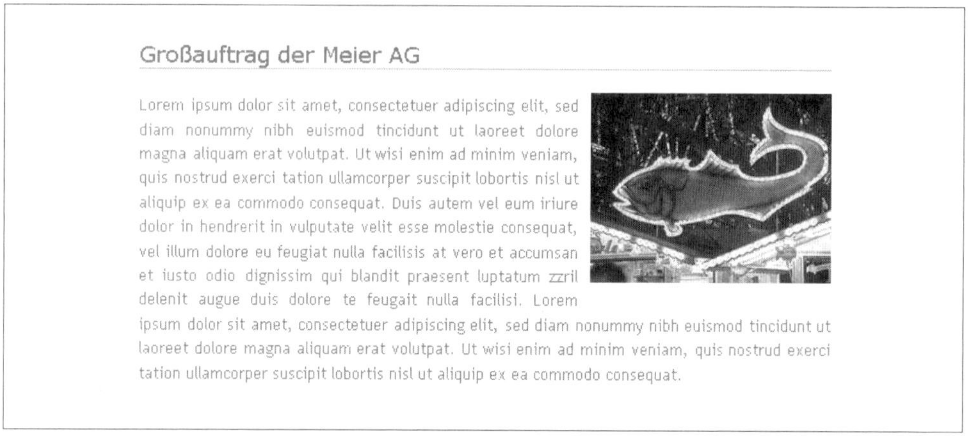

Abbildung 6-24: Inhaltselement Text mit Bild und Bild-Text-Position Im Text rechts

Im Text rechts, Im Text links (kein Umbruch)

Die Bilder werden je nach Wahl links oben oder rechts oben positioniert, aber der Text umfließt die Bilder nicht, sondern läuft in einer senkrechten Spalte, deren Breite durch die Breite des breitesten Bilds bestimmt wird (Abbildung 6-25).

Abbildung 6-25: Inhaltselement Text mit Bild und Bild-Text-Position Im Text links (kein Umbruch)

Typ Aufzählung

Mit dem Inhaltstyp *Aufzählung* können Sie schnell eine einfache unsortierte Liste erstellen. Da die Gestaltungsmöglichkeiten dabei aber sehr begrenzt sind, sollten Sie der Möglichkeit, Listen über den Rich Text Editor zu erstellen, deutlich den Vorzug geben. Für eine einfache Punktliste ohne Umbrüche oder Verschachtelungen ist der Inhaltstyp aber durchaus geeignet. Mehr über Listen und ihre sinnvolle Verwendung finden Sie im Abschnitt »Listen im Text erstellen« auf Seite 127.

Folgende Editiermöglichkeiten stehen Ihnen auf der Registerkarte *Allgemein* bei diesem Inhaltstyp zur Verfügung:

Aufzählung
: Geben Sie hier die einzelnen Texte der Liste ein (Abbildung 6-26). Jede Zeile in diesem Textfeld erzeugt einen Punkt in der Liste. Umbrüche können Sie nur mit dem (X)HTML-Tag <br/> realisieren, das Sie im Text genau an der Stelle eintragen, an der der Text umbrechen soll. Um Textstellen fett darzustellen, können Sie die Stellen mit <strong> auszeichnen, also z.B. <strong>fetter Text</strong>. Mehr über (X)HTML erfahren Sie im Abschnitt »Crashkurs HTML für Redakteure« auf Seite 164.

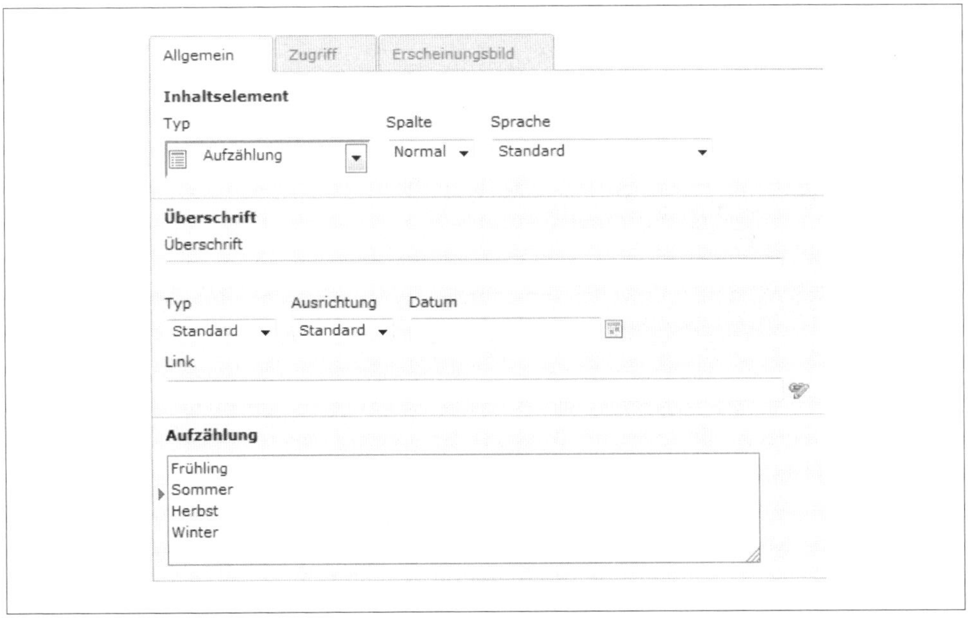

Abbildung 6-26: Inhaltselement Aufzählung

Typ Tabelle

Mit diesem Inhaltstyp können Sie eine Tabelle in die Seite integrieren, um Informationen übersichtlich und sortiert darzustellen. Aber nicht alle Daten sind für die tabellarische Darstellung geeignet. Tabellen sollten immer nur dann eingesetzt werden, wenn zwischen Zellen, Zeilen und Spalten eine logische Beziehung besteht. Bei der Erstellung einer Tabelle ist zu bedenken, dass es etwas Arbeit macht, sie so aufzubauen, dass sie behinderten Besuchern Ihrer Website gut zugänglich ist.

Da das Verbinden von Spalten oder Zeilen sowie das Formatieren der Tabelleninhalte mit diesem Inhaltstyp nicht möglich ist und auch das Einbinden von Bildern und Links im RTE deutlich einfacher ist, wird in diesem Buch der Methode der Tabellenerzeugung über den RTE der Vorzug gegeben. Zur Erstellung einer einfachen Tabelle ist das Inhaltselement aber durchaus geeignet. Detaillierte Informationen zu Verwendungsmöglichkeiten, Aufbau, Semantik und Barrierefreiheit von Tabellen finden Sie im Abschnitt »Tabellen – Daten mit dem RTE übersichtlich einpflegen« auf Seite 155.

Folgende spezielle Optionen stehen Ihnen bei diesem Typ auf der Registerkarte *Tabelle* zur Verfügung:

Layout
: Hier können Sie zwischen verschiedenen Layouts wählen. Das gewählte Layout bestimmt das Erscheinungsbild der Tabelle im Frontend. Diese Option wird von den TYPO3-Standardvorlagen nicht verwendet und hat nur Auswirkungen, wenn der Administrator verschiedene Layouts vorbereitet hat.

Hintergrundfarbe
: Wählen Sie eine vordefinierte Hintergrundfarbe für die Tabelle. Weitere Farben können vom Administrator hinzugefügt werden.

Rahmen
: Bestimmen Sie die Stärke der Rahmenbreite für die Tabelle durch die Angabe eines Pixelwerts, z. B. 2.

Zellenabstand
: Bestimmen Sie den Zellenabstand zwischen Zellen in den Zeilen und Spalten durch die Angabe eines Pixelwerts, z. B. 10. Dieser Wert definiert den seitlichen Abstand nach links und rechts sowie den oberen und unteren Abstand zur nächsten Zelle.

Zellenfüllung
: Durch die Angabe eines Pixelwerts, z. B. 5, bestimmen Sie den Zelleninnenabstand, also den Abstand zwischen Zelleninhalt und dem umgebenen Zellenrand.

Tabellenspalten
: Hier können Sie eine Anzahl von Spalten festlegen, die TYPO3 im Frontend abbilden soll. TYPO3 erkennt die Anzahl der Spalten einer von Ihnen angelegten Tabelle automatisch, deshalb ist eine Eingabe eigentlich nicht erforderlich. Definieren Sie in diesem Aufklappmenü aber eine feste Anzahl, werden alle erstellten Spalten angezeigt,

ob sie mit Inhalt gefüllt sind oder nicht. Umgekehrt werden alle überzähligen Spalten unterdrückt, wenn die definierte Anzahl geringer ist als die im Feld *Text* oder im *Tabellen-Assistent*en angelegten Spalten. Lassen Sie das Feld am besten einfach auf *Auto* stehen, wenn Sie keine besonderen Gründe haben, die Anzahl der Spalten fest vorzugeben.

Text

Im Feld *Text* können Sie eine Tabelle in Textform editieren, Inhalte einbinden und mit speziellen Begrenzerzeichen (siehe unten) Spalten festlegen. Es steht Ihnen aber auch ein *Tabellen-Assistent* zur Verfügung, der das grafische Erstellen von Tabellen über Symbole ermöglicht und den notwendigen Text in dieses Feld dann automatisch für Sie einträgt. Seine Funktionalität wird im nächsten Abschnitt erläutert. Hat man sich aber erst einmal daran gewöhnt, lassen sich über das Eingabefeld *Text* sehr schnell einfache Tabellen anlegen (Abbildung 6-27).

Was gehört zu wozu ?

Obst	Gemüse	Getreide
Apfel	Tomate	Weizen

Abbildung 6-27: Einfache Tabelle, erstellt mit dem Inhaltselement Tabelle

Wie beim vorhergehenden Inhaltselement *Punktliste* auch, definiert jede Zeile im Eingabefeld eine Tabellenzeile. Die einzelnen Spalten werden durch Begrenzer, in diesem Fall senkrechte Striche, sogenannte Pipe-Symbole (|), voneinander getrennt. Um in einer Zelle einen Zeilenumbruch zu erzeugen, notieren Sie das (X)HTML-Tag `<br/>` an der Stelle, an der die Zeile umbrechen soll. Ein einfaches Beispiel: Der folgende Text erzeugt eine Tabelle mit drei Spalten und zwei Zeilen:

```
Obst|Gemüse|Getreide
Apfel|Tomate|Weizen
```

Der Tabellen-Assistent

Dieser Assistent erleichtert Ihnen das Erstellen neuer Tabellen. Um ihn zu nutzen, müssen Sie das Symbol *Tabellen-Assistent* rechts neben dem Eingabefeld anklicken. Der Assistent öffnet sich in der Detailansicht mit bereits vier zur Verfügung stehenden Spalten – falls der Wert für Tabellenspalten auf *Auto* belassen wurde. Ansonsten öffnet sich der Tabellen-Assistent mit den von Ihnen eingestellten Spalten (Abbildung 6-28).

Um Ihre Eingaben im Assistenten zu sichern und wieder zur Start-Editiermaske des Inhaltselements zurückzukehren, nutzen Sie den Button *Dokument speichern und schließen*. In der Start-Editiermaske müssen Sie dann nur noch speichern, wenn Sie auch hier Änderungen vorgenommen haben.

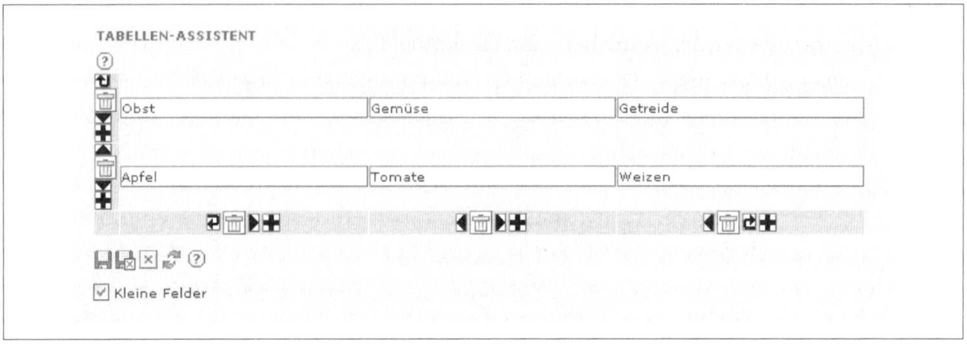

Abbildung 6-28: Der TYPO3-Tabellen-Assistent

Im Tabellen-Assistenten können Sie die Spalten und Zeilen mithilfe von vier Symbolen erstellen und bearbeiten. Folgende Symbole stehen Ihnen am linken Tabellenrand für die Tabellenzeilen und am unteren Tabellenrand für die Tabellenspalten zur Verfügung:

Pluszeichen
: Über die Plussymbole am linken Rand können Sie eine neue Tabellenzeile unterhalb einer existierenden Zeile hinzufügen. Mit den Pluszeichen unterhalb der Tabelle können neue Spalten rechts von einer existierenden hinzugefügt werden.

Papierkorb
: Der Papierkorb löscht eine Zeile oder Spalte.

Pfeile
: verschiebt eine Zeile nach unten, verschiebt eine Zeile nach oben.

: verschiebt eine Spalte nach links, verschiebt eine Spalte nach rechts.

Zurück-Pfeile
: verschiebt die Zeile zum Ende hinter die unterste Zeile, verschiebt die Zeile zum Anfang der Tabelle.

: verschiebt die Spalte nach links vor die erste Spalte, verschiebt die Spalte nach rechts hinter die letzte Spalte.

Registerkarte Erweiterungsoptionen/Barrierefreiheit

Tabellenbeschriftung (<caption>)
: Die Tabellenbeschriftung dient als Überschrift für die Tabelle. Sie wird in der Standardformatierung meist fett und mittig über die Tabelle gesetzt.

Tabellenzusammenfassung (summary-Attribut in <table>-Tags)
: Hier können Sie die Tabellenzusammenfassung definieren. Die Zusammenfassung ist eine Art Inhaltsverzeichnis der Tabelle und ist standardmäßig für den Besucher einer Website unsichtbar. Sie hilft aber Menschen, die sich mit nicht visuellen Geräten im Internet bewegen, ihren Inhalt schneller zu erfassen und sich dadurch einen

besseren Überblick zu verschaffen. Die Zusammenfassung wird z.B. den Benutzern von Screenreadern oder ähnlichen Geräten vorgelesen.

Option Tabellenfuß benutzen (<tfoot> um die letzte Tabellenzeile)
Ein Tabellenfuß dient für ergänzende Informationen wie Quellenangaben, Copyright-Hinweise, Datumsangaben, Links usw. Hier können Sie bestimmen, ob die letzte Zeile Ihrer Tabelle als Tabellenfuß definiert werden soll.

Aufklappmenü Position der Kopfzeile
Im Kopfbereich einer Tabelle kann eine Zeile oder eine Spalte als Überschrift definiert werden. Hier können Sie bestimmen, ob Ihre Tabelle eine Kopfzeile erhalten und, wenn ja, wo diese positioniert werden soll.

Option Kein CSS für diese Tabelle
Mit dieser Option wird bestimmt, ob das Erscheinungsbild einer Tabelle (Farbigkeit, Rahmenstärke, Hintergrund usw.) durch eine CSS-Klasse gesteuert werden soll oder nicht. CSS-Klassen werden in der Regel vom Webdesigner als Textdokument angelegt, die Elemente einer Website (Überschriften, Fließtext, Farbigkeit, Abstände usw.) werden durch das CSS gesteuert.

Zusätzliche CSS-Klasse
An dieser Stelle kann die Bezeichnung einer CSS-Klasse eingetragen werden, mit der das Layout der Tabelle bestimmt wird. Dadurch ist es Redakteuren möglich, Tabellen mit unterschiedlichem Erscheinungsbild zu pflegen. Allerdings müssen Sie dafür die Bezeichnungen der CSS-Klassen, die vom Webdesigner für Tabellen erstellt wurden, kennen, damit Sie sie hier zuweisen können.

Registerkarte Erweiterungsoptionen/CSV-Analyse

Meist werden Tabellen, die ursprünglich nicht für die Verwendung auf Websites erstellt wurden, in Tabellenkalkulationsprogrammen wie z.B. Excel erstellt. Möchten Sie eine solche Tabelle in TYPO3 übertragen, können Sie sie in Ihrem Tabellenkalkulationsprogramm als CSV-Datei (als kommaseparierte Liste) speichern. Wenn Sie diese Datei nun in einem ganz normalen Texteditor – wie zum Beispiel dem Windows-Editor – öffnen, bemerken Sie, dass die Tabelle mit Text und Feldbegrenzern abgebildet wird, z.B. *»Obst, usw.«;Gemüse;Getreide*. Diesen Text können Sie nun per Copy & Paste in das Feld *Text* eintragen. Damit die Tabelle von TYPO3 korrekt abgebildet wird, müssen Sie nur noch die Text- und Feldbegrenzer korrekt einstellen.

Aufklappmenü Textbegrenzer
Wählen Sie hier aus, ob zusammenhängende Texte, die nicht in einzelne Tabellenzellen aufgeteilt werden sollen, durch ein Hochkomma oder durch Anführungszeichen bestimmt werden.

Aufklappmenü Feldbegrenzer
Hier können Sie auswählen, welches Zeichen Texte in einzelne Tabellenzellen aufteilt.

Der Inhaltstyp Dateilinks

Der Inhaltstyp *Dateilinks* (Abbildung 6-29) ermöglicht das Integrieren beliebiger Dateien (außer PHP) und ganzer Dateilisten in Ihre Seiten. PHP-Dateien sind Programmdateien, die bei einem Seitenaufruf im Browser ausgeführt werden können und eventuell Schaden auf dem System des Besuchers anrichten. Aus diesem Grund ist ihre Verwendung für Redakteure nicht erlaubt. Diese Beschränkung kann von Ihrem Administrator jedoch aufgehoben werden.

Abbildung 6-29: Die Auswahlmasken des Inhaltstyps Dateilinks

Der Inhaltstyp *Dateilinks* kann nützlich sein, wenn Sie ausgesuchte Dateien oder aber ganze Verzeichnisse automatisch auslesen und in Listenansichten zum Download bereitstellen möchten. Er unterscheidet sich von einem manuell erstellten Downloadlink durch seine Darstellungsart und -möglichkeiten. Die Funktion erstellt automatisch eine kleine Tabelle, in der die Listeneinträge untereinander aufgeführt und nicht nur mit einem Bild, Symbol oder einer Beschreibung versehen werden können, sondern auch mit Angaben über die Dateigröße. Benutzen Sie die Funktion beispielsweise, um eine Liste mit Gebrauchsanweisungen oder Bildern von einer Veranstaltung zum Download bereitzustellen.

Folgende zusätzliche Auswahlmöglichkeiten stehen Ihnen auf der Registerkarte *Allgemein* zur Verfügung:

Pfad

Benutzen Sie dieses Formularfeld, um ein komplettes Verzeichnis als Ausgangspunkt für die Listenansicht im Backend anzugeben, anstatt Dateien einzeln – wie mit der

Auswahlmaske *Dateien* – auszuwählen. Der *Pfad* geht dabei immer vom Verzeichnis *fileadmin* aus. Um ein Verzeichnis auslesen zu lassen, tragen Sie im Textfeld z. B. den Pfad *fileadmin/Bilder/ihr_verzeichnis* ein. Von nun an wird jedes Element, das Sie in den Ordner *ihr_verzeichnis* im Modul *Dateiliste* oder DAM hinzufügen, automatisch auf der entsprechenden Seite im Frontend aufgeführt.

Dateien auswählen
: In der Auswahlmaske *Dateien auswählen* wählen Sie die Elemente, die Sie als Dateilinks zur Verfügung stellen möchten. Mit der Funktion *Dateien durchblättern* öffnen Sie den TYPO3-Element-Browser, in dem Sie beliebige Dateien auswählen können. Das Sternchen unterhalb des Auswahlfensters zeigt an, dass – wie oben erwähnt – alle beliebigen Dateien hochgeladen werden können, allerdings keine PHP-Dateien.

Durchsuchen
: Wie bei den Inhaltstypen *Bilder* und *Text und Bilder* können Sie auch hier Dateien mithilfe der *Durchsuchen*-Schaltfläche hinzufügen. Manche Redakteure benutzen gern diese Möglichkeit, um schnell und unkompliziert Dateien von der eigenen Festplatte auf den Webserver hochzuladen und sofort in die Seite einzubinden. So verlockend das auch ist: Tun Sie es nicht. Der Unterschied zum TYPO3-Element-Browser ist, dass die mit dieser Methode eingebundenen Bilder nicht der Dateiliste hinzugefügt werden und damit auch nicht für die weitere Verwendung zu Verfügung stehen. Die Dateien werden vielmehr TYPO3-intern verwaltet – ohne Zugriffsmöglichkeit für Sie oder andere Redakteure. Deshalb empfehlen wir sogar, die Möglichkeit über den Button *Durchsuchen* in den Benutzereinstellungen zu unterbinden. Informationen dazu finden Sie im Abschnitt »TYPO3 personalisieren: Benutzereinstellungen« auf Seite 377.

Die im Frontend generierte Listenansicht ist eine Tabelle. Folgende zusätzliche bzw. angepasste Auswahlmöglichkeiten stehen Ihnen auf der Registerkarte *Erscheinungsbild* zur Verfügung:

Layout
: Mit diesem Auswahlfeld bestimmen Sie das Erscheinungsbild der Dateiliste. Es stehen vier wählbare Optionen zur Verfügung: *Standard, Layout 1, Layout 2* und *Layout 3*. Die Option *Standard* ist eine einfache Listenansicht der aufgeführten Dateien ohne Bilder oder Icons. Die Option *Layout 1* fügt den Listeneinträgen ein je nach Medientyp (PDF, TIF, JPG usw.) anderes Icon hinzu. *Layout 2* bildet anstelle der Icons Vorschauansichten mit Umrandung für Bilder und PDFs ab. Die letzte Option *Layout 3* unterscheidet sich von der Option *Layout 2* nur dadurch, dass sie auf die Umrandungen verzichtet. Alle diese Layoutvarianten sind zwar vordefiniert, können aber vom Administrator nach den Vorgaben der Gestalter angepasst werden.

Informationen zur Dateigröße anzeigen
: Markieren Sie dieses Optionsfeld, wenn Sie die jeweiligen Dateigrößen angegeben haben möchten. Dies kann sinnvoll sein, wenn Sie große Dateien zum Download bereitstellen, damit schon im Vorfeld auf eventuell längere Ladezeiten hingewiesen wird.

Typ Medien

Neben Bildern und Texten können Sie mit TYPO3 auch Multimedia-Inhalte wie Videos oder Flash-Filme Ihrer Website hinzufügen. Der Inhaltstyp erlaubt Ihnen die Einbindung zahlreicher Dateiformate. Die bekanntesten sind: Flash (SWF, FLV), Video (AVI, MPG, WMV) und Audio (WAV, AU, MP3).

Um einer Webseite eines dieser Dateiformate hinzuzufügen, wählen Sie auf der Registerkarte *Medien* über das Stiftsymbol *Datei oder URL auswählen* in einem Pop-up-Fenster die Dateien aus, auf die Sie verweisen möchten. Über das Aufklappmenü *Medientyp* legen Sie fest, ob es sich dabei um ein Video oder eine Audiodatei handelt, und über die Eingabe der *Breite* und/oder *Höhe* in Pixeln geben Sie die Darstellungsgröße der Datei, z.B. eines Videos, im *Frontend* vor. Das Eingabefeld *Mediumparameter* (siehe unten) steht Ihnen zur Verfügung, um für die Ausführung oder das Abspielen einer Datei gegebenenfalls notwendige Angaben machen zu können. Hier können Sie unter anderem die Größe des Multimedia-Elements festlegen oder bestimmen, ob es sofort nach dem Laden der Seite startet oder erst durch eine Benutzeraktion. Falls der Besucher Ihrer Website Ihre Multimedia-Datei nicht anschauen kann, weil er den dafür notwendigen Player nicht installiert hat, können Sie auf der Registerkarte *Verhalten* in einem *RTE-Feld* Text (und gegebenenfalls auch Bilder) eintragen, der ihn darüber informiert und eventuell auch über einen Link auf eine Website führt, auf der die zum Abspielen notwendige Software zur Verfügung steht.

Mediumparameter

Mit der Angabe von Parametern wird die Anzeige des Multimedia-Elements im Browser gesteuert. Dazu müssen Sie zunächst einfach nur einen Parameter über das Aufklappmenü *Option* auswählen und dann über das Aufklappmenü *Festlegen auf* den Wert dafür auf *An*, *Aus*, *Werteingabe* festlegen. Um mehrere Parameter hintereinander festzulegen, klicken Sie ganz unten auf *Neu hinzufügen: Mediumparameter*. Sie können Parameter auch als benutzerdefinierte Parameter selbst eintragen. So bewirkt z.B. die Eingabe des Parameters *AnimationAtStart =1*, das der Film, direkt nachdem er aufgerufen wird, startet. Die Angabe über das Aufklappmenü *Option* ist allerdings oftmals der einfachere und schnellere Weg, da man hierbei die korrekten Bezeichnungen der verschiedenen Parameter nicht kennen muss. Am Beispiel einer WMV-Datei sollen die elementarsten Parameter erläutert werden:

Autoplay
: Der Film startet, direkt nachdem er aufgerufen wird.

Wiederholen
: Bestimmt, ob der Film in einer Schleife läuft und wiederholt wird.

Videovorschau
: Hiermit können Sie ein Vorschaubild einbinden, das angezeigt wird, bevor der Nutzer auf den Abspiel-Button klickt.

Vollbildschirm erlauben
Fügt einen Button hinzu, der ein Video nach Klick bildschirmfüllend anzeigt.

Typ Formular

Über den Inhaltstyp *Formular* können Sie einfache Formulare wie zum Beispiel ein Kontaktformular erstellen. In Formularen können die Besucher Ihrer Website Eingabefelder ausfüllen, in Textfeldern längere Texte eingeben, Einträge aus Listen auswählen usw. (Abbildung 6-30). Erfahren Sie in diesem Abschnitt, wie Sie Formulare selbstständig oder mit dem Formular-Assistenten erstellen und wie Sie die verschiedenen Formularfeldtypen konfigurieren können.

Abbildung 6-30: Ein typisches von TYPO3 erzeugtes Formular

Füllt ein Besucher Ihrer Website ein solches Formular aus und klickt auf den Button *Senden,* wird von TYPO3 eine E-Mail mit den Formulardaten an einen von Ihnen definierten Empfänger versendet. Sie können hier auch eine Seite festlegen, die Sie frei mit Inhalt füllen können und die dem Besucher nach dem Abschicken angezeigt wird. Meist wird diese Möglichkeit genutzt, um den Besucher über den weiteren Verlauf zu informieren und sich für seine Nachricht oder Anfrage zu bedanken. Wie beim Inhaltstyp *Tabelle* steht Ihnen dabei entweder das Textfeld oder der Assistent zur Verfügung. Auf der Registerkarte *Formular* können folgende Einstellungen vorgenommen werden:

Konfiguration
Jede Zeile definiert ein Formularelement oder eine Funktion. Ein Beispiel:

```
Name: | *Name=input,40 |  Tragen Sie hier Ihren Namen ein
E-Mail: | *Email=input,40
Adresse: | Adresse=textarea,40,5
Rufen Sie mich bitte zurück: | tv=check | 1
 | formtype_mail=submit | Senden
 | html_enabled=hidden | 1
 | subject=hidden | Mail von der Website
```

Schauen wir uns die erste Zeile genauer an:

- Die erste Angabe, in diesem Fall `Name:`, wird vor dem eigentlichen Formularfeld ausgegeben, dann wird mit dem senkrechten Strich angegeben, dass nun das eigentliche Formularfeld folgt.
- Ein Sternchen definiert das Feld als Pflichtfeld, was bedeutet, dass es ausgefüllt werden muss, da das Formular sonst nicht abgeschickt wird. Eine Notiz weist den Nutzer auf unausgefüllte Textfelder hin. Dann folgt die Bezeichnung, mit der der vom Nutzer eingegebene Wert in der E-Mail an den Formulardatenempfänger aufgeführt wird. Dahinter, direkt nach einem =-Zeichen, erfolgt die Angabe, um welches Formularelement es sich handelt. Die möglichen Bezeichnungen sind von TYPO3 vorgegeben und dürfen nicht verändert werden. Eine ausführliche Liste aller möglichen Formularelemente finden Sie am Ende dieses Abschnitts. Die Zahl 40 bedeutet, dass das zuvor festgelegte Formularelement 40 Zeichen breit ist.
- Mit einem weiteren senkrechten Strich beenden Sie die Definition des Felds. Sie haben auch die Möglichkeit, Werte in ein Feld im Voraus eintragen zu lassen. In diesem Fall steht die Angabe »Tragen Sie hier Ihren Namen ein« bereits im Feld *Name*, wenn das Formular aufgerufen wird.

  Haben Sie die Syntax einmal verinnerlicht, können Sie sicherlich mit dieser Methode schnell Formulare erstellen. Eine Übersicht aller Formularelemente und ihrer Syntax sowie Beispiele für das Feld *Konfiguration* finden Sie in weiter unten in Tabelle 6-1. Auch wenn das Anlegen von Formularen mit dieser Methode kompliziert erscheint, hat sie doch den entscheidenden Vorteil, dass manche Funktion, wie z.B. die Formularfeldüberprüfung – also die Überprüfung auf Richtigkeit oder Vollständigkeit der Angaben –, ansonsten nicht angegeben werden kann. Deutlich einfacher und vor allem intuitiver ist die Erstellung eines Formulars aber wohl über den Assistenten.

Formular-Assistent

Mithilfe des Assistenten können Sie relativ einfach und intuitiv Formulare für Ihren Webauftritt erzeugen (Abbildung 6-31). Zum Assistenten gelangen Sie, indem Sie auf das Symbol rechts neben dem Eingabefeld *Formularstruktur* klicken.

Innerhalb des Assistenten stehen Ihnen vier Spalten zur Verfügung. In der ersten Spalte befinden sich vier schon aus dem Inhaltselement *Tabelle* bekannte Symbole:

Pluszeichen
: Über die Plussymbole können Sie eine neue Formularzeile für weitere Formularfelder unterhalb einer existierenden Zeile hinzufügen.

Papierkorb
: Der Papierkorb löscht eine Zeile und die darin enthaltenen Formularfelder.

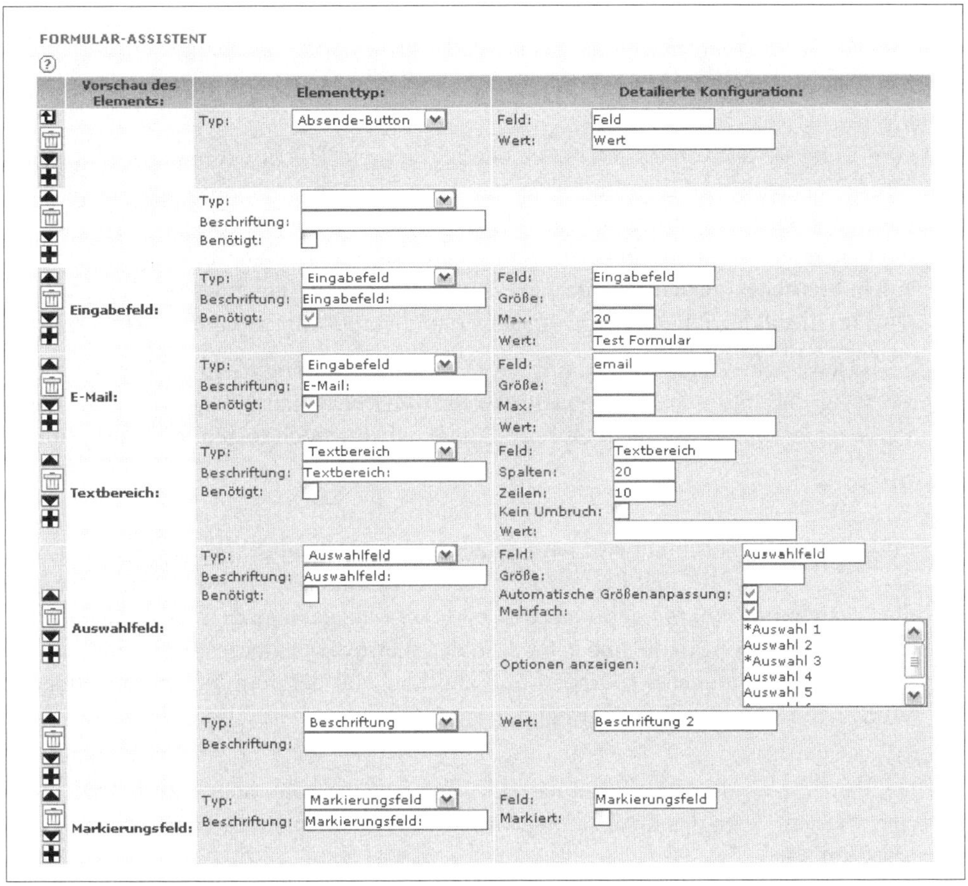

Abbildung 6-31: Der TYPO3-Formular-Assistent

Pfeile

verschiebt eine Formularzeile nach unten, verschiebt eine Formularzeile nach oben.

Zurück-Pfeile

verschiebt die oberste Formularzeile zum Ende des Formulars unter die letzte Zeile.

In der zweiten Spalte *Vorschau des Elements* sehen Sie eine Vorschau Ihrer Eingabe in das Feld *Beschriftung* der dritten Spalte *Elementtyp*. In dieser dritten Spalte wird das eigentliche Formularfeld definiert:

Typ

Hier können Sie zwischen elf verschiedenen Formularfeldtypen wählen. Eine Auflistung aller Typen finden Sie am Ende dieses Abschnitts unter »Formularfeldtypen« auf Seite 209.

Beschriftung

Im Feld *Beschriftung* definieren Sie die Beschriftung für ein einzelnes Formularfeld, z. B. Name, Anschrift usw.

Benötigt

Hier legen Sie fest, ob es sich bei einem Feld um ein Pflichtfeld handelt oder nicht. TYPO3 überprüft vor dem Versenden des Formulars, ob alle definierten Pflichtfelder ausgefüllt wurden. Falls nicht, gibt TYPO3 einen Hinweis aus, der den Benutzer auf die fehlenden Angaben hinweist. Optisch werden diese Felder im Frontend oft mit einem Sternchen gekennzeichnet. Die Art der Auszeichnung eines benötigten Felds wird im Idealfall vom Designer vorgegeben und vom Administrator eingerichtet.

In der dritten Spalte *Detaillierte Konfiguration* werden die möglichen Editierfelder und Optionen für den in der Spalte *Elementtyp* gewählten Formularfeldtyp angezeigt. Diese können je nach Typ unterschiedlich sein. Einige haben jedoch folgende Felder gemeinsam:

Feld

Ein ausgefülltes Formular wird per E-Mail an einen Empfänger geschickt. Darin werden die im Formular vom Besucher eingegebenen Daten aufgelistet. Tragen Sie hier die Bezeichnung ein, mit der die Daten in dieser Mail gekennzeichnet werden sollen. Das Endergebnis ist dann eine E-Mail, in der zuerst die Feldbezeichnungen – die Sie hier eingeben – aufgelistet werden und anschließend der vom Nutzer eingetragene Wert, z. B. Name: Peter Mustermann.

Größe

Definiert die Größe eines Formularfelds. Die Eingabe kann aber von TYPO3 ignoriert werden, wenn das Erscheinungsbild von Formularen auf Ihrer Website per CSS gesteuert wird.

Max

Geben Sie die maximale Anzahl der Zeichen an, die ein Benutzer eintragen kann.

Wert

Einigen Feldern kann ein vorgegebener Eintrag, z. B. »Geben Sie hier Ihren Namen ein« mitgegeben werden. Beim *Eingabefeld* zum Beispiel wird dieser dann als Formularfeldinhalt im Frontend angezeigt.

Die Registerkarte Verhalten

Zielseite

Mit dem TYPO3-Element-Browser können Sie eine Zielseite auswählen, die nach Versenden des Formulars aufgerufen werden soll. Dies kann eine Seite sein, die das Absenden des Formulars bestätigt, oder auch eine »Danke«-Seite.

E-Mail-Adresse des Empfängers

Geben Sie die E-Mail-Adresse des Empfängers ein, an den die Daten des ausgefüllten Formulars als E-Mail geschickt werden soll.

Formularfeldtypen

In diesem Abschnitt erfahren Sie, welche Formularfeldtypen Sie in TYPO3 einsetzen können und wie diese zu konfigurieren sind.

Eingabefeld
: Erzeugt ein einzeiliges Texteingabefeld (Abbildung 6-32). Unter *Detaillierte Konfiguration* können Angaben für *Feld*, *Größe*, *Max* und *Wert* gemacht werden.

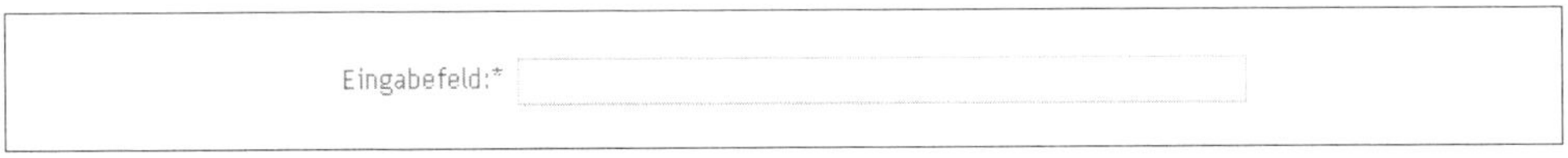

Abbildung 6-32: Einzeiliges Eingabefeld

Textbereich
: Erzeugt ein mehrzeiliges Texteingabefeld (Abbildung 6-33). Unter *Detaillierte Konfiguration* können Angaben für *Feld*, *Spalten*, *Zeilen*, *Kein Umbruch* und *Wert* gemacht werden. Mit der Eingabe in *Spalten* können Sie die horizontale Breite, mit *Zeilen* die Höhe des Textfelds definieren. Durch das Aktivieren der Option *Kein Umbruch* erreichen Sie, dass der Text per E-Mail ohne Zeilenumbrüche übertragen wird. Setzen Sie diese Option nicht, bewirkt das einen Umbruch für den Text, den der Empfänger per Mail erhält. Diese Textumbrüche können sich bei der Weiterverarbeitung als störend erweisen, da sie bei Bedarf manuell entfernt werden müssen.

Abbildung 6-33: Mehrzeiliger Textbereich

Auswahlfeld
: Erzeugt ein Feld, in dem der Besucher zwischen verschiedenen Einträgen wählen kann (Abbildung 6-34). Unter *Detaillierte Konfiguration* können Angaben für *Feld*, *Größe*, *Automatische Größenanpassung*, *Mehrfach* sowie *Optionen anzeigen* gemacht werden. Über *Größe* kann die Höhe des Auswahlfelds festgelegt werden. Alternativ dazu kann die Option *Automatische Größenanpassung* gewählt werden, damit sich das Auswahlfeld automatisch auf eine für die Einträge passende Höhe einstellt. Möchten Sie, dass der Besucher über die bekannten Tastenkombinationen mehrere Einträge selektieren kann, können Sie die Option *Automatische Größenanpassung*

aktivieren. Im Feld *Optionen anzeigen* können Sie die Einträge für das Auswahlfeld angeben.

Abbildung 6-34: Auswahlfeld

Markierungsfeld

Erzeugt ein Markierungsfeld (Abbildung 6-35). Bei der Verwendung von mehreren Markierungsfeldern ist es anders als bei Radio-Buttons möglich, auch mehrere auszuwählen. Unter *Detaillierte Konfiguration* können Angaben für *Feld* und *Markiert* gemacht werden. Setzen Sie bei der Option *Markiert* ein Häkchen, wird der Markierungs-Button im Frontend als bereits angewählt dargestellt.

Abbildung 6-35: Markierungsfeld

Radioknopf

Erzeugt einen runden Radio-Button, ähnlich dem Markierungs-Button, allerdings mit dem Unterschied, dass bei der Verwendung von mehreren Radio-Buttons nur einer ausgewählt werden kann (Abbildung 6-36). Unter *Detaillierte Konfiguration* können Angaben für *Feld* und *Optionen anzeigen* gemacht werden. Bei *Optionen anzeigen* können Sie die verschiedenen Wahlmöglichkeiten definieren. Dabei wird im Frontend jede Wahlmöglichkeit mit einem eigenen Radio-Button versehen.

Abbildung 6-36: Radioknopf

Passwortfeld

Erzeugt ein einzeiliges Texteingabefeld für Kennwörter (Abbildung 6-37). Im Gegensatz zum normalen Textfeld wird die Eingabe aus Datenschutzgründen nicht in Klartext, sondern als Sternchen angezeigt. Das sorgt für mehr Sicherheit, falls dem Besucher jemand über die Schulter schaut. Unter *Detaillierte Konfiguration* können Angaben für *Feld*, *Größe*, *Max* und *Wert* gemacht werden.

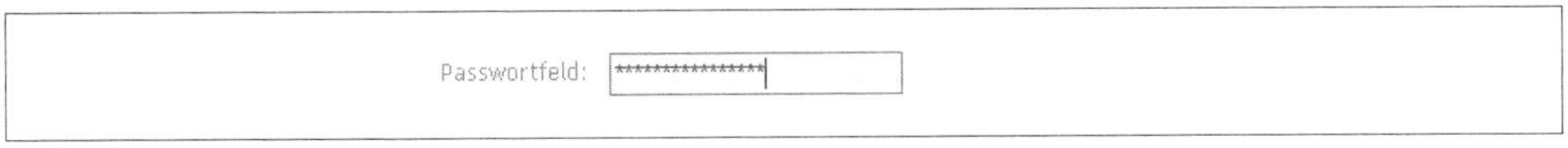

Abbildung 6-37: Passwortfeld mit eingetragenem Passwort

Dateitransfer

Erzeugt ein Feld und einen *Durchsuchen*-Button, über den der Besucher auf seine eigene Festplatte gelangt, um Dateien für den Upload auf Ihren Webserver auszuwählen (Abbildung 6-38). Damit kann der Besucher an sein Formular eine Datei, z.B. ein Bild, anhängen. Unter *Detaillierte Konfiguration* können Angaben für *Feld* und *Größe* gemacht werden. Damit bei mehreren Dateitransferfeldern die Dateien sortiert an die Mails angehängt werden, müssen Sie die Feldnamen `attachment`, `attachment1`, `attachment2` usw. benutzen.

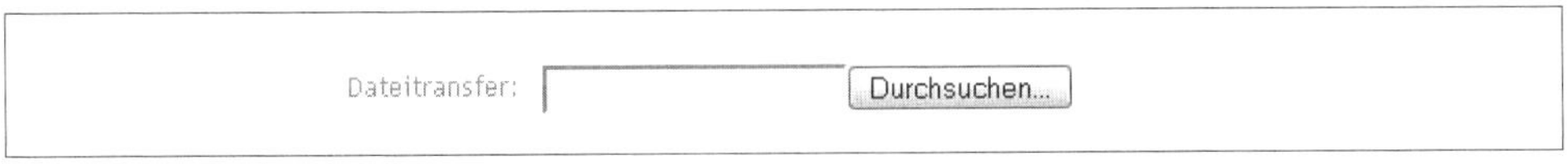

Abbildung 6-38: Feld Dateitransfer zum Anhängen von Dateien, z.B. Bildern

Versteckter Wert

Mit dem Typ *Versteckter Wert* können Angaben gesetzt werden, die nur in der E-Mail des Formularempfängers auftauchen, für den Frontend-Besucher aber nicht sichtbar sind (Abbildung 6-39). Unter *Detaillierte Konfiguration* können Angaben für *Feld* und *Wert* gemacht werden. Eine Einsatzmöglichkeit für diesen Formularfeldtyp ist das Übermitteln von Angaben, die nicht extra vom Anwender eingetragen werden sollen oder müssen. So ist es beispielsweise möglich, die Bildschirmauflösung oder den Browsertyp des Anwenders abzufragen und zu übermitteln.

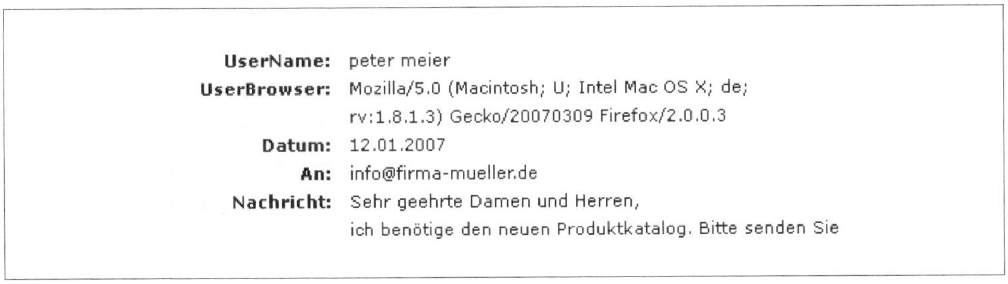

Abbildung 6-39: Angabe eines versteckten Werts in der Formulardaten-E-Mail

Absendeschaltfläche

Erzeugt einen Absende-Button für das Formular (Abbildung 6-40). Unter *Detaillierte Konfiguration* können Angaben für *Feld* und *Wert* gemacht werden.

Abbildung 6-40: Absendeschaltfläche

Eigenschaft
Mit *Eigenschaft* können Sie bestimmte Formulareigenschaften überschreiben. Unter *Detaillierte Konfiguration* können Angaben für *Feld* und *Wert* gemacht werden. Um die einzelnen Eigenschaften zu überschreiben, müssen definierte Schlüsselwörter bei *Feld* eingetragen werden. Mögliche Schlüsselwörter sind `goodMess`, `badMess`, `emailMess` und `type`. Für `goodMess` und `badMess` können Sie bei *Wert* einen Text eintragen, der erscheint, wenn der Besucher ein Formular korrekt bzw. nicht korrekt ausgefüllt hat, sobald er den Absende-Button anklickt. Die Information wird in einem Browser-Hinweisfenster angezeigt. Um den Besucher auf eine falsch eingetragene E-Mail-Adresse hinzuweisen, können Sie beim Schlüsselwort `emailMess` in *Wert* eine Textnachricht eingeben, die ebenfalls in einem Browserhinweisfenster erscheint, sobald der Besucher das Formular versenden möchte (Abbildung 6-41). Bei `type` können Sie im Feld *Wert* z.B. über die Angabe eines Seitenalias eine Seite aus Ihrem TYPO3-Seitenbaum definieren, auf die der Besucher nach dem Versenden des Formulars weitergeleitet wird.

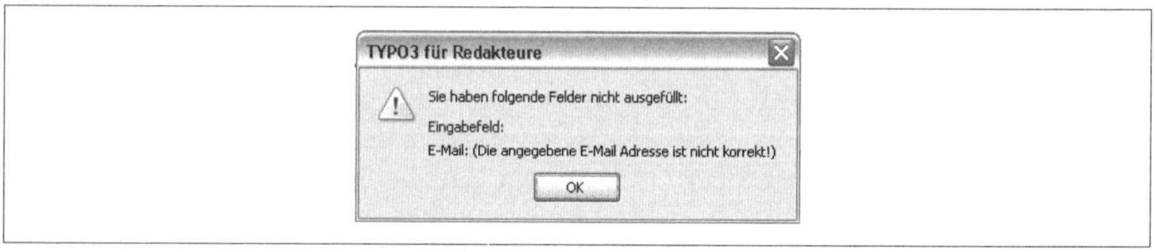

Abbildung 6-41: Definierte Meldung bei Nichtausfüllen eines Pflichtfelds

Beschriftung
Mit dem Auswahlmenü *Beschriftung* – nicht mit dem gleichnamigen Textfeld – können Sie eine Bezeichnung für einen bestimmten Formularbereich angeben. Damit können Sie ein Formular optisch in Bereiche wie z.B. »Adresse«, »Ihr Anliegen« usw. unterteilen (Abbildung 6-42). Unter *Detaillierte Konfiguration* tragen Sie die letztendliche Beschriftung ein.

Im unteren Bereich des Assistenten können Sie die Beschriftung des Absende-Buttons, den Betreff und die Empfänger-E-Mail-Adresse festlegen. Dort können Sie auch bestimmen, ob die Formulardaten als HTML-Mail versendet werden sollen. Folgende Optionen stehen zur Verfügung:

Beschriftung der Absendeschaltfläche
Legen Sie damit fest, welche Bezeichnung der Absende-Button auf der Webseite haben soll.

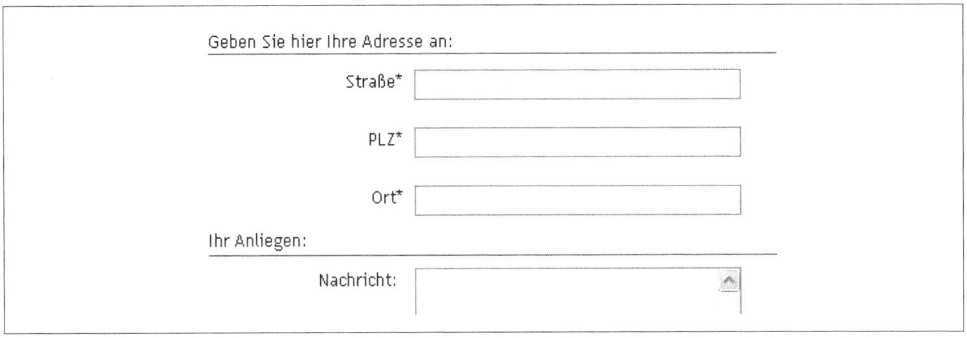

Abbildung 6-42: Beschriftung eines Formularbereichs

HTML-Modus aktiviert
: Die E-Mail mit den vom Besucher ausgefüllten Formulardaten kann auf zwei Arten an den Empfänger übermittelt werden: als sauber strukturierte, übersichtliche Tabelle auf HTML-Basis und als reine Textmail. Deselektieren Sie diese Option daher nur, wenn Sie keine HTML-Mails empfangen möchten bzw. können oder für Sie der Empfang von reinen Textmails, z.B. für die Weiterverarbeitung in einer anderen Software, besser geeignet ist.

Betreff
: Hiermit definieren Sie den Betreff der von TYPO3 erzeugten Mail mit den von einem Besucher Ihrer Website eingetragenen Formulardaten.

Empfänger-E-Mail
: Geben Sie hier eine gültige E-Mail-Adresse an, an die TYPO3 die Formulardaten als E-Mail versenden soll.

In der folgenden Tabelle 6-1 finden Sie eine Auflistung der möglichen Formularelemente und deren Schreibweise im Textfeld *Konfiguration:*

Tabelle 6-1: Formularelemente und ihre Syntax für das Textfeld Konfiguration

Formularelement	Beispiel und Syntax

Textbereich
Inklusive Formularfeldüberprüfung
(funktioniert auch in den Elementen Passwortfeld und Eingabefeld)
	Beispiel:
	`Ihre Nachricht: | Textbereich=textarea,20,10 |  | EREG : Sie können nur die Buchstaben A-Z eingeben : ^[a-zA-Z]*$`
	Syntax:
	`Beschriftung | [*=erforderlich][Feldname=] textarea[,cols,rows,"wrap=[z.B. "OFF"]"] | [Vorgabewert] | Formularfeldüberprüfung`

Eingabefeld	Beispiel:
	`Ihr Name: | *Eingabefeld=input,20,40 | Tragen Sie hier Ihren Namen ein`
	Syntax:
	`Beschriftung | [*=erforderlich][Feldname=] input[,size,max] | [Vorgabewert] | Formularfeldüberprüfung`

Tabelle 6-1: Formularelemente und ihre Syntax für das Textfeld Konfiguration (Fortsetzung)

<table>
<tr><th>Formularelement</th><th>Beispiel und Syntax</th></tr>
<tr><td>Passwortfeld</td><td>Beispiel:
Ihr Passwort: | Passwortfeld=password
Syntax:
Beschriftung | [*=erforderlich][Feldname=] input[,size,max] | [Vorgabewert]</td></tr>
<tr><td>Dateitransfer</td><td>Beispiel:
Ihr Bild: | attachment1=file
Syntax:
Beschriftung | [*=erforderlich][Feldname (*1)=] file[,size]</td></tr>
<tr><td>Markierungsfeld</td><td>Beispiel:
Ich möchte zurückgerufen werden: | Markierungsfeld=check
Syntax:
Beschriftung | [Feldname=] check | [checked=1]</td></tr>
<tr><td>Auswahlfeld</td><td>Beispiel:
Bitte wählen Sie: | Auswahlfeld=select,auto,m | *Auswahl 1, Auswahl 2, *Auswahl 3
Syntax:
Beschriftung | [*=erforderlich][Feldname=] select[,size (int,"auto"), "m"=multiple] | Option[=Wert],...</td></tr>
<tr><td>Radioknopf</td><td>Beispiel:
Radio Button: | Radio_Button=radio | Option 1, Option 2, Option 3, *Option 4
Syntax:
Beschriftung | [*=erforderlich][Feldname=] radio | Option[=Wert], ...</td></tr>
<tr><td>Versteckter Wert</td><td>Beispiel:
| Versteckter_Wert=hidden | Dies ist ein versteckter Wert
Syntax:
|[Feldname=]hidden | Wert</td></tr>
<tr><td>Absendeschaltfläche</td><td>Beispiel:
| Feld=submit | Absenden
Syntax:
Beschriftung | [Feldname=] submit | Aufschrift</td></tr>
<tr><td>Beschriftung</td><td>Beispiel:
| label | Adressdaten
Syntax:
Beschriftung | label | Wert</td></tr>
<tr><td>Eigenschaft</td><td>Syntax:
| goodMess=property | Hinweistext
| badMess=property | Hinweistext
| emailMess=property | Hinweistext
| type=property | Alias TYPO3-Seite (beispiel.html)</td></tr>
</table>

Tabelle 6-1: Formularelemente und ihre Syntax für das Textfeld Konfiguration (Fortsetzung)

Formularelement	Beispiel und Syntax
Vordefinierte Auswahl in einer Auswahlbox	Beispiel: `Haarfarbe: | *haarfarbe=select | Blau=blau, Rot=rot, *Braun=braun` Sie können mehrere vordefinierte Elemente festlegen, indem Sie ein Sternchen vor jeden Eintrag setzen.
Vordefinierte Auswahl eines Radioknopfs	Beispiel: `Radio Button: | Radio_Button=radio | Option 1, *Option 2,`
E-Mail-Kopie Empfänger	Syntax: `| recipient_copy=hidden | E-Mail Adresse 1, E-Mail Adresse 2, ...` Mehrere E-Mail-Empfänger können durch Kommata getrennt hintereinander eingegeben werden.
Automatische Antwort-E-Mail	Beispiel: `| auto_respond_msg=hidden | Vielen Dank / Diese Nachricht wurde automatisch erstellt. //Wir haben Ihre E-Mail erhalten.` Kann nur versendet werden, wenn im Formular das Feld (`feldname "email"`) angelegt wurde. Der Inhalt der E-Mail kann mit einem Slash »/« umbrochen werden. Die erste Zeile definiert den E-Mail-Betreff.

E-Mail-Feld Überprüfung	Beispiel:
	`Ihre E-Mail: | *email=input |  | EMAIL`
	Syntax:
	`Beschriftung | *email=input | | EMAIL`

Typ Suchen

Wenn Sie auf Ihren Webseiten ein Suchformular einbinden möchten, benutzen Sie dafür das Inhaltselement *Suchen*. Die Funktion erzeugt auf der betreffenden Seite ein einfaches Suchformular, mit dem es möglich ist, nach Seiteninhalten oder Überschriften und Schlagwörtern zu suchen. Es handelt sich hierbei um eine Volltextsuche, die zwar alle textbasierenden Inhaltselemente durchsucht, aber keine PDF- oder Word-Dateien, falls diese vorhanden sein sollten (Abbildung 6-43).

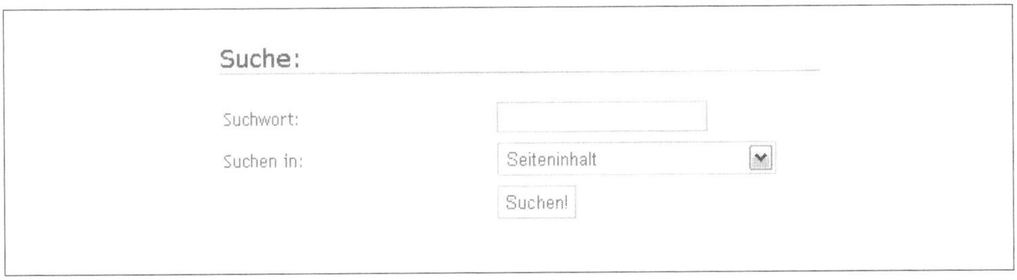

Abbildung 6-43: Die Volltextsuche im Frontend

Schlagwörter, Stichwörter und Beschreibungen, nach denen die Suche sucht, können Sie in den Seiteneigenschaften einer Seite angeben, bis zur TYPO3-Version 4.2 nur beim Typ

Erweitert. Damit erreichen Sie, dass Seiten bei der Suche gefunden werden, selbst wenn der Suchbegriff nicht im Inhalt der Seite selbst vorkommt.

Die Suche benötigt im Übrigen keine weiteren Einstellungen, da schon durch die Wahl des Typs *Suche* das Formularfeld im Frontend ausgegeben wird – es sei denn, Sie möchten noch eine sogenannte Zielseite definieren. Auf der Registerkarte *Verhalten* kann dazu folgende Einstellung vorgenommen werden:

Zielseite
: Geben Sie hier eine Zielseite ein, wenn Sie möchten, dass die Suchergebnisse auf einer anderen Seite abgebildet werden als auf der Sucheseite selbst. Das könnte eventuell sinnvoll sein, wenn sich die Suchergebnisse in einem Pop-up-Fenster öffnen sollen. Voraussetzung hierfür ist allerdings, dass auf der Zielseite auch das Inhaltselement *Suche* eingesetzt wird.

Auf vielen Websites wird eine Suche nicht im Inhaltsbereich von Seiten eingesetzt, sondern übergeordnet abgebildet, damit Besucher jederzeit darauf zugreifen können. Bei mit TYPO3 erstellten Websites wird dabei meist die Indexsuche (*indexed_search*) Verwendung finden, da sie – im Gegensatz zur herkömmlichen Suche – nicht nur sämtliche Inhalte, sondern auch Word-Dateien, RTF-Dokumente, PDFs, OpenOffice-/OpenDocument-Dokumente, Excel- und PowerPoint-Dateien durchsuchen kann. Um alle diese Funktionalitäten zu gewährleisten, muss allerdings von Ihrem Administrator serverseitige Software installiert werden.

Setzen Sie das Inhaltselement *Suche* nur dann ein, wenn Ihre Website noch keine übergeordnete Suche enthält, da Sie ansonsten mehrere Suchformulare auf Ihrer Internetpräsenz anbieten und bei Besuchern wahrscheinlich für Irritation sorgen würden.

Typ Anmeldung

Diesen Inhaltstyp verwenden Sie, um ein Login-Formular für einen geschützten Bereich anzulegen. Erzeugen Sie ein Inhaltselement vom Typ *Anmeldung* (*Anmeldeformular* in der Auswahlmaske *Inhaltselement*). Dieser Typ erzeugt auf der gewählten Seite ein Eingabeformular für Benutzername und Passwort, in dem sich Frontend-Benutzer mit ihrem Login für einen geschützten Bereich anmelden können (Abbildung 6-44). Diese Funktionalität ist dann sinnvoll, wenn Sie für angemeldete Frontend-Benutzer Inhalte hinterlegen möchten, sie gleichzeitig aber nicht der Allgemeinheit zugänglich machen wollen – beispielsweise in einem geschützten Kundenbereich.

Auf der Registerkarte *Verhalten* steht folgende Option zur Verfügung:

Ausgewählte Seiten
: Legen Sie mit dem TYPO3-Element-Browser eine Zielseite fest, auf die das Login verweist, sobald Frontend-Benutzer sich einloggen. Auf diese Weise können Sie nicht nur einzelne Seiten – wie die Seite, auf der sich das Eingabeformular befindet –, sondern ganze Bereiche inklusive Unterseiten für angemeldete Nutzer freigeben.

Abbildung 6-44: Das vom Plug-in erzeugte Login-Formular auf der Website

Wichtige Voraussetzung für die erfolgreiche Anmeldung ist die Einrichtung von Benutzern und Benutzergruppen im Backend. Lesen Sie dazu auch den Abschnitt »Zutritt nur für Mitglieder: Website-Benutzer und -Benutzergruppen« auf Seite 61.

Typ Menü/Sitemap

Mit dem Inhaltstyp *Menü/Sitemap* können Sie dynamische Menüs, z. B. ein Menü mit den Seitentiteln aller Unterseiten einer ausgewählten Seite oder eine Sitemap eines ausgewählten Seitenbaumbereichs, im Inhaltsbereich einer Seite einbauen. Verwenden Sie diesen Inhaltstyp, um beispielsweise eine Inhaltsübersicht Ihrer kompletten Website zu erstellen oder um ausgesuchte Unterseiten eines Seitenasts im Inhaltsbereich als Subnavigation abzubilden. Mit diesem Inhaltstyp können Sie auch eine Sprungmarkennavigation am Kopf einer Seite erzeugen, die sich auf die vorhandenen Inhaltselemente der betreffenden Seite bezieht.

Die Menüs werden von TYPO3 in Form einer ungeordneten Linkliste automatisch aufgebaut. Die im Menü oder in der Sitemap verlinkten Seiten kann der Besucher per Mausklick auf die einzelnen Menüeinträge erreichen. Der Vorteil dieser dynamischen Linkerzeugung zu einem manuell erstellten Menü z. B. über den RTE ist, dass Seiten oder Seiteninhalte neu erstellt, im Seitenbaum verschoben oder gelöscht werden können und das Menü durch die dynamische Erzeugung automatisch auf dem neuesten Stand ist. Auf der Registerkarte *Allgemein* stehen folgende zusätzliche Optionen zur Verfügung:

Menütyp

Mit diesem Aufklappmenü können Sie eine Ausgabevariante des Menüs oder der Sitemap wählen und damit die Darstellung des Menüs im Frontend definieren. Zur Auswahl stehen folgende Menütypen:

Menü dieser Seiten
: Erstellt eine Liste mit Links auf die Seiten, die als Ausgangspunkte gewählt wurden. Lesen Sie mehr dazu unter »Ausgewählte Seiten (Ausgangspunkt)« auf Seite 220. Durch die Möglichkeit, mehrere Seiten als Ausgangspunkte auszuwählen, kann ein individuelles Menü erzeugt werden (Abbildung 6-45).

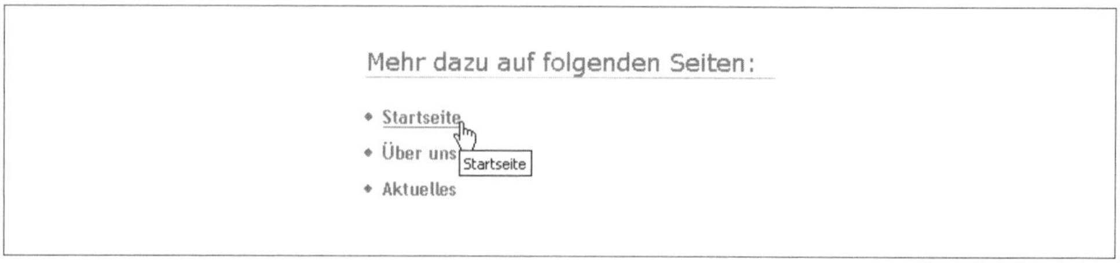

Abbildung 6-45: Menütyp Menü dieser Seiten

Menü ausgewählter Seiten
: Erstellt eine Liste mit Links auf genau die Seiten, die im TYPO3-Element-Browser ausgewählt wurden. Hiermit lässt sich ein individuelles Menü zusammenstellen.

Menü der Unterseiten der ausgewählten Seiten
: Erstellt eine Liste mit Links auf die Unterseiten der im TYPO3-Element-Browser gewählten Seiten. Wenn keine Seite gewählt wurde, erstellt TYPO3 eine Liste mit Links auf die Unterseiten der aktuellen Seite. Werden mehrere Seiten festgelegt, werden alle Unterseiten zu einer Gesamtliste zusammengefasst.

Menü der Unterseiten der ausgewählten Seiten inklusive Inhaltsangabe
: Ähnlich wie *Menü der Unterseiten der ausgewählten Seiten*. TYPO3 fügt den einzelnen Links aber noch die Inhaltsangaben hinzu, die Sie bei den Seiteneigenschaften einer jeden Seite vom Typ *Standard* editieren können. Siehe dazu auch den Abschnitt »Typ Standard« auf Seite 78.

Menü der Unterseiten der ausgewählten Seiten inklusive Seiteninhalt
: Über die Option *In Menüs zeigen* in jedem Seiteninhaltselement können Sie entscheiden, ob ein Seiteninhalt in einem dynamisch erstellten Menü angezeigt werden soll oder nicht. Der Typ *Menü der Unterseiten der ausgewählten Seiten inklusive Seiteninhalt* bildet die Menüpunkte einschließlich aller Inhaltselemente ab, deren Option *In Menüs zeigen* aktiviert ist. Die Inhaltselemente werden als Unterpunkte einer Seite aufgelistet. Dabei wird aber nicht der eigentliche Seiteninhalt, sondern nur dessen Überschrift angezeigt. Wurde diese nicht vergeben, erscheint der Seiteninhalt auch nicht im Menü. Das gilt natürlich enenfalls, wenn für das Inhaltselement eine Überschrift vom Typ *Versteckt* gewählt wurde.

Sitemap
: Erzeugt eine Sitemap in Form einer Baumstruktur, ähnlich dem Seitenbaum in der Navigationsleiste des TYPO3-Backends (Abbildung 6-46). In der Baumstruktur werden alle Seiten und Unterseiten der ausgewählten Seiten als Links abgebildet, dies ermöglicht dem Besucher damit einen guten Überblick und eine schnelle Navigation in alle Bereiche. Wenn keine Seite als Ausgangspunkt gewählt wurde, erstellt TYPO3 eine Sitemap der Unterseiten der aktuellen Seite.

Abschnittsübersicht (mit Seiteninhalt)
: Dieser Typ ist geeignet, um den Umgang mit langen Seiten mit mehreren Inhaltselementen (in diesem Fall spricht TYPO3 von Abschnitten) für den Besucher zu verein-

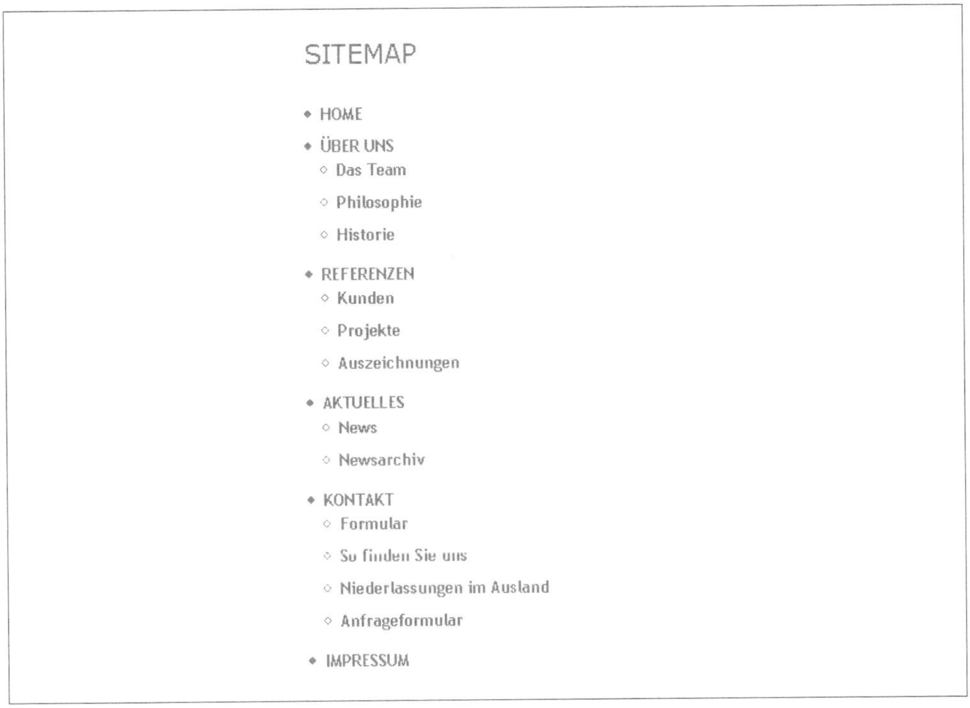

Abbildung 6-46: Menütyp Sitemap

fachen. Mithilfe dieses Typs können Sie am Anfang der Seite ein Sprungmenü einbauen, über das der Besucher direkt zu den einzelnen Abschnitten springen kann (Abbildung 6-47). Bei den einzelnen Menüpunkten werden die Überschriften der Inhaltselemente angezeigt. Daher werden nur die Inhaltselemente einer Seite in das Menü aufgenommen, bei denen eine Überschrift vergeben wurde, die nicht auf *Versteckt* gesetzt ist. Deaktivieren Sie die Option *In Menüs zeigen* in Inhaltselementen, um einen Seiteninhalt mit Überschrift nicht in der Abschnittsübersicht auftauchen zu lassen. Wenn keine Seite als Ausgangspunkt gewählt wurde, erstellt TYPO3 eine Abschnittsübersicht für die aktuelle Seite. Um eine Abschnittsübersicht mehrerer Seiten abzubilden, müssen die entsprechenden Seiten als Ausgangspunkte ausgewählt werden.

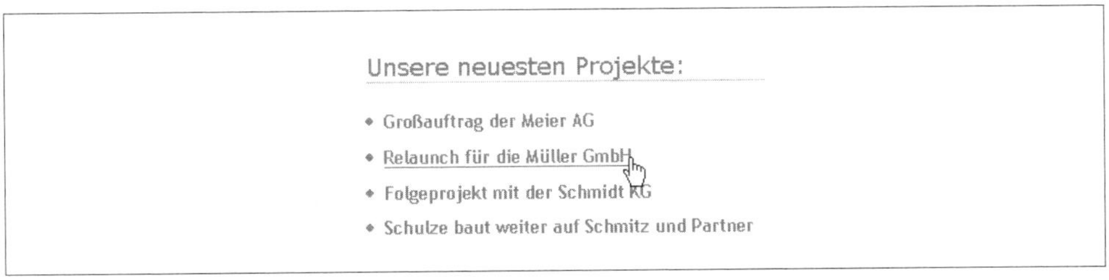

Abbildung 6-47: Menütyp Abschnittsübersicht als Sprungmarkenmenü

Kürzlich aktualisierte Seiten

Dieser Menütyp zeigt die letzten zehn geänderten Seiten an (Abbildung 6-48). Wenn keine Seite als Ausgangspunkt gewählt wurde, zeigt TYPO3 Änderungen nur bei den Unterseiten der aktuellen Seite an.

Damit dieser Menütyp auch wirklich aktuell ist, wenn er angezeigt wird, sollte der *Cache* der Seite, in die das Menü eingebaut wird, in den Seiteneigenschaften deaktiviert werden. (Siehe dazu auch Kapitel 4, »Seiten anlegen und bearbeiten«.)

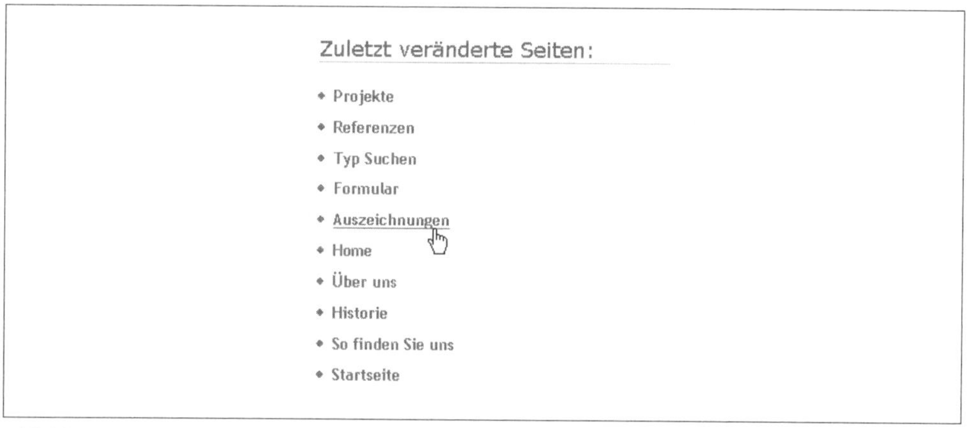

Abbildung 6-48: Inhaltstyp Kürzlich aktualisierte Seiten

Verwandte Seiten (nach Stichworten)

Bei jeder Seite können in den Seiteneigenschaften Stichwörter angelegt werden. Der Menütyp *Verwandte Seiten* sucht nach Seiten, die Stichwörter enthalten, die auch in den Seiteneigenschaften der aktuellen Seite eingegeben wurden, und zeigt dann als Menü eine Liste dieser Seiten an (Abbildung 6-49).

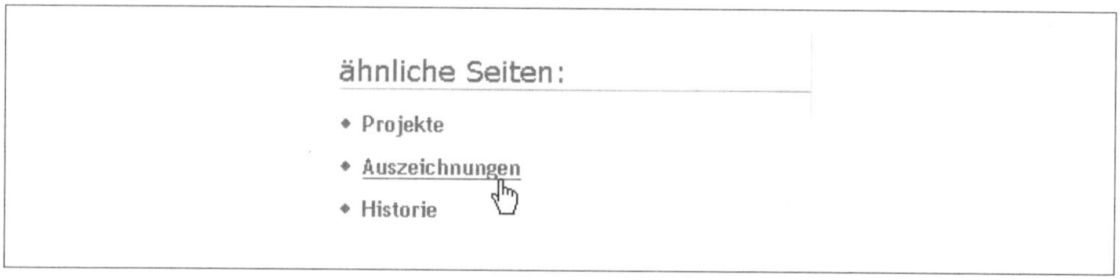

Abbildung 6-49: Inhaltstyp Verwandte Seiten

Ausgewählte Seiten (Ausgangspunkt)

Mit dem TYPO3-Element-Browser können Sie einen oder mehrere Seiten als Ausgangspunkte in Ihrem Seitenbaum auswählen und damit festlegen, welche Einträge in die Darstellung des Menüs oder der Sitemap aufgenommen werden sollen (Abbildung 6-50). Das Menü bzw. die Sitemap bildet dann je nach Menütyp die einzelnen Seiten oder die Seiten einschließlich der Unterseiten ab. Die Reihenfolge der Menüeinträge entspricht der Reihenfolge der bei *Ausgewählte Seiten* gewählten Seiten. Sie kann jederzeit über die rechts neben dem Feld stehenden Pfeilsymbole *Ausgewählte Objekte nach oben* bzw. *nach unten verschieben* geändert werden.

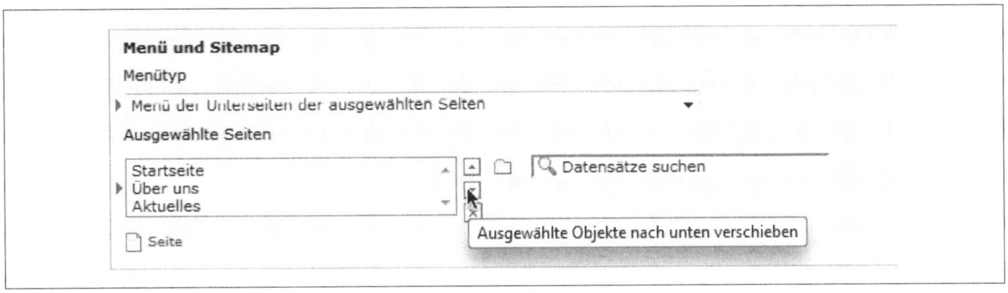

Abbildung 6-50: Feld Ausgangspunkt zur Festlegung der Seiten

Typ Datensatz einfügen

Verwenden Sie dieses Inhaltselement, wenn Sie Datensätze von anderen Seiten auf Ihrer aktuellen Seite einfügen möchten (Abbildung 6-51). Sinnvoll ist diese Vorgehensweise, wenn Sie identische Datensätze verwenden, die an mehreren Stellen in Ihrer Website vorkommen, aber nur einmal erstellt und gepflegt werden sollen. Eine beispielhafte Anwendung ist die Angabe einer Servicetelefonnummer auf einigen Seiten Ihrer Internetpräsenz. Mithilfe der Funktion *Datensatz einfügen* genügt es, bei Änderungen nur den Stammdatensatz der Telefonnummer zu editieren – alle Verwendungen dieses Datensatzes aktualisieren sich automatisch.

Der ausgewählte Datensatz wird im Frontend nur dann angezeigt, wenn der Ursprungsdatensatz dies auch zulässt, denn ein als versteckt markiertes Element kann natürlich nicht angezeigt werden. Folgende Angaben können auf der Registerkarte *Allgemein* vorgenommen werden:

Name
: In diesem Textfeld vergeben Sie einen Namen für den Datensatz, der allerdings im Frontend nicht ausgegeben wird, da die referenzierte Datei eventuell eine eigene Überschrift hat. Er dient lediglich Ihrer Übersicht im Backend.

Datensätze
: Aus dieser Auswahlbox können Sie die Datensätze auswählen. Mit der Funktion *Datensätze durchblättern* öffnen Sie den TYPO3-Element-Browser und können Datensätze auswählen, die sich auf anderen Seiten oder in Verzeichnissen befinden. Wählen Sie dazu im Seitenbaum die Seite aus, die den gewünschten Datensatz enthält, und selektieren Sie anschließend unter *Datensätze auswählen* einen oder belie-

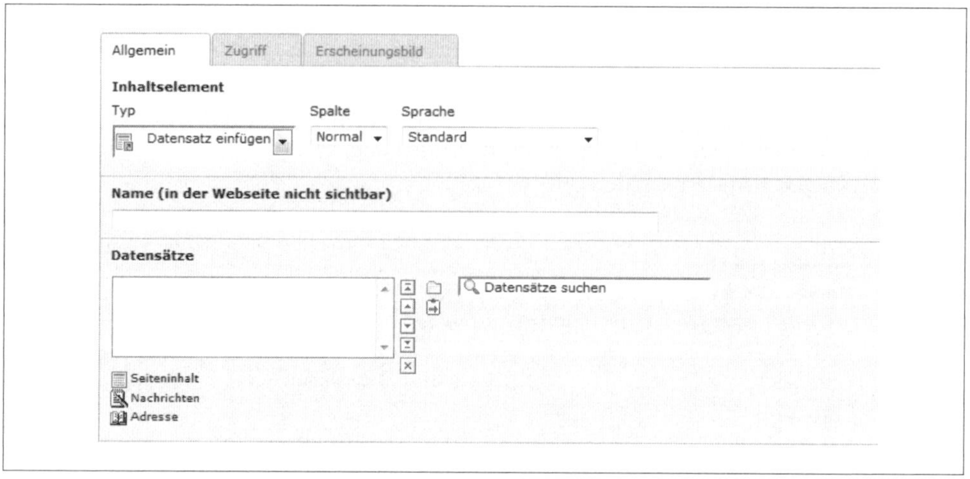

Abbildung 6-51: Die Auswahlmasken des Inhaltstyps Datensatz einfügen

big viele Datensätze. Achten Sie darauf, dass die einzubindenden Objekte Überschriften aufweisen, da ansonsten Probleme in der Dateiverwaltung auftreten können. Datensätze ohne Überschrift erkennen Sie an der Bezeichnung »Kein Titel«. Sollten Sie mehrere solcher Datensätze einbinden, können Sie diese im späteren Verlauf der Arbeit schlecht auseinanderhalten. Notfalls editieren Sie die betreffenden Datensätze und vergeben eine versteckte Überschrift. Dieser Überschriftentyp wird im Frontend nicht ausgegeben, erscheint aber z.B. in der Dateiliste des Element-Browsers.

Haben Sie mehrere Elemente ausgesucht, können Sie diese mit den Funktionen *Ausgewählte Objekte nach oben/nach unten und zum Anfang/zum Ende verschieben* verschieben oder aus der Liste mit *Ausgewähltes Objekt* *löschen* entfernen.

Sind die Elemente der Auswahl hinzugefügt, können Sie diese auch bearbeiten, indem Sie auf das jeweilige Symbol der Datei klicken, die sich in der Listenansicht neben der Objektliste befinden. Es öffnet sich ein Kontextmenü mit den Funktionen *Ansehen, Bearbeiten, Info* und *Kopieren*.

Ansehen
: Diese Funktion führt Sie direkt zur Ursprungsposition des Datensatzes im Frontend auf der betreffenden Webseite.

Bearbeiten
: Mit dieser Option gelangen Sie direkt in den Originaldatensatz, um hier Änderungen vorzunehmen.

Info
: Hiermit erhalten Sie einen Überblick über das ausgewählte Element. In dem sich öffnenden Pop-up-Fenster sind alle relevanten Daten bezüglich des Datensatzes aufge-

führt. Es werden unter anderem der Typ, Textinhalte und Bildinformationen (sofern vorhanden) abgebildet.

Kopieren
: Kopieren Sie mit dieser Funktion den ausgewählten Datensatz und fügen Sie ihn an anderer Stelle auf der Webseite ein. Ein mit dieser Funktion kopierter Datensatz befinden sich in der TYPO3-Zwischenablage. Das Einfügen des Datensatzes ist am sinnvollsten über das Modul *Web* → *Liste* möglich. Über die Arbeit mit der Zwischenablage lesen Sie mehr im Abschnitt »Die Zwischenablage: Mehrere Inhalte gleichzeitig bearbeiten«auf Seite 341.

> Legen Sie für mehrfach verwendete Inhaltselemente eine Seite vom Typ *Ordner* an, in dem Sie alle Datensätze aufbewahren und somit zentral verwalten. So verlieren Sie nie den Überblick über Ihre Elemente und sparen wertvolle Zeit bei eventuellen Änderungen.

Typ Plug-in einfügen

Mit diesem Inhaltselement fügen Sie der aktuellen Seite sogenannte Frontend-Plug-ins (Extensions oder Erweiterungen) hinzu. Plug-ins erweitern TYPO3 um Funktionalitäten, die in der Basisversion nicht implementiert sind. Dies können einfache Erweiterungen sein, aber auch komplexe Anwendungen wie Newssysteme, Newsletter, Gästebücher, Foren usw. Um Plug-ins auf Seiten einfügen zu können, muss das entsprechende Modul in TYPO3 installiert sein. Die Frontend-Plug-ins bestehen im für Sie sichtbaren Bereich des Backends aus dem Plug-in selbst – das Sie auf der Seite einfügen – und dazugehörigen Datensätzen, die entweder auf der Seite, auf der sich die Erweiterung befindet, angelegt werden oder in einem eigens dafür angelegten Container, einem Ordner. Eingesetzte Erweiterungen fügen den bereits vorhandenen Editiermasken des Inhaltselements eigene, neue (teilweise sehr unterschiedliche) Masken hinzu. Einen Überblick über die wichtigsten Erweiterungen erhalten Sie in Kapitel 9, *Die wichtigsten Tools und TYPO3-Erweiterungen für Redakteure.*

Auf der Registerkarte *Plug-In* kann folgende Einstellung gemacht werden:

Ausgewähltes Plug-in
: In diesem Auswahlmenü wählen Sie ein Plug-In aus der Liste der zur Verfügung stehenden Erweiterungen aus (Abbildung 6-52). Die Verfügbarkeit kann sehr unterschiedlich sein, da die Installation vom Administrator eventuell nach Bedarf erfolgt.

Extensions werden grundsätzlich vom Administrator installiert und konfiguriert.

Typ HTML

Den Inhaltstyp *HTML* können Sie einsetzen, um eigene mit HTML erstellte Inhalte auf der Website abzubilden. Die von TYPO3 erzeugten Webseiten bestehen allerdings

Abbildung 6-52: Das Inhaltselement Plug-In einfügen in der Backend-Ansicht

bereits aus HTML. Es ist also nicht sinnvoll, Seiteninhalte, die auch mit den in TYPO3 zur Verfügung stehenden Inhaltstypen abgebildet werden können, manuell in ein HTML-Element einzutragen (Abbildung 6-53).

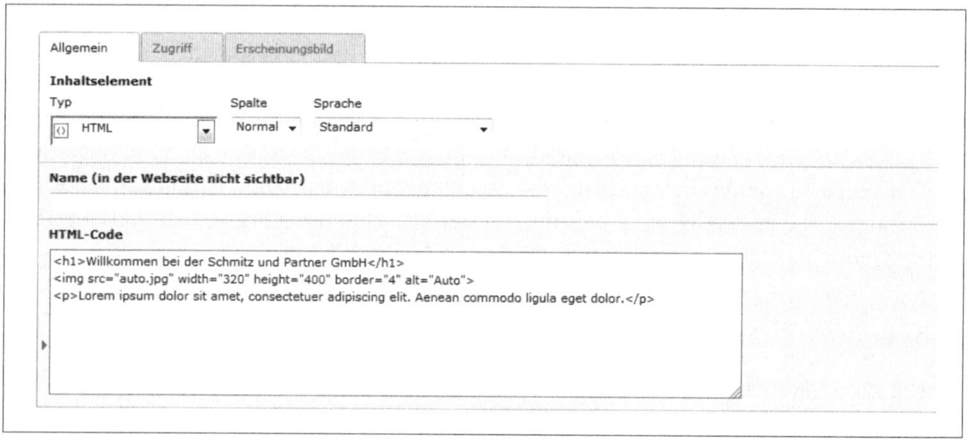

Abbildung 6-53: Das Inhaltselement HTML mit Code

Dieses Element kommt immer dann zum Einsatz, wenn die vorhandenen Mittel nicht ausreichen, um den gewünschten Effekt zu erzielen, beispielsweise wenn Sie die Inhalte anderer Webseiten per Inlineframes (iframe) abbilden wollen oder bei der Verwendung von Imagemaps. Imagemaps sind Grafiken, die per HTML mit Hyperlinks versehen werden. Dabei kann es sich um Landkarten o.Ä. handeln, auf denen Regionen so verlinkt sind, dass sie auf entsprechende Unterseiten führen. Auf der Registerkarte *HTML* kann folgende Einstellung vorgenommen werden:

HTML
: In dem einfachen Texteditor können Sie HTML schreiben oder kopierten Code einfügen.

Lesen Sie zum Thema HTML auch den Abschnitt »Crashkurs HTML für Redakteure« auf Seite 164.

Beachten Sie, dass mit der Eingabe von HTML die Gefahr besteht, dass der eingefügte Code weder barrierearm noch funktionsfähig ist und im Extremfall sogar das Layout Ihrer Seite zerstört. Zudem sollten sich moderne Websites an den gültigen (X)HTML-Webstandards orientieren. Nur wenn Sie (X)HTML-sicher sind, sollten Sie das Inhaltselement vom Typ *HTML* einsetzen. Fragen Sie im Zweifelsfall Ihren Administrator und lesen Sie dazu auch den Abschnitt »Webstandards für ein besseres Web« auf Seite 7.

Frontend Editing: Durch die Vordertür ins Backend

Bisher haben Sie Seiteninhalte nur mit dem Modulen *Seite* und *Liste* bearbeitet. Es gibt aber noch eine dritte Möglichkeit über das Modul *Anzeigen*. Um mit diesem Modul zu arbeiten, wählen Sie es zunächst in der Modulleiste aus und klicken danach auf die Seite im Seitenbaum, die Sie bearbeiten möchten. Im Detailbereich öffnet sich dann die Seite, so wie sie auch im Frontend erscheint. Aber alle editierbaren Elemente wie z.B. Überschrift, Text, Bild usw. sind mit einem Stiftsymbol versehen, das man anklicken kann, um dann sofort wie gewohnt in der Seiteninhalts-Editiermaske arbeiten zu können. Da die Zuordnung der Stifte zu den Inhaltselementen nicht immer ganz eindeutig ist, erscheint ein Tooltipp mit einem Hinweis, wenn man mit der Maus über einen der Stifte fährt. Dadurch wird schnell klar, welches Element hierüber bearbeitet werden kann. Unter jedem Inhaltselement findet sich auch eine Bearbeitungsleiste, in der Werkzeuge zur Verfügung stehen, um den kompletten Datensatz zu bearbeiten. Ein Mausklick auf das Stiftsymbol dieser Leiste stellt das gesamte Inhaltselement zur Bearbeitung zur Verfügung.

Generell handelt es sich um zwei alternative, gleichwertige Möglichkeiten, um Ihre Website zu editieren. TYPO3-Starter bevorzugen oft den Frontend Editing-Modus, da die Website in dieser Ansicht fast identisch mit der Frontend-Ansicht ist. Sie finden sich hier schneller zurecht. Diese Ansicht birgt allerdings auch einige Nachteile. Da in der Detailansicht die komplette Webseite abgebildet wird, muss in den meisten Fällen horizontal und vertikal gescrollt werden. Gleichzeitig können die zusätzlich vorhandenen Editiersymbole das Layout verändern, was wiederum die Beurteilung der ausgeführten Änderungen erschwert. Da auch alle Bildelemente in dieser Ansicht geladen werden, kann es hier unter Umständen zu längeren Ladezeiten kommen. Erfahrene TYPO3-Redakteure benutzen diesen Modus aus den oben genannten Gründen eher selten und begnügen sich mit einer Vorschau der Seite in einem eigenen Browserfenster, um ihre Änderungen zu überprüfen.

Neben der Bearbeitung eines Datensatzes haben Sie folgende Möglichkeiten:

Bewege Datensatz nach oben, *Bewege Datensatz nach unten*
: Dient der Sortierung von Inhalten. Verschiebt einen Datensatz um eine Position nach oben bzw. nach unten.

Verbergen
: Blendet den Datensatz im Frontend und damit auch in der Detailansicht aus. Um einen verborgenen Datensatz zu bearbeiten oder wieder sichtbar zu machen, müssen Sie zum Modul *Seite* oder *Liste* wechseln. TYPO3 informiert Sie über diesen Umstand per Browserhinweisfenster.

Neuen Datensatz nach diesem anfügen
: Erstellt einen neuen Datensatz unterhalb des existierenden.

Löschen
: Löscht das Inhaltselement.

Admin-Panel

Je nach Konfiguration der Backend-Benutzergruppe, der Sie angehören, oder Ihrer Benutzereinstellungen wird Ihnen am Fuß des Detailbereichs auch das Admin-Panel angezeigt, mit dem Sie u.a. im Bereich *Eingabe* einige Grundeinstellungen für das Frontend Editing vornehmen können. Damit die vorgenommenen Einstellungen sich auch auf die Anzeige der Seite auswirken, muss der Button *Aktualisieren* angeklickt werden. Folgende Einstellungen können vorgenommen werden:

Bearbeitungssymbole anzeigen
: Schaltet die Anzeige der Stiftsymbole ein oder aus. Das kann in manchen Fällen hilfreich sein, da die Stiftsymbole das Layout der Seite oder den Textsatz stören können.

Bearbeitungsleiste anzeigen
: Hiermit kann die Bearbeitungsleiste aus- und eingeblendet werden.

Eingabeformular auf Webseite
: Ist diese Option gesetzt, erscheinen bei einem Klick auf die Stiftsymbole die Editiermasken der Inhaltselemente in der Frontend-Anzeige der Website – genau an der Stelle, an der sich das Inhaltselement befindet.

Keine Popup-Fenster
: Wenn Sie diese Option aktivieren, öffnen sich die Editiermasken der Inhaltselemente bei Klick auf ein Stiftsymbol nicht mehr in einem Pop-up-Fenster, sondern im Detailbereich. Man wechselt dann im Detailbereich zwischen der Frontend-Ansicht und der Editiermaske.

Im Admin-Panel unten rechts finden sich auch einige Symbole aus dem Modul *Liste* (siehe den Abschnitt »Die Modulgruppe Web« auf Seite 44) wieder, auch wenn sie hier ein etwas anderes Erscheinungsbild haben. Es stehen die Funktionen *Änderungsprotokoll anzeigen*, *Neues Inhaltselement anlegen*, *Seite verschieben*, *Neue Seite anlegen* und *Bearbeite Seiteneigenschaften* zur Verfügung. Über das Symbol *Web → Liste* kann direkt zum Modul *Liste* gewechselt werden.

Best Practices: Mehrere Inhaltselemente auf einer Seite verwenden

Während der Beschäftigung mit TYPO3 kann schnell einmal der Gedanke aufkommen, dass sich doch eigentlich beinahe alle Inhalte ebenso gut allein mit dem Rich Text Editor in einem einzelnen Seiteninhaltselement erstellen lassen. Selbst Bilder können dort direkt eingebunden werden. Das bringt allerdings tatsächlich nur auf den ersten Blick Vorteile. Anhand eines Beispiels sollen die Nachteile einer solchen Arbeitsweise verdeutlicht werden: Sie möchten auf einer Seite eine Überschrift, vier längere Absätze mit Bildern, eine Tabelle und eine Punktliste einpflegen (Abbildung 6-54).

Abbildung 6-54: Typischer Seiteninhalt im Frontend

Die Aufgabe kann über zwei unterschiedliche Wege gelöst werden.

Beispielweg 1: Sie legen auf der Seite ein Inhaltselement *Text* an, vergeben dafür eine Überschrift, tragen im Rich Text Editor zuerst die Textabsätze mit den dazugehörigen Bildern ein, erstellen darunter eine Tabelle und zum Schluss noch die Punktliste. Wenn alles gut läuft, wird die Seite im Frontend so aussehen, wie Sie es sich vorgestellt haben. Im Backend wird als Inhaltselement der Seite nur ein einziges aufgeführt – das schaut erst einmal recht übersichtlich aus (Abbildung 6-55).

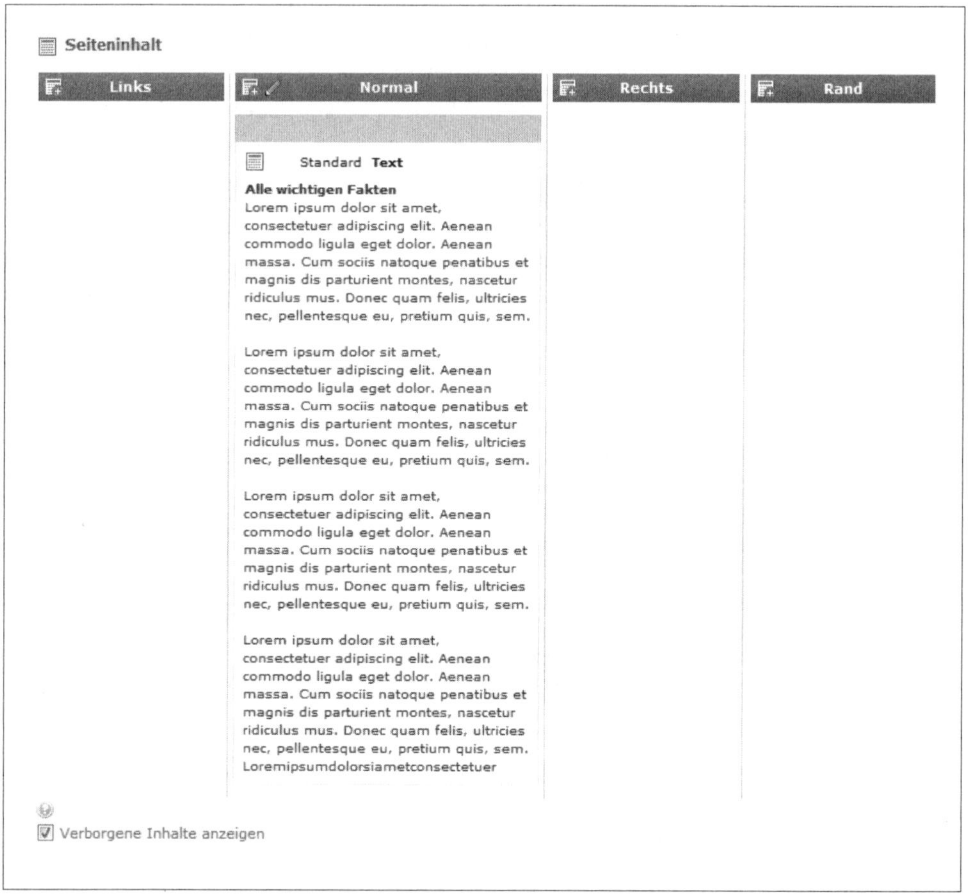

Abbildung 6-55: Die Seite im Backend mit nur einem Inhaltselement

Beispielweg 2: Sie legen auf der Seite zunächst viermal untereinander ein Inhaltselement *Text mit Bild* – für jeden Absatz eins – an. Für das erste Element vergeben Sie die Überschrift. Dann erstellen Sie ein Inhaltselement für die Tabelle und danach eines für die Punktliste. Sie können hierzu den RTE oder die speziellen Inhaltstypen *Tabelle* und *Punktliste* wählen – ganz nach Geschmack. Auch hier gilt: Wenn alles gut läuft, wird die Seite im Frontend so aussehen, wie Sie es sich vorgestellt haben. Im Backend werden aber ganze sechs Inhaltselemente der Seite aufgeführt, das macht erst einmal einen unübersichtlicheren Eindruck als bei Beispiel 1, und nach mehr Arbeit sieht es auch aus (Abbildung 6-56).

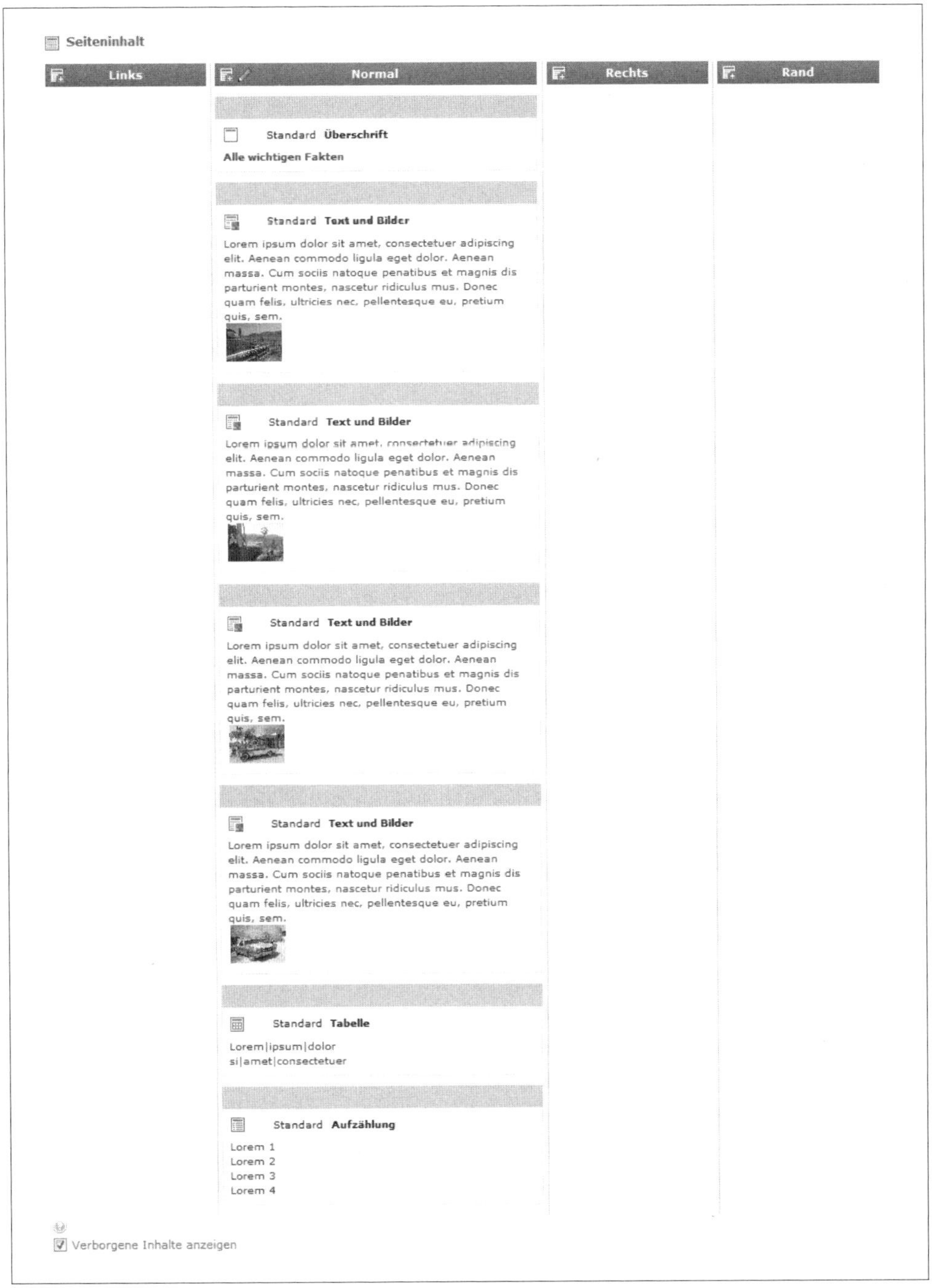

Abbildung 6-56: Die Seite im Backend – realisiert mit mehreren Inhaltselementen

Trotzdem ist der zweite der eindeutig bessere Weg. Dafür gibt es verschiedene gute Gründe:

Übersichtlichkeit
: In Beispiel 1 erfahren Sie nicht, was das Inhaltselement wirklich beinhaltet. Sie sehen im Backend nur ein Inhaltselement *Text*, aber Sie sehen nicht auf einen Blick, dass sich darin auch eine Punktliste und eine Tabelle befinden. Auch die im RTE eingepflegten Bilder werden Ihnen hier nicht angezeigt. Dazu müssen Sie das Element erst öffnen. In Beispiel 2 sehen Sie sauber aufgelistet alle Elemente untereinander. Sie erfahren sofort, um welche Art von Inhalt es sich handelt, und Sie sehen auch kleine Vorschauansichten der eingebauten Bilder. Die »Auf-einen Blick-Orientierung« ist deutlich einfacher.

Bessere Handhabung
: Sie möchten Absätze in der Reihenfolge vertauschen? Die Tabelle soll vielleicht doch zwischen dem zweiten und dritten Absatz abgebildet werden und die Punktliste direkt hinter Absatz eins? Klar – Sie können das wahrscheinlich auch innerhalb des einzelnen Datensatzes im RTE durch Ausschneiden und Einfügen mit mehr oder weniger großem Aufwand (der RTE kann sich dabei als sehr störrisch erweisen) bewerkstelligen. Definitiv leichter und schneller ist es aber, wenn Sie einfach die Funktionen *Datensatz nach oben verschieben* und *Datensatz nach unten verschieben* der einzelnen Datensätze in Beispiel 2 benutzen. Auch das Löschen geht hier besser von der Hand.

Einfache Verwendung als Datensatz und beim Ausschneiden/Kopieren
: Auf einer anderen Seite Ihres Webauftritts soll die Tabelle ein zweites Mal abgebildet werden. In Beispiel 1 müssen Sie die Tabelle aus dem RTE kopieren, in der anderen Seite ein neues Inhaltselement anlegen und die Tabelle dann dort in den RTE einfügen – relativ umständlich. Beim zweiten Beispiel kopieren Sie ganz einfach das Inhaltselement mit der Tabelle und fügen es auf der anderen Seite ein. Noch besser wäre es, die Tabelle in der neuen Seite über den Inhaltstyp *Datensatz einfügen* abzubilden. Dann existiert die Tabelle physikalisch nur einmal in Ihrem Seitenbaum, sie wird lediglich an mehreren Stellen angezeigt. Notwendige Änderungen an der Tabelle müssen Sie nur einmal vornehmen. Was der Inhaltstyp *Datensatz einfügen* im Detail ist und wie man damit umgeht, steht im Abschnitt »Typ Datensatz einfügen« auf Seite 221. Nur so viel: Mit Beispiel 1 funktioniert das Einfügen als Datensatz leider überhaupt nicht, da ja hier auch noch alle anderen Elemente wie die Absätze und die Punktliste gleich mit im Datensatz enthalten sind. Diese würden auf der anderen Seite natürlich auch ausgegeben werden.

Einzelne Datensätze sind als Sprungmarken verwendbar
: Wenn Sie einen Link auf eine Ihrer eigenen Seiten erstellen, können Sie bei Bedarf auch direkt auf ein einzelnes Inhaltselement, zum Beispiel auf das Inhaltselement mit der Tabelle, verlinken. Dann springt der Besucher nicht nur zu der im Link angegebenen Seite, sondern diese wird auch noch automatisch an die richtige Stelle

gescrollt – an der sich die Tabelle nämlich befindet. Das geht natürlich nur, wenn es sich bei der Tabelle um ein einzelnes Seiteninhaltselement handelt.

Einfachere Veränderung des Layouts
: Dem ersten Absatz ist ein Bild zugeordnet. Es steht links vom Text. Auch dem zweiten Absatz ist ein Bild zugeordnet, nur soll das rechts vom Text abgebildet werden. Das innerhalb des RTE zu erledigen, ist nicht gerade einfach und funktioniert im Grunde nur über die Zuweisung einiger vorbereiteter CSS-Stile. Handelt es sich bei den Absätzen um einzelne Inhaltselemente vom Typ *Text mit Bild*, erfolgt die Anordnung von Text und Bild sehr komfortabel innerhalb der Editiermaske und kann jederzeit schnell und einfach umgestellt werden.

Es spricht also einiges dafür, sich die Mühe zu machen, Seiteninhalte in geeignete, einzelne Inhaltselemente zu unterteilen. Das ist deutlich übersichtlicher – auch für andere Redakteure – und vereinfacht den Umgang mit Inhalten ungemein. Überzeugt?

Bei Bildern Zugänglichkeit und Barrierearmut erreichen

Achten Sie bei der Verwendung von Bildern auf deren Dateigröße. Niemandem ist zumutbar, lange auf das Laden einer Website zu warten, nur weil Sie – und das vielleicht noch unnötigerweise – riesige Bilder eingebaut haben. Ein ungefährer Richtwert für alle Elemente (HTML-Code und Bilder) einer einzelnen Webseite sind ca. 50 KByte. Wie Sie diesen Wert ermitteln, erfragen Sie am sinnvollsten bei Ihrem Administrator.

Ein wichtiger Schritt in Richtung barrierearme Websites ist auch der richtige Einsatz und Umgang mit Bildern. Dazu die BITV (Barrierefreie Informationstechnik-Verordnung): »Für jedes Nicht-Text-Element ist ein äquivalenter Text bereitzustellen.« Bedenken Sie: In Deutschland leben ca. 150.000 Blinde und ca. eine halbe Million hochgradig sehbehinderter Menschen. Anhand einiger Beispiele soll zunächst aufgezeigt werden, zu welchen Problemen der unbedachte Umgang mit Bildern führen kann und welche Lösungsmöglichkeiten es dafür gibt:

Beispiel 1: Im Bild integrierter Text

Winterschlussverkauf. Auf einer Website wird Bekleidung für Männer und Frauen angeboten. Der Grafikdesigner des Unternehmens hat die durchgestrichenen Originalpreise und die neuen, heruntergesetzten Preise in der Hausschrift in das Bild eingearbeitet. Das schaut auf der Website auch sehr schön aus. Leider nehmen potenzielle Kunden mit einer Sehschwäche die günstigen Preise überhaupt nicht wahr und kaufen deshalb woanders.

Lösung

Bringen Sie die Preisinformationen zusätzlich im Fließtext der Produktbeschreibung oder im Bildtext (Vorteil: die Informationen sind für alle Besucher wahrnehmbar) unter. Achten Sie dabei auf eine passende Formulierung, falls der Text von einem Screenreader vorgelesen wird. Für ergänzende Informationen wie diese eignet sich auch die zusätzliche Anzeige als Tooltipp (kleine, meist gelbe Kästchen mit Text). Dieser erscheint im Browser, wenn man mit der Maus über ein Bild fährt, und kann auch von Vorlesegeräten ausgelesen werden.

Beispiel 2: Grafiken und Diagramme

Das Bild eines Balkendiagramms zeigt anschaulich die Umsatzzahlen eines Unternehmens. Auf eine weitere Beschreibung im Fließtext wurde verzichtet, ganz nach dem Motto: Ein Bild sagt mehr als 1000 Worte. Leider nicht in diesem Fall. Besucher mit einer Sehschwäche oder Blinde können die Zahlen auf dem Bild kaum bzw. überhaupt nicht lesen. Bei ihnen hinterlässt das gestiegene Wachstum der Firma daher wenig Eindruck. Eine Möglichkeit wäre es, den Alternativtext zur Erläuterung zu nutzen. Dieser wird aber zu Recht auch Kurzbeschreibung genannt und sollte daher wirklich kurz und anschaulich verfasst werden. Die Informationsdichte des Diagramms kann aber nicht komprimiert in Textform wiedergegeben werden.

Lösung

Bei manchen Grafiken ist eine ausführliche Beschreibung unabdingbar, möchte man sie für alle Besucher verständlich darstellen. Sie könnten die Informationen noch einmal zusätzlich im Fließtext unterbringen. Das wäre eine vollkommen akzeptable Lösung. Ist Ihnen das aber nicht recht, da Ihnen vielleicht die Dopplung der Information im Bild und im Text zu viel erscheint, gibt es auch noch die Möglichkeit, ausführliche Informationen zu einem Bild auf einer mit dem `longdesc`-Attribut zugewiesenen Textseite abzubilden. TYPO3 bietet hierzu im Feld *Langbeschreibung URL* eine Möglichkeit an. Lesen Sie dazu auch den Abschnitt »Typ Bild« auf Seite 186.

Beispiel 3: Farben als Informationsträger

Im Intranet eines Unternehmens sollen die Mitarbeiter abstimmen, ob zukünftig ihr Gehalt verdoppelt oder der Jahresurlaub halbiert werden soll. Auf der Abstimmungsseite stehen dazu der grafische grüne Button *Ja, mehr Geld* und der rote Button *Pro Urlaub halbieren* zur Verfügung. Mitarbeiter mit einer Rot-Grün-Schwäche finden leider auch im Text keine weitere Beschreibung zu den Buttons, und daher kann es passieren, dass sie, ohne es zu wollen, eine verheerend schlechte Wahl für sich treffen.

Lösung

Die Aufnahme von Informationen und in diesem Fall sogar das Fällen einer Entscheidung darf nicht von Farben abhängig gemacht oder behindert werden. Überlegen Sie deshalb, ob wichtige Elemente Ihrer Website durch eine bestimmte Farbigkeit eventuell für einige Besucher nicht mehr nachvollziehbar sein könnten. Entscheiden Sie sich im Zweifelsfall immer für die nicht grafische zugunsten einer Textvariante. Damit gehen Sie auf Nummer sicher.

Beispiel 4: Bilder Screenreader-gerecht beschriften

Auf der Website eines Fußballvereins ist das Logo des Klubs als Grafik eingefügt worden. Davor steht als normaler Text der Zusatz: »Seit 1848«. Der Webdesigner der Site hat dem grafischen Logo den Alternativtext »Logo des FC Winzighausen« gegeben, damit dieser angezeigt oder vorgelesen werden kann, falls Bilder im Webbrowser des Besuchers ausgeschaltet sind oder die Website über ein nicht visuelles Gerät besucht wird. Nun geht jemand mit einem Screenreader auf die Website und bekommt Folgendes vorgelesen: »Seit 1848. Logo des FC Winzighausen«. Der Screenreader liest den Text und den alternativen Text richtig vor, allerdings wird dadurch der Sinn verfälscht. Denn schließlich sollte kommuniziert werden, dass nicht das Logo, sondern vielmehr der Verein seit 1848 besteht.

Lösung

In diesem Fall darf der Alternativtext einfach nur »FC Winzighausen« lauten. Es hilft, sich zumindest einmal vorzustellen, was wirklich vom Screenreader vorgelesen wird. Auch bei ausgeschalteten Bildern ist die Anzeige »Seit 1848. FC Winzighausen« jetzt stimmiger. Die Schrifttype für den alternativen Text kann per CSS beeinflusst werden. Dadurch kann die im Browser voreingestellte Standardschrift für Alternativtexte an das Schriftbild des Webauftritts angepasst werden.

KAPITEL 7

Dateiverwaltung mit der Dateiliste und dem Element-Browser

In diesem Kapitel erfahren Sie, wie Sie Bilder, PDFs und Textdokumente mit der *Dateiliste* verwalten und Inhaltselementen – mit dem Element-Browser – hinzufügen können.

Möglicherweise ist in Ihrer TYPO3-Installation die Dateiverwaltung DAM installiert. Da sich beide Module gegenseitig ausschließen, lesen Sie in diesem Fall das Kapitel 8, *DAM, die moderne Dateiverwaltung von TYPO3*.

Als Redakteur erstellen Sie Seiten, pflegen darin Texte ein, integrieren Bilder oder verlinken auf Word-Dokumente, PDFs usw. Anders als bei den Texten, die Sie direkt in ein Seiteninhaltselement einer Seite im Seitenbaum einbauen und auch genau dort verwalten, werden Bilder, Textdateien oder PDFs innerhalb der Seiteninhalte nur referenziert. Verwaltet werden sie nicht im Seitenbaum, sondern in einem speziellen Dateiverwaltungsmodul, der *Dateiliste*. »Warum so umständlich?«, werden Sie sich vielleicht fragen. Ganz einfach. Stellen Sie sich vor, Sie möchten das Bild Ihres Unternehmens an mehreren Stellen der Website gleichzeitig zeigen, und zwar immer in einem anderen Kontext. Die *Dateiliste* bietet Ihnen die Möglichkeit, das Motiv zentral abzulegen und von allen diesen Elementen darauf zu verweisen. Folglich existiert das Bild nur einmal, nämlich in der *Dateiliste*. Oder Sie möchten von mehreren Stellen aus auf ein PDF zum Download verlinken. Die betreffende Datei befindet sich dabei nur einmal in einem PDF-Ordner der *Dateiliste* und kann, indem sie dort ersetzt wird, global ausgetauscht werden. Das Arbeiten mit der *Dateiliste* bedeutet also, eine wirklich effektive und zeitsparende Dateiverwaltung einzusetzen. Der globale Austausch von Bildern ist allerdings nicht möglich. Lesen Sie dazu den Abschnitt »Austausch von Bildern und Dateien« auf Seite 243.

Die zentrale Dateiverwaltung

Das Modul *Dateiliste* befindet sich in der Modulleiste unter *Datei*. Mit diesem Modul können Assets (engl. Bestände, Posten) auf den Server hochgeladen, kopiert, verschoben und gelöscht werden.

Die Darstellung im Ordner *Dateiliste* wird grundsätzlich durch die zugeteilten Benutzereinstellungen geregelt. So kann es durchaus möglich sein, dass verschiedene Redakteure auch verschiedene Bilderordner oder andere Verzeichnisse in der Navigationsleiste zugewiesen bekommen und auch nur diese sehen (Abbildung 7-1).

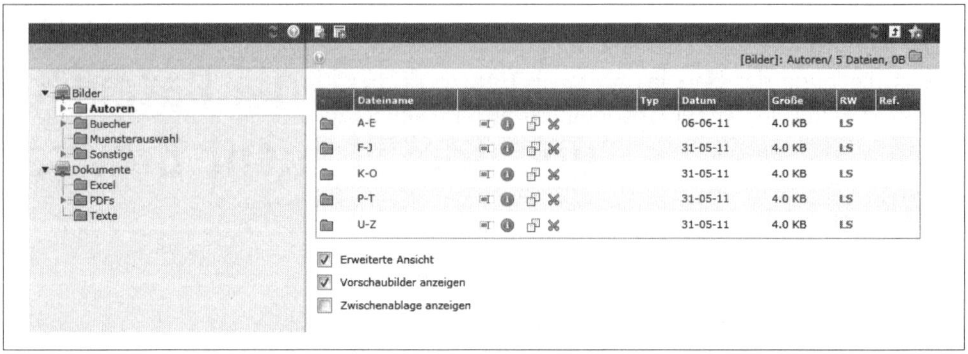

Abbildung 7-1: Das Modul Dateiliste mit beispielhafter Ordnerstruktur

Durch einen Klick auf das Modul *Dateiliste* wird in der Navigationsleiste die dort vorhandene Ordnerstruktur abgebildet. Assets oder Ressourcen können aber nicht nur über die *Dateiliste* hochgeladen werden, sondern TYPO3 erlaubt auch in den einzelnen Inhaltselementen einer Seite das Hochladen von Bildern (Abbildung 7-2).

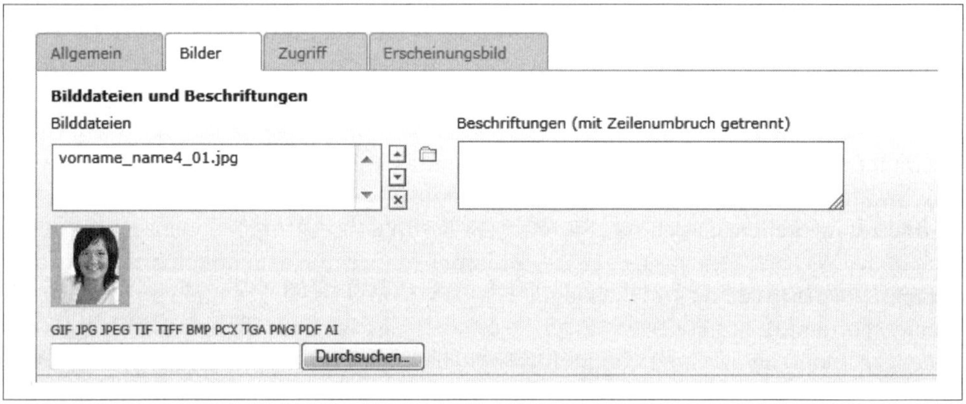

Abbildung 7-2: Durchsuchen: das Hochladen von Bildern in Inhaltselementen

Bis zur TYPO3-Version 4.5 war es nicht unbedingt sinnvoll, diese Funktion zu verwenden, wies sie doch einen entscheidenden Nachteil auf. Bilder und andere Medien, die so hinzugefügt wurden, sind nicht in die Ordnerstruktur der Dateiliste eingeordnet worden. Sie standen damit anderen Redakteuren nicht zur Verfügung und konnten auch nicht gelöscht werden, da sie sich in einem Bereich befanden, den TYPO3 intern verwaltet und auf den Redakteure keinen Zugriff haben. In der aktuellen TYPO3-Version ist es jetzt aber möglich, im Moment des Hochladens den Zielordner der Dateien zu wählen. Egal auf welche Art und Weise Dateien hochgeladen werden, diese neue Option gewährleistet ihre Auffindbarkeit.

Wenn Sie sich entschieden haben, Ihre Assets nur über die Dateiliste zu verwalten, können Sie oben erwähnte Funktion deaktivieren. Hierzu entfernen Sie unter *Benutzerwerk-*

zeuge → Einstellungen → Bearbeiten & Erweiterte Funktionen → Hochladen von Dateien direkt im Web-Modul einfach das Häkchen. Der direkte Upload in Inhaltselementen unter Umgehung der Dateiliste steht dann nicht mehr zur Verfügung. Lesen Sie dazu auch in Kapitel 12 »TYPO3-Konfiguration auf einen Blick« den Abschnitt über die Benutzereinstellungen.

> Der Administrator kann das *Durchsuchen*-Feld auch global für alle Redakteure ausblenden. Hinweise zur Vorgehensweise gibt es im Abschnitt »Datei-Upload in Inhaltselementen« auf Seite 486.

Navigationsleiste und Ordnerstruktur

Die vorhandene Strukturierung der Ordner ist anfangs durch den Administrator vorgegeben. In der Regel wird es mindestens einen Bilderordner geben. Die Erfahrung hat aber gezeigt, dass es ratsam ist, mehrere zusätzliche Ordner und gegebenenfalls auch Unterordner anzulegen. Tatsächlich ist hier eine gründliche strategische Vorgehensweise ratsam. Webseiten sind heute in der Regel mehrere Jahre online, oft auch begleitet von wechselnden Redakteuren. Vergleichbar mit der sich stetig weiterentwickelnden Verzeichnisstruktur auf unseren Computern kann auf diese Weise eine schier unglaubliche Menge verschiedenster Daten zusammenkommen. Den Überblick zu behalten, fällt dann oftmals nicht leicht.

Erstellen Sie also – in Absprache mit Ihren Kollegen – eine schlüssige Ordnerstruktur (Abbildung 7-3). So kann es sinnvoll sein, nicht nur Bilderordner, sondern auch Ordner für PDFs oder für Word-Dateien anzulegen.

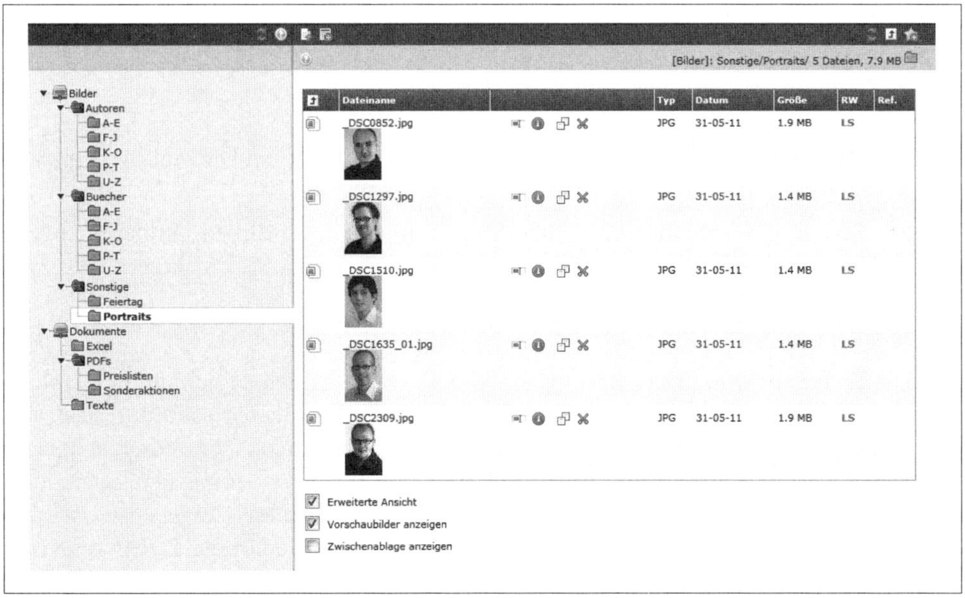

Abbildung 7-3: So kann eine beispielhafte Verzeichnisstruktur aussehen

Die Darstellung der Verzeichnisse erfolgt immer alphabetisch. Eine andere Sortierung als diese alphabetische ist nur möglich über das Hilfsmittel der manuellen Umbenennung, beispielsweise so: *1_Ordnername*, *2_Ordnername* usw.

Das Kontextmenü in der Navigationsleiste

Einzelne Ordnersymbole in der Navigationsleiste können angeklickt werden und bieten dann ein Kontextmenü mit Funktionen zur Ordnerverwaltung und zum Datei-Upload (Abbildung 7-4).

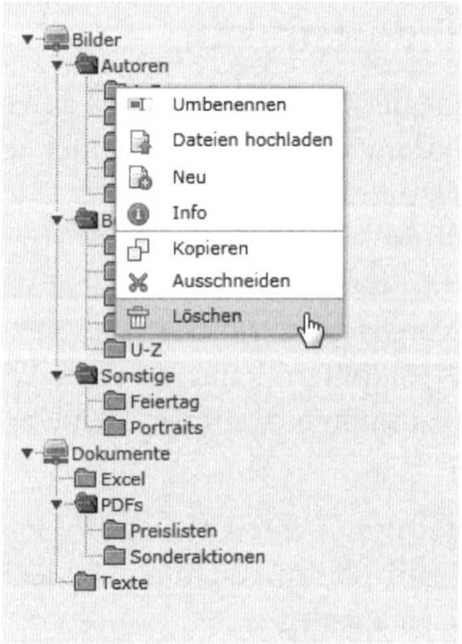

Abbildung 7-4: Das Kontextmenü der Ordner in der Dateiliste

Folgende Funktionen können Sie im Kontextmenü wählen:

Umbenennen
: Es öffnet sich ein Dialogfeld, in dem der angewählte Ordner umbenannt werden kann.

Dateien hochladen
: Es öffnet sich ein Dialogfeld, in dem Dateien in den angewählten Ordner hochgeladen werden können. Seit der TYPO3-Version 4.4 haben Sie an dieser Stelle zwei Möglichkeiten des Datei-Uploads.

  Möglichkeit A:

  Diese Option ist in in der Regel voreingestellt. Hier handelt es sich um den Upload über die sogenannte Flash-Schnittstelle. Sie soll das Hochladen zukünftig stark vereinfachen. In dem Dialogfeld können Sie mehrere Dateien in einem Vorgang hochladen. Klicken Sie auf die Funktion *Datei auswählen* und wählen Sie eine oder gleich mehrere Dateien von Ihrem PC aus. Eventuell bereitet diese Vorgehensweise aber technische Probleme auf Ihrem PC. Das könnte an der fehlenden Flash-Unterstützung Ihres Systems liegen. In dem Fall bleibt Ihnen nichts anderes übirg, als diese

Funktion zu deaktivieren. Die Deaktivierung erfolgt in der Modulgruppe *Benutzerwerkzeuge → Einstellungen → Bearbeiten & Erweiterte Funktionen → Flash-Schnittstelle zum Hochladen aktivieren*. Entfernen Sie an dieser Stelle das Häkchen. Nach dem Klick auf *Konfiguration speichern* steht ab sofort die (alte) Variante des Datei-Uploads zur Verfügung.

Möglichkeit B:

Die (alte) Variante des Datei-Uploads steht immer dann zur Verfügung, wenn die Flash-Schnittstelle (s.o.) deaktiviert wurde. Mit dem Auswahlfeld können bis zu zehn Dateien gleichzeitig bestimmt werden. Über den Button *Durchsuchen* gelangen Sie auf Ihren lokalen PC, um von dort in beliebigen Verzeichnissen nach Bildern zu suchen. Mit dem Optionsfeld *Vorhandene Dateien überschreiben* kann gewählt werden, ob bereits im Ordner vorhandene Dateien durch gleichlautende ersetzt werden sollen oder nicht. Falls die Option nicht aktiviert wurde, aber trotzdem eine Datei mit gleichem Namen hochgeladen wird, erstellt TYPO3 automatisch eine neue Version der Datei mit einem Zahlenkürzel (z.B. *Dateiname_01.jpg*).

Neu

Mit dieser Funktion ist es möglich, sowohl Ordner und Unterordner (bis zu zehn Stück) als auch eine große Auswahl verschiedener Textdateien (*txt*, *html*, *htm*, *css*, *tmpl*, *js*, *sql*, *xml*, *csv*, *php*, *php3*, *php4*, *php5*, *php6*, *phpsh*, *inc*) im angewählten Verzeichnisbaum zu erzeugen. Die an dieser Stelle erzeugbaren Textdateien werden üblicherweise von Administratoren genutzt, die hier z.B. CSS-Code editieren können und die Funktionalität dieses einfachen Texteditors nutzen.

Info

Diese Option steht zwar in der Navigationsleiste zur Verfügung, hat aber tatsächlich keine Funktion.

Kopieren

Mit dieser Funktion können Ordner kopiert werden.

Ausschneiden

Hier können Ordner ausgeschnitten werden. Sie sind aber erst dann wirklich nicht mehr in der Liste vorhanden, wenn sie an anderer Stelle wieder eingefügt worden sind!

Einfügen in

Mit dieser Anweisung können Ordner, die vorher ausgeschnitten oder kopiert wurden, wieder eingefügt werden. Die Funktion steht nur dann zur Verfügung, wenn vorher kopiert oder ausgeschnitten wurde. *Einfügen in* bezieht sich immer auf den angewählten Ordner.

Löschen

Hiermit können Ordner gelöscht werden.

Wenn Sie durch ein Versehen einen Ordner in ein falsches Verzeichnis kopiert haben oder gar ganze Verzeichnisse mit Unterordnern anders einordnen möchten, schneiden

Sie die betreffenden Ordner oder Verzeichnisse mit *Ausschneiden aus* aus und fügen sie mit *Einfügen in* in ein beliebiges Verzeichnis wieder ein oder verschieben den Ordner einfach mithilfe der Maus in ein anderes Verzeichnis. Denn seit der TYPO3-Version 4.2 beherrscht auch die *Dateiliste* Drag-and-Drop. Nach dem Verschieben des Ordners erscheint ein Dialogfeld, in dem Sie zwischen den Optionen *Ordner verschieben in* und *Ordner kopieren in* wählen können.

Wenn Sie neue Ordner angelegt haben, diese aber nicht angezeigt werden, klicken Sie unterhalb der Navigationsleiste auf *Ansicht aktualisieren (Reload)*. Jetzt sind sie sichtbar.

Die Dateiliste im Detailbereich

Nach dem Anwählen eines beliebigen Ordners aus der Navigationsleiste werden im Detailbereich die darin enthaltenen Dateien dargestellt. Die Listenansicht im Detailbereich teilt sich in mehrere Spalten pro Datei auf: *Dateiname*, *Typ*, *(Upload-)Datum*, *Größe*, *Lese- und Schreibrechte* der *Datei (RW)* sowie *Referenzierung (Ref)*. Die Spaltenüberschriften können auch angewählt und zum Sortieren der Dateien genutzt werden.

Lese- und Schreibrechte (RW)
: In der Listenansicht rechts werden die jeweiligen Schreib- und Leserechte einer Datei angezeigt. Wenn Dateien über das Modul *Dateiliste* hinzugefügt werden, erhalten diese automatisch die Lese- und Schreibrechte (LS). Unter Umständen kann es passieren, dass Dateien, die per FTP-Upload auf den Server hochgeladen werden, keine entsprechenden Rechte haben. Das kann dann bedeuten, dass sie nicht gelesen oder bearbeitet werden können. Eine Möglichkeit, dies zu ändern, ist, die Rechte in einem FTP-Programm neu zu vergeben. Fragen Sie in diesem Fall Ihren Administrator.

Referenzierungen (Ref)
: Ganz rechts in der Listenansicht wird angezeigt, ob und wie viele Male auf die Datei innerhalb von Content-Elementen verwiesen wurde. Immer wenn eine Datei innerhalb des RTE als Download verlinkt wird oder wenn auf sie im Rahmen eines Dateiverweises referenziert wird, ist an dieser Stelle ein Eintrag zu sehen. Je öfter die Datei referenziert wurde, desto höher ist die Ziffer. Klickt man auf die Ziffer, öffnet sich ein Pop-up mit einer Liste der betreffenden Referenzen der Datei.

  Wozu ist diese Funktion nützlich? Sie soll unbeabsichtigtes Löschen von Dateien verhindern, wenn diese auf die oben erwähnten Arten verlinkt wurden. Dateien, die so verlinkt und aus der *Dateiliste* gelöscht werden, sind nämlich tatsächlich in den betreffenden Inhaltselementen nicht mehr vorhanden!

Rechts oberhalb der Listenansicht ist zu Ihrer Orientierung der Pfad abgebildet, in dem sich der ausgewählte Ordner befindet. Dort sehen Sie auch die Funktionen *Neu laden* und *Eine Ebene höher gehen*. Links oben finden Sie die Funktionen *Datei hochladen* und *Neu*.

Neu Laden

Die Funktion *Neu Laden* ist dann sinnvoll, wenn Sie Medien per FTP-Upload dem aktuell geöffneten Verzeichnis hinzugefügt haben, die Detailliste diese Dateien aber noch nicht anzeigt. Erst durch das Neuladen werden sie hier sichtbar.

Eine Ebene höher gehen

Mit der Funktion *Eine Ebene höher gehen* kann vom aktuellen Ordner aus das übergeordnete Verzeichnis ausgewählt werden.

Datei hochladen

Wie bereits im Abschnitt über das Kontextmenü der Ordnersymbole erläutert, können Sie hier Dateien hochladen.

Neu

Hier können Sie die unterschiedlichsten Dateitypen erzeugen.

In der Listenansicht kann man wahlweise auf das Dateisymbol oder den Namen der Datei klicken. Im ersten Fall öffnet sich das Kontextmenü (s.u.), und im zweiten Fall wird die Datei in einem neuen Fenster aufgerufen. Handelt es sich um ein Bild, wird dieses in der Originalgröße – wie auf dem Webserver hinterlegt – abgebildet. Ist es eine Textdatei, wird sie ebenfalls in einem neuen Fenster angezeigt. Andere Dateitypen werden unter Umständen auch einfach heruntergeladen (PDF) oder ausgeführt (MP3).

Unterhalb der Listenansicht befinden sich drei Auswahlfelder: *Erweiterte Ansicht, Vorschaubilder anzeigen* und *Zwischenablage anzeigen.*

Erweiterte Ansicht

Ist diese Option aktiviert, werden folgende Icons mit den entsprechenden Funktionen in der Listenansicht eingeblendet: *Umbenennen*, *Info*, *Kopieren* und *Ausschneiden*. Die Erläuterung der Funktionen folgt weiter unten.

Vorschaubilder anzeigen

Das Auswahlfeld *Vorschaubilder anzeigen* fügt den Dateien in der Listenansicht jeweils ein kleines Vorschaubild (Thumbnail) hinzu, sofern es sich um ein Bild handelt. Diese Funktion ist äußerst nützlich, solange die Liste nicht zu umfangreich ist, denn in dem Fall benötigt TYPO3 doch recht lange, um die Vorschaubilder zu generieren. Möchten Sie trotzdem nicht auf die Thumbnails verzichten, sollten Sie eventuell Unterordner für Ihre Dateien anlegen, um überlange Listen zu vermeiden.

> Setzen Sie unter *Benutzerwerkzeug → Einstellungen → Beim Start* (siehe dazu Kapitel 12, *TYPO3-Konfiguration auf einen Blick*) ein Häkchen bei *Vorschaubilder standardmäßig anzeigen*. Von nun an wird in allen Listenansichten von Bildern ein Vorschaubild generiert. Dadurch wird allerdings auch die Funktion *Vorschaubilder anzeigen* in dieser Liste funktionslos, d.h., um die Thumbnails zu deaktivieren, müssen Sie auch die Option in den Benutzereinstellungen wieder entfernen.

Zwischenablage anzeigen

Die Zwischenablage (Klemmbrett) bietet diverse Funktionen, um zeitsparend und effektiv mit der Dateiliste zu arbeiten. Wie Sie Dateien schnell und effizient mit der Zwischenablage bearbeiten können, erfahren Sie in Kapitel 10, *Effizientes Arbeiten mit TYPO3*.

Das Kontextmenü in der Dateiliste

Einzelne Dateisymbole (vor den Miniaturdarstellungen oder Dateibezeichnungen) in der Listenansicht können angeklickt werden und bieten dann ein Kontextmenü mit Funktionen zur Dateiverwaltung (Abbildung 7-5).

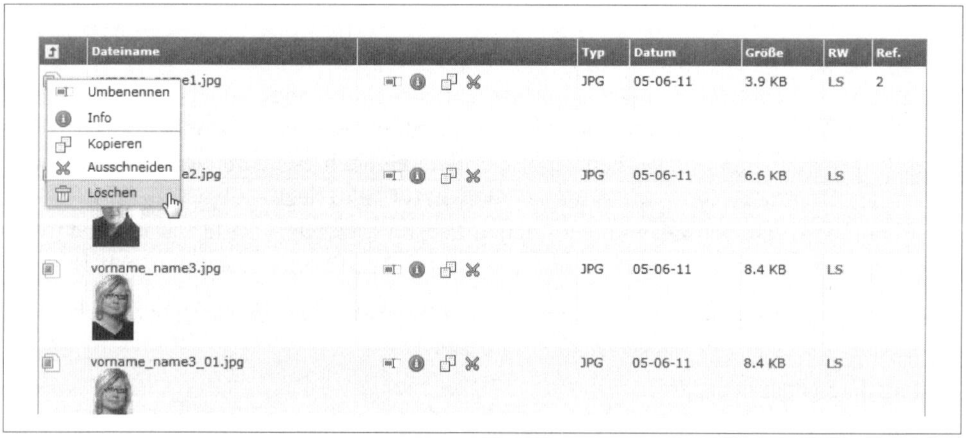

Abbildung 7-5: Das Kontextmenü der Dateien in der Listenansicht

Das Kontextmenü zeigt folgende Funktionen:

Umbenennen

Es öffnet sich ein Dialogfeld, in dem die angewählte Datei umbenannt werden kann.

Info

In diesem Fenster werden neben Informationen, die schon die Listenansicht – bei Bildern – bietet, die Ausmaße in Pixeln ausgegeben. Außerdem wird in dem Vorschaufenster eine größere Darstellung des Motivs gezeigt.

Kopieren

Mit dieser Funktion können Dateien kopiert werden. Aktivieren Sie dafür das Optionsfeld *Zwischenablage anzeigen* unterhalb der Liste. Nach dem Kopieren der Datei erscheint in der oberen Leiste der Listenansicht ein Zwischenablagesymbol . Mit Klick auf dieses Icon lässt sich der Zwischenablageinhalt an anderer Stelle – auch in einem anderen Verzeichnis – wieder einfügen. Wenn Sie die Datei in dasselbe Verzeichnis einfügen, in dem Sie sie kopiert haben, erzeugt TYPO3 eine neue Version der Datei mit einem Zahlenkürzel im Namen (z.B. *Dateiname_01.pdf*). Lesen Sie dazu auch den Abschnitt »Die Zwischenablage: Mehrere Inhalte gleichzeitig bearbeiten« auf Seite 341.

Ausschneiden
Mit dieser Funktion können Dateien ausgeschnitten werden. Lassen Sie sich nicht dadurch irritieren, dass die Datei, die Sie gerade ausgeschnitten haben, scheinbar noch an gleicher Stelle vorhanden ist. Sie muss erst an anderer Stelle eingefügt werden (s.u.), damit sie an ihrem alten Platz nicht mehr sichtbar ist.

Einfügen in
Mit dieser Funktion können Dateien, die vorher ausgeschnitten oder kopiert wurden, in andere Ordner eingefügt werden. Die Funktion steht nur dann zur Verfügung, wenn vorher auch etwas kopiert oder ausgeschnitten wurde.

Löschen
Mit dieser Funktion können Dateien gelöscht werden.

Bearbeiten
Die Funktion *Bearbeiten* steht nur bei Textdateien – Dateien mit den Endungen *.txt*, *.html*, *.htm*, *.css*, *.inc*, *.php*, *.php3*, *.tmpl*, *.js*, *.sql*, *.log* – zur Verfügung. Mit Klick auf *Bearbeiten* öffnet sich ein einfacher Texteditor, in dem der Text modifiziert werden kann. Sollten Sie nicht gerade Administrator sein, werden Sie diese Funktion kaum benötigen. Es stehen die Funktionen *Speichern, Speichern und schließen* sowie *Abbrechen* zur Verfügung.

Austausch von Bildern und Dateien

Mit dem Modul *Dateiliste* können Sie Bilder nicht global – also bei allen Verwendungenszwecken auf der Website – ersetzen oder löschen, Dateien hingegen schon.

Vielleicht haben Sie auf Ihrer Website ein Bild mehreren Inhaltselementen zugeordnet, und Ihnen ist bekannt, dass in der *Dateiliste* ein Bild hochgeladen und mit der Funktion *Überschreibe existierende Dateien* ersetzt werden kann. Die Überlegung liegt nahe, Bilder global zu ersetzen. Diese Funktion ist mit dem Modul *Dateiliste* leider nicht möglich, da TYPO3 die in Inhaltselementen verwendeten Bilder intern verwaltet, damit versehentlich in der *Dateiliste* gelöschte Objekte nicht auch im Frontend verschwinden. Das gleiche Prinzip tritt in Kraft, wenn ganze Bilderordner gelöscht werden. Alle Bilder, die sich im gelöschten Ordner befanden, werden weiterhin von TYPO3 im Cache verwaltet und auch noch im Frontend abgebildet. Es bleibt Ihnen somit nur, alle Referenzen des Motivs ausfindig zu machen und einzeln zu ersetzen, denn das oder die Bilder werden in der *Dateiliste* ersetzt, nicht aber in den referenzierten Inhaltselementen.

Wenn Sie eine konkretes Motiv löschen möchten, das mehrfach im Frontend Verwendung findet, bleibt Ihnen tatsächlich nur die manuelle Suche in der Website, um diese dann in den betreffenden Inhaltselementen einzeln zu löschen.

Anders verhält es sich, wenn Sie Dateien im RTE verlinkt haben (siehe dazu den Abschnitt »Link auf eine Datei« auf Seite 141), beispielsweise ein PDF zum Download bereitstellen. Wird die betreffende Datei in der Dateiliste einfach gelöscht, wird TYPO3 diesen Link bestehen lassen, der Link selbst (z.B. »hier herunterladen«) führt beim Anwählen allerdings zu einer Fehlermeldung im Frontend. Tauschen Sie die Datei in der *Dateiliste* aber aus, d.h., ersetzen Sie das PDF durch ein anderes mit exakt dem gleichen Namen, wird die neue Datei zum Download bereitgestellt.

Erst durch den Einsatz des Moduls *Digital Asset Management (DAM)*, das die *Dateiliste* komplett ersetzt, ist es möglich, mehrfach verwendete Bilder »auf einen Schlag« auszutauschen und auch Ordner zu löschen, deren Inhalte dann auf der Website ebenfalls nicht mehr abgebildet werden. Sollten diese Funktionen für Sie wichtig sein, bleibt Ihnen nur, Ihren Administrator zu bitten, *DAM* anstelle der *Dateiliste* zu installieren. Lesen Sie dazu auch Kapitel 8 »DAM, die moderne Dateiverwaltung von TYPO3«.

Der TYPO3-Element-Browser

Sie haben bereits eine Anzahl von Dateien mithilfe der *Dateiliste* auf den Webserver hochgeladen und in Ihre Verzeichnisse eingeordnet. Alle in Ihrer *Dateiliste* aufgeführten Medien können mittels des TYPO3-Element-Browsers den Inhaltselementen auf Ihren Seiten zugeordnet werden. Immer dann, wenn Sie ein Bild in Inhaltselemente einfügen und die Funktion *Durch Dateien browsen* aufrufen, öffnet sich in einem Pop-up-Fenster der TYPO3-Element-Browser (Abbildung 7-6).

Im linken Bereich des Pop-up-Fensters wird die Navigationsleiste mit den freigegebenen Ordnern angezeigt, die dem Redakteur durch die Dateifreigaben zugewiesen wurden, im rechten Bereich wird die Dateiliste des gewählten Verzeichnisses dargestellt. In der Dateiliste befinden sich neben dem Namen des jeweiligen Motivs ein Pluszeichen und ein Infozeichen. Beim Klick auf das Pluszeichen fügen Sie der Auswahl ein Bild hinzu, und das Fenster bleibt so lange geöffnet, bis Sie alle benötigten Bilder gewählt haben. Klicken Sie direkt auf den Namen der Datei, wird nur die gewählte Datei hinzugefügt, und das Fenster schließt sich. Das Infosymbol zeigt noch mal Detailinfos zur gewählten Datei. Ansonsten ist das Fenster identisch mit der oben erwähnten Dateiverwaltung des Moduls *Dateiliste*. Zusätzlich finden Sie hier jedoch die zwei Dialogfelder *Dateien hochladen* und *Neuer Ordner* im unteren Bereich des Fensters.

Dateien hochladen

Es stehen drei Formularfelder zur Verfügung, denen mit der Funktion *Durchsuchen* bis zu drei Dateien hinzugefügt werden können. Die Funktion *Durchsuchen* führt immer auf die lokale Festplatte des Redakteurs. Sind die Dateien hinzugefügt, werden sie mit der Funktion *Upload* hochgeladen. Achtung: Die Dateien werden in den über den Textfeldern angegebenen Pfad hochgeladen! Sollte ein anderes Verzeichnis gewünscht sein, wählen Sie zuerst den für Sie richtigen Ordner im Verzeichnisbaum aus und laden die Dateien dann hoch.

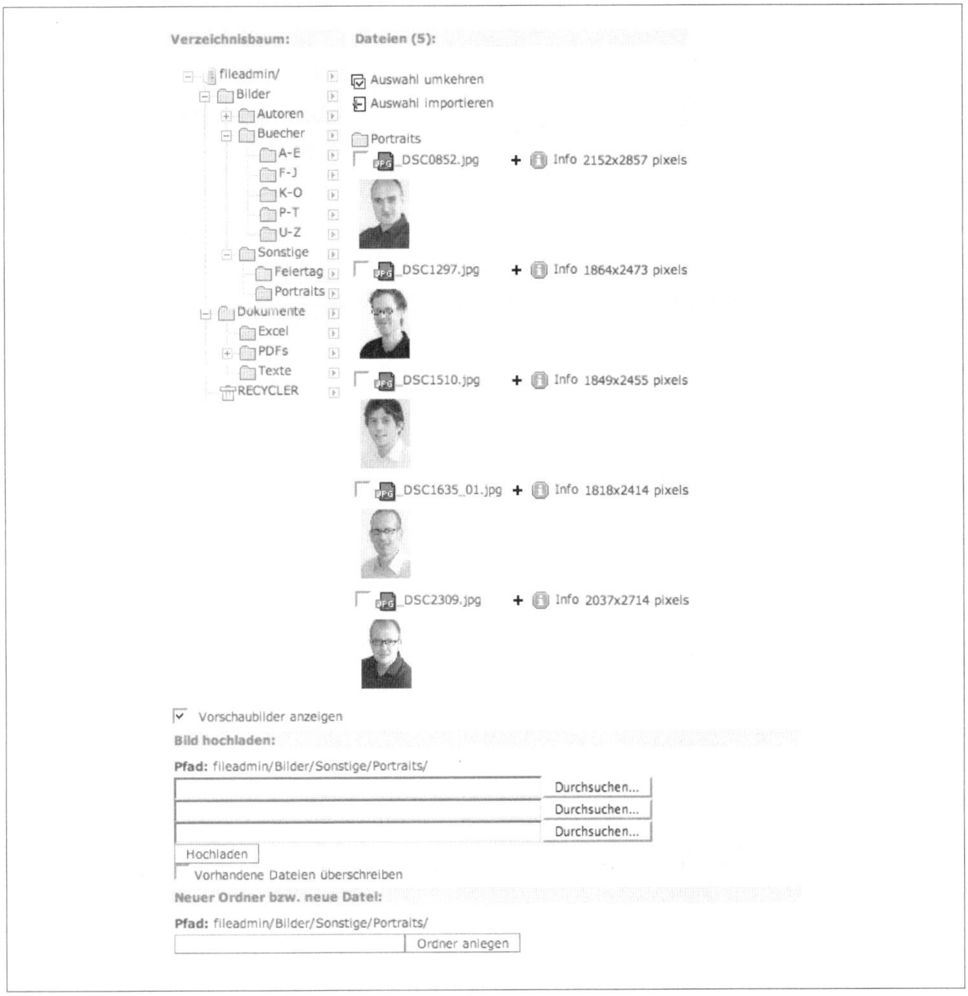

Abbildung 7-6: Der geöffnete TYPO3-Element-Browser

Neuer Ordner

Mit dieser Funktion können Sie einen neuen Ordner im gewählten Verzeichnis erzeugen. Zur Orientierung wird der aktuelle Pfad über dem Formularfeld angezeigt. Um einen Ordner in einem anderen Verzeichnis zu erzeugen, wählen Sie in der Navigationsleiste des Fensters ein entsprechendes Verzeichnis aus.

Upload-Limit

Theoretisch kann TYPO3 beliebig große Datenmengen verwalten. Normalerweise ist es jedoch unnötig, ein 1 MByte großes Bild auf den Server zu kopieren, wenn es auf der Website auf 25 KByte heruntergerechnet wird. Die Datei im Frontend ist zwar sehr klein, aber die Originaldatei ist trotzdem auf der Festplatte des Providers gespeichert und belegt dort immerhin 1 MByte.

Im Übrigen haben Webpakete, die bei Providern gemietet werden, oft einen limitierten Webspace zur Verfügung. Das bedeutet, dass die Datenmenge, die auf einem Server vorhanden sein darf, nicht unbegrenzt ist. Welchen Webspace Sie zur Verfügung haben, können Sie bei Ihrem Provider oder Administrator erfragen. Damit Redakteure also nicht aus Versehen zu große Dateien implementieren, ist standardmäßig die Dateigröße einzelner Assets – die Sie Inhaltselementen hinzufügen – auf die Größe von 20 MByte begrenzt. Sollten Sie größere Dateien einfügen wollen, kann Ihr Administrator diesen Grenzwert hochsetzen. Überschreiten Sie versehentlich das Upload-Limit, quittiert TYPO3 diese Aktion mit einer Fehlermeldung (Abbildung 7-7).

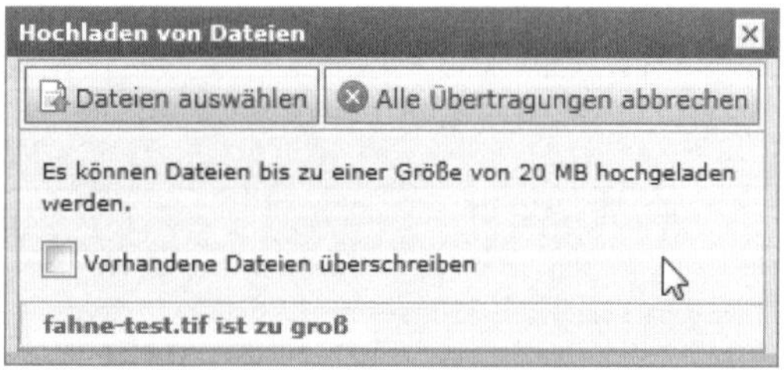

Abbildung 7-7: Die Fehlermeldung der Flash-Schnittstelle beim Überschreiten der Upload-Grenze

Das Modul Bilder

Die Funktion des Moduls ist nur dann für Sie von Interesse, wenn Ihre TYPO3-Version älteren Datums ist – also vor der Version 4.0. Das Modul *Bilder* ist nämlich seit der Version TYPO3 4.0 nicht mehr Bestandteil der *Dateiliste*. Bis zur Version TYPO3 3.8 dient es als Bildergalerie des übergeordneten Moduls *Liste*. In ihr können die Bilder eines ausgesuchten Ordners in akzeptabler Größe betrachtet werden, ähnlich einer Bildergalerie. Pro Seite werden fünf Motive ausgegeben. Sind weitere Motive vorhanden, können Sie mit den kleinen Pfeilen am Fuß und am Kopf der Seite durch die Folgeseiten navigieren. Neben der größeren Darstellung werden noch der Name, die Dateigröße und die Maße (in Pixeln) angegeben.

Per FTP-Programm viele Dateien auf einmal hochladen

Die Frage nach einem FTP-Zugang (File Transfer Protocol – ein Netzwerkprotokoll zur Dateiübertragung) stellt sich immer dann, wenn die Upload-Funktionen der *Dateiliste* oder des *DAM* nicht ausreichen, um eine große Anzahl von Dateien »in einem Rutsch« in den fileadmin-Ordner hochzuladen, denn schließlich können in TYPO3 nicht mehr als zehn Dateien gleichzeitig hinzugefügt werden. Ein FTP-Zugang gehört im Übrigen nicht unbedingt zum Basispaket einer Webpräsenz. Sollte er nicht vorhanden sein, bitten Sie Ihren Administrator oder Ihren Provider um Unterstützung.

Am Beispiel des FTP-Programms FileZilla führen wir hier in aller Kürze in die Arbeitsweise mit einem typischen FTP-Client ein (Abbildung 7-8). FileZilla ist wie TYPO3 Open Source unter der GPL-Lizenz (General Public License – Lizenz für freie Software) und damit nicht nur kostenlos, sondern er zeichnet sich auch durch seine einfache Bedienbarkeit aus. Das leistungsstarke Programm unterstützt in der aktuellen Version 3.5.0 Windows 7, Windows XP und Windows Vista. In der Version 2.2.22 ist er sowohl für Windows 98 als auch für Windows ME verfügbar.

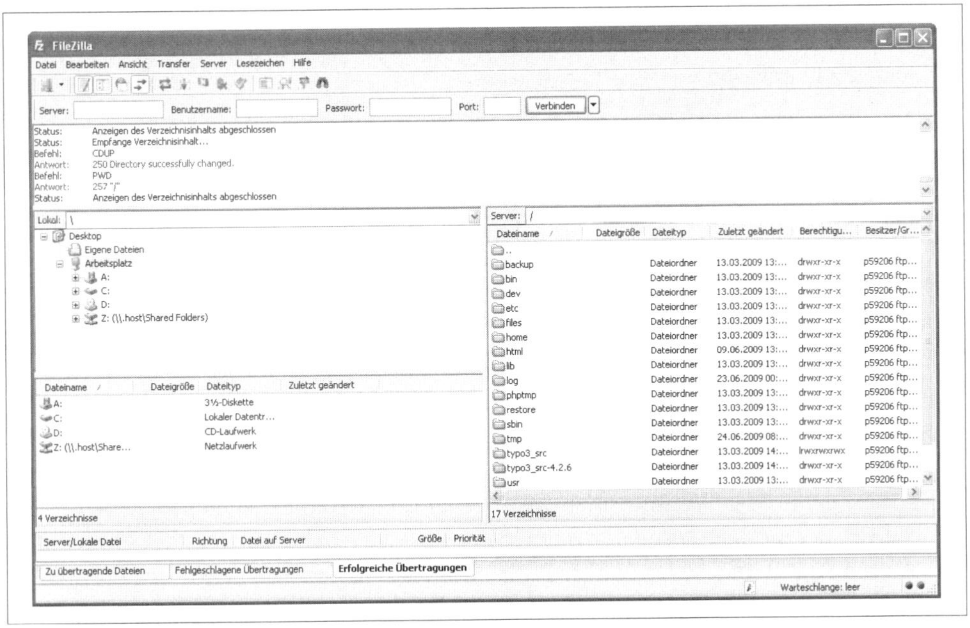

Abbildung 7-8: Die Programmoberfläche von FileZilla

Die grundsätzliche Funktion ist aber in den meisten FTP-Programmen ähnlich:

1. Öffnen Sie das Programm.

   Im oberen Bereich unter dem Hauptmenü befindet sich die sogenannte Quickconnect-Leiste. Geben Sie dort in das Feld *Server* die URL Ihrer Website – ohne die Bezeichnung »www« – ein. In die Felder daneben tragen Sie Benutzer und Passwort ein und klicken auf den Button *Verbinden*. Das *Port*-Eingabefeld kann leer bleiben, es wird automatisch ausgefüllt.

2. Navigation auf dem FTP-Server.

   Wenn der Verbindungsversuch erfolgreich verlaufen ist, erscheint im rechten Bereich des Hauptfensters eine Liste mit Dateien und Ordnern. Anfangs befinden

Sie sich auf der obersten Ebene Ihrer Internetpräsenz und können auf einen Ordnernamen doppelklicken, um tiefer in die Ordnerstruktur zu gelangen. Um in übergeordnete Verzeichnisse zu gelangen, kann im Auswahlmenü des Eingabefelds *Server* ein Ordner gewählt werden.

3. Navigation auf lokalem Computer.

   Im linken Bereich des Hauptfensters wird die Ordnerstruktur *Lokal,* d.h. der Inhalt Ihres Computers, abgebildet. Die Navigation erfolgt ganz ähnlich wie das Navigieren auf dem FTP-Server, nur dass hier eine Baumstruktur abgebildet wird. Sie können auch eine Baumstruktur auf dem FTP-Server sichtbar machen, indem Sie auf das Baumstruktursymbol in der Werkzeugleiste am oberen Fensterrand klicken.

4. Dateien übertragen.

   Sie übetragen die Dateien, indem auf Sie den Dateinamen doppelklicken. Die Datei wird in die Liste der zu übertragenden Dateien aufgenommen, die sich im unteren Bereich des Hauptfensters befindet. Ganze Ordner werden übertragen, indem mit der rechten Maustaste auf das Ordnersymbol geklickt und im Kontextmenü *Hochladen* oder *Herunterladen* gewählt wird. Wahlweise können Dateien und Ordner auch per Drag-and-Drop zwischen den Fenstern verschoben werden. Die Dateiübertragung funktioniert im Übrigen in beide Richtungen, es können sowohl Daten auf den FTP-Server kopiert als auch Daten vom FTP-Server auf den lokalen Rechner übertragen werden.

5. Arbeiten im fileadmin-Ordner.

   Die Ordnerstruktur von TYPO3-Websites ist immer identisch aufgebaut. Im Wurzelverzeichnis der Website – der obersten für die Öffentlichkeit zugänglichen Ebene – liegt der Ordner *fileadmin.* Hier befinden sich auch die von Ihnen oder dem Administrator angelegten Verzeichnisse der Bilder, PDFs usw. Aber der Zugang per FTP führt je nach Einstellung des Nutzers nicht unbedingt an die »richtige« Stelle im Webverzeichnis. Den *fileadmin*-Ordner zu finden, kann unter Umständen problematisch sein und sollte nicht ohne die Hilfe eines Administrators vorgenommen werden (Abbildung 7-9).

Sobald die Dateien per FTP auf den Server übertragen worden sind, stehen sie im Backend der Website zur Verfügung. Eventuell muss die Ansicht in der Dateiliste aktualisiert werden, um die neuen Bilder anzeigen zu lassen.

Fazit und Ausblick

Die *Dateiliste* ist ein wichtiges Werkzeug für Redakteure, um den Überblick in der Dateiverwaltung zu behalten. Sie ist einfach, funktional, leicht zu erlernen und erprobt. Nicht von ungefähr ist sie Bestandteil einer jeden TYPO3-Basisinstallation. Vergleichbar mit einem gut geordneten Karteikasten, in dem die verschiedenen Medien nach Gruppen

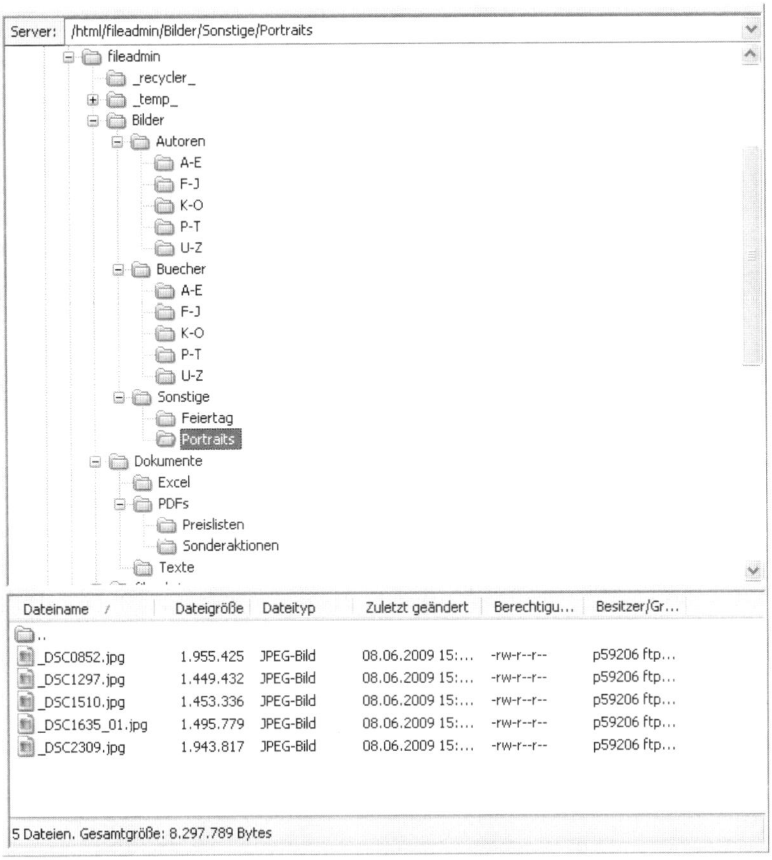

Abbildung 7-9: Ansicht des fileadmin-Ordners im FTP-Zugang

oder Kategorien abgelegt sind, kann sie das Leben eines Redakteurs wirklich erleichtern. Allerdings stößt man mit der *Dateiliste* auch an natürliche Grenzen, beispielsweise wenn das Medienaufkommen einen zu großen Umfang einnimmt oder wenn mehr als eine bloße Ablage für Medien benötigt wird oder gezielt nach Dateien gesucht werden soll.

Die *Dateiliste* ist sozusagen der Pionier in der TYPO3-Dateiverwaltung. Im Zeitalter digitaler Archive erfüllt sie nicht unbedingt alle Anforderungen, die heutzutage an eine moderne Medienverwaltung gestellt werden. Für Anwendungen, die über eine einfache Ablage hinausgehen, wurde deshalb die Erweiterung *Digital Asset Management (DAM)* entwickelt, die als Extension vorliegt und vom Administrator installiert werden muss. Mit diesem Modul kommen wir nun wesentlich näher an das heran, was moderne Datensammlungen benötigen: Archivierung, Verschlagwortung, Sortiermöglichkeiten, Suchfunktionen und vieles mehr. Allerdings ist auch ein erhöhter Aufwand erforderlich, wenn es darum geht, dieses Modul zu bedienen und zu beherrschen.

Am Anfang sollte deshalb immer eine gründliche Analyse der Erwartungen stehen, die Sie an Ihre Datei- oder Medienverwaltung haben. Oder anders ausgedrückt: Eine simple Dateiablage für überschaubare Dateimengen kommt sehr gut mit der *Dateiliste* zurecht. Eine komplexe Ressourcenverwaltung mit umfangreichen Bearbeitungsmöglichkeiten benötigt fast zwangsläufig das Modul *DAM*.

Lesen Sie mehr über DAM im folgenden Kapitel.

KAPITEL 8

DAM, die moderne Dateiverwaltung von TYPO3

In diesem Kapitel erfahren Sie, wie Sie mit dem Modul *Digital Asset Management (DAM)* Bilder, PDFs, Textdokumente und andere Medien verwalten, Metadaten pflegen, Dateien indexieren und sie in Ihrer Mediendatenbank suchen.

Wie im vorherigen Kapitel über die *Dateiliste* erwähnt, handelt es sich bei dem Modul *DAM* um eine umfangreiche Erweiterung als Alternative zur herkömmlichen Verwaltung von Ressourcen. Das Modul *DAM* gehört allerdings nicht zur Standardinstallation von TYPO3 und muss bei Bedarf vom Administrator nachinstalliert werden. Beide Module zusammen zu benutzen, schließt sich aufgrund der unterschiedlichen Arbeitsweise aus, auch wenn die *Dateiliste* optional (vom Administrator) aktivierbar ist. Ist *DAM* installiert, erscheint anstelle der *Dateiliste* in der Modulleiste die Modulgruppe *Medien* mit den Modulen *Datei* und *Liste*. Diese Module zusammen bilden die für Redakteure sichtbare Struktur des *DAM*-Moduls.

Wie aber können Sie entscheiden, welches Modul für Ihren Webauftritt das richtige ist? Diese Entscheidung wird definitiv von mehreren Faktoren beeinflusst: von der Komplexität der Website, dem Ausmaß an Ressourcen, der Anzahl der Redakteure und dem Umfang der zu erlernenden Funktionen des *DAM*. Erschwert wird die Entscheidung auch dadurch, dass oftmals keiner der Faktoren im Voraus einzuschätzen ist. Viele Webseiten fangen schließlich klein an, wachsen im Laufe der Jahre zu großen Internetpräsenzen heran, wechseln zwischendurch vielleicht die Redakteure und entwickeln sich von einer ehemals überschaubaren kleinen Website zum ausgewachsenen Durcheinander von Seiten, Daten, Bildern und anderen Medien. In der folgenden Tabelle 8-1 erhalten Sie einen Überblick über die Funktionalitäten der beiden Module *Dateiliste* und *DAM*.

Tabelle 8-1: Funktionsübersicht Modul Dateiliste (Kapitel 7) und DAM

Funktionen	Dateiliste	DAM
Verzeichnisstruktur	✓	✓
Vorschaubilder	✓	✓
Hochladen/Kopieren/Löschen Umbenennen	✓	✓

Tabelle 8-1: Funktionsübersicht Modul Dateiliste (Kapitel 7) und DAM (Fortsetzung)

Funktionen	Dateiliste	DAM
Verschieben	-	✓
Indexieren/Verschlagwortung	-	✓
Suchfunktion	-	✓
Kategorien	-	✓
Medientypen	-	✓
Auswahlen speichern/laden	-	✓
Stapelverarbeitung	-	✓
Austauschen von Dateien	-	✓

Erfahrungen haben gezeigt, dass kleinere Webauftritte mit der *Dateiliste* bestens zurechtkommen, wohingegen Webseiten mit umfangreichen Datensammlungen – wie Onlinehändler, Medienarchive, produzierende Unternehmen und Vergleichbare – das Modul *DAM* benötigen, damit nicht der größte Teil der Einpflegearbeiten mit der Suche nach Bildern und Dateien verschwendet wird.

Die Extension DAM

> »Das Ziel des DAM bestand darin, eine mächtige Ebene für die häufigsten Media-Management-Aufgaben in TYPO3 zu schaffen, unabhängig von ihrem Ursprung, Format oder Endzweck.«
>
> René Fritz, Autor des DAM

Wird mit der *Dateiliste* noch ein auf Verzeichnisse basierendes Ordnungssystem zur Verfügung gestellt, so geht der Ansatz des *DAM* weit darüber hinaus. Vor *DAM* war es in TYPO3 lediglich möglich, Dateien in Ordnern und Unterordnern aufzubewahren, mit *DAM* existiert nun eine zukunftsweisende Möglichkeit, eine große Anzahl unterschiedlichster Dateiformate zu verschlagworten, archivieren, sortieren, verwalten, suchen und auch stapelweise deren Metadaten zu bearbeiten. Mit dieser neuen Funktionsvielfalt können Redakteure nun endlich aus dem Vollen schöpfen und in der Datenflut, wie sie zwangsläufig in gut gepflegten Onlineapplikationen entsteht, den Überblick behalten. Aber auch Frontend-Anwendungen können vom *DAM* profitieren. Plug-ins wie z.B. Bildergalerien können ihre Informationen direkt aus dem *DAM* beziehen.

Die grundsätzlichen Funktionen des *DAM* sind:

Hochladen und Indexieren von Dateien
: Dateien werden hochgeladen und dabei direkt indexiert. So werden, je nach installierten Diensten, unter anderem die tatsächlichen Inhalte von PDFs oder Texten erfasst und können bei Sortierungen und Suchanfragen im *DAM* als Suchergebnis ausgegeben werden.

Extrahieren von Metadaten
: Vorhandene Metadaten werden ausgelesen. Metadaten sind Daten, die in jedem Dokument selbst gespeichert sind und über den bloßen Dateinamen, die Dateigröße oder die Dateiausmaße hinausgehen. Das können z.B. Angaben über den Autor, das Copyright oder Kameradaten sein. Mehr zu diesem Thema finden Sie hier: »Die Stammdaten einer Datei: Metadaten pflegen« auf Seite 275.

Erweitern der Metainformationen (zu Recherchezwecken)
: Jeder Ressource können umfangreiche Metadaten hinzugefügt werden. Das können beliebige Ergänzungen sein oder auch Stichwörter, unter denen die Datei bei einer Suche oder Sortierung im *DAM* gefunden werden soll.

Suchen von Dateien
: Im Submodul *Liste* und auch im Element-Browser, der beim Hinzufügen von Dateien in Inhaltselementen aufgerufen wird, können Dateien nach beliebigen Kriterien, Kategorien oder Suchbegriffen – und auch Kombinationen daraus – gesucht werden.

Anzeigen
: Alle Bilder werden in einer separaten Ansicht, ähnlich einer Bildergalerie, mit großen Vorschaubildern angezeigt.

Zuordnen von Dateien zu Kategorien
: Es können zusätzlich zu den Metainfos eigene Kategorien erstellt werden, die Bildern und Dateien zugeordnet werden, um sie bei Suchanfragen oder Sortierungen im *DAM* auszugeben. Auch können verschiedene Frontend-Plug-ins wie Galerien oder Download-Listen diese Kategorien zur Anzeige der Dateien nutzen.

Stapelverarbeitung von Dateien
: *DAM* ermöglicht es, mehrere Dateien zusammen innerhalb der Ordnerstruktur zu verschieben, zu löschen oder auch zu kopieren.

Die Ordnungsstruktur des DAM

Basis des Ordnungssystems ist die Verzeichnisstruktur des *DAM*. Um diese Ordnungsstruktur abzubilden, wählen Sie im Modul *Medien* das Submodul *Datei* an. Die Ordnungsstruktur des *DAM* wird in der Navigationsleiste rechts neben der Modulleiste abgebildet. Sichtbar sind die Ordner, die dem Redakteur durch Dateifreigaben des Administrators zur Verfügung gestellt werden. Bei der Auswahl eines Ordners aus der Navigationsleiste wird in der angrenzenden Detailansicht der Ordnerinhalt abgebildet. In der Navigationsleiste selbst ist es nun nicht mehr möglich, per Kontextmenü – wie vorher im Modul *Dateiliste* – Funktionen auszuführen. Mehr über das Modul *Dateiliste* lesen Sie im vorherigen Kapitel. Die Navigationsleiste dient nun lediglich der Vorauswahl der Verzeichnisse. Alle Funktionen zur Bearbeitung der Ressourcen wurden im *DAM* in die Detailansicht verlagert. In der Navigationsleiste wird nur noch das vom Redakteur erstellte Ordnungsprinzip abgebildet, anhand dessen eine grobe Gliederung gegeben ist (Abbildung 8-1).

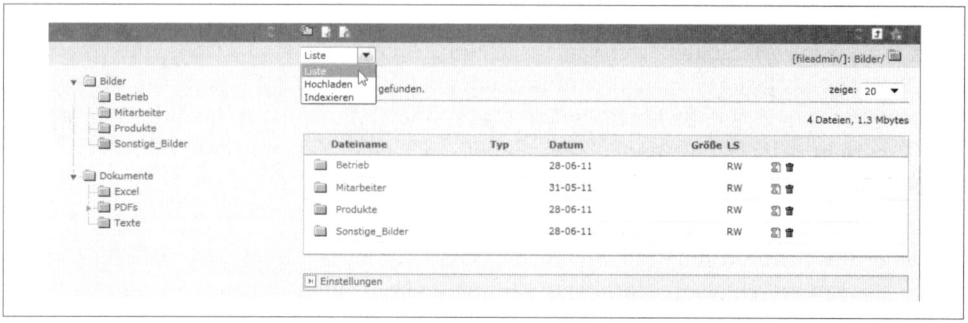

Abbildung 8-1: Die Ordnungsstruktur mit angrenzender Detailansicht

Verzeichnisse anlegen

Zunächst müssen Sie eine Grundstruktur einrichten, um eine grobe Einteilung Ihrer Medien vorzunehmen. Dazu legen Sie Verzeichnisse an, in die Sie im späteren Verlauf Ihre Dateien ablegen. Die Funktion zum Anlegen von Verzeichnissen befindet sich in der Detailansicht oberhalb der Listenansicht. Nur an dieser Stelle in TYPO3 ist es möglich, Ordner und Unterordner in der Navigationsleiste zu erzeugen. Eine andere Möglichkeit, Ordner anzulegen, ist, die Verzeichnisse in einem FTP-Programm zu erstellen. Lesen Sie dazu auch Kapitel 7, *Dateiverwaltung mit der Dateiliste und dem Element-Browser*. Eine schlüssige Ordnerstruktur erleichtert Ihnen im späteren Verlauf ungemein die Arbeit. Achten Sie auf eine flache Verzeichnisstruktur, um in späteren Auswahlen – immer dann, wenn Sie Bilder oder andere Medien in Auswahlen zusammenstellen – und den damit verbundenen vielfältigen Kombinationsmöglichkeiten nicht den Überblick zu verlieren.

> Erzeugen und benutzen Sie möglichst wenige Ordner und Unterordner. Verzeichnisse zu verschieben, ist im *DAM* nicht möglich, arbeiten Sie stattdessen mit Kategorien! Weitere Informationen dazu finden Sie unter »Die Stammdaten einer Datei: Metadaten pflegen« auf Seite 275.

Die geschaffene Verzeichnisstruktur dient eher der groben Vorsortierung, denn Sie können Dateien mit dem *DAM* nicht nur in Ordnern ablegen, sondern auch mittels Kategorien, Dateitypen, Metaangaben, Stichwörtern, Medientypen und beliebigen Kombinationen daraus sortieren, suchen und auswählen.

Wie kann eine solche Verzeichnisstruktur aussehen? Diese Frage lässt sich nicht pauschal beantworten. Letztendlich ist jede Verzeichnisstruktur eine individuelle Maßanfertigung, die eine sehr gründliche Planung voraussetzt, denn einmal eingerichtet und in längerfristigem Gebrauch, ist der Aufwand, die Struktur zu ändern, relativ hoch. In TYPO3 ist es zwar möglich, die Ordner umzubenennen und auch zu löschen, sie selbst können aber nicht von einem Verzeichnis in ein anderes verschoben werden. Auch hier kann dann nur ein FTP-Programm helfen. Mit den im späteren Verlauf noch näher beschriebenen Optionen zur Stapelverarbeitung lassen sich allerdings Dateien und ganze Inhalte von Ordnern auch in andere Verzeichnisse verschieben oder kopieren.

Es ist nicht notwendig, Ordner für JPGs, PDFs und ähnliche Medientypen anzulegen, da – wie wir noch sehen werden – dieses Ordnungsprinzip bereits im Modul *Liste* existiert. Eine einfache Struktur könnte aber wie folgt aussehen: Auf der obersten Ebene des Verzeichnisses befinden sich der Ordner *Bilder* – in den Sie alles einsortieren, was diesem Dateityp entspricht – und der Ordner *Dokumente*, der alle anderen Dateien aufnimmt, die nicht in das Bilderverzeichnis eingeordnet werden können. Falls Sie Filme und Videos verwalten möchten, richten Sie am besten noch einen entsprechenden *Filme/Videos*-Ordner ein. Diese simple Struktur kann für viele Webseiten völlig ausreichend sein, da eine weitergehende Verschachtelung nicht notwendigerweise mehr Ordnung erzeugt, sondern eher dazu beitragt, die später gesuchte Datei aus den Augen zu verlieren. Die Sortier- und Suchfunktionen erfolgen nämlich nicht primär über Ordner, sondern über Kategorien, Medientypen und Metadaten.

Eine komplexere Struktur – am Beispiel der Website eines Buchhändlers – könnte wie folgt aussehen: Auch hier befinden sich auf der obersten Ebene die Hauptverzeichnisse *Bilder* und *Dokumente*. Der Ordner *Bilder* beinhaltet Unterordner, die eine alphabetische Einordnung der Abbildungen von Buchtiteln – geordnet nach Autoren – zulassen (Abbildung 8-2).

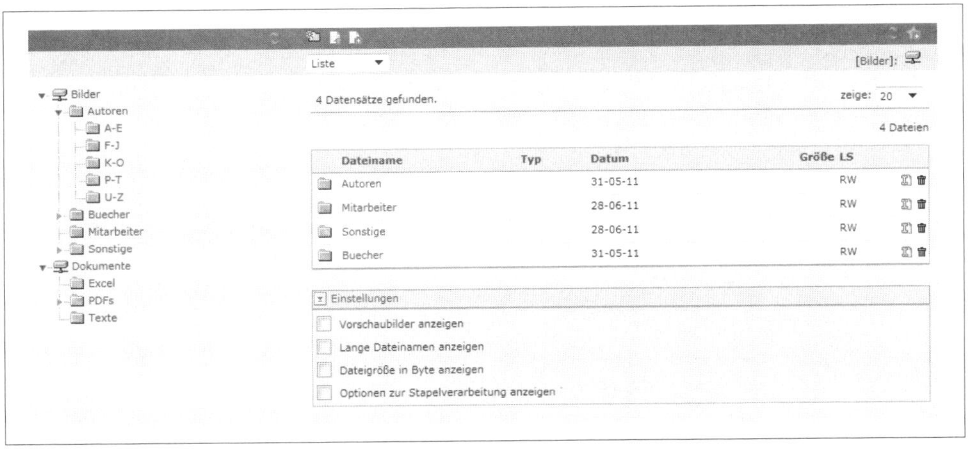

Abbildung 8-2: Das Modul DAM mit beispielhafter Ordnerstruktur für einen Buchhändler

Über die Zuordnung von Kategorien, wie Belletristik, Sachbücher usw., erfolgt anschließend die Einordnung des Buchs in die Ordnungsprinzipien des Buchhandels. So kann ein gesuchtes Buch einerseits im alphabetischen Verzeichnis gefunden werden, aber auch über die Kategorie sowie eine Kombination beider Suchkriterien. Ein weiterer Vorteil ist die mehrfache Zuordnung von Kategorien. So ist es möglich, ein Buch beispielsweise den Kategorien Bestseller, Taschenbücher und Kriminalromane zuzuordnen.

Das Modul Datei: Hochladen von Dateien (Assets)

Wählen Sie dieses Modul, um Ihre Dateien dem *DAM* hinzuzufügen und dabei automatisch zu indexieren. In der Listenansicht des Moduls *Datei* befindet sich zum einen die

Liste selbst mit der Darstellung der im ausgewählten Ordner vorhandenen Dateien und zum anderen diverse Funktionen, um mit der Listenansicht zu arbeiten (Abbildung 8-3).

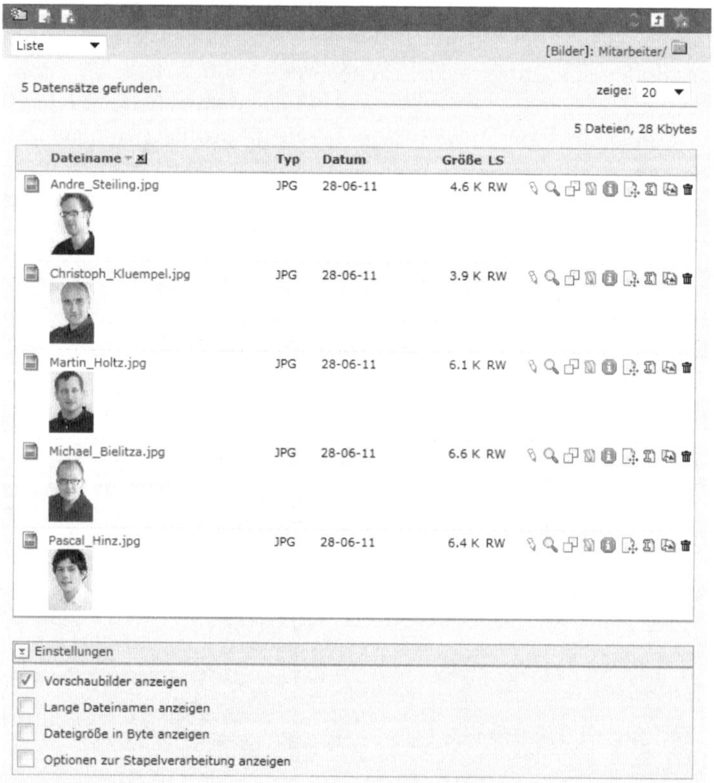

Abbildung 8-3: Die Listenansicht des DAM

Im Auswahlmenü oberhalb der Detailansicht stehen neben der Standardansicht *Liste* noch zwei weitere Optionen zur Verfügung: *Hochladen* und *Indexieren*. Über das kleine Aufklappmenü rechts oben können Sie die Anzahl der Abbildungen in der Liste ändern. Es können zwischen 20 und 200 Dateien angezeigt werden. Mit der Funktion *Verzeichnis anlegen*  erzeugen Sie neue Ordner im angewählten Pfad. Direkt daneben befinden sich die Funktionen *Hochladen* und *Textdatei anlegen*. Auch die Spaltenüberschriften *Dateiname*, *Typ*, *Datum*, *Größe* und *LS (ehemals RW)* finden sich hier wieder. Sie können genau so als Sortierordnung benutzt werden wie im Modul *Dateiliste*. Lesen Sie zu den oben erwähnten Funktionen den Abschnitt »Die Dateiliste im Detailbereich« auf Seite 240.

Die Funktionen im *DAM* bieten allerdings noch mehr Komfort bei der Sortierung. Wird eine der Spaltenüberschriften angewählt, kann die Sortierung sowohl auf- wie auch absteigend vorgenommen und bei Bedarf wieder entfernt werden. Im oberen Bereich der Liste werden auch Ordner aufgeführt, falls das ausgewählte Verzeichnis Unterordner enthält.

Folgende Funktionen stehen für die Listeneinträge zur Verfügung:

Datensatz bearbeiten
Die Funktion *Datensatz bearbeiten* öffnet ein sehr umfangreiches, mehrseitiges Dialogfeld. Hier können diverse Metaangaben, wie z.B. Stichwörter oder eigene Informationen, eingetragen werden. Dieses Formular beinhaltet alle Stammdaten, die bereits aus der Datei ausgelesen werden, wenn sie hochgeladen und indexiert wird. Aber Achtung! Hier handelt es sich nicht etwa um die Datei selbst, sondern um den *DAM*-Datensatz! Dieser wird vom *DAM* automatisiert beim Indexieren der Datei erzeugt. Ausführlich beschrieben wird das Datensatzformular im Abschnitt »Die Stammdaten einer Datei: Metadaten pflegen« auf Seite 275.

Ansehen
Die Funktion *(Datei) Ansehen* öffnet die Datei in einem neuen Fenster. Bilder werden in Originalgröße – wie auf dem Webserver hinterlegt – angezeigt, Textdateien als nicht editierbarer Text.

Kopieren
Die Funktion *Kopieren* ermöglicht es, innerhalb der Listenansicht einzelne Dateien zu kopieren und an anderer Stelle einzufügen. Nach dem Klick auf dieses Icon wird der Seitenbaum der Dateiverwaltung geöffnet, um den Zielort der Kopie zu bestimmen. Ist der neue Ordner ausgewählt, kann man mit der Funktion *Datei kopieren* die zuvor getroffene Wahl bestätigen.

Datei bearbeiten
Mit der Funktion *Datei bearbeiten* ist es möglich, die betreffende Ursprungsdatei selbst zu editieren. Leider gilt dies nur für bestimmte Textdateien (*txt*, *html*, *htm*, *css*, *tmpl*, *js*, *sql*, *xml*, *csv*, *php*, *php3*, *php4*, *php5*, *php6*, *phpsh*, *inc*, *phtml*). Alle anderen Dateien inklusive Bildern sind nicht bearbeitbar. Diese müssen in ihrem Ursprungsprogramm verändert und neu in TYPO3 hochgeladen werden.

Info
Die Funktion *Info* öffnet ein Fenster mit den Stammdaten der Datei, allerdings nur zur Ansicht. Bearbeitet werden können sie mit der Funktion *Datensatz bearbeiten*.

Verschieben
Die Funktion *Verschieben* ermöglicht es, innerhalb der Listenansicht einzelne Dateien zu verschieben und an anderer Stelle einzufügen. Nach dem Klick auf dieses Icon wird der Seitenbaum der Dateiverwaltung geöffnet, um den neuen Zielort zu bestimmen. Ist der neue Ordner ausgewählt, kann man mit der Funktion *Datei verschieben* die zuvor getroffene Wahl bestätigen.

Umbenennen
Die Funktion *Umbenennen* öffnet einen Dialog, in dem der *Titel*, der *Dateiname* und der *Dateiname für Herunterladen* geändert werden kann. Der Titel einer Datei wird in Listenansichten (z.B. im TYPO3-Element-Browser) im Backend und in Dateilisten im Frontend aufgeführt und kann sich vom Dateinamen unterscheiden, um Dateien im Backend leichter zu finden. Eventuell darf der Originalname auch nicht geändert werden, da er vielleicht nach einem betriebsinternen Schlüssel erstellt wurde.

Datei ersetzen

Die Funktion *Datei ersetzen* ersetzt die Datei selbst und ihre Metadaten durch eine neue Datei und deren Informationen.

Um von dieser Funktion global zu profitieren, müssen einige zusätzliche Erweiterungen installiert werden: *Content/DAM reference usage* für Bilder in Inhaltselementen, *DAM News* für Bilder und Dateien in der Erweiterung *tt_news*, *Filelinks DAM usage* für Dateilisten und *Multimedia DAM usage* für platzierte Multimedia-Elemente wie Videos. Nur wenn diese Erweiterungen zusätzlich zum *DAM* installiert werden, können Bilder und andere Assets in allen Vorkommnissen auf einer Website ersetzt werden.

Allen Extensions ist gemeinsam, dass sie eine Referenz mit dem im *DAM* hinterlegten Datensatz erzeugen. Da nicht die Datei selbst mit dem jeweiligen Inhaltselement verknüpft, sondern nur ein Datenbankverweis angelegt wird, können automatisch alle Inhaltselemente mit diesem Verweis aktualisiert werden.

Ein Beispiel: Sie haben ein Bild in mehreren Inhaltselementen verwendet und möchten nun eine aktuellere Version dieses Bildes einbinden. Dazu müssen Sie nicht jedes Inhaltselement einzeln bearbeiten, um das Bild zu ersetzen, sondern können es global mit der Funktion *Datei ersetzen* austauschen. Es ist aber nicht möglich, Dateien aus dem *DAM* heraus für das Ersetzen zu verwenden. Die *Durchsuchen*-Schaltfläche im *Funktionen*-Dialog führt Sie auf Ihre lokale Festplatte. Nur von dort kann eine beliebige Datei gewählt werden.

Mit diesem Feature des *DAM* ist es möglich, alle Vorkommen einer Datei auf der Website global auszutauschen. Ohne *DAM* – mit dem Modul *Dateiliste* – bliebe nur, die zu ersetzenden Bilder oder Dateien im Backend manuell zu suchen und in den einzelnen Inhaltselementen auszutauschen, da TYPO3 für jedes Element eine Kopie der Originaldatei angelegt und zugeordnet hat.

Admin-Tipp: Nicht alle Extensions unterstützen zurzeit *DAM*. An der Unterstützung der wichtigsten Erweiterungen wird aber fleißig gearbeitet. Lesen Sie im Einzelfall in der Dokumentation der verwendeten Extension nach, ob oder wann die Unterstützung implementiert wird.

Löschen

Die Funktion *Löschen* bezieht sich ebenfalls auf alle Vorkommnisse einer Datei auf einer Website. Auch wenn die Datei mehrfach auf der Website Verwendung findet, wird sie mit dieser Funktion gelöscht. Nur mit den oben aufgeführten zusätzlich zu installierenden Extensions werden auch alle Referenzen im Frontend gelöscht. Um zu verhindern, dass dies versehentlich geschieht, wird in dem Dialogfeld eine Liste mit Verwendungen der Datei in Inhaltselementen angezeigt.

Bilder, die im RTE als Bildelemente hinzugefügt wurden, sind von der Funktion *Löschen* nicht betroffen!

Unterhalb der Dateiliste befinden sich folgende Optionsfelder:

Vorschaubilder anzeigen
: Ist diese Funktion aktiviert, erhalten Bilder, soweit ihr Dateityp von TYPO3 unterstützt wird, eine Thumbnail-Ansicht. Je länger die Liste ist, desto länger dauert allerdings der Aufbau der Seite, da die Vorschaubilder bei jedem Aufruf der Listenansicht erneut von TYPO3 berechnet werden.

Lange Dateinamen anzeigen
: Standardmäßig werden Dateinamen mit mehr als 30 Zeichen in der Spaltenansicht »abgeschnitten«. Längere Dateinamen können mit dieser Funktion angezeigt werden. Allerdings verbreitert sich die betreffende Spalte mit dem Dateinamen auf die Breite des längsten Namens in der Liste, was dann unter Umständen horizontalen Scrollen erfordert.

Ausführliche Dateirechte anzeigen
: Die Rechte einer Datei, also ob sie gelesen, gespeichert oder ausgeführt werden kann, sind in TYPO3 nicht änderbar und werden in der Regel mit dem Kürzel *RW* abgebildet. Das bedeutet, dass eine Datei gelesen (*read*) und gespeichert (*write*) werden kann. In seltenen Fällen können diese Rechte beim Hochladen per FTP-Upload so verändert worden sein, dass sich eine Datei nicht mehr in Inhaltselementen verwenden lässt. Mit der Funktion *Ausführliche Dateirechte anzeigen* lässt sich herausfinden, ob die Dateirechte eventuell verändert wurden. Sollte dies der Fall sein, müssen die Rechte in einem FTP-Client zurückgesetzt werden.

Dateigröße in Byte anzeigen
: Diese Funktion zeigt die Dateigröße in Byte anstatt in KByte bzw. MByte an.

Optionen zur Stapelverarbeitung anzeigen
: Wenn diese Option aktiviert ist, wird den Dateien in der Listenansicht jeweils ein Markierungsfeld hinzugefügt, außerdem werden unterhalb der Liste zusätzliche Funktionen zur Stapelverarbeitung eingeblendet. Diese zusätzlichen Funktionen beziehen sich immer auf alle markierten Objekte der Liste oder wahlweise auf die gesamte Liste und ermöglichen das gleichzeitige Kopieren, Verschieben und auch Löschen der Datensätze. Werden die Funktionen *Verschieben* oder *Kopieren* aktiviert, erscheint nach dem Betätigen der *Ausführen*-Schaltfläche ein Dialog, in dem der Zielordner gewählt werden muss. Anschließend wird die betreffende Aktion mit der Funktion *Datei verschieben/kopieren* oder *Abbruch* rechts unterhalb der Listenansicht ausgeführt.

: Wählt man alternativ zu den oben aufgeführten Funktionen *Verschieben* oder *Kopieren* die Option *Löschen*, werden auf der Folgeseite alle eventuell vorhandenen Vorkommnisse der zu löschenden Datei aufgelistet, um ein versehentliches Löschen zu verhindern. Nur wenn auf der Folgeseite keine Dateien aufgelistet werden, heißt das, dass die Aktion ohne weiteres ausgeführt werden kann. Das anschließende Bestätigen dieser Aktion löscht nämlich alle Vorkommen der Datei. Der ganze Prozess bezieht sich allerdings nicht auf Dateien, die im RTE eingebunden wurden! Diese muss man leider manuell entfernen.

Hochladen von Dateien

Das Hochladen von Dateien wird über die Option des Auswahlmenüs *Hochladen* oder über das Symbol oberhalb der Dateiliste vorgenommen. Auch hier können zwischen 5 und 15 Dateien auf einmal hochgeladen werden. Die *Durchsuchen*-Schaltfläche führt Sie auf Ihre lokale Festplatte, um dort Dateien auszuwählen. Mit *Hochladen* wird der eigentliche Upload-Vorgang angestoßen. Darunter im Dialogfeld *Einstellungen* kann die Dateiliste des aktuellen Verzeichnisses aufgerufen werden. Ist das Häkchen beim Optionsfeld *Vorhandene Dateien überschreiben* gesetzt, werden alle gleichlautenden Dateien beim Hochladen überschrieben. Ist diese Option nicht gewählt, wird die Datei zu der Liste der vorhandenen Dateien hinzugefügt und mit einem zusätzlichen Zahlenkürzel (*Dateiname_01.jpg*) versehen.

Indexieren von Dateien

Neben den Funktionen *Liste* und *Hochladen* kann mit der verbleibenden Option *Indexieren* eine Verschlagwortung von Dateien aus einem Verzeichnis vorgenommen werden. Dabei wird der Dateiheader aller indexierbaren Dateien ausgelesen und indexiert. Üblicherweise beinhalten alle Dateien Metadaten, die im sogenannten Dateiheader, dem Anfang eines Datenblocks, codiert werden. Diese Informationen implizieren unter anderem Angaben zum Dateityp, zur Dateigröße, zum Erstellungsdatum der Datei und einiges mehr.

Die Volltextindexierung nimmt alle Wörter eines Texts, mit Ausnahme sogenannter Stoppwörter, in den zu erstellenden Index auf. Als Stoppwörter werden Füllwörter bezeichnet, die sehr häufig in Texten vorkommen und gewöhnlich keine Bedeutung für den Inhalt eines Texts haben, z.B. der, die, das, und, oder, ein, eine, einer und ähnliche Wörter.

Die Indexierung im Modul *DAM* bietet sich immer dann an, wenn Dateien nicht mithilfe von *DAM* selbst in das Web hochgeladen wurden, sondern beispielsweise per FTP-Upload in den *fileadmin*-Ordner kopiert wurden. In diesem Fall hat *DAM* davon natürlich nichts mitbekommen. Eine Indexierung hat somit nicht stattgefunden und sollte auf jeden Fall durchgeführt werden. Möglicherweise ist eine bereits durchgeführte Indexierung auch fehlerhaft verlaufen, da die betreffende Datei bei Suchabfragen nicht gefunden wird. Auch dann ist eine erneute Indexierung ratsam und Erfolg versprechend.

Indexierungen verlaufen immer in vier Schritten, die in vier aufeinanderfolgenden Dialogfenstern ausgeführt werden müssen:

1. Dialog *Neue Indexierung* (Abbildung 8-4)

Wählen Sie in der Navigationsleiste des Moduls *Datei* das Verzeichnis, in dem die Indexierung beginnen soll. Je weniger Dateien Sie indexieren möchten, desto schneller ist der Vorgang abgeschlossen.

Es kann ein beliebiges Verzeichnis ausgewählt werden. Wird ein übergeordnetes Verzeichnis gewählt, kann *DAM* auch alle darin enthaltenen Unterordner berücksichtigen. Wird nur ein Unterverzeichnis gewählt, wird folglich auch nur dieses indexiert, ohne die übergeordneten Verzeichnisse zu berücksichtigen. Mit der Funktion *Weiter* gelangen Sie zum Dialog *Einstellungen*.

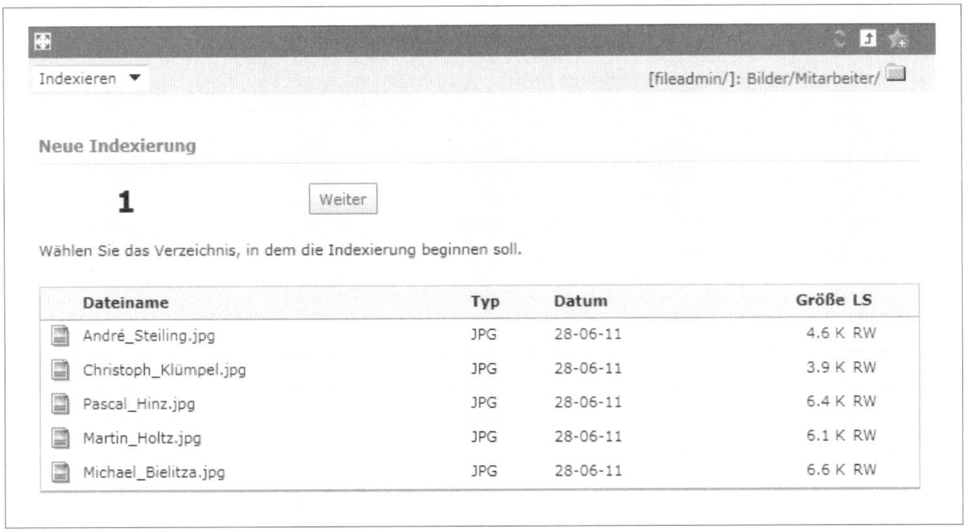

Abbildung 8-4: Der Dialog Neue Indexierung

2. Dialog *Einstellungen* (Abbildung 8-5)

   In diesem Dialog können Sie verschiedene Einstellungen bezüglich der Unterverzeichnisse, Kategorien, der Neuindexierung und der Metadaten vornehmen.

   Unterverzeichnisse mit einbeziehen
   : Falls das ausgewählte Verzeichnis Unterordner enthält, kann diese Option angewählt werden, um sie in die Indexierung gezielt mit einzubeziehen. Ansonsten werden nur die Dateien im übergeordneten Ordner indexiert.

   Verzeichnisse als Kategorien verwenden
   : Markieren Sie diese Option, wenn der Ordner, in dem die zu indexierenden Bilder liegen, gleichzeitig eine Kategorie ist und die Bilder auch dieser Kategorie zugeordnet werden sollen.

   Neuindexierung: Metadaten für bereits indexierte Dateien neu einlesen
   : Die Funktion *Nur Metadaten einfügen welche bisher noch nicht zur Verfügung standen* verhindert das Überschreiben der bereits vorhandenen Metadaten von

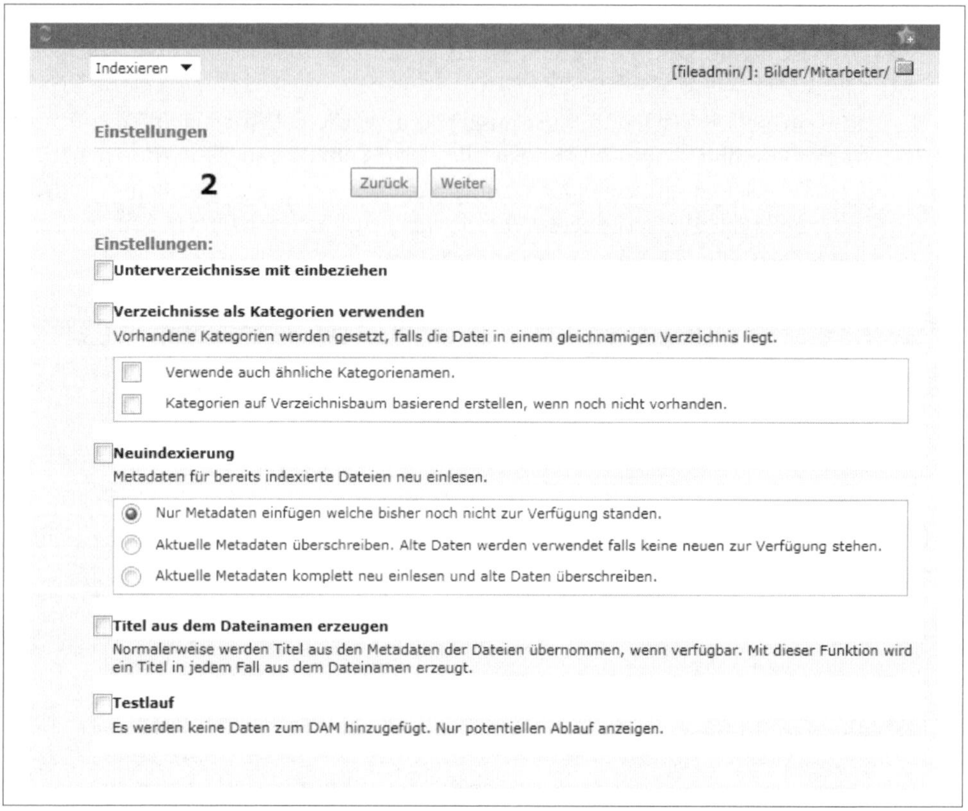

Abbildung 8-5: Der Dialog Einstellungen

Dateien und fügt den existierenden nur neue hinzu. Diese Funktion kann beispielsweise helfen, neue Stichwörter bereits vorhandenen hinzuzufügen.

Die Funktion *Aktuelle Metadaten überschreiben. Alte Daten werden verwendet falls keine neuen zur Verfügung stehen* hingegen löscht vorhandene Daten und belässt sie nur, wenn hier keine neueren zur Verfügung stehen. Benutzen Sie diese Funktion, wenn Sie Metadaten in den ausgewählten Datensätzen überschreiben wollen, beispielsweise um das Copyright durch geänderte Angaben zu ersetzen. Die letzte Funktion in dieser Reihe, *Aktuelle Metadaten komplett neu einlesen und alte Daten überschreiben,* schließlich sollte immer dann gewählt werden, wenn alle Metadaten definitiv neu eingelesen werden sollen, ohne bereits vorhandene Daten zu nutzen.

Titel aus dem Dateinamen erzeugen

Normalerweise werden Titel aus den Metadaten der Dateien übernommen, wenn verfügbar. Mit dieser Funktion wird ein Titel in jedem Fall aus dem Dateinamen erzeugt.

Testlauf

Wie der Name sagt: Es werden keine Daten dem *DAM* hinzugefügt, sondern nur gezeigt, was passieren würde. Verwenden Sie diese Funktion, falls Sie sich nicht sicher sind, ob Ihre Indexierungseinstellungen zum gewünschten Ergebnis führen, und Sie eine vorherige Kontrolle benötigen. Indexierungen können – je nach Datenmenge – sehr lange dauern, deshalb sind Probeindexierungen mit der Testlauffunktion (für einige wenige Daten) bei der Wahl der richtigen Voreinstellungen hilfreich.

Mit der Funktion *Weiter* gelangen Sie zum:

3. Dialog *Indexierungsfelder Voreinstellung* (Abbildung 8-6)

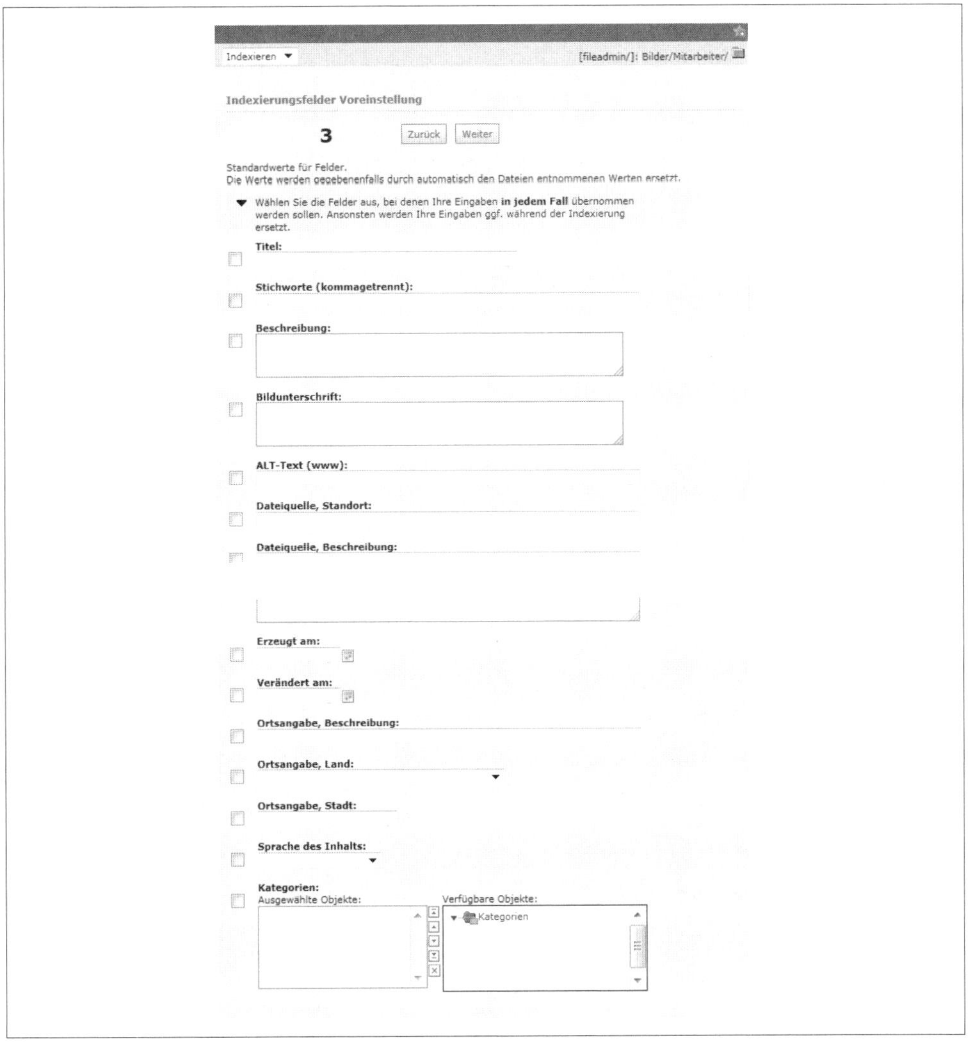

Abbildung 8-6: Die Option Indexierungsfelder Voreinstellung

In diesem Dialog wählen Sie die Felder aus, in denen Sie Ihre Eingaben machen wollen. Es können wahlweise Daten zu den bereits vorhandenen – hier nicht sichtbaren – hinzugefügt werden. Dafür muss jeweils das Optionsfeld am Beginn der Datensatzfelder aktiviert werden, oder die vorhandenen Einträge werden durch neue überschrieben. Dazu muss das Optionsfeld allerdings deaktiviert bleiben. Das Ausfüllen dieses Dialogs kann sinnvoll und notwendig sein, wenn Sie Dateien hochgeladen haben und beim Indexieren allen Medien z.B. identische Stichwörter oder den gleichen Herausgeber zuordnen möchten.

Mit der Funktion *Weiter* gelangen Sie zum:

4. Dialog *Einstellung für die Indexierung* (Abbildung 8-7)

   Hier werden die bisher getätigten Einstellungen nochmals zusammengefasst. Änderungen können nur vorgenommen werden, wenn man durch Klick auf die *Zurück*-Schaltfläche in die bereits abgeschlossenen Dialoge zurückkehrt.

   Mit der Funktion *Start* wird die Indexierung letztendlich durchgeführt. Je nach Datenmenge kann der Vorgang auch einige Minuten dauern. Die Indexierung ist abgeschlossen, wenn der Prozessbalken grün ist. Die Bilder und Dateien stehen nun zum Einpflegen – mit aktualisierten Metadateien – in Inhaltselementen bereit.

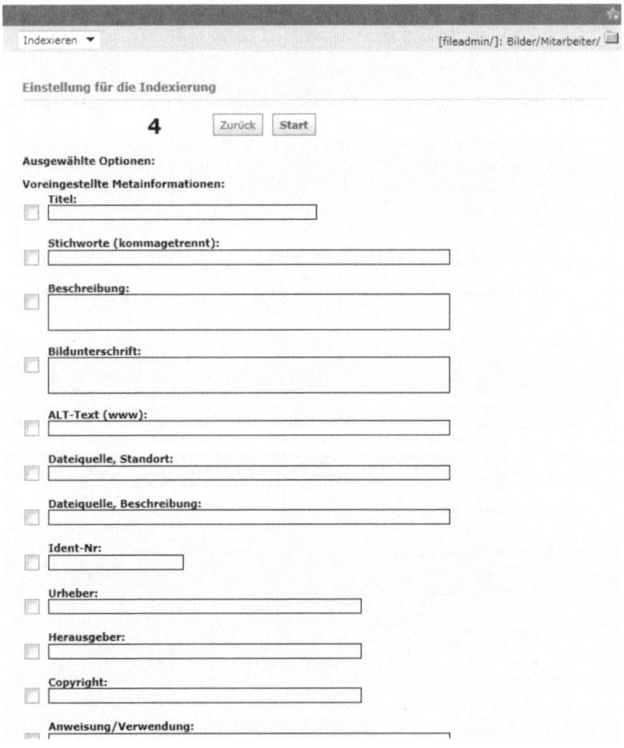

Abbildung 8-7: Der Dialog Einstellung für die Indexierung

Das Modul Liste: Arbeiten mit Dateien (Assets)

Das Submodul *Liste* ist für die Verwaltung und Bearbeitung der Dateien zuständig. Es bietet umfangreiche Funktionen, um die bereits hochgeladenen Medien zu sortieren, auszuwählen und auch stapelweise zu bearbeiten. Man kann das Modul auch als Organisationszentrale für die Dateiverwaltung betrachten.

Im Submodul *Liste* wird in der Navigationsleiste nun nicht mehr ausschließlich die vorher angelegte Ordnerstruktur abgebildet, sondern auch Kategorien, Medientypen, Status und Indexierungsdaten.

Kategorien

Wozu können Kategorien nützlich sein? Kategorien übernehmen im Prinzip eine zusätzliche Sortier- und Suchfunktion. Gegenüber dem Einordnen von Dateien in die angelegte Verzeichnisstruktur sind sie wesentlich flexibler. Mit der Zuweisung von Kategorien ist es möglich, eine Datei auch mehreren frei wählbaren Kategorien zuzuordnen. Folglich kann eine Datei unter verschiedenen Kategorien aufgefunden werden. Sie können Kategorien auch in der Frontend-Ansicht z.B. in Bildergalerien verwenden, indem Sie nur die Bilder einer bestimmten Kategorie anzeigen lassen. Dies funktioniert im Übrigen ähnlich dem Prinzip der Zuweisung von Kategorien im *News*-Modul. Lesen Sie dazu auch den Abschnitt »Anlegen und Pflegen der News« auf Seite 288.

Wie anfangs erwähnt, wird als Basis für die Systematik der Dateiverwaltung eine beliebige Einteilung der Ordnerstruktur zugrunde gelegt. Dateien eines bestimmten Typs werden im System gesucht, indem unter *Medientyp* ein Typ gewählt wird. So können beispielsweise alle Bilder vom Typ JPG im Verzeichnis *Bilder* aufgelistet werden. In einem solchen Fall wäre das Suchergebnis vielleicht sehr umfangreich. Wären die Bilder aber wiederum verschiedenen Kategorien zugeordnet worden, könnten Sie innerhalb der Bilder vom Typ JPG beispielsweise alle Motive der Kategorie »Buchcover« anzeigen lassen und Ihre Suche somit stark eingrenzen.

In der Basisinstallation des *DAM* ist zwar der Oberbegriff *Kategorien* bereits angelegt, aber die Kategorien selbst müssen erst noch erstellt werden. Hierzu klicken Sie in der Modulgruppe *Medien* auf das Submodul *Kategorien*. Mit der Funktion *Neu anlegen* am oberen Bildschirmrand der Detailansicht öffnen Sie das Dialogfeld zum Anlegen einer neuen Kategorie. In diesem Dialog können Sie jetzt einen Namen im Feld *Titel* vergeben. Außerdem besteht hier die Möglichkeit, die neue Kategorie einer bereits existierenden Hauptkategorie unterzuordnen (Abbildung 8-8).

Nach welchem Prinzip sollten Sie Kategorien und Unterkategorien auswählen? Die Erzeugung einer für Ihre Bedürfnisse schlüssigen Kategoriestruktur hängt natürlich vom Inhalt Ihrer Internetpräsenz ab. Trotzdem sei hier noch einmal am Beispiel eines Produzenten von Türen und Fenstern eine solche Struktur aufgeführt. Unser fiktives Unternehmen produziert Fenster und Türen aus verschiedenen Materialien, wie Metall und Holz. Alle Bilder von Türen und Fenstern werden logischerweise den beiden

Hauptkategorien »Türen« und »Fenster« zugeordnet. Diese Zuordnung ermöglicht die getrennte Abbildung von Türen und Fenstern auf der Website und in der Suche im *DAM*. Gleichzeitig soll es aber möglich sein, alle Metallfenster und -türen und alle Holzfenster und -türen zusammen auf der Website abzubilden. Folglich sollten die Unterkategorien »Holz« und »Metall« eingerichtet und zugewiesen werden. Diese zusätzliche Zuordnung zu den Oberkategorien »Fenster« und »Türen« wiederum ermöglicht die Ausgabe von Suchergebnissen und Bildern auf der Website nach den Kategorien »Holz« und »Metall«. Das Prinzip ließe sich weiter verfeinern, zeigt aber auf anschauliche Weise den Nutzen der Kategorien: die Mehrfachzuordnung und Mehrfachausgabe von Dateien.

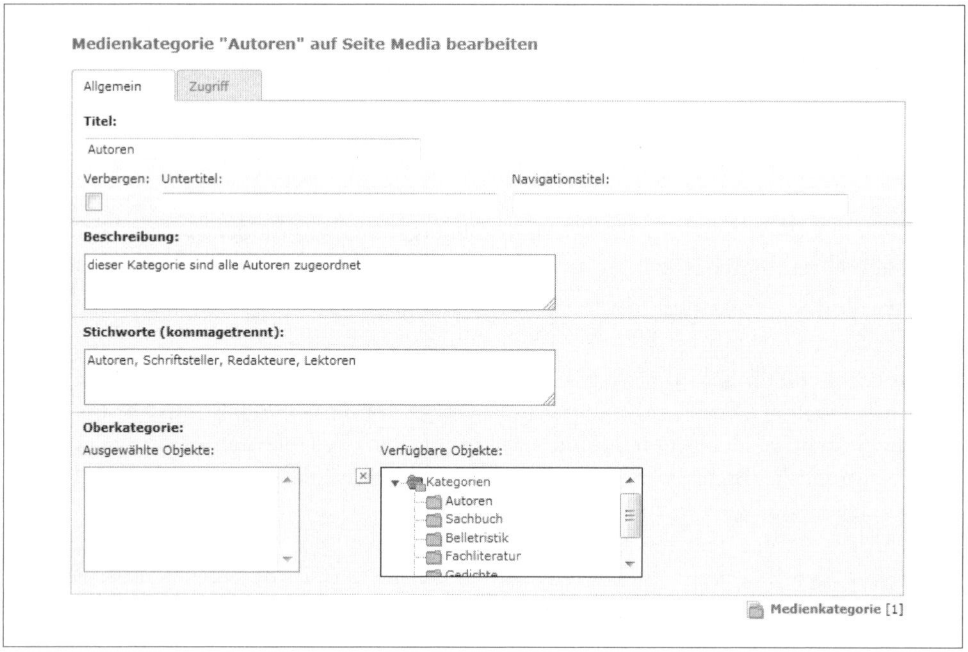

Abbildung 8-8: Editiermaske zur Erzeugung von Kategorien

Medientypen

Zusätzlich zu den Kategorien existiert der Ordner *Medientypen*. Dieses Verzeichnis beinhaltet die gebräuchlichsten Dateitypen, die auf Computern und im Internet Verwendung finden. Die jeweilige Dateikennzeichnung der Medientypen ist eine dreistellige Kennung, die abgetrennt durch einen Punkt am Ende des Dateinamens steht. Einige charakteristische Medientypen sind beispielsweise:

- *doc* für Word-Dokumente
- *html* für Webseiten
- *pdf* für Acrobat-Dateien

- *txt* für Textdateien
- *gif* für das Bildformat GIF
- *jpg* für das Bildformat JPEG
- *png* für das Bildformat PNG
- *tif* für das Bildformat TIF
- *mov* für das Filmformat QuickTime
- *mpg* für Dateien im MPEG-Format
- *xls* für Excel-Dateien
- *zip* für Archivdateien

Status

Auch der Status einer Datei kann als zusätzliches Sortier- oder Auswahlkriterium dienen. Folgende Status stehen dabei zur Auswahl bereit: *Datei OK*, *Datei geändert*, *Datei fehlt*, *Manuell indexiert*, *Automatisch indexiert* und *Durch Cron indexiert*.

Indexierungsdatum

Bei jeder automatischen und manuellen Indexierung wird an dieser Stelle ein neuer Eintrag angelegt. Die Einträge sind in chronologischer Reihenfolge gelistet und können wie Kategorien auch als zusätzliches Sortierungskriterium dienen. Gleichzeitig sind sie aber auch sehr hilfreich, um Dateien aufzulisten, die hochgeladen und indexiert wurden, aber scheinbar im falschen Ordner »gelandet« sind. Bevor nun die *DAM*-eigene Suche bemüht wird, kann mit einem Klick auf z. B. das letzte Datum eine Liste aller zuletzt hinzugefügten Dateien angezeigt werden.

Die Option Liste

Unter der Option *Liste* im Submodul *Liste* können Medien nach beliebigen Kriterien sortiert werden. Sie können sowohl einen Ordner aus der vorhandenen Verzeichnisstruktur wählen als auch Kategorien, Medientypen, Status oder Indexierungsdaten. Mit den Symbolen + = - können Sie beliebige Kriterien miteinander kombinieren. Wählen Sie beispielsweise den Bilderordner aus. Das Ergebnis in der Detailliste wäre eine komplette Darstellung aller in diesem Verzeichnis vorhandenen Dateien. Ein Klick auf das Minuszeichen hinter dem Medientyp GIF entfernt dann alle GIF-Dateien aus der Detailliste. So können Sie Schritt für Schritt Ihre Suchergebnisse verfeinern.

Im Übrigen stehen hier die üblichen Bearbeitungsmöglichkeiten von Dateilisteneinträgen zur Verfügung: *Datensatz bearbeiten (in neuem Fenster öffnen)*, *Datei ansehen*, *Informationen anzeigen*, *Änderungsverlauf anzeigen/Rückgängig*, *Datensatz verbergen*, *Umbenennen*, *Datei ersetzen* und *Löschen*. Weitere Infos finden Sie im Abschnitt »Die Modulgruppe Web« auf Seite 44.

Die Funktion *Von Auswahl ausschließen* dient dem Ausschließen einzelner Datensätze aus der vorhandenen Auswahl, um so vorhandene Auswahlen noch weiter manuell zu reduzieren.

Auswahlen erzeugen und anpassen

Wählen Sie in der Navigationsleiste einen beliebigen Ordner aus. Zum einen führt die Dateiliste jetzt alle darin enthaltenen Medien auf, zum anderen wird das Auswahlkriterium, also in diesem Fall das gewählte Verzeichnis, abgebildet. Die Kriterien können beliebig erweitert oder reduziert werden, indem in der Navigationsleiste die Plus-, Minus- oder Gleichheitszeichen hinter den vorhandenen Medien, Kategorien usw. ausgewählt werden. So kann z.B. das Hauptbilderverzeichnis als Auswahlkriterium gewählt werden, um sich alle Bilder anzeigen zu lassen, und anschließend können mithilfe der Minuszeichen die Bildtypen von der Auswahl ausgeschlossen werden, die nicht in der Liste aufgeführt werden sollen. Alternativ können mithilfe des Gleichheitszeichens auch nur bestimmte Bildtypen ausgewählt werden.

Alle diese Auswahlkombinationen werden aufgelistet und können mit der Funktion von der Auswahl entfernt werden (Abbildung 8-9). Auch in der Listenansicht der nun getroffenen Auswahl ist es mit dieser Funktion möglich, einzelne Dateien aus der Auswahl zu entfernen, um diese noch besser einzugrenzen.

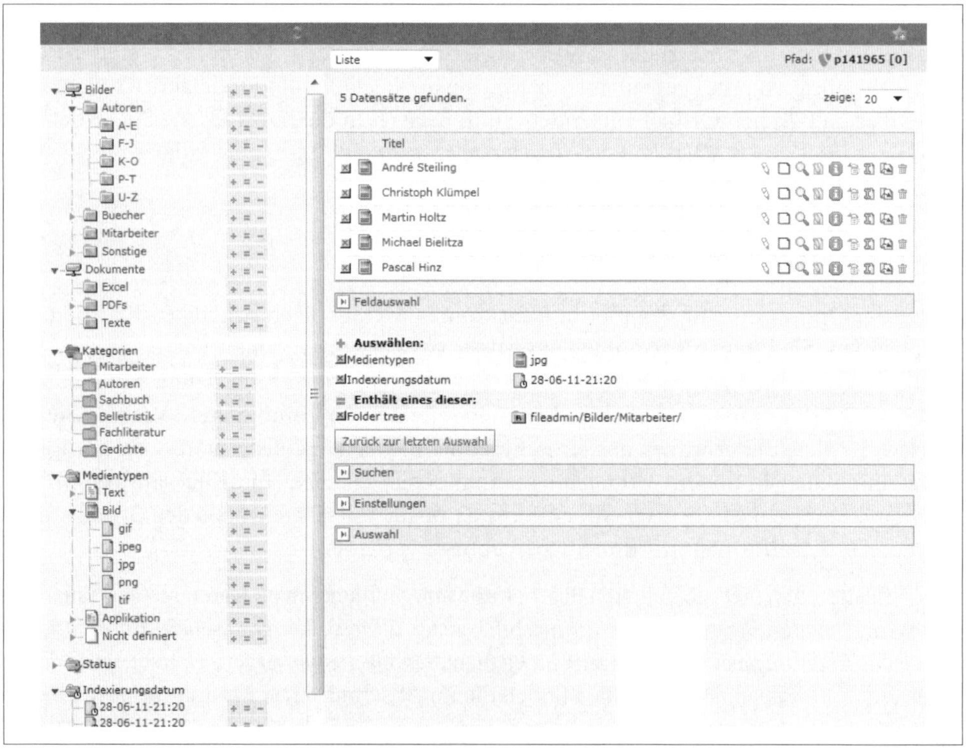

Abbildung 8-9: Verschiedene Auswahlkriterien in der Kombination

Sie haben folgende Kombinationsmöglichkeiten, um Auswahlen zu erweitern oder einzuschränken:

Auswählen
Fügt der Auswahl ein Auswahlkriterium hinzu.

Enthält eines dieser
Das Auswahlkriterium entspricht diesem Typ.

Ausschließen
Schließt ein Auswahlkriterium von der Auswahl aus.

Am Ende der Detailansicht können Sie einige Einstellungen bezüglich der Listendarstellung vornehmen. Im Auswahlfeld *Feldauswahl* können Sie zusätzliche Spaltenkategorien der Listenansicht hinzufügen. Wählen Sie z.B. den Eintrag *Verändert am* und bestätigen Sie dies mit Klick auf das Symbol >>. Daraufhin wird allen Dateien der Liste eine gleichlautende Spalte hinzugefügt. So können Sie individualisierte Listen mit eigenen Sortierungskriterien erstellen (Abbildung 8-10).

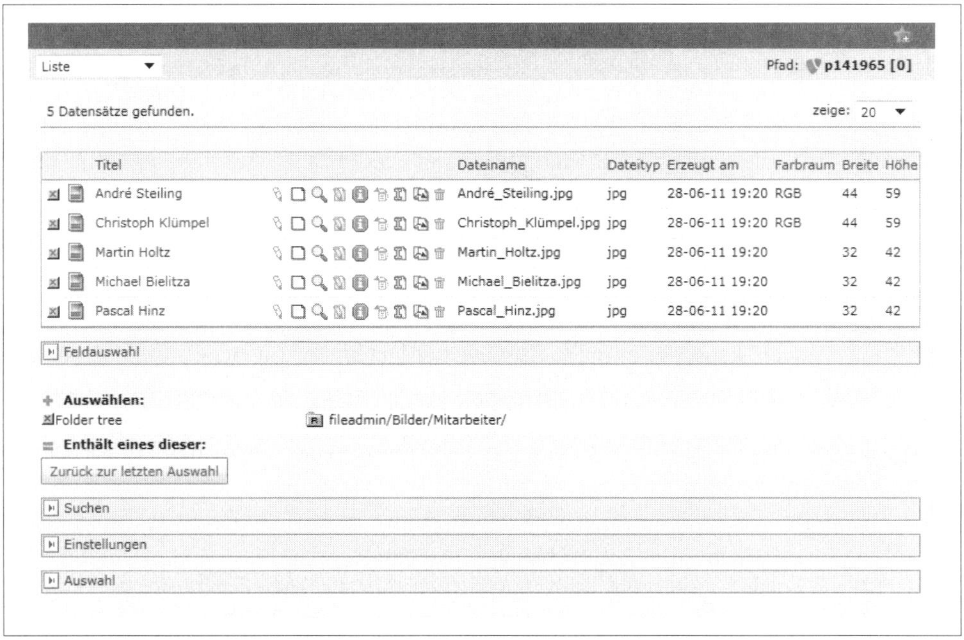

Abbildung 8-10: Eine angepasste Listenansicht mit zusätzlichen Spalten

In der Kopfzeile über den Spalten der Dateiliste befinden sich Bleistiftsymbole. Mit einem Klick auf einen Stift werden alle Dateien, die in der momentanen Ansicht der Liste aufgeführt sind, in einem gemeinsamen Dialogfeld geöffnet. Diese Funktion erlaubt effektives Arbeiten an mehreren Dateien gleichzeitig. Nehmen wir einmal an, Sie müssten einer großen Menge an Bildern einen geänderten Copyright-Hinweis hinzufügen. Falls die Spalte »Copyright« in der Listenansicht noch nicht aufgeführt ist, fügen Sie sie mit der *Feldauswahl*-Funktion hinzu. Nun editieren Sie mithilfe des Bleistifts über der Copyright-Spalte alle Dateien in einem Arbeitsgang. Alternativ hätten Sie alle Dateien einzeln aufrufen und ändern müssen.

Mit der Eingabe eines Suchbegriffs in das Suchfeld wird nicht nur nach Dateinamen gesucht, sondern auch nach vergebenen Stichwörtern, Beschreibungen, Bildtexten und allen anderen Metaangaben, die in der Stammdatendatei des Datensatzes vorhanden sind. Diese unscheinbare Suchfunktion ist durch die Einbeziehung der Metaangaben im täglichen Gebrauch also ein wichtiges Werkzeug. Darüber hinaus macht sie auch deutlich, wie bedeutend das Pflegen von Metadaten ist.

> Pflegen Sie die Metadaten von Medientypen permanent und gründlich. Die Suche kann nur dann zum nützlichen Instrument in der Redaktionsarbeit werden, wenn entsprechende Grundlagenarbeit bei der Pflege der Metadaten geleistet wird.

Im Optionsfeld *Einstellungen* können zum einen Vorschaubilder für die Listenansicht aktiviert und zum anderen alle abgewählten Objekte aufgelistet werden. Haben Sie vielleicht mehr Bilder ausgeblendet, als Ihnen lieb ist, oder sind Sie sich nicht sicher, ob das gesuchte Motiv versehentlich ausgeblendet wurde, können Sie mit einem Klick auf diese Option die Auswahl einfach umkehren und Bilder wieder in die Auswahl einschließen.

Zusätzlich können Sie auch hier Optionen zur Stapelverarbeitung nutzen. Lesen Sie dazu in diesem Kapitel auch den Abschnitt »Das Modul Datei: Hochladen von Dateien (Assets)« auf Seite 255. Die Stapelfunktionen wurden hier noch um die zusätzliche Option *sichtbar machen* ergänzt.

Im Dialog *Auswahl* kann der aktuelle Zustand der Dateiliste gespeichert und für zukünftige Verwendungen auch wieder geladen werden. Diese Funktion kann sich als äußerst nützlich erweisen, wenn aufwendig erstellte Suchergebnisse und Sortierungen gespeichert werden sollen, damit sie nicht verloren gehen, um später – bei erneuter Bearbeitung – »auf Knopfdruck« zur Verfügung zu stehen.

> Bei der Arbeit mit den Funktionen und Optionen der diversen Einstellungen und Suchbegriffe kann es durchaus vorkommen, dass keine Suchergebnisse mehr angezeigt werden. Möglicherweise haben Sie eine Option aktiviert gelassen, die eine Anzeige ausschließt. Öffnen Sie die Funktionen *Suchen*, *Einstellungen* und *Auswahl* und deaktivieren bzw. leeren Sie alle Dialogfelder.

Die Option Vorschaubilder

Hinter der Option *Vorschaubilder* verbirgt sich die »Bildergalerie« des *DAM*. Von Bildern und PDFs wird hier ein entsprechendes Vorschaubild generiert. Andere Dateien – beispielsweise Texte oder CSS-Dateien – werden allerdings nur mit einem Platzhalter versehen, da TYPO3 davon keine automatischen Bilder erstellen kann. Oberhalb der abgebildeten Dateien besteht die Möglichkeit, mittels Auswahlmenü nach diversen Kriterien auf- und absteigend zu sortieren. Unterhalb der Bildervorschau befinden sich Optionen, um nach Motiven zu suchen, diverse Einstellungen vorzunehmen und auch die vorhandenen Auswahlen für spätere Verwendungen zu speichern. Die Galerie ist in wesentlichen Funktionen vergleichbar mit der Option *Liste*, lässt jedoch keine Eingrenzung durch Abwahl von Dateien zu. Alle Anzeigeergebnisse beziehen sich nur auf das gewählte Verzeichnis und hier auch nur auf den eventuell eingegebenen Suchbegriff. Unter *Einstellungen* befindet sich das Auswahlfeld *Große Vorschaubilder*, das das bequeme Durchforsten von Mediendatenbanken ermöglicht. Mit den unter *Einstellungen* zur Verfügung stehenden Optionsfeldern *Titel anzeigen*, *Infos anzeigen* und *Bearbeitungsoptionen anzeigen* kann die Ansicht im oberen Bereich der Bildergalerie um entsprechende Funktionen erweitert werden (Abbildung 8-11).

Abbildung 8-11: DAM: die Option Vorschaubilder

Die Option Bearbeiten

Mit dieser Funktion der Stapelverarbeitung kann z.B. mehreren Bildern gleichzeitig eine (neue) Kategorie zugewiesen werden, oder es können auch Stichwörter, Beschreibungen und Ähnliches gleichzeitig hinzugefügt werden. Sinnvoll verwendet, spart die Stapelverarbeitung also viel Zeit in der Verwaltung von umfangreichen Medienarchiven. Mit der Option *Bearbeiten* wird eine Stapelverarbeitung der ausgewählten Dateien ermöglicht. Ob Medien nun über *Liste* oder *Vorschaubilder* ausgesucht wurden, ist letztendlich unbedeutend. Die Option *Bearbeiten* öffnet die Editiermaske zur Stammdatenbearbeitung der ausgewählten Medien. Hier können Sie die bereits vorhandenen Metadaten entweder ergänzen oder komplett überschreiben (Abbildung 8-12).

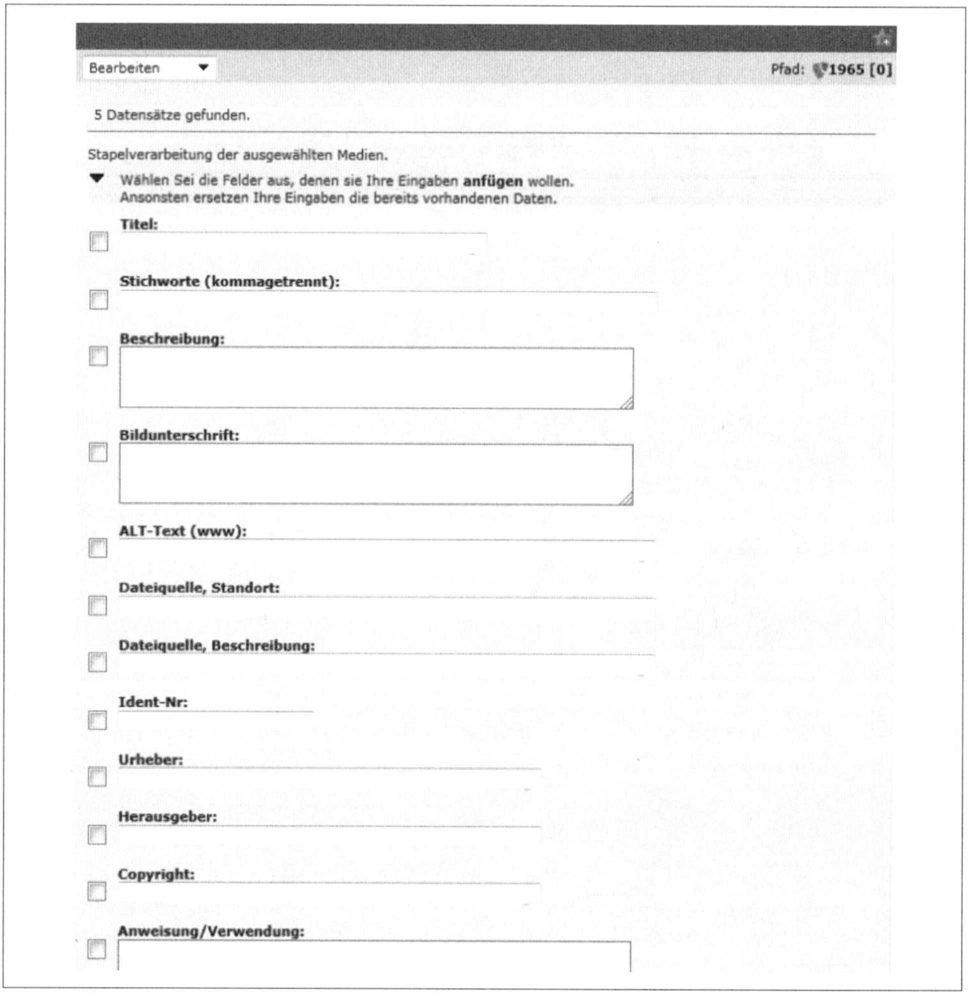

Abbildung 8-12: DAM: die Option Bearbeiten

Nehmen wir an, Sie haben bereits ein umfangreiches Bildarchiv zum Thema Tourismus erstellt. Die Bilder finden auch auf Ihrer Website Verwendung, und Ihnen ist bekannt, dass die Nutzung der von Ihnen erworbenen Motive auf das Internet beschränkt ist und keinesfalls Bilder in anderen Medien (Broschüren o.Ä.) abgedruckt werden dürfen. Benutzen Sie dann die Funktion der Stapelverarbeitung, indem Sie alle betreffenden Fotografien im Formularfeld *Anweisung/Verwendung* mit einem entsprechenden Warnhinweis (z.B.: Achtung! Nur im Internet verwenden!) versehen, um Ihre Kollegen auf diese Problematik hinzuweisen.

Bei allen Formularfeldern in diesem Dialog kann die Option *Eingaben anfügen* ausgewählt werden. Ist das Häkchen am Beginn des Formularfelds gesetzt, wird der neue Eintrag dem bereits vorhandenen (hier nicht sichtbaren) hinzugefügt. Ansonsten überschreibt der neue Eintrag den existierenden. Mit der Schaltfläche *Formular leeren* versetzen Sie alle bereits ausgefüllten Felder wieder in den leeren Ursprungszustand zurück, und mit der Schaltfläche *Bearbeitung durchführen* sichern Sie Ihre Eingaben und verlassen die Eingabemaske.

Haben Sie eine solche Stapelverarbeitung durchgeführt, wurden damit alle Bilder oder Dateien eventuell einer neuen Kategorie zugeordnet oder vielleicht mit einem neuen Copyright-Hinweis versehen.

Arbeiten mit dem TYPO3-Element-Browser des DAM

Assets – also Bilder und andere Dateien – werden mittels TYPO3-Element-Browser den verschiedenen Inhaltselementen hinzugefügt. Um im Dialogfeld eines Inhaltselements vom Typ *Text mit Bild* oder *Bild* oder auch im RTE beispielsweise Bilder hinzuzufügen, wird die Funktion *Datensätze durchblättern* verwendet. Es öffnet sich ein Pop-up-Fenster mit dem TYPO3-Element-Browser des *DAM*. Hier stehen die zwei Registerkarten *Medien* und *Hochladen* zur Auswahl.

Die Registerkarte Medien

Wählen Sie diese Registerkarte, wenn Sie ein Bild oder eine Datei einem Inhaltselement hinzufügen möchten, das sich bereits im *DAM* befindet. Im linken Bereich der Registerkarte befindet sich die Verzeichnisstruktur des Moduls *Liste*. Wie im Modul *Liste* selbst können Sie hier Ordner, Kategorien, Medientypen, Status oder Indexierungsdaten direkt anwählen. Die Auswahl wird im rechten Teil des Fensters in der Detailansicht abgebildet. Mit den Einstellungsmöglichkeiten unterhalb der Navigationsleiste können Sie die Auswahl deaktivieren, über die Suchfunktion kann eine neue Auswahl getroffen werden. Die Liste der gefundenen Dateien kann nach verschiedenen Kriterien auf- und absteigend sortiert werden. Die Funktion dafür befindet sich oberhalb der Listenansicht in einem Aufklappmenü. Der Button mit dem schwarzen Pfeil ändert bei Klick die Sortierung von auf- nach absteigend oder umgekehrt.

Äußerst praktisch ist übrigens die Suchmaske im oberen Teil des Pop-ups. Sollten Sie nur den Namen (oder einen signifikanten Teil) der Datei kennen, wählen Sie einfach den obersten Ordner in der Verzeichnisstruktur aus und geben den Begriff in die Suchmaske ein. Nach Betätigung des Buttons *Suchen* werden alle im System vorhandenen Dateien, die der Suche entsprechen, angezeigt.

Hier zeigt sich im Übrigen, wie wichtig das Zuweisen von Kategorien und die Pflege der Metadaten eines Datensatzes sind, denn nur wenn ein Stichwort in den Stammdaten vorhanden ist, kann die betreffende Datei an dieser Stelle auch als Suchergebnis ausgegeben werden, und man ist nicht allein auf den Dateinamen zum Auffinden der Datei angewiesen.

Die Einträge in der Detailliste können wahlweise über das Anwählen des Namens der Datei oder über das Pluszeichen hinzugefügt werden (Abbildung 8-13). Sollen mehrere Dateien einem Inhalt zugeordnet werden, empfiehlt es sich, das Pluszeichen zu verwenden, da sich das Pop-up-Fenster in diesem Fall nicht sofort wieder schließt.

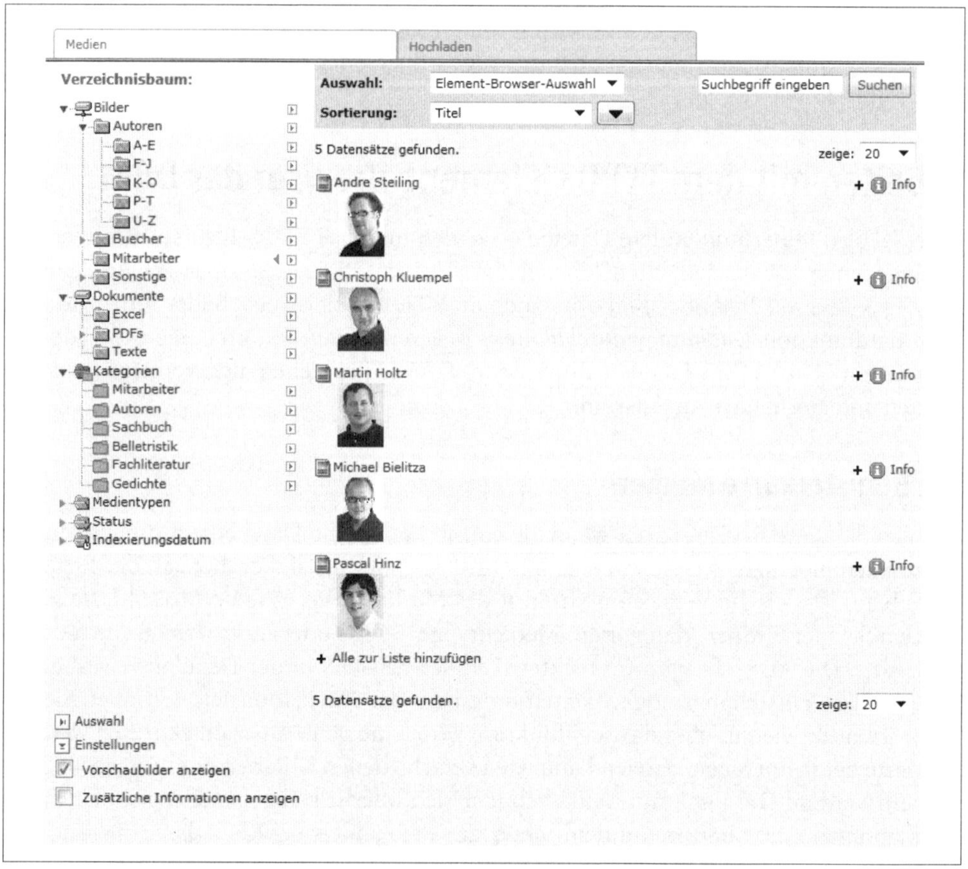

Abbildung 8-13: Der Element-Browser des DAM: die Registerkarte Medien

Die Registerkarte Hochladen

Ist eine Datei, die einem Inhaltselement hinzugefügt werden soll, noch nicht im Verzeichnis *Medien* auf dem Webserver vorhanden, können Sie dies über die Funktion *Hochladen* ändern. Dazu wird in der Navigationsleiste das betreffende Verzeichnis gewählt und mittels der *Durchsuchen*-Schaltfläche eine Datei – oder maximal 15 Dateien – von Ihrem Computer ausgesucht. Mit einem Klick auf die Schaltfläche *Hochladen* werden die Dateien schließlich hochgeladen (Abbildung 8-14).

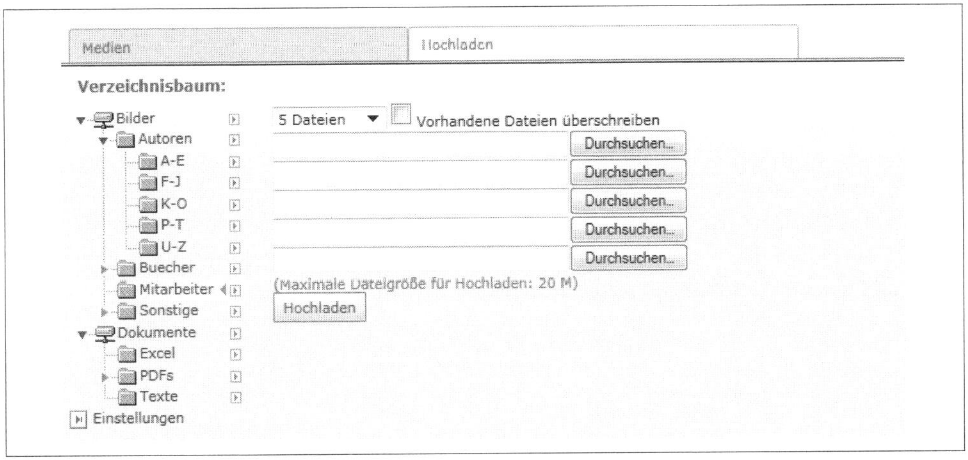

Abbildung 8-14: Der Element-Browser des DAM: die Registerkarte Hochladen

Ist die Option *Vorhandene Dateien überschreiben* aktiviert, wird jedes Medium mit gleichlautendem Namen im *DAM* ersetzt. Dies gilt auch für jeden Gebrauch im Frontend!

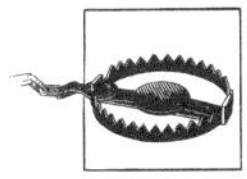

Versichern Sie sich vor dem Hochladen, dass Sie das richtige Verzeichnis gewählt haben. Einmal in einen falschen Ordner hochgeladen, lassen sich Dateien nur noch einzeln oder mithilfe der Stapelfunktionen des *DAM* verschieben! Ein unter Umständen etwas lästiger Vorgang.

Die Stammdaten einer Datei: Metadaten pflegen

Die Effizienz der Sortier- und Suchfunktionen des *DAM* beruht auf der kontinuierlichen Pflege der Stamm- oder Metadaten der im *DAM* erfassten Dateien. Was aber sind Metadaten? Unter Metadaten versteht man strukturierte, maschinenlesbare Informationen *über* Daten, mit deren Hilfe Medien beschrieben und besser gefunden werden können. Das Prinzip der Metadaten ist nicht neu und wird schon seit Jahrhunderten in Archiven und Bibliotheken angewandt, um die dort vorhandenen Medien zu ordnen, zu sortieren und natürlich auch Interessenten bereitzustellen. Vor dem Hintergrund der unüberschaubaren Menge an elektronischen Daten des Computerzeitalters gewinnt der Einsatz von Metadaten immer mehr an Bedeutung.

Bei einem Buch sind typische Metadaten die Grundinformationen über das Werk, wie z.B. der Name des Autors, das Erscheinungsjahr, der Verlag oder die Internationale Standardbuchnummer (ISBN). Bei einer elektronischen Datei sind dies entsprechend der Name der Datei, die Größe, das Erstellungsdatum und (bei Bildern) der Typ und die Ausmaße. Aber auch alle anderen in der Datei vorhandenen Informationen können als Metadaten betrachtet werden. Letztendlich ist dies eine Frage des Standpunkts: Für den Leser eines Texts sind der Inhalt die eigentlichen Daten, während für den Redakteur auch der Autor oder das Erstellungsdatum interessante Daten bilden.

Die Metadaten von Dateien finden Sie in den beiden Submodulen *Datei* und *Liste* jeweils in den Listenansichten in der Detailansicht und dort unter der Funktion *Datensatz bearbeiten*. Das *DAM* bietet mehrere Registerkarten zur Pflege der Metadaten:

Die Registerkarte Übersicht

Die Registerkarte *Übersicht* beinhaltet die wichtigsten Stammdaten einer Datei. Dies sind neben dem Namen, der Dateigröße und dem Datentyp auch Stichwörter und Beschreibungen, unter denen die Datei bei Suchabfragen gefunden werden soll (Abbildung 8-15). Im unteren Bereich der Editiermaske besteht die Möglichkeit, die Datei verschiedenen Kategorien zuzuordnen.

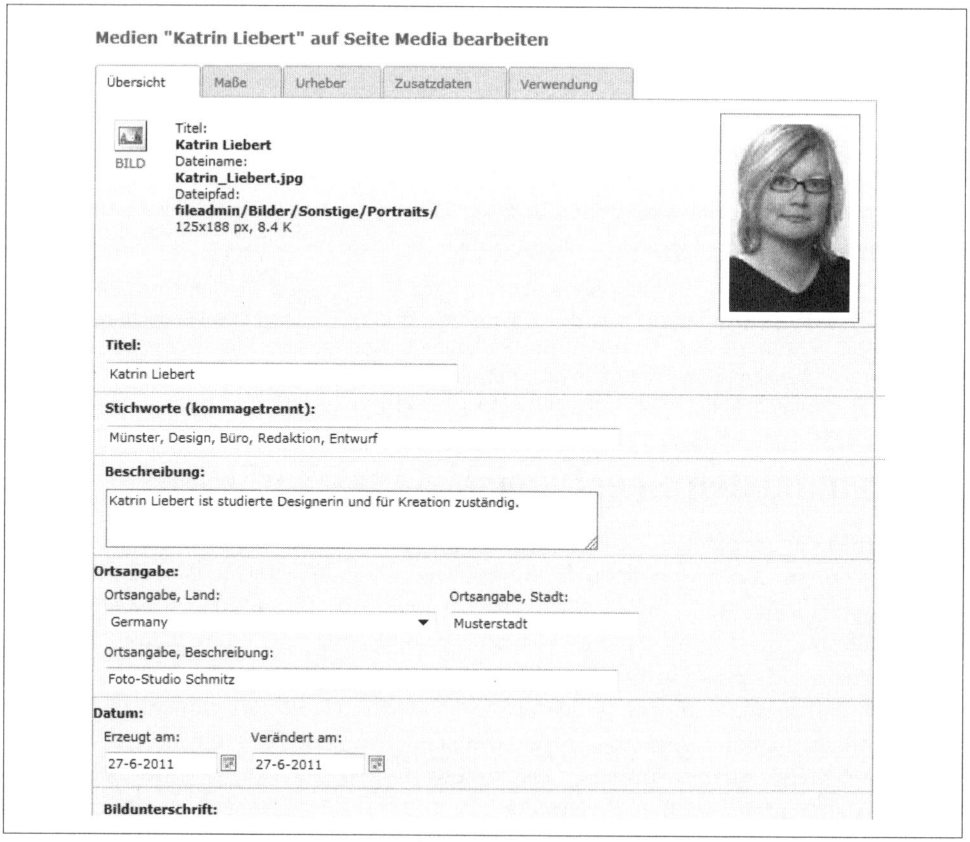

Abbildung 8-15: DAM: die Registerkarte Übersicht

Die Registerkarte Maße

Die Registerkarte *Maße* beinhaltet neben dem Farbraum auch die Bemaßung der Datei, wobei beide Parameter eher für Bildformate (z.B. jpg, gif) von Bedeutung sind (Abbildung 8-16).

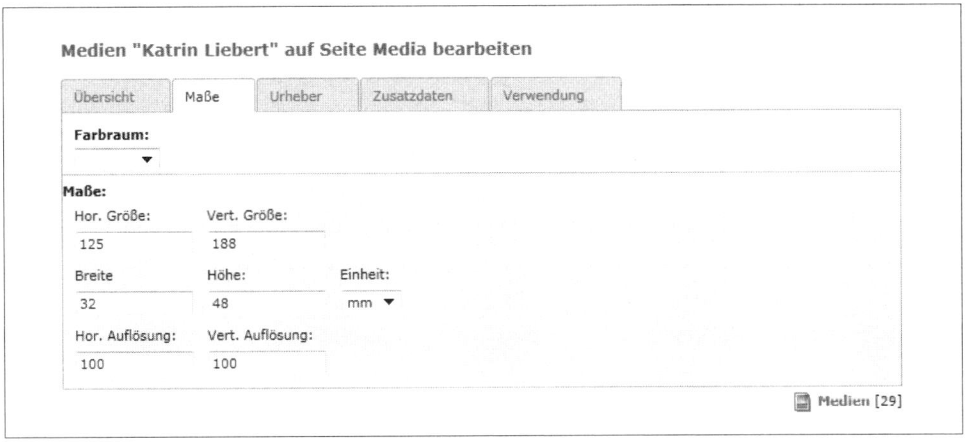

Abbildung 8-16: DAM: die Registerkarte Maße

Die Registerkarte Urheber

Auf der Registerkarte *Urheber* können Urheber (z.B. der Fotograf), Herausgeber (Person oder Personengruppe, die Werke zur Veröffentlichung vorbereitet), Copyright (das Vervielfältigungsrecht, das nicht unbedingt beim Urheber liegen muss) und eine frei definierbare Identitäts- oder Artikelnummer vergeben werden (Abbildung 8-17).

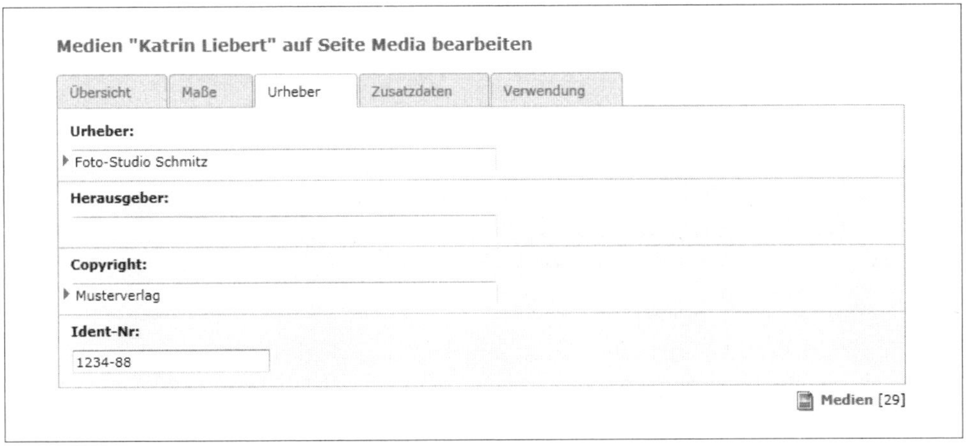

Abbildung 8-17: DAM: die Registerkarte Urheber

Die Registerkarte Zusatzdaten (Abbildung 8-18)

Die Registerkarte *Zusatzdaten* bildet zusätzlich vorhandene Daten ab, sofern verfügbar, und ist nicht editierbar. Bei Bildern, die als unveränderte Originaldateien von der Kamera importiert werden, sind dies z.B. die EXIF-Daten. Unverändert bedeutet in diesem Fall, dass das Motiv nicht mittels eines Bildbearbeitungsprogramms verändert oder auch nur neu abgespeichert wurde, sondern tatsächlich im Ursprungszustand vorliegt. Das Exchangeable Image File Format (EXIF) ist ein Standardformat, in dem moderne Digitalkameras ihre Daten speichern. Es beinhaltet die wichtigsten Aufnahmeparameter, wie beispielsweise Datum und Uhrzeit der Aufnahme, Blendeneinstellung oder Brennweite. So können Sie mithilfe der Zusatzdaten einen Einblick in die Aufnahmeparameter der Originaldatei bekommen. Bei Textdateien, PDFs und anderen nicht bildhaften Medien werden hier in der Regel keine Daten abgebildet.

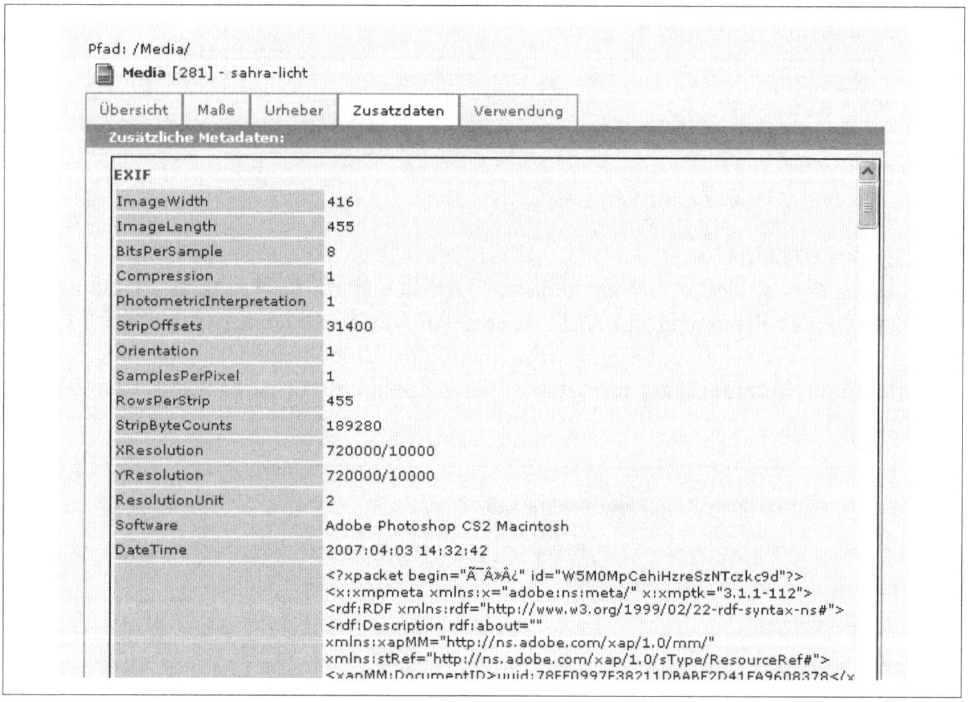

Abbildung 8-18: DAM: die Registerkarte Zusatzdaten

Die Registerkarte Verwendung

Die Registerkarte *Verwendung* führt – neben der Möglichkeit, in einem Textfeld redaktionelle Anweisungen zur Verwendung der Datei zu geben – alle Vorkommnisse der aktuellen Datei in Inhaltselementen des Backends auf (Abbildung 8-19). Schließlich werden Assets häufig nicht nur einmal verwendet, sondern mehrmals an unterschiedlichen Stellen. Diese Registerkarte kann sehr nützlich sein, wenn Sie feststellen wollen, wo sich Dateien wie oft »aufhalten«, um sie gegebenenfalls einzeln zu ersetzen. Die aufgelisteten Vorkommen können in der Spalte *Inhaltselement* auch per Klick angewählt werden und führen direkt in die Editiermaske des betreffenden Inhaltselements.

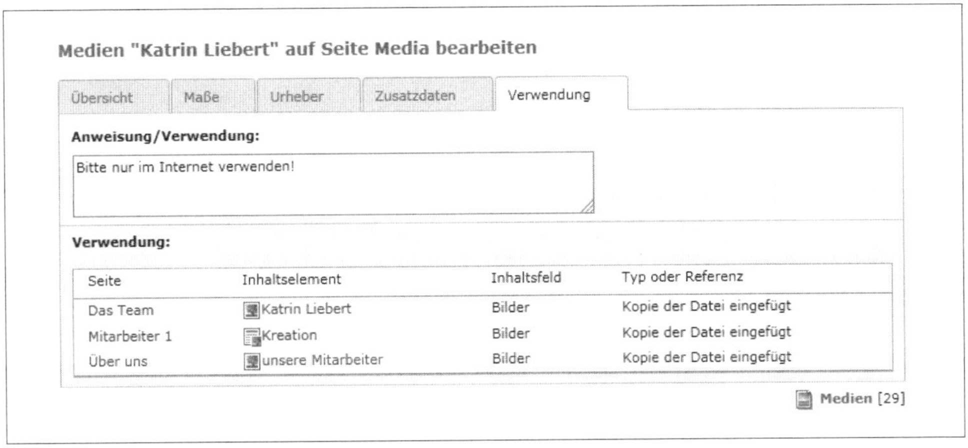

Abbildung 8-19: DAM: die Registerkarte Verwendung

Benutzen Sie diese Registerkarte, um sich einen schnellen Überblick über die Häufigkeit der Verwendung von Dateien zu verschaffen.

Fazit und Ausblick

Das DAM ist sicherlich eine der bedeutendsten Erweiterungen für TYPO3 der letzten Zeit. Mit der Installation des *DAM* wird moderne Ressourcenverwaltung überhaupt erst möglich gemacht. Es erlaubt, die antiquierte Verzeichnisstruktur als einziges Ordnungsprinzip zu verlassen und Kategorien sowie Metadaten zu pflegen und als Grundlage der Dateiverwaltung anzuwenden.

Firmen und Institutionen, die große Mengen unterschiedlichster Medien in Webauftritten verwalten müssen oder aber reine Backend-Anwendungen mit Archivcharakter betreiben möchten, kommen um diese mächtige Erweiterung nicht herum.

Die geplanten Features der Erweiterung lassen hoffen. Mittlerweile existieren einige Erweiterungen, die die speziellen Fähigkeiten des *DAM* nutzen. Informieren Sie sich unter *www.typo3.org/extensions/repository/* über DAM-kompatible Extensions. In der dort vorhandenen Suchmaske geben Sie den Begriff »dam« ein. Alle aufgelisteten Erweiterungen sind entweder DAM-kompatibel oder erweitern DAM um zusätzliche Möglichkeiten.

TEIL II

Mehr aus TYPO3 herausholen

KAPITEL 9

Die wichtigsten Tools und TYPO3-Erweiterungen für Redakteure

In diesem Kapitel erhalten Sie einen Überblick über die wichtigsten Erweiterungen für TYPO3 und Ihren Browser. Sie erfahren, wie Sie aktuelle Nachrichten mit der *News*-Extension in Ihre Seite einbinden und wie Sie Newsletter mit der *Newsletter*-Extension verwalten und versenden. Sie lernen, wie Sie effektvolle Bildergalerien und Diashows erzeugen und wie Sie Ihre Website auf Einhaltung der technischen Anforderungen (Validität) testen. Sie bekommen einen Überblick über die *Firefox Web Developer Toolbar*, mit der Sie Webseiten nach diversen Kriterien prüfen und beurteilen können. Hier erfahren Sie auch, wie Sie die Webstatistik Ihrer Website lesen und auswerten.

Was sind Erweiterungen?

Vorab ein paar Worte zu den Begrifflichkeiten in diesem Kapitel: Ob Erweiterungen oder Extensions, beide Begriffe bezeichnen ergänzende Programmbausteine, die den jeweiligen Programmen fehlende Funktionen hinzufügen, um deren Funktionsumfang zu erweitern.

Die Version TYPO3 3.3 zeichnete sich noch durch eine enge Vernetzung aller Programmbestandteile aus. Alle wichtigen Funktionen wie das Shop- oder Newssystem waren bereits im Programm integriert, und die Implementierung von Eigenentwicklungen war nur mit sehr guten Programmierkenntnissen möglich. Seit der Version TYPO3 3.5 sind die Extensions vom Core, dem eigentlichen Programmkern, getrennt und ermöglichen dadurch die Entwicklung von Erweiterungen durch Dritte.

Der modulare Aufbau und die große Entwicklergemeinde von TYPO3 haben zu der großen Beliebtheit dieses Content-Management-Systems beigetragen. Schließlich können Extensions von allen Interessenten mit mehr oder weniger großem Aufwand in Eigenarbeit erstellt und der TYPO3-Community zur Verfügung gestellt werden. Diese Erweiterungen werden dann im sogenannten »Extension Repository« hinterlegt. Von dort aus können sie vom Administrator mit wenigen Klicks in der eigenen TYPO3-Website installiert werden. Die Vielfalt der Extensions ist groß und reicht von der Adressverwaltung bis zum Yachtflottenmanager. Einen Überblick über die vorhandenen Extensions erhalten Sie unter *http://typo3.org/extensions/repository*.

Die Erweiterungen werden versioniert, d.h., ihre Entwicklungszustände sind einerseits numerisch ausgezeichnet (1.0., 1.1 usw.), andererseits werden sie nach dem Prinzip *Experimental*, *Alpha*, *Beta*, *Stable* kategorisiert und ausgezeichnet und geben so Anhaltspunkte für ihre Eignung in TYPO3 – wobei der Zustand *Experimental* darauf hindeutet, dass es sich um einen frühen Entwicklungszustand handelt, der bei einem Einsatz in einem produktiven Web unbedingt ausführlich getestet werden sollte. Der Zustand *Stable* hingegen macht deutlich, dass es sich um eine stabile Entwicklungsvariante der Extension handelt und der Einsatz unproblematisch ist. Entsprechend stellen die Zustände *Alpha* und *Beta* Zwischenstufen der Versionierung dar (Abbildung 9-1).

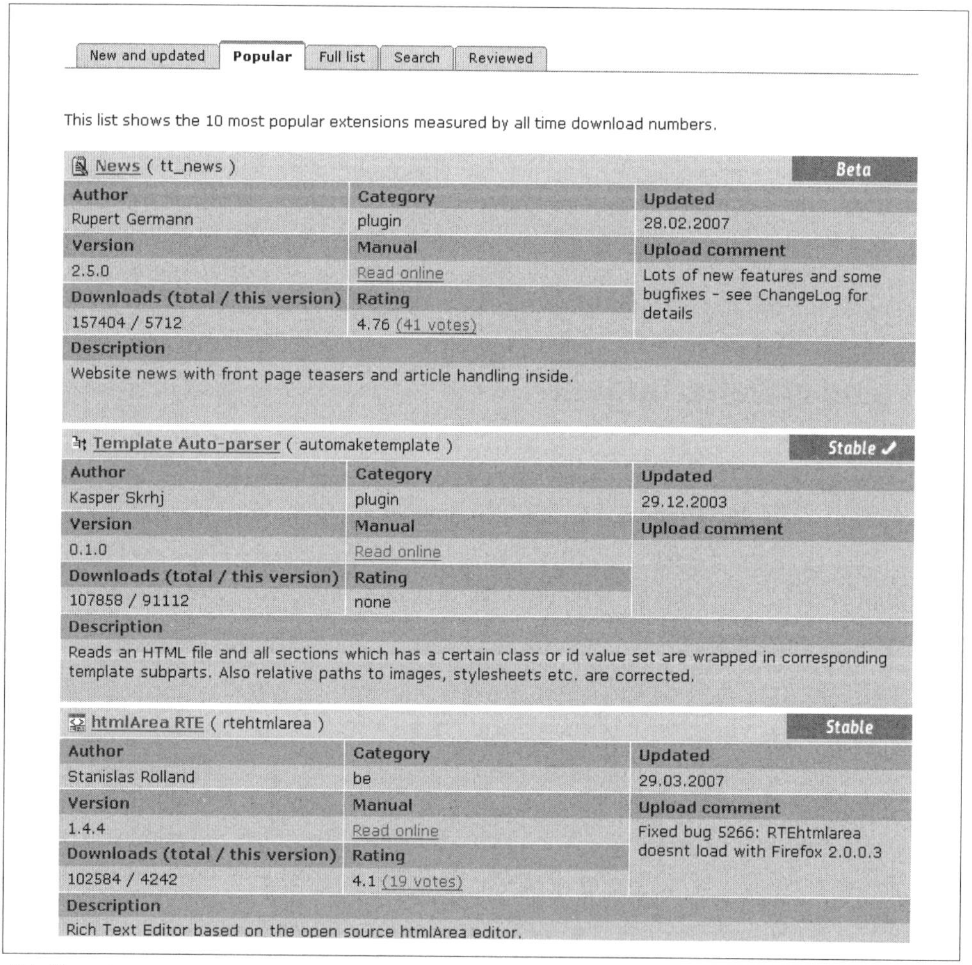

Abbildung 9-1: Erweiterungen im Online-Repository von typo3.org

Die Installation von Erweiterungen kann durchaus zu Kompatibilitätsproblemen führen, da oft ganz bestimmte TYPO3-Versionen Voraussetzung für ihren Einsatz im System sind. Teilweise »vertragen« Erweiterungen sich auch nicht und können dann nur noch deinstalliert werden.

Im Backend können Administratoren die Extensions über das Modul *Adminwerkzeuge → Erweiterungen* verwalten (Abbildung 9-2). Das Modul *Adminwerkzeuge* steht im Übrigen nur Administratoren zur Verfügung.

Backend				
Context Sensitive Help	*context_help*	1.1.0	System	Stabil
Database Abstraction Layer	*dbal*	1.2-dev	System	Stabil
Editor with syntax highlighting	*t3editor*	1.5.1	System	Beta
Extra Click Menu Options	*extra_page_cm_options*	1.0.0	System	Stabil
htmlArea RTE	*rtehtmlarea*	2.1.6	System	Stabil
Import/Export	*impexp*	0.3.0	System	Beta
Internal notes	*sys_note*	1.1.2	System	Stabil
Page Template Selector	*rlmp_tmplselector*	1.2.3	Lokal	Stabil
Static Templates	*statictemplates*	1.0.0	System	Stabil
System language labels	*lang*	0.3.0	System	Stabil
TSConfig / TypoScript Object Reference	*tsconfig_help*	1.1.0	System	Stabil
TYPO3 CMS Frontend (TypoScript)	*cms*	1.1.0	System	Stabil
Versioning Management	*version*	4.5.1	System	Stabil
Workspaces Management	*workspaces*	4.5.1	System	Stabil
Frontend				
Advanced Frontend Editing	*feeditadvanced*	1.5.0	Lokal	Beta
CSS styled content	*css_styled_content*	1.0.0	System	Stabil
Fluid Templating Engine	*fluid*	1.3.0	System	Beta
Frontend Editing	*feedit*	0.1.0	System	Beta
Simulate Static URLs	*simulatestatic*	1.0.0	System	Stabil
Frontend-Plug-Ins				
Address List	*tt_address*	2.2.1	Lokal	Stabil
Frontend Login for Website Users	*felogin*	1.3.1	System	Stabil
Indexed Search Engine	*indexed_search*	2.12.0	System	Stabil
News	*tt_news*	3.0.1	Lokal	Beta
Perfect Lightbox	*perfectlightbox*	3.1.3	Lokal	Stabil
SmoothGallery for TYPO3	*rgsmoothgallery*	1.5.1	Lokal	Stabil
Template Auto-parser	*automaketemplate*	0.1.3	Lokal	Stabil

Abbildung 9-2: Backend-Ansicht installierter Module

Admin-Tipp: Testen Sie neue Extensions immer zuerst in einer eigenen Entwicklungsumgebung, um die Onlineverfügbarkeit Ihrer Internetpräsenz nicht zu gefährden.

Aktuelles für Ihre Website: die News-Extension

Wenn Sie aktuelle Nachrichten auf Ihrer Website abbilden und diese automatisch in einem Newsarchiv verwalten oder News an mehreren Stellen Ihrer Internetpräsenz gleichzeitig abbilden wollen, aber nur einmal zentral pflegen möchten, ist die News-Extension (*tt_news*) die richtige Wahl.

Wann ist der Einsatz des *Newsm*oduls sinnvoll? Moderne Websites zeichnen sich heute oft durch die Publikation aktueller Nachrichten auf der Startseite oder auf Folgeseiten aus. Einer der großen Vorteile von Internetpräsenzen ist nun mal die schnelle Abbildung von Neuigkeiten, sei es, um firmeninterne oder auch öffentliche Bekanntmachungen zu publizieren. An diesem Punkt macht sich der Unterschied zwischen Druckerzeugnissen und dem Internet besonders bemerkbar, denn nicht von ungefähr nutzen viele Unternehmen ihre Websites, um tagesaktuell Informationen zu veröffentlichen (Abbildung 9-3).

Abbildung 9-3: Ein typischer Newsbereich auf einer Website

Aber nicht für jeden Zweck ist der Einsatz von News sinnvoll. Vielleicht dient eine Seite nur als Webvisitenkarte und bietet lediglich Basisinformationen über die Firma oder Person. Oder Neuigkeiten sind sehr selten und, wenn vorhanden, für die Öffentlichkeit nicht von Belang. Oft besteht kein Bedarf, und noch häufiger sind keine Kapazitäten vorhanden, um News zu publizieren. Der Entscheidung, Neuigkeiten auf Websites zu platzieren, sollte aber in jedem Fall eine gründliche Bedarfsanalyse vorausgehen. Wenn Sie sich dennoch entschieden haben, sowohl News als auch ein Newsarchiv auf Ihrer Website anzubieten, stehen Ihnen prinzipiell zwei Möglichkeiten zur Verfügung:

Möglichkeit A: Manuell erstellte Inhaltselemente
: Legen Sie »normale« Inhaltselemente an, die Sie zeitgesteuert veröffentlichen und manuell archivieren. Nutzen Sie Möglichkeit A, wenn Sie wenige News publizieren und individuelle Gestaltungsmöglichkeiten für einzelne News benötigen.

Möglichkeit B: News verwalten mit der News-Extension tt_news
: Erstellen, verwalten und organisieren Sie News mit der News-Extension und lassen Sie sie automatisch zeitgesteuert ins Archiv »wandern«. Geben Sie News gleichzeitig an unterschiedlichen Stellen und in verschiedenen Ansichten aus. Erzeugen Sie Anreißer (Teaser), die nach einem kurzen Textanlauf zu einer Detailansicht Ihrer News führen. Stellen Sie Ihre News als RSS-Feeds zur Verfügung. Nutzen Sie Möglichkeit B, wenn Sie viele News publizieren und eine Archivierung sowie automatisierte Abläufe benötigen.

Einbinden und Einrichten des News-Plug-ins

Um die Newsdatensätze auf Ihrer Website abzubilden, muss das News-Plug-in selbst an mindestens einer Stelle eingebunden werden. Lesen Sie dazu auch den Abschnitt »Typ Plug-in einfügen« auf Seite 223. Das News-Plug-in selbst wird in der Regel vom Administrator installiert und konfiguriert. Die Optionen und Funktionen des News-Plug-ins sind sehr vielfältig und sollten nur von erfahrenen Administratoren vorgenommen werden. Das Aussehen der News, die Listenansichten, das Archiv, die Größe der Bilder, die Länge des Anlauftexts und viele andere Parameter sind vom Designer entworfen bzw. vom Administrator voreingestellt. Bei Bedarf können sie natürlich auch angepasst werden.

Erst wenn das News-Plug-in korrekt eingebunden und eingerichtet wurde, ist die Abbildung der eigentlichen Newsdatensätze auf der Website möglich.

Das News-Plug-in: Einrichtung und Pflege der News

Das Newssystem selbst besteht aus zwei Komponenten: dem News-Plug-in und den News-Datensätzen, den eigentlichen News. Das Plug-in übernimmt bei dem Newssystem die Abbildung der Newsdatensätze im Frontend, und zwar in den unterschiedlichsten Darstellungen. Diese werden aber nicht im Plug-in selbst angelegt, sondern bestehen aus einzelnen Datensätzen, die an verschiedenen Positionen im Backend gesichert werden können. Falls Ihr Administrator Ihnen die Entscheidung noch nicht abgenommen hat, müssen Sie sich für eine der beiden Möglichkeiten entscheiden: Speichern Sie die News-Datensätze auf derselben Seite wie das Plug-in oder legen Sie für die News einen eigenen Ordner an beliebiger Stelle im Backend an.

News-Datensätze und News-Plug-in gemeinsam auf einer Inhaltsseite
: Wählen Sie diese Möglichkeit, wenn Sie News nur an dieser einen Stelle Ihrer Website abbilden möchten, beispielsweise auf der Startseite oder einer »Aktuelles«-Seite.

News-Datensätze in einem separaten Ordner an beliebiger Stelle im Backend; mehrere News-Plug-ins auf verschiedenen Seiten
: Wählen Sie diese Möglichkeit, wenn Sie News auf mehreren Seiten gleichzeitig abbilden möchten. Zum Beispiel möchten Sie News auf der Startseite Ihres Unternehmens und auf einer anderen Seite – der Unterseite »Aktuelles« aus dem Bereich »Entwicklung« – abbilden. Um nicht mehrere Seiten mit Newsdatensätzen verwalten zu müssen, werden diese an zentraler Stelle in einer Seite vom Typ *Ordner* angelegt.

Anlegen und Pflegen der News

Wenn Sie sich entschieden haben, die News auf der Seite des Plug-ins selbst anzulegen, wählen Sie in der Modulgruppe *Web* das Modul *Liste* aus und dort in der Detailansicht das Icon am oberen Bildschirmrand mit der Funktion *Neuen Datensatz erstellen*. In der Detailansicht wird nun einen Liste mit möglichen Datensatztypen abgebildet, von denen Sie den Typ *Nachricht* auswählen. Sollte bereits mindestens eine News existieren, gibt es auch einen einfacheren Weg. News werden immer in Form einer Tabelle unterhalb der normalen Inhaltselemente einer Seite aufgeführt. Dort haben Sie zusätzlich die Möglichkeit, mittels des oben aufgeführten Icons neue News anzulegen. Bestehende News können Sie verwalten, indem Sie auf das Symbol vor einer bereits existierenden News klicken und in dem dann erscheinenden Kontextmenü verschiedene Funktionen wählen. Lesen Sie dazu auch den Abschnitt »Arbeiten mit den Newsdatensätzen« auf Seite 295.

Wenn Sie sich entschieden haben, einen zentralen Ordner zur Verwaltung Ihrer News einzusetzen, erzeugen Sie eine Seite vom Typ *Ordner* an der betreffenden Stelle im Seitenbaum Ihrer Website. Lesen Sie dazu mehr im Abschnitt »Aufklappmenü Typ: Die verschiedenen Seitentypen von TYPO3« auf Seite 77. Danach verfahren Sie weiter wie oben beschrieben und legen einen Newsdatensatz an.

Ein neuer Newsdatensatz wird – wie eine neue Seite – standardmäßig versteckt angelegt, da die TYPO3-Macher davon ausgehen, dass Sie (als Redakteur) die Inhalte erst einpflegen, bevor Sie den Datensatz freischalten.

Die Editiermasken eines Newsdatensatzes verteilen sich auf insgesamt fünf Registerkarten: *Allgemein*, *Spezial*, *Medien*, *Kategorien & Beziehungen* sowie *Zugriff* (Abbildung 9-4).

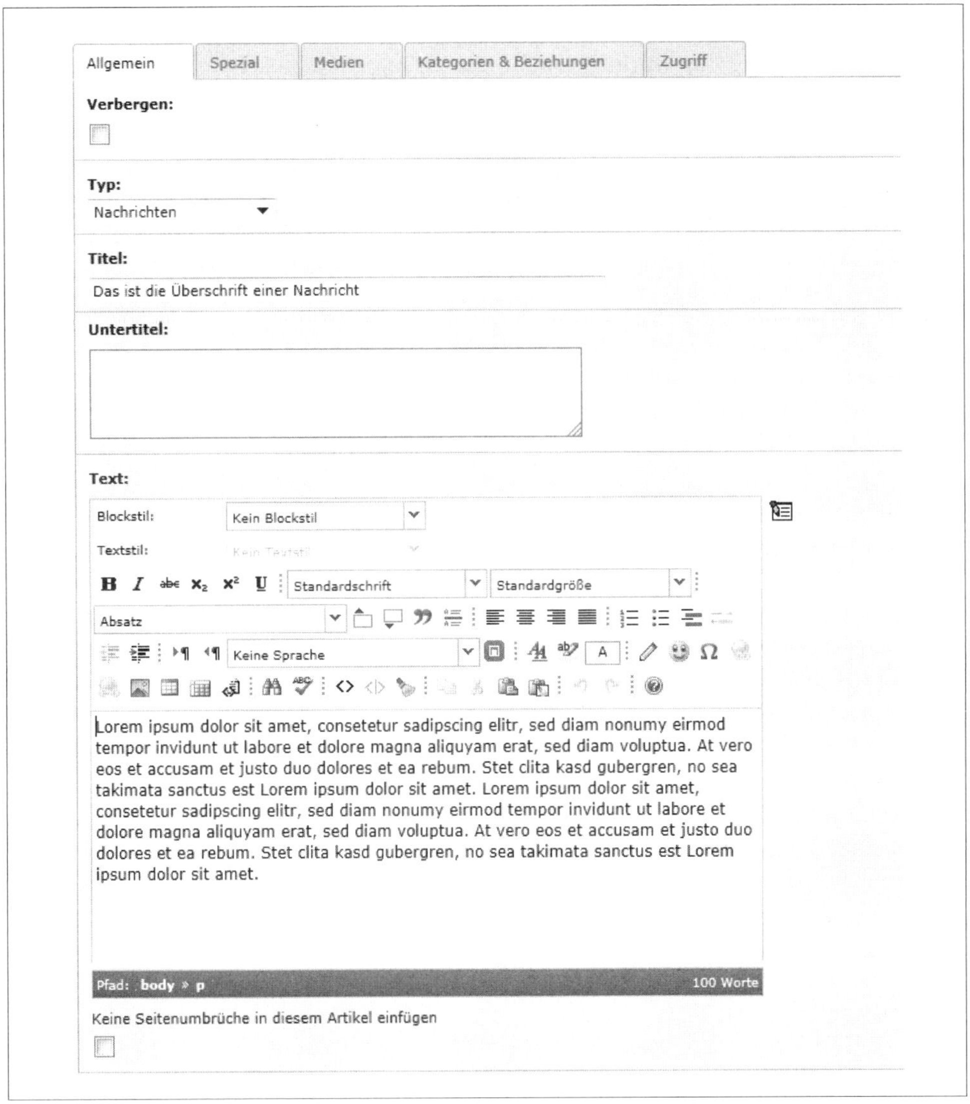

Abbildung 9-4: Die Registerkarte Allgemein

Viele Extensions nutzen mittlerweile die Möglichkeit, umfangreiche Editiermasken auf mehrere Registerkarten aufzuteilen. Dadurch werden komplexe Editiermasken übersichtlicher, und Inhalte lassen sich besser bearbeiten. Wenn Sie eine ältere Version der News-Extension oder von TYPO3 nutzen, kann es sein, dass dort noch alle Eingabefelder der Editiermasken untereinander aufgeführt sind oder auf zwei Registerkarten verteilt dargestellt werden.

Die Registerkarte Allgemein

Auf der Registerkarte *Allgemein* tragen Sie den eigentlichen Inhalt der News ein. Es stehen Ihnen folgende Funktionen zur Verfügung:

Verbergen
: Wenn dieses Optionsfeld markiert ist, werden Ihre News auf der Website nicht angezeigt. Verwenden Sie diese Funktion, um Ihre News »versteckt« zu halten, solange sie noch nicht fertiggestellt sind, oder um vielleicht eine der News auszublenden – sie aber nicht zu löschen –, da sie eventuell später noch benötigt wird.

Typ
: Wählen Sie zwischen den drei Typen *Nachrichten*, *Link zu interner Seite* und *Link zu externer URL*. Der Typ *Nachrichten* ist der gebräuchlichste Newstyp. Setzen Sie ihn immer ein, wenn Sie eine klassische News-Meldung mit Anreißer und automatisch erzeugtem Link auf die komplette Nachricht erstellen möchten. Sie haben damit einen Datensatztyp, der nicht auf eine interne Seite oder eine externe URL verlinkt, sondern auf eine Detailansicht mit ausführlicher Darstellung der News.

Der Gegensatz dazu ist der Typ *Link zu interner Seite*. Diesen Typ können Sie einsetzen, wenn Sie eine News erzeugen möchten, die als Anreißer funktioniert, um dann auf eine interne Seite in Ihrer Webpräsenz zu verweisen. Beispielsweise möchten Sie einen wichtigen Bereich Ihrer Website stärker in den Vordergrund rücken; in dem Fall erzeugen Sie einen kurzen Anreißer im Newsbereich und verlinken diesen auf die betreffende interne Seite. Wenn Sie diesen Newstyp wählen, können Sie nur die Felder *Titel* und *Untertitel* editieren. Den Link zur internen Seite definieren Sie anschließend in dem Dialogfeld *Verweis auf Seite*.

Der Typ *Link zu externer URL* kann dann Verwendung finden, wenn Sie zwar News platzieren möchten, der weiterführende Inhalt aber auf einer externen Webseite abgebildet wird. Beispielsweise möchten Sie die Zusammenarbeit mit Ihrem neuen Kooperationspartner ankündigen und verlinken die Nachricht direkt mit dessen Website. Wenn Sie diesen Newstyp wählen, können Sie nur die Felder *Titel* und *Untertitel* editieren. Den Link zur externen Seite definieren Sie anschließend in dem Dialogfeld *Externe URL*.

Titel
: Der eigentliche Titel der News wird in dieses Textfeld eingetragen. Er erscheint später als Überschrift in allen Darstellungsformen der News: den Listenansichten und den Detailansichten.

Untertitel
: Tragen Sie in dieses Feld Text ein, wenn Sie einen kurzen Textanlauf unterhalb der Überschrift erzeugen möchten. Der Text kann sich von der eigentlichen Nachricht unterscheiden. Sie möchten zum Beispiel eine News erzeugen, die auf eine interne Seite führt. Benutzen Sie das Feld *Untertitel*, um einen einleitenden Text zu schreiben.

Ist dieses Feld nicht ausgefüllt, wird der Beginn der eigentlichen News als Anreißer verwendet. Die Länge des Anreißers kann vom Administrator definiert werden.

Text

In diesem Textfeld steht die eigentliche Nachricht. Sie können den Text mit dem RTE formatieren und auszeichnen. Mehr dazu lesen Sie im Abschnitt »Texte erstellen, bearbeiten und formatieren« auf Seite 115. Der Text wird nach einer festgelegten Zeichenzahl beendet – mit den Auslassungspunkten wird angedeutet, dass die News in der Detailansicht komplett abgebildet wird. Die Anzahl der Zeichen, nach denen die News abgebrochen wird, kann vom Administrator geändert werden.

Keine Seitenumbrüche in diesem Artikel einfügen

Wenn vom Administrator eingerichtet, können News auch nach einer frei definierbaren Wortanzahl mit einem Seitenbrowser ausgestattet sein. Das kann immer dann sinnvoll sein, wenn Nachrichten sehr lang sind. In dem Fall arbeiten Redaktionen oft mit Seitenumbrüchen innerhalb einer News. Ist obige Funktion angewählt, würde die betreffende News keinen Umbruch aufweisen und auf einer Seite abgebildet werden (Abbildung 9-5).

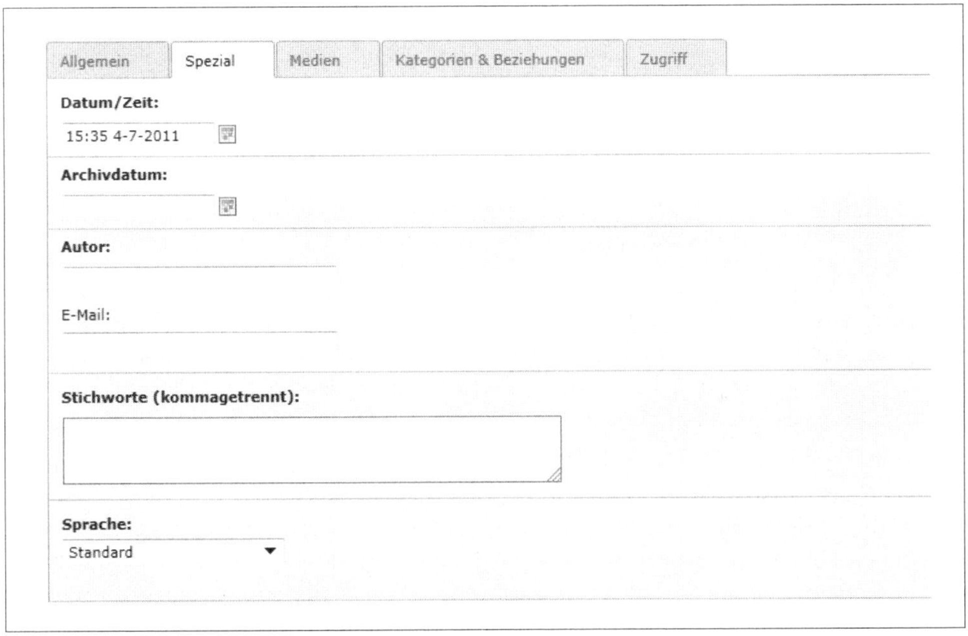

Abbildung 9-5: Die Registerkarte Spezial

Die Registerkarte Spezial

Auf der Registerkarte *Spezial* (Abbildung 9-5) stehen Ihnen folgende Funktionen zur Verfügung:

Datum/Uhrzeit

In diesem Textfeld ist das Erstellungsdatum der News, die Sie gerade erzeugen, voreingetragen. Das Datum kann im Frontend angezeigt werden. Diese Funktion muss vom Administrator implementiert sein und dient gleichzeitig als Ordnungskriterium in den Listenansichten von News. Dort kann unter anderem nach aufsteigendem und absteigendem Datum sortiert werden.

> Mit der Eingabe eines Datums können Sie die Reihenfolge der Newsbeiträge gezielt steuern. Das Newsmodul sortiert News nach Erstellungsdatum. Wenn Sie eine bestimmte News anders einordnen möchten, ändern Sie einfach das Erzeugungsdatum der betreffenden News auf einen früheren oder späteren Termin, bis sich diese an der gewünschten Stelle einordnet.

Über den Umgang mit Datumsfeldern lesen Sie mehr im Abschnitt »Seiten und Inhalte zeitgesteuert veröffentlichen« auf Seite 59.

Archivdatum
: Dem Textfeld *Archivdatum* kommt in dieser Editiermaske eine ganz besondere Bedeutung zu. Vorausgesetzt, es gibt ein Newsarchiv, wird mithilfe des Archivdatums die News im Archiv einsortiert. Wenn Sie möchten, dass eine News zu einem bestimmten Termin nicht mehr auf der Startseite im Bereich »Aktuelles« abgebildet, sondern ins Newsarchiv übertragen wird, können Sie dies mit dem Archivdatum steuern. Geben Sie an dieser Stelle einfach das betreffende Datum an. Möchten Sie eine ältere Nachricht nachpflegen, die sofort automatisch in das Archiv verschoben wird und nicht mehr auf der Seite »Aktuelles« auftauchen soll, vergeben Sie für sie einfach händisch ein bereits verstrichenes Datum. Die News werden dann automatisch in das Archiv verschoben.

Autor und E-Mail
: Auch der Autor und seine E-Mail-Adresse können im Frontend abgebildet werden. Diese Funktion muss vom Administrator implementiert sein. Ansonsten kann der Name des Autors auch dazu beitragen, den Urheber der News im Backend zu ermitteln. Bei mehreren Redakteuren ist dies eine durchaus sinnvolle Funktion, um herauszufinden, wer wann was publiziert hat.

Stichworte
: In dieses Feld können Sie Stichwörter eingeben, die bei Suchanfragen gefunden werden sollen, wenn Sie beispielsweise möchten, dass Ihre Seite von Suchmaschinen auch dann gefunden wird, wenn der Begriff »Kunststofffenster« eingeben wird, in der News aber nur der Begriff »Verbundstofffenster« vorkommt. TYPO3 fügt die Stichwörter dann den Metatags hinzu. Diese Funktion benötigt die Installation des Plug-ins *metatags*. Fragen Sie Ihren Administrator nach der Implementierung. Inwieweit Suchmaschinen wie Google aber tatsächlich noch Metatags auswerten, ist ungewiss. Stichwörter sind auch für die Backend-Suche nützlich, da die News dann auch unter diesem Stichwort gefunden wird.

Die Registerkarte Medien

Auf der Registerkarte *Medien* (Abbildung 9-6) stehen Ihnen folgende Funktionen zur Verfügung:

Bilder und Bildunterschrift

Fügen Sie Ihren News Bilder mit dem TYPO3-Element-Browser hinzu und vergeben Sie bei Bedarf Bildunterschriften. Mehr zu den Themen Bildtext, ALT-Text des Bilds und Titel des Bilds lesen Sie im Abschnitt »Texte und Bilder einfügen« auf Seite 28. Die Größe der Bilder, ob Bilder und wie viele Bilder in der Newsübersicht und in der Detailansicht abgebildet werden, kann vom Administrator definiert werden. Die sonst üblichen Möglichkeiten zur Bearbeitung von Bildern (Größe, Ausrichtung usw.) fehlen hier. Alle Motive werden in News grundsätzlich gleich behandelt!

Links

Verwenden Sie diese Funktion, um Ihrer News Webadressen hinzuzufügen, die im Zusammenhang mit der Nachricht stehen. Geben Sie in diesem Textfeld Links an, die unterhalb der Detailansicht der News abgebildet werden. Die Links können entweder durch Kommata oder durch Zeilenumbrüche voneinander getrennt sein. Als Schreibweise benutzen Sie *http://www.link.de*, wobei in diesem Fall das Kürzel »http« besonders wichtig ist, da ansonsten die Links nicht anklickbar sind.

Dateien

Benutzen Sie diese Funktion, um der Nachricht Dateien hinzuzufügen, z.B. eine PDF, die Sie zum Download bereitstellen möchten. Über den TYPO3-Element-Browser können Sie die Dateien der News hinzufügen.

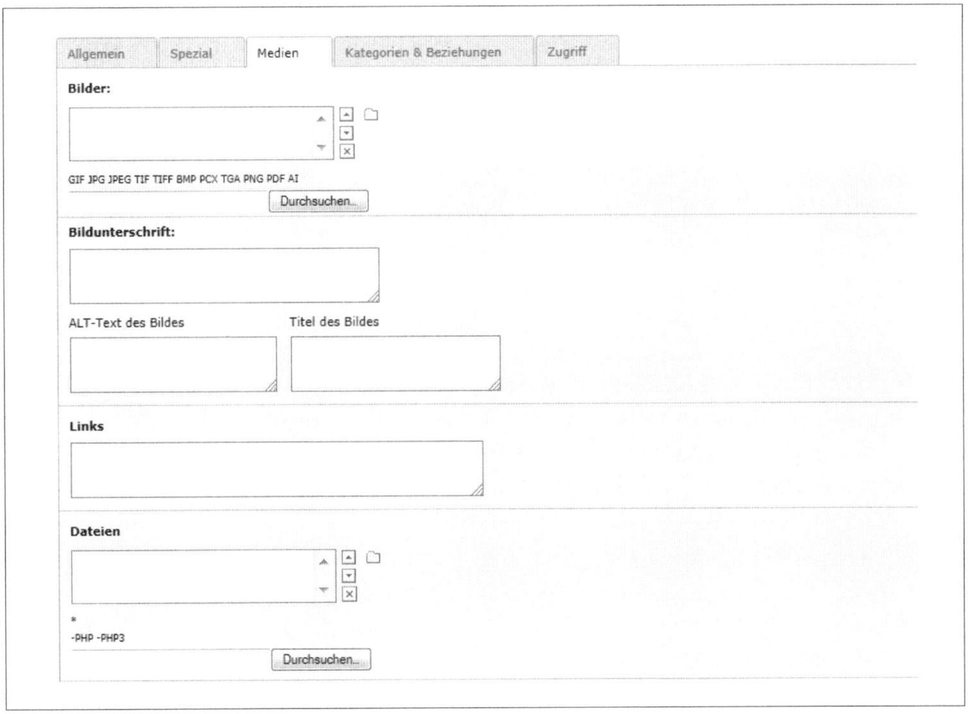

Abbildung 9-6: Die Registerkarte Medien

Die Registerkarte Kategorien & Beziehungen

Auf der Registerkarte *Kategorien & Beziehungen* (Abbildung 9-7) stehen Ihnen folgende Funktionen zur Verfügung:

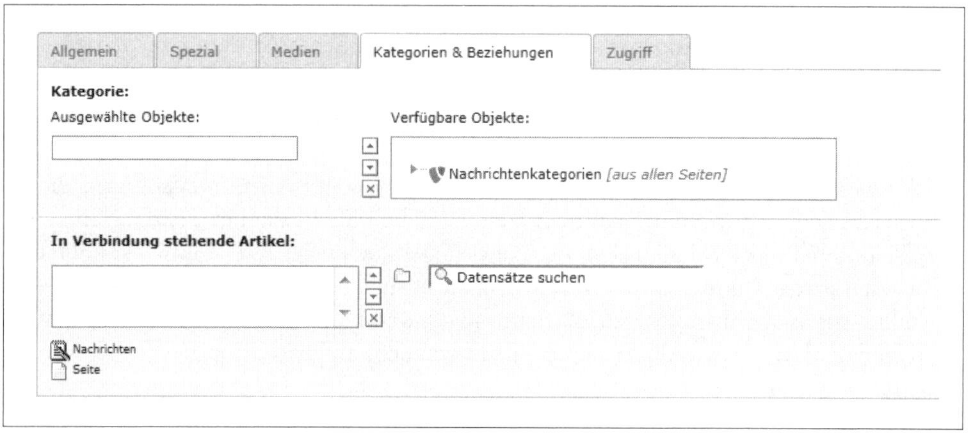

Abbildung 9-7: Die Registerkarte Kategorien & Beziehungen

Kategorie (ehem. Rubrik)
Sie können Ihre News kategorisieren und damit die Anzeige der News im Frontend steuern. Folgende Problematik kann auftreten: Wenn Sie mit Seiten vom Typ *Ordner* für Ihre Newsdatensätze arbeiten, haben Sie im Plug-in auf der Webseite selbst nur die Möglichkeit, diese Ordner als Ausgangspunkt für die Darstellung der News anzugeben. Haben Sie aber zwei verschiedene Newsbereiche – beispielsweise »Aktuelle Nachrichten« und »Pressemeldungen« –, die Sie aus zwei verschiedenen Ordnern auslesen lassen, können Sie diese News nicht kombiniert aus beiden Ordnern gleichzeitig abbilden. Abhilfe schaffen hier die Kategorien.

Verwalten Sie die verschiedenen Datensätze gemeinsam in einem Ordner und weisen Sie ihnen jeweils Rubriken zu, entweder nur die Rubrik »Betriebsräte« oder nur »Führungskräfte« oder auch beide zusammen, wenn Sie der Meinung sind, eine News ist für beide Bereiche wichtig. So können Sie die Ausgabe im Frontend detailliert steuern. Sie können Ihren Administrator ein Plug-in auf der Website hinzufügen lassen, das die News aus beiden Kategorien – eventuell auf der gemeinsamen Startseite – abbildet, und jeweils ein Plug-in in den betreffenden Unterbereichen, in denen nur die einzelnen Kategorien aufgerufen werden.

In Verbindung stehende Artikel
Fügen Sie in diesem Feld mit dem TYPO3-Element-Browser andere News aus Ihrer Newsliste hinzu, wenn diese eventuell aufeinander Bezug nehmen. Wie die oben erwähnten Links und Dateien werden diese unterhalb der News abgebildet.

Arbeiten mit den Newsdatensätzen

Die Newsdatensätze selbst werden in der Detailansicht der Seite (oder des Ordners), auf der sie sich befinden, in einer Listenansicht unterhalb des Inhaltsbereichs abgebildet. Jede News bietet in ihrem Kontextmenü, das beim Anwählen des jeweiligen News-Icons erscheint, diverse Bearbeitungsmöglichkeiten an.

Bearbeiten
: Mit dieser Funktion gelangen Sie in die oben erläuterten Editiermasken der angewählten News.

Neu
: Wählen Sie diese Funktion, um einen neuen Newsdatensatz zu erzeugen.

Info
: Diese Funktion öffnet ein Pop-up-Fenster mit einer Übersicht der ausgefüllten Textfelder des Newsdatensatzes. Verschaffen Sie sich mit dieser Ansicht einen schnellen Überblick über die gewählte News – ohne weitere Klicks!

Kopieren
: Mit der *Kopieren*-Funktion kann ein Datensatz kopiert, uber das Submodul *Liste* wieder eingefügt und als Vorlage für eine neue News benutzt werden.

Ausschneiden
: *Ausschneiden* schneidet die News aus. Erst nach dem Einfügen an einer anderen Stelle im Backend, z.B. auf einer anderen Newsseite, wird die News an der Originalposition ausgeblendet.

Versionierung
: Mit dem Auswählen von *Versionierung* wechseln Sie in die Versionierungsansicht der News. Lesen Sie zu diesem Thema auch Kapitel 11, *Workspaces und Workflow*.

Weitere Einstellungen
: In diesem Kontextmenüeintrag können Sie zwischen zwei Optionen wählen: *Web> Liste* führt Sie zur erweiterten Ansicht des Submoduls *Liste*. Sie können der Listenansicht über die Funktion *Felder setzen* Spalten hinzufügen und diese wiederum als Ordnungskriterium verwenden. Die Option *Exportieren in .t3d* dient dem Export von Seiten und Datensätzen aus dem aktuellen TYPO3-System, um sie in eine andere TYPO3-Installation zu importieren. Hierbei handelt es sich um eine rein administrative Tätigkeit!

Verbergen
: Blenden Sie Ihre News mit dieser Funktion aus, wenn sie nicht mehr erscheinen, aber auch noch nicht gelöscht werden soll.

Sichtbarkeitseinstellungen
: In der Editiermaske dieser Funktion können Sie den Start- und Stoppzeitpunkt sowie den Benutzerzugriff des Datensatzes steuern.

Löschen
: Löschen Sie – nach Bestätigung – mit dieser Funktion den Datensatz.

Verlauf/Rückgängig
: Hiermit gelangen Sie in den Bearbeitungsverlauf des Datensatzes und können Zwischenzustände gezielt wiederherstellen. Lesen Sie dazu auch den Abschnitt »TYPO3 ist keine Einbahnstraße: Rückgängig machen und Änderungsverlauf« auf Seite 346.

> Eine geänderte News können Sie nicht mit der Funktion im Datensatz *Dokument sichern und Website anzeigen* im Frontend anzeigen lassen. Wählen Sie dazu die Vorschaufunktion der Seite, auf der sich die News befindet.

Den Seiten-Cache für News optimieren

Die News-Extension eignet sich zwar hervorragend zum Anlegen, Verwalten und Archivieren der News, birgt aber ein kleines Cache-Problem. Wenn Sie mit der Variante arbeiten, Newsdatensätze auf der Seite zu verwalten, auf der sich auch das Plug-in befindet, können Sie Ihre neuen oder geänderten News mit der *Seiten*-Vorschaufunktion im Browser ansehen, nachdem sie veröffentlicht wurden. Anders hingegen verhält es sich mit der *Ordner*-Variante. (Siehe dazu den Abschnitt »Das News-Plug-in: Einrichtung und Pflege der News« auf Seite 287.) Da die eigentliche Seite, auf der das Plug-in liegt, das die Datensätze aus dem Ordner bezieht, von den Änderungen keine Notiz nimmt, müssen Sie den Cache der Seite manuell löschen. Wählen Sie dafür auf der Seite, die das News-Plug-in beinhaltet, oben rechts die erweiterte Funktion *Cache dieser Seite löschen*. Wenn Sie anschließend die Seite in der Vorschauansicht neu laden, sollte sich die News aktualisiert haben.

> Setzen Sie den Seiten-Cache der Seite, die das News-Plug-in beinhaltet, standardmäßig auf zwei Stunden oder kürzer (voreingestellt sind 24 Stunden). Die Einstellung für den Seiten-Cache finden Sie unter den Seiteneigenschaften der Seite auf der *Registerkarte Verhalten → Cachedauer*. So verhindern Sie, dass aktualisierte News eventuell gar nicht angezeigt werden, da TYPO3 nun alle zwei Stunden den kompletten Seiten-Cache leert.

Halten Sie Ihre Besucher auf dem Laufenden: Die Newsletter-Extension

Was ist ein Newsletter? Im ursprünglichen Sinn war ein Newsletter ein regelmäßig erscheinendes Printprodukt, mit dem in kurzer Form aktuelle Nachrichten publiziert wurden. Diese aufwendige und meist auch teure Variante eines Newsletters wird mehr und mehr durch elektronische E-Mail-Rundschreiben – in HTML- oder reiner Textform – ersetzt (Abbildung 9-8).

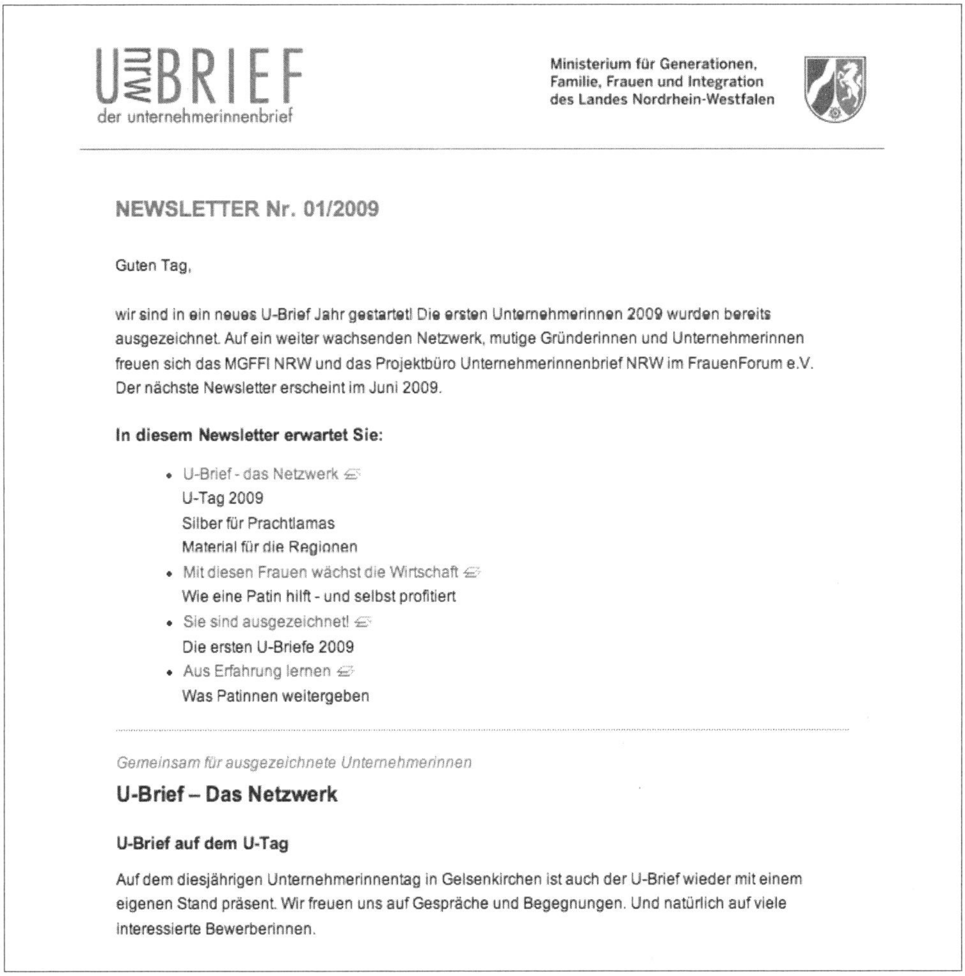

U NRW BRIEF
der unternehmerinnenbrief

Ministerium für Generationen,
Familie, Frauen und Integration
des Landes Nordrhein-Westfalen

NEWSLETTER Nr. 01/2009

Guten Tag,

wir sind in ein neues U-Brief Jahr gestartet! Die ersten Unternehmerinnen 2009 wurden bereits ausgezeichnet. Auf ein weiter wachsenden Netzwerk, mutige Gründerinnen und Unternehmerinnen freuen sich das MGFFI NRW und das Projektbüro Unternehmerinnenbrief NRW im FrauenForum e.V. Der nächste Newsletter erscheint im Juni 2009.

In diesem Newsletter erwartet Sie:

- U-Brief - das Netzwerk
  U-Tag 2009
  Silber für Prachtlamas
  Material für die Regionen
- Mit diesen Frauen wächst die Wirtschaft
  Wie eine Patin hilft - und selbst profitiert
- Sie sind ausgezeichnet!
  Die ersten U-Briefe 2009
- Aus Erfahrung lernen
  Was Patinnen weitergeben

Gemeinsam für ausgezeichnete Unternehmerinnen

U-Brief – Das Netzwerk

U-Brief auf dem U-Tag

Auf dem diesjährigen Unternehmerinnentag in Gelsenkirchen ist auch der U-Brief wieder mit einem eigenen Stand präsent. Wir freuen uns auf Gespräche und Begegnungen. Und natürlich auf viele interessierte Bewerberinnen.

Abbildung 9-8: Ein Newsletter in der HTML-Ansicht einer E-Mail

Newsletter bieten Ihnen die Möglichkeit zur effektiven Kundenbindung, da Sie Ihre Kunden und andere Interessierte gezielt mit Informationen versorgen und diese Informationen auch nach Kategorien verteilen können. Hat ein Kunde z.B. nur die Kategorie »Sportschuhe« abonniert, kann ihm auch nur der diesen Bereich betreffende Teil des Newsletters übermittelt werden. Andere Kunden wiederum haben ausschließlich die Kategorie »Sportkleidung« abonniert und erhalten auch nur dieses Newsletter-Paket, während Dritte wiederum den kompletten Newsletter beziehen. Wenn Sie einen solchen Newsletter auf Ihrer Seite einrichten möchten, der von Ihren Kunden abonniert werden soll, ist der TYPO3-eigene Newsletter *Direct Mail* die richtige Wahl. Voraussetzung für den Versand eines Newsletters sind entweder bereits vorhandene Newsletter-Abonnenten oder E-Mail-Adressen, die Sie selbst als Empfänger des Newsletters eintragen.

Wenn Sie sich entschieden haben, einen Newsletter auf Ihrer Website im Abonnement anzubieten, benötigen Sie einerseits das Plug-in *Direct Mail*, das für die Erstellung und Verwaltung der Newsletter selbst zuständig ist, und andererseits die Erweiterung *Direct Mail Subscription*, die für die Abbildung des Anmeldeformulars auf einer Ihrer Seiten verantwortlich ist. Beide Module sollten durch Ihren Administrator in TYPO3 installiert werden. Zusätzlich sollte noch die Extension *tt_address* installiert sein, die zusammen mit *Direct Mail Subscription* die Benutzerdaten der Abonnenten verwaltet.

Direct Mail selbst erkennen Sie im Backend ganz leicht daran, dass es nach erfolgreicher Installation seine eigene Modulgruppe »dabeihat«, die sich in der Modulleiste links befindet (Abbildung 9-9).

Abbildung 9-9: Die Modulgruppe Direct Mail mit den dazugehörigen Submodulen

Um das Modul letztendlich lauffähig zu machen, müssen Sie noch eine Seite vom Typ *Ordner* erzeugen und das Plug-in *Direct Mail* hinzufügen. Wie das funktioniert, lesen Sie im Abschnitt »Best Practices: Einen Newsletter erzeugen und versenden« auf Seite 314. Zuvor aber sollten Sie erst einmal auf der Website alle Funktionalitäten zur Verfügung stellen, die es Ihren Besuchern überhaupt ermöglichen, einen Newsletter zu abonnieren und natürlich auch abzubestellen. Dazu verwenden wir das Modul *Direct Mail Subscription.*

Das Anmeldeformular für Newsletter-Abonnenten

Das Plug-in *Direct Mail Subscription* erzeugt auf einer beliebigen Seite Ihrer Präsenz das Anmeldeformular für die Abonnenten. Legen Sie dazu eine Seite »Newsletter abonnieren« an, auf der Sie das Plug-in als Inhaltselement (auf der Registerkarte *Plug-in*) einfügen. Für die Besucher Ihrer Website ist anschließend auf eben dieser Seite das Anmeldeformular zum Abonnement des Newsletters sichtbar. Mehr zum Thema »Inhaltselemente einfügen« finden Sie im Abschnitt »Typ Plug-in einfügen« auf Seite 223.

Mit diesem Formular werden im Übrigen auch die Funktionalitäten zur Verfügung gestellt, die es dem Website-Benutzer ermöglichen, das Abonnement wieder zu kündigen oder seine Daten zu aktualisieren (Abbildung 9-10).

Abbildung 9-10: Ein typisches Formular, um einen Newsletter zu abonnieren

Meldet ein Besucher sich über dieses Formular an, wird automatisch ein Adressdatensatz im Backend auf der Seite erzeugt, auf der sich auch das Modul *Direct Mail Subscription* befindet, der aber noch versteckt ist, solange der Benutzer seine Anmeldung nicht bestätigt hat. Dies geschieht über eine E-Mail, die das System an die angegebene E-Mail-Adresse schickt. Erst wenn ein Link in dieser Mail angeklickt und damit die E-Mail-Adresse bestätigt wird, kann der Benutzer bei der nächsten Massenversendung an eine Empfängergruppe automatisch mit eingeschlossen werden.

Im Adressdatensatz des Besuchers können Sie diverse Einstellungen vornehmen (Abbildung 9-11).

Geschlecht, Name, Vorname, Mittelname, Nachname, Titel, Organisation, Geburtstag, Adresse, Gebäude, Raum, PLZ, Stadt, Land, Region/Bundesland, E-Mail, WWW, Telefon, Mobil, Fax, Bild, Beschreibung

Diese Formularfelder können in der Frontend-Anmeldemaske zum Ausfüllen angeboten werden. In der Regel beschränken sich Newsletter-Anmeldungen aber auf den Namen und natürlich die E-Mail-Adresse, um den Newsletter zustellen zu können. Sie können die Felder bei Bedarf auch selbst ausfüllen, um Daten nachzutragen.

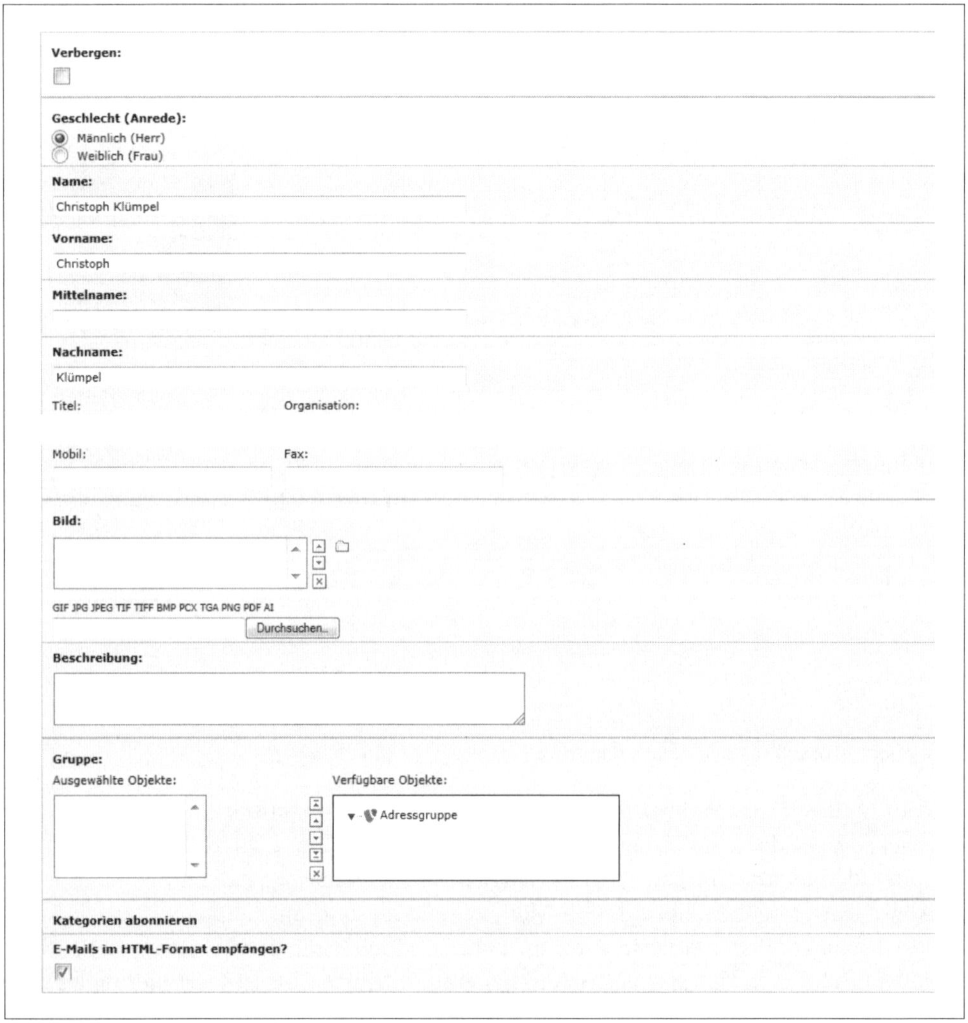

Abbildung 9-11: Der Adressdatensatz eines Abonnenten

Kategorien abonnieren

Hier werden Kategorien aufgelistet, falls sie vom Administrator eingerichtet wurden. Wenn Ihre Abonnenten im Frontend Kategorien auswählen können, wird dies hier automatisiert vermerkt.

E-Mails im HTML-Format empfangen?

Der Abonnent wählt bei der Anmeldung auch den Formatierungstyp des Newsletters aus, den er erhält. Wird das Häkchen bei *HTML* gesetzt, erhält er in der Folge den Newsletter in der entsprechend grafisch aufbereiteten Form als HTML-Datei. Wird das Häkchen nicht gesetzt, wird der Newsletter als reine Textdatei (*plain text*) empfangen.

Newsletter werden häufig an ganze Gruppen von Empfängern versendet. Dadurch werden sie als Informations- oder Marketinginstrument eigentlich erst nützlich. Die gesammelten Adressdatensätze nennt man zusammen eine Empfängerliste oder Versandgruppe.

Das Submodul Empfängerliste: Versandgruppen für den Massenversand

Empfängerlisten oder Versandgruppen werden genutzt, um Massenversendungen von Newslettern durchzuführen. Erst mit ihnen wird es möglich, allen Mitgliedern einer ausgesuchten Gruppe einen Newsletter zukommen zulassen. Diese Aufgabe sollten Sie zwar Ihrem Administrator überlassen, der Vollständigkeit halber sollen die nötigen Einträge in die Editiermaske hier aber erläutert werden.

Empfängerlisten bearbeiten und erzeugen Sie im Submodul *Empfängerliste* der Modulgruppe *Direct Mail*. Dazu müssen Sie allerdings zuerst einen Ordner zum *Direct Mail*-Verzeichnis machen. Wie das geht, lesen Sie im Abschnitt »Best Practices: Einen Newsletter erzeugen und versenden« auf Seite 314.

Auswahl der Versandgruppe

Wenn Sie bereits Empfängerlisten angelegt haben, können Sie sie an dieser Stelle bearbeiten und einsehen (Abbildung 9-12). Wählen Sie zur Bearbeitung das Stiftsymbol der gewünschten Gruppe.

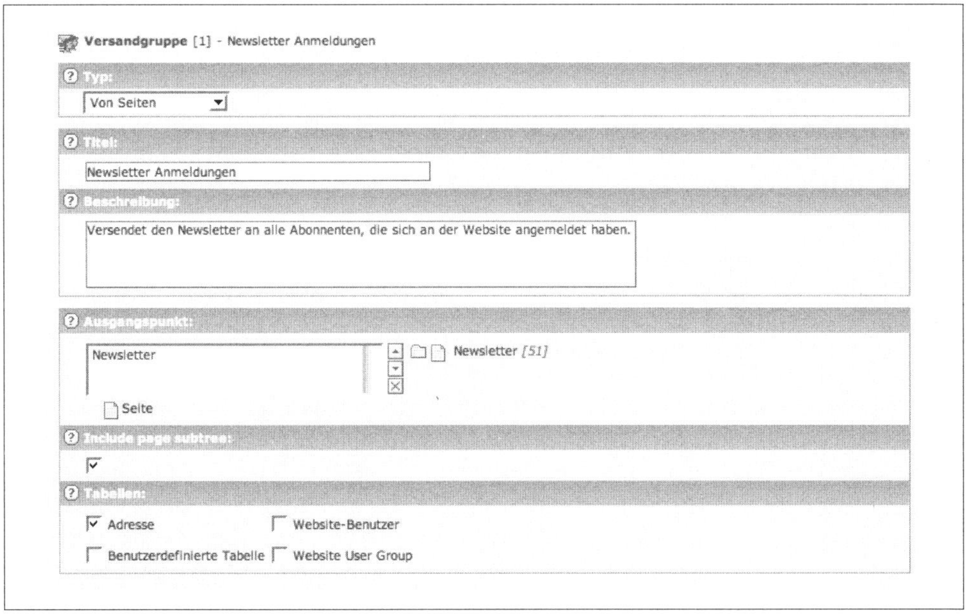

Abbildung 9-12: Die Konfiguration der Empfängergruppe

Folgende Konfigurationsmöglichkeiten stehen Ihnen zur Verfügung:

Typ
: Wählen Sie hier den Typ *Von Seiten.* Dieser Newsletter-Typ ist bei Weitem der gebräuchlichste. Alle anderen Arten, die hier noch zur Verfügung stehen, sollten Sie nur nach Absprache mit Ihrem Administrator verwenden.

Titel
: Dieser Titel erscheint im späteren Verlauf des Versandvorgangs als Option im Auswahlmenü, wenn Sie eine Empfängergruppe auswählen. Es handelt sich um ein Pflichtfeld. Vergeben Sie einen möglichst eindeutigen Namen. Falls Sie des Öfteren Newsletter – an unterschiedliche Empfängergruppen – versenden, erleichtert das später ungemein den Arbeitsaufwand.

Beschreibung
: Geben Sie für Ihre internen Zwecke eine Beschreibung ein, beispielsweise: »Dieser Gruppe gehören nur Abonnenten an, die sich auf der Website für den Newsletter registriert haben.«

Ausgangspunkt
: Wählen Sie hier Ihren Newsletter-Ordner oder die entsprechende Seite, auf der die Adressdatensätze automatisch gespeichert werden. In diesem Fall sind das die Abonnenten des Newsletters, die sich auf der Seite angemeldet haben, auf der Sie das Modul *Direct Mail Subscription* hinzugefügt haben.

Include page subtree
: Wenn diese Option aktiviert ist, werden auch Adressdatensätze der Versandgruppe hinzugefügt, die sich eventuell auf Unterseiten des gewählten Ausgangspunkts befinden.

Tabellen
: In diesem Optionsfeld können Administratoren Extensions von Drittanbietern einbinden, um z.B. auf benutzerdefinierte Adresstabellen zugreifen zu können, die sich von den TYPO3-Adressdatensätzen grundlegend unterscheiden. Kreuzen Sie hier *Adresse* an.

Kategorien müssen übereinstimmen
: Wenn Sie Newsletter-Kategorien verwenden, können Sie mit dem Setzen der Optionsfelder an dieser Stelle bestimmen, dass der Newsletter nur an die Gruppe verschickt wird, die die betreffende Option auch angekreuzt hat.

Verlassen Sie das Dialogfeld mit der Funktion *Dokument speichern und schließen.* Wählen Sie nun den Namen der Empfängergruppe aus, um alle Mitglieder der Gruppe zu sehen oder als CSV-Datei herunterzuladen, damit Sie sie in anderen Programmen weiterverwenden können. Klicken Sie auf die Schaltfläche *Empfänger anzeigen.* Anschließend können Sie beliebige Mitglieder der Versandgruppe editieren bzw. die Profileinstellungen aktualisieren.

Eine neue Versandgruppe erstellen

Wenn Sie noch keine Versandgruppe angelegt haben, können Sie das hier nachholen. Wählen Sie dazu die Funktion *Neue Versandgruppe erstellen?*. Die Konfigurationsmöglichkeiten sind identisch mit denen zur Bearbeitung einer bereits vorhandenen Empfängergruppe (siehe oben).

Import einer CSV-Datei: Adressdaten aus anderen Programmen importieren

Zusätzlich können Sie hier auch eine CSV-Datei in Ihre bestehenden Adresslisten importieren (Abbildung 9-13). CSV-Dateien sind Dateien, die bei einem Adresslistenexport aus beispielsweise Outlook erzeugt werden können. Über dieses Hilfsmittel können Sie Ihre bereits vorhandenen Adressdaten in eine Empfängerliste importieren. Beachten Sie, dass der Import von CSV-Dateien nur von datenbankerfahrenen Personen durchgeführt werden sollte. Fragen Sie auch zu diesem Thema am besten Ihren Administrator.

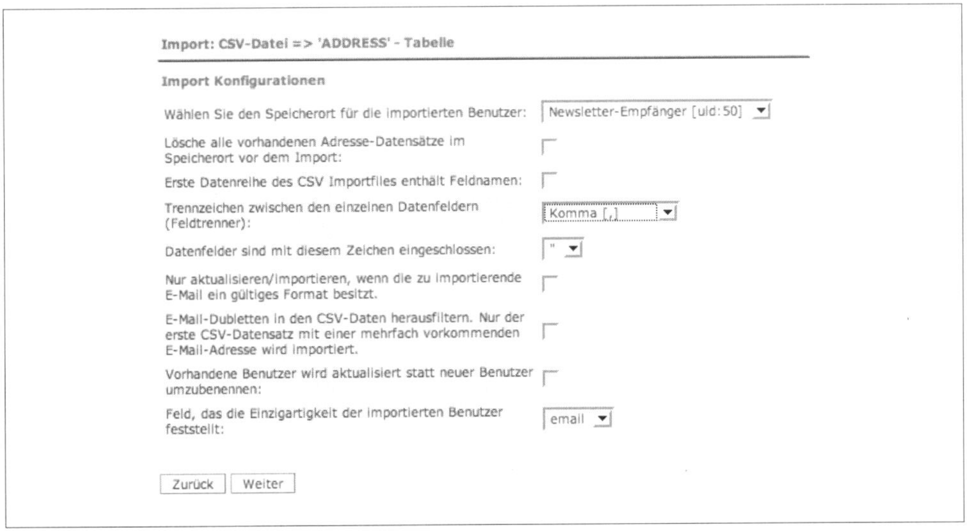

Abbildung 9-13: Eine CSV-Datei importieren

Das Submodul Direct Mail: Einen Newsletter erzeugen und versenden

Um Ihre Newsletter erzeugen und verwalten zu können, benötigen Sie eine Seite vom Typ *Ordner*, in dem Sie Ihre einzelnen Seiten, die als Newsletter versandt werden, ablegen. Erzeugen Sie also zunächst einen Ordner und eine neue Unterseite. Lesen Sie mehr zum Thema im Abschnitt »Aufklappmenü Typ: Die verschiedenen Seitentypen von TYPO3« auf Seite 77. In den Seiteneigenschaften der Seite vom Typ *Ordner* auf der Registerkarte *Erscheinungsbild* wählen Sie im Auswahlmenü *Enthält Erweiterung* das Modul *Direct Mail*. Sie haben nun alle Voraussetzungen geschaffen, um einen Newsletter zu erzeugen und diesen an eine Versandgruppe zu verschicken.

Die dazugehörige Unterseite – Ihren eigentlichen Newsletter – gestalten Sie nun nach Belieben. Sie wird im weiteren Verlauf als Newsletter versendet werden (Abbildung 9-14).

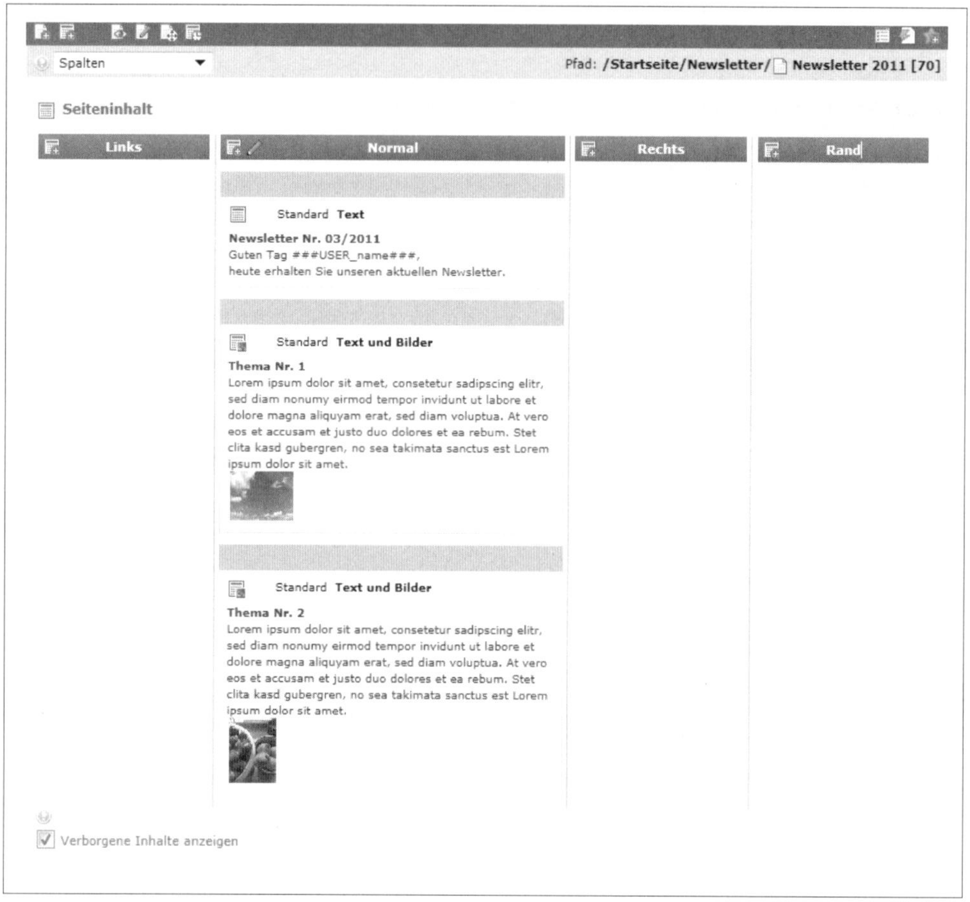

Abbildung 9-14: Die fertige Newsletter-Seite im Backend

Sie können Newsletter auch personalisieren, indem Sie in das erste Inhaltselement vom Typ *Text* folgende Zeichenfolge eingeben: `Sehr geehrte(r) ###USER_name###`. Der Platzhalter wird beim Versand des Newsletters durch den jeweiligen Empfängernamen der E-Mail ersetzt.

Wählen Sie nun in der Modulgruppe *Direct Mail* das Submodul *Direct Mail* und anschließend den Ordner *Newsletter* in der Baumansicht. Sie befinden sich jetzt in der *Detailansicht* des Submoduls (Abbildung 9-15).

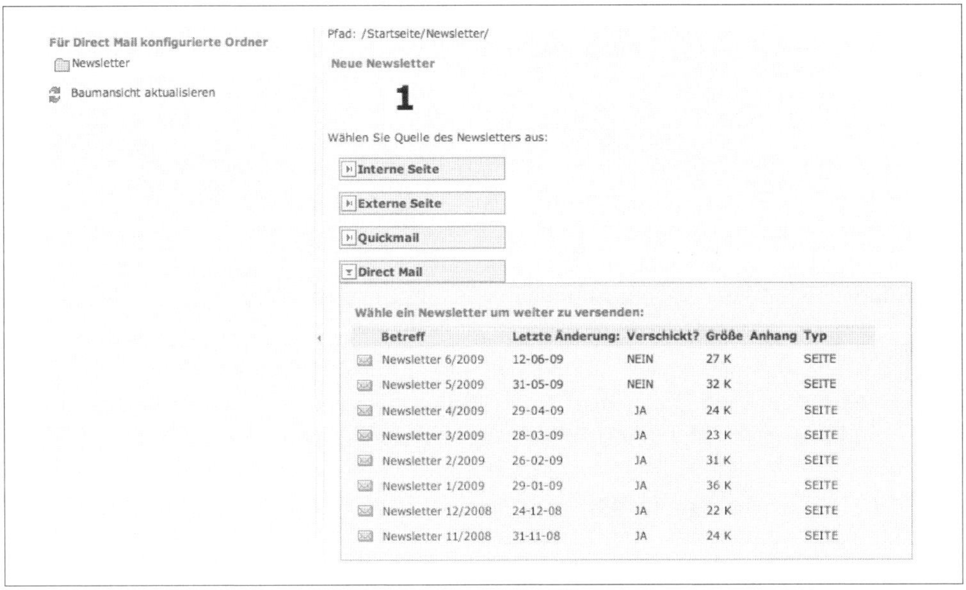

Abbildung 9-15: Detailansicht des Newsletters im Submodul Direct Mail

Einen Newsletter mit der Option Interne Seite versenden

Wählen Sie hierzu die Option *Interne Seite*. Der Ablauf des Versands eines Newsletters erfolgt immer in fünf Schritten. Diese werden in großen Ziffern im oberen Bereich der Detailansicht angezeigt. Im fünften und letzten Schritt geben Sie den vorher konfigurierten Newsletter für den Versand frei.

- Schritt 1: *Neue Newsletter*

  In diesem Schritt stehen Ihnen folgende Funktionen zur Verfügung:

  Neuen Versand anhand eines Newsletters erstellen
  Wenn Sie, wie oben aufgeführt, bereits eine eigene Newsletter-Seite erstellt und gestaltet haben, wird sie automatisch an dieser Stelle abgebildet. *Direct Mail* liest nämlich den Ordner *Newsletter* aus, den Sie angelegt haben, und bildet alle dort vorhandenen Seiten an dieser Stelle ab. Sie können also einfach eine Newsletter-Seite wählen, um automatisch zu Schritt zwei zu gelangen.

  Wählen Sie das Stiftsymbol, um die Seiteneigenschaften der Seite zu ändern. Wenn Sie den Newsletter im HTML-Format betrachten möchten, können Sie das Symbol H wählen oder alternativ das Symbol T, um die reine Textversion zu sehen. Diese Vorschau ist immer dann sinnvoll, wenn Ihre Abonnenten oder Empfänger wahlweise beide Varianten erhalten können sollen.

  Newsletter erstellen
  Wählen Sie diese Option, wenn Sie noch keine Seite angelegt haben. Sie gelangen danach in eine Editiermaske, in der Sie sowohl die Seite mit ihren Seiteneigenschaf-

ten als auch die Inhalte anlegen können. Wenn Sie diese Editiermaske mit der Funktion *Dokument speichern und schließen* verlassen, gelangen Sie automatisch zu Schritt zwei.

- Schritt 2: *Detaillierte Informationen*

  Der Newsletter-Datensatz ist nun generiert worden. Sie befinden sich innerhalb der Funktion *Versand*. Die Übersicht in Abbildung 9-16 zeigt auf einen Blick die wichtigsten Parameter, die das Erscheinungsbild des Newsletters im E-Mail-Programm des Empfängers entscheidend beeinflussen können. Wählen Sie die Funktion *Ändern* am Fuß der Tabelle, um die Einstellungen zu editieren.

  Unter anderem wählen Sie hier auch das Format der generierten E-Mail. E-Mail-Newsletter können sowohl im HTML-Format, also grafisch gestaltet, als auch nur als reine Plain-Text-Datei, also als ungestaltete Textdatei, versendet werden. In der Regel können Abonnenten sich beim Anmeldevorgang für eine der beiden Möglichkeiten entscheiden. Haben Sie – als Versender des Newsletters – sich dafür entschieden, eine gestaltete Variante (HTML) zu versenden, werden trotzdem beide Versionen verschickt – die Textvariante an die Abonnenten der Plain-Text-Datei und die HTML-Variante an alle anderen.

  In diesem Dialog fügen Sie Ihrem Newsletter auch Anhänge hinzu. Alle anderen Parameter sollten Sie sich von Ihrem Administrator voreinstellen lassen. Wenn Sie hier Änderungen vorgenommen haben, werden diese nach der Speicherung in der Übersicht angezeigt. Anschließend gelangen Sie mit der Schaltfläche *weiter* zu Schritt drei.

- Schritt 3: *Kategorien*

  In diesem Schritt können Sie die Inhaltselemente auf der Seite anhand der Zuweisung von Kategorien ausschließen oder definieren, dass alle Elemente als Inhalte des Newsletters versandt werden. Lesen Sie mehr zum Thema Newsletter-Kategorien unter »Newsletter-Inhalte kategorisieren und Inhalte gezielt versenden« auf Seite 312. Mit einem Klick auf die Schaltfläche *weiter* gelangen Sie zu Schritt vier.

- Schritt 4: *Testversand*

  Mit der Funktion *Einfache Testmail versenden* können Sie Ihren Newsletter noch einmal überprüfen. Dafür geben Sie sinnvollerweise Ihre eigene E-Mail-Adresse in das Textfeld ein und verschicken den Newsletter an sich selbst. Wenn Sie nach Erhalt der E-Mail der Meinung sind, dass der Newsletter versandfertig ist, können Sie ihn mit der folgenden Funktion in Schritt fünf nun zum Versand bereitstellen bzw. versenden. Ansonsten haben Sie hier die Möglichkeit, mithilfe der Schaltfläche *zurück* beliebige Änderungen im Verlauf vorzunehmen. Mit Betätigen der Schaltfläche *weiter* gelangen Sie zu Schritt fünf.

- Schritt 5: *Massenversand*

  In Schritt fünf versenden Sie nun endlich den Newsletter an Ihre Empfängergruppe. Wählen Sie dafür aus dem hier vorhandenen Auswahlmenü eine Empfängerliste aus

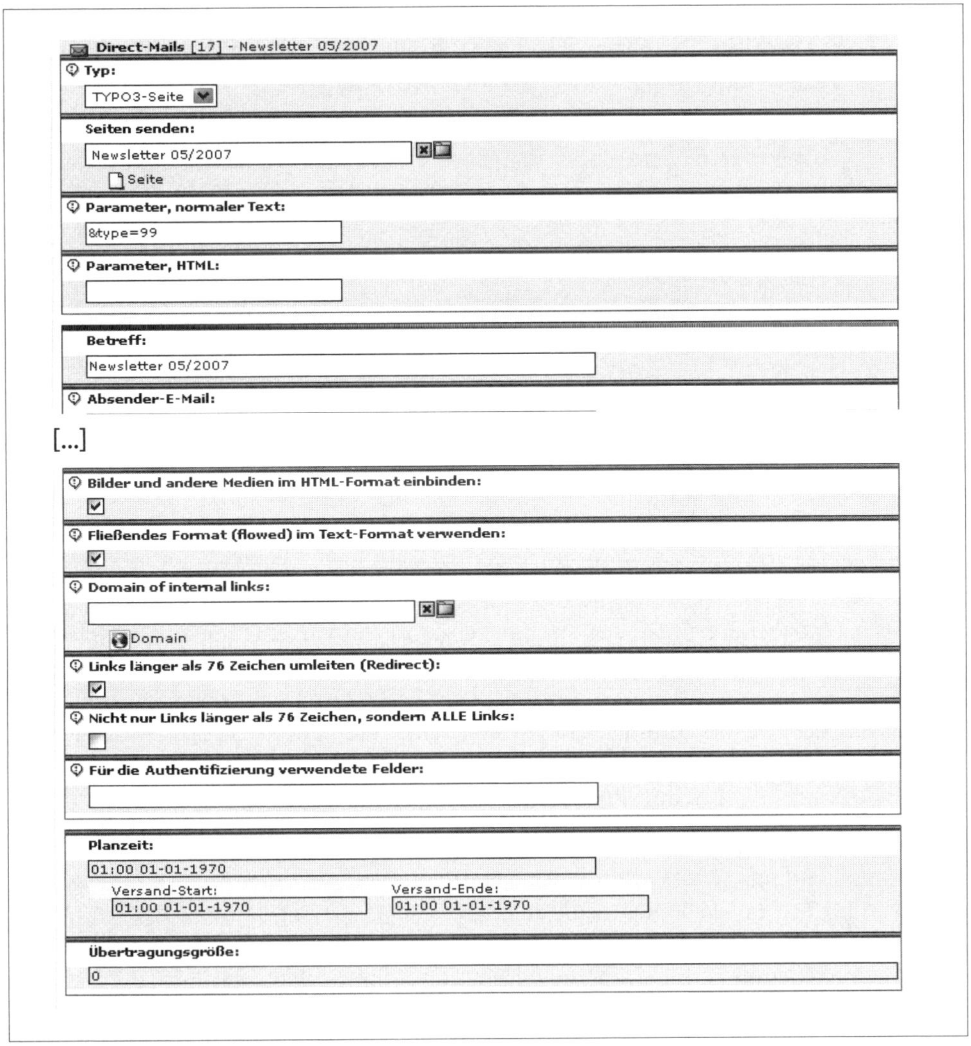

Abbildung 9-16: Die Bearbeitungsmaske des Newsletters-Datensatzes

und bestätigen Sie diesen Vorgang mit *An alle Empfänger der Versandgruppe versenden*. Lesen Sie mehr zum Einrichten von Versandgruppen unter »Das Submodul Empfängerliste: Versandgruppen für den Massenversand« auf Seite 301. Tragen Sie in das Textfeld *Zeitpunkt des Versands* Ihr gewünschtes Datum ein oder wählen Sie aus dem Kalender-Pop-up, das sich hinter der Schaltfläche mit den drei Punkten verbirgt, ein Datum. Wenn Ihr Webserver so konfiguriert ist, dass mithilfe eines Cronjobs – das serverseitige Ausführen wiederkehrender Aufgaben zu einer bestimmten Zeit – der Versand automatisch angestoßen wird, übernimmt von nun an das System den Versand, und für Sie ist der Vorgang damit beendet. Fragen Sie zu diesem

Thema Ihren Administrator. Wird der Versand nicht per Cronjob ausgeführt, müssen Sie ihn selbst anstoßen. Das geschieht im Submodul *Versand-Status* (siehe unten) in der Modulgruppe von *Direct Mail* (Abbildung 9-17).

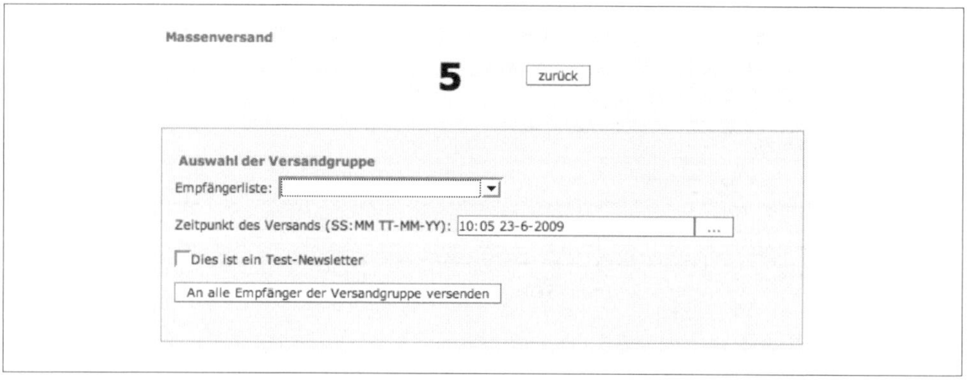

Abbildung 9-17: Der Dialog Massenversand

Einen Newsletter mit der Option Externe Seite versenden

Mit dieser Option können Sie aus einer beliebigen externen Seite einen Newsletter für Ihre Empfängergruppe erstellen. Wenn Sie diese Option verwenden, wird der Inhalt der betreffenden Seite ausgelesen und als Newsletter versendet. Dazu geben Sie einfach die URL in das betreffende Formularfeld ein und füllen die Betreffzeile aus. Anschließend gelangen Sie mit der Schaltfläche *E-Mail erstellen* zu Schritt zwei. Verfahren Sie danach weiter wie üblich bis zu Schritt fünf und schließen Sie dort den Versand ab.

Ob diese Art des Newsletter-Versands sinnvoll ist, können wir nicht beurteilen. Fragwürdig ist sie allerdings schon. Zum einen versenden Sie im Prinzip fremde Inhalte und müssten im Einzelfall sicherlich die Nutzungsrechte an den Texten und Bildern klären, und zum anderen können die Inhalte mit unterschiedlichsten Techniken eingebunden sein – was wiederum zu nicht unerheblichen Darstellungsfehlern im E-Mail-Programm des Empfängers führen kann.

Einen Newsletter mit der Option QuickMail versenden

Mithilfe dieser einfachen Mailfunktion können Sie unkompliziert Textnachrichten an alle Mitglieder einer Versandgruppe schicken. Allerdings wird von dieser E-Mail kein Newsletter-Datensatz erzeugt und archiviert, und alle anderen oben beschriebenen zusätzlichen *Direct Mail*-Funktionen stehen ebenfalls nicht zur Verfügung (Abbildung 9-18).

Füllen Sie alle Felder nach Belieben aus und fahren Sie fort mit den Schritten zwei bis fünf, um die E-Mail zu versenden. Der Vorteil dieses Verfahrens liegt eindeutig in der Zeitersparnis gegenüber dem aufwendig erstellten Newsletter. Nachteilig ist allerdings, dass es, wie erwähnt, kein Archiv von bereits versendeten QuickMails gibt.

Abbildung 9-18: Mit QuickMail einen Newsletter verfassen

Konvertierung von Kategorien
: Mit dieser Funktion können Administratoren Kategorien aus der vorhergehenden *Direct Mail*-Version konvertieren.

Modulkonfiguration
: Mit dieser Funktion kann *Direct Mail* ausführlich konfiguriert werden. Fragen Sie zu den detaillierten Einstellungsmöglichkeiten Ihren Administrator.

Einen Newsletter mit der Option Direct Mail versenden

Wenn Sie einen Newsletter im Format *Interne* oder *Externe Seite* erzeugt haben, wird er an dieser Stelle der Detailansicht des *Direct Mail*-Moduls abgebildet. In Form einer Listenansicht sehen Sie hier alle erzeugten Newsletter mit ihren wichtigsten Merkmalen, also Name, letztes Änderungsdatum, Versandstatus, Größe, Anhang (falls vorhanden) und schließlich Typ. Sobald Sie einen Newsletter erstellen – siehe dazu »Einen Newsletter mit der Option Interne Seite versenden« auf Seite 305 –, wird an dieser Stelle ein Datensatz erzeugt, unabhängig davon, ob der Newsletter versendet wurde oder nicht. An dieser Stelle können Sie bereits versendete Newsletter wählen, um sie erneut zu versenden, oder Newsletter wählen, die noch nicht verschickt wurden, um den Vorgang zu beenden. Um einen Newletter zu löschen, müssen Sie allerdings an anderer Stelle tätig werden. *Direct Mail* generiert aus den von Ihnen angelegten Newslettern Datensätze, die Sie auch in der Modulgruppe *Web* und dort im Modul *Liste* in der Übersicht finden. Wählen Sie dafür zuerst den Ordner, in dem Ihre Newsletter liegen, und anschließend das Submodul *Liste* (Abbildung 9-19). Dort finden Sie auch eine Übersicht der Seiten, die Sie als Newsletter angelegt haben, sowie die Liste der Newsletter-Abonnenten, die Kategorien (falls vorhanden) und die Versandgruppen. In dieser Ansicht stehen Ihnen die üblichen Bearbeitungsfunktionen – inklusive Löschen – des Submoduls *Liste* zur Verfügung. Lesen Sie mehr zu diesem Thema im Abschnitt »Die wichtigsten Symbole und Funktionen« auf Seite 39.

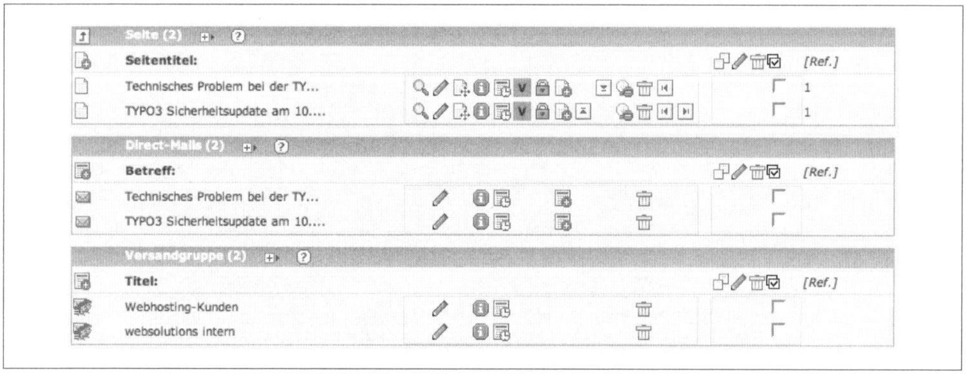

Abbildung 9-19: Ansicht der Datensätze im Ordner des Submoduls Liste

Das Submodul Statistiken: Überprüfen Sie Ihren Erfolg

Die Statistiken eines Newsletters stehen Ihnen nur zur Verfügung, wenn Sie einen Newsletter im Massenversand verschickt haben. Mit diesem Tool können Sie detaillierte Antwortstatistiken analysieren. Erfahren Sie, welche Newsletter gelesen und welche schlichtweg nicht beachtet oder angeklickt wurden. Zustellungsfehler, Fehlermeldungen und zurückgekommene E-Mails werden hier ebenfalls aufgelistet. Wählen Sie dazu einen Newsletter aus der Liste *Wähle einen Newsletter aus*. Klicken Sie dafür auf den Namen, der sich in der Spalte *Betreff* befindet. Anschließend werden alle für diesen Newsletter-Datensatz relevanten Statistiken in der Detailansicht abgebildet.

Diese Funktion kann für die Auswertung einer Newsletter-Aktion eine sehr wichtige Rolle spielen. Sie haben damit die Möglichkeit, den Erfolg oder Misserfolg einer Aktion zu bewerten und in zukünftige Mailingaktionen einfließen zu lassen (Abbildung 9-20).

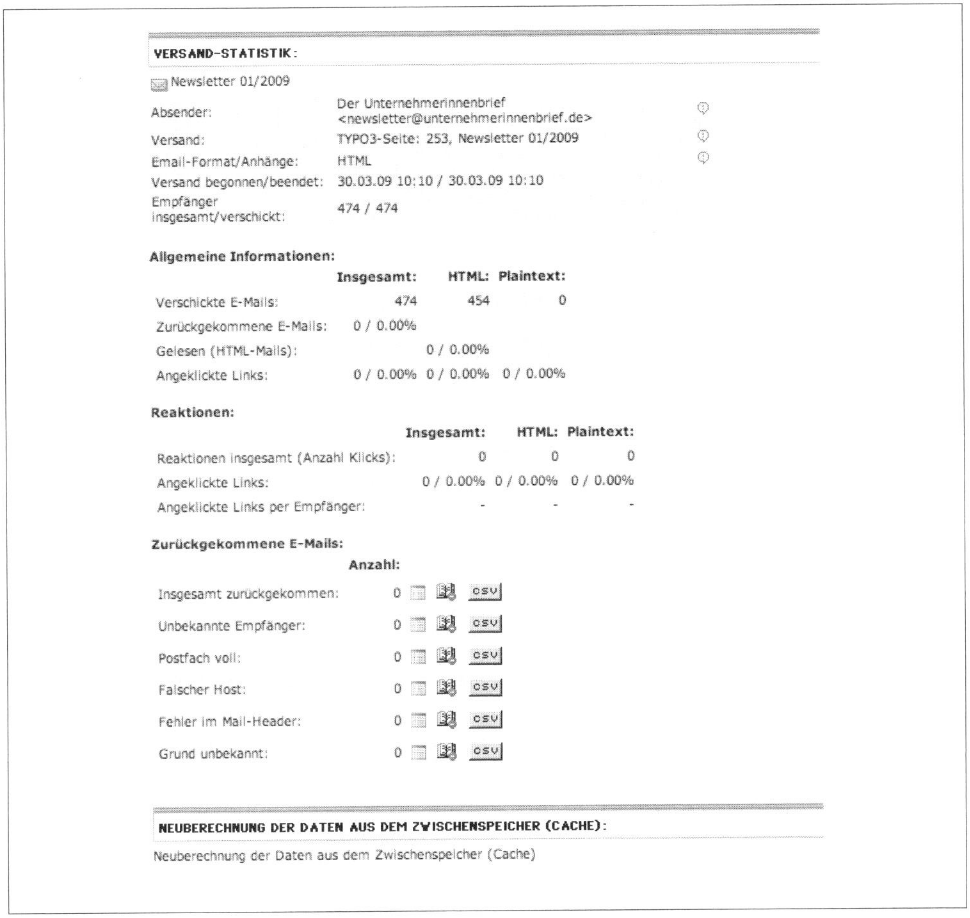

Abbildung 9-20: Newsletter-Statistiken

Das Submodul Versand-Status

Sehen Sie hier den Status aller versendeten und nicht versendeten Newsletter. Die Versandhistorie der vorhandenen Newsletter wird in der Tabelle *Status* abgebildet. Ihr können Sie entnehmen, ob, wann und an wie viele Empfänger ein Datensatz verschickt wurde. Im Abschnitt *Manueller Versandstart* können Sie den Versand eines Newsletters aktiv in die Wege leiten, falls Ihr Server dies nicht per Cronjob für Sie übernimmt (siehe oben). Wenn Sie die Funktion *Versand anstoßen* ausführen, wird ein Protokoll eingeblendet, in dem der Ablauf der Aktion anschließend dokumentiert wird. In diesem Fall ist Ihr Newsletter nun unterwegs zum Empfänger. In der Regel wird der Versand in 50er-Päckchen vollzogen, um den Server bei großen Empfängergruppen nicht zu überlasten. Wiederholen Sie den Vorgang daher so lange, bis die Gesamtmenge an Empfängern in der Spalte *verschickt* angezeigt wird (Abbildung 9-21).

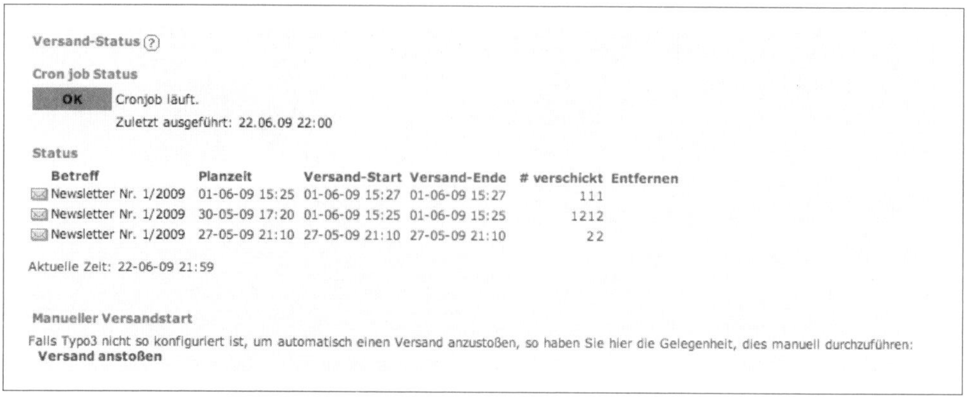

Abbildung 9-21: Der Versandstatus eines Newsletters

Das Submodul Konfiguration

Hier können Sie *Direct Mail* konfigurieren. Dafür stehen Ihnen diverse Einstellungsmöglichkeiten zur Verfügung, für die es allerdings fundierter Fachkenntnisse bedarf. Überlassen Sie die Einstellungen in diesem Bereich Ihrem Administrator.

Newsletter-Inhalte kategorisieren und Inhalte gezielt versenden

Mit der Kategorisierung der Inhaltselemente lassen Sie den Abonnenten nur die Inhalte zukommen, die sie auch abonniert haben. Melden sich Benutzer an Ihrem Newsletter-Versand an, können sie im Frontend wählen, welche Kategorien sie in der Folge beziehen möchten (Abbildung 9-22).

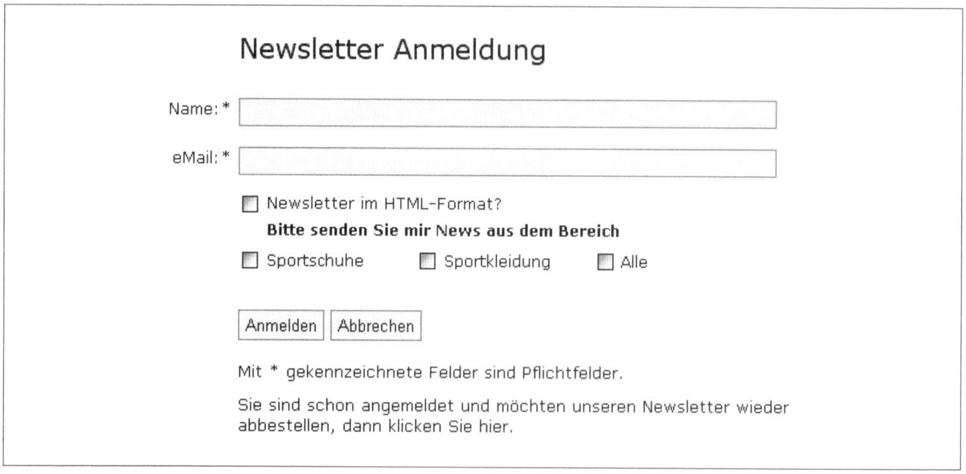

Abbildung 9-22: Die Auswahl der Kategorien bei der Anmeldung

Die für diese Auswahl benötigten *Direct Mail*-Kategorien erzeugen Sie als Datensätze in der Detailansicht des Ordners Ihres Newsletter-Systems. Wählen Sie dafür das Submodul *Liste* in der Modulgruppe *Web* und anschließend Ihren Newsletter-Ordner. Mit der Funktion *Neuen Datensatz anlegen* wählen Sie anschließend den Inhaltstyp *Direct-Mail-Kategorie* (Abbildung 9-23).

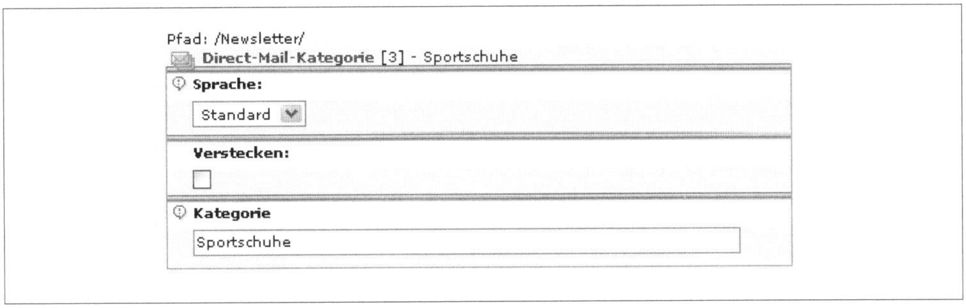

Abbildung 9-23: Die Einstellungen des Datensatzes Direct-Mail-Kategorie

Vergeben Sie in der Editiermaske Namen für Ihre Kategorien, beispielsweise »*Sportschuhe*« oder »*Sportkleidung*«. Wenn Sie die Kategorien erzeugt haben, können diese mit der Newsletter-Funktion des *Direct Mail*-Moduls einzelnen Inhaltselementen zugeordnet werden. Wechseln Sie dafür in das Submodul *Direct Mail* und wählen Sie Ihre aktuelle Newsletter-Seite an. Gehen Sie dort weiter bis zu Schritt drei. Hier können Sie Seiteninhalte anhand von Kategorien ausschließen. Wenn Sie Ihren Newsletter nun versenden, werden alle Abonnenten beispielsweise der Kategorie »*Sportschuhe*« auch nur mit den News der entsprechenden Kategorie bedacht. Ordnen Sie den Elementen keine Kategorien zu, werden alle Inhalte an alle Abonnenten versandt. Wenn Sie Kategorien zugeordnet haben, bestätigen Sie diese Einstellungen anschließend mit der Funktion *Kategorie-Einstellungen ändern*.

Welche Kategorien die einzelnen Website-Benutzer abonniert haben, können Sie auch dem Adressdatensatz Ihrer Abonnenten im Submodul *Liste* entnehmen (Abbildung 9-24).

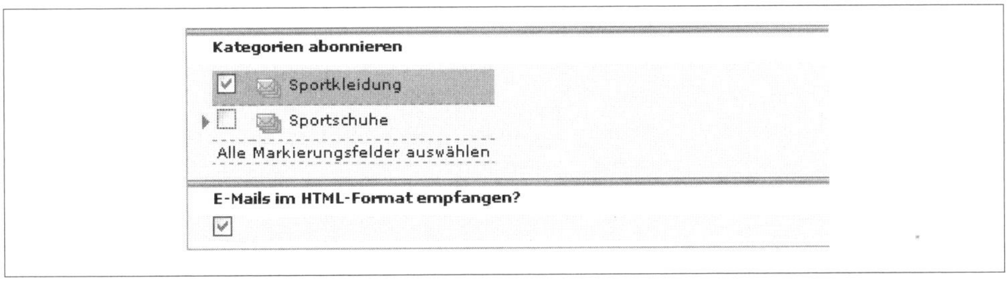

Abbildung 9-24: Die gewählten Kategorien eines Website-Benutzers

Best Practices: Einen Newsletter erzeugen und versenden

Vorausgesetzt, alle Module sind vom Administrator installiert und Sie haben die benötigte Ordnerstruktur angelegt, können Sie mithilfe der folgenden Step-by-Step-Anleitung einen Newsletter erzeugen und versenden.

1. Erzeugen Sie eine neue Seite im Ordner *Newsletter*.
2. Gestalten Sie die Seite und erstellen Sie so den Inhalt des Newsletters.

   Wenn Sie Ihren Newsletter personalisieren möchten, fügen Sie dem Textelement, in dem Sie die Abonnenten begrüßen, den Platzhalter `Sehr geehrte(r) ###USER_name###` hinzu. Der Platzhalter wird beim Versand des Newsletters durch den jeweiligen Empfängernamen der E-Mail ersetzt.
3. Wählen Sie das Submodul *Direct Mail* an.

   In Schritt eins – unter der Option *Interne Seite* – wählen Sie aus der Liste der vorhandenen Seiten Ihre neue Seite aus. Mit der Funktion *weiter* gelangen Sie zu Schritt zwei.
4. In Schritt zwei überprüfen und ändern Sie gegebenenfalls alle Bedingungen des Newsletters, die nichts mit dem eigentlichen Inhalt zu tun haben, also Absender-E-Mail, Format (HTML oder Text) und einiges mehr. Mit *weiter* gelangen Sie zu Schritt drei.
5. In Schritt drei können Sie alle Inhaltselemente auf der Newsletter-Seite unterschiedlichen Kategorien zuordnen. Lesen Sie mehr zur Bedeutung von Kategorien unter »Newsletter-Inhalte kategorisieren und Inhalte gezielt versenden« auf Seite 312. Mit *weiter* gelangen Sie zu Schritt vier.
6. Versenden Sie hier eine Testmail mit der Funktion *Einfache Testmail versenden*, wenn Sie Ihren Newsletter vorher testen möchten. Überprüfen Sie die E-Mail, die Sie anschließend erhalten, und fahren Sie fort mit Schritt fünf. Falls der Newsletter nicht Ihren Vorstellungen entspricht, haben Sie jetzt noch die Gelegenheit, mit der *zurück*-Funktion Änderungen vorzunehmen.
7. Wählen Sie in Schritt fünf die Empfängergruppe aus dem Auswahlmenü. Mit Bestätigen der Funktion *An alle Empfänger der Versandgruppe versenden* wird der Newsletter verschickt.
8. Wenn auf Ihrem Server ein Cronjob eingerichtet wurde, wird der Newsletter-Versand damit automatisch ausgeführt. Ansonsten müssen Sie den Versand mit der Funktion *Versand anstoßen* im Submodul *Versand-Status* selbst ausführen. Im Zweifelsfall fragen Sie hierzu Ihren Administrator.
9. Der Versand sollte nun erfolgt sein. Wählen Sie bei Bedarf – und nach einer angemessenen Wartezeit – aus dem Submodul *Statistiken* die Option *Newsletter Statistiken*, um den Erfolg Ihrer Aktion zu überprüfen.

Inhalte auf Fehler überprüfen: Die Firefox Web Developer Toolbar

Autos müssen in Deutschland für den Straßenverkehr zugelassen werden. Das bedeutet, dass sie bestimmten technischen Normen sowie Qualitäts- und Sicherheitsrichtlinien entsprechen müssen. Bei Websites gibt es zwar keine staatliche TÜV-Pflicht, dennoch sollten auch Internetauftritte bestimmte Kriterien erfüllen. Sauberes HTML erleichtert Browsern, Screenreadern und Suchmaschinen den Umgang mit Ihrer Website. Im Abschnitt »Webstandards für ein besseres Web« auf Seite 7 wurde bereits eingehend erläutert, welche Vorteile es hat, wenn Ihre Website Webstandards einhält.

Doch auch wenn Webdesigner und Administratoren schon bei der Erstellung der Website darauf geachtet haben, diese Kriterien zu erfüllen, kann es leider immer noch passieren, dass Ihnen ein Fehler bei der Pflege von Inhalten unterläuft und die Website oder, genauer gesagt, die von *Ihnen* gepflegte Webseite nicht mehr validiert. Wie kann es dazu kommen? Vielleicht wollte der RTE bei der Erstellung einer Punktliste mal nicht so, wie Sie es wollten, und da haben Sie schnell in der HTML-Ansicht einige notwendige Änderungen vorgenommen. Aber dabei ist Ihnen vielleicht ein Fehler unterlaufen, den Sie eventuell auch gar nicht bemerkt haben, da die meisten Browser äußerst gnädig sind, viele Fehler übergehen und Websites trotzdem ordnungsgemäß anzeigen. Aber valide ist sie dann dennoch nicht mehr. Dieser Abschnitt handelt davon, wie Sie die von Ihnen erstellten Inhalte überprüfen können. Dabei geht es nicht unbedingt darum, dass Sie eventuell entdeckte Fehler auch selbst wieder beheben müssen. Das wäre sicherlich häufig zu viel verlangt, denn schließlich ist es nicht einfach, da einiges an Fachwissen dazugehört, die Fehler – auch wenn Sie Ihnen von einem Überprüfungstools angezeigt werden – zu verstehen, zu werten und daraus die richtigen Schlüsse und Lösungsansätze zu ziehen. Aber immerhin können Sie, wenn Sie erst einmal wissen, dass etwas nicht in Ordnung ist, Ihren Administrator bitten, ein entstandenes Problem für Sie zu beheben. Am besten fragen Sie ihn dann einfach mal, wie genau der Fehler entstanden ist und wie er behoben wurde – daraus können Sie nur lernen. Zur Überprüfung stehen Ihnen folgende Möglichkeiten zur Verfügung: Lassen Sie Ihre Website von einem externen Dienst validieren und/oder verwenden Sie die Firefox Web Developer Toolbar, mit der Sie Ihre Website nach diversen Aspekten untersuchen können.

Die externe Validierung

Ob Ihre Seite validiert, können Sie mit einem Prüfprogramm, einem sogenannten Validator, der die HTML-Syntax überprüft, feststellen. HTML ist eine Seitenbeschreibungssprache, und wie bei jeder Sprache hat auch diese ihre eigenen Regeln, ihre eigene Grammatik, und jedes mit ihr geschriebene Dokument sollte diesen Regeln folgen. Aber wie andere Texte manchmal Fehler aufweisen, so können auch HTML-Dokumente Fehler enthalten. Die Überprüfung eines Dokuments auf korrekte Grammatik wird Validierung genannt, das dafür geeignete Werkzeug ist ein Validator. Ein zweckmäßiger Online-Validator ist die Software des World Wide Web Consortium (W3C), der *W3C Markup Validation Service*. Was müssen Sie tun, um eine Webseite damit zu überprüfen?

Gehen Sie zunächst auf die Website *http://validator.w3.org* und geben Sie in das Eingabefeld *Validate by URL* die URL der Website an, die Sie überprüfen möchten. Wenn Sie sich nicht sicher sind, wie die URL der Seite lautet, rufen Sie diese einfach über die bekannte Vorschaufunktion im TYPO3-Backend auf, kopieren die im Browser angezeigte URL und setzen sie dann im W3C Validator ein. Ein Mausklick auf *Check* stößt den Validierungsprozess an. Das kann einige Zeit dauern. Wenn alles in Ordnung ist, wird Ihnen der Validator eine positive Meldung ausgeben, falls nicht, den oder die Fehler auflisten (Abbildung 9-25).

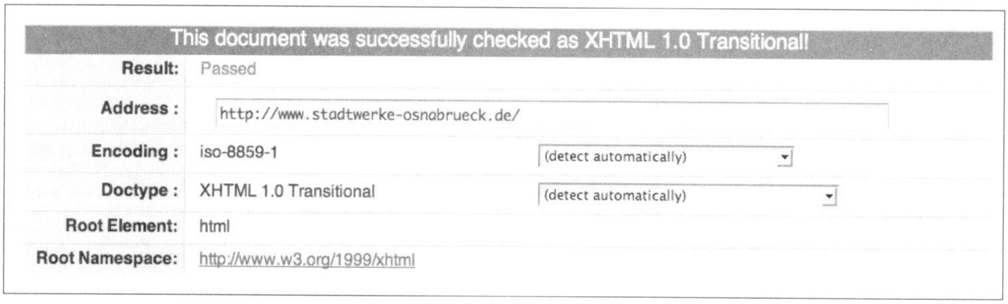

Abbildung 9-25: Das Ergebnis einer Überprüfung des W3C Validator

Die Firefox Web Developer Toolbar

Es steht Ihnen noch ein weiterer Weg zur Überprüfung Ihrer Website zur Verfügung. Diese Möglichkeit ist, genau wie die oben beschriebene Erweiterung, nur außerhalb von TYPO3 nutzbar, allerdings bietet sie deutlich mehr Möglichkeiten. Es handelt sich dabei um die *Firefox Web Developer Toolbar* von Chris Pederick, die nur mit dem Browser Firefox zu verwenden ist und hierfür auch extra installiert werden muss. Aber das lohnt sich, ist unkompliziert und mit wenigen Schritten durchführbar:

- Suchen Sie mit Ihrem Firefox-Browser auf der Website *https://addons.mozilla.org/de/firefox* nach »web developer«.
- Klicken Sie in der erscheinenden Suchergebnisliste auf *Web Developer,* damit die Seite aufgerufen wird, von der aus die Erweiterung installiert werden kann.
- Klicken Sie auf den Button *zu Firefox hinzufügen.*
- Es wird automatisch ein Firefox-Fenster aufgerufen. Klicken Sie darin auf den Button *Jetzt installieren* – ein weiteres Fenster wird geöffnet und die Installation in Gang gesetzt. Klicken Sie dort auf den Button *Firefox neu starten*, sobald die Installation beendet ist. Ist Firefox neu gestartet worden, sollten Sie nun die Firefox Web Developer Toolbar sehen (Abbildung 9-26).

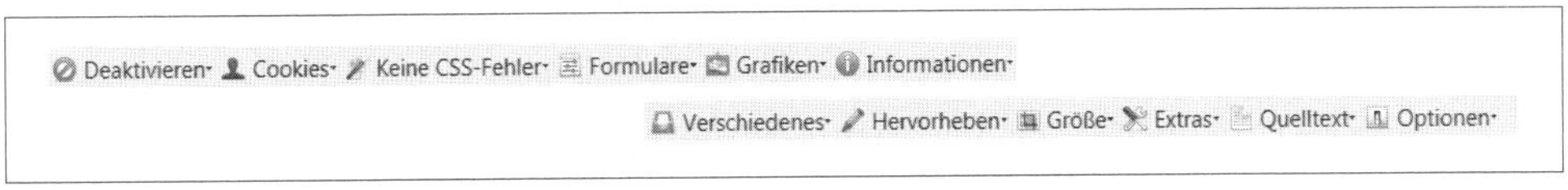

Abbildung 9-26: Die Firefox Web Developer Toolbar

Über *Ansicht → Symbolleisten → Web-Developer-Symbolleiste* können Sie die Symbolleiste an- und abschalten. Sicherlich ist nicht jede der zahlreichen Funktionen und Optionen für Ihre Arbeit wichtig. Viele heben direkt auf die Arbeit eines Webentwicklers ab. Trotzdem sind einige der gebotenen Möglichkeiten auch für Sie äußerst sinnvoll, um Ihre Website unter verschiedenen Gesichtspunkten zu überprüfen. Es werden daher auch nur die Optionen und Funktionen erwähnt, die Ihnen als Redakteur wirklich nützlich sein können. Folgende Menüpunkte stehen Ihnen zur Verfügung:

Deaktivieren
: Hier können verschiedene Webtechniken ausgeschaltet werden, unter anderem auch JavaScript. Sollte Ihre Website JavaScript benutzen, können Sie mit dieser Option überprüfen, wie sich die Website ohne JavaScript verhält und ob die wichtigen Informationen Ihres Internetauftritts erreichbar sind.

Cookies
: Viele Websites benutzen Cookies. Das gilt auch für das TYPO3-Backend, das ja im Endeffekt nichts anderes als eine Website ist. Ohne Cookies können Sie sich z.B. nicht ins TYPO3-Backend einloggen. Unter dem Menüpunkt *Cookies* verstecken sich verschiedenen Optionen, um z.B. Cookies abzuschalten oder zu löschen.

CSS
: Im Bereich *CSS* können Sie das CSS der Website steuern. Interessant für Redakteure ist hier die Punktfolge *Styles deaktivieren → Alle Styles*. Damit schalten Sie das CSS komplett ab. So können Sie überprüfen, ob Ihre Inhalte auch ohne CSS ordentlich angezeigt werden. Denn so oder zumindest so ähnlich werden Ihre Inhalte auch von Screenreadern vorgelesen. Was CSS ist, erfahren Sie im Abschnitt »Die Sprache von TYPO3« auf Seite 8.

Formulare
: Die Optionen unter *Formulare* helfen Webentwicklern dabei, Formulare zu überprüfen. Für Sie als Redakteur kann hier eventuell der Punkt *Formularinformationen anzeigen* interessant sein, der Ihnen in einer Tabelle auf einen Blick alle wichtigen Daten und Informationen des Formulars anzeigt.

Grafiken
: Hier verbergen sich einige interessante Optionen – gerade auch für Redakteure. Mit den Einstellungen nehmen Sie Einfluss auf die Anzeige der Bilder Ihrer Website. Sie können Bilder komplett mit dem Menüpunkt *Grafiken deaktivieren → Alle Grafiken* abschalten, um zu testen, wie Ihre Seite in einem Browser bei abgeschalteten Bildern aussieht. Sie können damit ebenfalls überprüfen, ob alle Alternativtexte angegeben wurden. Diese können Sie sich auch mit der Option *ALT-Attribute der Grafiken ein-*

blenden anzeigen lassen. Informationen zum `alt`-Attribut bekommen Sie im Abschnitt »Typ Bild« auf Seite 186. Einige weitere Möglichkeiten: Lassen Sie sich die Bildgröße in Pixeln anzeigen (*Abmessungen der Grafiken einblenden*) sowie die Dateigröße der Bilder (*Dateigröße der Grafiken einblenden*), und Sie können sich über eine Pfadangabe anzeigen lassen, wo auf dem Webserver die Bilder abgelegt wurden (*Pfade der Grafiken einblenden*).

Informationen
Im Bereich *Informationen* können Sie alle relevanten Informationen über Ihre Website aufrufen. Sehr interessant für Redakteure sind folgende Punkte: *TITLE-Attribute einblenden* zeigt Ihnen alle auf der Seite vergebenen `Title`-Attribute (erläuternde Tooltipps), mit *Dokumentengröße anzeigen* rufen Sie die Größe der Website in KByte ab und können damit überprüfen, ob Sie vielleicht doch zu viele Bilder auf die Seite gesetzt haben, *Dokumentengliederung anzeigen* zeigt sehr übersichtlich, welche Überschriften vergeben wurden, und zeigt gegebenenfalls auch vorhandene Lücken in der Hierarchie auf, *Link-Informationen anzeigen* zeigt alle Links auf einen Blick, und *META-Informationen anzeigen* listet die für die Seite vergebenen Metatags auf.

Verschiedenes
Eine ausgezeichnete Funktion ist hier *Hilfslinien einblenden*. Sie schaltet eine horizontale und eine vertikale Linie hinzu, die frei von Ihnen auf Ihrer Website verschoben werden können. Damit ist es möglich, die Position von Elementen wie Texten und Bildern zu überprüfen, z. B. darauf, ob die Elemente auf einer Linie sind. Wenn Sie eine der Linien mit der Maus anfassen und bewegen, erscheint ein Fenster mit der aktuellen Positionsangabe in Pixeln.

Unter die Lupe nehmen können Sie Ihre Website mit *Lupe einblenden*. Mit der Aktivierung dieser Option rufen Sie nämlich tatsächlich eine rechteckige Lupe auf, die Sie frei über Ihre Website schieben können.

Mit *Maßwerkzeug einblenden* können Sie mit der Maus einen rechteckigen mit einem Raster gefüllten Rahmen über der Website aufziehen. Auch diese Funktion ist geeignet, um die Position von Elementen zu überprüfen. Einen Eindruck davon, wie die Website auf einem kleinen Bildschirm, z. B. einem Handheld oder Mobiltelefon, ausschaut, können Sie mit *Für kleine Bildschirme darstellen* erhalten.

Hervorheben
Hiermit können Sie verschiedene Elemente der Website mit Rahmen versehen und damit ihre Vorkommnisse auf der Website besser sichtbar machen. Unter anderem können Sie damit Überschriften (*Überschriften hervorheben*), verschiedene Linkarten und Tabellen umrahmen.

Größe
Um zu überprüfen, wie die Website in verschiedenen Bildschirmauflösungen aussieht, können Sie hier unterschiedliche Auflösungen wählen. Standardmäßig ist die Auflösung 800 × 600 Pixel bereits eingetragen. Weitere wie z. B. 1.024 × 768 können über die Option *Fenstergröße bearbeiten* hinzugefügt werden.

Extras
Unter diesem Menüpunkt verbergen sich einige Funktionen zur Validierung Ihrer Seite. Mit der Funktion *HTML validieren* zum Beispiel rufen Sie den bereits beschriebenen W3C Validator auf und übergeben automatisch die URL der zu überprüfenden Seite.

Quelltext
Mit *Quelltext* können Sie den HTML-Quellcode der Seite aufrufen.

Optionen
Hier stehen Ihnen einige Einstellungsmöglichkeiten für die Developer-Extension zur Verfügung. Unter anderem können Sie alle bereits aktivierten Optionen und Funktionen auf einen Schlag wieder deaktivieren, indem Sie die Funktion *Seite zurücksetzen* aufrufen.

Tabelle 9-1: Wichtige Checks im Überblick

Check	Überprüfen auf:	Funktion Web Developer Toolbar
Überschriften	Sind alle Überschriften semantisch korrekt ausgezeichnet? Ist die Hierarchie eingehalten worden?	*Hervorheben → Überschriften hervorheben*
Bilder	Ist das alt-Attribut überall sinnvoll vergeben worden? Ist – falls erforderlich – das TITLE-Attribut vergeben worden?	*Grafiken → ALT-Attribute der Grafiken einblenden* *Informationen → Title-Attribute einblenden*
Links	Sind die Links funktionstüchtig? Ist – falls erforderlich – das TITLE-Attribut vergeben worden?	*Extras → Links validieren → Informationen → Title-Attribute einblenden*
Dateigröße	Ist die Ladezeit der Seite akzeptabel (maximale Dateigröße zwischen 40 und 80 KByte)?	*Information → Dokumentgröße anzeigen*
CSS	Werden alle Informationen auch ohne CSS dargestellt?	*CSS → Styles deaktivieren → Alle Styles*
Bildschirmauflösung	Wird die Seite in den gängigen Bildschirmauflösungen korrekt angezeigt?	*Größe → 800 × 600* *Größe → 1024 × 768* *Größe → Fenstergröße bearbeiten*

Visits, Hits und Pages: mit AWStats Webstatistiken auswerten

Wenn Sie Ihre Webpräsenz über einen längeren Zeitraum betrieben haben, kommt Ihnen vielleicht der Gedanke, Besucherstatistiken auszuwerten. Mit verschiedenen Extensions können Sie detaillierte Benutzer- und andere Statistiken einsehen und analysieren. Sie haben die Möglichkeit, die Anzahl der Besucher und deren Surfverhalten unter die Lupe zu nehmen und mit Ihren Website-Inhalten gegebenenfalls darauf zu reagieren. Wenn Sie die Statistiken interpretieren, können Sie anhand der Ergebnisse den Aufbau und die Struktur Ihrer Website optimieren. Sie können auch Grundlage für Benutzerfreundlichkeitsanalysen sein und den Erfolg oder Misserfolg einer Marketingaktion beurteilen helfen.

Folgende Begrifflichkeiten werden in Statistiken häufig verwendet:

Unterschiedliche Besucher/Visits
: Mit Visits sind die eindeutigen Besucher gemeint, die Ihre Website ansurfen. Es handelt sich um physikalisch unterschiedliche Personen, die anhand der Rechner-IP identifiziert werden. Für die Auswertung ist dieser Wert sehr wichtig (siehe unten).

Zugriffe/Hits
: Die Gesamtheit der heruntergeladenen oder angezeigten Dateien, Grafiken und Seiten wird als Zugriffe bezeichnet. Je nachdem, wie viele Dateien für die Darstellung einer Webseite benötigt werden, kann die Zugriffszahl stark unterschiedlich ausfallen und ist somit auch nur wenig repräsentativ.

Seiten/Pages
: Dieser Wert ermittelt die tatsächlich besuchten HTML-Seiten. Hier können Sie sehen, wie viele Seiten Ihre Besucher insgesamt und auch im Durchschnitt angesurft haben.

Die weitverbreitete Extension, mit der Sie die Statistiken analysieren können, heißt *AWStats* (Advanced Web Statistics) und befindet sich nach der Installation im Modul *Adminwerkzeuge*, das aber nur Administratoren zur Verfügung steht. Da die Auswertung von Statistiken unseres Erachtens aber auch für Redakteure interessant ist, empfehlen wir die zusätzliche Einbindung der Erweiterung *ICS Web AWStats*. Hierdurch wird es auch für Redakteure möglich, Statistiken einzusehen. Wenn Ihr Administrator die Extension installiert hat, wählen Sie in der Modulgruppe *Web* das Modul *Statistik*. In der Detailansicht werden Sie anschließend dazu aufgefordert, die Logdatei *logfile.log* anzuwählen, mit deren Hilfe die Statistiken ausgewertet und grafisch aufbereitet werden: . Logfiles werden vom Webserver, auf dem Ihre Internetpräsenz liegt, automatisch erstellt und gesichert. Hierbei werden alle Website-Benutzeraktivitäten protokolliert und aufgezeichnet. *AWStats* macht im Übrigen nichts anderes, als diese Textdatei zu interpretieren und zu visualisieren.

Wenn Sie die Logdatei ausgewählt haben, wird die grafische Auswertung abgebildet (Abbildung 9-27).

Im oberen Bereich der Seite sehen Sie das Datum, an dem das Logfile zuletzt analysiert wurde. Wenn Sie eine aktuelle Analyse benötigen, klicken Sie auf die Schaltfläche *Jetzt aktualisieren*. Sie können über die Auswahlfelder *Zeitraum* auch einen bestimmten Monat oder ein Jahr wählen, wenn Sie z.B. nur einen zeitlich begrenzten Bereich analysieren möchten.

Im nachfolgenden Bereich – unter *Wann, Wer, Navigation, Verweise, Sonstige* – sehen Sie eine Liste mit Sprungmarken, die auf einzelne Bereiche weiter unten auf der Seite verweisen. Folgende Abschnitte werden detailliert aufgeführt:

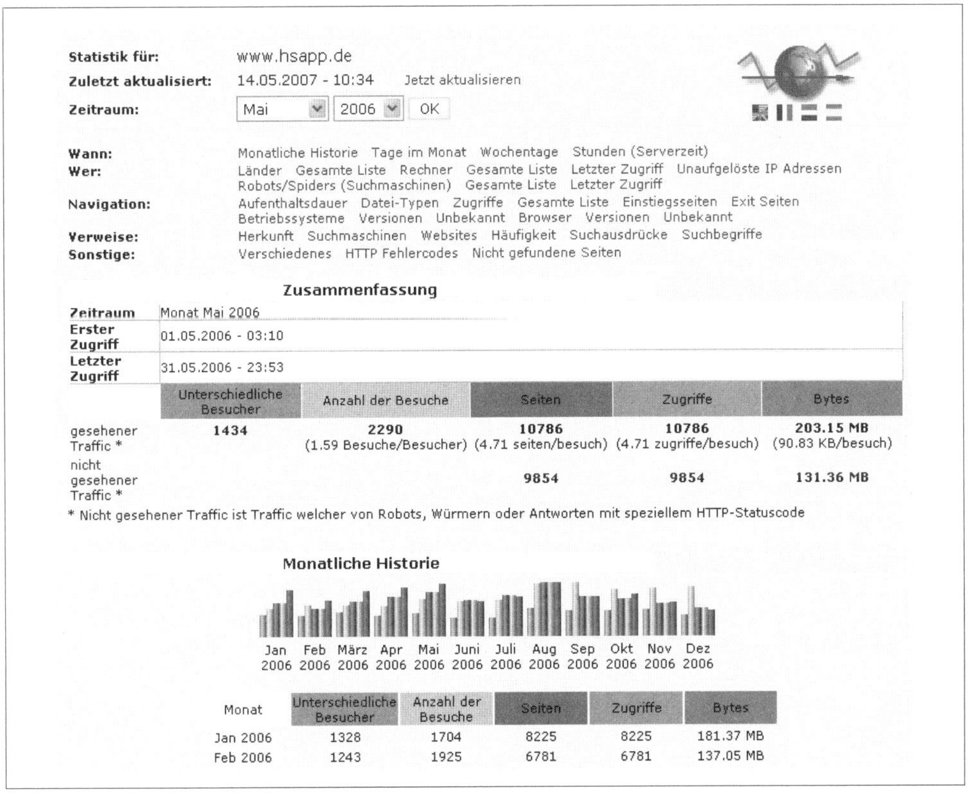

Abbildung 9-27: Die Detailansicht der Statistiken

Zusammenfassung

Hier sehen Sie eine grobe Zusammenfassung der wichtigsten Parameter (Abbildung 9-28). Abgebildet wird der anfangs gewählte Zeitraum. Die Zahlen in Klammern geben die Tagesdurchschnittswerte an.

Unterschiedliche Besucher: Hier handelt es sich um die Anzahl der unterschiedlichen Besucher der Website, wobei das System die IP-Adressen differenziert, die jedem PC zugeordnet sind.

Anzahl der Besuche: Unter dieser Rubrik befinden sich alle Besucher einer Website, egal ob sie ein oder mehrere Male »zu Besuch« waren. Jeder einzelne Besuch, unabhängig von der Anzahl der besuchten Seiten, wird dabei einmal gezählt. Da manche Besucher mehrmals auf Ihre Seite surfen, ist diese Zahl folglich höher als die der unterschiedlichen Besucher. Diese Statistik ist eine sehr wichtige Quelle für die Website-Analyse, da aus ihr die reelle Besucherzahl hervorgeht.

Seiten: Hier werden die unterschiedlichen Seiten aufgelistet, die in diesem Zeitraum von allen Besuchern angesurft wurden. Wenn Surfer also nach der Startseite noch drei weitere Seiten aufrufen, addiert sich der Besuch auf insgesamt vier Seiten.

Zugriffe: Diese Auswertung addiert alle Anfragen an Ihre Domain. Es werden nicht nur alle Anfragen der Besucher gezählt, sondern auch alle im Browser des Surfers gerenderten HTML-Dateien, CSS-Dateien, Bilder, Skripten usw. Es handelt sich also um die Gesamtsumme der Aufrufe aller Dateien einer Website.

Bytes: Diese Statistik addiert die Dateimengen aller insgesamt aufgerufenen Dateien. Dabei werden alle Daten addiert, die in diesem Zeitraum abgerufen wurden. Die Summe ergibt sich aus allen HTML-Dateien, Bildern, CSS-Dateien und diversen anderen Dateien. Dieser Wert kann dann interessant sein, wenn Sie eine Traffic-Begrenzung haben und ab einer vordefinierten Traffic-Grenze mehr Geld an Ihren Provider bezahlen müssen.

Zusammenfassung

Zeitraum	Monat Apr 2007
Erster Zugriff	01.04.2007 - 00:01
Letzter Zugriff	26.04.2007 - 16:20

	Unterschiedliche Besucher	Anzahl der Besuche	Seiten	Zugriffe	Bytes
gesehener Traffic *	**1166**	**2511** (2.15 Besuche/Besucher)	**5670** (2.25 seiten/besuch)	**5670** (2.25 zugriffe/besuch)	**81.25 MB** (33.13 KB/besuch)
nicht gesehener Traffic *			**8632**	**8632**	**114.12 MB**

* Nicht gesehener Traffic ist Traffic welcher von Robots, Würmern oder Antworten mit speziellem HTTP-Statuscode

Abbildung 9-28: Die Zusammenfassung

Monatliche Historie

In diesem Abschnitt werden die oben erläuterten Parameter zum einen in einem Balkendiagramm abgebildet und zum anderen in einer Tabellenansicht, aufgegliedert nach Monaten. Mit diesem Tool können Sie den Traffic der einzelnen Monate miteinander vergleichen (Abbildung 9-29).

Monatliche Historie

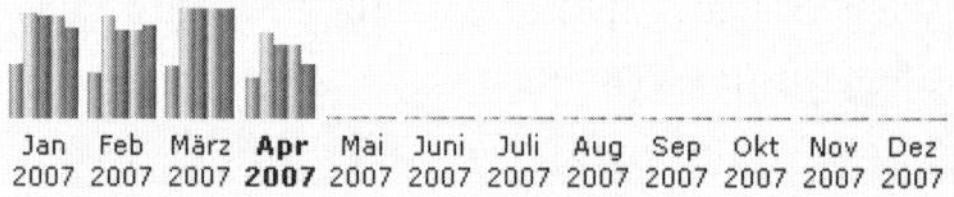

Monat	Unterschiedliche Besucher	Anzahl der Besuche	Seiten	Zugriffe	Bytes
Jan 2007	1608	3086	8054	8054	134.89 MB
Feb 2007	1329	3044	6871	6871	138.26 MB
März 2007	1517	3210	8500	8500	162.67 MB
Apr 2007	1166	2511	5670	5670	81.25 MB
Mai 2007	0	0	0	0	0
Juni 2007	0	0	0	0	0
Juli 2007	0	0	0	0	0
Aug 2007	0	0	0	0	0
Sep 2007	0	0	0	0	0
Okt 2007	0	0	0	0	0
Nov 2007	0	0	0	0	0
Dez 2007	0	0	0	0	0
Total	5620	11851	29095	29095	517.07 MB

Abbildung 9-29: Monatliche Historie

Tage im Monat

Wie unter *Monatliche Historie* werden die verschiedenen Statistiken als Balkendiagramm und als Tabelle aufgeführt. Mit diesem Tool können Sie den Traffic einzelner Tage pro Monat vergleichen, wobei die grau unterlegten Tage die Samstage und Sonntage darstellen (Abbildung 9-30). Um einen anderen Monat anzuzeigen, wählen Sie im oberen Kopfbereich der Seite mit der Funktion im Auswahlfeld *Zeitraum* einen anderen Monat. In diesem Bereich können Sie den Erfolg einer Marketingmaßnahme gut überprüfen, da die Tagesdurchschnittswerte besonders aussagekräftig sind.

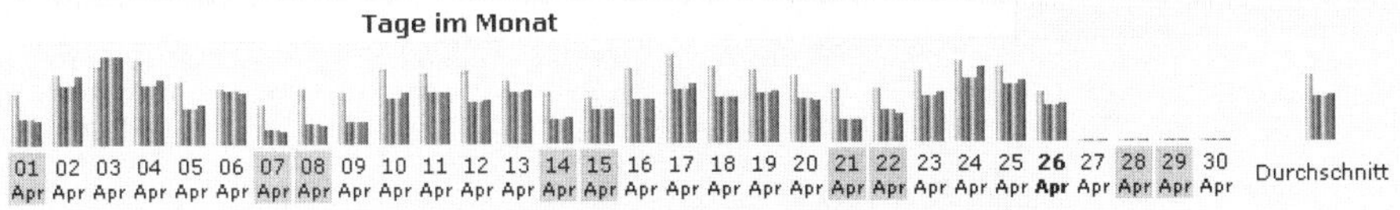

Tag	Anzahl der Besuche	Seiten	Zugriffe	Bytes
01.04.2007	77	130	130	1.73 MB
02.04.2007	104	295	295	4.76 MB
03.04.2007	117	442	442	6.10 MB
04.04.2007	127	302	302	4.58 MB
05.04.2007	93	183	183	2.79 MB
06.04.2007	81	273	273	3.54 MB
07.04.2007	60	69	69	837.96 KB
08.04.2007	81	106	106	1.32 MB
09.04.2007	77	112	112	1.51 MB

Abbildung 9-30: Historie der Tage im Monat

Wochentage

Vergleichen Sie mit dieser Statistik die durchschnittliche Surfdauer, verteilt auf die Wochentage von Montag bis Sonntag (Abbildung 9-31). Diese Grafik kann eventuell hilfreich sein, die zeitliche Platzierung einer Marketingmaßnahme zu planen.

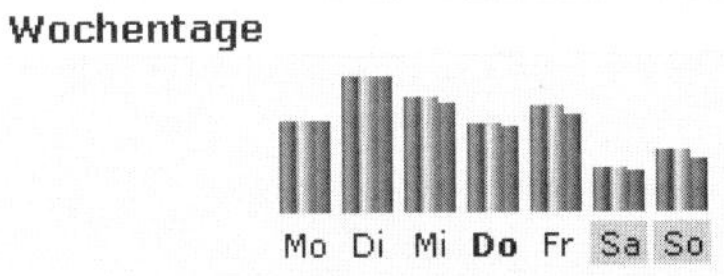

Tag	Seiten	Zugriffe	Bytes
Mo	215.75	215.75	3.20 MB
Di	317	317	4.74 MB
Mi	269.25	269.25	3.89 MB
Do	206.25	206.25	3.05 MB
Fr	251	251	3.40 MB
Sa	103.67	103.67	1.39 MB
So	143.25	143.25	1.84 MB

Abbildung 9-31: Durchschnittliche Surfdauer, verteilt auf die Wochentage

Stunden (Serverzeit)

In dieser Übersicht können Sie das durchschnittliche Surfverhalten der Benutzer – verteilt auf die 24 Stunden eines Tages – ablesen (Abbildung 9-32).

Stunden (Serverzeit)

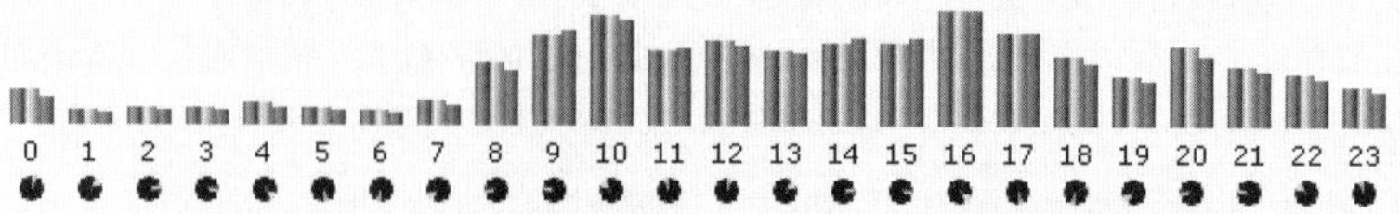

Stunden (Serverzeit)	Seiten	Zugriffe	Bytes	Stunden (Serverzeit)	Seiten	Zugriffe	Bytes
00	137	137	1.73 MB	12	348	348	5.03 MB
01	59	59	719.99 KB	13	311	311	4.47 MB
02	72	72	858.09 KB	14	344	344	5.44 MB
03	69	69	827.93 KB	15	336	336	5.43 MB
04	88	88	1.06 MB	16	470	470	7.08 MB
05	70	70	865.48 KB	17	381	381	5.72 MB
06	56	56	657.56 KB	18	283	283	3.92 MB
07	101	101	1.24 MB	19	208	208	2.83 MB
08	253	253	3.40 MB	20	324	324	4.28 MB
09	368	368	5.94 MB	21	248	248	3.42 MB
10	452	452	6.59 MB	22	218	218	2.98 MB
11	313	313	4.78 MB	23	161	161	2.09 MB

Abbildung 9-32: Tagesverlauf des Surfverhaltens

Domains/Länder der Besucher (Top 25)

In dieser Tabelle werden die 25 am häufigsten vorkommenden Länder gelistet, aus denen die Website-Besucher auf Ihre Website surfen. Um alle Länder zu sehen, wählen Sie die Funktion *Gesamte Liste* (Abbildung 9-33).

Domains/Länder der Besucher (Top 25) - Gesamte Liste

Domains/Länder		Seiten	Zugriffe	Bytes
Germany	de	31	31	251.93 KB
Unbekannt	ip	9	9	78.98 KB
Network	net	3	3	21.10 KB
Sonstige		0	0	0

Abbildung 9-33: Länder, aus denen die Website-Besucher kommen

Rechner (Top 25)

In dieser Tabelle werden die 25 am häufigsten vorkommenden Computer/Rechner aufgelistet, von denen aus die Website-Besucher auf Ihre Website surfen. Hierbei handelt es sich um die anhand ihrer IP-Adresse eindeutig identifizierbaren Computer. Um alle Rechner zu sehen, wählen Sie die Funktion *Gesamte Liste* (Abbildung 9-34).

Rechner (Top 25) - Gesamte Liste - Letzter Zugriff - Unaufgelöste IP Adressen

Rechner : 0 Bekannte, 1166 Unbekannte (IP konnte nicht aufgelöst werden) 1166 Unterschiedliche Besucher	Seiten	Zugriffe	Bytes	Letzter Zugriff
208.122.4.142	567	567	6.20 MB	26.04.2007 - 16:01
62.216.178.34	84	84	940.98 KB	26.04.2007 - 13:59
65.111.166.195	70	70	784.15 KB	26.04.2007 - 12:49
65.222.176.123	51	51	695.31 KB	15.04.2007 - 18:02
85.25.129.88	48	48	537.70 KB	26.04.2007 - 04:53
87.175.107.153	48	48	661.00 KB	06.04.2007 - 17:25
85.181.238.76	44	44	666.65 KB	02.04.2007 - 21:36
68.178.231.180	43	43	481.69 KB	26.04.2007 - 14:55
85.25.145.48	42	42	493.66 KB	26.04.2007 - 08:36
85.181.225.89	41	41	602.68 KB	03.04.2007 - 19:13
82.207.200.72	41	41	1.27 MB	25.04.2007 - 10:43
217.225.113.242	41	41	542.15 KB	19.04.2007 - 11:13
62.225.66.19	40	40	673.69 KB	25.04.2007 - 17:26
68.73.15.108	40	40	525.58 KB	06.04.2007 - 16:02
213.54.153.15	40	40	509.05 KB	03.04.2007 - 20:25

Abbildung 9-34: Top 25 der Rechner, die auf die Website zugreifen

Robots/Spiders (Suchmaschinen) (Top 25)

Suchmaschinen durchsuchen täglich das World Wide Web, um für Suchanfragen die optimalen Suchergebnisse liefern zu können. Auf die Suche nach den benötigten Informationen machen sich stellvertretend für sie sogenannte Robots oder Spider. Das sind kleine Suchprogramme, die das Internet nach Informationen »abgrasen«. Die am häufigsten vorkommenden Besuche von Robots oder Spidern werden hier aufgelistet. Um alle Suchmaschinenroboter zu sehen, wählen Sie die Funktion *Gesamte Liste* (Abbildung 9-35).

Robots/Spiders (Suchmaschinen) (Top 25) - Gesamte Liste - Letzter Zugriff

20 Zugriffe durch Suchmaschinen*	Zugriffe	Bytes	Letzter Zugriff
MSNBot	2736	35.48 MB	26.04.2007 - 15:46
Googlebot	2112	28.65 MB	26.04.2007 - 15:46
Yahoo Slurp	1727	23.04 MB	26.04.2007 - 16:17
Unknown robot (identified by 'crawl')	1021	13.35 MB	22.04.2007 - 13:37
Unknown robot (identified by 'robot')	436	5.78 MB	24.04.2007 - 21:13
AskJeeves	180	2.51 MB	26.04.2007 - 16:00
Unknown robot (identified by 'bot/' or 'bot-')	151	1.81 MB	25.04.2007 - 02:49

Abbildung 9-35: Top 25 der Suchmaschinenroboter

Aufenthaltsdauer

Sehen Sie, wie lange Besucher durchschnittlich auf Ihrer Website verweilen. Meistens verbringen Besucher einen relativ kurzen Zeitraum auf Webseiten, da sie sich vielleicht nur schnell über ein Angebot informieren möchten oder weil sie sich eventuell über eine Suchmaschine auf eine Website verirrt haben. Besucher mit ernsthaftem Interesse erkennen Sie an der längeren Aufenthaltsdauer (Abbildung 9-36).

Dateitypen

In dieser Liste werden die am häufigsten aufgerufenen Dateien aufgelistet.

Aufenthaltsdauer Anzahl der Besuche: 2511 - Durchschnitt: 124 s	Anzahl der Besuche	Prozent
0s-30s	2082	82.9 %
30s-2mn	178	7 %
2mn-5mn	82	3.2 %
5mn-15mn	64	2.5 %
15mn-30mn	45	1.7 %
30mn-1h	36	1.4 %
1h+	15	0.5 %
Unbekannt	9	0.3 %

Abbildung 9-36: Die durchschnittliche Aufenthaltsdauer von Besuchern

Seiten-URL (Top 25)

In dieser Liste werden die Seiten aufgeführt, die am häufigsten angesurft wurden (Abbildung 9-37). Diese Statistik ist für eine Auswertung sehr wichtig, da Sie hier ziemlich genau Ihren Website-Besuchern »auf die Finger gucken« können. Sie sehen die für Besucher interessantesten Seiten sowie die Einstiegs- und Exitseiten. Die Einstiegsseiten sind diejenigen Seiten, mit denen ein Besucher seinen Besuch beginnt, sei es, weil er diese bestimmte Seite als Bookmark in seinem Browser gespeichert hat oder weil ihn eine Suchmaschine an genau diese Stelle führt. Die Exitseiten sind entsprechend die Seiten, an denen das Internetangebot wieder verlassen wird. Sie können diese Statistik auch für die gezielte Förderung bestimmter Seiten verwenden, indem Sie wenig aufgerufene Seiten durch Marketingmaßnahmen fördern. Setzen Sie z.B. einen Teaser auf Ihre Startseite, der auf eine solche Seite verlinkt ist.

Seiten-URL (Top 25) - Gesamte Liste - Einstiegsseiten - Exit Seiten

169 Unterschiedliche Seiten	Zugriffe	durchschnitt. Größe	Einstiegsseiten	Exit Seiten
Startseite--1.html	1914	11.43 KB	1661	1453
Das_Team--48.html	256	26.51 KB	56	90
Wie_wir_arbeiten--753.html	161	9.92 KB	11	22
Top_Referenzen--407.html	154	18.64 KB	35	43
Kontakt--13.html	154	11.86 KB	14	48
Kunden-Login--512.html	136	11.21 KB	17	16
Referenzen--408.html	128	13.84 KB	15	19
Impressum--11.html	111	9.01 KB	15	36
Serverliste--734.html	75	80.78 KB	14	32
Druck--796.html	70	9.55 KB	16	16
Naber_GmbH--705.html	64	14.09 KB	42	35
Referenzen--406.html	62	20.99 KB	10	16
Brillux--757.html	53	13.77 KB	23	22
Preise--577.html	53	12.82 KB	10	17
_ber_Typo3--635.html	52	11.25 KB	24	28
hsapp__--515.html	51	17.46 KB	5	1
Kunden--576.html	51	31.30 KB	6	14
Sandra_Konold--774.html	45	13.97 KB	5	8
L_sungen_f_r__ffentliche_Verwa--720.html	42	10.03 KB	4	6
OBUK_GmbH--108.html	40	14.50 KB	11	15

Abbildung 9-37: Die 25 wichtigsten Seiten

Betriebssysteme (Top 25)

Hier werden die Betriebssysteme der Website-Besucher aufgelistet. Diese Statistik kann eventuell von Bedeutung für Sie sein, wenn Sie planen, eine Programmiertechnik auf Ihrer Website einzusetzen, die aber von bestimmten Betriebssystemen abhängig ist. In diesem Fall können Sie ungefähr ermitteln, wie viele Besucher dann eventuell Darstellungsprobleme bekommen würden. Die größte Verbreitung haben in der Regel die Windows-Betriebssysteme, die prozentualen Anteile schwanken allerdings (Abbildung 9-38).

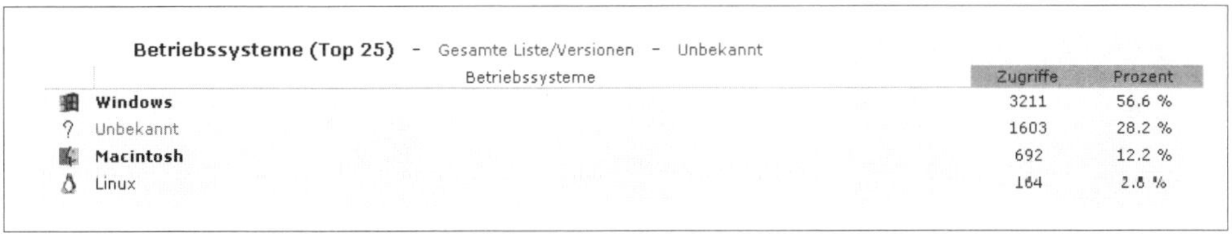

Betriebssysteme (Top 25) - Gesamte Liste/Versionen - Unbekannt

Betriebssysteme	Zugriffe	Prozent
Windows	3211	56.6 %
Unbekannt	1603	28.2 %
Macintosh	692	12.2 %
Linux	164	2.8 %

Abbildung 9-38: Die verschiedenen Betriebssysteme der Surfer

Browser (Top 25)

Für diese Statistik gilt prinzipiell das Gleiche wie für die oben aufgeführte Statistik über Betriebssysteme (Abbildung 9-39).

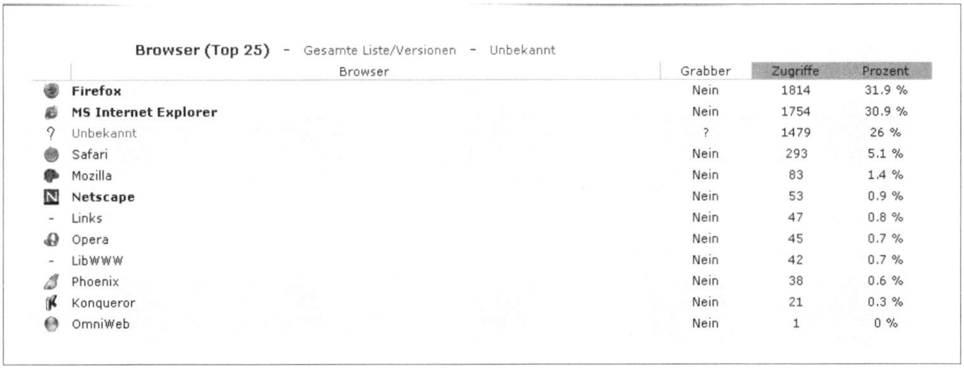

Browser (Top 25) - Gesamte Liste/Versionen - Unbekannt

Browser	Grabber	Zugriffe	Prozent
Firefox	Nein	1814	31.9 %
MS Internet Explorer	Nein	1754	30.9 %
Unbekannt	?	1479	26 %
Safari	Nein	293	5.1 %
Mozilla	Nein	83	1.4 %
Netscape	Nein	53	0.9 %
Links	Nein	47	0.8 %
Opera	Nein	45	0.7 %
LibWWW	Nein	42	0.7 %
Phoenix	Nein	38	0.6 %
Konqueror	Nein	21	0.3 %
OmniWeb	Nein	1	0 %

Abbildung 9-39: Die verschiedenen Browser der Website-Besucher

Woher die Besucher kamen

Mit dieser Statistik (Abbildung 9-40) können Sie die Herkunft Ihrer Besucher ermitteln.

Direkter Zugriff/Bookmarks: Die Besucher surfen Ihre Seite direkt an oder haben sie auch als Lesezeichen gespeichert.

Links von einer Internet-Suchmaschine: Hier sehen Sie alle Besucher, die Sie über Suchmaschinen gefunden haben.

Links von einer externen Seite (keine Suchmaschinen): Hier werden die Seiten aufgelistet, auf denen Ihre Seite verlinkt ist, über die wiederum Besucher zu Ihnen gelangen.

Herkunft unbekannt: Alle anderen Besucher, deren Herkunft nicht eindeutig zu klären ist, werden hier aufgelistet.

Woher die Besucher kamen

Herkunft	Seiten	Prozent	Zugriffe	Prozent
Direkter Zugriff/Bookmarks				
Links aus einer News Gruppe				
Links von einer Internet-Suchmaschine - Gesamte Liste	671	19.4 %	671	19.4 %
- Google 505 505				
- Google (Images) 142 142				
- MSN 11 11				
- Unknown search engines 7 7				
- meta 2 2				
- Club-internet 1 1				
- Yahoo 1 1				
- meinestadt.de 1 1				
- Web.de 1 1				
Links von einer externen Seite (keine Suchmaschinen) - Gesamte Liste	174	5 %	174	5 %
- http://www.o2c.de/cms/de/index.php 24 24				
- http://www.ottosuch.de/index.php 19 19				
- http://suche.t-online.de/fast-cgi/tsc 9 9				
- http://www.borken.de/impressum.html 9 9				
- http://www.susy-card.de/576.html 8 8				
- http://www.brooksrunning.de/de_impressum.html 5 5				
- http://suche.aolsvc.de/suche/web/search.jsp 5 5				
- http://www.franziskus-carree.de 5 5				
- http://www.kim.nrw.de/impressum.html 4 4				
- http://66.249.91.104/translate_c 4 4				
- http://blog.highresolution.info/index.php 3 3				
- http://php-center.de/job-forum/showjobs.php3 3 3				
- http://www.billyblog.de 3 3				
- http://www.urltrends.com 2 2				

Abbildung 9-40: Übersicht über die Herkunft der Besucher

Suchausdrücke und Suchbegriffe (Top 25)

Wenn Ihre Besucher bei einer Suchmaschine wie Google nach Ihrer Website suchen, verwenden sie eigene, individuelle Begriffe und Suchausdrücke. Über die daraus resultierenden Suchergebnisse gelangen sie anschließend auf Ihre Website. Sehen Sie hier, nach welchen Suchausdrücken und Suchbegriffen bei der Suche in Suchmaschinen nach Ihnen gesucht wird (Abbildung 9-41). Bei Suchausdrücken handelt es sich um Wortkombinationen, die Teile von Inhalten Ihrer Website enthalten, und bei Suchbegriffen nur um einzelne Wörter davon. Diese Statistik kann nützlich für die Vergabe von Schlüsselwörtern und Suchbegriffen sein, die Sie in Inhaltselementen verwenden.

Suchausdrücke (Top 25)
Gesamte Liste

257 verschiedene Suchbegriffe	Häufigkeit	Prozent
naber	27	5.1 %
high standart	16	3 %
obuk	15	2.8 %
brillux	14	2.6 %
marjolein bastin	12	2.2 %
high standart mÃ¼nster	10	1.8 %
tÃ¼rgriffe	10	1.8 %
obuk haustÃ¼ren	8	1.5 %
room in	8	1.5 %
tÃ¼rfÃ¼llungen	8	1.5 %
adeco	7	1.3 %
high standard mÃ¼nster	7	1.3 %
typo3 mÃ¼nster	6	1.1 %
compair flow	6	1.1 %

Suchbegriffe (Top 25)
Gesamte Liste

295 Suchbegriffe	Häufigkeit	Prozent
mÃ¼nster	82	7.8 %
high	40	3.8 %
naber	39	3.7 %
standart	38	3.6 %
typo3	37	3.5 %
obuk	31	2.9 %
heil	19	1.8 %
brillux	17	1.6 %
otto	16	1.5 %
fÃ¼r	14	1.3 %
in	13	1.2 %
compair	13	1.2 %
erste	12	1.1 %
marjolein	12	1.1 %

Abbildung 9-41: Suchausdrücke und Suchbegriffe

HTTP-Fehlercodes

An dieser Stelle werden alle eventuellen Fehlercodes aufgelistet, die Server anstatt der gesuchten Seiten anzeigen können. Dabei kann es sich um eine nicht vorhandene Seite oder ein technisches Problem des Servers handeln. Fehlermeldungen sind keine Seltenheit, allerdings sollten sie nicht überhandnehmen, das deutet dann eher auf technische Probleme hin. Ob diese Fehlermeldungen einen besorgniserregenden Umfang angenommen haben oder »normal« sind, fragen Sie am besten Ihren Administrator.

Bildergalerien und effektvolle Diashows

TYPO3 bringt schon von Haus aus sehr gute Möglichkeiten mit, um Bilder in eine Website einzubinden und sie per *Klick-vergrößern*-Funktion optimal darzustellen. In bestimmten Fällen reichen die TYPO3-Bordmittel aber eventuell doch nicht aus. Das ist zum Beispiel der Fall, wenn Sie große Bildmengen verwalten müssen (mühsam über den TYPO3-Element-Browser), Bildergaleriefunktionen wie z.B. Vor- und Zurück-Buttons benötigen oder mit schönen Übergangseffekten Ihre Bildershow ein wenig aufpeppen möchten. Über TYPO3 Extensions lassen sich die Möglichkeiten aber noch deutlich ausbauen. Zwei geeignete Extensions werden in diesem Abschnitt vorgestellt.

Image Lightbox – Bilder eindrucksvoll präsentieren

Die Extension *Image Lightbox* von Julian Kleinhans bietet die Möglichkeit, sehr einfach eindrucksvolle Diashows zu erstellen. Sie ist gut geeignet, wenn Sie kleinere Bildmengen effektvoll in Szene setzen möchten. Das Schöne ist, dass Sie – beziehungsweise Ihr Administrator – die Extension (*kj_imagelightbox2*) nur installieren müssen, damit sie funktioniert. Weitere Einstellungen, um die Extension funktionstüchtig zu machen, sind möglich, aber nicht notwendig. Selbst in der Standardinstallation macht das Modul einen tollen Eindruck. Sehr angenehm ist auch das Einpflegen von Bildern mit Image Lightbox. Um eine Diashow zu erstellen, gehen Sie wie folgt vor:

1. Erstellen Sie auf einer Seite ein neues Inhaltselement vom Typ *Bild* oder *Text mit Bild*.
2. Bauen Sie nun wie gewohnt auf der Registerkarte *Bilder* der Inhaltselement-Editiermaske über den TYPO3-Element-Browser die Bilder ein, die später auch in der Diashow gezeigt werden sollen, und nehmen Sie auf der Registerkarte *Erscheinungsbild* Bildeinstellungen wie Größe, Position usw. vor. Mehr über das Einbinden von Bildern finden Sie im Abschnitt »Vielfältiger Content mit den verschiedenen TYPO3-Inhaltstypen« auf Seite 180.
3. Nehmen Sie nun die notwendigen Einstellungen auf der Registerkarte *Bilder* vor, damit aus Ihren Einzelbildern eine Lightbox-Diashow wird. Im Bereich *Verhalten* der Editiermaske finden Sie direkt neben der *Klick-vergrößern*-Option vier neue Optionsfelder, die durch die Installation der Extension hinzugekommen sind (Abbildung 9-42).

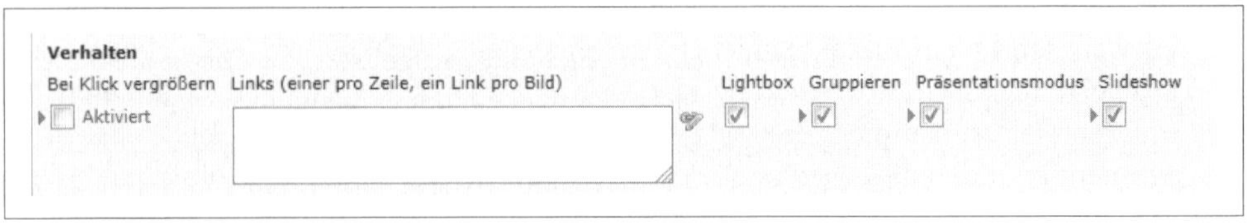

Abbildung 9-42: Die vier neuen Optionsfelder der Lightbox-Extension

Dabei handelt es sich um:

Lightbox (ehem. Activate Imagelightbox v2)
: Diese Option müssen Sie aktivieren, damit Ihre Bilder mit dem Lightbox-Modul angezeigt werden. Übrigens »vertragen« sich die beiden Optionen *Lightbox* und *Klick-Vergrößern* nicht. Verwenden Sie also in diesem Fall nur die Option *Lightbox*! Danach speichern Sie Ihre Eingaben und rufen die Seite mit der Vorschaufunktion auf: Die Seite wird zunächst ganz normal mit allen von Ihnen eingebauten Bildern angezeigt. Klicken Sie jetzt aber auf eines der Bilder, dunkelt sich die Website ab, und das angeklickte Bild wird in Originalgröße in einem weißen Rahmen angezeigt. Im unteren Teil des Rahmens sehen Sie links ein Bild-speichern- und ein Drucken-Symbol und rechts eine Kreuzsymbol (evtl. mit der Beschriftung *Close)*, über das Sie die Bildansicht schließen und zur normalen Website-Ansicht zurückkehren können (Abbildung 9-43).

Abbildung 9-43: Die Extension Image Lightbox im Einsatz

Gruppieren (ehem. Aktiviere BilderSets)
: Wenn diese Option nicht aktiviert ist, muss jedes Bild auf der Webseite einzeln angeklickt werden, damit es in der Lightbox-Ansicht aufgerufen wird. Bei aktivierter Option klicken Sie einfach ein beliebiges Bild auf der Seite an und fahren dann innerhalb der Lightbox-Ansicht mit der Maus über das Bild. Halten Sie den Mauszeiger in den rechten Bildteil, erscheint ein Pfeilsymbol (oder ein Button mit der Bezeichnung *Next*), mit dem Sie automatisch zum nächsten Bild wechseln können, ohne die

Lightbox-Ansicht zu verlassen. Ab dem zweiten Bild können Sie den Mauszeiger nun auch in den linken Bildteil schieben, um einen weiteren Pfeil oder den Button *Prev* anzeigen zu lassen, über den Sie zum vorherigen Bild zurückspringen können. Im unteren weißen Rahmen lässt sich nun auch ablesen, bei welchem Bild Sie sich im Moment befinden und wie viele Bilder insgesamt vorhanden sind (Abbildung 9-44).

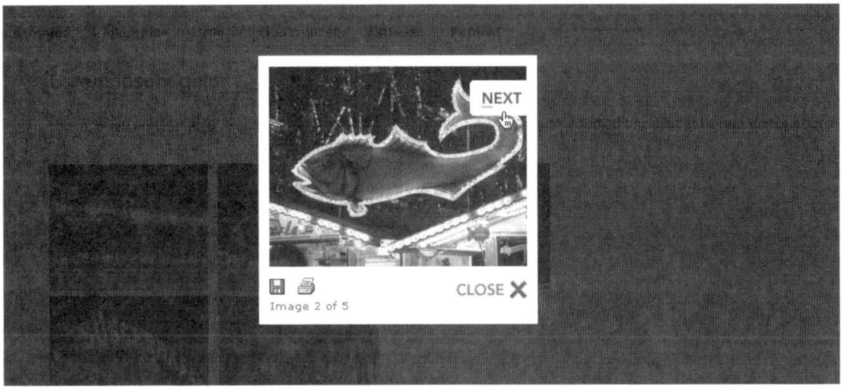

Abbildung 9-44: Image Lightbox mit aktivierter Gruppieren-Option

Präsentationsmodus

Der *Präsentationsmodus* unterscheidet sich von der Ansicht bei aktivierter *Gruppieren*-Option dadurch, dass im unteren weißen Rahmen die Anzahl der Bilder durch einzelne Zahlen dargestellt wird. Die Zahlen sind dabei mit den einzelnen Bildern verlinkt. Das hat den Vorteil, dass man nicht nur vor- und zurückspringen, sondern auch ganz gezielt ein bestimmtes Bild anwählen kann, indem man die entsprechende Nummer anklickt (Abbildung 9-45).

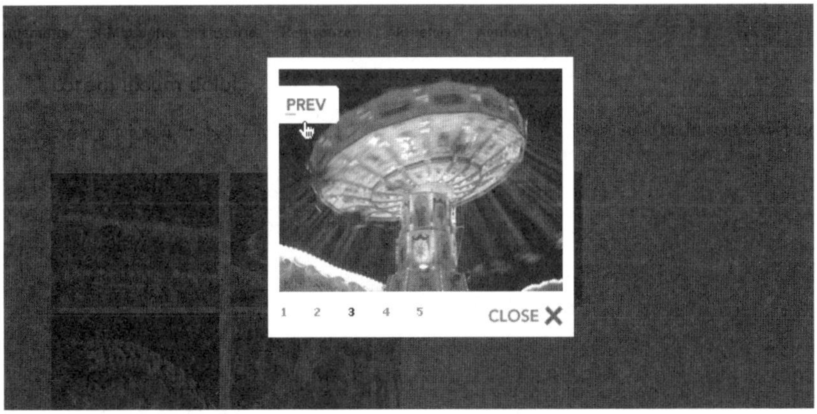

Abbildung 9-45: Links zu den einzelnen Bildern bei aktiviertem Präsentationsmodus

Slideshow

Die *Slideshow*-Option ermöglicht es, die Bildergalerie als Diashow ablaufen zu lassen. Sie fügt den Steuerelementen einen Play- respektive einen Pause-Button hinzu. Durch diese Funktion können Bildergalerien automatisiert abgespielt werden, ohne dass man manuell durch die Motive navigieren muss.

Die Extension birgt noch zahlreiche weitere Einstellungsmöglichkeiten, für die Sie aber einen Administratorzugang benötigen. Über diese Lightbox-Einstellungen lässt sich dann u.a. festlegen, ob das *Bild speichern*- und das *Drucken*-Symbol angezeigt werden sollen, mit welcher Farbe der Bildschirm abgedunkelt wird, die maximale Größe für Bilder und vieles mehr.

Smoothgallery – große Bildermengen bewältigen

Um viele Bilder auf einen Schlag in eine Art Fotoalbum einzubinden, bietet sich die Extension *Smoothgallery* von Georg Ringer an. Mit ihr ist es möglich, ganze Ordner mit vielen Bildern automatisch auslesen und als Bildergalerie abbilden zu lassen. Dazu muss allerdings zunächst vom Administrator die Extension *rgsmoothgallery* installiert werden. Um auf einer Webseite eine oder mehrere Galerien mit dieser Extension anzuzeigen, müssen Sie folgende Schritte unternehmen:

1. Erstellen Sie für jede Bildergalerie über eins der Module *Dateiliste* oder *DAM* einen eigenen Ordner, der die abzubildenden Bilder enthalten soll, und laden Sie die Dateien in den jeweiligen Ordner hoch.
2. Erstellen Sie an geeigneter Stelle Ihres Seitenbaums eine Seite vom Typ *Standard*. Auf dieser Seite soll im späteren Verlauf die Galerie abgebildet werden.
3. Fügen Sie nun auf der zuvor erstellten Seite einen Seiteninhalt vom Typ *Plug-in* ein. Anschließend wählen Sie auf der Registerkarte *Plug-In* aus dem Auswahlmenü die Erweiterung *SmoothGallery* aus und sichern das Inhaltselement mit der Funktion *Dokument speichern* .
4. Wählen Sie auf der Registerkarte *Einstellungen* des Plug-ins den Modus *Bilder aus einem Verzeichnis*. Im Textfeld *Pfad zu den Bildern* geben Sie den Pfad zu einem der oben angelegeten Ordner an, also zum Beispiel *fileadmin/Bilder/Galerie1/*. Vergessen Sie den letzten Schrägstrich nicht!
5. Mit der Funktion *Dokument speichern und Web-Seite anzeigen* können Sie nun Ihre Galerie im Frontend betrachten (Abbildung 9-46).

Sie haben jetzt eine Galerie erstellt, die automatisiert Bilder aus einem Ordner ausliest und auf der Webseite abbildet. Wenn Sie in den Ordner neue Bilder hochladen oder Motive daraus entfernen, wird die Erweiterung diesen Vorgang beim nächsten Aufruf der Seite entsprechend berücksichtigen und die Galerie anpassen. Die Galerie bietet dabei einige sehr schöne Funktionen. Zum einen werden die Bilder automatisch nacheinander eingeblendet, können aber auch mit der Pfeilnavigation aktiv gesteuert werden. Außer-

Abbildung 9-46: Eine Bildergalerie, erstellt mit der Extension SmoothGallery

dem kann jedes Bild auch in der Vergrößerung betrachtet werden. Am oberen Rand der Galerie verbirgt sich hinter der Option *Thumbnails* eine navigierbare Miniaturansicht der vorhandenen Bilder. Alle diese Funktionen und Effekte sind im Plug-in selbst detailliert einstellbar. Im Inhaltselement *SmoothGallery* selbst stehen Ihnen zwei Registerkarten mit Erweiterungsoptionen zur Verfügung:

Die Registerkarte *Einstellungen* (Abbildung 9-47) bietet folgende Funktionen:

Modus
: Wählen Sie hier *Bilder aus einem Verzeichnis*, um Bilderordner automatisiert auslesen zu lassen. Mit der Option *Bilder aus Datensätzen* können Sie eine Galerie erzeugen, die ihre Motive aus einzelnen Datensätzen ausliest. Dafür müssen die Bilder als einzelne Datensätze auf einer Seite oder besser in einer Seite vom Typ *Ordner* vorliegen.

Wechsel (ms)
: Hier lässt sich die Länge des Übergangs bis zum nächsten Bildwechsel definieren. Die Maßeinheit wird an dieser Stelle in Mikrosekunden (ms) angegeben. Eine Sekunde entspricht 1.000 ms. Wählen Sie hier am besten einen Wert zwischen 5.000 und 10.000 ms, um die Galerie nicht zu schnell und nicht zu langsam ablaufen zu lassen.

Pfad zu Bildern
: Geben Sie an dieser Stelle den Pfad zum gewünschten Bilderverzeichnis an, z.B. *fileadmin/Bilder/ihregalerie/*. Wichtig sind die korrekte Schreibweise und auch der letzte Schrägstrich. Werden in Ihrer Galerie auf der Website keine Bilder angezeigt, haben Sie wahrscheinlich einen Schreibfehler eingebaut oder einen falschen Pfad angegeben.

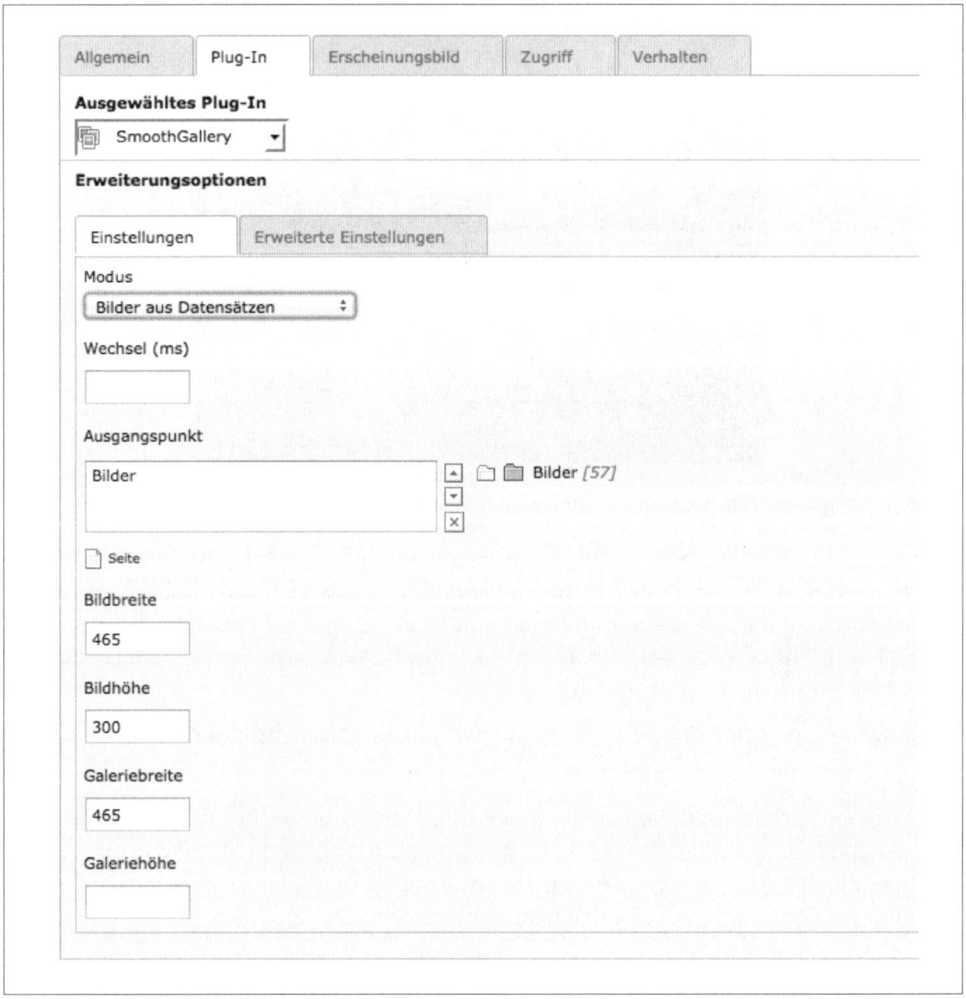

Abbildung 9-47: Optionen auf der Registerkarte Einstellungen

Beschreibung

Geben Sie an dieser Stelle eine Beschreibung der Galerie ein, die beim Start (in der sogenannten SlideInfoZone) eingeblendet wird. Alternativ können Sie hier auch die Bildtitel und Beschreibungen angeben. Dafür gehen Sie nach folgendem Schema vor:

```
Titel 1 | Beschreibung 1
Titel 2 | Beschreibung 2
```

usw.

Bildbreite/Bildhöhe

Bestimmen Sie die Breite und Höhe der Bilder innerhalb der Galerie. Die Angabe erfolgt in Pixeln.

Galeriebreite/Galeriehöhe

Bestimmen Sie die Breite und Höhe der Galerie auf der Seite. Die Angabe erfolgt in Pixeln.

Auf der Registerkarte *Erweiterte Einstellungen* stehen folgende Funktionen zur Verfügung:

Lightbox

Ist diese Option aktiviert, können Bilder mit einem Klick vergrößert betrachtet werden. Andernfalls ist es nicht möglich, einzelne Bilder aus der Galerie in einer vergrößerten Ansicht zu sehen.

Navigation

Ist diese Option aktiviert, kann innerhalb der Bilder mithilfe von Pfeilen am Rand der Galerie vor- und zurücknavigiert werden.

Thumbnails

Mit dieser Option werden die Thumbnails am oberen Galerierand ein- und ausgeblendet.

Play/Pause-Button

Wählen Sie hier aus, ob in der Galerie ein Play- oder Pause-Button anzeigt werden soll, mit dem der automatische Ablauf der Bildwechsel unterbrochen oder fortgesetzt werden kann.

max. Anzahl Bilder

Wie die Bezeichnung ahnen lässt, können Sie die Menge der angezeigten Bilder in der Galerie hier begrenzen.

Deckkraft Thumbnails

Die Thumbnails werden per Voreinstellung leicht transparent dargestellt und ändern ihre Deckkraft beim Überfahren mit der Maus. Hier können Sie Werte von *0.00* bis *1* (deckend) einstellen. Voreingestellt – wenn auch kaum sichtbar – ist übrigens *0.2*.

Abstand Thumbnails

Hier definieren Sie den Abstand der Thumbnails zueinander. Die Angabe erfolgt in Pixeln.

SlideInfoZone verbergen

Die SlideInfoZone ist die Galerie- oder Bildbeschreibung, die am Anfang und im weiteren Verlauf am unteren Rand eingeblendet wird. Wenn Sie weder Beschreibung noch Bildtitel oder Bildunterzeilen verwenden, können Sie die SlideInfoZone verbergen. Möchten Sie die Beschreibung der Bildergalerie ständig eingeblendet lassen, verlagern Sie den Text einfach in ein separates Inhaltselement über oder unter der Galerie!

Deckkraft SlideInfoZone

Wählen Sie hier die Deckkraft der SlideInfoZone. Sie können Werte von *0.00* bis *1* (deckend) einstellen. Voreingestellt – wenn auch kaum sichtbar – ist übrigens *0.7*.

Externe Thumbnails div ID, Externe Steuerung, Erweiterte Konfiguration
Hierbei handelt es sich um Konfigurationsmöglichkeiten für Fortgeschrittene.

> Das Modul *rgsmoothgallery* verfügt noch über eine ganze Reihe weiterer Konfigurationsmöglichkeiten und kann natürlich auch optisch angepasst werden. Lesen Sie mehr dazu in der Dokumentation der Extension unter *www.typo3.org*.

Inhalte pflegen mit Advanced Frontend Editing

Das redaktionelle Einpflegen der Inhalte erfolgt normalerweise über das Backend von TYPO3 oder alternativ über das sogenannte Frontend Editing. Das Frontend Editing wird hauptsächlich verwendet, um bestehende Inhalte schnell und einfach zu ändern. Deshalb wird diese Art der Einpflege oft von Redakteuren bevorzugt, die das Backend mit seinem großen Funktionsumfang nicht benötigen.

Lesen Sie mehr über das »normale« Frontend Editing unter »Frontend Editing: Durch die Vordertür ins Backend« auf Seite 225.

Seit Kurzem kann das zum Basisumfang von TYPO3 gehörende Frontend Editing durch die Extension *feeditadvanced* oder auch Advanced Frontend Editing ersetzt werden, die für ein völlig neues Erlebnis bei der Einpflege im Frontend sorgt. Beide Erweiterungen lassen sich jedoch nicht parallel installieren. Sie müssen sich wohl oder übel für eine der beiden Varianten entscheiden. Fragen Sie zu diesem Thema am besten Ihren Administrator.

Aufgerufen werden beide Frontend-Zugänge übrigens aus dem Backend heraus über das Icon oberhalb der Detailansicht einer Seite oder das Icon in der Bearbeitungsmaske eines Inhaltselements.

Wie können Sie herausfinden, welche Art des Frontend Editing Sie verwenden? Das alte Frontend Editing – wenn für Sie aktiviert – erkennen Sie an den Bearbeitungssymbolen unterhalb der Inhaltselemente (Abbildung 9-48).

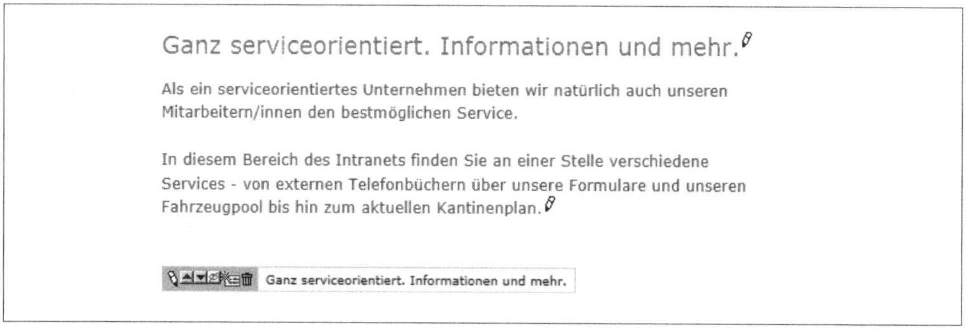

Abbildung 9-48: Die Bearbeitungssymbole des normalen Frontend Editing

Im Gegensatz dazu bringt das neue Frontend Editing eine eigene Bearbeitungsleiste mit, die sich am oberen Bildschirmrand befindet und diverse Funktionen beinhaltet (Abbildung 9-49).

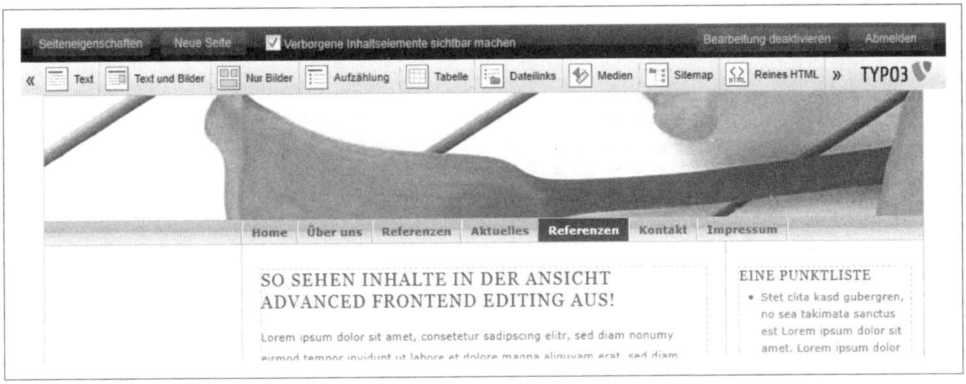

Abbildung 9-49: Die Bearbeitungsleiste des Advanced Frontend Editing

Bestehende Inhalte und Seiten bearbeiten

Bewegen Sie die Maus über ein beliebiges Inhaltselement, um die Bearbeitungssymbole einzublenden (Abbildung 9-50).

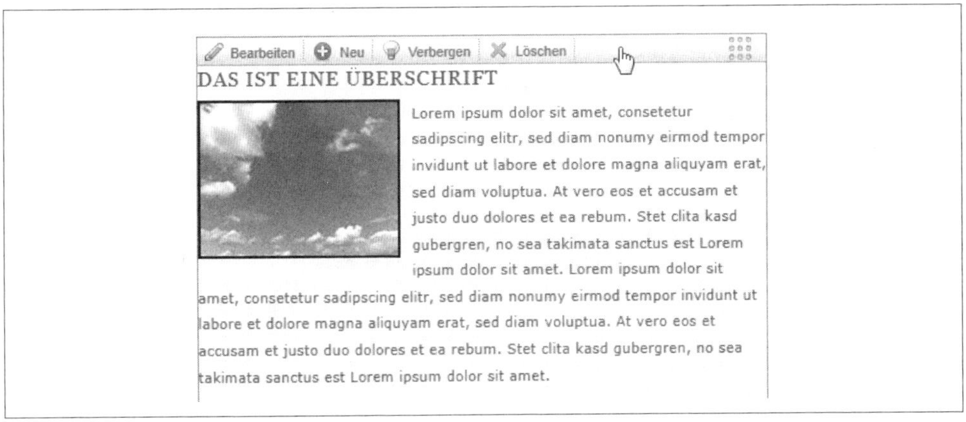

Abbildung 9-50: Bearbeitungssymbole eines Inhaltselements bei Mouseover

Folgende Funktionen stehen zur Verfügung:

 *Bearbeiten*

Rufen Sie diese Funktion auf, um die Bearbeitungsmaske des Inhaltselements zu öffnen. Das Bearbeitungsformular öffnet sich in einem Overlay über der abgedunkelten Website. Die Maske ist grundsätzlich identisch mit der Backend-Maske zur Erzeugung von Inhaltselementen. Lesen Sie mehr zum Thema unter »Inhalte anlegen und editieren« auf Seite 171.

Aus unerfindlichen Gründen ist die Gestaltung der Registerkarten und Speicher-Buttons geändert worden. Alle Funktionen sind aber identisch mit denen der normalen TYPO3-Backend-Masken!

Neu
Mit dieser Funktion erzeugen Sie ein neues Inhaltselement. Die Bearbeitung erfolgt wie gewohnt.

Verbergen/sichtbar machen
Diese Funktion blendet das jeweilige Inhaltselement aus bzw. ein. Um unsichtbare Inhalte anzuzeigen, aktivieren Sie die Checkbox *Verborgene Inhaltselemente sichtbar machen* in der oberen Bearbeitungsleiste.

Löschen
Diese Funktion löscht – nach Rückfrage – das betreffende Inhaltselement.

Verschieben
Fassen Sie ein Element an dieser Stelle mit der Maus an, um es auf eine andere Position auf der Seite zu verschieben. Sobald Sie die Maus bewegen, erscheinen an geeigneten Stellen auf der Website farbige Flächen (*Inhaltselement hier einfügen*), an denen Sie das Element »fallen lassen« können (Abbildung 9-51).

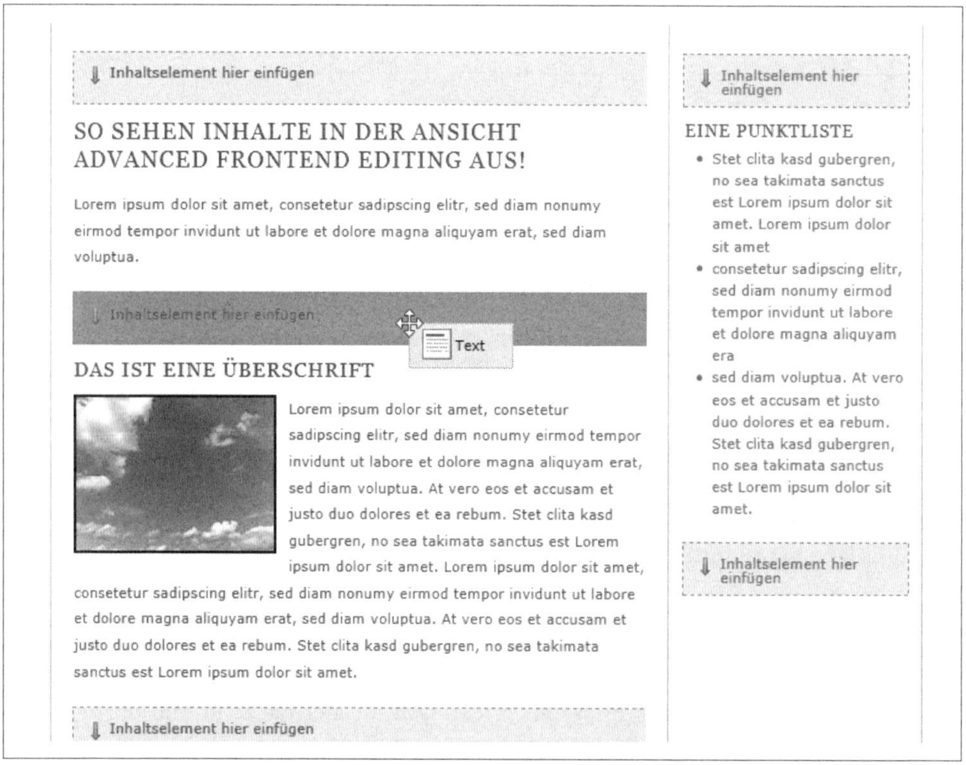

Abbildung 9-51: Mögliche Zielorte, um ein Inhaltselement zu positionieren

Um die Seiteneigenschaften der sichtbaren Seite zu editieren, wählen Sie die Schaltfläche *Seiteneigenschaften* in der Bearbeitungsleiste oben links an.

Neue Seiten und Inhalte anlegen

Eine neue Seite als Unterseite der aktuellen Seite legen Sie an, indem Sie die Schaltfläche *Neue Seite* in der oberen Bearbeitungsleiste anklicken. In der Maske zum Anlegen einer neuen Seite verfahren Sie wie gewohnt weiter. Lesen Sie mehr zum Thema unter »Seiten anlegen und bearbeiten« auf Seite 67.

Wenn Sie die Seite gespeichert und die Bearbeitungsmaske für die Seiteneigenschaften geschlossen haben, können Sie mit der Erzeugung neuer Inhaltselemente fortfahren.

In der oberen Bearbeitungsleiste sehen Sie alle Arten von Inhaltselementen, die Sie einfügen können bzw. für die Sie die Bearbeitungsrechte besitzen (Abbildung 9-52).

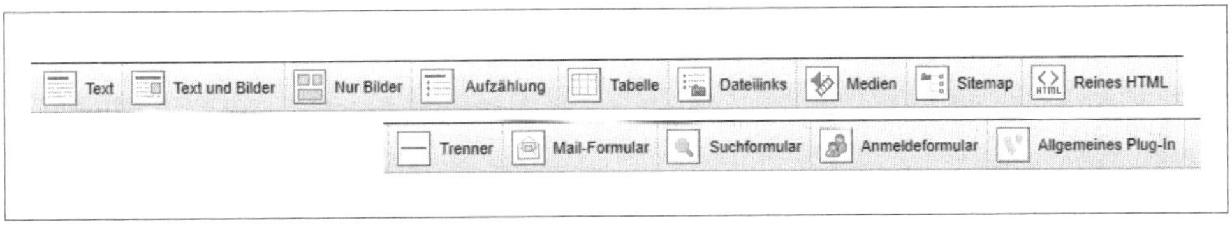

Abbildung 9-52: Auflistung der zur Verfügung stehenden Inhalte

Ziehen Sie ein beliebiges Element aus der Leiste auf die Seite. Orte, an denen das Einfügen möglich ist, sind durch eine graue Fläche gekennzeichnet (*Inhalt hier einfügen*), in der Sie das Element »fallen lassen« können. Sobald dies geschehen ist, öffnet sich die bereits bekannte Editiermaske, um die Inhalte des Elements anzulegen.

Verfahren Sie nun wie gewohnt weiter, bis Ihre Seite mit Inhalten gefüllt ist.

Schalten Sie das neue Frontend Editing zwischendurch aus, um das neue Layout ohne störendes »Beiwerk« zu begutachten. Klicken Sie dazu auf die Schaltfläche *Bearbeitung deaktivieren* am oberen rechten Bildschirmrand bzw. *Bearbeitung aktivieren*, um mit der Bearbeitung fortzufahren.

KAPITEL 10

Effizientes Arbeiten mit TYPO3

Mit den richtigen Tricks und Kniffen kann man bei der Arbeit mit TYPO3 viel Zeit sparen und unnötige Fehlerquellen vermeiden. In diesem Kapitel erfahren Sie, welche Werkzeuge Ihnen für effizientes Content-Management in TYPO3 zur Verfügung stehen, wie Sie geänderte und gelöschte Daten wiederherstellen, welche Möglichkeiten existieren, um die Kommunikation bei der Teamarbeit zu verbessern, und wie Sie Daten aus TYPO3 für andere Anwendungen exportieren.

Die Zwischenablage: Mehrere Inhalte gleichzeitig bearbeiten

TYPO3 bietet die Möglichkeit, mehrere Seiten oder Seiteninhaltselemente gemeinsam »auf einen Schlag« zu bearbeiten, zu kopieren, zu löschen oder zu verschieben. Das kann in bestimmten Fällen sehr viel Zeit sparen, da Sie hierbei, anstatt alle Arbeitsschritte einzeln vornehmen zu müssen, die ausgewählten Objekte gleichzeitig bearbeiten können.

Um die Funktionalitäten der Zwischenablage nutzen zu können, wählen Sie in der Modulgruppe *Web* das Modul *Liste* und anschließend die Seite im Seitenbaum aus, die Sie bearbeiten möchten. Im Detailbereich sehen Sie nun die Listenansicht der gewählten Seite und der darauf enthaltenen Inhaltselemente. Wenn Sie eine Seite ausgewählt haben, die zusätzlich noch Unterseiten enthält, werden Ihnen in der Listenansicht die Seiten und darunter die Seiteninhalte angezeigt. Die in Klammern gesetzte Zahl zeigt dabei die Menge der vorhandenen Datensätze an.

Um die Zwischenablage anzeigen zu lassen, muss die Option *Zwischenablage anzeigen* am Fuß der Seite angewählt werden. Erst dann ist die oder – besser – sind die Zwischenablagen sichtbar (Abbildung 10-1).

Abbildung 10-1: Die vier Zwischenablagen von TYPO3

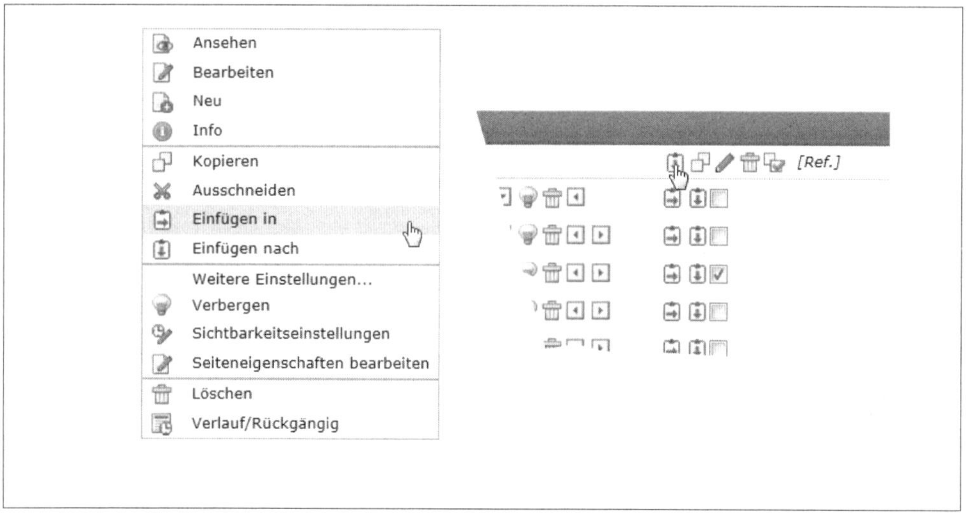

Abbildung 10-2: Zusätzliche Funktionen: Einfügen in und Zwischenablageinhalt einfügen

In TYPO3 stehen Ihnen vier verschiedene Zwischenablagen zur Verfügung. Die erste ist die Zwischenablage *Normal* mit einem ähnlichen Funktionsumfang wie die Zwischenablage auf Ihrem Computer. Diese Zwischenablage verwenden Sie immer dann, wenn Sie in TYPO3 eine Kopieraktion durchführen. Kopieren Sie beispielsweise eine Seite oder ein Inhaltselement über das jeweilige Kontextmenü, landet der Datensatz automatisch in dieser Zwischenablage. Wenn Sie einen neuen Datensatz kopieren, wird der vorhandene überschrieben. Sie haben die Standardzwischenablage also wahrscheinlich bereits des Öfteren eingesetzt, ohne es zur Kenntnis zu nehmen. Wenn Sie auf diese Art einen Datensatz kopiert haben, können Sie ihn an beliebiger Stelle in TYPO3 wieder einfügen. Zu erkennen ist dies am neuen Symbol in der Listenansicht (im Modul *Liste*) und einem neuen Eintrag im Kontextmenü der Seite und Seiteninhalte (Abbildung 10-2).

Um den vollen Funktionsumfang der anderen drei TYPO3-Zwischenablagen zu nutzen, müssen Sie eine der Zwischenablagen anwählen (*Nr. 1*, *Nr. 2*, *Nr. 3*). Sobald Sie eine solche Zwischenablage gewählt haben, erscheinen in der darüberliegenden Listenansicht der Datensätze neue Optionsfelder, Funktionen und Markierungsfelder. Markieren Sie über die Optionsfelder alle oder beliebig viele Inhaltselemente. Sie haben nun folgende zusätzliche Bearbeitungsmöglichkeiten:

Ausgewählte Datensätze in die Zwischenablage übertragen
: Mit dieser Funktion kopieren Sie alle ausgewählten Datensätze in eine ausgewählte Zwischenablage, um sie an anderer Stelle wieder einzufügen. Dabei ist es unerlässlich, dass Sie vorher mit der *Markieren*-Funktion mindestens einen Datensatz ausgewählt haben – ansonsten werden keine Datensätze transferiert.

Markierte bearbeiten
: Diese Funktion öffnet eine gemeinsame Editiermaske für alle angewählten Datensätze. Sie können so mehrere Inhaltselemente gleichzeitig ändern, anstatt alle nacheinander zu öffnen. Diese Funktion kann sehr nützlich sein, wenn Sie beispielsweise in einer Reihe von Inhaltselementen den Fließtext editieren möchten oder gleichzeitig allen Bildern verschiedener Datensätze eine gleiche Breite oder Höhe zuteilen müssen. Wenn Sie viele Datensätze gleichzeitig bearbeiten, kann der Seitenaufbau beim Öffnen der Editiermaske gegebenenfalls etwas länger dauern.

Markierte löschen
: Löschen Sie mit dieser Funktion alle markierten Objekte. Auch diese Funktion erspart Ihnen unter Umständen viel Zeit gegenüber dem mühsamen Löschen vieler Einzelobjekte.

Alles/Nichts markieren
: Hiermit können Sie alle Elemente mit einem Klick markieren und auch wieder abwählen, um sie dann gemeinsam mit einer der oben beschriebenen Funktionen zu bearbeiten.

Wenn Sie Datensätze in eine der Zwischenablagen (*Nr. 1*, *Nr. 2*, *Nr. 3*) transferiert haben, können Sie die Inhalte einmal oder sogar mehrmals an anderen Stellen in TYPO3 wieder einfügen. Dabei können die Daten kopiert oder an der Originalposition ausgeschnitten werden. Wählen Sie dafür im Auswahlmenü der Zwischenablage die Funktion *Elemente kopieren* oder *Elemente verschieben*. Über diese Funktionen können Sie zwischen Kopieren und Ausschneiden wechseln. Hinter den in der Zwischenablage befindlichen Objekten wird Ihnen zu Ihrer Information in Klammern angezeigt, wie viele Objekte Sie kopiert haben.

Falls Sie Bilder in die Zwischenablage transferiert haben, können Sie diese übrigens mit der Funktion *Vorschaubilder in der Zwischenablage anzeigen* sichtbar machen (Abbildung 10-3).

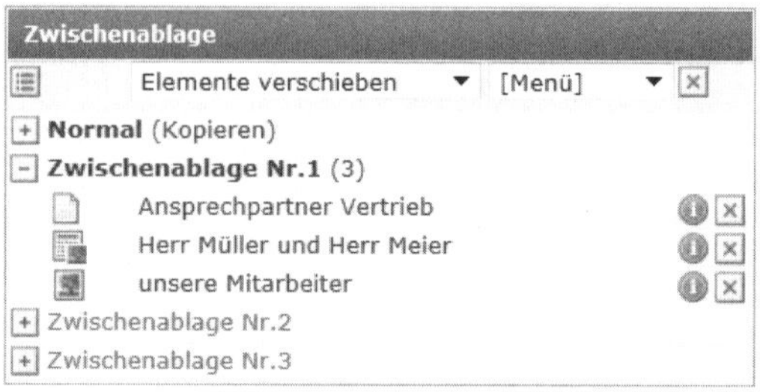

Abbildung 10-3: Mehrere unterschiedliche Datensätze in der Zwischenablage

TYPO3 kann ganz unterschiedliche Datensätze pro Zwischenablage verwalten, also z.B. Inhaltselemente einer Seite, ganze Seiten oder auch Newsdatensätze. Wenn Sie die Funktion *Zwischenablageinhalt einfügen* verwenden, wird TYPO3 allerdings nur logische Inhalte einfügen können, d.h. nur Seiten hinter Seiten und Inhaltselemente auf Seiten, auch wenn der eigentliche Inhalt der Zwischenablage aus einer Kombination dieser Elemente besteht. Mehrere einzelne Inhalte einer Zwischenablage löschen Sie mit der Funktion *Objekt löschen*, mit der *Info*-Funktion können Sie sich eine Kurzinfo anzeigen lassen. TYPO3 bietet Ihnen den Luxus von bis zu vier Zwischenablagen, die Sie beliebig mit Inhalten versehen können. So können Sie beispielsweise eine Zwischenablage nur mit Newsdatensätzen füllen und eine zweite mit anderen Datensätzen. Damit vermeiden Sie beim Einfügen der Elemente ein Durcheinander von Datensätzen, das Sie anschließend wieder korrigieren müssten. Sie können die Zwischenablagen aber auch verwenden, um ständig wiederkehrende Kopiervorlagen parat zu haben und bei Bedarf schnell darauf zugreifen zu können.

Sind Inhalte erst einmal in eine der Zwischenablagen kopiert, stehen Ihnen diese auf allen Seiten in der Listenansicht zur Verfügung. Lediglich beim Ausloggen aus dem Backend werden die Inhalte definitiv entfernt.

Seiten und Inhalte mehrfach verwenden

Oft ist es sehr sinnvoll, bestehende Inhalte in Websites mehrfach zu verwenden und abzubilden. Dafür gibt es diverse gute Gründe: Ansprechpartner sollen verschiedenen Dienstleistungen oder Produkten zugeordnet werden, Hilfeseiten sollen an verschiedenen Stellen des Webauftritts, jedoch gleichermaßen gut erreichbar, zur Verfügung gestellt werden, Bestätigungsseiten bei Formularen sollen nur einmal erstellt, aber mehrfach angezeigt werden – um nur einige zu nennen. TYPO3 stellt Ihnen dazu verschiedene Hilfsmittel zur Verfügung, damit Daten nicht mehrfach gepflegt, sondern zentral an einer Stelle bearbeitet und trotzdem mehrfach abgebildet werden können. Dabei handelt es sich um folgende Möglichkeiten:

Einstiegspunkt (ehemals Mount Pages)
: *Einstiegspunkt* ist ein Seitentyp, der es Ihnen ermöglicht, Unterseiten anderer Seiten als Unterseiten einer oder mehrerer weiterer Seiten aufzulisten, ohne diese Seiten zu kopieren und zu verschieben. Denn das würde bei späteren notwendigen Änderungen in den einzelnen Datensätzen nur einen erhöhten Aufwand und eine weitere Fehlerquelle bedeuten. Ein Beispiel: Die Seite »Bestellhinweise und Konditionen« mit einigen Unterseiten soll in verschiedenen Produktrubriken Ihres Webauftritts angezeigt werden. Die einzelnen Rubriken haben aber individuelle Designs, deshalb möchten Sie nicht einfach darauf verlinken. Mit dem Seitentyp *Einstiegspunkt* können Sie diese Seiten ganz einfach als Unterseiten anderer Seite an mehreren Stellen abbilden und damit »vorgaukeln«, dass diese Seite tatsächlich eigene Unterseiten hat. Erfahren Sie mehr über den Umgang mit dem Seitentyp *Einstiegspunkt* im Abschnitt »Typ Einstiegspunkt« auf Seite 100.

Datensatz einfügen (ehemals Datensätze)
: Verwenden Sie dieses Inhaltselement, wenn Sie Datensätze (Seiteninhalte) von verschiedenen Seiten auf einer anderen Seite abbilden möchten. Das ist immer dann ratsam, wenn Sie Datensätze an mehreren Stellen in Ihrer Website verwenden, diese aber nur an einer Stelle zentral vorhalten möchten, um den Pflegeaufwand zu verringern. Ein Beispiel: Die Kontaktdaten wie Telefonnummern, E-Mail-Adressen usw. von Ansprechpartnern sollen an mehreren Stellen Ihrer Internetseite angezeigt werden. Erstellen Sie dafür nur an einer zentralen Stelle, z.B. innerhalb einer Seite vom Typ *Ordner* (wird nicht im Frontend abgebildet), eine Unterseite, die alle Kontaktdaten als Inhaltselemente enthält, und fügen Sie diese Datensätze dann per Funktion *Datensatz einfügen* an den jeweiligen anderen Stellen ein. Dann ist es später vollkommen ausreichend, die Kontaktdaten nur noch in diesem SysOrdner zu pflegen – alle weiteren Verwendungen dieses Datensatzes aktualisieren sich automatisch. Alles über die Arbeit mit Datensätzen finden Sie im Abschnitt »Typ Datensatz einfügen« auf Seite 221.

Zeige Inhalt von Seite
: Wenn Sie den kompletten Inhalt einer Seite auch auf einer oder mehreren anderen Seiten abbilden möchten, können Sie das über die Funktion *Zeige Inhalt von Seite* realisieren. Die Funktion finden Sie auf der Registerkarte *Erscheinungsbild* einer Seite vom Typ *Standard*. Weitere Informationen dazu finden Sie im Abschnitt »Typ Standard« auf Seite 78.

TYPO3 ist keine Einbahnstraße: Rückgängig machen und Änderungsverlauf

Fehler passieren: Inhalte werden aus Versehen gelöscht oder falsche Änderungen vorgenommen. In TYPO3 haben Sie als Redakteur verschiedene Möglichkeiten, Änderungen rückgängig zu machen. Zum einen gibt es die Undo-Funktion, mit der Sie jeweils die letzte Änderung an Inhaltselementen und Seiten zurücknehmen können, und zum anderen die Funktion *Änderungsverlauf anzeigen/Rückgängig*, mit der Sie zu (beinahe) jedem Punkt in der Bearbeitungshistorie eines Datensatzes oder einer Seite zurückkehren können. Damit die Undo-Funktion genutzt werden kann, ist aber zuerst einmal die Existenz des Datensatzes oder der Seite notwendig. Sollten Sie versehentlich eine komplette Seite oder ein Inhaltselement gelöscht haben, können Sie diese oder dieses mit der Funktion *Änderungsverlauf anzeigen/Rückgängig* wiederherstellen oder – und das ist neu in TYPO3 Version 4.5 – mit dem Modul *Papierkorb*.

Für den Fall, dass auch dieser Weg nicht von Erfolg gekrönt ist, kann Ihnen eventuell noch Ihr Administrator helfen. TYPO3 bewahrt nämlich alle gelöschten Elemente in seiner Datenbank auf, markiert diese dort aber als gelöscht, damit sie für Sie nicht mehr sichtbar sind.

Die Undo-Funktion

Hier handelt es sich um eine einfache Rückgängig-machen-Funktion innerhalb von TYPO3. Verwenden Sie diese Funktion, wenn Sie den letzten Arbeitsschritt an einem Inhaltselement oder einer Seite zurücknehmen möchten. Sie finden die Funktion in den Seiteneigenschaften einer Seite oben rechts neben dem Mülleimersymbol und an gleicher Stelle in den Inhaltselementen (Abbildung 10-4). Das Icon ist nur dann vorhanden, wenn es sich um einen Datensatz handelt, an dem bereits Änderungen vorgenommen wurden. Wenn an dem Datensatz noch keine Änderung durchgeführt wurde, können Sie natürlich auch keine Änderung zurücknehmen, das Icon ist dann folglich auch nicht sichtbar bzw. steht nicht zur Verfügung.

Abbildung 10-4: Die Undo-Funktion im Seitenkopf

Wenn Sie die Undo-Funktion ausführen, wird der Zustand des Datensatzes vor der letzten Änderung wiederhergestellt. Dabei ist es gleich, wie viel Zeit seit dieser letzten Änderung bereits vergangen ist. TYPO3 zeigt Ihnen zu Ihrer Information in einem Tooltipp des Symbols die vergangene Zeit seit der letzten Änderung an.

> Wenn Sie sich nicht sicher über die Art der vorgenommenen Änderung sind, können Sie durch mehrfache Betätigung der Schaltfläche zwischen den Zuständen hin- und herwechseln.

Möchten Sie noch weiter als bis zu der letzten Änderung zurückgehen, verwenden Sie die Funktion *Änderungsverlauf anzeigen/Rückgängig*.

Mit dem Änderungsverlauf arbeiten

Wenn Sie sich nicht sicher sind, welche Änderung Sie wann vorgenommen haben, oder wenn Sie eine Seite oder ein Inhaltselement gelöscht haben, können Sie mit der Funktion *Änderungsverlauf anzeigen/Rückgängig* im Modul *Liste* den Erstellungsverlauf eines Datensatzes oder einer Seite aufrufen, dort zu einem früheren Zustand in der Historie zurückkehren und diesen wiederherstellen. Oder wählen Sie dafür im Kontextmenü der Seite, auf der sich Ihr Element befindet, die Option *Verlauf/Rückgängig*. Beide Funktionen haben zwar unterschiedliche Bezeichnungen, führen aber zur selben Editiermaske (Abbildung 10-5).

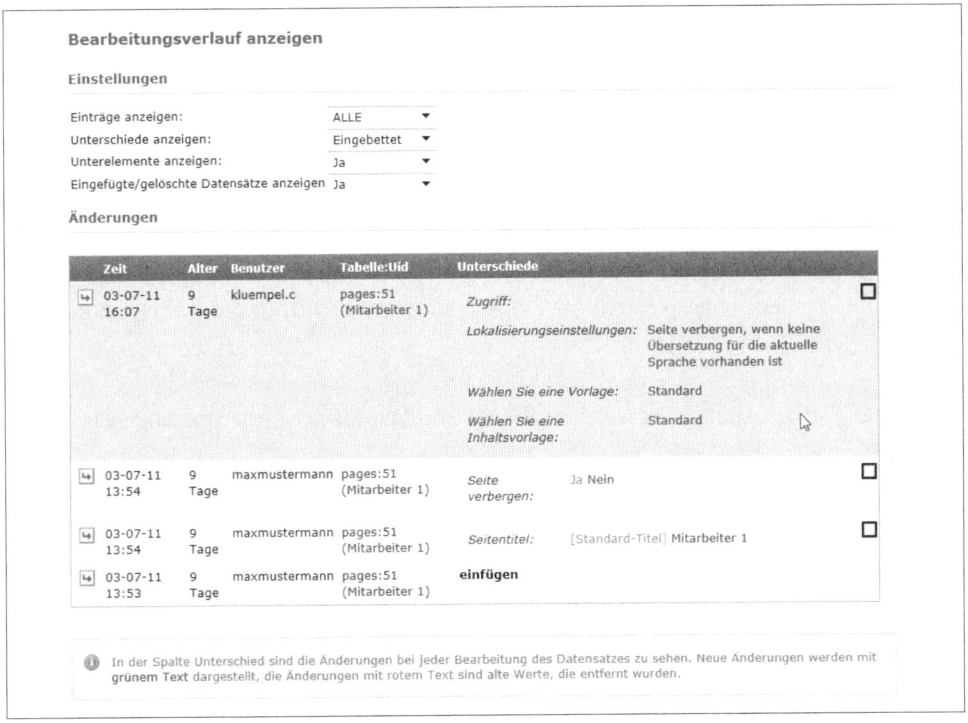

Abbildung 10-5: Die Historie von Inhaltselementen auf einer Seite

Die tabellarische Listenansicht kann je nach Menge und auch Umfang der Änderungen, die in den Datensätzen vorgenommen wurden, teilweise sehr unübersichtlich sein. TYPO3 erzeugt für jede gespeicherte Änderung einen eigenen Datenbankeintrag, der hier aufgelistet wird. Deshalb können Sie mit den Auswahlfeldern unterhalb des Bereichs *Einstellungen* die Darstellungsmenge im Detail steuern. Folgende Einstellungsoptionen stehen Ihnen dafür zur Verfügung:

Einträge anzeigen
: Stellen Sie hier die Anzahl der in der Liste aufgeführten Datensätze zwischen 10 und 100 Einträgen ein. Oder wählen Sie *ALLE* für eine Gesamtübersicht. Entscheiden Sie sich für die Option *markiert*, wenn Sie in der rechten Spalte der Tabelle bereits einen oder mehrere Listeneinträge mit einem Häkchen versehen haben und nur diese anzeigen lassen möchten.

Unterschiede anzeigen
: Manchmal sind die Unterschiede zwischen den einzelnen Bearbeitungsstufen eines Datensatzes nicht auf den ersten Blick erkennbar. Um die Unterschiede deutlich zu machen, empfiehlt sich hier, die Option *Eingebettet* zu wählen. In der Spalte *Unterschiede* können Sie dann die tatsächlichen Differenzen zwischen den einzelnen Bearbeitungsstufen eines Datensatzes sehen. Neue Änderungen werden in grünem Text dargestellt, und die Änderungen in Rot sind die alten Werte, die entfernt wurden.

Unterelemente anzeigen
: Mit der Option *Ja* können Sie alle Änderungen an Datensätzen, die sich auf der Seite befinden, anzeigen lassen. Mit *Nein* werden nur die Änderungen an der Seite selbst aufgeführt, aber alle geänderten Datensätze ausgeblendet.

Eingefügte/gelöschte Datensätze anzeigen
: Mit dieser Option sehen Sie auch gelöschte und eingefügte Datensätze, die eigentlich nicht inhaltlich verändert wurden, aber dadurch trotzdem in der Liste sichtbar werden. Nur wenn die gelöschten Datensätze in der Liste erscheinen, können sie in der Folge wieder sichtbar gemacht werden.

Unterhalb der Einstellungsmöglichkeiten befindet sich mit der Überschrift *Änderungen* die Tabelle, in der die geänderten Datensätze aufgelistet sind. In der Tabelle finden Sie folgende Spalten:

Zeit
: In der Tabellenspalte *Zeit* werden Uhrzeit und Datum der Änderung angezeigt.

Alter
: Unter *Alter* wird das tatsächliche Alter der Änderung abgebildet.

Benutzer
: Im Feld *Benutzer* können Sie sehen, welcher Redakteur die Änderung vorgenommen hat.

Tabelle:Uid
: In der Spalte *Tabelle:Uid* sehen Sie das Datenbankfeld der TYPO3-Datenbank, in der sich der Datensatz befindet, inklusive der Art des Datensatzes. So tragen z.B. Inhaltselemente immer die Bezeichnung *tt_content*, Seiten das Kürzel *pages*, News die

Bezeichnung *tt_news* usw. Die Nummer bezeichnet die ID, also die eindeutige Identitätsnummer des Datensatzes.

Unterschiede
: In der vorletzten Spalte *Unterschiede* werden die Differenzen visualisiert (siehe oben: *Unterschiede anzeigen*).

Einen geänderten Datensatz – oder Teile davon – wiederherstellen

Wählen Sie aus der Tabelle *Änderungen* den Datensatz, den Sie wiederherstellen möchten, indem Sie über das Symbol *Rückgängig machen (Vorschau)* den eigentlichen Wiederherstellungsdialog aufrufen.

Das bisherige Dialogfeld wird durch die *Vorschau der Wiederherstellung* ergänzt (Abbildung 10-6). Abhängig von der Menge der Änderungen, die an dem Datensatz vorgenommen wurden – TYPO3 speichert dabei jede Änderung der einzelnen Optionsfelder, Editiermasken und Textfelder in einem separaten Eintrag –, können dabei unterschiedlich viele Herstellungsmöglichkeiten abgebildet werden.

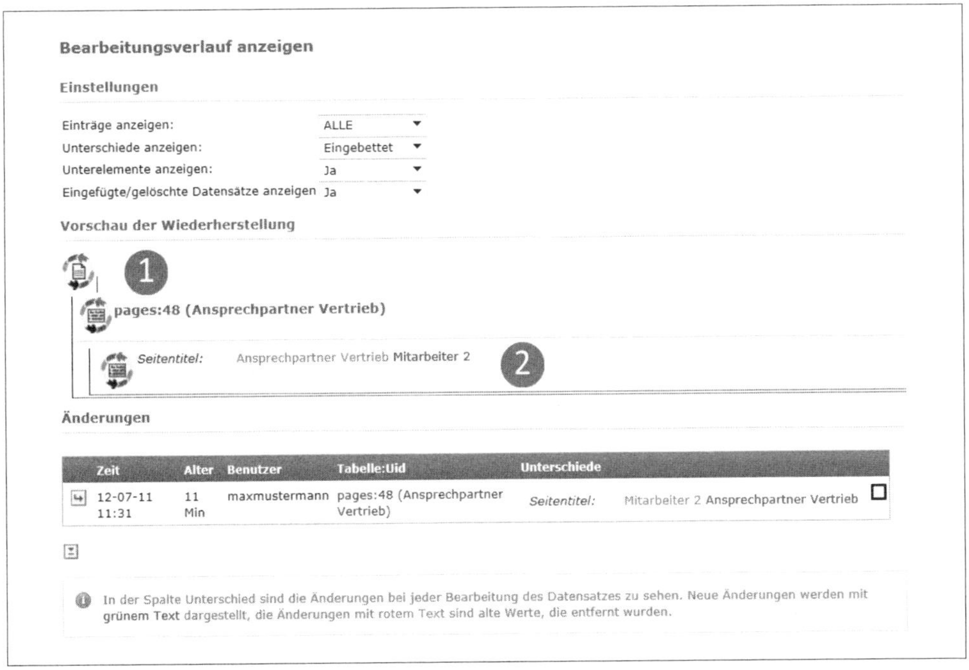

Abbildung 10-6: Vorschau der Wiederherstellung

Dabei ist die Bezeichnung *Vorschau der Wiederherstellung* etwas irreführend. Zwar werden hier alle Wiederherstellungsmöglichkeiten eines geänderten Datensatzes aufgezeigt, um eine echte Vorschau handelt es sich aber nicht. Mit der Wahl der Schaltfläche ❶ haben Sie zuerst einmal die Möglichkeit, den kompletten Datensatz wiederherzustellen.

Diese Option ist interessant, wenn Sie sich sicher sind, dass das von Ihnen gewählte Element das auf der Website vorhandene ersetzen soll. Möchten Sie aber nur einzelne ausgesuchte Felder des Datensatzes wiederherstellen, wählen Sie die Schaltfläche ❷. So haben Sie die Möglichkeit, lediglich auf Teilbereiche der alten Version zurückzugreifen, beispielsweise wenn Sie nur die alte Überschrift wiederbeleben, aber den bereits geänderten Fließtext in seiner aktuellen Form belassen möchten.

Egal welche Funktion Sie wählen, der Datensatz im Frontend der Website wird sofort angepasst, und dem Änderungsverlauf der Seite wird ein neues Element hinzugefügt – denn letztendlich haben Sie ja auch damit schon wieder eine Änderung vorgenommen.

Mit dem Änderungsverlauf einen gelöschten Datensatz oder eine gelöschte Seite wiederherstellen

Ganz ähnlich verhält es sich mit dem Wiederherstellen von Seiten oder Datensätzen, die versehentlich komplett gelöscht wurden. Wählen Sie dazu im Kontextmenü der betreffenden Seite im Seitenbaum die Option *Verlauf/Rückgängig* und beachten Sie, dass im Auswahlfeld *Eingefügte/gelöschte Datensätze anzeigen* die Option *Ja* eingestellt ist. Der gelöschte Datensatz wird in der Liste der aufgeführten Änderungen abgebildet und kann anschließend mit der Funktion *Rückgängig machen/Vorschau* wiederhergestellt werden.

Um eine ganze Seite wiederherzustellen, wählen Sie die übergeordnete Seite des Seitenasts, in dem sich die Seite vor dem Löschen befand, und wählen im Kontextmenü wiederum die Option *Verlauf/Rückgängig*. Gehen Sie anschließend weiter wie oben beschrieben vor. Allerdings gibt es beim Wiederherstellen von Seiten eine kleine Einschränkung. TYPO3 stellt die Seite zwar wieder her, aber damit nicht auch automatisch deren Seiteninhalte. Diese gelten im System immer noch als gelöscht! Es bleibt Ihnen leider nichts anderes übrig, als, nachdem Sie zuerst die Seite selbst wiederhergestellt haben, danach auch die Datensätze, wie im vorherigen Abschnitt »Einen geänderten Datensatz – oder Teile davon – wiederherstellen« beschrieben, wiederherzustellen.

Beachten Sie auch, dass wiederhergestellte Seiten und Datensätze nicht an ihrer ursprünglichen Originalposition eingefügt, sondern immer an das untere Ende einer vorhandenen Liste von Datensätzen gesetzt werden. Wenn Sie z. B. die erste Unterseite eines Seitenasts löschen und mit den oben beschriebenen Funktionen wieder einfügen, wird sie anschließend am unteren Ende des Seitenasts sichtbar. Sie müssen die Seite dann durch die *Seite verschieben hinter/vor*-Funktion positionieren. Verfahren Sie genauso mit wiederhergestellten Datensätzen.

Das Modul Papierkorb: Seiten und Seiteninhalte wiederherstellen

Neu in der TYPO3-Version 4.5 ist das Submodul *Papierkorb* in der Modulgruppe *Web*. Verwechseln Sie das Modul aber nicht mit dem Seitentyp *Papierkorb*. Lesen Sie mehr über die verschiedenen Seitentypen in Kapitel 4 Seite 67.

Mit dem neuen Modul ist es jetzt auch für Redakteure einfacher geworden, Seiten und Seiteninhalte mit wenigen Klicks wiederherzustellen. Wenn Sie das Modul angewählt haben, sehen Sie in der Detailansicht den Inhalt des Papierkorbs. Die Darstellung ist allerdings abhängig von der im Seitenbaum aktivierten Seite. Je weiter oben Sie in der Hierarchie der Website beginnen, desto mehr Seiten und Inhalte werden aufgelistet. Wählen Sie beispielsweise die Startseite Ihrer Webpräsenz an, werden alle gelöschten Elemente aufgelistet. Das kann je nach Menge der gelöschten Dateien unübersichtlich ausfallen. Wählen Sie nur einen Seitenbaum oder eine einzelne Seite, sind auch nur die in diesem Bereich gelöschten Elemente sichtbar.

Die Inhalte des Papierkorbs werden in einer Listenansicht abgebildet, die sich je nach Menge der Datensätze auf mehrere Seiten verteilt. Falls nötig, kann mittels Pagebrowser am Fuß der Tabelle durch die Seiten navigiert werden (Abbildung 10-7).

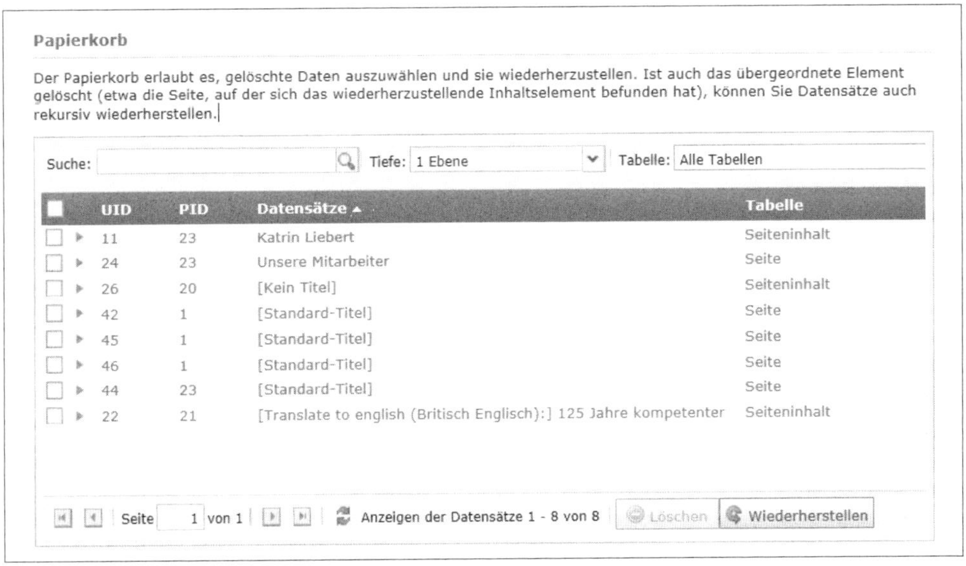

Abbildung 10-7: Gelöschte Inhalte im Submodul Papierkorb

Ist die Menge der Datensätze zu unübersichtlich geworden, können Sie die Anzeige der Datensätze mithilfe verschiedener Parameter filtern bzw. steuern.

Suche

Geben Sie in das Suchfeld einen Begriff ein und bestätigen Sie die Anfrage mit Klick auf das Lupensymbol. Alle Datensätze, in denen der Suchbegriff vorkommt, werden angezeigt.

Tiefe

Mit der Einstellung der Tiefe definieren Sie die Suchtiefe bezogen auf den Seitenbaum und seine Unterseiten. Ausgehend von der Startseite der Website, würde die Option *unendlich* im kompletten Seitenbaum suchen. Diese Option ist sinnvoll, wenn Sie nicht wissen, wo der Datensatz ursprünglich abgebildet war. Die Option *1 Ebene* beschränkt die Suche auf eine bestimmte Seite. Diese Option ist sinnvoll, wenn Sie genau wissen, auf welcher Seite Sie suchen müssen.

Tabelle

Dieses Auswahlfeld definiert die Art des gesuchten Inhalts. Die Option *Alle Tabellen* listet alle zur Verfügung stehenden Inhalte auf, egal welcher Art. Je nach gewählter Option werden nur die entsprechenden Datensätze angezeigt. Die Liste der verschiedenen Inhaltstypen hängt u.a. von den installierten TYPO3-Erweiterungen ab und kann daher sehr unterschiedlich ausfallen.

Wenn Sie sich nicht sicher sind, ob das Element, das Sie wiederherstellen möchten, das gesuchte ist, klicken Sie auf den kleinen Pfeil ▶ vor einem Element. Es öffnet sich ein Informationsfenster, in dem Sie Hinweise über die Identität des Elements erhalten. Unter anderem wird hier der Besitzer (der Redakteur, der das Element erstellt hat) und der Ort (Pfad), an dem das Element lokalisiert war, angezeigt.

Eine Seite wiederherstellen

Wenn Sie versehentlich eine Seite gelöscht haben, wählen Sie das Modul *Papierkorb* und anschließend die in der Navigation übergeordnete Seite der gelöschten Seite aus. Im Modul *Papierkorb* wählen Sie anschließend im Optionsfeld *Tabelle* die Option *Seite*. Es werden alle gelöschten Seiten in diesem Bereich angezeigt. Aktivieren Sie die gewünschte Seite mit dem Markierungsfeld und betätigen Sie die Funktion *wiederherstellen*. Bestätigen Sie das daraufhin folgende Dialogfeld mit *Ja*. Die Seite inklusive aller Inhalte wird reaktiviert und verschwindet gleichzeitig aus der Ansicht des Papierkorbs. Sollte die Seite noch nicht im Seitenbaum angezeigt werden, laden Sie diesen mit der Funktion neu.

Ein Inhaltselement oder einen Datensatz wiederherstellen

Um ein gelöschtes Inhaltselement oder andere Datensätze wiederherzustellen, wählen Sie das Modul *Papierkorb* und die Seite im Seitenbaum, auf der sich das Inhaltselement befand. Im Modul *Papierkorb* wählen Sie im Optionsfeld *Tabelle* die Option *Seiteninhalt*, um alle gelöschten Seiteninhalte anzuzeigen. Markieren Sie das gewünschte Inhaltselement und klicken Sie auf *wiederherstellen*. Bestätigen Sie das folgende Dialogfeld mit *Ja*, um das Element zu reaktivieren. Das Element wird im Papierkorb ausgeblendet und auf der Originalseite eingeblendet.

Den Papierkorb leeren

Möchten Sie den Mülleimer leeren oder einzelne Dateien endgültig löschen? Wählen Sie dazu das oberste (oder einzelne) Markierungsfeld in der Liste der angezeigten Datensätze und betätigen die Funktion *Löschen*. Im folgenden Dialog wählen Sie die Option *Ja*, um alle angezeigten Datensätze endgültig zu löschen.

Beachten Sie auch, dass wiederhergestellte Seiten und Datensätze nicht an ihrer ursprünglichen Originalposition eingefügt, sondern immer an das untere Ende einer vorhandenen Liste von Datensätzen gesetzt werden. Wenn Sie z. B. die erste Unterseite eines Seitenasts löschen und mit den oben beschriebenen Funktionen wieder reaktivieren, wird sie anschließend am unteren Ende des Seitenasts sichtbar. Sie müssen die Seite dann mit der Funktion *Seite verschieben hinter/vor* positionieren. Verfahren Sie genauso mit wiederhergestellten Datensätzen.

Schnell gefunden: die Backend-Suche

Wie finden Sie schnell und direkt Seiten oder Inhaltselemente? Eine Möglichkeit ist, im Seitenbaum zu navigieren, bis Sie an der richtigen Stelle sind. Das kann bei großen Websites mit einem umfangreichen Seitenbaum, vielen Verzweigungen und Unterebenen aber mitunter relativ schwierig werden. Oft werden unzählige Seitenäste geöffnet und wieder geschlossen, bis man am Ziel angelangt ist. Es geht aber auch einfacher. Im unteren Bereich des TYPO3-Backends befindet sich eine Suchmaske, über die Sie nach Seiten und Inhaltselementen suchen und diese dann direkt zur Bearbeitung aufrufen können (Abbildung 10-8).

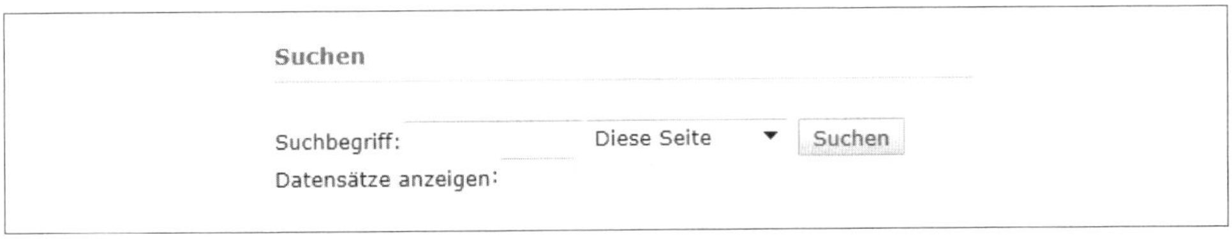

Abbildung 10-8: Die Suchmaske im TYPO3-Backend

Bestätigen Sie Ihre Eingabe im Eingabefeld der Suchmaske mit der Enter-Taste. Ein gefundener Datensatz wird automatisch in der Detailansicht des Backends geöffnet und steht sofort zur weiteren Bearbeitung zur Verfügung. Falls mehrere gefunden werden, listet TYPO3 alle Ergebnisse untereinander auf. Sie haben mehrere Möglichkeiten, mit der Suchmaske zu suchen:

1. Geben Sie einen beliebigen Begriff in die Suchmaske ein, und in der Detailansicht werden in Listenform alle Seiten und Seiteninhalte aufgelistet, die diesen Begriff enthalten.
2. Geben Sie eine Seiten-ID in die Maske ein. Voraussetzung hierfür ist, dass Sie die ID einer Seite wissen. Diese ID wird in einem Tooltipp angezeigt, wenn Sie mit der Maus über dem Seitensymbol verweilen, das allen Seiten in der Navigationsleiste vorangestellt ist.
3. Geben Sie den Aliasnamen einer Seite in die Maske ein. Wenn Sie in den Seiteneigenschaften einer Seite eine Aliasbezeichnung angegeben haben, können Sie diesen

ebenfalls als Suchbegriff in die Suchmaske eingeben. Übrigens wird der Seitenalias auch im oben erwähnten Tooltipp aufgeführt.

4. Für die Suche nach Inhaltselementen geben Sie die Bezeichnung der Datenbanktabelle des betreffenden Inhaltselements an, gefolgt von der ID, beispielsweise: *tt_content:335*. Abgesehen von der ID des betreffenden Inhaltselements, müssen Sie hier auch noch die Bezeichnung der Datenbanktabelle wissen, was in der Realität wohl eher selten der Fall ist.

Eine zweite – für Redakteure sehr angenehme – Suche befindet sich am oberen rechten Bildschirmrand (Abbildung 10-9). Diese Suche zeichnet sich neben der schnellen Erreichbarkeit – man muss nun nicht mehr bis zum unteren Bildschirmrand scrollen – vor allem durch ihre Einfachheit aus.

In der aktuellen TYPO3-Version ist die Suche zudem noch verbessert worden. Es handelt sich nun um eine echte Vorschlagssuche, wie man sie auch von Google kennt. Sobald Sie beginnen, einen Suchbegriff in die Maske einzugeben, werden in einem Fly-out Suchergebnisse, in Gruppen geordnet, angezeigt. Diese können Sie entweder direkt anwählen oder mit Klick auf die Funktion *Alle anzeigen* in einer Listenansicht ausgeben lassen. Im Gegensatz zur kurzen Ergebnisliste im oben erwähnten Fly-out sehen Sie jetzt alle Seiten, Inhaltselemente und Datensätze, die den gesuchten Begriff enthalten.

Auch Datensätze, die nicht auf Seiten liegen, gehören dazu, wie z.B. Frontend- oder Backend-Benutzer.

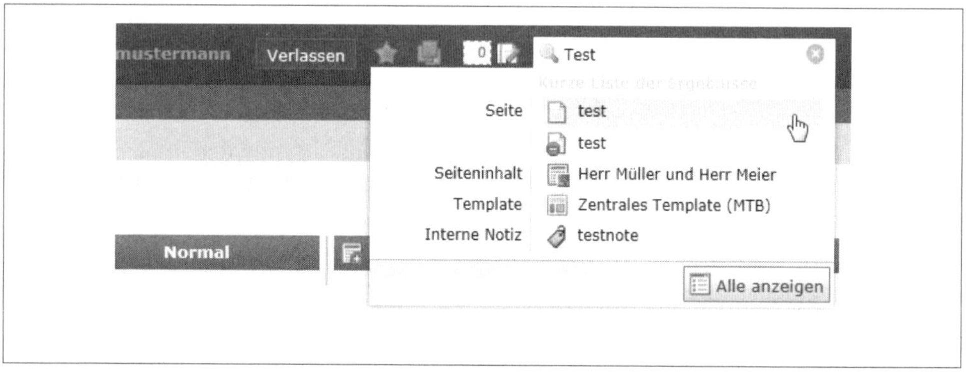

Abbildung 10-9: Die neue Suchfunktion im TYPO3-Backend

Daten aus TYPO3 in anderen Programmen verwenden

In TYPO3 pflegen Sie innerhalb der verschiedenen Editiermasken für Seiten, Seiteninhalte, Website-Benutzer usw. zahlreiche Daten wie z.B. Namen, Telefonnummern, E-Mail-Adressen, Seitentitel, Aliase und vieles mehr ein. Diese Daten können aber nicht nur in TYPO3 eingebracht, sondern daraus auch wieder exportiert werden. Adressdaten von Website-Benutzern wie z.B. den Mitgliedern einer geschlossenen Benutzergruppe können dadurch per CSV-Export in anderen Programmen weiterverarbeitet werden.

Die Abkürzung CSV steht für »Comma Separated Values« (englisch für kommaseparierte Werte). Mit diesem einfachen Textformat lassen sich Daten – getrennt durch Kommata – als Textdatei exportieren und in zahlreichen Anwendungen, beispielsweise Tabellenkalkulationen wie Excel oder OpenOffice, importieren. Das kann sinnvoll sein, wenn Sie Adressinformationen aus TYPO3 auch anderweitig verwenden möchten (beispielsweise in Serienbriefen).

Um Daten im CSV-Format zur Weiterverarbeitung zu exportieren, müssen Sie zuerst einmal über das Modul *Liste* eine Seite im Seitenbaum anwählen. In der Detailansicht wird Ihnen dann eine mehr oder weniger lange Liste mit allen auf dieser Seite enthaltenen Datensätzen oder mit allen enthaltenen Unterseiten abgebildet – je nachdem, ob Sie im Seitenbaum eine Seite mit oder ohne Unterseiten ausgewählt haben.

Ein Beispiel: Sie möchten die Adressen aller Mitglieder einer Benutzergruppe in einer Tabellenkalkulation weiterverarbeiten. Folgende Arbeitsschritte sind dafür notwendig:

1. Im Modul *Liste* wählen Sie die Seite oder den Ordner aus, in dem sich die Benutzerdaten befinden. In der Detailansicht werden Ihnen dann im Bereich *Website-Benutzer* alle Mitglieder aufgelistet.
2. Wählen Sie nun die Funktion *Nur diese Tabelle anzeigen*, die Sie im Kopf der abgebildeten Liste finden. Hier werden Ihnen alle zum Export zur Verfügung stehenden Tabellenfelder, also z.B. Name, Adresse, Telefonnummer usw., aufgelistet (Abbildung 10-10).

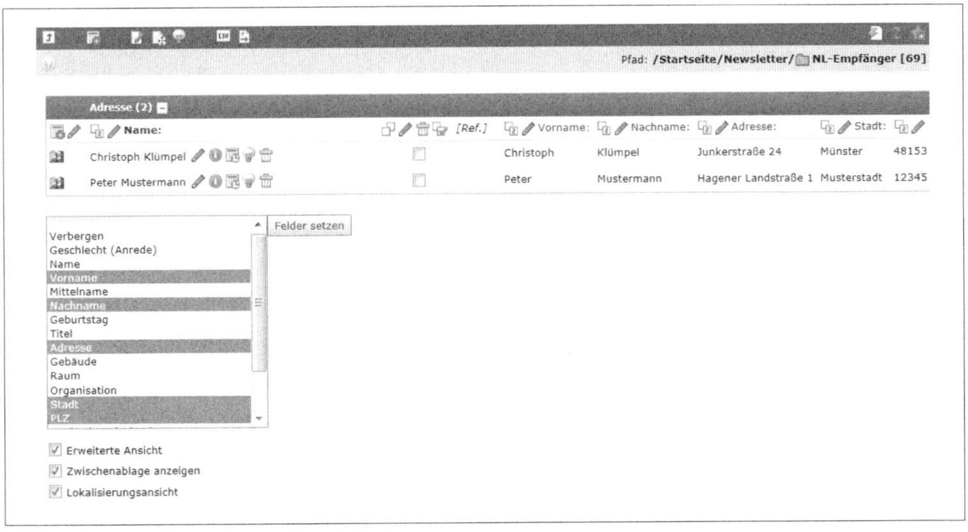

Abbildung 10-10: Das Auswahlfeld mit allen zum Export zur Verfügung stehenden Feldern

3. Aus dieser Liste können Sie per Mausklick alle Felder auswählen, die Sie über das CSV-Dokument exportieren möchten (Abbildung 10-11). Um mehrere Felder gleichzeitig zu wählen, markieren Sie diese auf dem PC bei gedrückter Strg-Taste und auf einem Mac bei gedrückter Apfel-Taste.

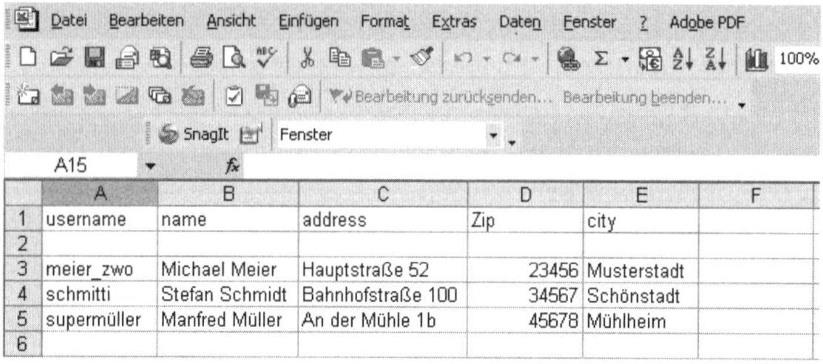

	A	B	C	D	E	F
1	username	name	address	Zip	city	
2						
3	meier_zwo	Michael Meier	Hauptstraße 52	23456	Musterstadt	
4	schmitti	Stefan Schmidt	Bahnhofstraße 100	34567	Schönstadt	
5	supermüller	Manfred Müller	An der Mühle 1b	45678	Mühlheim	
6						

Abbildung 10-11: Die in einer Tabellenkalkulation geöffnete Beispiel-CSV-Datei mit den Benutzerdaten

4. Klicken Sie auf den Button *Felder setzen* rechts neben dem Auswahlfeld.
5. In der obersten Symbolreihe des Detailfensters finden Sie das Symbol *CSV-Datei herunterladen* CSV. Klicken Sie darauf, um den Export zu starten. Es öffnet sich automatisch ein kleines Fenster, in dem Sie gefragt werden, wie Sie mit der Datei verfahren möchten. TYPO3 speichert die Datei dann auf Ihren PC, von wo aus Sie die Daten in der Anwendung Ihrer Wahl öffnen und bearbeiten können (Abbildung 10-11).

Auf dem Webserver gespeicherte Dateien wie z.B. Bilder, Word-Dokumente oder PDFs können Sie am besten per FTP-Programm auf Ihre lokale Festplatte zurückspielen. Lesen Sie mehr dazu im Abschnitt »Per FTP-Programm viele Dateien auf einmal hochladen« auf Seite 246.

Das TYPO3-Taskcenter: Ihre persönliche Organisationszentrale im Backend

Was ist ein Taskcenter? Mit dem TYPO3-Taskcenter kommunizieren Sie mit Ihren Redakteurskollegen (falls vorhanden), führen ein internes Notizbuch, haben schnellen Zugriff auf Ihre zuletzt besuchten Seiten und können Arbeitsabläufe automatisieren. Sie finden das Taskcenter im Modul *Benutzer* – dort heißt es allerdings nur *Aufgaben*.

Seit der TYPO3-Version 4.0 ist ein Großteil dieser Funktionen allerdings standardmäßig deaktiviert bzw. muss noch installiert werden. Das Taskcenter enthält in seiner Grundversion lediglich den Zugriff auf sogenannte »Export Presets«, also auf vordefinierte Exportoptionen für Seiten. Das Taskcenter kann allerdings durch die Installation verschiedener Extensions um einige sinnvolle Funktionen erweitert werden. Erfahren Sie mehr dazu im Folgenden.

Das Taskcenter bietet Ihnen mit seinen Funktionen ein wichtiges Instrument, um die Arbeit in Ihrem TYPO3-Web besser zu organisieren und zentral zu verwalten. Natürlich können Sie auch über Ihr ganz normales E-Mail-Programm, wie zum Beispiel Outlook, Thunderbird oder Mail, Nachrichten an beteiligte Redakteure versenden. Sie können Ihre Notizen ebenfalls in anderen Hilfsprogrammen verwalten, allerdings würden sich diese Informationen wahrscheinlich auf mehrere Tools verteilen und wären für Sie nicht zentral im TYPO3-Backend verfügbar. Mit dem TYPO3-Taskcenter verwalten Sie Ihre wichtigen Korrespondenzen an zentraler Stelle, genau da, wo sie auch gebraucht werden.

Wählen Sie in Ihren Benutzereinstellungen die Option *Beim Starten das Modul Aufgaben aufrufen*. Ab dem nächsten Einlogvorgang werden Sie vom Taskcenter empfangen und sehen Ihre E-Mails und Notizen am Anfang jeder TYPO3-Sitzung.

Voreinstellungen für den Export

Hier befinden sich alle verfügbaren Voreinstellungen für den Export von Daten des jeweils angemeldeten Benutzers. Diese Presets werden angelegt, indem im Kontextmenü einer Seite oder eines Seitenbaums die Option *Teilbereichsaktionen* gewählt wird. Anschließend wird aus dem folgenden Menü die Option *Exportieren in .t3d* gewählt.

Solche Exporte können Sie beispielsweise verwenden, um eine Seite oder einen Seitenbaum in eine andere TYPO3-Installation zu importieren. Wann kann so etwas sinnvoll sein? Innerhalb einer TYPO3-Website wird diese Funktion kaum Verwendung finden. Wenn Sie hier Inhalte, Seiten oder Seitenbäume duplizieren möchten, können Sie auf die Zwischenablage oder auf die Kopierfunktion im Seitenbaum zurückgreifen. Anders verhält es sich, wenn Inhalte auf anderen TYPO3-Webseiten verwendet werden sollen. Vielleicht haben Sie in einem Web eine aufwendige Tabelle erstellt und möchten diese nun – anstatt sie mühsam neu anzulegen – importieren. Dann ist der Weg über den Export und Import der Seite auf jeden Fall anzuraten.

Eigentlich werden Exportvoreinstellungen auf der Seite abgelegt, auf der sie auch erzeugt werden. Im Taskcenter werden aber alle im TYPO3-Web erzeugten Presets aufgelistet, um die Suche danach zu vereinfachen. Soweit vorhanden, könnte ein solches Preset hier angewählt und direkt auf der betreffenden Seite ausgeführt werden.

Die hier möglichen Konfigurationen sind relativ komplex. Fragen Sie zu diesem Vorgang am besten Ihren Administrator.

Letzte Seiten

Das Modul, das für diese Funktionen zuständig ist, nennt sich *taskcenter_recent* und muss vom Administrator nachinstalliert werden.

Wählen Sie im Submodul *Aufgaben* die Aktionsbox *Letzte Seiten* an. Anschließend sehen Sie in der Deatilansicht die letzten von Ihnen bearbeiteten Seiten und Datensätze auf einen Blick. Wenn Sie eine Seite per Mausklick auf die Seitenbezeichnung auswählen, werden Sie direkt in die entsprechende Editiermaske des jeweiligen Elements weitergeleitet. Diese Erweiterung eignet sich hervorragend dazu, einen Überblick über die eigenen letzten Aktivitäten zu erhalten. Wenn Sie sich nicht sicher sind, auf welcher Seite oder in welchem Inhaltselement Sie zuletzt gearbeitet haben, sehen Sie einfach hier nach (Abbildung 10-12).

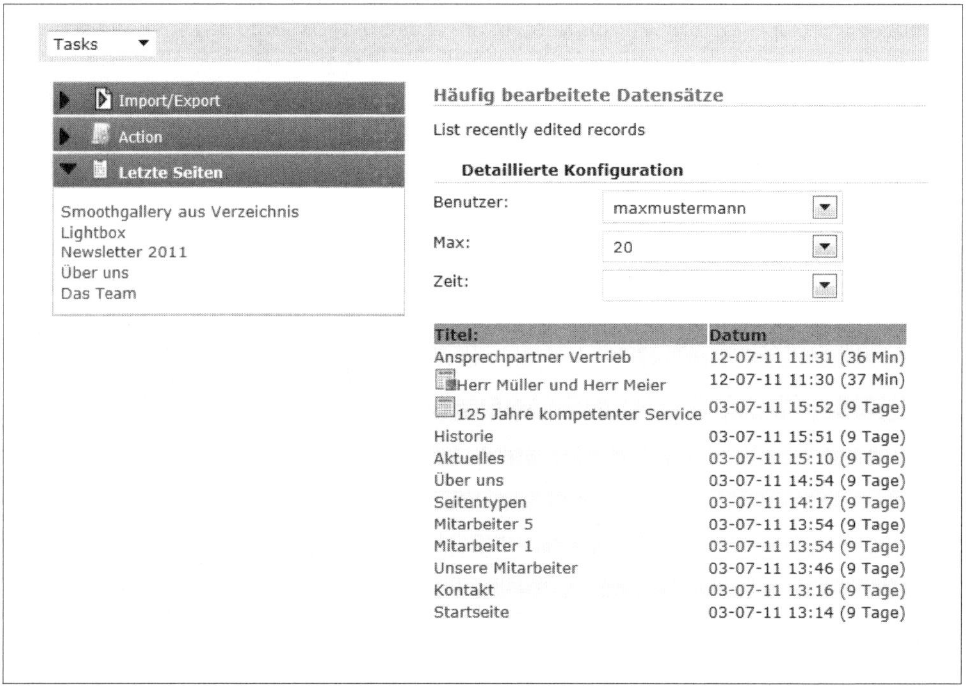

Abbildung 10-12: Die zuletzt bearbeiteten Datensätze in der Übersicht

Actions

Das Modul, das für diese Funktionen zuständig ist, nennt sich *sys_action* und muss vom Administrator nachinstalliert werden.

Dieses Modul bietet eine ganze Reihe von möglichen sinnvollen Erleichterungen für Redakteure. Wie der Name ahnen lässt, können Aktionen definiert und ausgeführt werden, die immer wiederkehrende Arbeitsabläufe einfach auf Knopfdruck ausführen, ohne den sonst üblichen Weg gehen zu müssen, der eventuell um einiges aufwendiger ist. Das Modul vereinfacht nicht nur Arbeitsabläufe, es ermöglicht auch, ausgesuchten Redakteuren lediglich fest definierte Aktionen ausführen zu lassen. So kann man hier definieren, dass ein Redakteur nur die Seite mit dem Speiseplan editieren darf und dort auch nur den Plan selbst. Oder eine Redakteurin legt nur Akronyme an oder darf vorhandene ändern. Lesen Sie mehr zum Thema Akronyme in Kapitel 5.

Bevor die Aktionen im Taskcenter zur Verfügung stehen, müssen sie allerdings im Aufgabencenter angelegt worden sein.

Wählen Sie dazu die Aktionsbox *Action* im Aufgaben-Modul und anschließend die Option *Create a new action*. Es gibt in der nun folgenden Editiermaske verschiedene Typen von Aktionen:

Create Backend User

Mit diesem Aktionstyp erzeugen Sie per Klick einen Backend-User mit einem vorhandenen User als Vorbild. Im Feld *Beschreibung* können Sie für sich oder Ihre Kollegen eine Beschreibung hinterlassen, die keine Auswirkung auf die Funktion hat, sondern nur als Gedankenstütze oder Erläuterung dient.

Im Dialogfeld *Assign Action to groups* definieren Sie, welche Redakteursgruppe und damit alle Mitglieder dieser Gruppe die Aktion verwenden dürfen.

Unter *User prefix* können Sie ein Präfix definieren, das jedem neuen Usernamen automatisiert vorangestellt wird. Dies kann bei großen Mengen von Benutzern sinnvoll sein, um die Listenansicht übersichtlicher zu gestalten.

Im Bereich *Template user* definieren Sie, auf welchem bereits existierenden User jeder durch diese Aktion erzeugte User basiert, der damit auch alle Rechte der Vorlage erbt.

Im Dialog *Groups which may be assigned through the action* definieren Sie, welche Gruppen dem Redakteur beim Anlegen eines neuen Users zur Verfügung stehen.

Die Option *Create User Home Directory* kann aktiviert werden, um beim Ausführen dieser Aktion automatisch ein »persönliches Verzeichnis« für den neuen Benutzer anzulegen. Über ein solches Verzeichnis verfügt der jeweilige Benutzer dann allein. Er erhält beispielsweise auch ein eigenes Upload-Verzeichnis, in das nur er Dateien hochladen kann. Allerdings muss der Administrator hier die Voraussetzungen geschaffen haben.

SQL-query

Dieser Aktionstyp setzt fundiertes Wissen im Umgang mit der Datenbanksprache SQL – in den meisten Fällen wird TYPO3 mit einer MySQL-Datenbank verwendet – und den in TYPO3 zur Verfügung stehenden Datenbanktabellen voraus. Verfügen Sie über beides, können Sie quasi jede erdenkliche Aktion an dieser Stelle hinterlegen. Ein Beispiel: Auf Ihrer Website existieren Inhaltselemente, die immer einem gewissen Schema entsprechen. Für diese Inhalte können Sie nun eine SQL-Abfrage hinterlegen, die in etwa folgender Aussage entspricht: »Suche alle Inhalte der gesamten Website, die die Attribute A und B besitzen.« Da Sie vollständige SQL-Queries verwenden können, beschränkt sich der Einsatz nicht nur auf die Suche, Sie können vielmehr die gefundenen Datensätze auch gleich aktualisieren. Richtig eingesetzt, erhält jeder Redakteur ein mächtiges Werkzeug, um immer wiederkehrende Abläufe zu automatisieren.

Record list

Diese Aktion erzeugt mit einem Klick eine Listenansicht von ausgesuchten Seiten oder Inhaltselementen. Dabei werden alle Elemente des gewählten Typs in der Listenansicht im Detailbereich dargestellt, also beispielsweise nur alle News oder alle Adressdatensätze auf einer bestimmten Seite. Mit der Option *List pid* legen Sie die Seite fest, die als Ausgangspunkt dient, und mit dem Auswahlfeld *List only table* schließlich die Elemente. Zur Verfügung stehen dabei diverse Elemente, die alle unterhalb des Optionsfelds in Form kleiner Icons abgebildet sind.

Edit records

Mit dieser Aktion können Sie mit einem Klick bereits bestehende Seiten und Inhalte bearbeiten, also beispielsweise nur den Speiseplan oder eine andere Einzelseite. Im Optionsfeld *Records to edit* wählen Sie beliebige Inhaltselemente und/oder beliebige Seiten. Alle hier gewählten Inhaltselemente und Seiten werden beim Ausführen der Aktion in einer Listenansicht dargestellt und stehen dann zum Editieren zur Verfügung.

New record

Mit diesem Aktionstyp können Sie per Klick verschiedene Elemente erzeugen. Im Optionsfeld *Where to create records* definieren Sie den Ort (die Seite), an dem der neue Datensatz angelegt wird. *Create records in table* definiert schlussendlich den Typ des Elements. Zur Verfügung stehen dabei diverse Elemente, die alle unterhalb des Optionsfelds in Form kleiner Icons abgebildet sind.

Sind die gewünschten Aktionen erst einmal angelegt, stehen sie dann auch endlich im Taskcenter unter dem Eintrag *Actions* zur Auswahl bereit. Alle definierten Aktionen werden in einer einfachen Liste aufgeführt und können nun angewählt werden. Je nach vorheriger Definition wird anschließend einfach die Aktion ausgeführt, die vorher wie oben beschrieben definiert wurde. Es wird also das Dialogfeld zum Anlegen einer neuen Seite geöffnet, oder eine Liste mit fest definierten Inhaltselementen wird angezeigt, oder das Dialogfeld zum Anlegen eines neuen Backend-Users wir aufgerufen usw.

Sollen Mitarbeiter nur minimalste Aufgaben ausführen dürfen, beschränken Sie deren Redakteursrechte derart, dass Inhalte nur über die Actions angelegt oder bearbeitet werden können. Sowohl der Schulungs- als auch der Arbeitsaufwand minimieren sich dadurch drastisch.

KAPITEL 11

Workspaces und Workflow

In diesem Kapitel erfahren Sie, wie Sie mit *Workspaces* Vorabversionen einzelner Seiten und Inhaltselemente erstellen und wie Sie in TYPO3 mit *Workflows* arbeiten, in denen festgelegt ist, wer was wann und wie bearbeiten kann.

> Das Modul *Arbeitsumgebungen* wurde übrigens mit dem Erscheinen der TYPO3-Version 4.5 komplett überarbeitet. Sollten Sie mit einer älteren Version von TYPO3 arbeiten, orientieren Sie sich besser an der vorherigen Version des *TYPO3-Handbuchs für Redakteure* (Auflage 2).

Vorab sollen zunächst einmal einige Begriffe erläutert und voneinander abgegrenzt werden:

Workspaces oder Arbeitsumgebungen
: Mit Workspaces stehen Ihnen im TYPO3-Backend eigene Arbeitsumgebungen zur Verfügung, in denen Sie auch unabhängig von der Live-Version einer Website (die Version, die jeder Besucher im Frontend sieht) arbeiten und Versionen von Seiten und Seiteninhalten anlegen können, ohne dass diese automatisch direkt für alle Website-Besucher sichtbar sind. Man unterscheidet in TYPO3 daher zwischen einer *LIVE-Arbeitsumgebung* und einer *Entwurfsarbeitsumgebung*. Administratoren können verschiedene Arbeitsumgebungen in Form von Workspaces mit unterschiedlichen Rechten für Redakteure im TYPO3-Backend anlegen.

Workflow
: Unter einem Workflow versteht man den festgelegten Ablauf der einzelnen Arbeitsschritte bei der Aktualisierung und Erstellung von Inhalten und deren Definition und Kontrolle per Workflow-Management. Dabei können die von Redakteuren erstellten Seiten und Seiteninhalte von einem übergeordneten Redakteur (Chefredakteur) geprüft, gegebenenfalls redigiert, zurückgewiesen oder freigegeben und damit online gestellt werden. Workflows oder Arbeitsabläufe werden also eingesetzt, um kontrolliertes Publizieren zu ermöglichen. Bis zur TYPO3-Version 4 exis-

tierte in TYPO3 kein ernst zu nehmendes Workflow-Management. Seiten und deren Inhalte konnten nur auf *Versteckt* oder *Sichtbar* gestellt werden, um sofortiges Publizieren zu verhindern.

Workspaces (Arbeitsumgebungen)

Bei Workspaces handelt es sich um abgegrenzte Arbeitsumgebungen des TYPO3-Backends. Seit der Einführung des Workspace-Modells in TYPO3 ist es möglich, innerhalb einer Arbeitsumgebung Änderungen an verschiedenen Stellen einer Website vorzunehmen, die direkt nach der Speicherung – wie bereits gewohnt – online sichtbar sind (LIVE-Arbeitsumgebung), aber auch in einer Umgebung zu arbeiten, in der die Änderungen nicht direkt von Besuchern online gesehen werden können (eigene Entwurfsumgebung). Die Veränderungen sind also immer nur in dem Workspace, in dem sie vorgenommen werden, sichtbar. Änderungen im LIVE-Workspace wirken sich hingegen immer auf alle Workspaces aus. Für den Einsatz der verschiedenen Workspaces gibt es unterschiedliche mögliche Szenarien:

- Sie möchten einige Ihrer Website-Inhalte bearbeiten, sodass diese nach der Speicherung auch sofort für jedermann online zu sehen sind. Falls Sie einen Inhalt einmal noch nicht sofort online sichtbar machen möchten, reicht es vollkommen aus, wenn Sie mit der *Seite deaktivieren-* oder mit der *In Menüs verbergen*-Option von Seiten und Seiteninhaltselementen arbeiten. Für Sie ist die LIVE-Arbeitsumgebung genau die richtige: Jede Inhaltsänderung geht nach der Speicherung sofort online, jede gelöschte Seite ist im Frontend Ihrer Website direkt unsichtbar. Diese Arbeitsumgebung ist übrigens auch die am häufigsten verwendete.
- Sie möchten an mehreren Stellen Ihrer Website Änderungen vornehmen, Daten aktualisieren und neue Inhalte hinzufügen, ohne dass diese direkt online auf Ihrer Website erscheinen. Sie bevorzugen es, diese Änderungen dann – auf einen Schlag – per Knopfdruck online zu stellen, und möchten damit verhindern, dass jemand Ihre Inhalte als Besucher online sieht, obwohl sie noch nicht komplett fertig sind. Sonst könnte es passieren, dass eine Seite eventuell schon online ist, aber ein darin enthaltener Text bereits auf eine andere Seite verweist, die von Ihnen noch gar nicht fertiggestellt wurde. Sie sollten in einer Entwurfsumgebung arbeiten und Ihre Inhalte selbstständig zu einem von Ihnen frei gewählten Zeitpunkt für alle Besucher sichtbar online schalten.
- Sie sind als Redakteur im Erstellen und Publizieren der Website-Inhalte Teil eines kontrollierten Arbeitsablaufs, dem sogenannten Workflow. Dabei sollen Ihre erstellten Seiten und Seiteninhalte von einem übergeordneten Redakteur (Chefredakteur) zunächst geprüft, redigiert und dann eventuell wieder zur Korrektur an Sie zurückgegeben werden. Sie überarbeiten die Inhalte, legen sie erneut Ihrem Chefredakteur vor, damit er sie freigibt und online stellt oder bei Bedarf erneut zur weiteren Korrek-

tur an Sie zurücksendet. Wer die Inhalte letztendlich publizieren darf, kann bei diesem Modell individuell festgelegt werden! Sie sind in einer eigenen Entwurfsumgebung, diesmal aber mit vom Administrator festgelegten Benutzerrollen und Berechtigungen versehen, richtig aufgehoben.

In der Basiseinstallation von TYPO3 ist eine Arbeitsumgebung eingerichtet: Die LIVE-Arbeitsumgebung ist die bisher gewohnte Arbeitsumgebung, in der Änderungen vorgenommen und direkt publiziert werden können. Lassen Sie sich von Ihrem Administrator eine eigene Entwurfsumgebung einrichten, in der Sie Änderungen zur Veröffentlichung aktiv publizieren müssen, denn ansonsten bleiben Ihre neuen oder geänderten Elemente für die Öffentlichkeit unsichtbar. Den eigenen Entwurfs-Workspace erkennen Sie an der orangefarbenen Unterlegung in der obersten Leiste des TYPO3-Backends. Außerdem ist der oben rechts angezeigte Benutzername mit dem Zusatz *@Entwurfsumgebung* versehen. In dem Auswahlfeld am oberen rechten Fensterrand Ihres Browsers können Sie zwischen den Workspaces wechseln, wenn Sie für mehrere Arbeitsumgebungen die Berechtigung haben (Abbildung 11-1).

Abbildung 11-1: Die Workspace-Kennung im Backend und das Auswahlfeld für die Arbeitsumgebungen

Wenn Sie vom LIVE-Workspace in einen anderen Workspace wechseln, wird Ihr Browserfenster aktualisiert, und Sie erhalten – je nach Rechtevergabe – eventuell eine andere Ansicht der Modulleiste und des Seitenbaums. Nicht alle Extensions unterstützen übrigens das Workspace-Modell, und daher kann es vorkommen, dass Inhalte, die mit solchen Extensions erstellt werden, außerhalb des LIVE-Workspace nur gelesen (betrachtet), aber nicht bearbeitet werden können. Welche Erweiterungen kompatibel sind, können Sie oder kann Ihr Administrator eventuell den jeweiligen Extension-Dokumentationen entnehmen.

Es kann durchaus sein, dass Sie nicht zwischen verschiedenen Arbeitsumgebungen wechseln können, da sie eventuell in einen Workflow integriert sind. Vielleicht stehen Ihnen auch einige andere der oben aufgeführten Möglichkeiten nicht zur Verfügung. Lesen Sie mehr zum Thema Workflow unter »Mit Workflows arbeiten« auf Seite 370.

Eigene Arbeitsumgebungen erstellen

Die Voraussetzung für die Arbeit in einem eigenen Workspace ist das Anlegen und Einrichten einer neuen Arbeitsumgebung. Wählen Sie dazu das Submodul *Liste* innerhalb der Modulgruppe Web und anschließend die oberste Ebene in Ihrem Seitenbaum (den Root-Level). In der Detailansicht können Sie mit der Funktion *Neuer Datensatz → Systemdatensätze → Neue Arbeitsumgebung* den Dialog zur Erstellung einer Arbeitsumgebung aufrufen. Auf den verschiedenen Registerkarten stehen folgende Funktionen zur Verfügung:

Die Registerkarte Allgemein

Titel
: Vergeben Sie hier einen möglichst eindeutigen Titel. Der Titel wird im späteren Verlauf im Auswahlfeld für den Wechsel zwischen den Arbeitsumgebungen angezeigt.

Beschreibung
: Beschreiben Sie hier den Zweck der Arbeitsumgebung. Dieser Text wird in der Arbeitsumgebungsverwaltung angezeigt und soll Benutzern und Verwaltern der Arbeitsumgebungen den Zweck der jeweiligen Workspaces erläutern.

Die Registerkarte Benutzer

Besitzer
: Die Besitzer der Arbeitsumgebung können Mitglieder und Redakteure der Gruppe hinzufügen und die Einstiegspunkte der Seitenbäume festlegen. Außerdem sind nur sie berechtigt, Inhalte zu veröffentlichen. Hier sind sowohl einzelne Benutzer als auch Benutzergruppen erlaubt!

Mitglieder
: Bei Mitgliedern kann es sich um einzelne Backend-Benutzer, aber auch um Gruppen handeln. Sie können Inhalte zwar bearbeiten, aber nicht veröffentlichen. Sie können bearbeitete Inhalte lediglich an Chefredakteure zur Begutachtung oder Veröffentlichung weiterleiten. Nur wenn sie auch Zugriff auf die LIVE-Arbeitsumgebung haben, sind sie in der Lage, Inhalte zu publizieren.

E-Mail-Benachrichtigung bei Phasenänderung
: Wird die Stufe eines Inhaltselements geändert, z.B. von *Bearbeiten* auf *Begutachten*, können Benutzer der Arbeitsumgebung per E-Mail davon in Kenntnis gesetzt werden. An dieser Stelle wird das Verhalten dieses Vorgangs definiert. Ist die Option *Nur Benutzer der nächsten Stufe benachrichtigen* aktiviert, wird immer nur die übergeordnete oder die entsprechende nachgeordnete Instanz benachrichtigt. Ist stattdessen die Option *Alle Benutzer bei jeder Änderung benachrichtigen* aktiviert, werden folgerichtig alle Benutzer über jede Aktion informiert. Diese letzte Option erzeugt natürlich auch ein entsprechendes E-Mail-Aufkommen bei allen Beteiligten.

Die Registerkarte Verzeichnisfreigaben

Datenbankfreigaben
: Die hier angegebenen Datenbankfreigaben bestimmen den Einstiegspunkt des Redakteurs im Seitenbaum. Durch unterschiedliche Datenbankfreigaben können Arbeitsumgebungen auch verschiedenen Seitenbäumen zugeordnet werden.

Verzeichnisfreigaben
: In Entwurfsarbeitsumgebungen sind Verzeichnisfreigaben standardmäßig nicht aktiviert. Fügen Sie an dieser Stelle Dateifreigaben hinzu, um Ihren Redakteuren Zugriff auf Bilder und Dateien in der Medienverwaltung zu ermöglichen.

Die Registerkarte Veröffentlichung

Veröffentlichen
: Hier können Sie ein Datum definieren, an dem alle in der Arbeitsumgebung vorgenommenen Änderungen »auf einen Schlag« veröffentlicht werden. Dazu wird allerdings ein entsprechender Cronjob benötigt. Fragen Sie zu diesem Thema Ihren Administrator.

Die Registerkarte Stufen

Auf dieser Registerkarte können Sie Arbeitsumgebungsstufen erzeugen, die bei einem möglichen Workflow Anwendung finden. Ohne die Anlage eigener Stufen existieren nur die beiden vorgegebenen Stufen *Bearbeiten* und *Bereit zum Veröffentlichen*, die an dieser Stelle allerdings nicht sichtbar sind! Mit der Funktion *Neu anlegen* erzeugen Sie eine neue, frei definierbare Stufe, die im Arbeitsablauf immer zwischen den bereits existierenden Stufen eingefügt wird.

Titel
: Geben Sie hier die Bezeichnung der Stufe ein, um diese später im Workflow besser zu identifizieren und zu verwenden.

Verantwortliche Personen
: An dieser Stelle definieren Sie den verantwortlichen Redakteur für diese Stufe, dem das jeweilige Inhaltselement bei Stufenänderungen zur Bearbeitung zugewiesen wird. Die hier eingetragenen Benutzer sind auch gleichzeitig mögliche Empfänger der versendeten E-Mails bei Stufenänderungen. Auch hier können Sie wieder einzelne Redakteure und Gruppen zuordnen.

Standardkommentar für E-Mail
: Tragen Sie in dieses Feld einen Standardkommentar ein, der bei Stufenänderungen per E-Mail verschickt wird. Ein solcher Kommentar könnte beispielsweise »Fertig zur Kontrolle/Freischaltung!« lauten. Ist kein Kommentar hinterlegt, kann bei jeder Stufenänderung im Workflow ein individueller Text eingetragen werden.

Die Registerkarte Andere

Bearbeitung einfrieren
: Ist diese Option aktiviert, können innerhalb der Arbeitsumgebung keine Änderungen mehr vorgenommen werden. Aktivieren Sie diese Option, wenn Sie die Arbeitsumgebung für Bearbeitungen sperren, aber nicht löschen möchten.

Live-Bearbeitung von Datensätzen aus Tabellen ohne Versionierung erlauben
: Mittels dieser Option können auch Datensätze im Entwurfs-Workspace bearbeitet werden, für die keine Versionierung aktiviert wurde. Das kann bei Erweiterungen notwendig sein, die von Haus aus keine Versionierung unterstützen. Wenn diese Option aktiviert ist, arbeiten Sie bei solchen Datensätzen in der Live-Version, daher kann das Aktivieren dieser Option nicht empfohlen werden. Wechseln Sie in einem solchen Fall lieber direkt in den LIVE-Workspace, um Ihre Änderungen dort vorzunehmen. Ihr Administrator gibt Ihnen Auskunft darüber, bei welcher Art von Datensätzen eine Bearbeitung im Entwurfs-Workspace nicht ratsam ist.

Automatische Versionierung beim Bearbeiten deaktivieren
: Diese Option verhindert das automatische Erstellen einer neuen Datensatzversion bei dessen Bearbeitung. Versionen von Seiten oder Datensätzen müssen dann bei Bedarf manuell erzeugt werden. In der Regel sollten Sie diese Option nicht aktivieren, um unnötige Komplikationen zu vermeiden. Lesen Sie zu diesem Thema auch den Abschnitt »Versionierung von Datensätzen« auf Seite 374.

Tauschmodus
: Mithilfe der verschiedenen Tauschmodi wird das Verhalten der Arbeitsumgebung beim Austauschvorgang festgelegt. Lesen Sie zu diesem Thema auch den Abschnitt »Workspaces (Arbeitsumgebungen)« auf Seite 362. Ist hier keine Option aktiviert, können Sie Arbeitsumgebungen einfach miteinander tauschen, wobei jeweils die Version in der Entwurfsumgebung durch die Live-Version ersetzt wird. Nur wenn dies verhindert werden soll, muss an dieser Stelle die Option *Austausch mit Arbeitsumgebung deaktivieren* gewählt werden. Dann kann ein Entwurfs-Workspace nur veröffentlicht, aber nicht ausgetauscht werden!

: Die zweite Option (*Austausch mit Arbeitsumgebung bei automatischer Veröffentlichung*) bezieht sich auf die automatisierte Veröffentlichung der Workspaces. Mehr dazu weiter oben unter »Die Registerkarte Veröffentlichung«.

Öffentlicher Zugriff
: Legen Sie mit diesen Optionen die Feinheiten für die Veröffentlichung fest. *Nur Inhalte der Stufe »Veröffentlichen« veröffentlichen* legt fest, dass Inhalte diese letzte Stufe im Workflow auch tatsächlich erreicht haben müssen, bevor sie live geschaltet werden. Ist diese Option nicht gewählt, kann ein Element auch auf einer anderen Stufe veröffentlicht werden. Wenn die Option *Nur Besitzer der Arbeitsumgebung kann veröffentlichen* aktiviert ist, bedeutet dies, dass ein Redakteur, der im Bereich *Mitglieder* eingetragen ist, Inhalte nicht freischalten kann. Dies bleibt dann allein dem Besitzer der Entwurfsarbeitsumgebung vorbehalten.

Ab dem Zeitpunkt, an dem ein neuer Entwurfs-Workspace eingerichtet und den Redakteuren zugewiesen ist, kann in der Entwurfsumgebung gearbeitet werden, bevor die

Inhalte schließlich im LIVE-Workspace veröffentlicht werden. Solange dies noch nicht geschehen ist, können Redakteure nur in der LIVE-Umgebung Inhalte publizieren.

Best Practice: Inhalte pflegen mit der Entwurfsarbeitsumgebung und anschließender Veröffentlichung im LIVE-Workspace

Wählen Sie die folgende Art des Arbeitsablaufs, wenn Sie mit Ihren Rechten Inhalte selbstständig erzeugen, ändern und publizieren können. Mit dem LIVE-Workspace und dem Entwurfs-Workspace haben Sie bereits alle Möglichkeiten, Ihre Entwürfe selbst vor der Veröffentlichung zu überprüfen oder bei Bedarf noch vor dem Onlinegang von anderen Kollegen kontrollieren zu lassen. Mit diesem System können Sie Ihre Änderungen zwar auch zur Überprüfung vorlegen, Sie können sie aber ebenfalls selbst veröffentlichen. Für ein – im Gegensatz dazu – aufwendigeres Workflow-System benötigen Sie zusätzliche Benutzer mit fest definierten Rollen und einem abgestuften Berechtigungssystem. Erfahren Sie mehr zum Thema Workflow unter »Mit Workflows arbeiten« auf Seite 370.

Im Folgenden beschreiben wir einen Arbeitsablauf in einer Entwurfsarbeitsumgebung:

Eine Besonderheit des Entwurfs-Workspace ist die Vorschaufunktion, in der Sie Entwurfs- und Live-Version im direkten Vergleich nebeneinander sehen können. Wechseln Sie dafür über das Auswahlmenü am oberen Bildschirmrand in die Entwurfsarbeitsumgebung. Als Nächstes wird sich das Backend neu laden, um eventuelle Unterschiede zwischen beiden Arbeitsumgebungen, die mit Ihren Benutzerrechten zusammenhängen, auszugleichen. Die Entwurfsumgebung erkennen Sie an der gestreiften orangefarbenen Unterlegung der oberen Leiste und dem Kürzel *@Entwurfsumgebung* – oder dem von Ihnen vergebenen Namen – hinter Ihrem Benutzernamen.

Beginnen Sie jetzt damit, eine bestehende Seite bzw. deren Inhalte zu bearbeiten oder legen Sie eine neue Seite inklusive neuer Inhalte an. Das System erzeugt automatisch eine neue Version der Seite oder des Inhaltselements. Die geänderte Seite wird im Seitenbaum farbig gekennzeichnet.

Wenn Sie alle Inhalte zur Überprüfung fertiggestellt haben, betätigen Sie die Vorschaufunktion der Seite oder die Vorschaufunktion eines Inhaltselements. Es öffnet sich ein neues Fenster mit der visuellen Vorschau der Entwurfsumgebung (Abbildung 11-2).

Mithilfe des Schiebereglers (Slider) rechts oben kann in dieser Ansicht zwischen Live- und Entwurfsansicht gewechselt werden. Mit der Funktion in der oberen rechten Ecke können Sie den Modus dieser Voransicht wechseln.

Slider
: Die voreingestellte Option *Slider* erlaubt es, mittels des Schiebereglers zwischen Live- und Entwurfsversion zu wechseln.

Vertikal
: Die Option *Vertikal* stellt beide Zustände der Website untereinander dar.

Horizontal
: Diese Option bildet beide Versionen nebeneinander ab.

Abbildung 11-2: Die Vorschau im Workspace

Um Ihre neuen oder geänderten Inhalte zu veröffentlichen, wechseln Sie zurück ins Backend und wählen das Submodul *Arbeitsumgebungen* in der Modulgruppe *Web*.

Die Ansicht im Modul *Arbeitsumgebungen* bzw. die Menge der Datensätze differiert je nach Wahl des Ausgangspunkts im Seitenbaum. Wählen Sie die oberste Seite im Seitenbaum, um alle veränderten Inhalte der gesamten Website angezeigt zu bekommen, oder nur eine Seite, um nur die dort geänderten Inhalte zu sehen.

Mit der Funktion *Generate Workspace Preview Link* können Sie eine URL erzeugen, mit der Sie anderen Personen, z.B. Kollegen oder vorgesetzten Redakteuren, eine Voransicht der Seite zusenden können. Klicken Sie dafür auf den Link und kopieren Sie die Adresse aus der Adresszeile des Browsers in eine E-Mail. Der Link kann ohne Backend-Zugang angesurft werden (Abbildung 11-3).

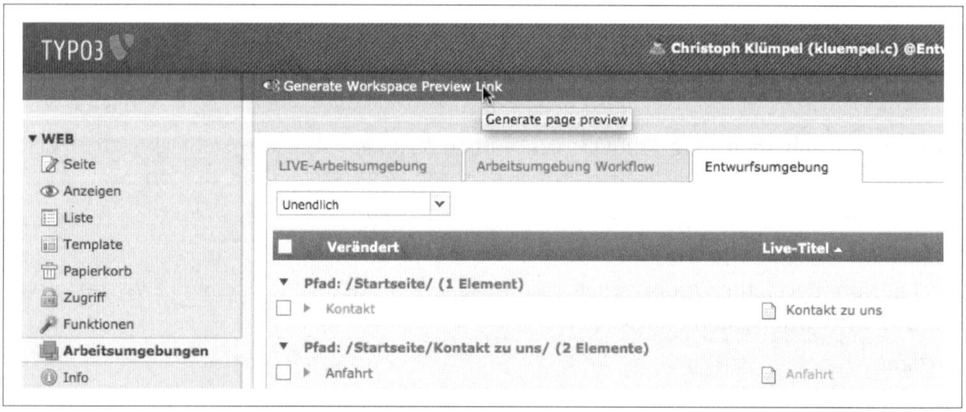

Abbildung 11-3: Die Funktion zur Erzeugung des Vorschaulinks

Die tabellarische Darstellung der Inhaltselemente im Modul *Arbeitsumgebungen* erlaubt Ihnen, beide Versionen eines Datensatzes direkt zu vergleichen. Klicken Sie auf den Pfeil ▶, um die Unterschiede zwischen Entwurfs- und Live-Version anzuzeigen. Um einen geänderten Datensatz gezielt zu veröffentlichen, klicken Sie auf das Icon ⇆. Die Live- und die Arbeitsumgebungsversion des Datensatzes werden nun getauscht. Der vorherige Entwurf ist jetzt in der Live-Version der Website sichtbar, und der ehemalige Live-Zustand des Datensatzes befindet sich in der Entwurfsumgebung.

Um alle Inhalte der Entwurfsumgebung zu veröffentlichen, aktivieren Sie alle Checkboxen der aufgelisteten Datensätze und wählen die Option *Veröffentlichen* aus den Massenaktionen links unten in der Detailansicht (Abbildung 11-4). Die Inhalte sind nun online und »verschwinden« gleichzeitig aus der Ansicht des Moduls.

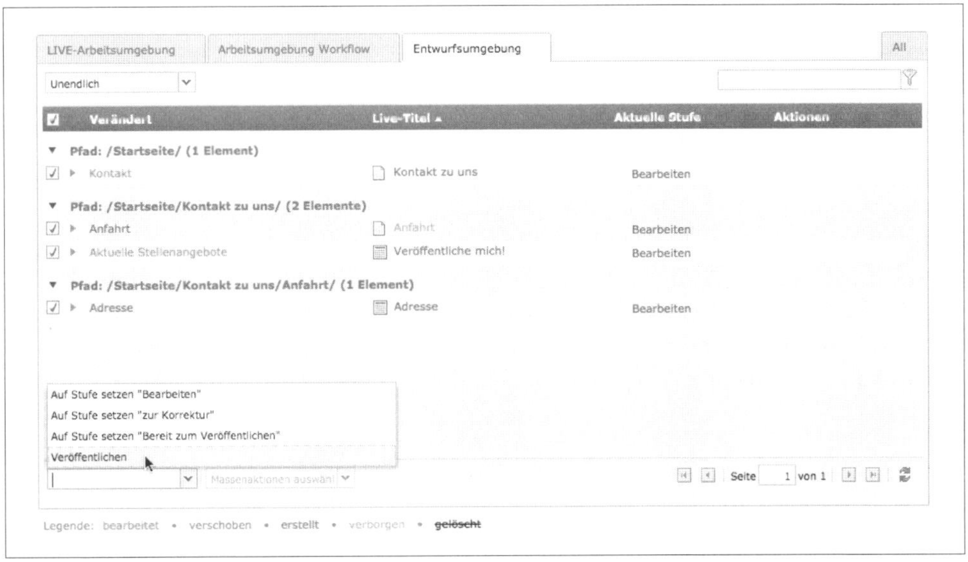

Abbildung 11-4: Mehrere Inhalte gleichzeitig veröffentlichen

Mit dieser Aktion ist die Veröffentlichung der Entwurfsarbeit abgeschlossen. Sie können nun weitere Inhalte auf dieselbe Art entwerfen oder bestehende Inhalte bearbeiten.

> Die nötigen Rechte vorausgesetzt, können Sie im Modul *Arbeitsumgebungen* auch in einen anderen Workspace wechseln, indem Sie auf eine der zur Verfügung stehenden anderen Registerkarten klicken. Aber Achtung: Sie verlassen die bisherige Arbeitsumgebung und befinden sich nicht mehr in dem vorher gewählten Workspace!

Mit Workflows arbeiten

Was ist ein Workflow? Ein Workflow in TYPO3 ist ein einfacher Arbeitsablauf, in dem allen beteiligten Mitgliedern entsprechende Rollen vor der Veröffentlichung zugewiesen werden. Die Basis des Workflow bilden dabei die Redakteure. Ihnen folgen die Gutachter, also die höher gelegene Prüfungsinstanz, und schließlich die Veröffentlicher, wobei alle Instanzen in diesem System Inhalte erzeugen, aber nur die Veröffentlicher diese auch publizieren können. Dabei werden die einzelnen Inhaltselemente über verschiedene Stufen – in TYPO3 auch Staging genannt – zur Veröffentlichung gebracht. Ob diese Rollen so oder anders heißen oder sogar andere Rechte als die oben erwähnten haben, hängt übrigens vom Administrator ab, der die Rollen, Rechte und deren Bezeichnungen zuerst anlegen muss.

Voraussetzung ist also ein vom Administrator neu angelegter Workspace, der die Nutzerrechte der beteiligten Rolleninhaber regelt.

Wie kann der Arbeitsablauf in einem solchen System aussehen?

Am Anfang des Workflow-Prozesses steht der Redakteur. Erstellen Sie als Redakteur in der Entwurfsarbeitsumgebung eine neue Seite im Seitenbaum und die dazugehörigen Inhaltselemente oder ändern Sie vorhandene Inhalte. Wechseln Sie nach getaner Arbeit in das Modul *Arbeitsumgebungen*. Wählen Sie die neue oder geänderte Seite an. In der Arbeitsumgebungsverwaltung werden alle neuen Elemente nun tabellarisch abgebildet. Wählen Sie ein beliebiges Element an, indem Sie auf den Pfeil ▶ vor dem Inhaltselement klicken. Das Element inklusive der soeben vorgenommenen Änderungen öffnet sich anschließend in einer neuen Ansicht (Abbildung 11-5).

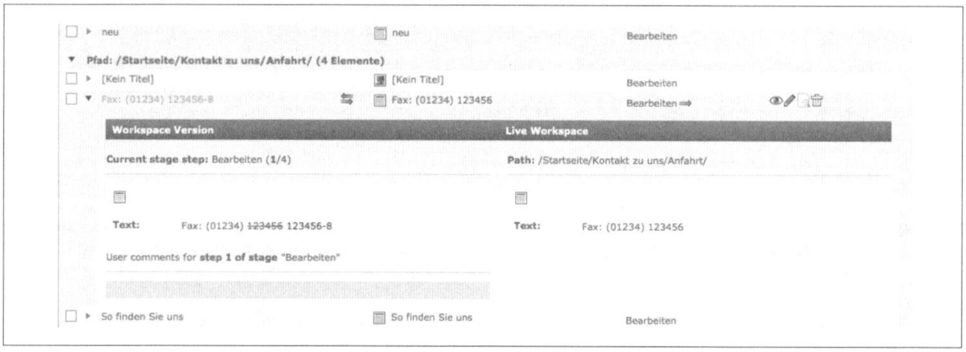

Abbildung 11-5: Geänderte Inhaltselemente im Modul Arbeitsumgebungen

Bewegen Sie, wie in der Abbildung oben gezeigt, die Maus über die erste Zeile eines Tabelleneintrags. Je nach den Ihnen zugeteilten Rechten werden verschiedene Optionen eingeblendet, und Sie haben folgende Bearbeitungsmöglichkeiten des gewählten Datensatzes:

Live- und Arbeitsumgebungsversion des Datensatzes tauschen

Mit dieser Funktion tauschen Sie beide Versionen des Datensatzes gegeneinander aus. Das heißt, die Version, die sich gerade noch im LIVE-Workspace befand, ist nun im Entwurfs-Workspace vorhanden und umgekehrt.

Datensatz auf vorherige Stufe absenken

Diese Funktion steht nur zur Verfügung, wenn das Inhaltselement bereits auf einer höheren Stufe als der Grundstufe ist. Dann kann es mit dieser Funktion zur erneuten Bearbeitung zurückgewiesen werden.

Datensatz auf nächste Stufe erhöhen

Mit dieser Option wird das Inhaltselement auf die nächsthöhere Stufe, z.B. zur Kontrolle durch einen Gutachter, befördert.

Vorschau für Element anzeigen

Wird diese Funktion ausgeführt, öffnet sich in einem neuen Fenster die Vorschaufunktion des Workspace.

Element bearbeiten

Klicken Sie auf diese Option, um in die Bearbeitungsmaske des Datensatzes zu gelangen.

Seitenversion öffnen

Klicken Sie hier, um auf die aktuelle Seite inklusive aller Inhaltselemente zu gelangen.

Element aus Workspace entfernen

Bei Betätigung dieser Option entfernen Sie das Element bzw. dessen Entwurfsversion aus dem aktuellen Workspace.

Wenn Sie das Staging des Datensatzes ändern, also ihn beispielsweise zur Kontrolle an einen Gutachter übermitteln, öffnet sich ein Dialogfeld, in dem Sie bestimmen können, ob E-Mails an alle Beteiligten verschickt werden sollen, und in dem Sie weitere Empfänger eintragen und wahlweise eine persönliche Nachricht verfassen können (Abbildung 11-6).

Die E-Mails, die im Rahmen dieses Dialogs verschickt werden, informieren die Beteiligten des Arbeitsablaufs über aktuelle Änderungen. Auf diese Art werden Redakteure auch informiert, wenn sie nicht täglich in TYPO3 angemeldet sind, und können so zeitnah reagieren.

Nach Bestätigung des Prozesses schließt sich das Fenster, und der Datensatz wird in die nächste Stufe gehoben. Visualisiert wird dies in der Spalte *Aktuelle Stufe*. Dort ist sichtbar, welcher Stufe jeder geänderte Datensatz zugeordnet ist.

Wird ein Datensatz einem Gutachter zur Kontrolle übermittelt, kann dieser seinerseits das Element ohne oder mit eigenen Änderungen versehen zum Veröffentlicher mit der Bitte um Freigabe weiterleiten. Erneut wird eine Benachrichtigung – in diesem Fall an den Veröffentlicher – verschickt, und wiederum ändert sich der Status des Elements in

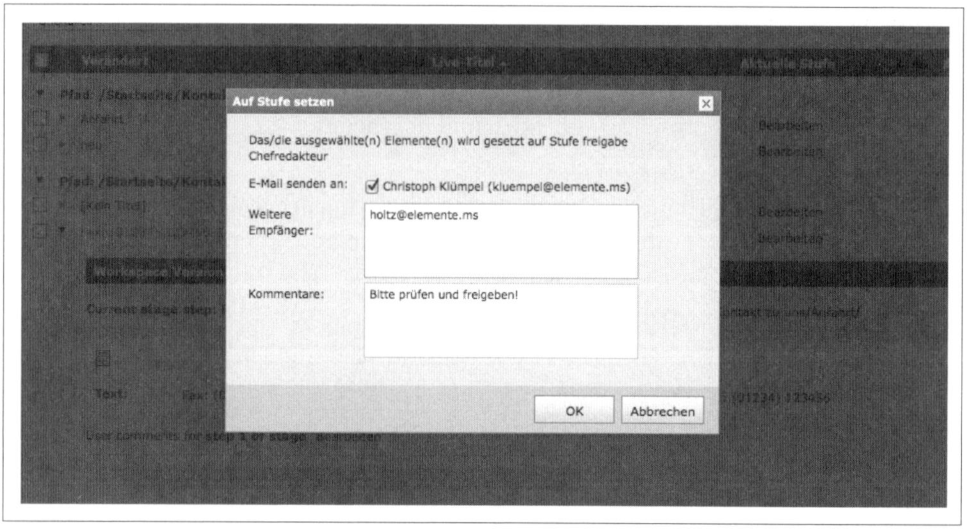

Abbildung 11-6: Dialogfeld zum Versand der E-Mails im Workflow

Bereit zum Veröffentlichen. Der Gutachter und der Veröffentlicher haben aber beide die Möglichkeit, ihre Freigabe und die Veröffentlichung zu verweigern, indem sie den Datensatz auf die vorherige Stufe absenken. Bei jeder dieser Statusänderungen öffnet sich der Dialog, in dem Kommentare und E-Mail-Empfänger eingetragen werden können. So können Elemente beliebig oft zur Prüfung und Freigabe vorgelegt oder auch abgelehnt werden, bis sie schließlich vom Veröffentlicher publiziert werden.

Es existieren zwei vorgegebene Stufen im TYPO3-Workflow: *Bearbeiten* und *Bereit zum Veröffentlichen*. Die Veröffentlichung selbst erfolgt mit Betätigung der nächsten Stufe nach *Bereit zum Veröffentlichen*. Mit der Veröffentlichung ist der Workflow für das Inhaltselement beendet. Es verschwindet aus dem entsprechenden Workspace.

In der Praxis kann es durchaus vorkommen, dass Redakteure eigenständig Inhalte veröffentlichen sollen. Sie verwenden die Arbeitsumgebung also eher für ihre eigene Entwurfsarbeit und zur Vorschau. Redakteure eines echten Workflow haben aber meist nicht das Recht, Veröffentlichungen vorzunehmen. Das ist, wie bereits erwähnt, nur dem Besitzer der Arbeitsumgebung vorbehalten. Soll dieser Ablauf umgangen werden, bleibt entweder der Wechsel in die LIVE-Arbeitsumgebung, um dort die Veröffentlichung vorzunehmen, oder die Redakteure werden ebenfalls zu Besitzern der Arbeitsumgebung gemacht.

> Die vom System versendeten E-Mails sind in englischer Sprache verfasst und wirken auf nicht mit der Sprache vertraute Personen eher befremdlich. Wie Sie die Textbausteine »eindeutschen« können, erfahren Sie unter »Text der Benachrichtigungs-E-Mail anpassen« auf Seite 499.

Die Farben im Workspace

Wenn Sie eine neue Seite in einem Workspace anlegen, wird diese im Seitenbaum des Backends hellorange hinterlegt. Die Farbe soll schon von außen signalisieren, was ansonsten nur im Modul *Arbeitsumgebungen* zu sehen ist: Achtung, hier ist etwas geändert, aber noch nicht freigeschaltet worden.

Wenn Sie im Modul *Arbeitsumgebungen* Datensätze aus den verschiedenen Workspaces miteinander vergleichen, werden Sie auf unterschiedliche Farbdarstellungen und Auszeichnungen treffen.

Orange
: Diese Auszeichnung markiert einen in der LIVE-Version vorhandenen Datensatz, der lediglich bearbeitet wurde.

Blau
: Wenn Datensätze im Layout verschoben wurden, werden sie blau markiert.

Grün
: Neue Inhalte werden grün dargestellt.

Grau
: Die graue Darstellung findet bei allen ausgeblendeten (nicht gelöschten!) Inhalten Anwendung.

Durchgestrichen
: Diese Markierung kennzeichnet gelöschte Inhalte.

Bei der Veröffentlichung oder der Entfernung von Inhalten verschwinden nicht nur die Inhalte, sondern auch alle Farbmarkierungen aus der Arbeitsumgebung.

> Das Farbsystem im Workspace hat sich im Lauf der Zeit mehrfach geändert. Tatsächlich gibt es in älteren TYPO3-Systemen auch andere Farben. Diese Farbcodes hier alle aufzuführen, würde den Rahmen sprengen. Wenn Sie eine neue oder ungewöhnliche Farbe wahrnehmen, ist die wichtige Information allerdings immer gleich: Achtung, hier hat sich etwas geändert!

Übersicht: Workspaces – Workflow

In der folgenden Tabelle werden die wichtigsten Unterschiede zwischen der Standard-LIVE-Arbeitsumgebung und einem eigenen Workspace mit Workflow dargestellt.

Tabelle 11-1: Workspaces – Workflow

Arbeitsumgebung	Beschreibung	Layoutvorschau	Workflow
LIVE-Workspace	Ist das bekannte Backend. Es wird »live« gearbeitet und publiziert.	Der Nutzer kann über versteckte Seiten Layouts erstellen oder veröffentlichen.	Workflow ist nur manuell möglich. Es existieren keine Rollen.
Eigener Workspace → Workflow	Es wird in einer Testumgebung gearbeitet. Inhalte sind bis zur Veröffentlichung nicht online.	LIVE- und Entwurfsversion können miteinander verglichen werden. Austausch oder Publikation von Seiten und Elementen nach Bedarf.	Workflow bedingt die Zuweisung von Rollen für einen definierten Veröffentlichungsprozess: Redakteur → Gutachter → Veröffentlicher

Versionierung von Datensätzen

Wenn Sie im Entwurfs-Workspace einen Datensatz oder eine Seite bearbeiten, wird immer eine neue Version des betreffenden Elements erzeugt. Diese Versionen sind die eigentliche Grundlage für die Arbeit im Workspace. Denn nur so können Versionen miteinander verglichen und ausgetauscht werden. Um die Versionen außerhalb des Moduls *Arbeitsumgebungen* zu sehen, wählen Sie über *Web → Liste* eine Seite im Seitenbaum und beachten in der Listenansicht der vorhandenen Datensätze die Versionierungs-Icons. Aktivieren Sie zuvor das Optionsfeld *Erweiterte Ansicht*, um eventuell nicht sichtbare Icons einzublenden. Falls nur eine Live-Version existiert, sieht ein Icon unverändert so aus: . Haben Sie aber durch Ihre Arbeit im Workspace automatisch eine neue Version erzeugt, hat sich das Icon wie folgt geändert: . So sehen Sie schon in der Listenansicht, ob und wie viele Datensätze einer Seite versioniert wurden (Abbildung 11-7).

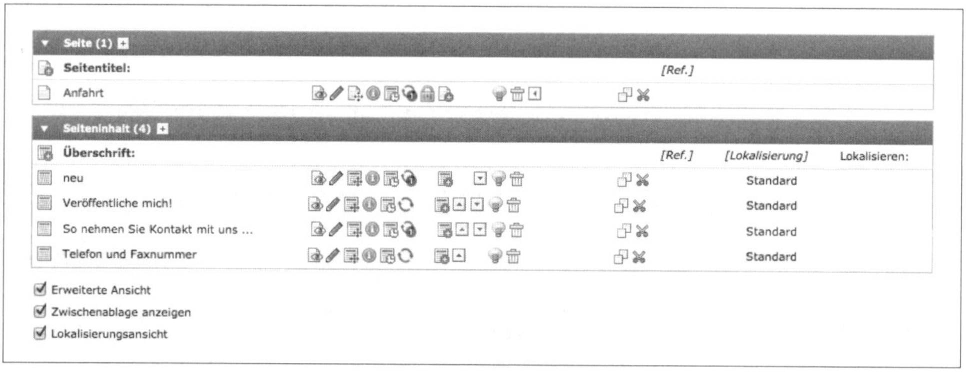

Abbildung 11-7: Versionierte Datensätze in der Listenansicht

Bis zur TYPO3-Version 4.5 war es wahlweise möglich, entweder nur im Workspace-Modus oder nur im Versionierungsmodus zu arbeiten. Das heißt, man konnte im Live-Workspace auch nur Versionierungen von Seitenbäumen, Seiten und Inhaltselementen anlegen, ohne in die Enwurfsarbeitsumgebung wechseln zu müssen. Aufgrund der sehr komplexen Arbeitsweise, die sich daraus ergab, und den technischen Unzulänglichkeiten des Versionierungssystems ist dies jetzt aber nicht mehr möglich. Wie bereits erwähnt, ist das System der Workspaces und Versionierungen grundsätzlich überarbeitet worden. Während sich die Arbeit mit und in den Entwurfsumgebungen vereinfacht hat, ist die Versionsverwaltung so gut wie unbenutzbar geworden.

Uns bleibt an dieser Stelle nur die Empfehlung auszusprechen, auf manuelle Versionierung von Datensätzen zu verzichten und sich ausschließlich auf die Arbeit in den verschiedenen Workspaces zu beschränken.

Fazit

Durch die Überarbeitung des kompletten Workspace-Moduls für die TYPO3-Version 4.5 ist die Arbeit mit den Arbeitsumgebungen und dem Workflow ein ganzes Stück einfacher geworden. In älteren TYPO3-Versionen ist das System zugegebenermaßen noch fehlerhaft und schlecht zu gebrauchen. Das hat sich aber deutlich geändert. Richtig konfiguriert, bietet es einen deutlichen Vorteil in der täglichen Redakteursarbeit. Wenn auch für viele Anwendungen ein klassischer Workflow nicht benötigt wird, so ist allein das Arbeiten in einer – von außen nicht sichtbaren – Entwurfsumgebung die Auseinandersetzung mit dem System wert. Wenn Sie bisher dazu neigten, unsichtbare Seiten oder Seiten vom Typ *nicht im Menü* anzulegen, nur um in Ruhe Ihre Inhalte einzupflegen, können Sie nun getrost frei arbeiten. Die Arbeit in der eigenen Entwurfsumgebung vereinfacht so manches. Die Seite, die Sie erstellen oder bearbeiten möchten, kann, quasi ohne einen Gedanken an die Live-Version der Website zu »verschwenden«, layoutet werden. Nach getaner Arbeit veröffentlichen Sie einfach die Seite oder erzeugen einen temporären Link zur Kontrolle für Kollegen oder Vorgesetzte.

Verlassen Sie sich drauf: Wer sich einmal an das System der Entwurfsarbeitsumgebung gewöhnt hat, möchte es nicht mehr missen!

KAPITEL 12

TYPO3-Konfiguration auf einen Blick

Erfahren Sie in diesem Kapitel, wie man die Benutzereinstellungen von TYPO3 individuell anpasst, indem man das Backend nach den eigenen Wünschen gestaltet, und welche Browsereinstellungen notwendig sind, um mit TYPO3 effizient zu arbeiten.

TYPO3 personalisieren: Benutzereinstellungen

Das Modul *Benutzerwerkzeuge → Einstellungen* ist für die Konfiguration Ihres TYPO3-Backend-Benutzerprofils zuständig (Abbildung 12-1). Die Angaben beeinflussen u.a. den Aufbau des Backends, dessen Funktionen und Ihre Sicherheitseinstellungen. Seit Einführung der TYPO3-Version 4.2 sind die verschiedenen Einstellungsmöglichkeiten auf mehreren Registerkarten zu finden: *Persönliche Daten*, *Beim Start*, *Bearbeiten und erweiterte Funktionen* und *Rich-Text-Editor*. Falls Sie als Administrator angemeldet sind, erscheint noch die Registerkarte *Admin-Funktionen*.

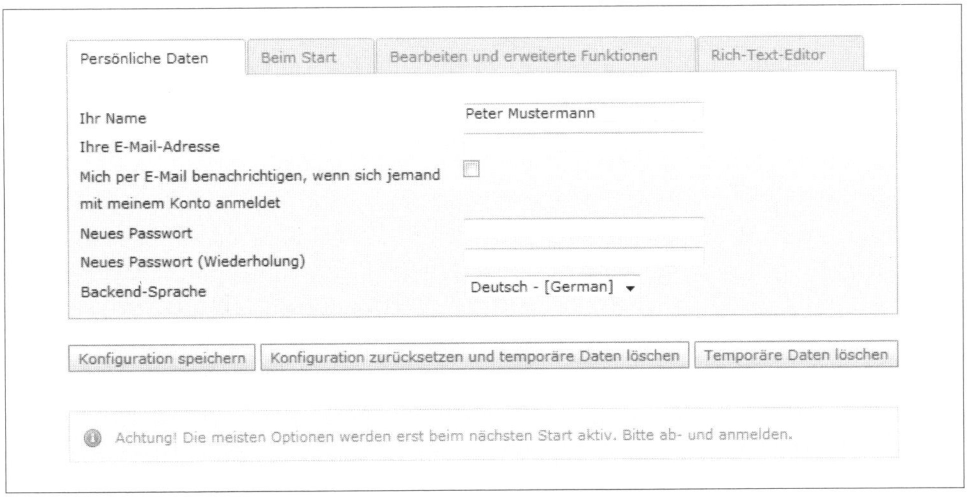

Abbildung 12-1: Bearbeitungsmaske Benutzerwerkzeuge → Einstellungen

Unterhalb der Registerkarten befinden sich die drei Buttons *Konfiguration speichern* zum Speichern Ihrer Benutzereinstellungen und *Konfiguration zurücksetzen und temporäre Daten löschen* sowie *Temporäre Daten löschen.* Mit dieser Option können Sie alle Werte innerhalb dieses Moduls auf ihre Standardwerte zurücksetzen. Natürlich sind Ihr Benutzername, Ihre E-Mail-Adresse und Ihr Passwort nicht davon betroffen, denn diese haben keine Standardwerte.

Beachten Sie, dass die meisten Optionen erst beim nächsten Start von TYPO3 aktiv werden. Daher sollten Sie sich nach Änderungen zunächst einmal ab- und wieder anmelden.

Registerkarte Persönliche Daten

Auf dieser Registerkarte können folgende Einstellungen vorgenommen werden:

Ihr Name
: Hier können Sie Ihren Namen eintragen.

Ihre E-Mail-Adresse
: Tragen Sie hier eine gültige E-Mail-Adresse ein. Ab und an kann es passieren, dass TYPO3 Ihnen eine E-Mail schicken möchte. Wird hier eine falsche Adresse angegeben, kann TYPO3 die E-Mails an Sie nicht versenden.

Mich per E-Mail benachrichtigen, wenn sich jemand mit meinem Konto anmeldet
: Eine Sicherheitsmaßnahme, mit der Sie feststellen können, ob Ihre Benutzerkennung eventuell missbraucht wird. Versucht sich jemand mit Ihrem Benutzernamen, aber mit einem falschen Passwort im Backend einzuloggen, generiert TYPO3 eine E-Mail und versendet sie an die hier eingetragene E-Mail-Adresse.

Neues Passwort, Neues Passwort (Wiederholung)
: Hier können Sie das Passwort, das Sie vom Administrator bekommen haben, in ein Passwort ändern, das allein Ihnen bekannt ist. Nur so können Sie sicherstellen, dass die Änderungen an der Website auch wirklich von Ihnen stammen. Im zweiten Feld müssen Sie Ihr neues Passwort wiederholen. Es wird überprüft, ob beide Passwörter übereinstimmen – ist das nicht der Fall, wird Ihr Passwort nicht von TYPO3 geändert. Passwörter werden verschlüsselt und als Punkte dargestellt, sobald Sie das Eingabefeld mit der Maus verlassen. Zu Ihrer Sicherheit werden keine Klartextpasswörter von TYPO3 über das Internet gesendet.

Backend-Sprache
: Wählen Sie hier die Sprache aus, in der Sie das TYPO3-Backend bedienen möchten. Damit können Sie fast alle Bereiche und Funktionen in Ihrer Sprache benutzen. Bis jetzt wurde TYPO3 bereits in mehr als 40 Sprachen übersetzt, Englisch ist allerdings die Standardsprache, und man findet immer noch nicht übersetzte Erweiterungen, die nur in Englisch vorliegen.

Registerkarte Beim Start

Auf dieser Registerkarte können folgende Einstellungen vorgenommen werden:

Schmale Ansicht im Backend verwenden (bis zur Version 4.5)

Mit den Standardeinstellungen ist das TYPO3-Backend optisch und funktional in die drei Hauptbereiche Modulleiste, Navigationsleiste und Detailansicht aufgeteilt. Im Normalfall wird der Seitenbaum der Website im zweiten Bereich von links, in der Navigationsleiste, abgebildet. Sollten Sie nur eine geringe Bildschirmauflösung zur Verfügung haben, kann es sinnvoll sein, auf die schmale Backend-Ansicht umzustellen, da das Backend dann nur noch mit zwei Bereichen dargestellt wird – die Navigationsleiste entfällt (Abbildung 12-2). Der Seitenbaum erscheint dann nicht in einem eigenen Bereich, sondern innerhalb der rechten Detailansicht. Dies führt allerdings auch dazu, dass nach einem Klick auf einen Seitentitel im Seitenbaum der Seitenbaum temporär ausgeblendet und die gewählte Seite zur weiteren Bearbeitung im gleichen Bereich aufgerufen wird, da Navigationsleiste und Detailansicht zu einem Bereich verschmolzen sind (Abbildung 12-3). Um eine andere Seite zu bearbeiten, müssen Sie daher zunächst wieder in der Modulleiste auf *Seite* klicken. Die schmale Ansicht nutzt die Breite des Bildschirms besser aus, Sie benötigen aber immer einen Klick mehr, um zu anderen Seiten zu gelangen.

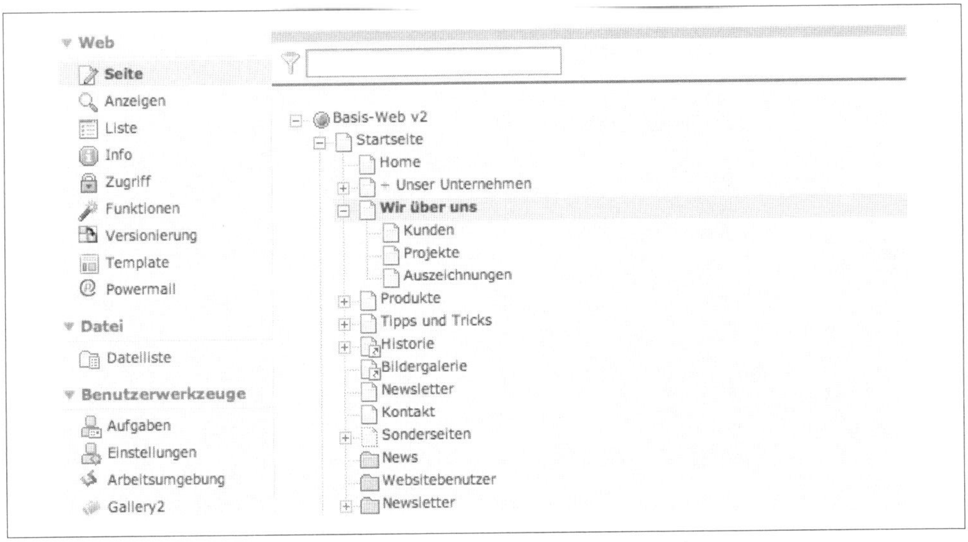

Abbildung 12-2: Schmale Ansicht mit dem Seitenbaum in der Detailansicht

Beim Start folgendes Modul aufrufen

Hier können Sie bestimmen, welche Ansicht Sie zuerst sehen, nachdem Sie sich im TYPO3-Backend angemeldet haben. Standardmäßig ist *Über Module* ausgewählt. Dadurch wird nach dem Login in der Detailansicht zunächst eine Übersicht der zur Verfügung stehenden Module und deren Erläuterungen angezeigt. Es sind aber auch alle anderen TYPO3-Module wählbar. Als Standardeinstellung empfiehlt sich das Modul *Web → Seite*, damit wird bei jedem Start das Modul angezeigt, in dem die meisten Redakteure regelmäßig arbeiten (Abbildung 12-4).

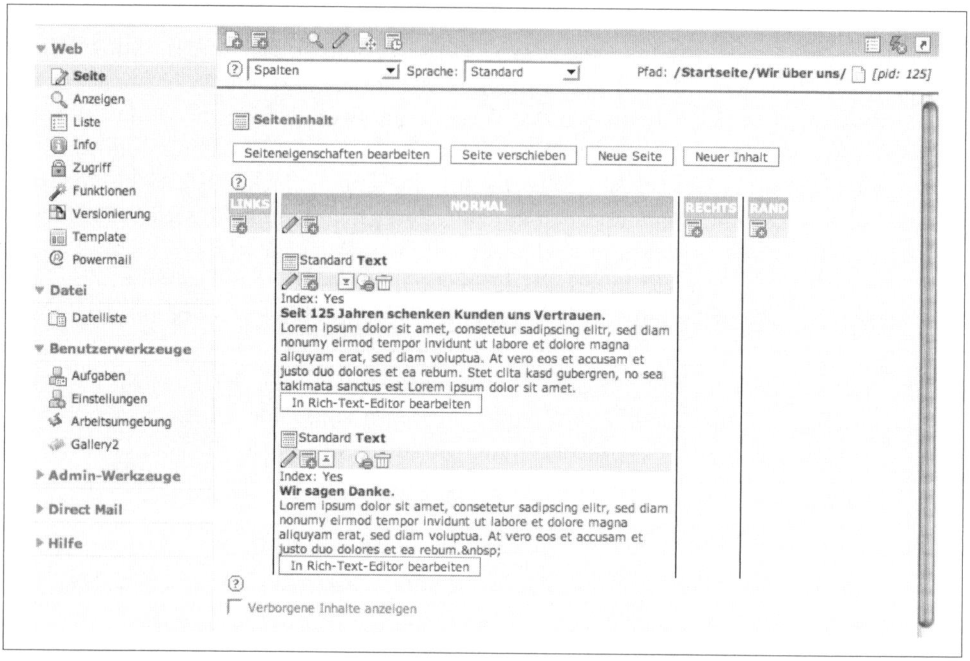

Abbildung 12-3: Schmale Ansicht nach angeklicktem Seitentitel im Detailbereich

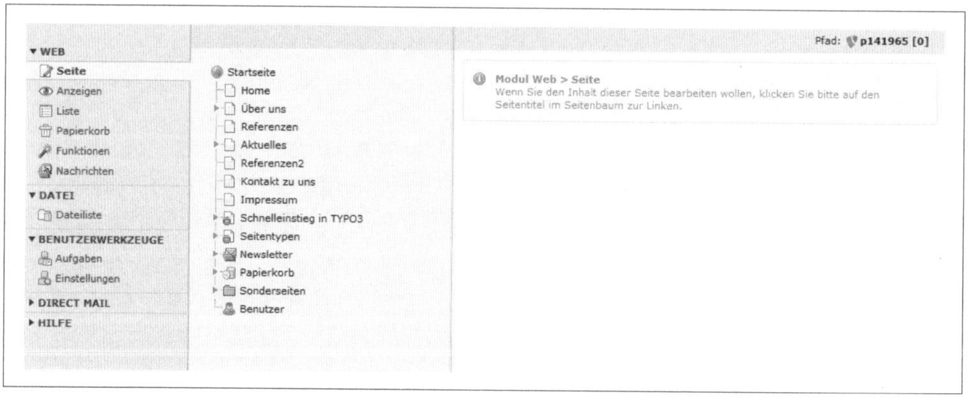

Abbildung 12-4: Darstellung des Moduls Seite direkt nach dem Login

Vorschaubilder standardmäßig anzeigen

Vorschaubilder, auch Thumbnails genannt, sind kleine, »daumennagelgroße« Miniaturausgaben von Bildern oder PDFs. TYPO3 zeigt diese Bilder zur besseren Orientierung an verschiedenen Stellen im Backend an, unter anderem in Editiermasken von Inhaltselementen oder im TYPO3-Element-Browser (Abbildung 12-5). Die Option definiert die Anzeige der Vorschaubilder als Standard.

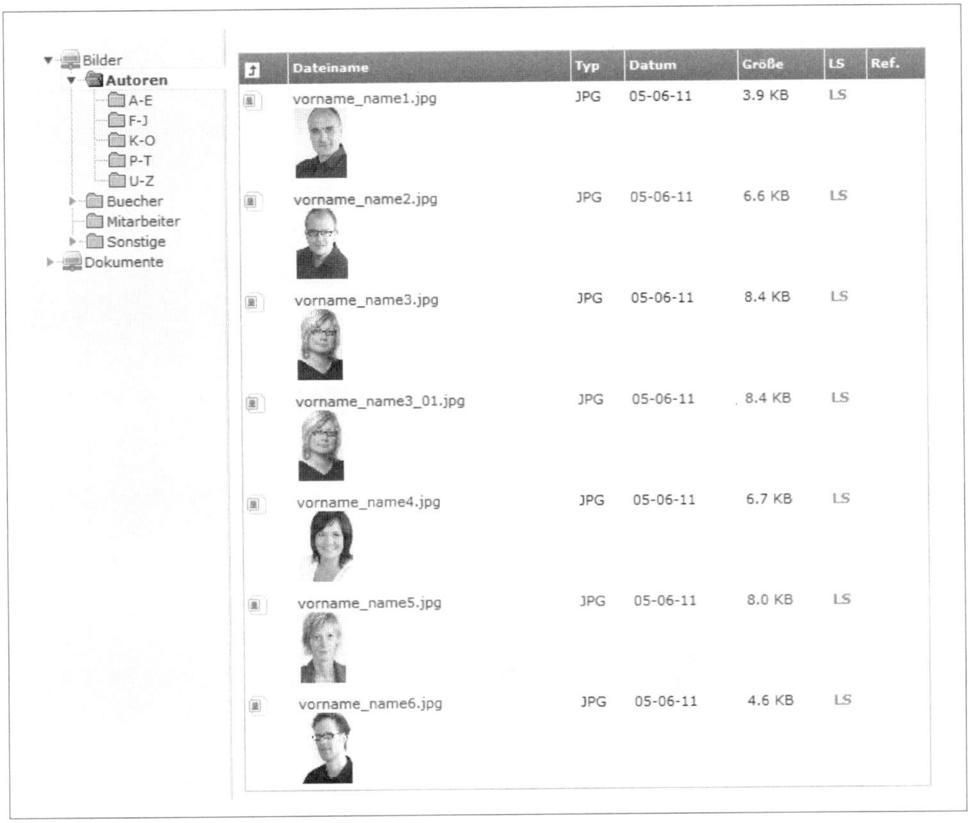

Abbildung 12-5: Anzeige von Thumbnails im Element-Browser

Hilfetexte anzeigen, wenn möglich (bis zur Version 4.5)
TYPO3 hilft Ihnen mit dieser Funktion, sich in den zahlreichen Eingabefeldern und Schaltern zurechtzufinden, indem es Ihnen dort Hilfetexte zur Verfügung stellt. Mit dieser Option können die Texte ein- bzw. ausgeblendet werden.

Kontextabhängige Hilfe (in den Versionen vor 4.5)
Legt die Art der Darstellung der kontextsensitiven Hilfe innerhalb von TYPO3 fest. Normalerweise werden Hilfesymbole (in Form kleiner Fragezeichen) neben denjenigen Optionen angezeigt, zu denen Hilfetexte verfügbar sind. Sobald Sie auf eines dieser Symbole klicken, öffnet sich ein Hilfefenster. Sie können mit dieser Option festlegen, dass anstelle der Hilfesymbole die Kurzform der zugehörigen Hilfetexte direkt auf allen Seiten angezeigt wird. Für TYPO3-Neulinge kann es sehr hilfreich sein, wenn sie jederzeit eine Beschreibung der Funktionen vor sich haben. Erfahrene Benutzer hingegen schalten häufig die kontextsensitive Hilfe völlig aus. Sämtliche kontextsensitiven Hilfen sind außerdem, zusammengefasst in Form eines Benutzerhandbuchs, innerhalb des *Hilfe → Handbuch*-Moduls verfügbar.

Aufklappmenü → Nur Hilfesymbole anzeigen (Standard) (bis zur Version 4.5)

Standardmäßig ist die Option *Nur Hilfesymbole anzeigen* gesetzt, Sie erhalten die zugehörigen Hilfetexte durch einen Klick auf das Hilfesymbol (Abbildung 12-6).

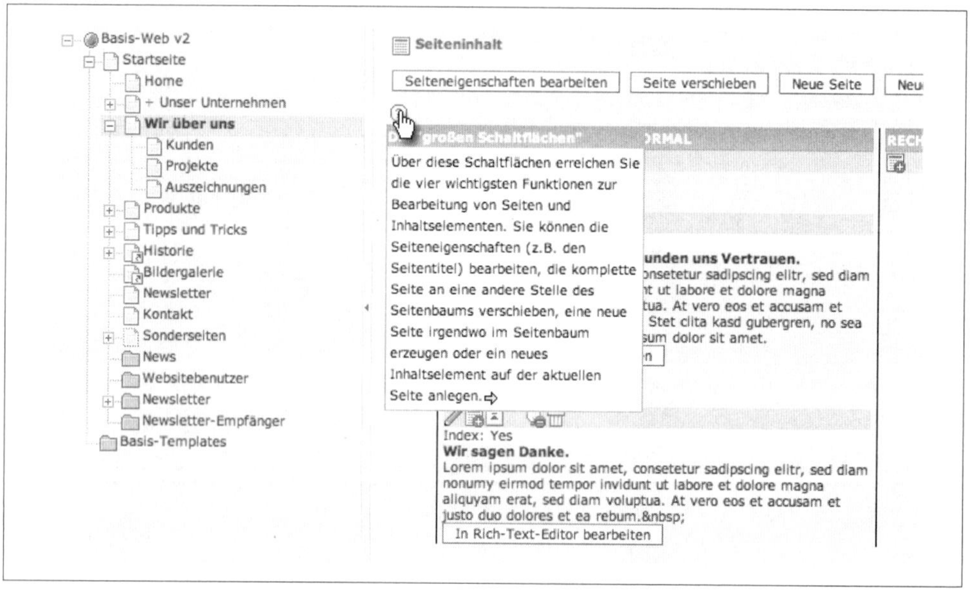

Abbildung 12-6: Nur Hilfesymbole anzeigen

Aufklappmenü → Kompletten Text anzeigen (bis zur Version 4.5)

Mit der Option *Kompletten Text anzeigen* erscheinen die Kurzformen der jeweiligen Hilfetexte in eingerahmten Kästchen. Auch hier öffnet sich ein Hilfefenster mit der Langform des Hilfetexts, sobald Sie das Hilfesymbol anklicken (Abbildung 12-7).

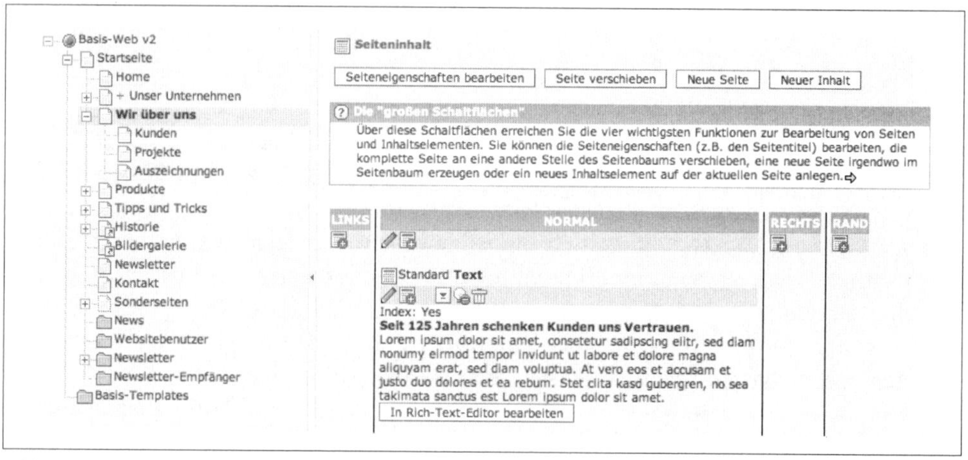

Abbildung 12-7: Kompletten Text anzeigen

Max. Titellänge

Hiermit kann die Anzahl der sichtbaren Zeichen bei Seitentiteln im Seitenbaum festgelegt werden. Beispiel: Wird die maximale Titellänge auf zehn Zeichen beschränkt, werden vom Seitentitel im Seitenbaum und an anderen Stellen im Backend nur maximal die ersten zehn Zeichen angezeigt, egal wie lang der Titel wirklich ist. Ob ein Titel im Seitenbaum dadurch beschnitten wurde, erkennen Sie an den angehängten Auslassungspunkten »...« (Abbildung 12-8).

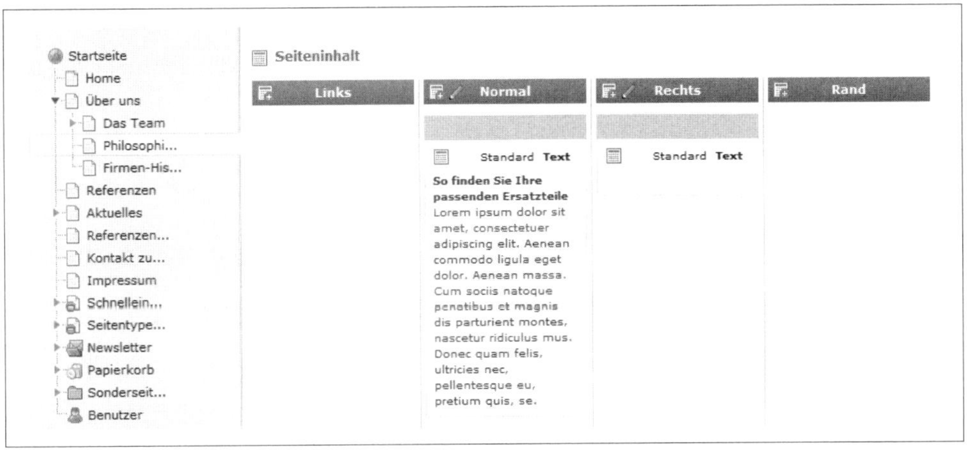

Abbildung 12-8: Seitenbaum mit begrenzter Titellänge

Registerkarte Bearbeiten und erweiterte Funktionen

Auf dieser Registerkarte können folgende Einstellungen vorgenommen werden:

Rich-Text-Editor aktivieren (falls verfügbar)

Mit dieser Option aktivieren oder deaktivieren Sie den Rich Text Editor (RTE). Der RTE ist innerhalb von TYPO3 die komfortabelste Lösung, um ähnlich wie bei bekannten Textverarbeitungsprogrammen Texte zu editieren und auszuzeichnen. Darüber hinaus bietet der RTE noch viele weitere hilfreiche und interessante Möglichkeiten und eignet sich mittlerweile auch ausgezeichnet für die Erstellung von Tabellen. Mehr dazu erfahren Sie im Abschnitt »Tabellen – Daten mit dem RTE übersichtlich einpflegen« in diesem Kapitel.

Einen RTE können Sie nur dann benutzen, wenn die notwendige Erweiterung installiert wurde und Ihr Browser diese darstellen kann. Ab der TYPO3-Version 4.0 gehört standardmäßig die RTE-Erweiterung htmlArea dazu. Die Erweiterung ist bereits sehr gut entwickelt und hat den Vorteil, dass sie mit den gängigen Betriebssystemen und Browserversionen funktioniert.

Breiten Hintergrund anzeigen

Bei aktivierter Option werden die Eingabefelder von TYPO3 um ca. 50% breiter dargestellt. Dadurch wird das Editieren etwas übersichtlicher.

Hochladen von Dateien direkt im Web-Modul
: Mit dieser Option aktivieren Sie direkte Datei-Uploads für alle Backend-Eingabefelder, die das Einbauen bzw. Verlinken von Dateien (Bilder, Dokumente usw.) erlauben (Abbildung 12-9). Obwohl diese Option eine sehr bequeme Möglichkeit bietet, Dateien in Inhaltselemente einzubinden, ist es äußerst empfehlenswert, sie zu deaktivieren. Die Dateien werden dabei nämlich in einen Ordner auf den Server heruntergeladen, der von TYPO3 intern verwaltet wird und für Redakteure nicht zugänglich ist. Die Dateien stehen weder Ihnen noch anderen Redakteuren zur weiteren Verwendung zur Verfügung. Nutzen Sie daher besser den TYPO3-Element-Browser, um Dateien oder Bilder anzuhängen. Er steht Ihnen ebenfalls an allen notwendigen Stellen des Backends zur Verfügung.

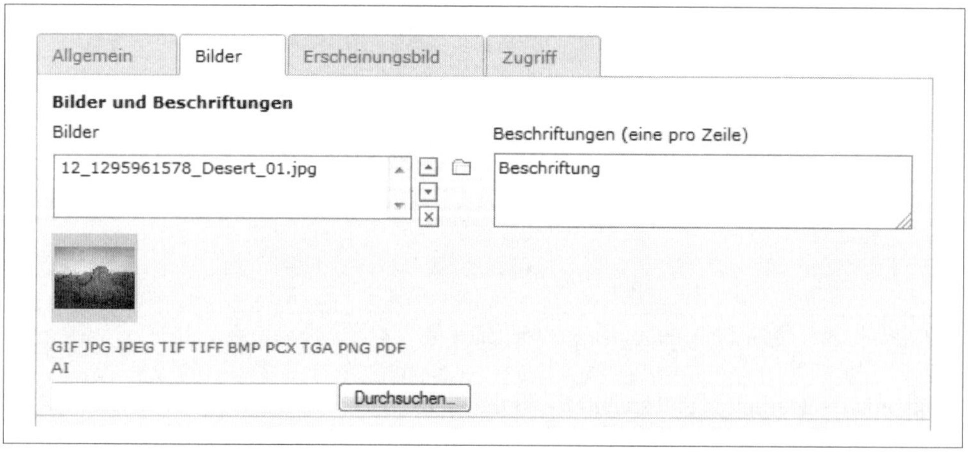

Abbildung 12-9: Aktivierte Datei-Upload-Funktion in einer Inhaltselement-Editiermaske

Flash-Schnittstelle zum Hochladen aktivieren
: Normalerweise müssen Sie Dateien einzeln auswählen, um sie auf den Webserver zur späteren Verwendung hochzuladen. Das kann bei einem Fotoordner mit 100 Bildern recht mühsam sein. Wenn auf Ihrem Computer der Flash Player ab Version 9 installiert ist, können Sie diese Option aktivieren. Damit haben Sie die Möglichkeit, mehrere Dateien auf einmal zu markieren und sie danach in einem Schritt hochzuladen (Abbildung 12-10).

Größe von mehrzeiligen Textfeldern anpassbar machen
: Damit legen Sie fest, ob rechts unten in mehrzeiligen Eingabefeldern eine Art Pfeil erscheint, den Sie mit der Maus greifen können, um die Felder größer bzw. kleiner zu ziehen.

Maximale Höhe in der Größe anpassbarer, mehrzeiliger Textfelder in Pixel
: Hiermit legen Sie die maximale Höhe mehrzeiliger Textfelder in Pixel fest und bestimmen dadurch, wie groß Sie die Felder über die Option *Größe von mehrzeiligen*

Textfeldern anpassbar ziehen können. Der Standardwert und damit auch die Obergrenze liegt bei 600 Pixeln.

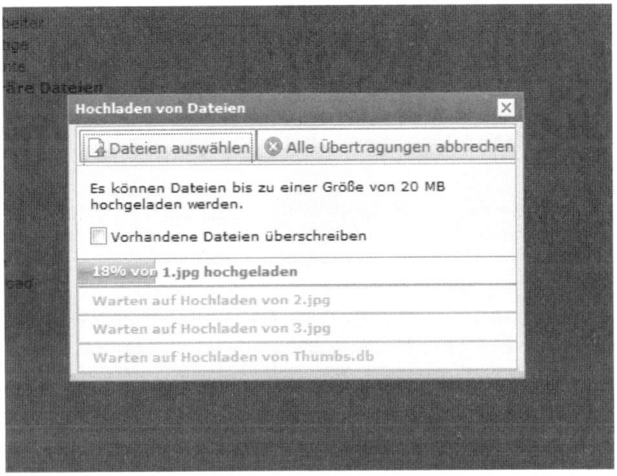

Abbildung 12-10: Datei-Upload-Funktion bei aktivierter Flash-Schnittstelle

Textfelder flexibel machen

Mehrzeilige Textfelder werden bei eingeschalteter Option flexibel, das bedeutet, sie passen sich beim Schreiben automatisch in der Höhe an (Abbildung 12-11).

Abbildung 12-11: Flexible Textfelder in TYPO3

Inhaltskontextmenüs deaktivieren

Durch Anklicken von bestimmten Symbolen, z.B. des Seitensymbols, die oft innerhalb des Backends neben einem Dateinamen oder einem Datensatz angezeigt werden, lässt sich ein Kontextmenü mit verschiedenen TYPO3-Bearbeitungsfunktionen öffnen. Dieses Verhalten lässt sich mit dieser Option abschalten. Die Bearbeitungsfunktionen werden dann am oberen Rand des TYPO3-Backends in einer horizontalen Leiste angezeigt (Abbildung 12-12). Diese Einstellung ist aber nicht unbedingt empfehlenswert, da über das Kontextmenü wichtige TYPO3-Funktionen einfach und schnell zur Verfügung stehen (Abbildung 12-13).

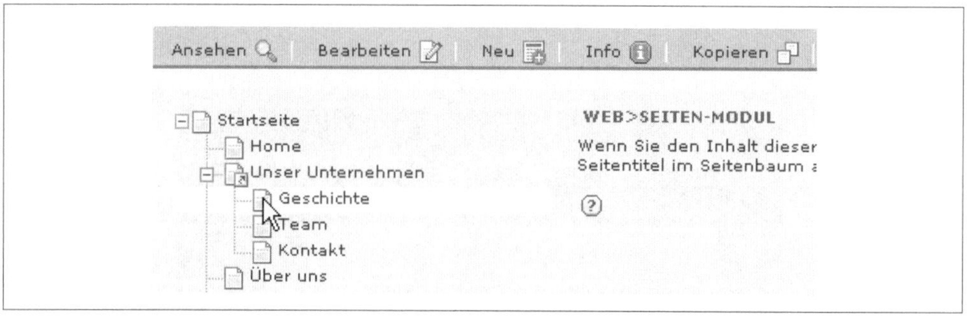

Abbildung 12-12: Backend mit deaktiviertem Kontextmenü und Funktionen in horizontaler Leiste

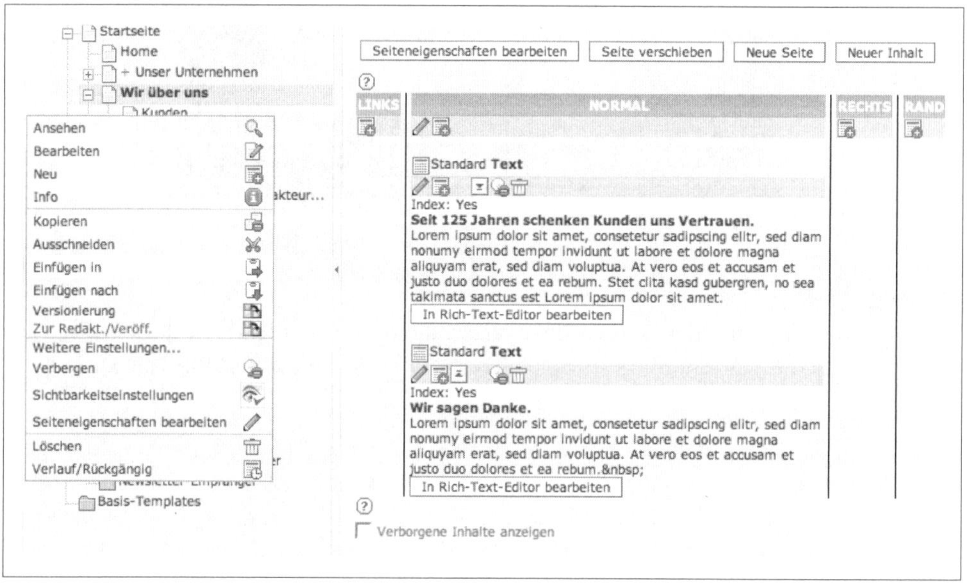

Abbildung 12-13: Kontextmenü einer Seite innerhalb des Seitenbaums

Bitte beachten Sie, dass der normale Rechtsklick, wie Sie ihn aus anderen Betriebssystemen und Programmen kennen, erst ab der TYPO3-Version 4 funktioniert. Bei älteren Versionen wird stattdessen das Kontextmenü des Browsers geöffnet. Hier müssen Sie das Symbol mit der linken Maustaste anklicken, um das TYPO3-Kontextmenü zu aktivieren.

Rekursives Kopieren (Geben Sie die Anzahl der zu kopierenden Unterebenen an)

Mithilfe dieser Option können Sie festlegen, ob beim Kopieren von Seiten die Unterseiten ebenfalls mit kopiert werden sollen. Der Wert für die Tiefe bestimmt die Anzahl der kopierten Ebenen unterhalb der gewählten Seite. Eine hohe Zahl wie zum Beispiel 100 dürfte genügen, um sicherzustellen, dass Sie ganze Seitenäste mit kopieren können. Manchmal ist das aber gar nicht wünschenswert. Ein Beispiel: Sie möchten die Hauptseite eines Seitenasts kopieren und an anderer Stelle im Seitenbaum einsetzen. Ist bei *Rekursives Kopieren* ein Wert ungleich null eingetragen, werden Unterseiten ebenso kopiert, die Sie dann mühsam wieder löschen müssen. Besser ist es, hier kurz in die Einstellungen zu wechseln und den Wert temporär auf *0* zu setzen, um wirklich nur die Hauptseite zu kopieren.

Rekursives Löschen (Erlaube das Löschen ALLER Unterseiten einer zu löschenden Seite)
: Die Funktion erlaubt das Löschen einer Seite einschließlich aller Unterseiten. Normalerweise können Sie keine Seiten löschen, bei denen Unterseiten existieren. Es handelt sich hierbei um eine wichtige Vorsichtsmaßnahme von TYPO3, da mit dieser Option ein kompletter Seitenbaum, also eine ganze Website gelöscht werden kann. Allerdings erfordert der Redakteursalltag sehr oft das Löschen kompletter Seitenästen, daher kommt man um die Aktivierung eigentlich nicht herum.

Beim Löschen von sehr umfangreichen Seitenbäumen, also Seitenbäumen mit vielen Ebenen und Unterseiten, sind eventuell viele Datenbankoperationen notwendig. Dadurch kann es im Extremfall noch vor Beendigung der Löschoperation zu absturzähnlichen Situationen kommen. Daher empfiehlt es sich, das Löschen in solchen Fällen vorbeugend in Blöcken vorzunehmen.

Registerkarte Rich-Text-Editor

Auf dieser Registerkarte können folgende Einstellungen vorgenommen werden:

Breite des RTE in Pixel oder Prozent
: Mit dieser Option legen Sie die Standardbreite des Rich Text Editor in Pixel oder Prozent fest.

Höhe des RTE in Pixel oder Prozent
: Mit dieser Option legen Sie die Standardhöhe des Rich Text Editor in Pixel oder Prozent fest.

Größe des RTE veränderbar machen
: Damit legen Sie fest, ob rechts unten im Rich Text Editor eine Art Pfeil erscheint, den Sie mit der Maus greifen können, um den Editor größer bzw. kleiner zu ziehen.

Maximale Höhe des in der Größe veränderlichen RTE
: Hiermit legen Sie die maximale Höhe des flexiblen RTE fest. Der Standardwert hierfür beträgt 2000 Pixel.

Modus für sauberes Einfügen
: Über diese Option können Sie bestimmen, wie TYPO3 Text behandelt, den Sie über die Funktion *Aus der Zwischenablage einfügen* im RTE platzieren. Es stehen die Modi *Als einfachen Text einfügen*, *Nur Struktur einfügen* und *Struktur und grundlegende Formatierung einfügen* zur Verfügung.

Registerkarte Admin-Funktionen

Diese vierte Registerkarte ist nur sichtbar, wenn Sie sich als Administrator angemeldet haben. Mit der Option *Backend-Benutzer simulieren* können Administratoren das TYPO3-Backend mit den Einstellungen eines hier ausgewählten Benutzers neu laden und dann dessen Einstellungen überprüfen, ohne sich an- und abzumelden.

Das Layout des Backends anpassen

Die Geschmäcker sind bekanntlich verschieden, und so gehen auch beim TYPO3-Backend die Meinungen über das Layout auseinander. Es gibt aber auch einige alternative Gestaltungsvorlagen für das TYPO3-Backend, sogenannte Skins, die als Extensions installiert werden können. Dadurch verändern sich z.B. Farben, Symbole, Anordnung und Größe von Formularfeldern und Ähnlichem. Die grundsätzliche Struktur des Backends bleibt davon unberührt. Sprechen Sie gegebenenfalls mit Ihrem Administrator, ob alternative Skins zur Verfügung stehen bzw. installiert werden können. Wird eine solche Skin-Extension installiert, erscheint das TYPO3-Backend danach im Normalfall für alle Redakteure in ein und demselben Erscheinungsbild. Aber wie gesagt, die Geschmäcker sind verschieden, und deshalb gibt es auch eine Extension KB Skin select (*kb_skinselect*), mit der es möglich wird, dass jedem Redakteur unter den Benutzereinstellungen das Aufklappmenü *Look* zur Verfügung steht, in dem alle installierten Skins frei wählbar sind. Jeder Redakteur kann also sein eigenes Backend-Layout einstellen. Allerdings funktioniert die Extension bisher nicht mit der Version 4.5. Es stellt sich auch die Frage, ob die Möglichkeit, einen eigenen Skin für die TYPO3-Backend-Oberfläche zu aktivieren, tatsächlich vorteilhaft ist. Sicher, das Backend gefällt Ihnen mit dem Skin vielleicht besser, aber was, wenn die Kollegin den Standard-Skin benutzt? Das kann Verwirrung in die Zusammenarbeit bringen. Oder Sie besuchen eine TYPO3-Schulung, bei der mit ziemlicher Sicherheit ebenfalls im Standard-Skin geschult wird. Finden Sie das Gelernte dann in Ihrem Backend überhaupt wieder?

Die richtigen Browsereinstellungen für TYPO3

Die gute Nachricht vorweg: TYPO3 ist plattformunabhängig, die Installation weiterer Software ist nicht nötig. Sie brauchen nichts weiter als einen Browser. In den letzten Jahren haben sich die Marktanteile der verschiedenen Browser stark verändert. Das Flaggschiff unter den Browsern ist mittlerweile ganz klar der Firefox-Browser, dahinter auf Platz zwei Chrome von Google, dicht gefolgt vom Internet Explorer von Microsoft. Welcher Browser der beste für Ihre Arbeit mit TYPO3 ist, müssen Sie selbst entscheiden. Kontrollieren sollten Sie die von Ihnen gepflegten Seiten aber in allen gängigen Browsern, da die verschiedenen Browser Inhalte unterschiedlich darstellen können.

Chrome ist ein Browser, der das TYPO3-Backend mit seinen zahlreichen JavaScript-Effekten seit der Version 4.5 schnell aufbaut und damit zügiges Arbeiten ermöglicht. Aber auch Firefox hat einige erwähnenswerte Pluspunkte auf seiner Seite, die nicht zu verachten sind. So gibt es dafür zum Beispiel die ausgezeichnete Erweiterung Web Developer Toolbar, die es ermöglicht, eine Website unter unterschiedlichen Bedingungen wie zum Beispiel verschiedenen Bildschirmauflösungen zu testen, die Bildanzeige einer Webseite abzuschalten und vieles mehr. Weitere Infos dazu finden Sie im Abschnitt »Die Firefox Web Developer Toolbar« auf Seite 316.

Frontend und Backend können mittlerweile in allen aktuellen Webbrowsern in einzelnen Tabs aufgerufen werden, was das Fensterchaos bei der redaktionellen Arbeit minimiert. Dabei handelt es sich um eine Darstellungsform, bei der mehrere geöffnete Webseiten nicht in jeweils neuen Fenstern, sondern innerhalb desselben Browserfensters in neuen Registerkarten erscheinen.

Im Endeffekt ist es vielleicht auch eine Geschmacksfrage, deshalb werden hier die Einstellungen für Firefox, Internet Explorer und Chrome gezeigt. Ähnlich wird es sicher in anderen Browsern funktionieren, und Sie können die hier erläuterten Einstellungen auch für andere Browser übersetzen und dort adaptieren. Die wichtigen Einstellungen müssen für den Browser-Cache, die Cookies, JavaScript und das Aufrufen von Pop-up-Fenstern gemacht werden.

Voraussetzung für die Arbeit mit TYPO3 ist, dass Ihr Browser Cookies und die Verwendung von JavaScript erlaubt. Cookies sind kleine Minidateien, die von Websites auf Ihrem Computer abgelegt werden, um den Informationsaustausch mit der Website zu vereinfachen. In den meisten Fällen sind diese Cookies vollkommen harmlos, und keine größere Website kann heute mehr auf sie verzichten. JavaScript ist eine Skriptsprache, die sehr häufig verwendet wird, um Websites interaktiver zu gestalten. Oft werden JavaScript und Java verwechselt. Java hat trotz der ähnlichen Bezeichnung aber nichts mit JavaScript zu tun und wird für TYPO3 auch nicht benötigt. Wollen Sie TYPO3 nun nutzen, muss Ihr Browser also Cookies akzeptieren und die Verwendung von JavaScript ermöglichen, sonst können Sie sich noch nicht einmal in das Backend von TYPO3 einloggen. Damit haben Sie aber auch gleichzeitig eine einfache Kontrolle darüber, ob die Einstellungen Ihres Browsers für TYPO3 bereits geeignet sind. Können Sie sich ohne Probleme im Backend einloggen, überspringen Sie folgende Passage einfach. Haben Sie aber Probleme und sind sich ganz sicher, das richtige Passwort und den richtigen Benutzernamen eingegeben zu haben, kann es gut möglich sein, dass Ihnen der nächste Abschnitt weiterhilft. TYPO3 nutzt an einigen Stellen Pop-up-Fenster, deshalb sollten diese ebenfalls, zumindest für Ihre Website, erlaubt sein. Sie sollten auch die Cache-Einstellungen Ihres Browsers kontrollieren. Beim Cache handelt es sich um einen Zwischenspeicher, in dem Daten temporär vom System abgelegt werden, um einen schnelleren Seitenaufbau der Internetseiten zu gewährleisten. Dadurch kann es aber passieren, dass im Frontend nicht immer die aktuellen Inhalte abgebildet werden.

Im Folgenden finden Sie die wichtigsten Browsereinstellungen für Firefox, Internet Explorer sowie Chrome in den aktuellen Versionen.

Seiten-Cache (Zwischenspeicher) einstellen

Internet Explorer

Öffnen Sie unter *Extras → Internetoptionen* die Registerkarte *Allgemein* und klicken Sie dann im Bereich *Browserverlauf* auf *Einstellungen*. Wählen Sie hier unter *Neue Version der gespeicherten Seite suchen* die Option *Bei jedem Zugriff auf die Website* (Abbildung 12-14).

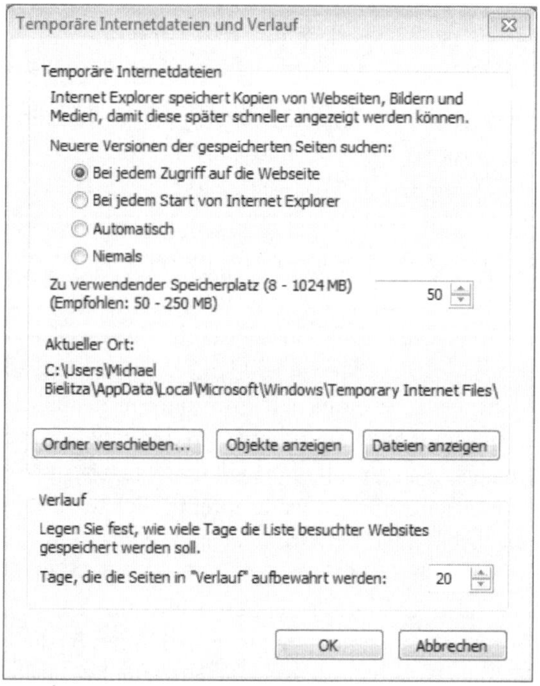

Abbildung 12-14: Registerkarte Allgemein, Bereich Browserverlauf/Einstellungen.

Firefox

Um das Cachen von Webseiten in Firefox zu unterbinden, setzen Sie unter *Extras → Einstellungen → Erweitert* auf der Registerkarte *Netzwerk* den Wert für den Offlinespeicher auf *0* MByte. Gegebenenfalls müssen Sie dazu zunächst die Option *Automatisches Cache-Management ausschalten* aktivieren (Abbildung 12-15).

Chrome

Deaktivieren Sie unter *Optionen → Details → Datenschutz* die Option *Netzwerkaktionen voraussehen, um die Ladegeschwindigkeit zu verbessern* (Abbildung 12-16).

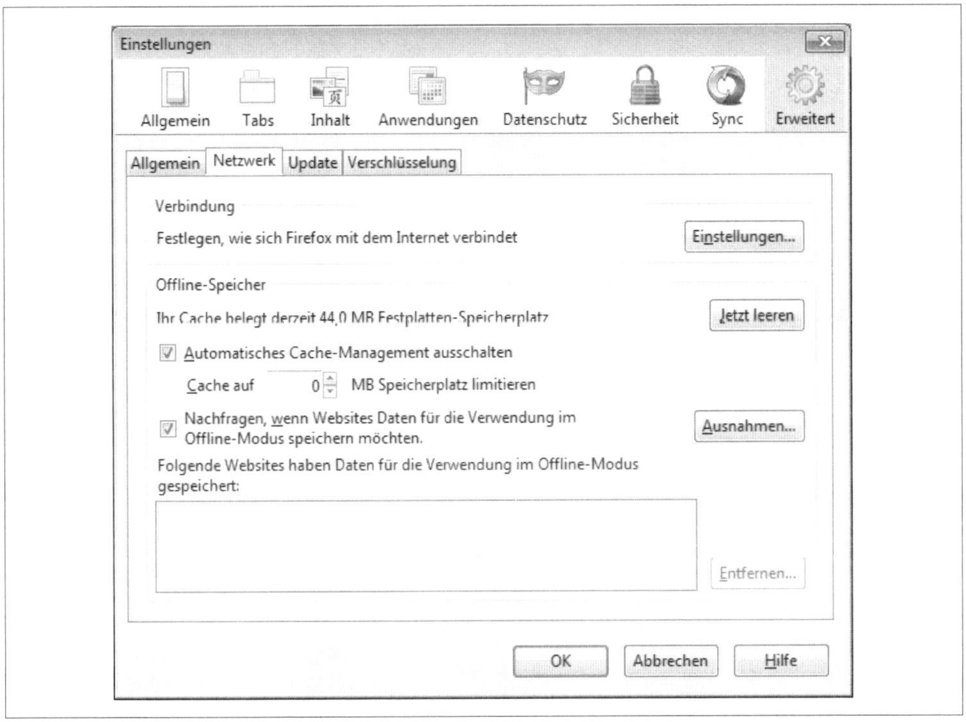

Abbildung 12-15: Einstellungen, Bereich Erweitert, Registerkarte Netzwerk

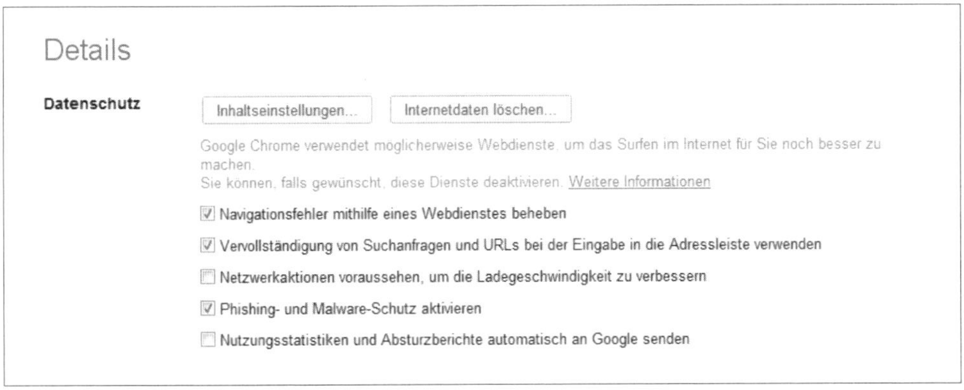

Abbildung 12-16: Optionen, Details, Datenschutz

Cookies ermöglichen

Internet Explorer

Kontrollieren Sie die Einstellungen unter *Extras → Internetoptionen → Datenschutz*. Hier reicht es normalerweise aus, wenn der Schieberegler für die Datenschutzeinstellungen der Internetzone auf *Mittel* gesetzt wird. Ist dies nicht der Fall, sollte man die automatische Cookie-Behandlung des Internet Explorer aufheben. Dies geschieht auf derselben Registerkarte. Aktivieren Sie zunächst die Option *Erweitert → Automatische Cookiebehandlung aufheben* und dann *Cookies von Erstanbietern Annehmen* und *Cookies von Drittanbietern Annehmen* (Abbildung 12-17).

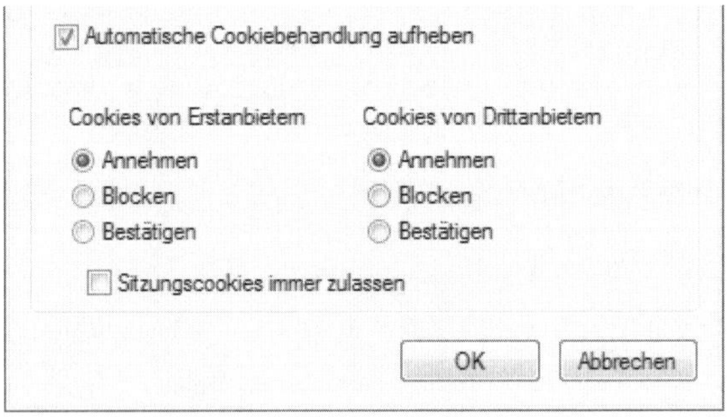

Abbildung 12-17: Datenschutzeinstellungen der Internetzone

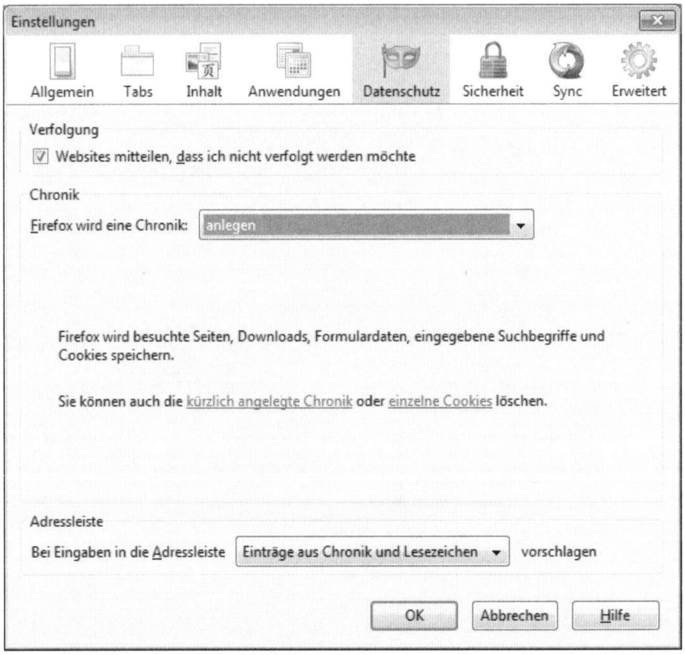

Abbildung 12-18: Option Firefox wird eine Chronik: anlegen in den Einstellungen für den Datenschutz

Firefox

Aktivieren Sie die Option *Extras → Einstellungen → Datenschutz*, Bereich *Cookies → Cookies akzeptieren*.

In aktuelleren Versionen müssen Sie im Bereich *Chronik* die Option *Firefox wird eine Chronik:* auf *anlegen* einstellen, falls diese nicht bereits standardmäßig so eingestellt ist (Abbildung 12-18).

Chrome

Aktivieren Sie unter *Optionen → Details → Datenschutz → Inhaltseinstellungen* die Option *Speicherung lokaler Daten zulassen (empfohlen)* (Abbildung 12-19).

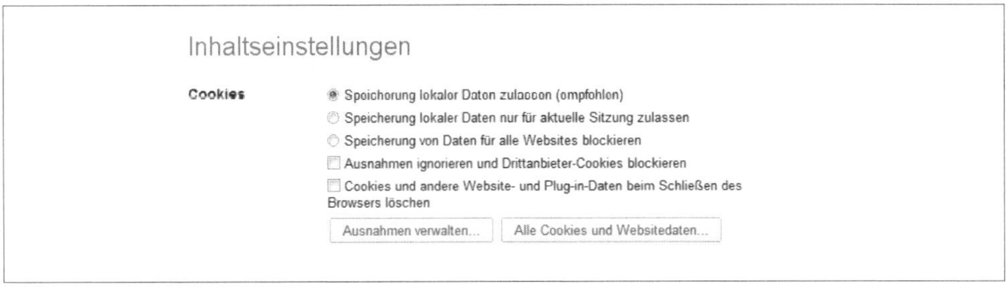

Abbildung 12-19: Optionen für den Datenschutz im Chrome

JavaScript aktivieren

Internet Explorer

Aktivieren Sie die Option unter *Extras → Internetoptionen → Sicherheit → Internet → Stufe anpassen, Abschnitt Skripting: Active Scripting* (Abbildung 12-20).

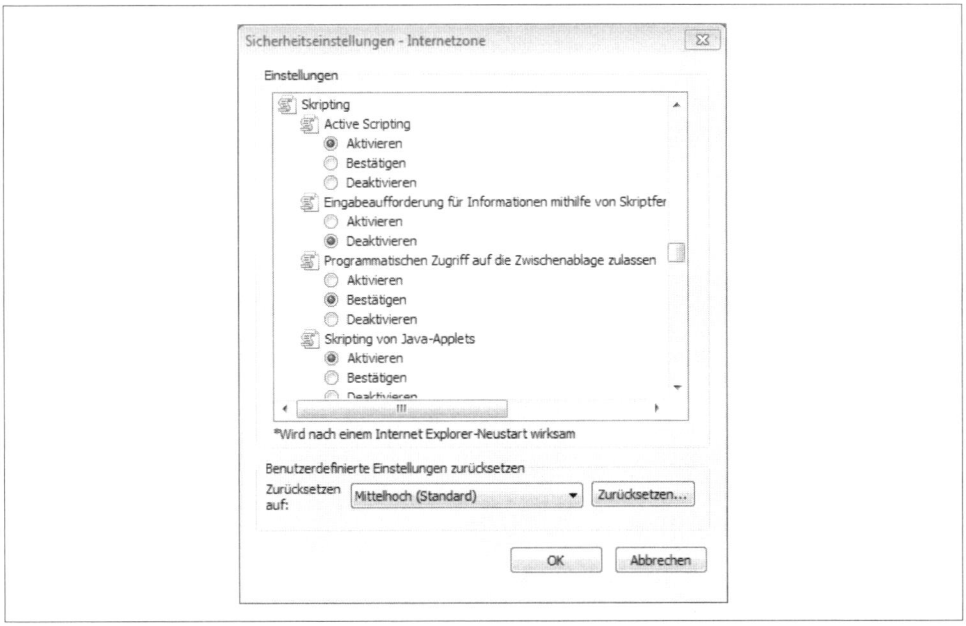

Abbildung 12-20: Active Scripting-Einstellung in den Internetoptionen

Firefox

Die richtige Einstellung für TYPO3 finden Sie hier: *Extras → Einstellungen → Inhalt → JavaScript aktivieren* (Abbildung 12-21).

Abbildung 12-21: JavaScript im Firefox aktivieren

Chrome

Aktivieren Sie unter *Optionen → Details → Datenschutz → Inhaltseinstellungen → JavaScript* die Option *Ausführung von JavaScript für alle Websites zulassen (empfohlen)* (Abbildung 12-22).

Abbildung 12-22: Option Ausführung von JavaScript für alle Websites zulassen (empfohlen) im Chrome

Pop-up-Fenster erlauben

Internet Explorer

Gehen Sie zu Extras → Popupblocker → Popupblocker ausschalten. Hier können Sie entweder den Pop-up-Blocker ganz ausstellen oder über *Popupblockereinstellungen* ein

Fenster aufrufen, in das Sie Adressen (URLs) von Websites eintragen können, von denen Sie Pop-up-Fenster zulassen möchten (Abbildung 12-23).

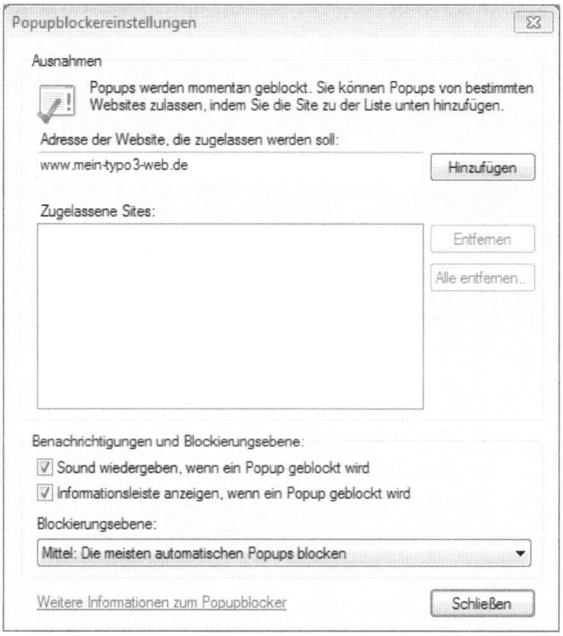

Abbildung 12-23: Pop-up-Blocker im Internet Explorer konfigurieren

Firefox

Aktivieren Sie unter *Extras → Einstellungen → Inhalt* die Option *Pop-up-Fenster blockieren* und tragen Sie im selben Fenster unter *Ausnahmen → Berechtigte Websites* die URL Ihrer TYPO3-Website als Ausnahme ein (Abbildung 12-24). Natürlich können Sie auch ganz einfach die Option *Pop-up-Fenster blockieren* deaktivieren, was allerdings bei der Flut von Werbe-Pop-ups nicht unbedingt empfehlenswert ist.

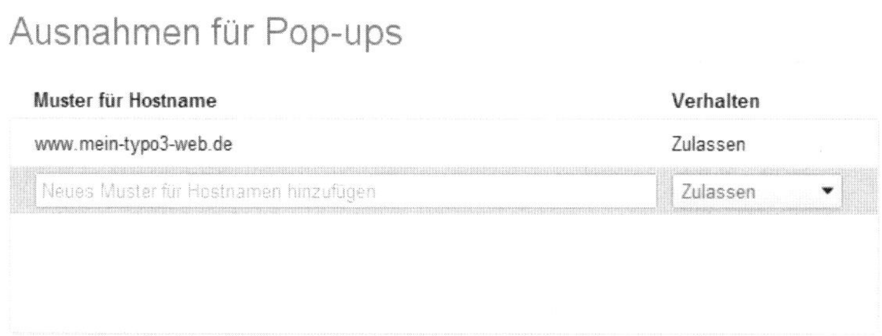

Abbildung 12-24: Die Anzeige von Pop-up-Fenstern für TYPO3 in Firefox einstellen

Chrome

Aktivieren Sie unter *Optionen → Details → Datenschutz → Inhaltseinstellungen → Pop-ups* die Option *Anzeige von Pop-ups für alle Websites zulassen* oder legen Sie für Ihre TYPO3-Seite eine Ausnahme fest (Abbildung 12-25).

Abbildung 12-25: Die Anzeige von Pop-up-Fenstern für TYPO3 in Chrome einstellen

TEIL III

Praxiswissen Bild und Text für Redakteure

KAPITEL 13
Bildbearbeitung für Redakteure

Erfahren Sie in diesem Kapitel, welche Bildtypen für das Internet geeignet sind und wie Sie die Bilder mit TYPO3 und mit externer Software für Ihren Webauftritt optimieren und bearbeiten. Lernen Sie, wie Sie unterbelichtete Aufnahmen nachbelichten, wie Sie unscharfe Fotos schärfen und wie Sie Farbverfälschungen in Bildern korrigieren. Erfahren Sie außerdem alles über die wichtigsten Abläufe bei der Bildverarbeitung und -verbesserung.

Bilder auf Webseiten haben – wie im Druckbereich auch – eine wichtige Funktion. Da der Mensch primär ein visuelles Wesen ist, werden sie immer zuerst wahrgenommen. Erst danach, oder wenn ihm keine Bilder zur Verfügung stehen, beginnt er zu lesen. Nicht von ungefähr heißt es: »Ein Bild sagt mehr als tausend Worte!« Bei der Auswahl Ihrer Motive sollten Sie also immer bedenken, dass ein interessantes Motiv die Verweildauer der Besucher auf Ihrer Website wahrscheinlich erhöhen wird und ein langweiliges Bild eher den gegenteiligen Effekt haben kann.

In vielen Fällen ist das vorhandene Bildmaterial fest vorgegeben. Nur wenn Sie wirklich die Möglichkeit haben, aus einem Fundus zu wählen, können Sie auch gute Bilder auswählen. Wie aber erkennen Sie ein gutes oder interessantes Bild? Für diese Wahl gibt es – abgesehen von der Bildqualität – keine objektiven Kriterien. Lediglich Ihre persönliche subjektive Einschätzung kann Ihnen dabei wertvolle Hinweise liefern. Überprüfen Sie doch einfach an sich selbst, welches Motiv aus einer Serie Ihnen am besten gefällt, oder beziehen Sie Ihre Kollegen in die Urteilsfindung mit ein. Oftmals sehen unbeteiligte Personen mehr und können allein durch ihre spontane Entscheidung für ein bestimmtes Motiv eine große Hilfe sein.

Anders sieht es wiederum aus, wenn Sie selbst Fotos erstellen. Entweder sind Sie bereits »fotografieerfahren«, oder aber Sie benötigen noch Hilfe bei Bildkomposition und -aufbau. Im ersten Fall sollten Sie problemlos Bilder erstellen und bearbeiten können. Im zweiten Fall bleibt uns nur auf – hoffentlich kompetente – Hilfe im Netz zu verweisen, da wir uns an dieser Stelle mit der Bildbearbeitung vorhandener Motive beschäftigen.

Die Bild- und Grafikformate: JPG, GIF, PNG und Co.

Leider können Sie auf Ihren Webseiten nicht jedes Bildformat nach Belieben einsetzen. Die ersten Anzeigeprogramme im Internet konnten sogar nur Text anzeigen. Die Fähigkeit, Bilder abzubilden, wurde erst im Laufe der Zeit in die ersten Browser integriert. Die in allen Browsern darstellbaren Bildformate sind an einer Hand abzuzählen und wurden eigens für diesen Zweck entwickelt, um die Ladezeiten der damals noch analogen Wählverbindungen zu minimieren. Allen gemeinsam ist, dass sie Bilder mehr oder weniger komprimieren, aber sie unterscheiden sich auch im Verwendungszweck. Andere Bildformate als diejenigen, die wir im Folgenden vorstellen, sind im Internet kaum von Bedeutung, und wenn, finden sie ausschließlich im Download-Bereich – z. B. im Pressebereich eines Unternehmens – Verwendung.

Das Bildformat JPG

Das Bildformat der Joint Photographic Experts Group (JPEG oder kurz JPG) ist neben dem GIF-Format das am weitesten verbreitete Bildformat im Internet. Es wird in der Regel für die Darstellung von Farbfotos verwendet. Sie werden dieses Bildformat sicherlich von Ihrer Digitalkamera kennen, da diese für gewöhnlich Bilder im JPG-Format erzeugt. Das Bildformat wurde 1992 von der oben erwähnten Expert Group entwickelt, um digitale Bilder zu komprimieren und damit die Dateigröße für die Verwendung in digitalen Medien zu reduzieren.

Generell eignet sich das JPG-Format also für die Abbildung von echten Farbfotos. Nicht geeignet ist es hingegen für Motive mit einfarbigen Farbflächen, wie z. B. Signets oder Tortendiagrammen, da es in den Farbflächen oft zur Bildung von Störungen kommt. Für diese Grafiken empfiehlt sich das GIF- oder PNG-Format.

Der entscheidende Vorteil des JPG ist die drastische Reduzierung der Dateigröße von Bildern. Schließlich hängt hiervon die Ladegeschwindigkeit einer Website ab. Je kleiner die Datei, desto schneller ist natürlich der Aufbau im Browser. Je größer die Datei, desto länger muss auf den Inhalt gewartet werden. Im Zeitalter der schnellen Internetzugänge spielen die Dateigrößen zwar eine immer geringer werdende Rolle, das sollte Sie aber nicht dazu verführen, den Aspekt der Ladegeschwindigkeit außer Acht zu lassen. Noch bis vor Kurzem galt die Grenze von 50 KByte für die gesamte Datenmenge pro Seite als ungefährer Richtwert, den es nicht zu überschreiten galt. Auch für den Seitenaufruf auf einem Handy oder einem Handheld ist die Dateigröße wichtig, schließlich sind Internetverbindungen auf solchen Geräten oft teuer, und lange Ladezeiten erhöhen somit auch den finanziellen Aufwand, eine solche Seite anzusurfen.

Beachten sollten Sie die Tatsache, dass mit der Reduzierung der Dateigröße durch das Abspeichern als JPG immer ein Qualitätsverlust verbunden ist. Dieser Verlust ist irreversibel. Der Effekt verstärkt sich mit jedem Öffnen und anschließendem Speichern der Datei in einem Bildbearbeitungsprogramm. Da nützt es auch nichts, die Qualität beim erneuten Speichern zu erhöhen. Hierdurch wird nur der Speicherbedarf der Datei erhöht, nicht aber deren Qualität.

Ein zu stark komprimiertes JPG oder ein zu häufig gespeichertes Motiv erkennen Sie an der Menge der vorhandenen Artefakte – also an den Bildfehlern oder Störungen, die durch die verlustbehaftete Datenreduktion verursacht werden. Das mehrfache Speichern eines JPG erzeugt diese Artefakte zunehmend (Abbildung 13-1).

Abbildung 13-1: Zunehmend störende Artefakte im direkten Vergleich zwischen den Qualitätsstufen eines JPG

Für Ihre Arbeit bedeutet das: Sind Sie im Besitz der Originaldatei, können Sie diese in Ihrem Bildbearbeitungsprogramm weboptimiert speichern und mittels der dort vorhandenen Vorschau auf etwaige Qualitätsverluste kontrollieren. Wenn das Bild bereits in einem qualitativ schlechten Zustand vorhanden ist, können Sie nur auf ein alternatives Motiv ausweichen. Mit *qualitativ »schlecht«* ist in diesem Fall die (zu geringe) Auflösung oder eine bereits zu starke Komprimierung gemeint.

Das Grafikformat GIF

Das Grafikformat Graphics Interchange File Format (GIFF oder kurz GIF) ist ein Grafikformat aus den Anfängen des Internets. Entwickelt wurde es wie auch das JPG, um eine möglichst verlustarme Komprimierung von Grafiken oder Bildern zu ermöglichen. Das GIF-Format kann nur bis zu 256 verschiedene Farben abbilden. Eine Einschränkung, die zum Zeitpunkt seiner Einführung nicht wirklich von Belang war, da die wenigsten Computer in der Lage waren, mehr als diese 256 Farben abzubilden. »Überlebt« hat es aufgrund seiner Eigenschaft, Farbflächen und harte Farbübergänge (Linien, Schrägen usw.) wesentlich besser darzustellen als das Format JPG, sowie wegen der Möglichkeit, Transparenz abzubilden (allerdings sind keine fließenden Übergänge vom Motiv in die Transparenz möglich). Und schließlich bietet es die Möglichkeit, einfache Animationen, auch bekannt als »animated GIF«, zu erzeugen. Das Format eignet sich ausgezeichnet für flächige Grafiken wie Logos und Diagramme sowie für freigestellte Signets vor einem farbigen Hintergrund (Abbildung 13-2).

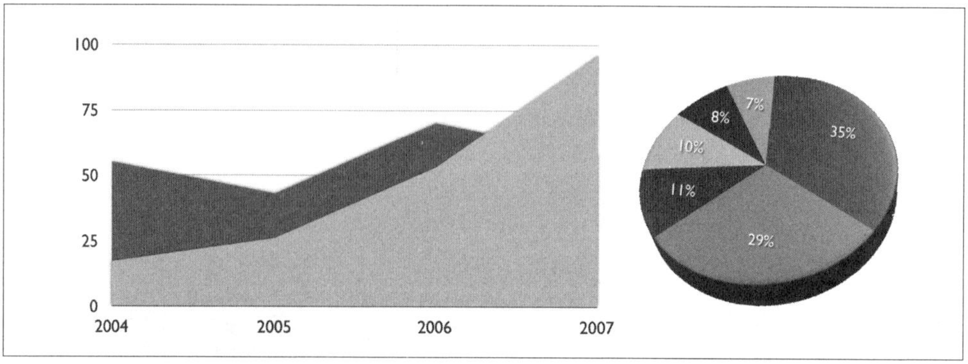

Abbildung 13-2: Typische Motive für das Format GIF

Das Grafikformat PNG

Das Grafikformat Portable Network Graphics (PNG) wurde geschaffen, um das GIF zu ersetzen, was es aber bis heute aufgrund seiner teilweise fehlenden Browserunterstützung nicht getan hat. Das PNG verfügt über eine verlustfreie Kompression und ist in der Lage, fließende Übergänge bis zur völligen Transparenz abzubilden (Abbildung 13-3). Dadurch belegt es allerdings auch mehr Speicherplatz! Es existiert in den Varianten PNG-8 (8 Bit Farbtiefe) und PNG-24 (24 Bit Farbtiefe).

Die *Farbtiefe* bezeichnet die Feinheit der Abstufung, mit der die Farbinformationen eines einzelnen Bildpunkts abgebildet werden können. Je mehr Bits pro Bildpunkt, desto mehr Farben kann ein Bild enthalten.

Das PNG-8 ist – wie das GIF – für die Speicherung von flächigen Grafiken geeignet und erlaubt die Darstellung von bis zu 256 Farben. Das PNG-24 für die Speicherung von Farbbildern – analog zum JPG – erlaubt die Darstellung von bis zu 16,7 Millionen Farbtönen und Transparenzen (im Gegensatz zum JPG). Für diesen Zweck wird dem PNG ein sogenannter Alphakanal hinzugefügt. Ein Alphakanal ist ein zusätzlicher Farbkanal in digitalen Bildern, der den bereits vorhandenen Farbinformationen eines Bilds die Transparenz einzelner Bildpunkte hinzufügt. Diese Transparenzen können Sie verwenden, um Grafiken auf einem farbigen Hintergrund abzubilden und einen fließenden Übergang zwischen Ihrer Grafik und der Fläche darunter zu erzeugen.

Leider hat der Internet Explorer für Windows bis zur Version 6.0 Probleme mit der Darstellung von transparenten PNGs (mit Alphakanal). Erst ab Version 7.0 tritt dieses Problem nicht mehr auf. Alle anderen modernen Browser unterstützen das Format.

Das PNG-Format unterstützt auch die Verwendung von Metadaten. Damit können Sie zusätzliche Informationen, wie z.B. den Namen des Fotografen oder Copyright-Hinweise, transportieren. Leider verfügt es nicht über Animationsfähigkeiten, da hierfür ein eigenes Bildformat entwickelt wurde (das MNG). Dieses Bildformat hat sich aber nicht durchgesetzt.

Abbildung 13-3: PNG-8 (links) und PNG-24 (rechts) mit transparentem Bereich

In der folgenden Tabelle finden Sie eine Kurzübersicht über die webtauglichen Bildformate und ihre Anwendungsbereiche im Web.

Tabelle 13-1: Welches Bildformat eignet sich wofür?

Abbildung	Verwendungszweck	GIF	PNG-8	JPG	PNG-24
Vierfarbfoto ohne Transparenz	z. B. Fotos Ihres Unternehmens, der Mitarbeiter, der Produkte u.Ä.	-	-	✓	✓
Vierfarbfoto mit Transparenz	z. B. Fotos, die mit einem Verlauf in den farbigen Hintergrund übergehen	-	-	-	✓
Grafik (Logo, Diagramm) mit und ohne Transparenzen	z. B. das Logo Ihres Unternehmens oder eine Tortengrafik	✓	✓	-	-
Grafik, animiert (animated GIF)	z. B. eine sich drehende Weltkugel	✓	-	-	-

Das Bildformat TIF

Das Bildformat Tagged Image File Format (TIFF oder kurz TIF) wird im Internet nicht benutzt. Dieses Format ist ein reines Druckformat für den professionellen Offsetdruck. In Browsern ist die Abbildung nicht möglich. Es wird allein dafür benutzt, um z. B. Pressefotos im CMYK-Modus in einem speziellen Download-Bereich zur Verfügung zu stellen. Zum Thema Farbräume (CMYK) lesen Sie auch den Kasten »Die unterschiedlichen Farbräume« auf Seite 410. Um TIF-Dateien im Internet nutzen zu können, müssen diese in einem Bildbearbeitungsprogramm in eines der oben aufgeführten Formate konvertiert werden.

Das Bildformat RAW

Das Bildformat RAW (engl. raw = unbearbeitet) ist ein modellabhängiges Dateiformat, das von Digitalkameras erzeugt wird. Der große Vorteil liegt in der nachträglichen Bearbeitungsmöglichkeit. RAW-Formate beinhalten noch alle Originalinformationen des Bilds zum Zeitpunkt der Aufnahme. Kontrast- und Tonwertkorrektur wie auch der Weißabgleich, die bei der Speicherung als JPG bereits automatisch vorgenommen bzw. überschrieben werden, wurden beim RAW-Format noch nicht vorgenommen, die Daten befinden sich in ihrem Ursprungszustand. Sicherlich kann ein JPG auch nachträglich optimiert werden, den größten Spielraum bietet aber das RAW-Format. In Anlehnung an die analoge Fotografie wird das RAW-Format auch mit den dort erzeugten Negativen verglichen. Diese sind ebenfalls »nur« Grundlage für den eigentlichen Fotoabzug und werden erst durch nachträgliche Bildbearbeitung optimiert.

Der große Nachteil für die redaktionelle Arbeit im Internet ist, dass Formate wie RAW und TIF nicht im Internet einsetzbar sind. Eine Konvertierung in ein webtaugliches Format ist in diesen Fällen zwingende Voraussetzung.

Das RAW-Format wird also in der Regel von professionellen Fotografen verwendet, die Wert auf die individuelle Nachbearbeitung ihrer Motive legen. Für »normale« Fotomotive genügt sicherlich JPG oder PNG.

Bildbearbeitung mit TYPO3

TYPO3 kann eine Vielzahl von Bildformaten verwalten und im Frontend abbilden. Bei der Installation der TYPO3-Programmkomponenten wird automatisch die Software ImageMagick auf dem Webserver installiert. Mithilfe dieses Programms kann TYPO3 neben den Webformaten JPG, GIF und PNG auch Nicht-Webformate wie TIF, BMP, PCX, TGA, AI und PDF bearbeiten. Wenn diese Dateien im RGB-Modus (siehe Kasten »Farbräume« weiter unten) vorliegen, kann TYPO3 sie problemlos konvertieren und – umgewandelt in ein JPG – ausgeben.

Außerdem bietet TYPO3 einige grundlegende Funktionen zur Bearbeitung von Bildern, die bereits in Inhaltselementen eingefügt sind. Alle Einstellungen zur Bildbearbeitung befinden sich gesammelt auf der Registerkarte *Bilder* eines Inhaltselements vom Typ *Bilder* oder *Text und Bilder*. Sie können in der Editiermaske des betreffenden Elements im Bereich *Bildeinstellungen* Bilder sowohl in der Breite als auch in der Höhe skalieren. Hierbei handelt es sich um physisch korrekte Skalierung, d.h., das Bild wird tatsächlich neu berechnet, und die Dateigröße wird angepasst, nicht etwa nur optisch verkleinert (bei gleichbleibender Dateigröße). Nur eine der beiden Größenangaben muss verändert werden, um das Bild proportional zu verkleinern, das zweite Maß wird automatisch berechnet. Falls Sie beide Maße ändern, wird das Bild in der Regel unproportional dargestellt werden. Das ist nicht wirklich ratsam, es sei denn, dieser Effekt ist beabsichtigt. Eine Vergrößerung ist natürlich möglich, aber ungeeignet, da das Motiv dann unscharf wird.

Eine weitere, sehr nützliche Funktion in diesem Bereich der Editiermaske ist die Kombination aus einer verkleinerten Darstellung des Motivs und der Funktion *bei Klick vergrößern* (ehemals *Klick-Vergrößern)*. Sie präsentieren also eine kleine Version des Motivs auf der Website, und durch Klicken auf das Bild öffnet sich ein Pop-up-Fenster in der großen Variante (Abbildung 13-4).

Abbildung 13-4: Die Funktion bei Klick vergrößern in der Praxis

Des Weiteren können Sie noch entscheidenden Einfluss auf die Qualität eines Bilds nehmen. Sie haben die Möglichkeit, alle Bildformate von GIF über JPG und PNG in diversen Qualitätsstufen auszuwählen und die Einstellung Ihres hochgeladenen Motivs zu überschreiben. Wählen Sie eine dieser Optionen, wenn Sie mit der Qualität Ihres Bilds im Frontend nicht zufrieden sind.

Folgende Optionen stehen Ihnen im Auswahlfeld *Bildeinstellungen/Qualität und Typ* zur Verfügung:

Standard
: Wählen Sie diese Option, wenn Ihr Motiv die allgemeinen Einstellungen übernehmen soll, die Ihr Administrator voreingestellt hat. Das kann sinnvoll sein, um alle im System verwendeten Bilder auf gleiche Weise abzubilden, also beispielsweise in gleicher Größe und Qualität.

Keine (ignoriert alle anderen Optionen), ehemals Nicht ändern
: Wenn Sie diese Option wählen, werden alle anderen Änderungen in der Editiermaske der Bildbearbeitung und auch eventuelle administrative Voreinstellungen ignoriert, und das Motiv wird exakt so im Frontend ausgegeben, wie es auch hochge-

laden wurde. Größe, Auflösung und alle anderen möglichen Parameter werden von TYPO3 nicht geändert. Diese Option kann nützlich sein, wenn Sie Ihr Motiv in einem Bildbearbeitungsprogramm schon richtig skaliert und optimiert haben und nicht möchten, dass ImageMagick diese Einstellungen ändert, da sie vom Administrator eventuell anders voreingestellt wurden.

GIF von 8 bis 256 Stufen
: Wählen Sie einen dieser GIF-Farbmodi, um die Qualität Ihrer Grafik (Signet/Logo o.Ä.) zu beeinflussen. Je niedriger der Wert ist, den Sie wählen, desto weniger Farben beinhaltet die Grafik!

PNG
: Wählen Sie den PNG-Modus für Farbfotos mit Transparenz.

PNG von 8 bis 256 Stufen
: Wählen Sie einen dieser PNG-Farbmodi, um die Qualität Ihrer Grafik (Signet/Logo o.Ä.) zu beeinflussen und Transparenzen mit weichen Übergängen zu gewährleisten.

JPG sehr niedrig bis sehr hoch
: Wählen Sie einen dieser JPG-Farbmodi, um die Qualität Ihrer Farbfotos zu beeinflussen.

Für alle oben aufgeführten Modi gilt: Wenn Sie sich nicht sicher sind, welche Einstellung die richtige für Sie ist, probieren Sie einfach verschiedene aus. Beachten Sie aber, dass einige der Einstellungen die Bildgröße der betreffenden Datei stark aufblähen können. Um den unmittelbaren Effekt der Einstellungen zu überprüfen, können Sie das geänderte Bild im Frontend mit der rechten Maustaste anwählen und unter *Eigenschaften* oder *Grafik-Info anzeigen* die Bildgröße ablesen.

So können Sie die Bildbearbeitungsfunktionen auch einsetzen:

1. Sie haben versehentlich ein Bild in einem falschen Modus importiert, z.B. PNG statt JPG. Mit den beschriebenen Modi können Sie Ihren Fehler korrigieren. Anstatt das Bild im Bildbearbeitungsprogramm neu abzuspeichern, wechseln Sie einfach den Farbmodus.
2. Sie geben eine neue Breite für Ihr Motiv an und stellen fest, dass durch die verkleinerte Darstellung unschöne Artefakte entstehen. Ändern Sie einfach die JPG-Kompression auf z.B. *JPG/sehr hoch*.

> Ein Bild, das schon in einer schlechten Qualität vorhanden ist, können Sie so leider nicht verbessern – womit wir wieder bei den Nachteilen des JPG-Formats sind. Ist die Qualität des Ausgangsmaterials zu schlecht, hilft nur, ein anderes, besseres Bild zu verwenden.

Neben den Qualitätseinstellungen steht noch eine Anzahl von Effekten zur Verfügung (Abbildung 13-5).

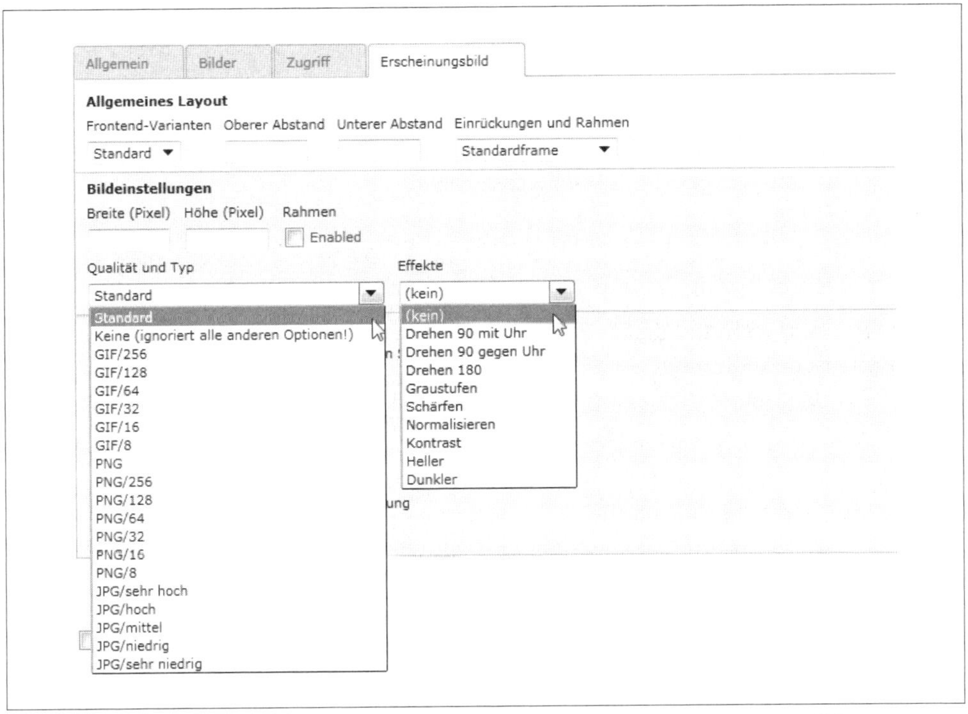

Abbildung 13-5: Die Auswahlmenüs für die Bildbearbeitung: Qualität und Typ sowie Effekte

Drehen (90 Grad mit und gegen den Uhrzeigersinn, 180 Grad)
: Diese Funktion dreht das Motiv um die angegebenen Grade. Verwenden Sie diese Option, um z. B. ein Quer- in ein Hochformat zu wandeln.

Graustufen
: Diese Funktion erzeugt ein Graustufenbild und kann nützlich sein, wenn Sie farbige Motive von stark unterschiedlicher Qualität verwenden. Die gemeinsame Darstellung als Graustufenbilder kann dazu beitragen, die Qualitätsunterschiede – z. B. bei Porträts – zu minimieren.

Schärfen
: Diese Funktion schärft das Motiv. Wenn Ihr Bild etwas unscharf ist, kann diese Funktion helfen. Allerdings sind hier die Möglichkeiten zur Scharfzeichnung nur begrenzt, in »schweren Fällen« müssen Sie in eine Bildbearbeitungssoftware wechseln.

Normalisieren
: Mit dieser Funktion können unterbelichtete Fotos automatisch korrigiert werden. Es handelt sich um eine Tonwertkorrektur, die aber nur dann Wirkung zeigt, wenn in dem Bild kein einziges schwarzes oder weißes Pixel enthalten ist. Ansonsten reagiert dieser Filtereffekt nicht!

Kontrast
: Diese Funktion erhöht den Kontrast. Verwenden Sie sie, wenn das Motiv kontrastarm ist. Aber auch hier: In »schweren Fällen« ...

Heller
: Diese Funktion hellt das Bild auf. Falls Ihr Motiv zu dunkel ist, kann diese Funktion nützlich sein. Wie gehabt: In »schweren Fällen« ...

Dunkler
: Diese Funktion dunkelt das Bild ab. Falls Ihr Motiv zu hell ist, kann diese Funktion nützlich sein. Richtig: In »schweren Fällen« ...

Alle diese Funktionen sind nicht von Ihnen modifizierbar. Das heißt, sollte beispielsweise die automatische Schärfung von TYPO3 nicht ausreichen, müssen Sie wohl oder übel auf Ihre Bildbearbeitungssoftware zurückgreifen.

Trotzdem lohnt es sich, die vorhandenen Funktionen auszuprobieren. Oft können Sie sich das erneute Bearbeiten in einem Bildbearbeitungsprogramm doch noch ersparen. Sie können die Qualitätseinstellungen mit den Effekten kombinieren, aber leider lassen sich die Effekte selbst nicht miteinander verbinden. Wenn Sie also sowohl schärfen als auch den Kontrast erhöhen wollen, müssen Sie wieder Ihr Bildbearbeitungsprogramm bemühen.

Software für die Bildbearbeitung

Eine große Herausforderung beim Pflegen von Internetseiten ist in jedem Fall die Bildbearbeitung. Schließlich sind Sie als Redakteur die Instanz, die die gelieferten oder auch selbst gemachten Bildmotive ins Netz stellt.

Für den Fall, dass die Funktionen von TYPO3 nicht genügen, und natürlich auch für vorbereitende Arbeiten wie Bildverbesserung und -retusche benötigen Sie eine Bildbearbeitungssoftware, die Ihnen in der Aufbereitung des Bildmaterials hilft. Beschäftigen wir uns zuerst mit den Anforderungen an die benötigte Bildbearbeitungssoftware.

Das Programm Ihrer Wahl sollte mindestens folgende Funktionen beherrschen: Laden und Speichern, Ändern der Dateigröße, Ändern des Bildmodus (also z.B. Wechsel von CMYK zu RGB), Schärfen, Beschneiden (Freistellen), Retuschieren, Tonwertkorrekturen, Drehen, Kopierstempel (zur Korrektur von Schönheitsfehlern), Korrekturmöglichkeiten von Helligkeit, Kontrast und Tonwert, Spiegeln, Weichzeichnen und letztendlich Zoomen, um eventuelle Feinheiten in Augenschein zu nehmen.

Software zur Bildbearbeitung gibt es viele verschiedene, von der kostenpflichtigen kommerziellen bis zur Share- oder Freewareversion. Vielleicht haben Sie schon Ihren Favoriten gefunden, in dem Sie alle oben erwähnten Funktionen problemlos zur Verfügung stehen, vielleicht sind Sie noch auf der Suche.

Ob Sie Adobe Photoshop, Adobe Photoshop Elements, Picasa (von Google), GIMP, Paint Shop Pro, Corel Photo-Paint, Microsoft Foto Suite oder ein vergleichbares Programm benutzen, ist letztendlich nebensächlich. Die hier vorgestellten Funktionen sind so oder so ähnlich in den meisten Programmen vorhanden.

Eine gute Investition ist sicherlich Adobe Photoshop Elements, das – im Gegensatz zu seinem wesentlich teureren »großen Bruder« Adobe Photoshop – schon für ca. 70 Euro erhältlich ist und sich für den semiprofessionellen Einsatz sehr gut eignet. Da Photoshop Elements relativ weit verbreitet und gut zu bedienen ist, stellen wir im folgenden Abschnitt die wichtigsten Funktionen dieser Software vor.

Bildbearbeitung mit Photoshop Elements

In diesem Abschnitt werden anhand einiger Beispiele die wichtigsten Bildbearbeitungsfunktionen in Photoshop Elements 9.0 für Windows erläutern. Grundsätzlich beschränkt sich die Bildbearbeitung mit Photoshop Elements auf die Farbmodi Schwarz/Weiß-Bitmap, Graustufen, RGB und indizierte Farben. Der Modus CMYK, der nur für den Offsetdruck zwingend notwendig ist, wird nicht unterstützt. An dieser Einschränkung lässt sich auch erkennen, dass Photoshop Elements nur für die Bearbeitung von Daten gedacht ist, die ausschließlich in digitalen Medien wie dem Computer oder im Internet Verwendung finden. Für unsere Belange also genau die richtige Wahl, zumal es auch einfacher in der Handhabung als sein großer Bruder Adobe Photoshop ist.

In Photoshop Elements gibt es drei mögliche Arbeitsoberflächen oder Ansichten, in denen Sie Bildkorrekturen vornehmen können: die Ansicht *Vollständig*, die alle im Programm zur Verfügung stehenden Funktionen bietet (siehe dazu auch den Abschnitt »Für Fortgeschrittene: Arbeiten mit der Ansicht Vollständig« auf Seite 412, sowie die Ansicht *Schnell*, die eine reduzierte Werkzeugpalette und die wichtigsten Funktionen zur Bildbearbeitung auf einer separaten Palette darstellt. Mehr dazu finden Sie im Abschnitt »Für ganz Eilige: Die Schnell-Ansicht« auf Seite 411. Zusätzlich gibt es noch den Assistenten, der nach dem Motto »Was möchten Sie tun?« durch die Bildbearbeitung führt. Lesen Sie dazu auch den Abschnitt »Hilfe für Anfänger: Arbeiten mit dem Assistenten« auf Seite 413. Alle diese Ansichten können während der Bearbeitung beliebig gewechselt werden. Es handelt sich lediglich um voreingestellte Arbeitsoberflächen, die entweder schnellstmögliche Ergebnisse liefern sollen oder eine ausführliche Bildbearbeitung ermöglichen.

Grundlagen

Das Wichtigste zuerst: Unter dem Menüpunkt *Bearbeiten* wählen Sie *Farbeinstellungen* und dort die Option *Farben immer für Computerbildschirme optimieren*. Hierdurch wird der Arbeitsfarbraum definiert. Für das Internet ist dies üblicherweise RGB. Diese Einstellung ist unbedingt notwendig, um Farbkorrekturen überhaupt vornehmen zu können. Nur so können Sie gewährleisten, dass die Farbkorrekturen, die Sie an den Bildern vornehmen, auch im Internet sichtbar sind (Abbildung 13-6).

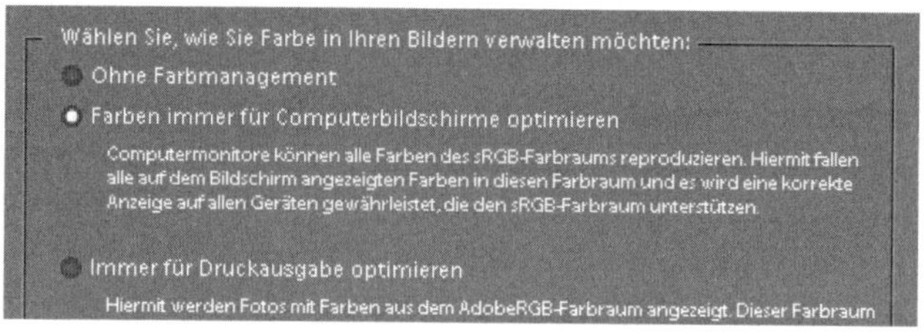

Abbildung 13-6: Die richtige Voreinstellung in Photoshop Elements

Die unterschiedlichen Farbräume

Einem Bild ist immer ein Farbraum (oder auch Farbmodus) zugewiesen. Dieser Modus ist frei wähl- und änderbar und wird teilweise ohne eigenes Zutun erzeugt. Öffnen Sie beispielsweise eine Datei aus dem Farbraum CMYK in Photoshop Elements, wird sie automatisch in den Farbraum RGB konvertiert. Wenn Sie ein Bild weboptimiert abspeichern, werden, je nachdem, ob es ein PNG, GIF oder JPG ist, die Farbräume RGB oder Indizierte Farben erzeugt. Es gibt im Übrigen eine Reihe unterschiedlicher Farbmodi oder Farbräume, in die Bilder konvertiert werden können oder in denen sie erzeugt werden. Die wichtigsten werden im Folgenden kurz erläutert.

Farbmodus RGB
: Der RGB-Farbraum (*R*ot/*G*rün/*B*lau) ist ein Farbmodus für die Darstellung auf Monitoren und damit auch der richtige Modus für die Abbildung von Bildern im Internet.

Farbmodus CMYK
: Der CMYK-Farbraum (*C*yan, *M*agenta, *Y*ellow, *K*ontrast/Schwarz) ist ein Farbmodus für den professionellen Druck (z. B. Offsetdruck, Siebdruck, Digitaldruck).

Farbmodus Indizierte Farben
: Der Farbraum Indizierte Farben ist ein Farbmodus für die Darstellung auf Monitoren. GIFs werden grundsätzlich in diesem Modus gesichert.

Farbmodus Graustufen
: Der Graustufen-Farbraum ist ein Farbmodus sowohl für den professionellen Druck als auch für den Heimanwender. Graustufen im Internet werden zu RGB-Daten konvertiert.

Farbmodus Schwarz/Weiß-Bitmap
: Der Schwarz/Weiß-Bitmap-Modus ist ein Farbmodus sowohl für den professionellen Druck als auch für den Heimanwender. Schwarz/Weiß-Bitmap-Bilder im Internet werden zu RGB-Daten konvertiert.

Öffnen

Da Photoshop Elements keine CMYK-Datei verarbeiten kann, weist es beim Öffnen von Dateien, die in diesem Modus vorliegen, auf die Konvertierung hin. Mit *Modus konvertieren* wird das Bild in den RGB-Farbraum umgewandelt und kann nun bearbeitet werden. RGB-Bilder selbst, Graustufen und Bitmap-Bilder werden nicht konvertiert.

Speichern

Wenn Sie an einem Bild arbeiten, sollten Sie es zwischendurch auch speichern (*Datei → Speichern*). Am sinnvollsten ist dies im Photoshop-eigenen Format (*.psd*), da hierbei keine Qualitätsverluste entstehen. Außerdem können Sie im PSD-Format alle Ebenen und Bearbeitungszustände speichern. Erst wenn die Bearbeitung abgeschlossen ist und Sie sich entschlossen haben, das Bild weboptimiert zu speichern, ist die Option *Für Web speichern* angebracht. Denn mit jeder Speicherung als JPG und der damit verbundenen Komprimierung verschlechtert sich der Zustand des Bilds. Es bilden sich die im Abschnitt »Das Bildformat JPG« auf Seite 400 erläuterten Artefakte. Schon nach wenigen Speichervorgängen kann man die reduzierte Bildqualität wahrnehmen.

Für ganz Eilige: Die Schnell-Ansicht

Wenn Sie es ganz eilig haben, können Sie Ihre Bilder auch mit der Schnellkorrektur von Photoshop Elements bearbeiten. Das Ergebnis ist oft schon so gut, dass es für die Abbildung im Web vollkommen ausreicht. Die Schnellkorrektur bietet allerdings nur einen eingeschränkten Funktionsumfang, in dem unter anderem auch keine Bildmontagen möglich sind, Sie also nur einzelne Bilder bearbeiten und verbessern können (Abbildung 13-7).

Abbildung 13-7: Übersicht der Schnellkorrektur

Am Bildschirmrand links befindet sich die reduzierte Werkzeugleiste ❶. Am oberen Bildschirmrand in der Menüleiste ❷ befinden sich die wichtigsten Menüs: *Datei, Bearbeiten, Bild, Überarbeiten* usw. Im äußersten rechten Arbeitsbereich sehen Sie eine Sammelpalette mit Fenstern, die die Einstellungsmöglichkeiten für die Funktionen *Intelligente Korrektur*, *Beleuchtung*, *Farbe*, *Balance* und *Bildschärfe* beinhalten ❸. Im zentralen Arbeitsbereich wird Ihr geladenes Bildmotiv angezeigt.

Wählen Sie im Auswahlmenü der Bildansicht unten links die Einstellung *Vorher und nachher*. So haben Sie immer den direkten Vergleich zwischen dem Originalbild und der bearbeiteten Version.

So bearbeiten Sie Bilder von Digitalkameras im Modus Schnellkorrektur

Öffnen Sie ein Motiv und speichern Sie es zuerst einmal im Format PSD ab. Verfahren Sie folgendermaßen weiter:

Bildgröße anpassen
: Ändern Sie unter *Bild* → *Skalieren* → *Bildgröße* die Größe des Bilds auf das gewünschte Endformat. Lesen Sie dazu auch den Abschnitt »Bildgröße einstellen« auf Seite 415.

Ausschnitt bestimmen
: Wählen Sie einen Ausschnitt, indem Sie das Bild mit dem Freistellungswerkzeug beschneiden. Lesen Sie dazu auch den Abschnitt »Bilder freistellen/Ausschnitt bestimmen« auf Seite 414.

Bildoptimierung
: Optimieren Sie Ihr Motiv mithilfe der Sammelpalette im rechten Bereich der Arbeitsfläche. Benutzen Sie dafür entweder die Auto-Funktionen der verschiedenen Bereiche *Intelligente Korrektur, Beleuchtung, Farbe, Balance, Bildschärfe* oder die jeweiligen Schieberegler, um individuelle Anpassungen vorzunehmen.

Für Web speichern
: Ist Ihr Motiv von Ihnen optimiert worden, speichern Sie es über den Dialog *Für Web speichern*. Lesen Sie dazu auch den Abschnitt »Für Web speichern« auf Seite 422.

Laden Sie das Motiv nun in das TYPO3-Web hoch und binden Sie es in ein Inhaltselement ein.

Für Fortgeschrittene: Arbeiten mit der Ansicht Vollständig

Verwenden Sie diesen Arbeitsmodus, wenn Sie Ihr Motiv ausführlich bearbeiten, verbessern oder Bildmontagen erstellen möchten und dafür den kompletten Funktionsumfang des Programms benötigen. Um die vielfältigen unterschiedlichen Bearbeitungsmöglichkeiten zu vergleichen, wechseln Sie einfach zwischen den Ansichten *Vollständig* (Abbildung 13-8) und *Schnell*.

Abbildung 13-8: Übersicht der Ansicht Vollständig

Am Bildschirmrand links befindet sich – anders als in der Schnellkorrektur – die komplette Werkzeugleiste ❶. Am oberen Bildschirmrand in der Menüleiste ❷ sehen Sie die wichtigsten Menüs: *Datei, Bearbeiten, Bild, Überarbeiten* usw. Im zentralen Arbeitsbereich wird Ihr geladenes Bildmotiv angezeigt. Die Funktionen zur Bildoptimierung sind nun nur noch über die Menüleiste im oberen Bildschirmbereich verfügbar, allerdings bieten sie wesentlich umfangreichere Möglichkeiten.

Die Arbeitsschritte sind identisch mit denen im Modus *Schnellkorrektur*, allerdings können Sie wesentlich mehr Werkzeuge und Funktionen verwenden. In diesem Modus können Sie mit den Retusche-, Text- und Malwerkzeugen Ihre Bilder verbessern und bearbeiten. Sie können mit den Ebenenfunktionalitäten Montagen und Überlagerungen erzeugen und mit vorgefertigten Themen und Grafiken arbeiten. In diesem Modus sind Ihrer Fantasie also keine Grenzen gesetzt, allerdings benötigen Sie auch wesentlich mehr Zeit, um alle Funktionalitäten zu erproben. In den folgenden Abschnitten lernen Sie eine Reihe von Möglichkeiten zur Bildbearbeitung kennen.

Hilfe für Anfänger: Arbeiten mit dem Assistenten

Der Assistent kommt immer dann zum Einsatz, wenn weder die *Vollständig*- noch die *Schnell*-Ansicht infrage kommt. Er verzichtet weitestgehend auf Fachtermini und führt, ähnlich einem FAQ-Bereich auf Webseiten, durch die Bildoptimierung zum bestmöglichen Endergebnis. In der Werkzeugleiste stehen nur noch das Zoomwerkzeug und die Verschiebehand zur Verfügung. Alle anderen Funktionen und Einstellungsmöglichkeiten werden im Assistenten selbst vorgenommen.

Unterteilt in Gruppen (grundlegende Fotobearbeitungen, Farbkorrektur usw.), bietet der Assistent umfangreiche Textinformationen zu allen wichtigen Themen der Bildbearbeitung. Wenn Sie einen Bereich ausgewählt haben, können Sie hier alle grundsätzlichen Infos zu eben diesem Themenbereich nachlesen und gleichzeitig mithilfe eines Schiebereglers oder des dort zur Verfügung stehenden geeigneten Werkzeugs die Aktion ausführen und in der Voransicht genau beurteilen. Bestätigen Sie die Aktion mit der Funktion *Fertig* oder beenden Sie sie mit *Abbrechen*. Möchten Sie noch mehr zu der Aktion erfahren? Hinter dem Icon verbirgt sich die Onlinehilfe von Adobe, die noch detaillierter Auskunft gibt.

Der Assistent richtet sich eher an Anfänger in der Bildbearbeitung, bietet aber genügend Möglichkeiten, um zu guten Bildergebnissen zu gelangen. Wenn Sie unsicher sind, was sich hinter den ganzen Funktionen von Photoshop Elements verbirgt, haben Sie hier die Gelegenheit zum Ausprobieren.

Haben Sie schließlich ein optimales Ergebnis erzielt, verfahren Sie weiter mit der Funktion »Für Web speichern« auf Seite 422.

Tools zur Bildoptimierung

In der Folge finden Sie die gebräuchlichsten Tools für Ihre Bildoptimierung. Die Reihenfolge ist nicht zufällig, sondern spiegelt einen ungefähren Arbeitsablauf in der Bildoptimierung wider. Allerdings müssen nicht zwangsläufig alle Maßnahmen bei jedem Bild getroffen werden.

Bilder freistellen/Ausschnitt bestimmen

Verwenden Sie diese Funktion, wenn der Ausschnitt Ihres Motivs nicht Ihren Vorstellungen entspricht. Zoomen Sie zur Bearbeitung ein oder aus (*Ansicht → Einzoomen/ Auszoomen*), bis das Bild formatfüllend auf Ihrem Monitor erscheint. Wählen Sie das *Freistellungswerkzeug* und ziehen Sie einen beliebigen Rahmen über dem Bild auf. Es erscheint ein Auswahlrahmen mit acht Anfassern an den Ecken und den Seiten. Positionieren Sie den Mauszeiger über den Anfassern oder außerhalb des Rahmens. Je nach Position können Sie den gewählten Ausschnitt verkleinern oder drehen. Verändern und drehen Sie die Auswahl so lange, bis der Ausschnitt Ihren Vorstellungen entspricht. Die Auswahl müssen Sie mit einem Doppelklick bestätigen (Abbildung 13-9).

Abbildung 13-9: Eine Auswahl freistellen

Bild ausrichten

Verwenden Sie das *Gerade-ausrichten-Werkzeug*, wenn Ihr Motiv z.B. schräg eingescannt wurde. Setzen Sie den Mauszeiger möglichst an einer geraden Kante (z.B. dem Papierrand der Vorlage) des gescannten Motivs an und ziehen Sie ihn mit gedrückter Maustaste entlang dieser Kante nach rechts oder links. Nach dem Loslassen der Maus richtet sich das Bild gerade aus.

Bildgröße einstellen

Benutzen Sie diesen Dialog *(Bild → Skalieren → Bildgröße)*, wenn Ihr Motiv nicht die passende Größe für Ihre Website hat. Welche Größe ist aber die richtige? Das hängt ganz davon ab, was mit dem Motiv geschehen soll. Für den Fall, dass Sie wissen, wie breit oder hoch das Bild werden soll, ist es ganz einfach: Diese Werte tragen Sie einfach in das Dialogfeld unter *Breite* oder *Höhe* ein.

Wissen Sie aber noch nicht genau, wie groß das Bild angezeigt werden soll, wählen Sie am besten eine Größe, die es Ihnen später ermöglicht, das Bild flexibel einzusetzen. Das könnte z.B. eine Breite von 450 Pixeln sein, die Sie später mithilfe der TYPO3-eigenen Funktionen herunterskalieren können.

Für die TYPO3-Funktion *Klick-Vergrößern* benötigen Sie eine Bilddatei, die im Pop-up-Fenster abgebildet wird. Wenn dieser Effekt eingesetzt werden soll, muss schon im Bildbearbeitungsprogramm ein entsprechend großes Bild abgespeichert werden.

Wählen Sie zur Änderung der Bildgröße im Hauptmenü das Dialogfeld *Bild → Skalieren → Bildgröße* (Abbildung 13-10).

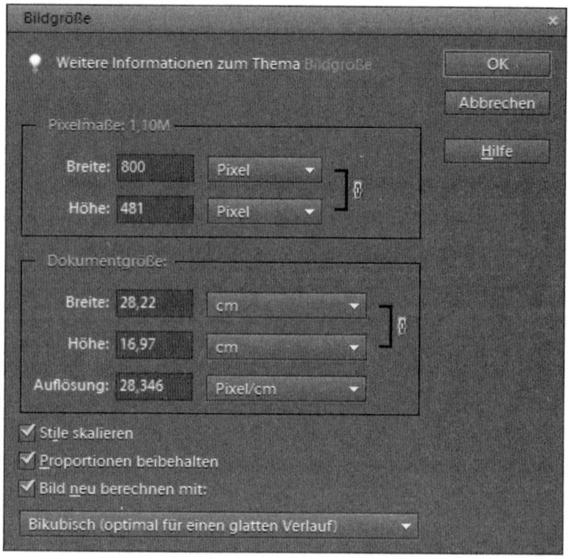

Abbildung 13-10: Der Reihe nach: die richtigen Einstellungen im Dialogfeld Bildgröße

Geben Sie im oberen Bereich des Dialogfelds *Pixelmaße* die Breite und Höhe in Pixeln und nicht in Prozent an, da Bildschirmauflösungen in Pixeln gemessen werden und nicht in Prozent. Im Bereich *Dokumentgröße* ist die Maßeinheit eher sekundär, wichtig hingegen ist die Maßeinheit der *Auflösung*. Hier muss *Pixel/Zoll* angewählt sein und nicht etwa *Pixel/cm*! Bildschirmgrößen werden nämlich in Zoll gemessen und nicht in Zentimetern. Des Weiteren sollte die Option *Proportionen beibehalten* mit einem Häkchen versehen sein, damit das Bild nicht unproportional verzerrt wird.

Im ersten Schritt verändern wir die Auflösung vom ursprünglichen Wert auf die optimale Einstellung von 72 Pixel/Zoll. Computermonitore haben in der Regel eine Auflösung von 72 Pixel/Zoll, und eine höhere Auflösung würde nur die Dateigröße erhöhen, aber nicht zu einer besseren Darstellung führen.

Im nächsten Schritt versehen wir die Option *Bild neu berechnen mit: Bikubisch* ebenfalls mit einem Häkchen und ändern anschließend die Breite des Bilds. Durch die bikubische Interpolationsmethode wird aus den umgebenden Pixeln ein Mittelwert berechnet. Die

Höhe ändert sich hierbei automatisch gleich mit, da wir auch die Option *Proportionen beibehalten* angekreuzt haben. Jetzt kann das Dialogfeld mit *OK* verlassen werden. Ein Doppelklick auf das *Zoom-Werkzeug* lässt das Bild in der Größe erscheinen, in der es auch im Web abgebildet wird. Zu erkennen ist dies am Vergrößerungsfaktor von 100% in der oberen Fensterleiste.

Für die weitere Bearbeitung behalten Sie den Vergrößerungsfaktor von 100% bei. Schließlich wird das Bild genau in dieser Größe im Internet abgebildet. Alle weiteren Tonwertveränderungen können Sie so am besten beurteilen.

Bilder drehen

Verwenden Sie diese Funktion, um Bilder zu drehen, die beispielsweise im Querformat fotografiert worden sind, aber im Hochformat abgebildet werden sollen. Im Hauptmenü unter *Bild drehen* befinden sich die Einstellungsmöglichkeiten, mit denen das Bild entweder in vorgegebenen Schritten oder auch frei gedreht werden kann. Die Funktionen *Bild gerade ausrichten/Bild gerade ausrichten und freistellen* ersparen dabei manch mühsames Ausprobieren, indem sie Ihr Motiv mit einem Klick ausrichten und beschneiden.

Tonwerte korrigieren

Mit dieser Funktion können Sie Bilder verbessern, die falsch belichtet (zu hell oder zu dunkel) wurden oder einen Farbstich haben. Der Tonwertumfang eines Bilds bezeichnet die Verteilung der Tonwertstufen von ganz hell bis ganz dunkel in einem Bild. Ein ideales Bild enthält alle Tonwerte von Weiß bis Schwarz. In einem Graustufenbild sind dies maximal 256 Töne, in einem RGB-Bild dagegen 256 × 256 × 256 (= 16.777.216) Farbtöne.

Die Tonwertkorrektur ist eine der wichtigsten Korrekturmöglichkeiten bei der Bildbearbeitung. In der Regel wird durch die manuelle – und nicht die automatische – Korrektur das bestmögliche Ergebnis erzielt. Die Auto-Tonwertkorrektur finden Sie im Menü *Überarbeiten*. Die manuelle Tonwertkorrektur befindet sich im Menü unter *Überarbeiten → Beleuchtung anpassen → Tonwertkorrektur*.

Die wichtigsten Einstellungen: Im Dialogfeld *Tonwertkorrektur* ist als wichtigstes Element die *Tonwertspreizung* oder das *Histogramm* zu erkennen. Unterhalb der Kurve befinden sich drei Schieberegler, die man mit dem Mauszeiger anwählen und verschieben kann. Sie stehen für die wichtigsten Teilbereiche der Kurve: die dunkelsten, die mittleren und die hellsten Farbwerte in einem Bild (Abbildung 13-11).

Deutlich erkennbar ist in der Kurve darüber, dass sich die Tonwerte nicht etwa gleichmäßig verteilen, sondern – und das ist je nach Bild unterschiedlich – mehr oder weniger dem Niveau der Bergetappen bei der Tour de France ähneln. Besitzt ein Bild, wie in unserem Beispiel, keine Tonwerte in den ganz dunklen und hellen Bereichen, schieben Sie die Regler einfach bis zum jeweiligen Beginn der Kurve. Auch der mittlere Schieberegler kann versuchsweise verändert werden. Mit der Funktion *Auto* in der rechten Spalte des Dialogfelds werden automatisch die hellsten und dunkelsten Werte in allen RGB-Kanälen des Bilds gesetzt. Manchmal führt dies schon zur gewünschten Verbesserung, manchmal aber auch zu Tonwertverschiebungen. Ist das Häkchen bei *Vorschau* unten rechts im Dialogfeld gesetzt, wird die Änderung direkt im Bild sichtbar, und Sie können mit Klick auf *OK* die Korrektur anwenden.

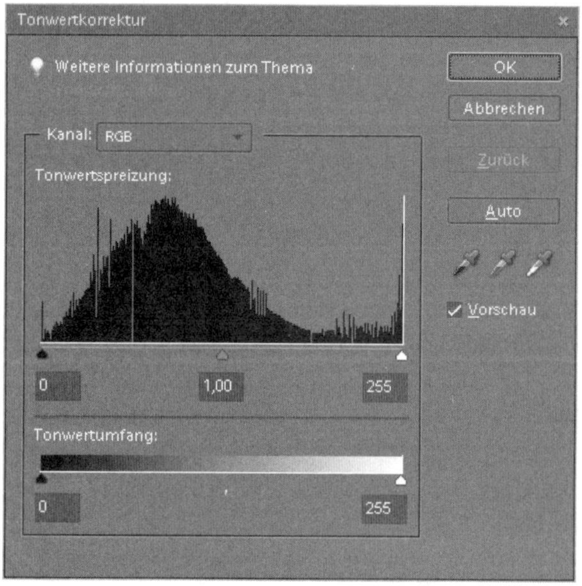

Abbildung 13-11: Das Histogramm im Dialogfeld Tonwertkorrektur

Führen Sie diese Korrektur entweder für alle Farbkanäle eines Bilds durch oder wählen Sie aus dem Auswahlmenü einen einzelnen Kanal aus und ändern Sie ihn. So können Sie gezielt die drei Farben des RGB-Farbraums beeinflussen. Lesen Sie zum Thema Farbraum auch den Kasten »Die unterschiedlichen Farbräume« auf Seite 410.

Einstellen der Farbbalance

Neben der Tonwertkorrektur bietet die Farbbalance eines Bilds die Möglichkeit, Farbstiche zu entfernen und auch Farbbereiche des Bilds mit zu geringer oder zu starker Sättigung zu beeinflussen. Verwenden Sie dafür im Menü *Überarbeiten* unter *Farbe anpassen* die Funktion *Farbton/Sättigung anpassen*. Wählen Sie dafür aus dem Auswahlfeld entweder die Option *Standard*, um alle Farbbereiche eines Bilds zu beeinflussen, oder gezielt Rot-, Gelb-, Grün- oder andere Töne aus. Mit den Schiebereglern *Farbton*, *Sättigung* und *Helligkeit* können Sie anschließend die Feineinstellung vornehmen.

Wenn Sie die Option *Färben* aktivieren, wird in der Folge das komplette Bild eingefärbt und kann so beliebig in einer einzelnen Farbe ausgegeben werden.

Störungen entfernen

Störungen in Bildern können in Form von Artefakten oder Rauschen auftreten. Bei Artefakten handelt es sich um Überlagerungen, die durch die Komprimierung der Digitalkamera erzeugt werden oder durch Speichern in Bildbearbeitungsprogrammen mit einer zu starken Komprimierung. Bildrauschen macht sich als »körniges« Aussehen vorwiegend in Bildflächen bemerkbar.

Der Filter *Rauschen reduzieren* befindet sich im Hauptmenü unter *Filter* → *Rauschfilter* → *Rauschen reduzieren.* Er dient vor allem dem Entfernen der Störungen, die beim Fotografieren entstehen oder durch das Speichern eines Motivs mit zu geringer JPG-Qualität (Artefakte). Er kann im Dialogfeld selbst noch fein eingestellt werden.

Der Filter *Staub und Kratzer* befindet sich im Hauptmenü unter *Filter* → *Rauschfilter* → *Staub und Kratzer.* Er dient vor allem dem Entfernen von Kratzern und Flecken. Je heller die Störungen sind, wie z. B. Staubflecken, desto besser wird das Ergebnis ausfallen. Auch er kann im Dialogfeld selbst noch fein eingestellt werden.

Bilder retuschieren

Verwenden Sie diese Funktionen, wenn Sie Störungen nicht mittels Filterfunktionen entfernen können (siehe oben). Die Defekte oder Störungen sind dann in der Regel auch größer und müssen in manueller Feinarbeit entfernt werden. Dafür stehen Ihnen zwei Reparaturwerkzeuge zur Verfügung: der *Bereichsreparatur-Pinsel* und der *Reparatur-Pinsel*.

Der Bereichsreparatur-Pinsel

Dieser Pinsel eignet sich, um schnelle Hilfe zu leisten. Bei einer punktuellen Störung klicken Sie einfach auf den Fleck, bei einer größeren Störung klicken und ziehen Sie das Werkzeug, wobei die Größe des Werkzeugs sich nach der Größe der Störung richten sollte. Am effektivsten ist ein Pinsel, der etwas größer als die Störung selbst ist. Experimentieren Sie mit den Formen *Struktur erstellen* und *Näherungswert* in der Optionsleiste. Je nach Störung kann eine der beiden Formen zu besseren Ergebnissen führen.

Der Reparatur-Pinsel

Mit diesem Pinsel lassen sich ganze Störbereiche aus Bildern entfernen. Nehmen Sie dafür mit gedrückter Alt-Taste einen Bereich aus Ihrem Motiv auf und übermalen Sie anschließend eine Störung. Dabei wird der übermalte Bereich nicht einfach ersetzt, sondern Photoshop Elements berechnet Vorlage und Störung neu und erzeugt anschließend eine optimierte Version der beiden Bereiche.

Hauttöne anpassen

Wenn Ihre Fotomotive Menschen abbilden, kann es durchaus vorkommen, dass deren Hauttöne nicht natürlich wirken. Verwenden Sie für diese Korrektur die Funktion *Überarbeiten → Farbe anpassen → Farbe für Hautton anpassen* im Hauptmenü. Hier können Sie die Hautfarbe der Personen und das Umgebungslicht im Foto nachbessern. Klicken Sie mit der Pipette auf ein Gesicht im Foto. Das Programm erstellt automatisch eine optimierte Vorschau. Wenn Sie weitere Korrekturen vornehmen möchten, verschieben Sie die Regler in den Bereichen *Haut* und *Umgebungslicht*, bis das Motiv Ihren Vorstellungen entspricht.

> Wenn Sie die Korrektur nicht auf das ganze Bild, sondern nur auf die Gesichter anwenden möchten, erstellen Sie vor der Anwendung mit dem *Lasso-Werkzeug* eine Auswahl. Im Hauptmenü unter *Auswahl → Weiche Auswahlkante* zeichnen Sie diese weich und wenden dann erst die Farbkorrektur der Hauttöne an.

Filter anwenden

In Photoshop Elements steht eine Reihe von Filtern zur Bildverbesserung, aber auch für künstlerische Effekte zur Verfügung. Diese befinden sich im Hauptmenü unter *Filter* oder ganz rechts in Gruppen unterteilt in der Effektpalette. Filter, die für die Bildbearbeitung wichtig sind, wurden hier bereits besprochen. Alle anderen sind für Bildverbesserungen nicht zwingend notwendig. Aus diesem Grund werden sie hier nicht weiter aufgeführt. Aber ausprobieren ist ausdrücklich erlaubt! Der Menüpunkt *Filtergalerie* bietet den großen Vorzug, die meisten dieser Filter in der Vorschau betrachten zu können. Mithilfe der Effektebenen im unteren rechten Bereich des Pop-up-Fensters der Filtergalerie können Sie sogar unterschiedliche Filter kombinieren und anordnen.

> Einige der Filter sind sehr rechenintensiv. Probieren Sie sie zuerst an einem kleinen Bereich (Auswahlrechteck) des Bilds aus. Bei Gefallen machen Sie die Filteraktion rückgängig, deselektieren die Auswahl und wenden denselben Filter auf das ganze Bild an.

Bilder schärfen

Verwenden Sie diese Funktion, um unscharfe Bilder zu schärfen. Sie findet häufig auch schon in der Kamera statt. Das heißt, in der Regel ist das Digitalkameramotiv schon scharfgezeichnet. Die Anwendung ist nur dann ratsam bei einem Bild mit einer leichten Unschärfe, aber auch bei einem ganz normal scharfen Bild. Denn auch ein Motiv, das scheinbar nicht unscharf ist, kann manchmal durchaus etwas Schärfe vertragen. Das Bild ist dann zwar schärfer als die Realität, für das menschliche Auge sieht es aber einfach brillanter aus. Nicht geeignet ist die Funktion des Scharfzeichnens für wirklich unscharfe Bilder. Hier kann auch der beste Filter nur wenig ausrichten.

Die Funktionen zum Schärfen der Bilder befinden sich im Menü unter *Überarbeiten → Unscharf maskieren* und *Schärfe einstellen*.

Die subtilere Art, ein Motiv so scharfzuzeichnen, dass das menschliche Auge die Verbesserung zwar wahrnimmt, sie aber nicht übertrieben wirkt, ist die *Unscharf maskieren*-Funktion (Abbildung 13-12).

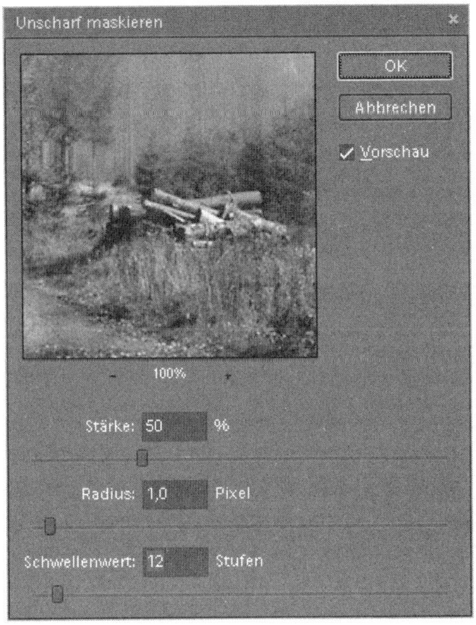

Abbildung 13-12: Das Dialogfeld Unscharf maskieren

Das Dialogfeld bietet drei Schieberegler zur Auswahl: *Stärke*, *Radius* und *Schwellenwert*. Im oberen Teil befindet sich ein Vorschaufenster, um die Auswirkungen der Änderungen direkt verfolgen zu können.

> Die Änderungen dieses Filters sind oft sehr subtil. Sie lassen sich gut beurteilen, wenn mit dem Mauszeiger in das Vorschaufenster geklickt wird. Solange Sie den Zeiger gedrückt halten, wird der »Vorher-Zustand« gezeigt.

Die Funktionalitäten der drei Regler:

Stärke
: Bestimmt, in welchem Maß der Pixelkontrast verstärkt wird. Bei Motiven für das Internet empfiehlt sich eine Einstellung zwischen 50 und 150%.

Radius

Legt die Anzahl der Pixel fest, die um die Kanten herum scharfgezeichnet wird. Empfehlenswert ist ein Wert zwischen 1 und 2.

Schwellenwert

Bestimmt, wie stark sich die Pixel von dem sie umgebenden Bereich unterscheiden, damit sie als Kantenpixel betrachtet und scharfgezeichnet werden. Hier empfiehlt sich eine Einstellung zwischen 2 und 20. Beim Wert 0 werden nämlich alle Pixel scharfgezeichnet!

Experimentieren Sie ruhig mit den Einstellungen des Filters, beachten Sie aber, dass einmal scharfgezeichnete Motive nicht ein zweites Mal gefiltert werden sollten, denn dabei kann es zur Bildung von unschönen Störungen kommen.

Die andere Art, ein Motiv scharfzuzeichnen, ist die Funktion *Schärfe einstellen*. Sie unterscheidet sich von der oben beschriebenen *Unscharf maskieren*-Funktion dadurch, dass Sie verschiedene Schärfe-Optionen auf das Bild anwenden können, die zu besser steuerbaren Ergebnissen führen. Die Abhängigkeiten der einstellbaren Optionen und den genauen Funktionsumfang können Sie am besten der Adobe-Hilfe unter *Weitere Informationen zum Befehl Schärfe einstellen* entnehmen.

Verwenden Sie diese Filterfunktion immer am Ende eines Optimierungsprozesses, um zu verhindern, dass die bereits durchgeführte Scharfzeichnung durch andere Bildbearbeitungsmaßnahmen eventuell noch verstärkt wird.

Arbeitsschritte rückgängig machen: das Protokoll

In der Protokollpalette *Fenster → Rückgängig-Protokoll* werden Arbeitsschritte an dem aktuellen Dokument aufgezeichnet – allerdings nur Arbeitsschritte, die Auswirkungen auf die Pixelbearbeitung haben (Abbildung 13-13). Aktionen wie das Zoomen o.Ä. werden dort nicht protokolliert. Sie können in der Listenansicht der Protokollpalette an beliebige Stellen zurückkehren, um ab diesem Zustand weiterzuarbeiten. Das kann durchaus sinnvoll sein, wenn Sie »über das Ziel hinausgeschossen« sind. Sehr angenehm ist auch, mithilfe des Schnappschusses (ganz oben in der Palette) den Vorher-Zustand mit dem Ist-Zustand zu vergleichen. Wenn Sie einen Zustand wählen, um von dort weiterzuarbeiten, werden alle nachfolgenden alten Zustände gelöscht und ab dem Zeitpunkt der Neubearbeitung neue Zustände erzeugt.

Für Web speichern

Wenn Sie mit der Bildbearbeitung Ihrer Motive fertig sind, können diese mithilfe des Dialogfelds *Für Web speichern* optimiert ausgegeben werden (Abbildung 13-14). In dem Dialogfeld wird links das Originalbild und im rechten Teil des Fensters die optimierte Version abgebildet. So haben Sie immer den direkten Vergleich zwischen dem Ausgangs-

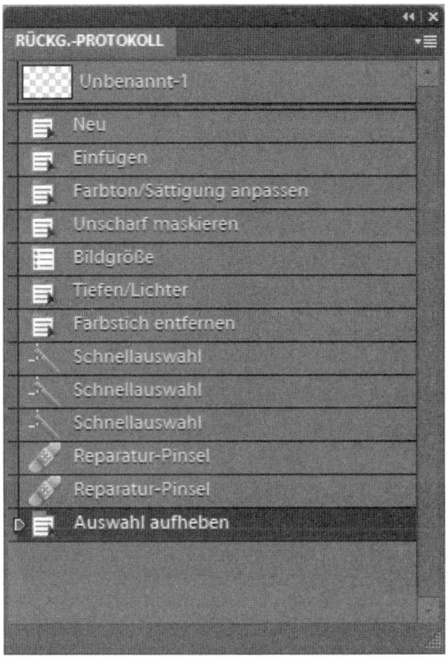

Abbildung 13-13: Die Protokollpalette

bild und der optimierten Variante und können die Auswirkungen der unterschiedlichen Kompressionsverfahren, die Sie anwenden, am besten beurteilen. Die Werkzeugpalette im linken Bereich der Arbeitsfläche beinhaltet die Funktionen zum Zoomen und Verschieben des Bildausschnitts, falls Sie Optimierungsänderungen im Detail begutachten möchten. Mit der Pipette können Sie eine Hintergrundfarbe aus dem Farbspektrum des Bilds definieren, um diese als Hintergrundfarbe bei GIF- oder PNG-8-Dateien einzusetzen. Unterhalb der beiden Bilder werden die Dateigrößen des Originals und der optimierten Version sowie die voraussichtliche Ladezeit im Browser angegeben. Sobald Sie Änderungen in den Optimierungseinstellungen vornehmen, wird die Anzeige in der Arbeitsfläche neu berechnet und angepasst. In der Editiermaske *Vorgabe* können Sie das Optimierungsformat aus einer vordefinierten Liste wählen oder frei einstellen. Üblicherweise benutzen geübte Redakteure eher den Modus *Voreinstellungen → Eigene*, denn hier können sie diverse Feineinstellungen vornehmen, um eine optimale Bildqualität bei akzeptabler Bildgröße zu gewährleisten.

Verwenden Sie also je nach Bildtyp (siehe unten) unterschiedliche Einstellungen und optimieren Sie Ihr Motiv so lange, bis Sie mit Qualität und Bildgröße zufrieden sind. Anschließend bestätigen Sie Ihre Einstellungen mit *OK* und speichern das Bild auf Ihrem PC. Übrigens wird nur eine Kopie des Bilds gespeichert. Das Originalbild wird dadurch nicht überschrieben. Nun können Sie die Datei in Ihr TYPO3-Web hochladen und platzieren.

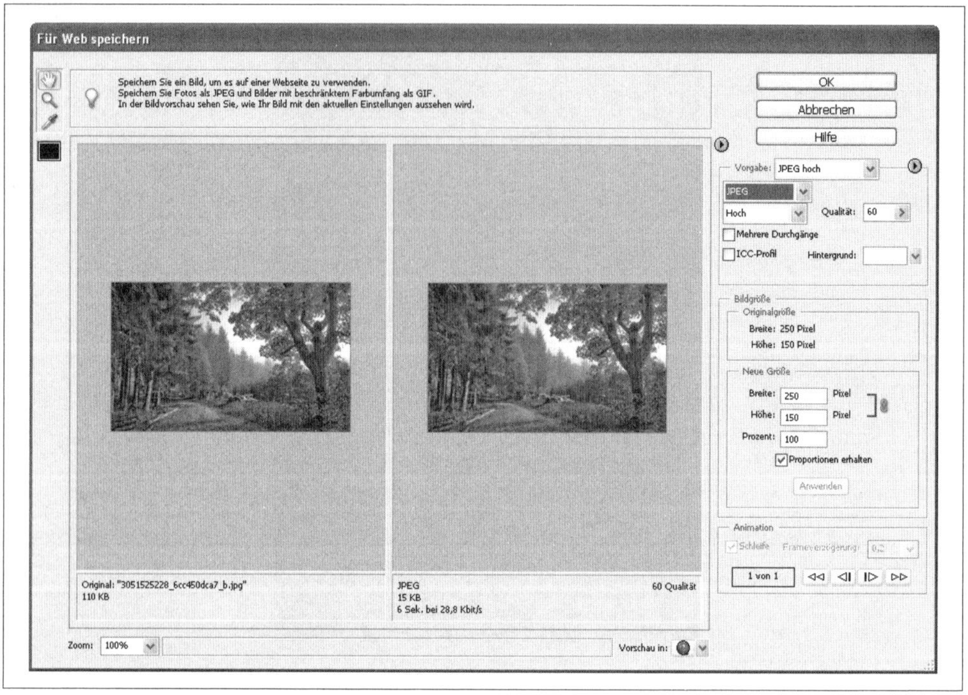

Abbildung 13-14: Die Einstellungsmöglichkeiten im Dialogfeld Für Web speichern

Die Wahl des Bildtyps, ob GIF, JPG oder PNG, hängt von der Vorlage ab. Als Faustformel kann gelten: Grafiken – also Diagramme, Logos oder vergleichbare Dateien – werden als GIF oder PNG-8 gespeichert. Vierfarbige Bilder – z.B. Digitalfotos – werden als JPG oder PNG-24 abgespeichert. Lesen Sie zu diesem Thema auch den Abschnitt »Die Bild- und Grafikformate: JPG, GIF, PNG und Co.« auf Seite 400. Für Ihre Motive haben Sie folgende Komprimierungsoptionen:

Speichern im Bildmodus JPG
: Der verbreitete Modus für Farbfotos: Theoretisch kann die Qualität von *Niedrig* bis *Maximum* gewählt werden. Diese beiden Extreme eignen sich in der Regel jedoch nicht. Die Qualitätsstufe *Niedrig* erzeugt sehr deutliche Artefakte, und das andere Extrem, die Stufe *Maximum*, vergrößert die Datei unnötigerweise. Immer richtig liegt man mit der Einstellung *Hoch*. Von dieser ausgehend, kann mit dem Schieberegler der Qualitätseinstellung noch an der Feinabstimmung gearbeitet werden.

Speichern im Bildmodus GIF und PNG-8
: Der verbreitete Modus für Grafiken und Diagramme: Im Auswahlfeld *Farben* können bis zu 256 Farben gewählt werden. Je mehr Farben Sie wählen, desto »farbtreuer« wird die Grafik gegenüber dem Original. Allerdings wird die Datei auch größer. Der optimalen Einstellung nähern Sie sich am besten durch Ausprobieren und Wählen einer Farbpalette.

Farbpalette Perzeptiv
: Erstellt eine eigene Farbpalette mit den Farben, die vom menschlichen Auge am besten wahrgenommen werden.

Farbpalette Selektiv
: Erstellt, ähnlich wie *Perzeptiv*, eine eigene Farbpalette, allerdings bevorzugt mit websicheren Farben. Bei dieser Farbpalette kommen die Farben dem Originalbild am nächsten. *Selektiv* ist auch die Standardoption!

Farbpalette Adaptiv
: Erstellt eine Farbpalette aus häufig im Bild vorkommenden Farben.

Farbpalette Restriktiv
: Verwendet die Standardpalette mit den 216 websicheren Farben. Enthält das Motiv tatsächlich mehr als die websicheren 216 Farben, werden die zusätzlichen Farben mit der Funktion *Auto* aus der Palette entfernt.

Speichern im Bildmodus PNG-24
: Das Bildformat ist das Pendant zum JPG. Es kann aber im Gegensatz zu diesem Transparenzen einbinden. Es ermöglicht – wie GIF und PNG-8 – den Modus *Interlaced*.

> Sie können sich das Bild auch noch im Vorschaubrowser anzeigen lassen. Klicken Sie dazu rechts unterhalb der optimierten Version des Bilds auf das Symbol . Es öffnet sich der Browser Ihrer Wahl mit dem Bildmotiv.

Die Funktion *Dithering* dient dem Simulieren fehlender Farben. Wird sie ausgestellt, also auf null Prozent eingestellt, werden die errechneten Zwischentöne ausgeblendet, was die Bildwiedergabe verschlechtert. Die Bildgröße wird dadurch zwar geringer, die Qualität aber auch.

Die Funktion *Transparent* dient dem Speichern eines transparenten Bereichs, um das Bild z. B. auf einem farbigen Untergrund auf der Website abzubilden. Wird die Option deaktiviert, werden eventuell vorhandene transparente Bereiche mit der ausgesuchten Hintergrundfarbe gefüllt.

Die Funktion *Interlaced* wird gewählt, wenn das Bild in mehreren Vorgängen hintereinander – sozusagen scheibchenweise – geladen werden soll. Das Bild baut sich dann im Browser nach und nach auf, anstatt erst dann geladen zu werden, wenn es vollständig übertragen ist. Dieser Effekt wurde in Zeiten analoger Modemverbindungen häufig eingesetzt, wird aber zunehmend weniger benutzt.

Schrift im Bild

Schriften bestehen – im Gegensatz zu Bildern – aus Vektoren. Das heißt, ihre äußere Form wird durch Punkte (Bézierpunkte) und damit verbundene Linien definiert. Das ermöglicht u.a. ihre verlustfreie Skalierung.

Um Schrift zu erstellen, wählen Sie in der Werkzeugpalette das *Textwerkzeug* und setzen den Cursor an eine beliebige Stelle im Bild. An der Cursorposition kann nun der Text eingegeben oder per Copy-and-Paste eingefügt werden. Das Programm erzeugt automatisch eine neue Ebene über der aktuellen Bildebene. Dieser Vorgang wiederholt sich immer dann, wenn der Textcursor an beliebige Stellen im Bild gesetzt wird. In der Optionspalette über der Arbeitsfläche können diverse Schriftparameter eingestellt werden, z. B. Schriftart, Schriftgröße, Schriftfarbe, Zeilenabstand, Textausrichtung usw.

Alle Einstellungen werden übertragen, wenn der betreffende Text ausgewählt ist und anschließend die aktuelle Bearbeitung bestätigt wird .

Schriften können mit der Funktion geglättet werden. Das empfiehlt sich generell bei allen Schriften, da die Schrift ansonsten etwas »stufig« wirkt.

Wenn Sie Schriften in Bilder integrieren, werden sie beim Speichern des Bilds in ein webgeeignetes Bildformat allerdings in Pixel konvertiert. Lesen Sie dazu auch den Abschnitt »Für Web speichern« auf Seite 422. Das bedeutet – da es sich ab diesem Moment nicht mehr um Schrift handelt –, dass sie weder kopierbar sind noch von Suchmaschinen (z. B. Google) gelesen werden können. Sollten Website-Nutzer die Bildansicht im Browser global abgestellt haben, sind diese Schrift-Bild-Kombinationen generell nicht sichtbar und damit auch nicht nutzbar. Im Übrigen muss im Fall einer Textänderung auch immer das Photoshop-Dokument geändert und neu gespeichert werden.

Sie sehen also: Texte in Bildern haben eigentlich nur Nachteile. Wir empfehlen daher, generell auf ihren Gebrauch zu verzichten.

Das Recht am eigenen Bild

Kennen Sie das? Sie machen auf dem Betriebsfest einen schönen Schnappschuss mit Ihrer Digitalkamera und wollen das Motiv auf Ihrer Website veröffentlichen. Auf dem Bild sind aber Personen abgebildet, und Sie sind sich nicht sicher, ob Sie das Motiv verwenden dürfen. Ihr Gefühl trügt Sie in diesem Fall nicht. Sie berühren damit das Persönlichkeitsrecht der Personen, die Sie fotografiert haben. Der Bereich der Rechtsprechung, um den es sich hier handelt, ist das sogenannte »Recht am eigenen Bild«.

Das *Recht am eigenen Bild* oder *Bildnisrecht* ist Bestandteil des allgemeinen Persönlichkeitsrechts. Kernaussage ist, dass jeder Mensch grundsätzlich selbst darüber bestimmen darf, ob überhaupt und in welchem Zusammenhang Bilder von ihm veröffentlicht werden.

Um Schadens- und Unterlassungsansprüche sowie im Extremfall Schmerzensgeldforderungen auszuschließen, müssen Sie die Einverständniserklärung der Person – falls es nur eine ist – einholen. Ist es eine Menschengruppe, verhält es sich schon wieder ganz anders. Der Gesetzgeber hat alle Eventualitäten im »Gesetz betreffend das Urheberrecht an Werken der bildenden Künste und der Photographie (KunstUrhG)« aufgeführt. Einen Auszug aus diesem Gesetz finden Sie hier:

Auszug § 23 KunstUrhG

> Ohne die nach § 22 erforderliche Einwilligung dürfen verbreitet und zur Schau gestellt werden:
>
> Bildnisse aus dem Bereiche der Zeitgeschichte;
>
> Bilder, auf denen die Personen nur als Beiwerk neben einer Landschaft oder sonstigen Örtlichkeit erscheinen;
>
> Bilder von Versammlungen, Aufzügen und ähnlichen Vorgängen, an denen die dargestellten Personen teilgenommen haben;
>
> Bildnisse, die nicht auf Bestellung angefertigt sind, sofern die Verbreitung oder Schaustellung einem höheren Interesse der Kunst dient.

Informieren Sie sich im Zweifelsfall genau, bevor Sie Bilder von fremden Personen veröffentlichen. Uns bleibt an dieser Stelle nur, auf dieses Gesetz zu verweisen. Das Original finden Sie unter *http://bundesrecht.juris.de/kunsturhg/*.

Nutzungsrechte

Das Internet verführt dazu, Bilder von anderen Seiten zu kopieren und auf den eigenen Seiten einzusetzen, denn schließlich sind die »tollen« Motive nur ein paar Klicks entfernt. Bevor aber Bilder auf Webseiten platziert werden, sollten Sie im Einzelfall die Nutzungsrechte klären. Sind Sie sich nicht sicher, ob Sie das Recht zur Nutzung besitzen, bleibt Ihnen nur, sich rückzuversichern, entweder bei Ihrer übergeordneten Instanz – Ihrem Chefredakteur – oder auch bei dem ausführenden Fotografen. Nutzungsrechte müssen nämlich ausdrücklich erteilt werden, d.h., ist ein Motiv in einer Broschüre abgebildet, ist damit nicht automatisch die Nutzung in anderen Medien verbunden. In der Regel lassen sich Fotografen diese Nutzungsrechtserweiterung zusätzlich vergüten. Bilder, die Sie einfach von anderen Webseiten kopiert haben, sollten Sie grundsätzlich nicht benutzen. Sie machen sich damit eventuell strafbar!

Bilderschutz und Digimarc-Wasserzeichen

Wenn Ihnen neben der Qualität eines Fotos auch am Kopierschutz Ihrer Abbildung gelegen ist, bedenken Sie, dass Bilder sich im Internet nicht schützen lassen. Wollen Sie ganz sichergehen, dass niemand Ihre Fotos kopiert, bleibt Ihnen nur, auf die Veröffentlichung Ihrer Aufnahmen zu verzichten.

> Die Inhalte von Webseiten können nicht nur von jedem gelesen, sondern auch kopiert, manipuliert und in neue Zusammenhänge gestellt werden. Das gilt nicht nur für Texte, sondern auch für Bilder. Es gibt keinen wirksamen Schutz, dies zu verhindern!

Digitale Wasserzeichen werden eingesetzt, um zusätzliche Informationen (z.B. über den Autor oder das Copyright) in das Motiv einzubinden, um es vor unerlaubter Veröffentlichung zu schützen. Man unterscheidet zwischen sichtbaren und nicht sichtbaren Wasserzeichen.

Wie wird ein Wasserzeichen eingebunden? In Photoshop Elements besteht keine Möglichkeit dazu. Lediglich Adobe Photoshop (der große Bruder) verfügt über die Option, ein Wasserzeichen einzubetten. Die Funktion, mit Wasserzeichen versehene Bilder über das Internet zu suchen, empfiehlt sich wohl eher für professionelle Fotografen, denen dadurch die Möglichkeit gegeben wird, dem Missbrauch ihrer Bilder auf die Spur zu kommen. Die Firma Digimarc bietet zu diesem Zweck kostenpflichtige Software an, mit der die mit einem solchen Wasserzeichen versehenen Bilder im Internet ausfindig gemacht werden können (*www.digimarc.com/DigimarcForImages/*).

Wie erkennt man ein Wasserzeichen? Wählen Sie im Hauptmenü der Photoshop-Vollversion *Filter → Digimarc → Wasserzeichen anzeigen*. Sollte ein Wasserzeichen enthalten sein, wird dieses in einem Dialogfeld angezeigt. Es ist auch möglich, mehr über den Eigentümer des Wasserzeichens im Internet auf der Digimarc-Website zu erfahren oder bei Bedarf Kontakt aufzunehmen.

Wasserzeichen lassen sich aber auch mit kostenloser Software implementieren. Eine Freewareversion eines solchen Programms finden Sie unter *www.bildschutz.de*.

Hilfe in der Not: Lizenzfreie Bilder im Web

Manchmal benötigen Sie vielleicht zusätzliches Bildmaterial, um Ihren Content zu illustrieren. Für den Fall, dass Sie selbst keine Fotos aufnehmen können, haben Sie auch die Möglichkeit, auf lizenzfreies Bildmaterial auszuweichen.

Was sind lizenzfreie Bilder? Es handelt sich um Bildmaterial, das Sie mehrmals verwenden können und das nicht an den Verwendungszweck (Plakate, Broschüren, Website usw.) gebunden ist. Oft finden Sie schon für »kleines Geld« vernünftige Motive, die Ihnen weiterhelfen können. Hier einige Beispiele von Webseiten, auf denen Sie lizenzfreie Bilder »für kleines Geld« erwerben können:

www.panthermedia.net
: Hier gibt es vor allem professionelle Fotos in guter Qualität. Nach einer Registrierung können die Motive in hoher Auflösung für Layoutzwecke verwendet werden. Erst bei tatsächlicher Nutzung fallen Kosten an.

www.digitalstock.de
: Auch hier bieten professionelle Fotografen und Hobbyfotografen ihre Bilder zum Download an. Als besonderes Highlight hervorzuheben ist der Verzicht auf Wasserzeichen in den Layoutbildern. Viele Bildagenturen arbeiten nämlich in die Layoutmotive Wasserzeichen ein, die erst mit Erhalt des bezahlten Motivs oder der Registrierung entfernt werden.

www.pixelio.de
: Eine Bilddatenbank für kostenlose, lizenzfreie Motive. Hier erhalten Sie tatsächlich kostenlose Motive von Privatpersonen, die qualitativ oftmals sehr gut sind. Einzige Voraussetzung ist die Registrierung.

http://de.fotolia.com
: fotolia bietet hochwertige Motive von professionellen Fotografen und ambitionierten Hobbyfotografen an. Um Bilder zu erwerben, muss man sogenannte Credits kaufen. Dabei handelt es sich um ein Guthaben, das durch die Verwendung von Bildern aufgebraucht wird. Mein Lieblingsfeature bei fotolia ist der »Puritanerfilter« in der erweiterten Suche. Einmal aktiviert, verhindert er die Anzeige erotischer Motive. Da diese Einstellung besonders in den USA beliebt ist, wird er in Anlehnung an die dort ansässigen Puritaner eben Puritanerfilter genannt.

Bei allen hier aufgeführten Diensten muss man sich registrieren, um Bilder zu erwerben, und manchmal auch, um Bilder zu Layoutzwecken herunterzuladen. Wenn Sie sich für ein Motiv entschieden haben, studieren Sie genau die dafür notwendigen Lizenzbedingungen. Die Entgelte sind in der Regel abhängig vom Verwendungszweck, der Größe oder Ähnlichem.

KAPITEL 14

Typografie und Text

Text ist – neben Bildern – der wichtigste Träger von Informationen auf Websites. Ob und wie viel Text von den Besuchern Ihres Internetangebots gelesen wird, hängt einerseits vom Inhalt, andererseits aber auch von der Gestaltung des Texts auf Ihren Seiten ab. Denn Schreiben fürs Web bedeutet immer auch Gestalten. In diesem Kapitel erfahren Sie, welche Schriften Sie auf Ihrer Website verwenden können, wie Sie Texte formatieren und richtig setzen, und Sie lernen die wichtigsten Regeln zum Schreiben und Aufbereiten von Texten für das Internet kennen.

Dabei wendet sich dieses Kapitel nicht unbedingt an den bereits erfahrenen Journalisten oder Onlineredakteur, der von diesem Buch im Grunde nur Hilfestellung im Umgang mit der TYPO3-Technik erwartet. Es richtet sich vielmehr an alle, die bisher noch wenig Erfahrung in der Erstellung von Texten im Internet haben. Die Praxis vieler TYPO3-Schulungen hat gezeigt, dass Websites – auch in größeren Unternehmen – meistens nicht von professionell ausgebildeten Webredakteuren oder studierten Journalisten gepflegt werden. Oft kommen Mitarbeiter sozusagen »über Nacht« zur Content-Pflege und sehen sich plötzlich der Aufgabe gegenüber, neben dem Erlernen von TYPO3 auch noch interessanten Content aufzubereiten und bereitzustellen. Außerdem gibt es ja auch genug Interessierte, die ganz einfach aus privaten Gründen eine TYPO3-Website unterhalten. Jeder, der mit TYPO3 Inhalte publiziert, ist Redakteur: Webredakteur.

Schriftarten im Web

Ein probates Mittel, um Texte zu gestalten, ist die Verwendung verschiedener Schriftarten. Leider ist die Auswahl an Webschriften – im Gegensatz zum Druckbereich – begrenzt. Webbrowser können bei der Darstellung einer Website in erster Linie nur auf die Schriften zugreifen, die auf dem Computer des Besuchers auch vorhanden sind, da das Rendering, also der Aufbau der Seite, genau dort erfolgt, wo sie aufgerufen wird. Daher sind die Schriften, die verwendet werden können, sozusagen der kleinste gemeinsame Nenner, auf den alle Website-Entwickler und Redakteure zurückgreifen müssen.

In jüngerer Zeit ist es jedoch bereits zuverlässig möglich, Schriftarten darzustellen, die nicht auf dem lokalen System des Nutzers installiert ist. Lesen Sie mehr zu diesem Thema im Abschnitt »Einbindung fremder Schriften«.

Hausschriften von Unternehmen oder exotische Fonts in Websites einzubinden, funktioniert meist nur über den Umweg der grafischen Überschriften. Dabei werden Schriften in Bilder umgewandelt und als solche in die Website eingebaut. Diese Lösung ist allerdings unbefriedigend, wird doch der Text damit zum Bild und ist für den Besucher nicht mehr zu kopieren, von Suchmaschinen kaum zu indexieren, und er kann von Screenreadern nicht mehr vorgelesen werden.

Mittlerweile hat sich aber aus dem Mangel an verwendbaren Schriftarten und dem damit eingeschränkten Gestaltungsspielraum eine eigene Ästhetik entwickelt. So beschäftigen sich viele Webdesigner mit der Anmutung und den Gestaltungsmöglichkeiten der Schriftarten im Web. Ein sehr schönes Beispiel hierfür ist die Website-Applikation Typetester (zu finden unter *http://typetester.maratz.com*). Dort lassen sich die verschiedenen Webschriften einfach und übersichtlich miteinander vergleichen (Abbildung 14-1). Was für HTML- und CSS-Geübte schon ziemlich viel Arbeit bedeuten würde, kann hier spielerisch von jedem erprobt werden. Die wichtigsten Webschriften und die damit verbundenen Parameter können im direkten Vergleich miteinander beurteilt und gleichzeitig auf das Feinste eingestellt und verändert werden.

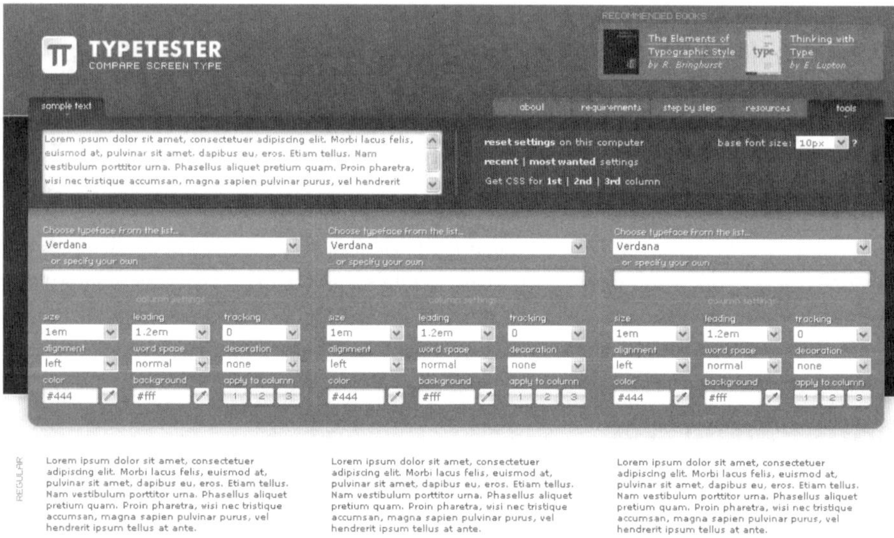

Abbildung 14-1: Der Typetester von Marko Dugonji

Die wichtigsten Webschriften (oft auch HTML-Schriften genannt) sind: Arial, Verdana, Tahoma, Trebuchet MS, Times, Georgia und Courier. Diese Fonts gelten im Allgemeinen als sicher – sind also auf den allermeisten Systemen vorhanden und können dort auch dargestellt werden. Sollten andere Schriften in der Website Verwendung finden, werden diese vom Browser – falls nicht vorhanden – durch Standardschriften ersetzt.

Die Webschriften im Überblick

Es wird zwischen proportionalen und nicht proportionalen Schriften unterschieden. Proportional ist eine Schrift, in der jedes Zeichen die Breite einnimmt, die es optisch benötigt. Als nicht proportionale Schriften werden solche bezeichnet, bei denen alle Zeichen gleich breit sind.

Ein weiteres Unterscheidungsmerkmal bei Schriften sind Serifen. Mit Serifen werden die Abschlussstriche der einzelnen Zeichen bezeichnet. Eine sehr bekannte Serifenschrift ist die Times. Serifenlose Schriften – auch Groteske genannt – wie z.B. die Arial oder die Verdana können in der Regel auf einem Bildschirm besser gelesen werden.

Viele Schriften können auch kursiv dargestellt werden. Kursivschrift ist im Gegensatz zur Grundschrift schräg laufend. Allerdings verfügen die wenigsten Webschriften im Gegensatz zu Druckschriften über eine echte Kursivschrift als eigens entworfener Schriftschnitt. Die meisten werden nur in der Darstellung am Bildschirm schräg gestellt und haben daher nicht die Qualität einer echten kursiven Schrift.

Bei der Wahl einer geeigneten Schriftart sollte auch in Betracht gezogen werden, ob es sich bei dem Text um eine Überschrift oder einen Fließtext handelt. In Fließtexten geht es in erster Linie um eine gute Lesbarkeit. Nach diesem Kriterium sollte die Schriftart ausgewählt werden. Bei einer Überschrift dürfen aber auch der Charakter und die Anmutung einer Schrift ausschlaggebende Argumente sein.

Folgende Schriften stehen zur sicheren Verwendung auf Websites zur Verfügung:

Arial
: Die Arial ist eine weit verbreitete, proportionale, serifenlose Schrift. Sie wurde als kostengünstige Alternative zur Schriftart Helvetica entwickelt und kommt dieser relativ nahe, ohne jedoch an sie heranzureichen. Die Arial eignet sich gut für Fließtexte (Abbildung 14-2).

Abbildung 14-2: Die HTML-Schrift Arial

Verdana

Die Verdana ist eine weit verbreitete, proportionale, serifenlose Schriftart, die vor allem im Hinblick auf optimale Bildschirmdarstellung – auch bei kleinen Schriftgrößen – entwickelt wurde. Dazu tragen ihre großzügigen Buchstabenabstände und ausgeprägten Unterschiede zwischen ähnlichen Buchstaben bei. Sie ist für Fließtext wie für Überschriften gleichermaßen geeignet. Sie läuft allerdings sehr breit und benötigt deshalb verhältnismäßig viel Platz (Abbildung 14-3).

Abbildung 14-3: Die HTML-Schrift Verdana

Tahoma

Die Tahoma ist ebenfalls eine proportionale, serifenlose Schrift. Sie ist beinahe identisch mit der Verdana, jedoch mit einem etwas geringeren Buchstabenabstand (Abbildung 14-4).

Abbildung 14-4: Die HTML-Schrift Tahoma

Trebuchet MS

Die Trebuchet ist eine proportionale, serifenlose Schrift, die auch über einen echten Kursivschnitt verfügt. Sie ist am Bildschirm gut lesbar und für Überschriften wie auch Fließtext geeignet (Abbildung 14-5).

Abbildung 14-5: Die HTML-Schrift Trebuchet MS

Times New Roman

Die Times ist eine der bekanntesten und am meisten verwendeten Schriften. Es handelt sich dabei um eine proportionale Serifenschrift, die nur bedingt für Fließtexte und eher für Überschriften geeignet ist. Sie sollte weder zu klein (da ihre Serifen sonst zusammenlaufen) noch zu groß (da die einzelnen Zeichen dann zu grob wirken) verwendet werden (Abbildung 14-6).

Abbildung 14-6: Die HTML-Schrift Times New Roman

Georgia

Die Georgia ist eine nicht proportionale Serifenschrift, die als »freundliche« Alternative zur Times New Roman entworfen wurde und als Serifenschrift in der Bildschirmdarstellung gut lesbar ist. Sie verfügt über einen echten Kursivschnitt und Mediävalziffern. Mediävalziffern besitzen Ober- und Unterlängen wie Kleinbuchstaben und fügen sich daher äußerst harmonisch in einen Fließtext ein (Abbildung 14-7).

Abbildung 14-7: Die HTML-Schrift Georgia

Courier New

Die Courier ist eine nicht proportionale, eigentlich für Schreibmaschinen entwickelte Serifenschrift. Charakteristisch für sie sind die besonders starken Serifen, mit denen u.a. der Leerraum beim »I« gefüllt wird. Die Courier sieht in der Bildschirmdarstellung nicht sonderlich gut aus und ist daher für Fließtexte weniger gut geeignet (Abbildung 14-8).

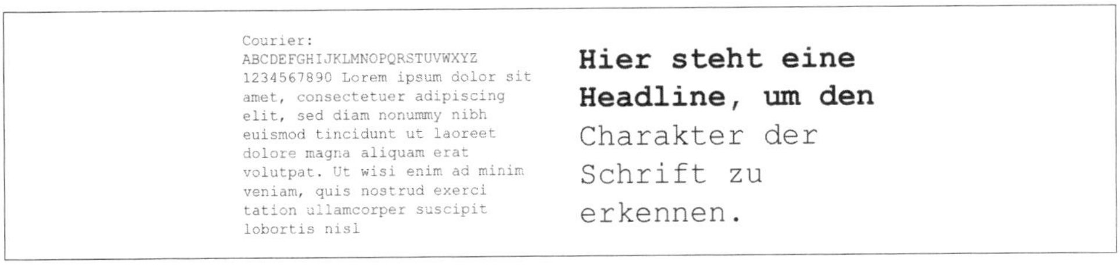

Abbildung 14-8: Die HTML-Schrift Courier New

Einbindung fremder Schriften

Wem die oben aufgeführten Schriften nicht genügen, kann auch systemfremde Fonts, die nicht auf dem eigenen PC installiert sind, einbinden. Wie aber geht das? Ganz einfach. Beim Aufruf der Website wird die im Quellcode oder der CSS-Datei referenzierte Schrift von einem externen Server geladen und steht temporär zur Darstellung bereit.

Wenn der jeweilige Webbrowser diese Anweisungen unterstützt, wird die Schrift auch entsprechend dargestellt. Leider kann nicht jeder Webbrowser diese Befehle interpretieren. Vor allem ältere Programme haben mit dieser neuen Technik so ihre Probleme. In diesem Fall greifen sie auf die vom Programmierer der Website hinterlegte Ausweichlösung – eine vergleichbare Schrift – zurück.

Es gibt eine wachsende Anzahl von Anbietern, die Schriften für diese Art der Einbettung vermieten oder kostenlos zur Verfügung stellen. Als Beispiel ist hier entsprechende Dienst von Google aufgeführt: *http://www.google.com/webfonts* (Abbildung 14-9).

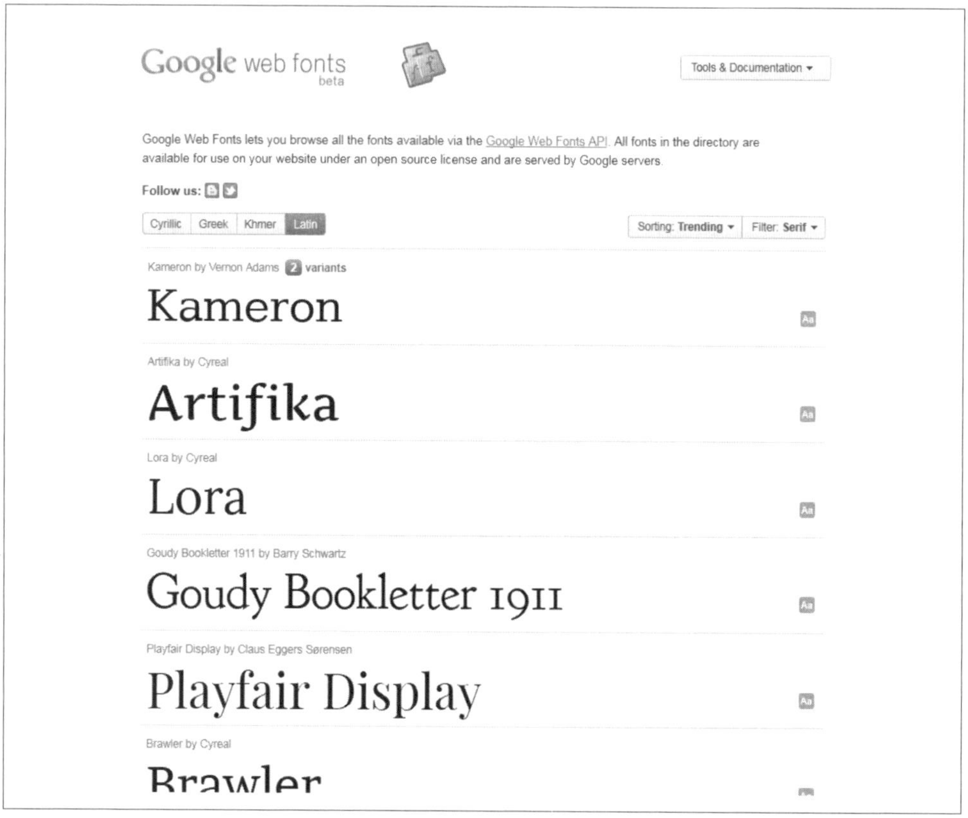

Abbildung 14-9: Einige der kostenlosen Webfonts von Google

Schriftformatierung im Web

Unter der Formatierung von Schriften versteht man die Gestaltung einer Schrift. Hierunter fallen alle einstellbaren Möglichkeiten, wie z.B. die Schriftgröße, die Schriftart, der Zeilenabstand, die Laufweite (der Abstand zwischen den einzelnen Buchstaben) und alle anderen beeinflussbaren Parameter. Im modernen Webdesign werden Schriftformatierungen mittels einer oder mehrerer CSS-Dateien gesteuert. Diese Dateien sind natürlich editierbar, allerdings ist das eher das Aufgabenfeld von CSS- und HTML-Experten. Mit dem nötigen Know-how ist es aber kein Problem, die Formatierungen zu beeinflussen. Sprechen Sie gegebenenfalls Ihren Administrator an.

Aber auch wenn die globalen Einstellungen für Schrift per CSS gesteuert werden, ist es trotzdem möglich, Texte zu formatieren und auszuzeichnen. Das zentrale Hilfsmittel dafür ist der Rich Text Editor (RTE). Alle notwendigen Informationen über den Umgang mit dem RTE lesen Sie in Kapitel 5, *Den Rich Text Editor einsetzen*.

Die Textgestaltung im Web wird neben der relativ geringen Auswahl an geeigneten Schriften auch noch von weiteren Faktoren beeinflusst. So gibt es für Websites keine befriedigende Silbentrennung, und auch der Einsatz von Mehrspaltigkeit wie z.B. in einer Tageszeitung ist nur umständlich zu realisieren. Blocksatz ist aufgrund der fehlenden Silbentrennung und den dadurch entstehenden großen Wortabständen nicht zu empfehlen, und selbst Schriftart und -größe werden in den Browsern der Nutzer oftmals anders als geplant ausgegeben, da sie im Idealfall von ihm frei einstellbar sind.

Korrekter Schriftsatz

Für die gute Lesbarkeit von Texten sorgt auch ein korrekter Schriftsatz. Als Satz bezeichnet man das Zusammenstellen von Buchstaben und Zahlen in digitalen und analogen Medien. Wie setzt man eine Telefonnummer richtig, wie sollte eine Bankleitzahl dargestellt werden? Auch hierfür gibt es einige Regeln, die es zu beachten gilt. Die Regeln für den korrekten Schriftsatz wurden im Laufe von ungefähr 500 Jahren Druckgeschichte entwickelt und werden auch heute noch so gelehrt. Sie haben alle eines gemeinsam: Sie sind nicht zwingend vorgeschrieben, gehören aber trotzdem zum Repertoire eines sorgfältig arbeitenden Webredakteurs. Aufgeführt werden hier die wichtigsten Satzregeln anhand von Beispielen:

Telefon- und Faxnummern

Werden durch ein Leerzeichen zwischen der Vorwahl und der Rufnummer voneinander getrennt. Durchwahlnummern werden mit Bindestrich angeschlossen.

Tel.: 01234 5678910 und mit Angabe der Durchwahl 01234 5678910-1

Fax: 01234 567890

Bei internationalen Rufnummern wird der Landesvorwahl ein + vorangestellt:

Tel.: +49 1234 5678910 und +49 1234 5678910-1

Fax: +49 1234 567890

Möglich ist es auch, die Nummern jeweils in Zweiergruppen von rechts durch ein Leerzeichen zu trennen, die Vorwahl wird dann in Klammern gesetzt.

Tel.: (01234) 5 67 89 10 und (01234) 5 67 89 101

Fax: (01234) 56 78 90

Kontonummern

Werden jeweils in Dreiergruppen von rechts durch ein Leerzeichen voneinander getrennt.

Konto: 3 456 789

Bankleitzahlen

Werden wie folgt formatiert:

BLZ: 123 456 78

Zahlen als Wort

Werden bis zwölf im Fließtext ausgeschrieben und ab 13 als Ziffer gesetzt.

> Der Satz von Zahlen oder Ziffern birgt prinzipiell ein Problem: das Leerzeichen zur Trennung der Zahlenblöcke. Im Browser wird es wie ein normales Leerzeichen behandelt und kann somit einen Umbruch herbeiführen. Dieser Effekt ist aber nicht immer gewünscht, z.B. mitten in der Konto- oder Telefonnummer. Abhilfe schafft hier das nicht trennende Leerzeichen ` ` anstelle eines normalen Leerzeichens (Tabelle 14-5).
>
> Geben Sie diesen HTML-Code anstelle des Leerzeichens ein. So stellen Sie sicher, dass der Zahlenblock notfalls in die nächste Zeile umbrochen und nicht auseinandergerissen wird.

Klammern ( ) { }

Stehen um das Eingeklammerte (immer) ohne Abstand.

Großbuchstaben

Für Hervorhebungen sollten Sie niemals Versalien (Großbuchstaben) verwenden. Dafür eignen sich am besten Kapitälchen. Kapitälchen sind zwar auch Großbuchstaben, haben aber eine kleinere Versalhöhe als normale Großbuchstaben. Die Versalhöhe ist die Höhe von der Grundlinie bis zur Oberkante eines Großbuchstabens. Die Versalhöhe von GROSSBUCHSTABEN wirkt im normalen Satzgefüge sehr störend. Besser lässt sich eine Auszeichnung mit kursivem oder fettem Text umsetzen. Für Kapitälchen muss Ihnen Ihr Administrator einen CSS-Stil (small caps) im RTE zur Verfügung stellen.

Unterstreichungen

Unterstreichungen als Auszeichnung für Texte im Internet sind eigentlich tabu, da mit Unterstreichungen auch heute noch Links assoziiert werden. Wählen Sie, anstatt zu unterstreichen, fette oder kursive Auszeichnungen.

Das scharfe ß (Eszett)

Dieser Buchstabe ist ein ganz besonderer Exot: der einzige Buchstabe, der nur als Kleinbuchstabe existiert. In Großbuchstaben geschrieben, wird er – leider nicht von allein – zu SS. Ein Beispiel: »Maße« wird zu »MASSE«. Vielleicht hat der Designer Ihrer Website an manchen Stellen des Webauftritts die automatische Umformatierung von Text in Großbuchstaben oder auch Kapitälchen vorgesehen – das ist technisch möglich. Kontrollieren Sie diese Stellen und ändern Sie dort gegebenenfalls ß in SS.

Nachtrag: Mittlerweile gibt es das große Eszett auch offiziell. Es ist allerdings noch nicht Bestandteil der deutschen Rechtschreibung. Einige Schrifthersteller haben es bereits in ihre Satzschriften integriert. Man darf gespannt sein, wann es auch im Internet Anwendung findet.

Interpunktion

Punkt, Komma, Semikolon, Doppelpunkt, Fragezeichen und Ausrufezeichen verhalten sich immer gleich. Sie stehen ohne Abstand zum vorherigen Wort, und ihnen folgt immer ein Leerzeichen.

Ein Abkürzungspunkt am Satzende ist gleichzeitig der Schlusspunkt. Beispiel: Hier erfahren Sie alles über den Autor, sein Leben, sein Werk usw.

Abkürzungen am Satzanfang entfallen und werden stattdessen ausgeschrieben. Beispiel: Zum Beispiel eine gelbe ... (anstatt: z.B. eine gelbe ...).

Die wichtigsten Satz- und Sonderzeichen

Viele der gebräuchlichsten Sonderzeichen können Sie über die Funktion *Sonderzeichen* direkt im Rich Text Editor von TYPO3 einfügen. Weitere Infos dazu finden Sie im Abschnitt »Sonderzeichen« auf Seite 138. Prinzipiell können Sonderzeichen auf drei verschiedene Arten eingegeben werden: als *HTML-Code*, als *Unicode* und als *hexadezimaler Unicode*. Alle drei Arten haben gemeinsam, dass sie mit einem kaufmännischen Und-Zeichen (&) beginnen und mit einem Semikolon (;) beendet werden. Alle drei Schreibweisen sind erlaubt und können miteinander kombiniert werden.

Die drei Schreibweisen am Beispiel des Copyright-Zeichens ©:

- HTML-Code: ©
- Unicode: ©
- Unicode hexadezimal: ©

An- und Abführungsstriche

Weit verbreitet ist der Fehler, falsche An- und Abführungsstriche zu benutzen. Als kleine Merkhilfe dient: »99 unten, 66 oben«. Denn das Anführungszeichen sieht einer kleinen 99 sehr ähnlich und das Abführungszeichen einer kleinen 66. Falsch ist: "Hallo", richtig ist: „Hallo“. Für den Fall, dass innerhalb einer wörtlichen Rede wiederum An- und

Abführungen notwendig werden, müssen diese »*einfach*« gesetzt werden, zum Beispiel: „Ich habe im Büro etwas ‚Tolles‘ erlebt.“

Eine weitere Möglichkeit sind die aus dem Französischen stammenden Guillemets. Auch diese An- und Abführungen gibt es doppelt und einfach. Sie können im deutschen Schriftsatz eingesetzt werden und werden auch in diesem Buch verwendet. Im französischen Original werden sie wie folgt eingesetzt: «Guillemets». Bei uns verbreiteter sind die umgekehrten »Guillemets«. Für alle An- und Abführungen gilt aber die Regel: Bitte nicht mischen!

Die korrekten An- und Abführungen sind im RTE von TYPO3 leider nicht selbstverständlich. Es handelt sich streng genommen um Sonderzeichen. Das heißt, es bleibt nur die Eingabe über Tastaturbefehle oder über die Funktion *Sonderzeichen*.

Einen Überblick über die Eingabemöglichkeiten aller An- und Abführungsstriche finden Sie in Tabelle 14-1.

Tabelle 14-1: Codes und Tastaturbefehle An- und Abführung

Zeichen	Bezeichnung	HTML	Unicode	Windows	Mac
„	Anführung (99)	„	„	Alt 0132	Alt ^
“	Abführung (66)	“	“	Alt 0147	Shift Alt ^
‚	Anführung (9)	‚	‚	Alt 0130	Alt s
‘	Abführung (6)	‘	‘	Alt 0145	Alt #
«	Guillemet doppelt links	«	«	Alt 0171	Alt q
»	Guillemet doppelt rechts	»	»	Alt 0187	Shift Alt q
‹	Guillemet einfach links	‹	‹	Alt 0139	Shift Alt b
›	Guillemet einfach rechts	›	›	Alt 0155	Shift Alt n

Der Apostroph ’

Der Apostroph (auch Auslassungszeichen oder Hochkomma) ist ein Satzzeichen, das eine Auslassung in einem Wort anzeigt, beispielsweise »so geht’s« anstatt »so geht es« (Tabelle 14-2).

Tabelle 14-2: Codes und Tastaturbefehle Apostroph

Zeichen	Bezeichnung	HTML	Unicode	Windows	Mac
’	Apostroph	’	’	Alt 0146	Shift Alt #

Die Ellipse …

Tatsächlich, diese drei Punkte nennen sich Ellipse. Sie ist sozusagen die große Schwester des Apostrophs. Die Ellipse wird für Auslassungen von ganzen Wörtern (Das Lösungswort heißt …) eingesetzt, jeweils mit Leerzeichen davor und dahinter, oder für fehlende Wortteile (Das kann doch einen Seemann nicht ersch…), dann allerdings ohne Leerzeichen. Sie findet auch bei der verkürzten Darstellung von wörtlichen Zitaten Anwendung (»Sie beherrscht Englisch, [...] in Schrift und Bild«, sagte er.). Dabei wird die Ellipse immer in eckige Klammern gesetzt. Fälschlicherweise wird die Ellipse oft mit drei hintereinandergesetzten einfachen Punkten dargestellt. Es existiert aber ein eigenständiges Satzzeichen für die Ellipse (Tabelle 14-3).

Tabelle 14-3: Codes und Tastaturbefehle Ellipse

Zeichen	Bezeichnung	HTML	Unicode	Windows	Mac
…	Ellipse	…	…	Alt 0133	Alt .

Das Mal-Zeichen ×

Beim Mal-Zeichen handelt es sich nicht einfach um den Buchstaben x. Auch für das Mal-Zeichen existiert ein eigenständiges Satzzeichen. Es ist rechtwinklig und besitzt im Gegensatz zum x mancher Schriften keine Serifen. Benutzt wird es vorwiegend für mathematische Funktionen wie z.B. das kleine 1 × 1. Die verschiedenen Erstellungsmöglichkeiten finden Sie in Tabelle 14-4.

Tabelle 14-4: Codes und Tastaturbefehle Mal-Zeichen

Zeichen	Bezeichnung	HTML	Unicode	Windows	Mac
×	Mal-Zeichen	×	×	Alt 0215	

Das geschützte Leerzeichen

Das geschützte Leerzeichen – ` ` – ist eine kleine Besonderheit. Es kommt direkt aus der Trickkiste der HTML-Profis und wird eingesetzt, um Umbrüche dort zu vermeiden, wo sie nicht gewünscht sind. Sollen Zahlen oder Wort-Zahl-Kombinationen nicht im Sinnzusammenhang umbrochen werden, wird anstelle des normalen Leerzeichens das geschützte Leerzeichen eingesetzt. Das führt dann vielleicht zu einem Umbruch der gesamten Sinneinheit in die nächste Zeile, aber nicht zur Trennung der Sinneinheit selbst. Beispiel: Wir treffen uns um 12 Uhr. Ein geschütztes Leerzeichen zwischen der 12 und dem Wort Uhr verhindert deren Trennung (Tabelle 14-5).

Tabelle 14-5: Tastaturbefehle geschütztes Leerzeichen

Zeichen	Bezeichnung	HTML	Unicode	Windows	Mac
	geschütztes Leerzeichen			Alt 0160	Alt <Leerzeichen>

Bindestrich, Trennstrich oder Divis -

Dies ist ein kurzer waagerechter Strich, der dazu benutzt werden kann, Wörter miteinander zu verbinden, zum Beispiel: TYPO3-Handbuch, Content-Management-System oder auch Groß- und Kleinschreibung. Bei der Silbentrennung dient er als Trennstrich. Er sollte allerdings nicht zum Gedankenstrich umfunktioniert werden, dafür gibt es ein eigenes Sonderzeichen (Tabelle 14-6).

Der Gedankenstrich und der bis-Strich –

Stärker als ein Komma, schwächer als ein Punkt: der große Bruder des Bindestrichs. Er steht nie am Anfang eines Satzes. Er wird eingesetzt, um Satzpausen oder Einschübe – wie in diesem Fall – zu signalisieren. Er wird immer mit Leerzeichen umklammert. Im Internet kann man ihn auch mit zwei geschützten Leerzeichen versehen, damit er nicht in die nächste Zeile rutscht.

Im Gegensatz dazu wird der bis-Strich (der die gleiche Länge hat wie der Gedankenstrich) ohne Wortzwischenräume verwendet. Beispiel: Öffnungszeit 8–23 Uhr.

Andere Verwendungen findet er als Auslassungsstrich (er schuldet mir 16,– Euro), als Streckenstrich (der Zug fährt die Strecke Dortmund – Bochum) oder auch als Minuszeichen (10 – 5 = 5) (Tabelle 14-6).

Tabelle 14-6: Tastaturbefehle Trennstrich, Gedankenstrich

Zeichen	Bezeichnung	HTML	Unicode	Windows	Mac
-	kurzer Trennstrich	Eingabe über Tastatur	Eingabe über Tastatur	Eingabe über Tastatur	Eingabe über Tastatur
–	Gedankenstrich	–	–	Alt 0150 oder Strg Minuszeichen	Alt -

Texte für das Internet: Das sollten Sie beachten

Das Verhalten von Lesern einer Webseite unterscheidet sich von dem eines Zeitungs- oder Buchlesers gewaltig. Texte werden am Bildschirm meist völlig anders gelesen als gedruckte Texte. Es ähnelt eher dem Verhalten vieler Fernsehzuschauer, die durch die verschiedenen Programme zappen, um mal hier kurz zu verweilen oder dort etwas länger zuzuschauen. Besucher einer Website lesen Webtexte nicht komplett – zumindest nicht sofort. Vielmehr scannen sie die Texte. Das bedeutet, dass der Leser den Text nicht Wort für Wort, nicht Satz für Satz durchliest, sondern ihn querliest, ihn überfliegt und dadurch versucht, sich einen Überblick über das Thema und die Qualität des Inhalts zu verschaffen. Er möchte möglichst schnell entscheiden können, ob der Text für ihn ganz individuell lesenswert ist oder nicht. Denn es kann schließlich sein, dass der Besucher nicht direkt über Ihre URL zu Ihrer Seite gelangt ist, sondern über eine Suchmaschine, die Ihre Website – wahrscheinlich als eine von vielen – als Ergebnis aufgelistet hat. Dann ist Ihre Website vielleicht schon der x-te Internetauftritt der Trefferliste, der angesteuert wurde, und Ihr neuer Besucher versucht nun – in so kurzer Zeit wie nur möglich – zu ermitteln, ob Ihre Seite die richtige für ihn ist. Dabei ist er auf der Suche nach Anhaltspunkten, die ihn zur gesuchten Information bringen. Wenn Sie Ihre Aufgabe gut gemacht haben, gelingt ihm das auch. Ein guter Webredakteur versteht es, dieses Online-Leseverhalten für sich zu nutzen.

Wichtig ist es, dem Leser das Scannen überhaupt zu ermöglichen. Was vereinfacht das Scannen, was kann gut gescannt werden? Es sind die hervorstechenden Merkmale eines Texts: Überschriften, Formatierungen und Bilder. Einige grundsätzliche Tipps:

- Vergeben Sie eine möglichst eindeutige, sprechende Überschrift.
- Stellen Sie – falls möglich – eine kurze Zusammenfassung (Teaser) an den Anfang des Texts, in der sich der Leser in ca. drei Sätzen über den Inhalt informieren kann.
- Gliedern Sie Ihren Text in sinnvolle Abschnitte und versehen Sie diese Abschnitte mit Zwischenüberschriften.
- Formatieren Sie besonders wichtige Wörter (Schlüsselwörter) innerhalb der einzelnen Textabschnitte anders, indem Sie die Formate fett (`<strong>`) und kursiv (`<em>`) verwenden. Wie das funktioniert, erfahren Sie im Abschnitt »Text fett und kursiv hervorheben« auf Seite 122.
- Benutzen Sie Listen, wenn Sie Aufzählungen abbilden möchten.
- Bauen Sie Grafiken und Bilder mit Bildunterschriften in die Abschnitte ein. Das geht natürlich nicht unbedingt bei jedem Abschnitt, aber überall dort, wo es sinnvoll ist und das Bild entweder den Text im Abschnitt ergänzt oder zumindest auflockert und illustriert.

Das Grundgerüst eines Webtexts

Ein Text besteht normalerweise aus einer Überschrift (Headline), einem Anreißer (Teaser) und dem Fließtext. Im folgenden Abschnitt werden alle Elemente einzeln unter die Lupe genommen.

Überschriften

Überschriften sollen Aufmerksamkeit erregen, Ihren Text strukturieren und Ihre Leser beim Scannen Ihrer Texte unterstützen. Dabei geben Sie ihnen die ersten Informationen über den Inhalt – denn eine gute Überschrift hat inhaltlichen Bezug zum nachfolgenden Text. Der Leser soll von der Überschrift so angesprochen werden, dass er auch den anschließenden Fließtext liest. Überschriften sollen kurz, verständlich und prägnant sein. Eine besondere Bedeutung nimmt dabei die erste Überschrift einer Seite ein, die oft allein durch ihre Größe und ihren prominenten Standort als Erstes wahrgenommen wird. Bringen Sie darin in wenigen Worten auf den Punkt, was den Leser als Nächstes erwartet. Viele Leser entscheiden rein anhand der Überschriften, ob sie weiterlesen oder nicht. Sie können auch zusätzlich noch eine zweite Überschrift unter- oder oberhalb der Hauptüberschrift platzieren. Sie kann dienlich sein, damit der Leser den Text besser einordnen kann.

Bei längeren Texten können Überschriften auch als Seitennavigation eingesetzt werden. Dabei werden die Überschriften der einzelnen Abschnitte zusätzlich im Kopf der Seite aufgeführt und mit den eigentlichen Überschriften der Abschnitte verlinkt. Dadurch kann der Besucher direkt alle Abschnitte der Seite anspringen. Wie Sie mit TYPO3 eine solche Sprungnavigation realisieren, erfahren Sie im Abschnitt »Navigationsmenüs« auf Seite 133.

> Ein Text sollte nicht nach rein visuellen Gesichtspunkten als Überschrift formatiert werden, indem er im RTE z.B. fett gesetzt wird. Ein Text wird nur dann zu einer brauchbaren Überschrift, wenn er semantisch korrekt ausgezeichnet wird. Das ist vor allem für Suchmaschinen wichtig. Wie Sie Überschriften in TYPO3 richtig setzen, erfahren Sie im Abschnitt »Überschriften« auf Seite 125.

Teaser, die zum Weiterlesen verführen

Der Teaser ist die Nummer zwei bei der Entscheidungsfindung des Lesers über Lesen oder Nichtlesen. Anreißer oder auch Teaser sind zusammenfassende Inhaltsangaben eines Texts an exponierter Stelle, die Lust auf das Weiterlesen machen sollen. Kurz, prägnant und informativ, soll er die Aufmerksamkeit der Leser treffen. Dabei kann auch Humor eine Form des »Lockmittels« sein. Teaser werden auch oft auf Übersichtsseiten mit aktuellen Nachrichten verwendet. Dort sind mehrere Teaser untereinander aufgelistet, mit deren Hilfe sich der Besucher zunächst einen Überblick über die Nachrichten, Meldungen oder Berichte verschaffen kann (Abbildung 14-10). Meist ist dann jeder einzelne Teaser über einen Link mit dem kompletten Text verbunden. Ein Teaser kann aber durchaus auch als Zusammenfassung und Appetitmacher direkt unter einer Headline noch vor dem eigentlichen Fließtext stehen. Oft ist das sogar der Fall, wenn man über einen Teaser einer Seite auf eine Detailnachricht mit dem kompletten Text gelangt. Dort steht dann häufig noch einmal der Teaser über dem Text und leitet diesen ein (Abbildung 14-11).

Fließtext

Für ihn galt bisher der Grundsatz, dass er im Web nicht zu lang sein dürfe. Kurz und knapp müsse alles sein, da der User nicht scrollen möchte. Das ist im Grunde genommen auch nicht falsch – ein übersichtlicher, prägnanter Text hat durchaus seine Vorzüge. Aber nicht alles lässt sich in wenigen Zeilen beschreiben. Die gute Nachricht: Das Onlinelesen befindet sich im Wandel. Im Zeitalter der Blogs ändern sich die Lesegewohnheiten am Monitor allmählich, zumindest wächst im Moment eine Generation heran, denen das Lesen von langen, teilweise sehr ausführlichen Texten nichts ausmacht. Bekannte Blogs haben täglich Tausende von Lesern, und deren Texte haben die eiserne Textlängenregel teilweise weit hinter sich gelassen. Ist der Text erst einmal gescannt und vom Leser als »interessant genug« bewertet worden, ist dieser auch durchaus bereit, lange Webseiten zu lesen. Dank moderner Notebooks und Smartphones können die Texte mittlerweile auch mitgenommen und dadurch nicht nur am Schreibtisch, sondern auch im Garten, im Café oder unterwegs im Bus gelesen werden. Auf diese Weise sind Bildschirmtexte ein Stück näher an Zeitungen und Bücher herangerückt.

Abbildung 14-10: Eine typische Nachrichtenseite, die nur aus Teasern besteht

Die elementarste Strategie zur Gliederung von Texten fürs Web kommt aus dem Journalismus: Der Klassiker, um Texte zu strukturieren und in sinnvolle Abschnitte zu unterteilen, ist die Beantwortung der sechs W-Fragen. Bei den sechs W-Fragen handelt es sich um die grundsätzlichen Fragen, die in Ihrem Text, sei dieser eine Nachricht, ein Bericht oder eine Meldung, beantwortet werden sollten. Sie werden jeweils eingeleitet durch die Fragewörter wer, was, wo, wann, wie, warum und woher? Die Antworten auf diese Fragen gibt Ihnen ein erstes Grundgerüst für Ihren Text vor. Dazu kommt noch die Frage nach dem potentiellen Leser?, die wohl nicht in Ihrem Text selbst, aber für Sie als Autor beantwortet werden muss. Verstehen Sie die Beantwortung der sechs W-Fragen jedoch nicht als Zwang. Auch die Reihenfolge muss nicht unbedingt eingehalten werden. Es handelt sich hierbei einfach nur um eine geeignete Möglichkeit, ein Grundgerüst für Ihren Text zu erstellen.

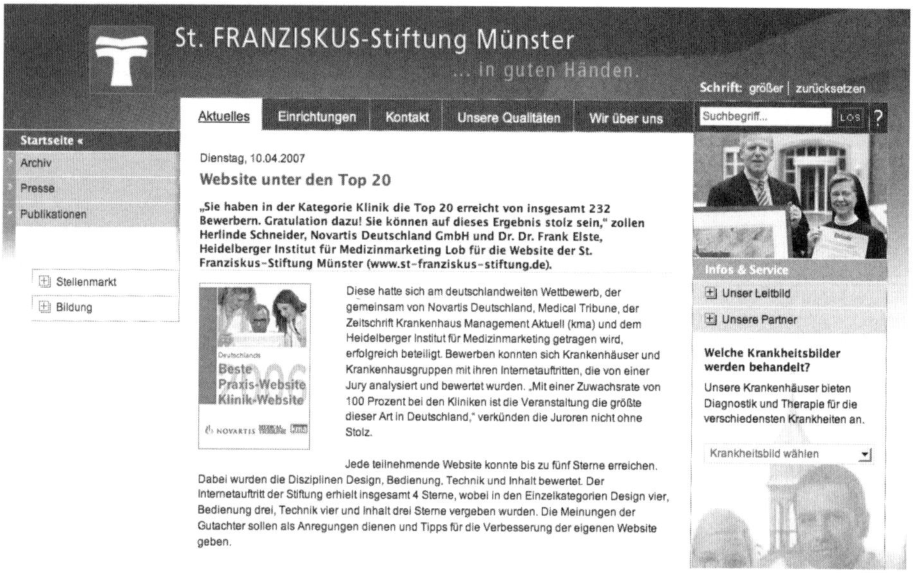

Abbildung 14-11: Eine Seite mit einem Teaser, der den Text zusammenfasst und einleitet

Auch nach den Anforderungen der Barrierefreiheit sollen Texte möglichst klar und einfach geschrieben werden. Interessant ist es, sich in diesem Zusammenhang vielleicht auch noch einmal anzuschauen, worauf man nach dem »Hamburger Verständlichkeitskonzept« beim Verfassen von Texten achten sollte. Das Hamburger Verständlichkeitskonzept, bereits 1981 von den drei Psychologen Inghard Langer, Friedmann Schulz von Thun und Reinhard Tausch entwickelt, wurde noch einmal im Zusammenhang mit der Barrierefreie Informationstechnik-Verordnung (BITV) bekannt und beschreibt die Verständlichkeit eines Texts anhand der folgenden vier Merkmale:

Einfachheit

Einfacher Satzbau *(einfache, kurze Sätze)* und klare Wortwahl erleichtern das Verstehen von Texten ebenso wie eine konkrete und anschauliche Sprache, in der die behandelten Sachverhalte einfach dargestellt werden. Fachwörter sollten erklärt werden.

Gliederung und Ordnung

Eine klar strukturierte Ordnung des Texts, die sich in der Gliederung z.B. durch Überschriften, Formatierungen, Aufzählungen und Segmentierung widerspiegelt, ist ideal. Dabei sollte das Wesentliche deutlich vom Unwesentlichen unterschieden werden und ein »roter Faden« erkennbar sein.

Kürze und Prägnanz
: Das Merkmal der Prägnanz konzentriert sich auf das Wesentliche des Inhalts und auf das Ziel, das mit dem Text erreicht werden soll. Das Informationsziel sollte stets erkennbar sein. Ein zu ausschweifender Text erschwert das Verständnis ebenso wie ein extrem knapper Text.

Anregende Zusätze
: Durch konkrete Beispiele wird der Text anschaulich und abwechslungsreich. Anregende Zusätze wie Fotos, Illustrationen oder Analogien können die Verständlichkeit eines Texts verbessern.

Aber am Ende gilt immer noch der Grundsatz »Content is King«. Sie können Ihren Inhalt durch gutes Handwerk noch so lesefreundlich aufbereiten, wenn er durchs Interessennetz Ihrer Zielgruppe fällt, werden Ihre Besucher nicht lange bei Ihnen bleiben und schnell auf eine andere Seite springen oder das Browserfenster ganz schließen.

Die Textpyramide steht Kopf

Die W-Fragen haben Sie vielleicht schon beantwortet, nun müssen Sie entscheiden, wie Sie die Antworten im Text anordnen. Längere Texte müssen vom Leser der Internetseite gescrollt werden, zunächst ist nur der obere Teil sichtbar. Das bedeutet, Sie müssen auf zwei Probleme Rücksicht nehmen: die technischen Zwänge, denen Texte im Internet unterliegen, und das Leseverhalten (Scannen) Ihrer Besucher. Daraus folgt: Die zentrale Botschaft und die wichtigsten Informationen gehören an den Anfang. Das ist ein elementares Gebot und gilt sicherlich auch für gedruckten Text, bei Internettexten ist es aber unumstößlich.

Ein Bild sagt mehr als 1000 Worte

Ihre Webtexte sollen Inhalte befördern? Bilder können Ihnen dabei ausgezeichnet helfen und Ihre Texte gleichzeitig optisch auflockern. Auch Bilder stehen weit oben in der Liste der leicht zu scannenden Elemente. Dabei haben sie die Fähigkeit – deutlich schneller und direkter als Text –, Emotionen zu wecken. Wichtig ist, dass die Bilder Ihren Text sinnvoll ergänzen oder zumindest passend illustrieren. Am besten ist es, wenn der Text das Bild oder das Bild den Text ergänzt und beide Medien Informationen liefern, die vom jeweils anderen allein nicht optimal transportiert werden können. Bis auf wenige Ausnahmen (wenn ein Bild z. B. wirklich nur illustrativen Charakter hat) sollten Sie für jedes Bild einen Bildtext vergeben. Neben den Überschriften gehören Bildtexte sicherlich ebenfalls zu den wichtigen Elementen beim Scannen eines Texts und können damit ausgezeichnet zum Lesen des kompletten Artikels anregen.

Durch verlinkten Text Mehrwert erzeugen

Ein charakteristisches Merkmal des Internets ist das Setzen von Hyperlinks, heute meist nur noch Links genannt. Das Verlinken ist für Ihren Leser einfach ein guter Service und stellt für ihn einen echten Mehrwert dar. Es ist möglich, auf bestimmte Abschnitte im Text, auf andere Seiten des eigenen Internetauftritts oder auf externe Seiten zu verlinken. Links sollten dabei selbsterklärend sein. Beschreiben Sie kurz, was den Leser erwartet, wenn er einem Link folgt. Es hilft, sich dabei in die Rolle des Lesers zu versetzen: Ist der Link »sprechend«? Weiß der Leser, was auf ihn zukommt, wenn er diesen Link anklickt? Anstelle von »Hier klicken« verwenden Sie daher z.B. »Zum Kontaktformular«.

Wenn Sie innerhalb einer Seite viele Links setzen, überlegen Sie, welche sich nur indirekt auf den Inhalt beziehen. Führen Sie diese Links dann vielleicht eher am Ende Ihres Beitrags in einer eigenen Liste auf (Abbildung 14-12).

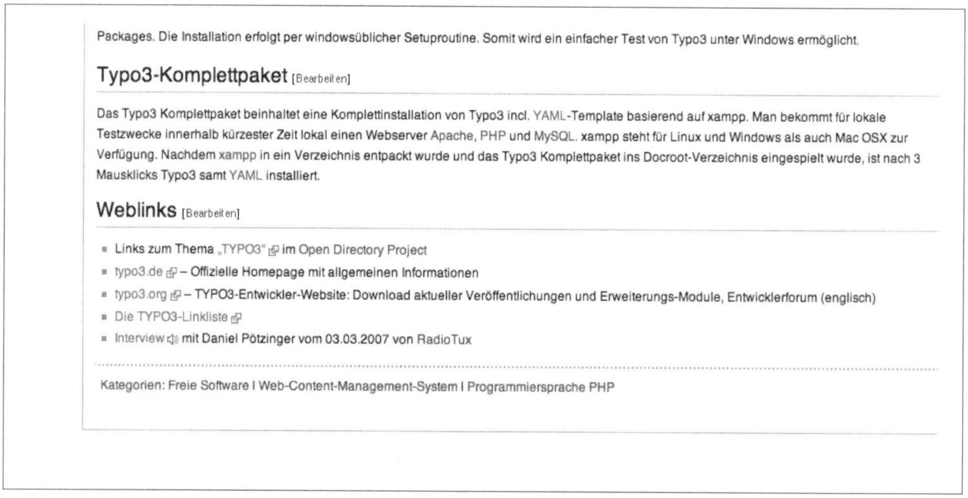

Abbildung 14-12: Linkliste mit weiterführenden Links am Ende eines Texts

Bei langen Texten kann eine Linkliste auch am Anfang des Texts Sinn ergeben. Sie kann dort als eine Art Inhaltsverzeichnis dienen und direkt zu den Überschriften einzelner Textabschnitte führen. Informationen dazu, wie Sie auf einfache Weise solche Links setzen, finden Sie im Abschnitt »Navigationsmenüs« auf Seite 133.

Links können Sie auch dabei unterstützen, einen Text nicht länger als nötig werden zu lassen. Ein Beispiel: Wenn Sie in Ihrem Text ein bestimmtes Produkt erwähnen, müssen Sie das Produkt nicht mehr im Detail beschreiben, sondern verlinken einfach zum Produktkatalog Ihrer Website, in dem wahrscheinlich sowieso bereits alle wissenswerten Informationen verfügbar sind.

Es lohnt sich, wenn Sie sich im Web einmal auf einigen guten Blogs umschauen. Im Unterschied zu normalen Webtexten enthalten Blogbeiträge häufig sehr viele Links. In den meisten Fällen verlinken Blogger ihre Textbeiträge ausführlich. Bei den Links handelt es sich um eigene Blogbeiträge, Quellenverweise, weiterführende Texte auf anderen Blogs oder Websites usw.

Viele Redakteure haben die Sorge, dass ihre Leser die eigene Website über die Links verlassen und dann leicht die Orientierung verlieren können. Ganz bestreiten lässt sich die Gefahr auch sicherlich nicht, allerdings stecken das Medium und der Umgang damit auch nicht mehr in den Kinderschuhen. Besucher wissen mittlerweile bestimmte Browserfunktionen wie das Öffnen von Links in neuen Tabs u.Ä. für sich zu nutzen, um damit den Überblick zu behalten. Hier ist mehr Vertrauen in die eigenen Texte angeraten: Sind Ihre Inhalte gut, wird der Leser auch wieder zu Ihnen zurückfinden.

TEIL IV

Tipps für Administratoren und Entwickler

KAPITEL 15

Das TYPO3-Backend anpassen

Die Kapitel 15 und 16 richten sich an alle, die einfacher und schneller mit TYPO3 arbeiten oder anderen ein einfacheres und schnelleres Arbeiten ermöglichen möchten. Sie sollen Redakteure, Entwickler und Administratoren gleichermaßen ansprechen. Redakteure erfahren hier, welche Verbesserungen überhaupt möglich sind und mit welchen Kniffen sich ihre tägliche Arbeit mit TYPO3 erleichtern lässt. Dazu muss bei Weitem nicht jedes TypoScript nachvollzogen werden können. Es reicht, zu verstehen, was sich mit bestimmten Eingriffen in TYPO3 erreichen lässt, um, mit diesem Wissen ausgestattet, jemanden aufzusuchen, der diese Eingriffe korrekt ausführen kann. Dabei handelt es sich in der Regel um versierte TYPO3-Entwickler, da zur Umsetzung der allermeisten hier aufgeführten Vorschläge ein detailliertes TYPO3-Hintergrundwissen notwendig ist. Natürlich ist es auch oft der Fall, dass Redakteur und Entwickler ein und dieselbe Person ist: umso besser, denn dann kann sie gleich selbst mit der Umsetzung beginnen. Für alle anderen gilt: mit einem TYPO3-Entwickler über die gewünschten Änderungen sprechen und sie professionell umsetzen lassen.

> Die TYPO3 Association bietet eine Zertifizierung zum »TYPO3 Certified Integrator« an. Wenn Sie professionelle Unterstützung benötigen, sollte der Anbieter dieses Zertifikat vorweisen können. Denn dann können Sie darauf vertrauen, dass er ausreichend Wissen hat, um Ihre TYPO3-Installation professionell zu betreuen.

Redakteure, Entwickler und Administratoren finden auf den nächsten Seiten zahlreiche Vorschläge, um das Backend und die Inhaltspflege deutlich zu vereinfachen. Eine Vereinfachung bedeutet weniger Probleme bei der redaktionellen Arbeit und dadurch mehr Zufriedenheit beim Umgang mit TYPO3, eine Reduzierung des Supports und damit ein höheres Maß an Kundenzufriedenheit.

Denn leider hält sich hartnäckig ein Vorurteil gegenüber TYPO3: Es wäre kompliziert, und Redakteursneulinge kämen nur sehr schwer mit der Fülle an Möglichkeiten zurecht. Klar, TYPO3 kann viel, und wer im TYPO3-Backend Webseiten mit Inhalten befüllen, Produkte in einem Shop anlegen, ein Forum administrieren und aktuelle Nachrichten mit dem Newsmodul einpflegen oder einen Newsletter versenden muss, benötigt schon einiges an Wissen. Aber das bedeutet nicht, dass es kompliziert wäre, sondern »nur«, dass es komplex ist. Allerdings ist das Problem oft hausgemacht, denn leider stellen zahlreiche Entwickler den Redakteuren einen vollen Administratorzugang mit allen nötigen, aber leider eben auch mit zahlreichen vollkommen irrelevanten Modulen anstelle eines vereinfachten, angepassten und aufgeräumten Redakteurszugangs zur Verfügung. Dadurch entsteht tatsächlich oft eine Überforderung, und Redakteure kommen zwangsläufig zum oben genannten negativen Fazit. Dabei ist es – das Wissen darum vorausgesetzt – relativ einfach, dem entgegenzuwirken und TYPO3 zu dem zu machen, was es wirklich ist: ein einfaches, gut handhabbares Content-Management-System, mit dem sich sowohl kleinere als auch große Websites und Intranets komfortabel pflegen lassen.

Das Kapitel 15 befasst sich daher mit den folgenden Fragen:

- Wie sollten Redakteure als TYPO3-Benutzer eingerichtet werden, damit sie möglichst gut mit dem System umgehen können?
- Wie kann das TYPO3-Backend eingerichtet und angepasst werden, damit die Arbeit für Redakteure so einfach und übersichtlich wie möglich ist?

Das Kapitel 16 befasst sich mit weitergehenden Fragen wie:

- Wie können die Redakteure in ihrer täglichen Arbeit unterstützt werden?
- Wie können ausgewählte Sonderfälle in TYPO3 umgesetzt werden?

Für die Umsetzung der im Folgenden beschriebenen Themen gehen wir davon aus, dass eine lauffähige TYPO3-Installation existiert. In diesen beiden Kapiteln erfahren Sie nicht, wie TYPO3 installiert wird. Auch wird nicht erläutert, wie TYPO3 konfiguriert wird, damit eine Ausgabe auf der Webseite zu sehen ist. Diese Kapitel enthalten vielmehr einzelne Tipps zu bestimmten Aufgaben, die wir für hilfreich halten. Wir hoffen, dass wir damit zeigen können, wie flexibel und komfortabel TYPO3 sein kann. Für die folgenden beiden Kapitel setzen wir die vorhergehenden Kapitel als bekannt voraus.

In Kapitel 15 werden einleitend in einer kurzen Übersicht die wichtigsten Werkzeuge für die Konfiguration von TYPO3 vorgestellt. Anschließend werden die grundlegenden Aspekte der TYPO3-Benutzerverwaltung anhand der Einrichtung einer einfachen Benutzergruppe beleuchtet. Dabei wird sowohl auf die Konfiguration selbst als auch auf die damit zusammenhängenden Zugriffsrechte und das Admin-Modul *Benutzer (vorher Verwaltung)* eingegangen.

Mithilfe der Konfigurationsschnittstelle *TSconfig* und der Manipulation des $TCA können Sie unter anderem Eingabe- und Auswahlfelder in den Backend-Masken umbenennen, erweitern oder ganz ausblenden und Inhalte von Feldern vorgeben. Inhaltsspalten können im Namen angepasst, in der Anzahl reduziert oder erweitert werden.

Weiterhin wird Ihnen vermittelt, wie Sie Ansicht und Auswahl von Datensätzen generell beschränken oder nur auf bestimmten Seiten zulassen, um somit die Übersichtlichkeit im Backend zu erhöhen.

Auch werden die unterschiedlichen Möglichkeiten eines Datei-Uploads und das Sperren des Backends für Redakteure bei Wartungsarbeiten behandelt. Zusätzlich erhalten Sie Informationen über die Lokalisierungsmöglichkeiten, die Ihnen TYPO3 für das Backend und die installierten Extensions bietet.

Abschließend werden Ihnen die Grundlagen zur Konfiguration des Rich Text Editor (RTE) erläutert. Hier erfahren Sie unter anderem, wie Sie Ihre eigene CSS-Datei in den RTE einbinden können, damit der Redakteur die gleiche Ansicht bekommt, wie der Betrachter der Webseite.

Werkzeuge für die Konfiguration von TYPO3

Im Folgenden finden Sie eine Kurzübersicht über die wichtigsten Werkzeuge für die Konfiguration von TYPO3. Diese Werkzeuge werden in den folgenden Kapiteln als bekannt vorausgesetzt.

Das Install-Tool enthält die grundlegende Konfiguration, z.B. das Datenbankpasswort und die Einstellungen zur Grafikbearbeitung. Dieses Tool wird für die Installation von TYPO3 benötigt, nach der erfolgreichen Installation und Konfiguration wird es in der Regel nicht mehr gebraucht.

Der Extension Manager ermöglicht das Aktivieren und Deaktivieren von Erweiterungen. Über ihn können auch Erweiterungen aus dem TYPO3 Extension Repository (TER) heruntergeladen werden.

Über die TypoScript-Templates wird die Ausgabe auf der Website gesteuert. Auch wenn der Name fälschlicherweise suggeriert, TypoScript sei eine Programmiersprache, so ist es im Wesentlichen nur ein extrem großes und flexibles Konfigurations-Array.

Die TSconfig (TypoScript-Konfiguration) steuert das Aussehen und das Verhalten des Backends, sie kann für Benutzer, Benutzergruppen und für jede Seite definiert werden.

Einige Änderungen an den Eingabemasken im TYPO3-Backend können nicht über die TSconfig ausgeführt werden. In diesen Fällen ist es nötig, die Anpassungen direkt am TCA (TYPO3 Configuration Array) vorzunehmen.

Install-Tool

In diesem Kapitel wird an manchen Stellen auf das Install-Tool verwiesen, das im Bereich *Adminwerkzeuge* im Modul *Installation* zu finden ist. Im normalen Betrieb sollte das Install-Tool deaktiviert werden, da durch dieses ein Zugriff auf die gesamte TYPO3-Installation möglich ist. Das Install-Tool wird darüber aktiviert, dass eine leere Datei mit dem Namen *ENABLE_INSTALL_TOOL* im Verzeichnis *typo3conf* angelegt wird. Seit TYPO3-Version 4.2.8 wird die Datei *ENABLE_INSTALL_TOOL* automatisch nach einer Stunde gelöscht, und Administratoren können im Modul *Einstellungen* die Datei komfortabel anlegen und auch wieder löschen.

Wenn in den folgenden Kapiteln Einstellungen im Install-Tool vorgenommen werden sollen, betrifft das immer den Bereich *All Configuration*. Die vorgenommenen Einstellungen werden dann in die Datei *localconf.php* im Verzeichnis *typo3conf* geschrieben. Änderungen können auch direkt in der Datei *localconf.php* vorgenommen werden. Dabei muss allerdings beachtet werden, dass die Datei eine PHP-Datei ist und Syntaxfehler dazu führen können, dass die Webseite nicht mehr angezeigt wird. Eine Sicherheitskopie, die schnell zurückgespielt werden kann, ist beim Arbeiten an der *localconf.php* Pflicht.

Extension Manager

Der Erweiterungs-Manager (Menüpunkt *Erweiterungen*) ist vermutlich das am häufigsten genutzte Administrationswerkzeug. Im allgemeinen Sprachgebrauch wird er meistens Extension Manager (EM) genannt.

Im Bereich *Erweiterungen importieren* findet sich die Möglichkeit, den Namen einer Erweiterung einzugeben und diese zu installieren. TYPO3 speichert intern eine Liste der vorhandenen Extensions, diese sollte über den Button *Holen/Aktualisieren* auf den aktuellen Stand gebracht werden, wenn das letzte Update bereits mehrere Tage her ist (Abbildung 15-1).

Abbildung 15-1: Aktualisieren Sie zuerst die Liste der verfügbaren Erweiterungen, dann können Sie nach einer bestimmten Extension oder einem Stichwort suchen

Jeder Entwickler kann eine Erweiterung zur Verfügung stellen, eine unabhängige Sicherheitsüberprüfung gibt es nicht. Es empfiehlt sich daher, jede Erweiterung einer kurzen eigenen Überprüfung zu unterziehen.

Jede Extension besitzt einen Extension-Key, der innerhalb von TYPO3 einmalig sein muss. Für Administratoren ist der Extension-Key ein wichtiger Orientierungspunkt. Er wird an vielen verschiedenen Stellen verwendet, zum Beispiel in der TypoScript-Konfiguration, in der Datenbank und auch für den Namen des Verzeichnisses, in dem die Erweiterung installiert ist.

System-Extensions werden mit TYPO3 mitgeliefert und sollten in der Regel nicht von Hand installiert werden. Sie befinden sich im Ordner *typo3/sysext/*. Alle selbst installierten Erweiterungen liegen im Ordner *typo3conf/ext/*. Systeme-Extensions können nicht über den Extension Manager aktualisiert werden. Sie sind an das TYPO3-System gekoppelt und werden aktualisiert, wenn TYPO3 aktualisiert wird.

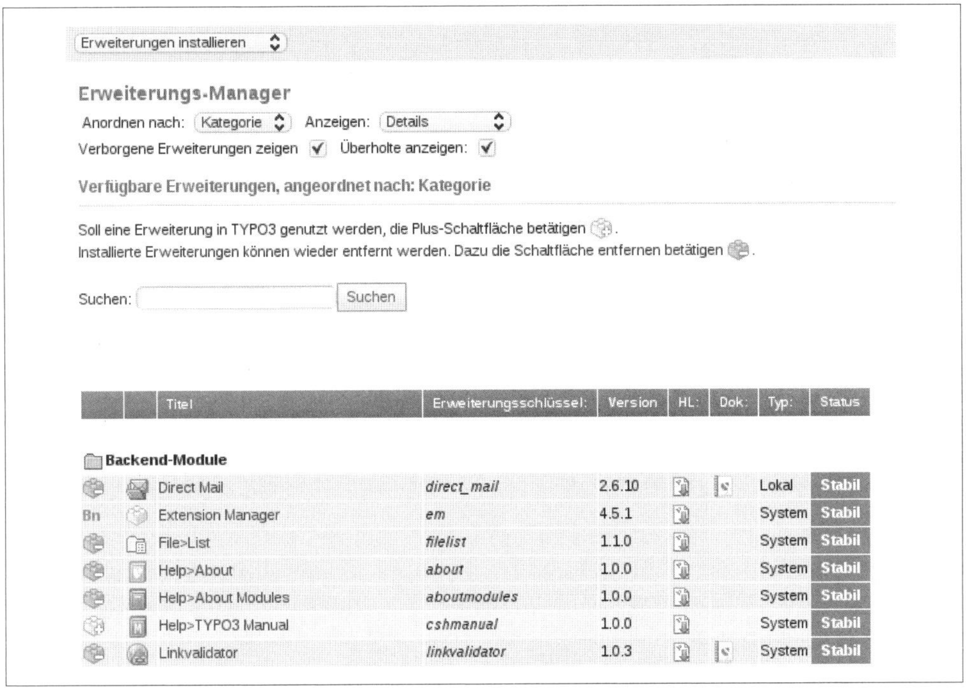

Abbildung 15-2: Im Submodul Erweiterungen installieren können Sie an der Spalte Typ ablesen, ob eine Extension lokal installiert wurde oder eine System-Extension ist

Neue Erweiterungen werden allerdings besser über die Webseite *www.typo3.org/extensions/* gesucht, da dort mehr Informationen und zum Teil auch Bewertungen angezeigt werden.

Nach der Eingabe eines Titels oder des Extension-Key im Feld *Suchen* werden mögliche Erweiterungen aufgeführt. Über das Symbol am Anfang der Zeile kann die Erweiterung installiert oder aktualisiert werden. Um eine andere Version der Erweiterung zu installieren, muss anstelle des Icons am Beginn der Zeile der Titel der Erweiterung gewählt werden. In einer weiteren Maske besteht dann die Möglichkeit, aus allen vorhandenen Versionen eine auszuwählen (Abbildung 15-3). Wenn die Erweiterung bereits in einer anderen Version installiert ist, kann sie überschrieben werden.

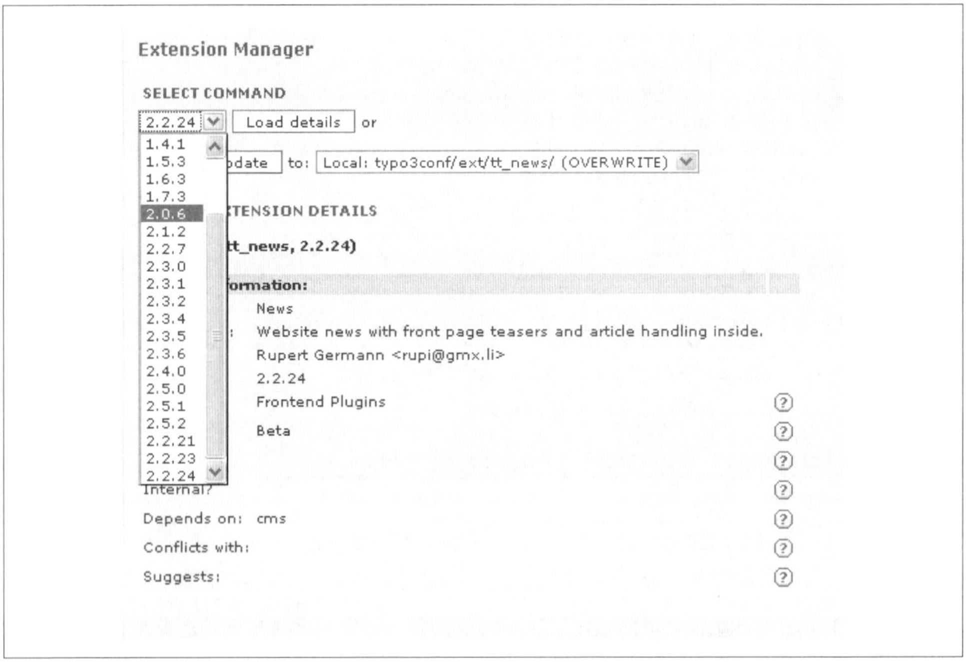

Abbildung 15-3: Für die Erweiterung tt_news existieren sehr viele unterschiedliche Versionen, die installiert werden können, in der Regel sollte jedoch die aktuellste Version verwendet werden

Manche Server sind so eingestellt, dass das Install-Tool keine Verbindung zu *typo3.org* aufbauen kann. In diesem Fall müssen Erweiterungen, die installiert werden sollen, von *typo3.org/extensions/* heruntergeladen und im Bereich *Erweiterungsdatei direkt hochladen (.t3x)* hochgeladen werden. Soll ein Update vorgenommen werden, muss das Häkchen bei *Bereits vorhandene Erweiterungen überschreiben!* gesetzt werden.

TypoScript-Templates

TYPO3 ist ein Content-Management-System, das zum Ziel hat, Inhalt und Gestaltung zu trennen. TypoScript ist der Kleber, der das Ganze wieder zusammenfügt. Die Inhalte der Datenbank werden durch TypoScript ausgelesen und aufbereitet und anschließend auf der Website ausgegeben. Das TypoScript wird in den sogenannten TypoScript-Templates definiert. Dies sind ganz normale Datensätze auf einer Seite und können auch über das Listenmodul bearbeitet werden. Es empfiehlt sich allerdings, das entsprechende Modul *Template* zu verwenden, da es verschiedene Werkzeuge für das Arbeiten mit TypoScript bietet (Abbildung 15-4).

Neben der Möglichkeit, ein TypoScript-Template zu bearbeiten, können im TypoScript-Object-Browser und im Template-Analyser die aktuelle Konfiguration und die Struktur überprüft werden. Diese Werkzeuge können über das Auswahlfeld oberhalb des Templates genutzt werden (Abbildung 15-5).

Abbildung 15-4: Die Module Liste und Template befinden sich im Hauptmenü Web

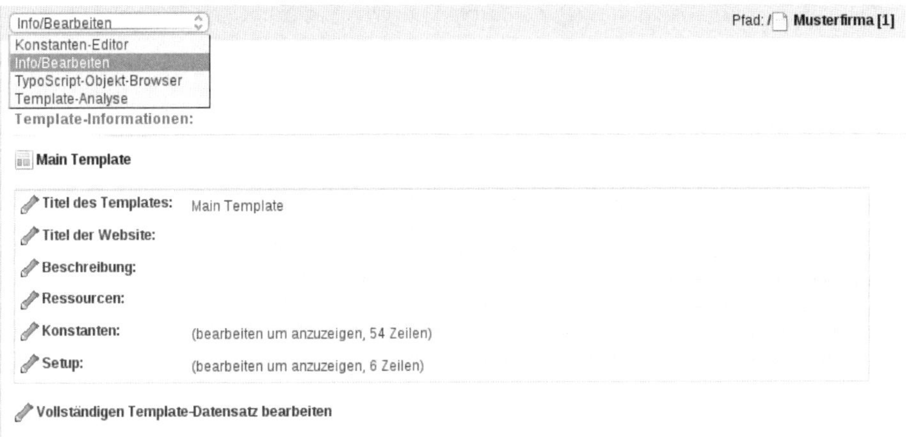

Abbildung 15-5: Das Modul Template bietet verschiedene Submodule, die das Analysieren des TypoScript vereinfachen

Ein TypoScript-Template besteht aus mehreren Feldern (Abbildung 15-5). Der *Titel* selbst hat keine Funktion, sondern hilft der Orientierung darüber, wofür das Template angelegt wurde. Der Titel der Webseite wird üblicherweise im Title-Tag der Webseite ausgegeben, und im Feld *Beschreibung* können interne Kommentare zu dem TypoScript-Template hinterlegt werden. Das Feld *Ressourcen* bietet die Möglichkeit, bestimmte Dateien im TypoScript zur Verfügung zu stellen. Die Felder *Konstanten* und *Setup* enthalten dann die TypoScript-Konfiguration. Die in den *Konstanten* definierten Werte können im *Setup* wiederverwendet werden. Hilfreich ist die Verwendung von Konstanten bei Werten, die an mehreren Stellen gleich sein sollen. Wenn zum Beispiel die Größe von Bildern an mehreren Stellen auf der Website identisch sein muss, ist es sinnvoll, den Wert in einer Konstanten festzuhalten. Diese kann dann im TypoScript-Setup an den verschiedenen Stellen eingefügt werden. Wenn später der Wert geändert werden muss, reicht es, diese Änderung in der Konstanten vorzunehmen. Das Setup enthält die Definition dazu, wie die Website ausgegeben werden soll.

> Viele Erweiterungen können komfortabel mit dem *Constant Editor* konfiguriert werden. Die dort vorgenommenen Einstellungen werden dann in das TypoScript-Template eingefügt.

Zu beachten ist, dass das auf einer Seite definierte TypoScript an die Unterseiten vererbt wird. Dort kann es dann wiederum in weiteren TypoScript-Templates überschrieben werden. Daher ist es hilfreich, den TypoScript-Object-Browser zu verwenden, um die aktive Konfiguration für eine Seite zu überprüfen. Eine Einführung in TypoScript kann in diesem Buch allerdings nicht gegeben werden. Es gibt aber einige Quellen, die Ihnen helfen werden, einen Einstieg zu finden:

- *Praxiswissen TYPO3 (von Robert Meyer, O'Reilly Verlag)*
- *TypoScript in 45 Minuten (http://wiki.typo3.org/De:Ts45min)*
- *TypoScript by example (http://typo3.org/documentation/document-library/core-documentation/doc_core_tsbyex/current/)*

Bei der Backend-Konfiguration wird auch von TypoScript gesprochen. Allerdings ist nur die Syntax die gleiche, die Befehle sind komplett andere, und es gibt auch keine Konstanten im Bereich der Backend-Konfiguration.

TSconfig

TSconfig steht für *TypoScript Configuration* und wird zum Konfigurieren des Backends verwendet. Bei der TSconfig-Konfiguration unterscheidet man zwischen Benutzer/USER-TSconfig und Seiten/Page-TSconfig. Beide Konfigurationen haben ihre eigenen Parameter, wobei es auch Parameter gibt, die in beiden Konfigurationen verwendet werden können. Zusätzlich hat man die Möglichkeit, mit der Benutzer/USER-TSconfig die Seiten/Page-TSconfig zu überschreiben.

Benutzer/USER-TSconfig

Die Benutzer/USER-TSconfig-Konfiguration wird in das *TSconfig*-Feld eines Backend-Benutzers oder einer Gruppe eingetragen (Abbildung 15-6). Wenn sowohl für einen Benutzer als auch für eine Gruppe Konfigurationen hinterlegt werden, überschreibt die Benutzer-TSconfig die der Gruppen.

Seiten/Page-TSconfig

Die Seiten/Page-TSconfig wird ebenfalls in das Feld *TSconfig*, jedoch diesmal in die Seiteneigenschaften einer Seite, eingetragen (Abbildung 15-7). Die Konfiguration vererbt sich dabei auf die Unterseiten, kann aber auf jeder Seite neu gesetzt werden und überschreibt somit die vererbten Einstellungen.

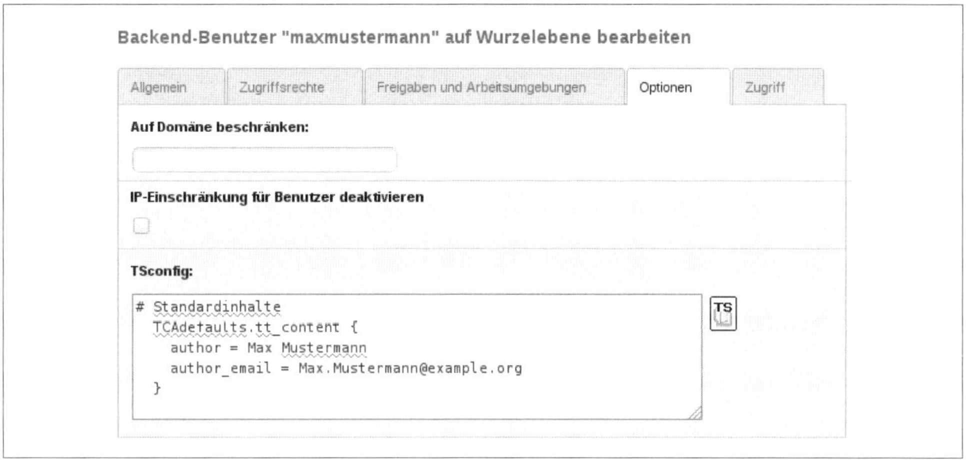

Abbildung 15-6: Das Benutzer/USER-TSconfig-Eingabefeld

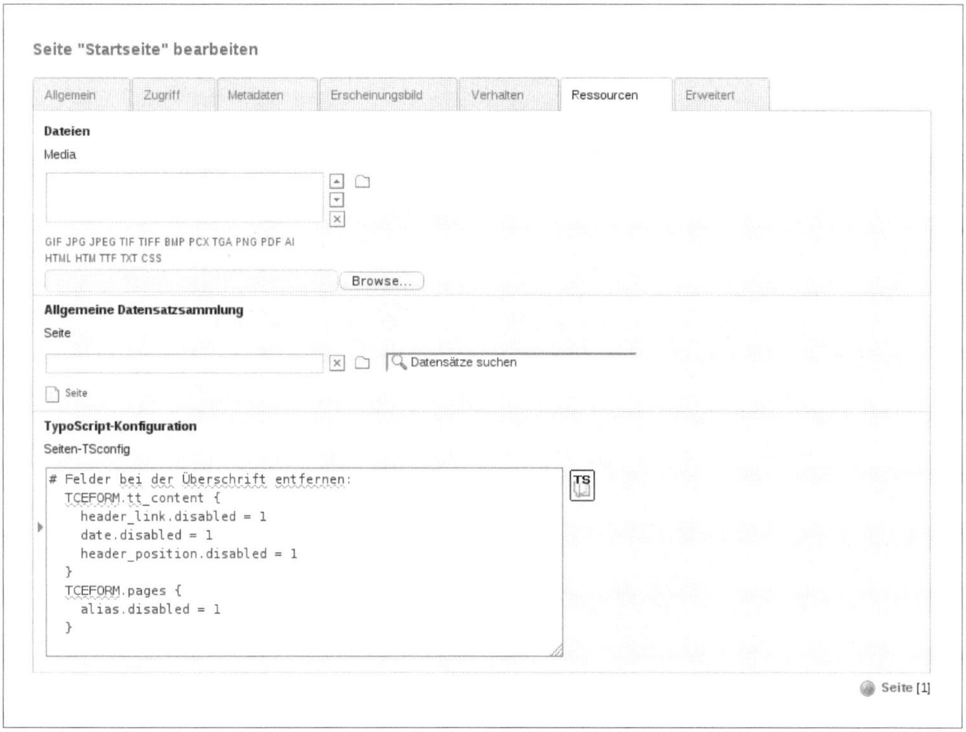

Abbildung 15-7: Das Seiten/Page-TSconfig-Eingabefeld

Mit dieser Konfiguration kann die Anzeige der Felder und Tabellen im Backend angepasst und das Verhalten des Backends geändert werden. Es können unter anderem Werte vorbelegt, die Anzeige von Feldern unterdrückt oder die Position der Felder verändert werden.

$TCA

$TCA steht für *Table Configuration Array*, es ist ein globales PHP-Array innerhalb von TYPO3. Das $TCA beinhaltet alle relevanten Informationen zu Darstellung, Validierung, den Relationen und der Verarbeitung von Datenbanktabellen und deren Feldern. Das Array ist in mehreren Ebenen aufgebaut. Die erste Ebene besteht aus den Datenbanktabellennamen, die jeweils einen Datensatztyp im Backend darstellen. Die zweite Ebene enthält ein Konfigurations-Array, das in die unterschiedlichen Bereiche unterteilt ist, die TYPO3 bietet. So ist hier zum Beispiel festgelegt, welche Tabellenfelder man beim Frontend-Editing ändern darf oder wie die Tabellenfelder im Allgemeinen angezeigt werden. Die dritte Ebene legt die eigentliche Konfiguration des Datensatzes fest. Sie enthält die Einstellungswerte für die unterschiedlichen Bereiche.

Um sich die aktuelle Konfiguration des $TCA bei einem Projekt anzuschauen, gehen Sie unter *Adminwerkzeuge* auf das Modul *Konfiguration* und wählen in der oberen Auswahlliste *$TCA (Array für Tabellenkonfiguration)* aus. Anschließend sollten Sie eine Ansicht wie die in Abbildung 15-8 sehen.

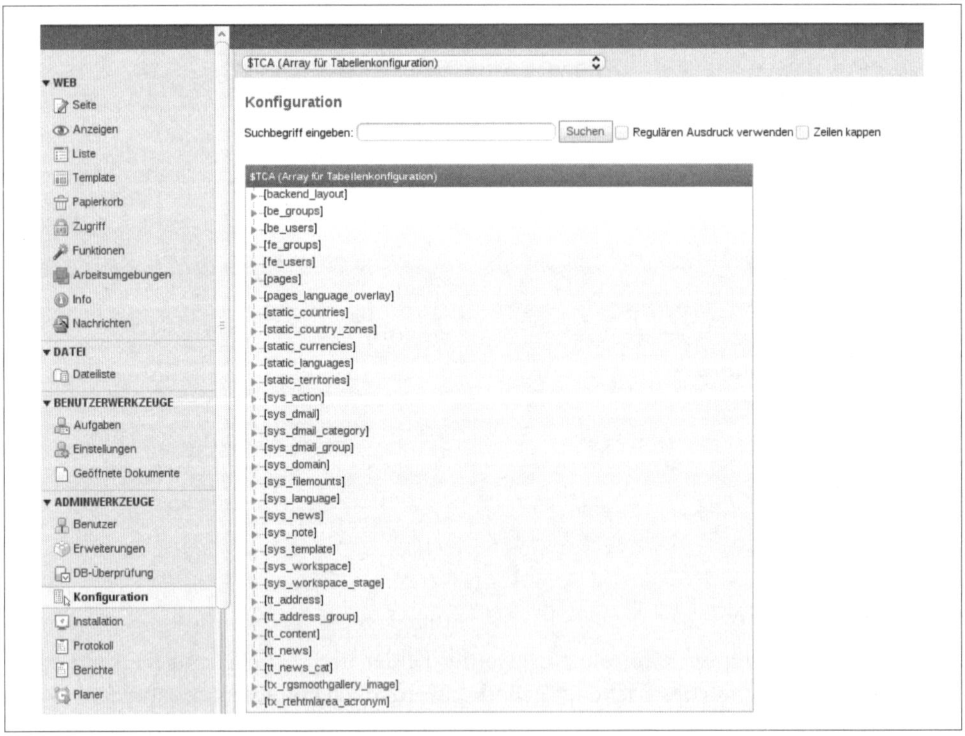

Abbildung 15-8: Table Configuration Array-Ansicht

Änderungen am $TCA können Sie direkt im Konfigurationsmodul vornehmen. Klicken Sie dafür auf die gewünschte Eigenschaft und ändern Sie den Eintrag direkt. Beachten Sie dabei, dass der Eintrag, den Sie vornehmen, direkt als PHP-Befehl in die Datei *extTables.php* eingefügt wird. Wenn die Eingabe einen Syntaxfehler enthält, zeigt Ihre Webseite abhängig von Ihrer Konfiguration eine weiße Seite oder eine Fehlermeldung an. Korrigieren Sie gegebenenfalls den Eintrag in der *extTables.php* und löschen Sie alle Cache-Dateien im Verzeichnis *typo3conf*, die mit *temp_CACHED_* beginnen.

Sie können Änderungen am $TCA auch direkt in der Datei *extTables.php* im Verzeichnis *typo3conf* vornehmen. Stellen Sie sicher, dass diese Datei auch von TYPO3 verwendet wird. Dafür muss in der *localconf.php* festgelegt werden, dass die Datei eingebunden wird:

```
$typo_db_extTableDef_script = 'extTables.php';
```

Mit dem Befehl `$typo_db_extTableDef_script` kann eine beliebige Datei definiert werden. Üblicherweise wird die Datei *extTables.php* verwendet.

Benutzer und Gruppen verwalten

TYPO3 ermöglicht eine sehr komplexe Benutzerkonfiguration. Es gibt unzählige Varianten und Möglichkeiten, wie Benutzer und Benutzergruppen konfiguriert werden können. An dieser Stelle soll nur kurz auf die grundlegenden Aspekte eingegangen werden. Ein Benutzer sowie eine einfache Gruppe werden angelegt, und dazu werden die wichtigsten Einstellungen erläutert.

Eine Benutzergruppe anlegen

Benutzer und Benutzergruppen werden von TYPO3 wie normale Datensätze behandelt, jedoch mit der Einschränkung, dass sie nur auf der obersten Ebene (`id=0`) angelegt werden können. Für das erste Anlegen eignet sich daher das Listenmodul am besten (Abbildung 15-9). Bei späteren Änderungen kann auch das Modul *Benutzer* im Bereich *Adminwerkzeuge* verwendet werden.

Jedem Benutzer können mehrere Benutzergruppen zugewiesen werden. Eine Benutzergruppe kann sogar selbst einer anderen Benutzergruppe zugeordnet werden. In vielen Fällen reicht eine Benutzergruppe für alle Benutzer aus. Wenn ein Benutzer mehreren Gruppen angehört, hat er alle Rechte aus den Gruppen und zusätzlich noch die Rechte aus seinen eigenen Einstellungen. Ein Recht, das durch die Mitgliedschaft in einer Gruppe existiert, kann dem Benutzer nicht mehr genommen werden.

Im Register *Allgemein* ist nur der Name der Gruppe wichtig. Falls gewünscht, kann die Gruppe noch kurz beschrieben oder um Untergruppen ergänzt werden. Auf der Registerkarte *Zugriffliste* sollte das Kästchen *Zugrifflisten mit einschließen* aktiviert werden. Anschließend wird die Eingabemaske aktualisiert, und es stehen zahlreiche Konfigurationsmöglichkeiten zur Verfügung. Dort kann dann definiert werden, welche Module die Mitglieder der Gruppe überhaupt sehen dürfen. Außerdem sollte festgelegt werden, welche Tabellen angezeigt und welche auch bearbeitet werden dürfen.

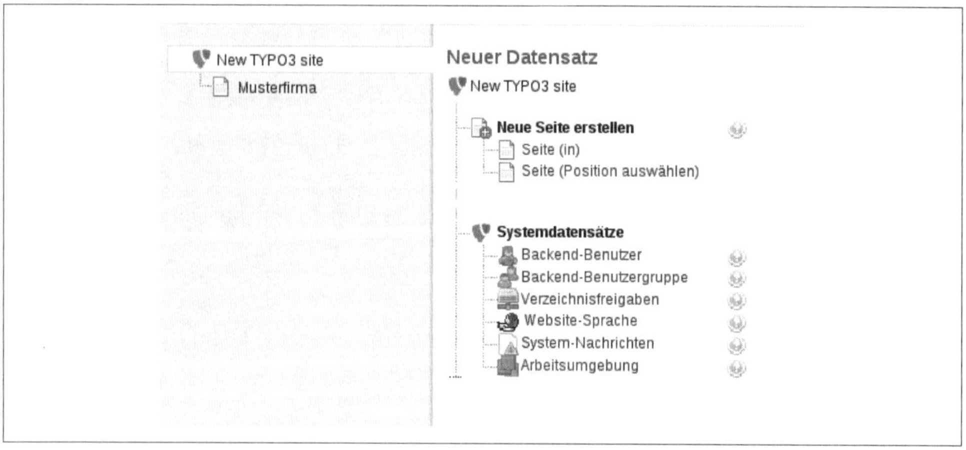

Abbildung 15-9: Einen neuen Datensatz auf der obersten Ebene anlegen: Backend-Benutzer, Backend-Benutzergruppe und Verzeichnisfreigaben

> Wenn Tabellen bearbeitet werden dürfen, müssen diese nicht auch noch in der Liste der anzuzeigenden Tabellen ausgewählt werden.

An dieser Stelle sollten nur die Tabellen ausgewählt werden, die wirklich benötigt werden. Andernfalls sieht der Redakteur später unnötig viele Tabellen und muss die für ihn relevanten herausfinden. Bei der Verwendung von Extensions müssen dann die entsprechenden Tabellen ebenfalls freigegeben werden – falls der Redakteur sie bearbeiten soll.

Auch im Bereich *Seitentypen* sollten nur die Seitentypen erlaubt werden, die wirklich nötig sind. Häufig reichen die Seitentypen *Standard* und *Verweis* aus.

Der Bereich *Erlaubte Ausschlussfelder* (Abbildung 15-10) ist der komplexeste Bereich in der Gruppenkonfiguration. Die in der Liste angegebenen Felder müssen ausgewählt werden, damit sie später für den Redakteur sichtbar sind (Abbildung 15-11). Häufig sind die Bezeichner nicht selbsterklärend, und die Zuordnung muss durch Versuch und Irrtum herausgefunden werden.

> Für das Konfigurieren des Bereichs *Erlaubte Ausschlussfelder* empfiehlt es sich, zwei unterschiedliche Browser zu verwenden (z.B. Mozilla Firefox und Microsoft Internet Explorer). In dem einen Browser loggt man sich als Administrator ein, in dem anderen als normaler Redakteur. Anschließend kann dann die Änderung in dem Administratorbrowser vorgenommen werden, und in dem anderen Browser wird direkt getestet, ob die Einstellung richtig ausgeführt wird.

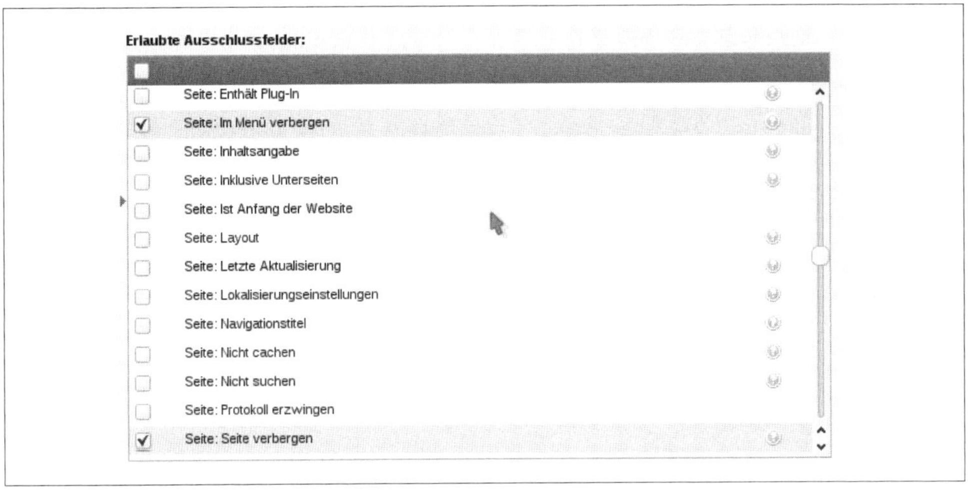

Abbildung 15-10: Nur wenige Felder dürfen im Seitenelement bearbeitet werden

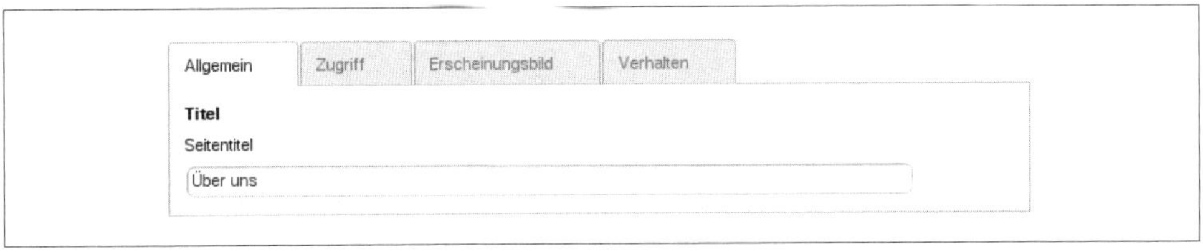

Abbildung 15-11: Im Reiter Allgemein wird nur noch der Seitentitel angezeigt

Diese Konfiguration ist also entscheidend dafür, ob das TYPO3-Backend mit Optionen überfrachtet ist oder auf die benötigten Felder reduziert wird und damit ein angenehmes Arbeiten ermöglicht. Aufgrund der vielen unterschiedlichen Möglichkeiten – die mit jeder Extension auch noch wachsen – bedeutet eine gute Konfiguration zwar einiges an Arbeit, die aber auf jeden Fall gemacht werden sollte.

Im Bereich *Feldwerte explizit erlauben/verbieten* kann festgelegt werden, welche Typen von Inhaltselementen von einem Redakteur verwendet werden können und welche nicht. Eine Besonderheit stellt dabei der Typ *Plug-in einfügen* dar.

> Die Begriffe Plug-in, Extension und Erweiterung bedeuten übrigens allesamt dasselbe.

Wenn das Recht besteht, ein Plug-in einzufügen, kann im Bereich *Seiteinhalte: Plug-in* definiert werden, welche Erweiterungen von einem Redakteur auf einer Seite angelegt werden dürfen. In der Regel ist das Anlegen von Plug-ins deutlich komplexer als das Anlegen normaler Inhaltselemente. Daher will es gut überlegt sein, ob es nötig ist, dass ein Redakteur mit Plug-ins arbeiten darf.

Im Install-Tool kann im Bereich *All Configuration* die Einstellung `explicitADmode` auf `explicitAllow` gesetzt werden. Das hat zur Folge, dass Plug-ins grundsätzlich nicht erlaubt sind, sondern explizit in der Konfiguration für einen Redakteur freigeschaltet werden müssen. Andernfalls hat ein Redakteur, der ein Plug-in einfügen darf, auch gleichzeitig das Recht, neu installierte Erweiterungen zu verwenden.

Die Konfiguration der Benutzergruppe kann abgeschlossen werden, sobald auch die Datenbank- sowie die Verzeichnisfreigaben definiert worden sind (Abbildung 15-12).

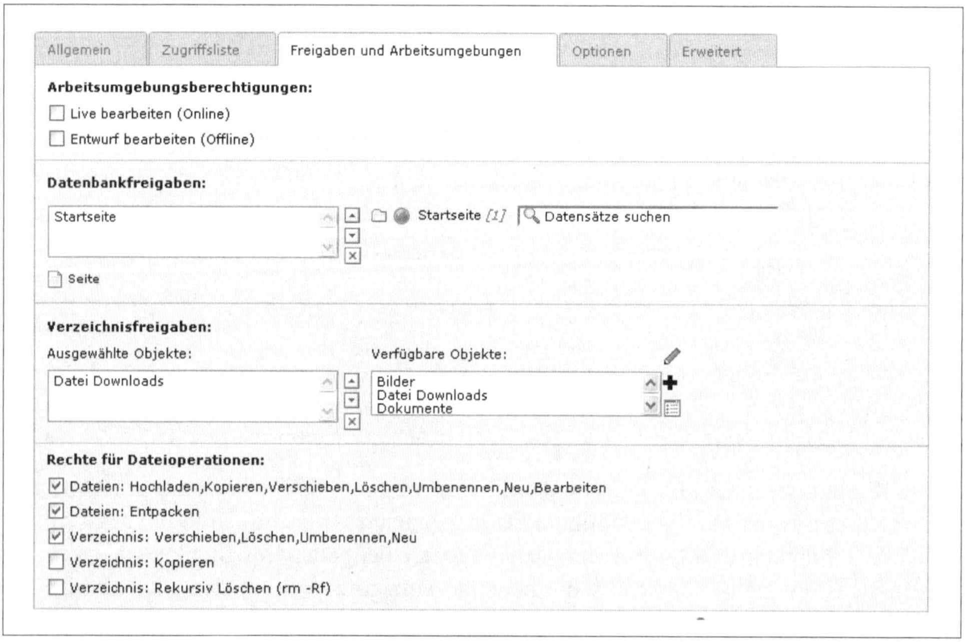

Abbildung 15-12: Das Register Freigaben und Arbeitsumgebungen: Alle Gruppenmitglieder haben Zugriff auf die Startseite und alle Unterseiten der Startseite; im Modul Datei sehen Sie alle Dateien im Bereich Datei Downloads

Die Datenbankfreigaben sind die Seiten und deren Unterseiten, die ein Benutzer sehen und bearbeiten darf. Ohne eine Datenbankfreigabe steht dem Benutzer kein Seitenbaum zur Verfügung. Die Verzeichnisfreigaben dagegen beziehen sich auf den *Fileadmin*-Bereich, also die Stelle, an der die Dateien verwaltet werden. Um dort eine oder mehrere Verzeichnisfreigaben auswählen zu können, müssen Verzeichnisfreigaben vorhanden sein (Abbildung 15-13). Diese können auch über das Listenmodul angelegt werden.

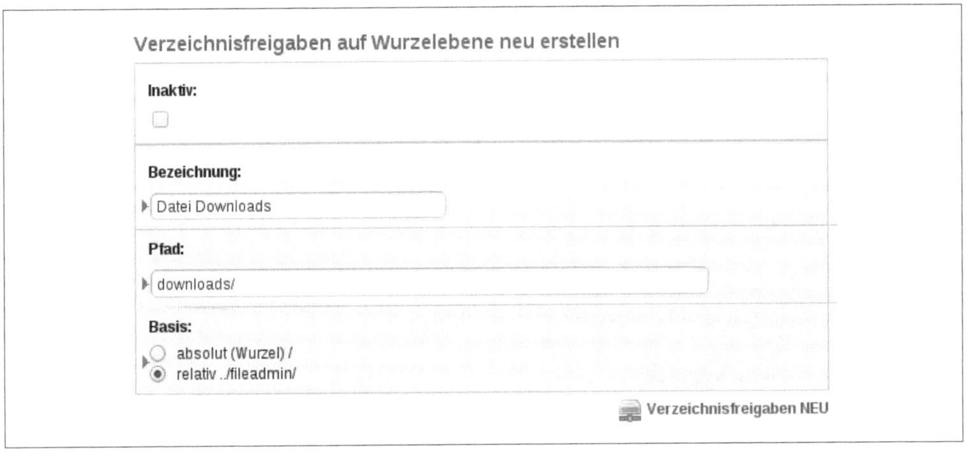

Abbildung 15-13: Verzeichnisfreigaben anlegen: Die Bezeichnung kann frei gewählt werden – der Pfad muss allerdings existieren

Wenn ein Benutzer zu mehreren Benutzergruppen gehört, werden im Seitenbaum alle Datenbankfreigaben angezeigt. Bei Überschneidungen von Datenbankfreigaben, die daraus entstehen, dass eine Gruppe die Startseite als Datenbankfreigabe besitzt, einer anderen allerdings nur ein Teilbereich freigegeben wurde, werden im Seitenbaum beide Bereiche angezeigt (Abbildung 15-14). In einem solchen Fall ist es hilfreich, mehrere Gruppen anzulegen – jeweils eine für die unterschiedlichen Datenbankfreigaben und eine für das Erlauben von Feldern, Seitentypen usw.

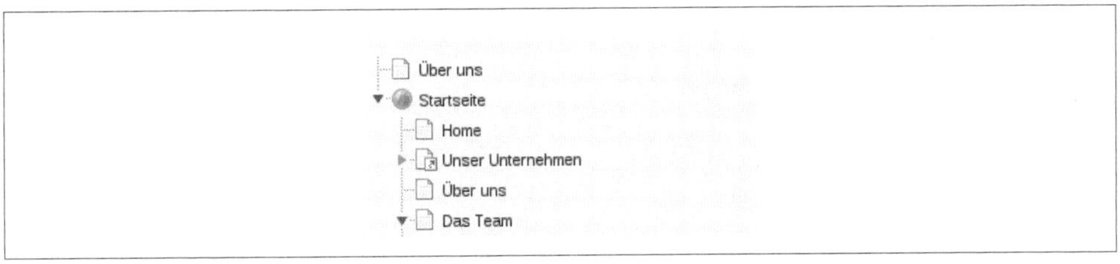

Abbildung 15-14: Die Seite Über uns ist im Seitenbaum doppelt, wenn der Benutzer mehrere Datenbankfreigaben besitzt

Benutzer anlegen

Die wesentlichen Einstellungen werden in der Benutzergruppe vorgenommen. Bei der Anlage eines Benutzers müssen der Benutzername und das Passwort im Register *Allgemein* angegeben werden. Die gewünschte Gruppe sollte ausgewählt werden, und die Standardsprache für den Redakteur muss eingestellt werden. Die Felder *Name* und *E-Mail-Adresse* sollten ebenfalls ausgefüllt werden, das erleichtert die Zuordnung und auch die Kontaktaufnahme.

Im Register *Freigaben und Arbeitsumgebungen* sollten dann auf jeden Fall die Kästchen *Freigaben aus Gruppen* sowohl für die Datenbankfreigaben als auch für die Verzeichnisfreigaben aktiviert werden (Abbildung 15-15). Dadurch werden sie entsprechend aus den Gruppen vererbt und müssen an dieser Stelle nicht explizit angegeben werden. Spätestens wenn eine zweite Person mit den gleichen Rechten angelegt werden soll, ist das Arbeiten mit Gruppen komfortabler. Des Weiteren sollten die Einstellungen bei *Dateioperationsberechtigungen* überprüft und gegebenenfalls angepasst werden.

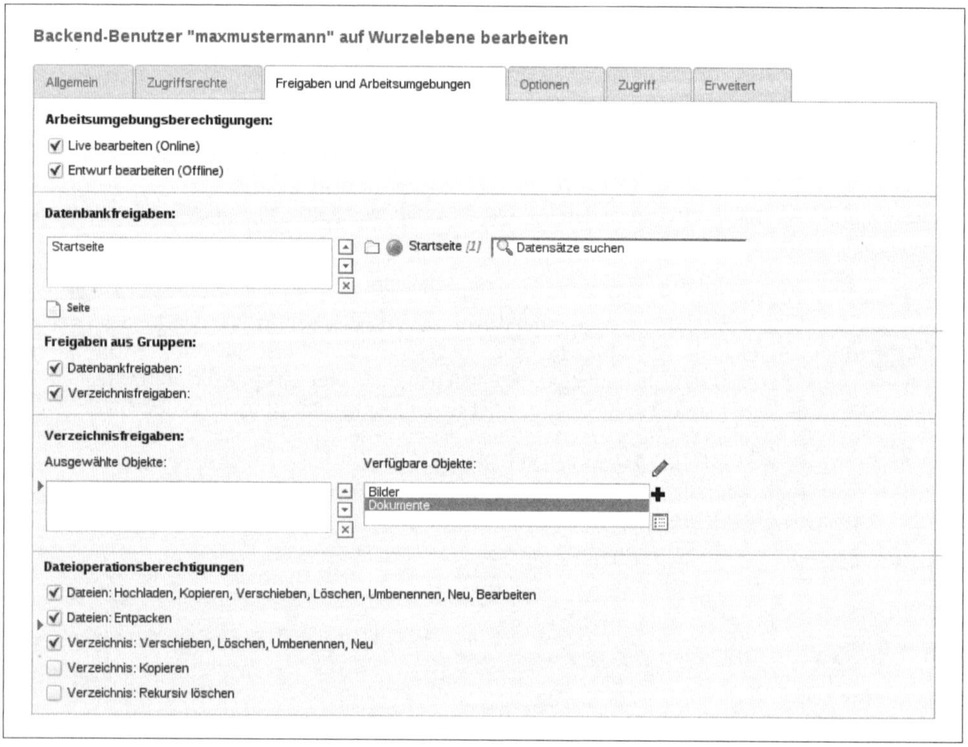

Abbildung 15-15: Ausschnitt aus dem Register Freigaben und Arbeitsumgebungen: Wenn mit Gruppenrechten gearbeitet wird, reicht es, die Freigaben aus Gruppen zu aktivieren

Zugriffsrechte setzen

Es kann passieren, dass der soeben konfigurierte Benutzer keinen Seitenbaum zu sehen bekommt. Die Ursache liegt darin, dass es neben den Datenbankfreigaben noch einen weiteren Mechanismus gibt, der bestimmt, wer Seiten und Inhalte bearbeiten darf. TYPO3 steuert die Zugriffsrechte für den Besitzer, die Gruppe und alle anderen auch auf Seitenebene. Diese Zugriffsrechte werden über das Modul *Zugriff* gesteuert (Abbildung 15-16).

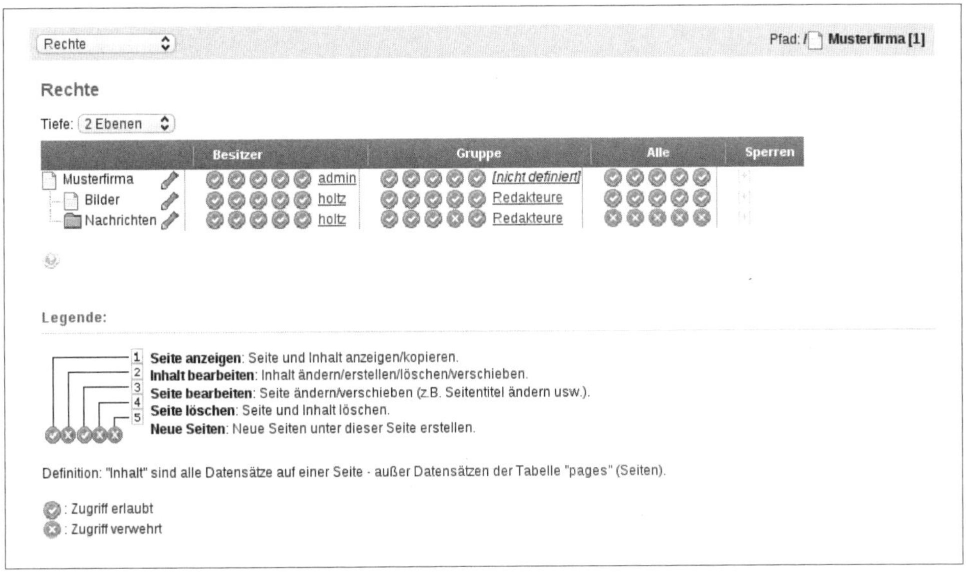

Abbildung 15-16: Das Modul Zugriff zeigt die gesetzten Zugriffsrechte in der Übersicht

Für jede Seite kann konfiguriert werden, welche Rechte der Besitzer (in der Regel derjenige, der die Seite erstellt hat), die Gruppe und alle anderen haben. Die Seite kann auch über die Funktion *Sperren* für die Bearbeitung durch alle diejenigen, die keine Administratoren sind, gesperrt werden. Ein grünes Häkchen bedeutet, dass das Recht gesetzt ist, ein rotes Kreuz heißt, das Recht besteht nicht. Unterhalb der Liste gibt es eine Legende, die erläutert, welche Position für welches Recht steht.

Wenn eine neue Seite angelegt wird, wird automatisch der aktuelle Redakteur als Besitzer angelegt und die erste Gruppe, zu der er gehört, als Gruppe definiert. Alle anderen haben dann an der neu erstellten Seite keine Rechte mehr.

Wenn mehrere Gruppen im Spiel sind, kann das dazu führen, dass Personen manche Seiten in ihrem Seitenbaum nicht sehen oder bearbeiten können, da die nötigen Rechte fehlen. Es empfiehlt sich, eine Gruppe anzulegen, zu der alle Benutzer gehören, und dann über TypoScript noch einige Einstellungen vorzunehmen.

Im Seiten/Page-TSconfig kann festgelegt werden, welche Zugriffsrechte bei der Neuanlage von Seiten verwendet werden sollen (Abbildung 15-17). Mit `userid` legen Sie fest, welcher Benutzer angegeben wird, wenn eine neue Seite angelegt wird, mit `groupid` entsprechend die Gruppe, zu der alle Benutzer gehören. Somit spielt es keine Rolle mehr, ob ein Administrator, der zu keiner Gruppe gehört, die Seite angelegt hat oder ob die Reihenfolge der Gruppen in den Benutzereinstellungen womöglich unterschiedlich ist. Anschließend kann über `user` (Benutzer), `group` (Gruppe) und `everybody` (alle anderen) festgelegt werden, welche Rechte diese bei der neu angelegten Seite haben sollen:

- show: Seite und Inhalt anzeigen/kopieren
- editcontent: Inhalt ändern/erstellen/löschen/verschieben
- edit: Seite ändern/verschieben (z. B. Seitentitel ändern usw.)
- delete: Seite und Inhalt löschen
- new: neue Seiten unter dieser Seite erstellen

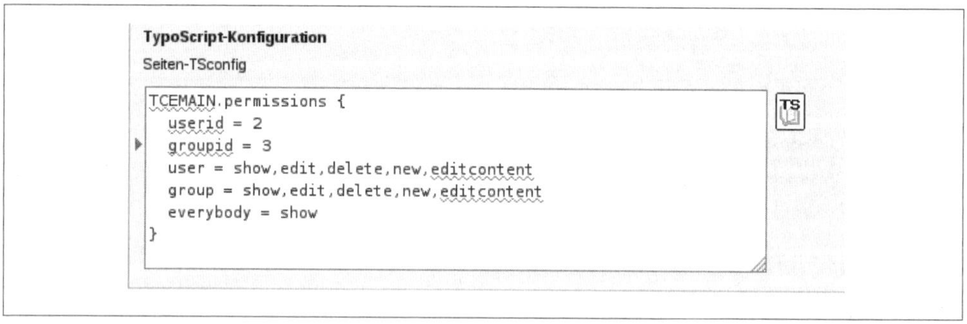

Abbildung 15-17: Seiten/Page-TSconfig: Die Zugriffsrechte können festgelegt werden

Modul Benutzer

Im Bereich der *Adminwerkzeuge* gibt es das Modul *Benutzer*. Dort können Benutzerrechte miteinander verglichen werden, und es gibt eine Übersicht über die Benutzer, die derzeit online sind. Um die Rechte der Benutzer zu vergleichen, müssen die entsprechenden Kästchen aktiviert und anschließend mit dem *Aktualisieren*-Button bestätigt werden (Abbildung 15-18).

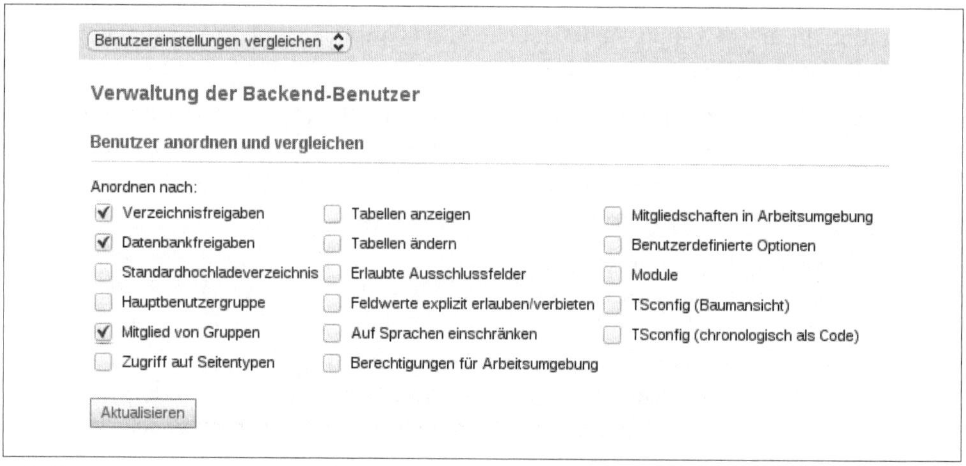

Abbildung 15-18: Nach der Auswahl, welche Einstellungen verglichen werden sollen, muss diese Auswahl mithilfe des Aktualisieren-Buttons bestätigt werden

Daraufhin erhält man eine Übersicht mit den verschiedenen Benutzern und den zugehörigen Werten. Dabei werden Benutzer, bei denen die Konfiguration in den zu vergleichenden Werten übereinstimmt, zusammengefasst.

Eingabefelder anpassen

Um die Inhalte einer Website zu pflegen, müssen Redakteure eine Menge Formulare in den Backend-Masken ausfüllen: Texte in Eingabefelder eintragen, Optionen in Aufklappmenüs wählen oder Häkchen in Auswahlboxen setzen. Aber nicht immer werden alle Felder benötigt, nicht immer ist alles verständlich bezeichnet und am richtigen Platz. Das kann zu Verwirrungen führen und die Arbeit im TYPO3-Backend unnötig verkomplizieren. Dann ist es sehr hilfreich, u.a. verwirrende Feldbezeichnungen anzupassen sowie überflüssige Eingabefelder und Auswahloptionen auszublenden oder zu erweitern.

Die Formularelemente im TYPO3-Backend sind *Input*, *Select*, *Radio* und *Checkbox* – die wohl wichtigsten und am häufigsten verwendeten Arbeitsmittel in der alltäglichen Arbeit mit TYPO3. Aus diesem Grund erfahren Sie hier, wie Sie mithilfe der TSconfig-Konfigurationen und durch Erweitern bzw. Ändern des $TCA die Eingabefelder nach Ihren Bedürfnissen anpassen können. In Abbildung 15-19 sind Eingabefelder zu sehen, die angepasst werden können.

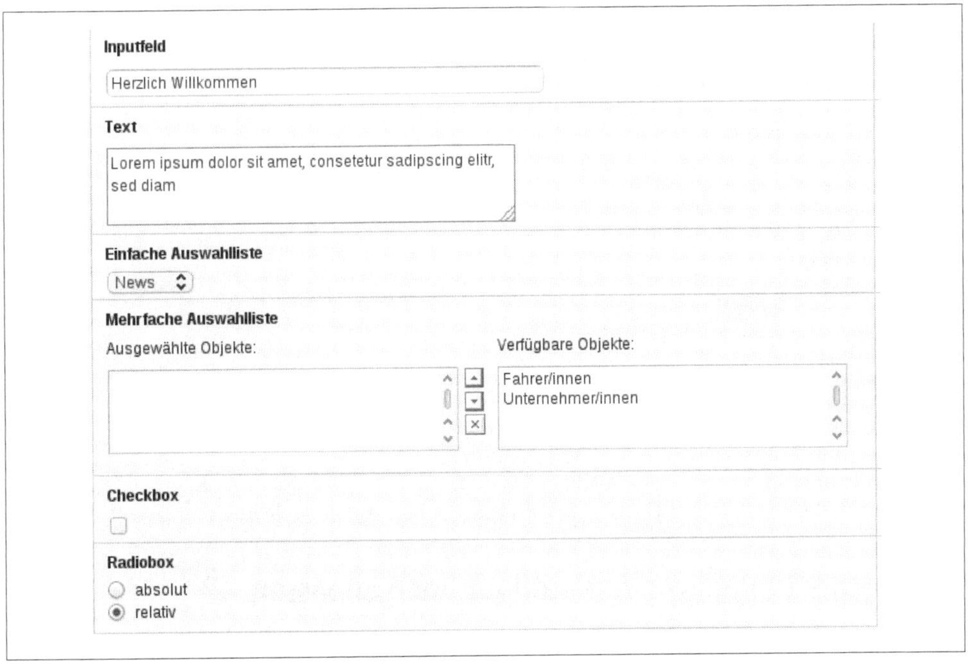

Abbildung 15-19: Eingabefelder im TYPO3-Backend

Die Beschriftung von Eingabefeldern anpassen

Die Beschriftung von Eingabefeldern anzupassen, kann sehr nützlich sein. Wurde die Website bislang mit einem anderen CMS gepflegt, sind Redakteure vielleicht an andere Beschriftungen gewöhnt und finden sich im TYPO3-Backend – zunächst – schlechter zurecht, auch wenn die anders benannten Eingabefelder im Grunde die gleichen Funktionen bieten.

Mit der Verwendung der folgenden Seiten/Page-TSconfig-Konfiguration auf einer Root- oder jeder anderen Seite hat man die Möglichkeit, die Beschriftung selbst zu definieren:

```
TCEFORM.<tabellen_name>.<feld_name>.label = <wert> oder <locallang_datei>
TCEFORM.<tabellen_name>.<feld_name>.label.default = <wert>
TCEFORM.<tabellen_name>.<feld_name>.label.de = <wert>
```

Hierbei kann <tabellen_name> durch alle im $TCA definierten Tabellen ersetzt werden, <feld_name> muss dann ein vorhandenes Feld aus $TCA[<tabellen_name>]['columns'] sein.

Abbildung 15-19 zeigt eine exemplarische Verwendung der beschriebenen Konfiguration, dabei wird die Beschriftung des Felds title aus der Tabelle pages in Webseitentitel geändert. Wie das Ganze im Backend aussieht, zeigt Abbildung 15-20.

Beispiel 15-1: Die Beschriftung von Eingabefeldern anpassen

```
# Mit locallang-Datei
TCEFORM.pages.title {
    label = LLL:EXT:meine_extension/locallang_db.xml:pages.title
}

# Ohne locallang-Datei
TCEFORM.pages.title {
    label.default = Websitetitle
    label.de = Webseitentitel
}
```

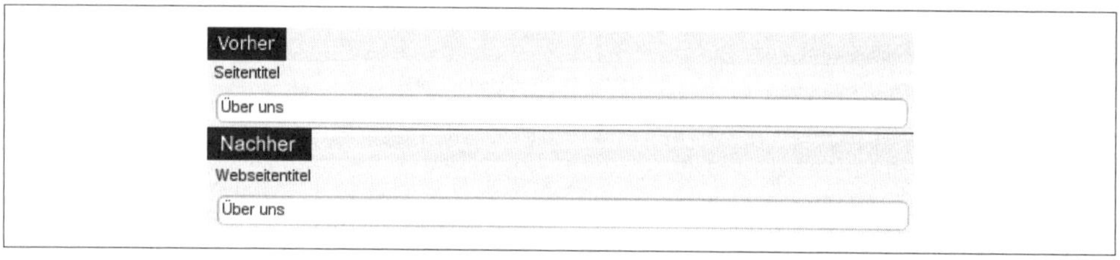

Abbildung 15-20: So wird die angepasste Beschriftung im Backend dargestellt

Die Beschriftungen von Auswahloptionen anpassen

Neben der Anpassung bei Eingabefeldern können auch die Beschriftungen der Auswahloptionen geändert werden. Dazu verwenden Sie die folgende Seiten/Page-TSconfig-Konfiguration:

```
TCEFORM.<tabellen_name>.<feld_name>.altLabels.<index> = <wert> oder <locallang_datei>
```

`<tabellen_name>` und `<feld_name>` sind wie bei der Beschriftungsanpassung von Eingabefeldern zu ersetzen, der Unterschied liegt darin, dass Sie zum Anpassen der Optionen den `<index>`-Wert wissen müssen. Den `<index>`-Wert einer Option finden Sie im TCA-Array unter `$TCA[<tabellen_name>]['columns'][<feld_name>]['config']['items'][<option>]['1']`.

In Abbildung 15-20 werden die Beschriftungen der Seitentypen *Standard (Indexwert = 1)* in *Normale Seite* und *Ordner (Indexwert = 254)* in *SystemOrdner (für Datensätze)* geändert, Abbildung 15-21 zeigt das Resultat im Backend.

Beispiel 15-2: Beschriftungen von Auswahloptionen anpassen

```
# Mit locallang-Datei
TCEFORM.pages.doktype.altLabels {
    1 = LLL:EXT:meine_extension/locallang_db.xml:doktype.I.1
    254 = LLL:EXT:meine_extension/locallang_db.xml:doktype.I.254
}

# Ohne locallang-Datei
TCEFORM.pages.doktype.altLabels {
    1 = Normale Seite
    254 = SystemOrdner (für Datensätze)
}
```

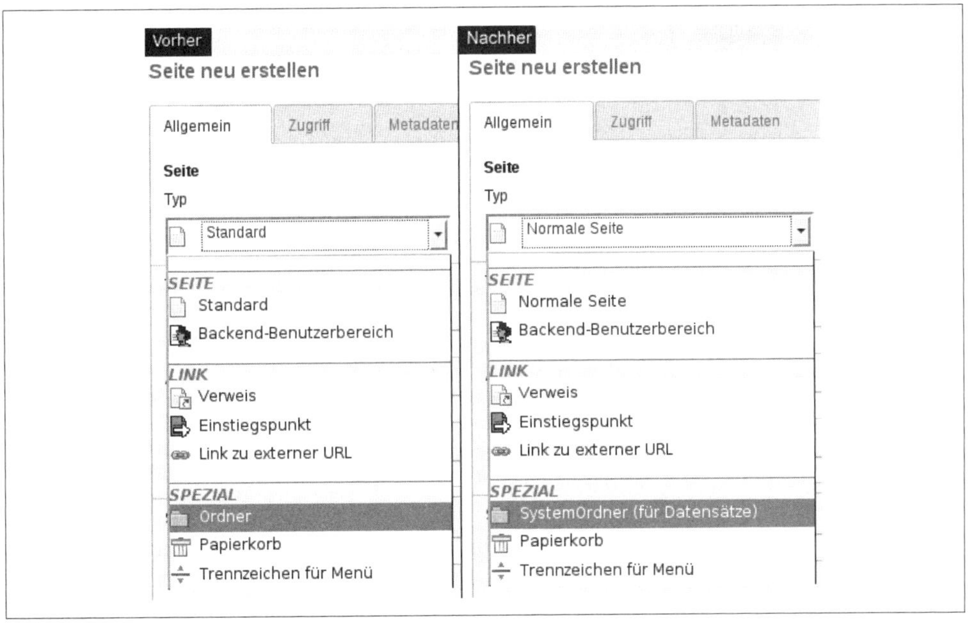

Abbildung 15-21: Die angepassten Auswahloptionen im Backend

Eingabefelder ausblenden

Bei größeren Webseiten mit einer komplexen Seitenstruktur kann das Aufräumen des Backends zur Herausforderung werden. TYPO3 bietet Ihnen über die Zugriffsliste innerhalb der Backend-Benutzer und -Gruppen die Möglichkeit, Eingabefelder auszublenden. Trotzdem kann es Sonderfälle geben, bei denen z.B. Felder nur in bestimmten Seitenbereichen ausgeblendet werden sollen. Verwenden Sie dazu folgende Konfiguration:

```
TCEFORM.<tabellen_name>.<feld_name>.disabled = <1> oder <0>
```

Wird in der Seiten/Page-TSconfig-Konfiguration die Eigenschaft `disabled` nun auf `1` gesetzt, wird das Feld auf der aktuellen Seite und in den Unterseiten nicht mehr dargestellt. So könnte man, wie in Abbildung 15-22 gezeigt, etwa das Feld *Alternativer Navigationstitel* einer TYPO3-Seite ausblenden. Abbildung 15-22 zeigt die alte und die neue Ansicht im Backend.

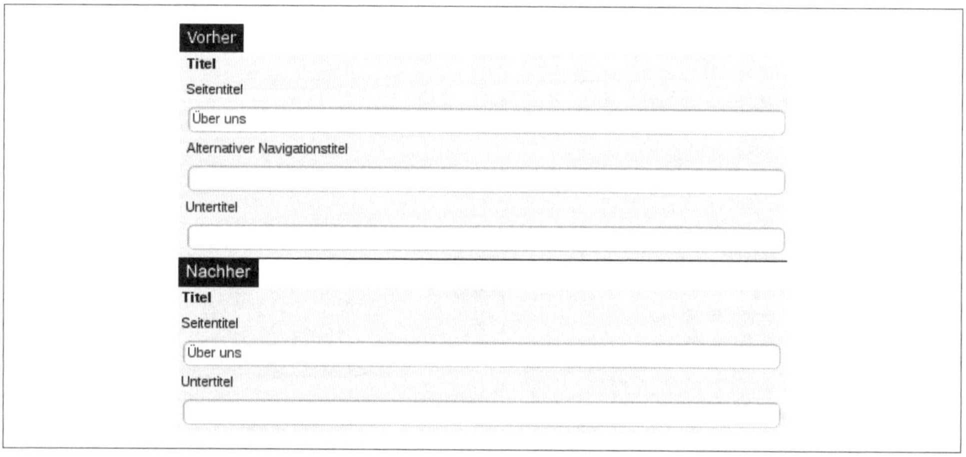

Abbildung 15-22: Das Feld Alternativer Navigationstitel wurde ausgeblendet

Beispiel 15-3: Das Feld Alternativer Navigationstitel in den Seiteneigenschaften ausblenden

```
TCEFORM.pages {
    nav_title.disabled = 1
}
```

Auswahloptionen ausblenden oder erweitern

Genau wie bei der Beschriftung gibt es auch für das Ausblenden von Auswahloptionen eine abweichende Seiten/Page-TSconfig-Konfiguration, und dabei können sogar neue Auswahloptionen hinzugefügt werden. Zum Ausblenden verwenden Sie:

```
TCEFORM.<tabellen_name>.<feld_name>.removeItems = <index>
```

Ersetzen Sie `<index>` durch eine kommaseparierte Liste mit den Indexwerten der auszublendenden Optionen.

Für den Fall, dass Sie Optionen hinzufügen möchten, benutzen Sie:

```
TCEFORM.<tabellen_name>.<feld_name>.addItems.<index> = <wert> oder <locallang_datei>
```

Damit die Konfiguration von TYPO3 auch richtig verarbeitet wird, müssen Sie sicherstellen, dass der <index>-Wert nicht schon vergeben ist. Beispiel 15-4 und die dazugehörige Abbildung 15-23 zeigen eine mögliche Anwendung.

Beispiel 15-4: Auswahloptionen ausblenden und erweitern

```
TCEFORM.pages.doktype {
    removeItems = 199, 255
    addItems.123 = LLL:EXT:meine_extension/locallang_db.xml:doktype.I.123
}
```

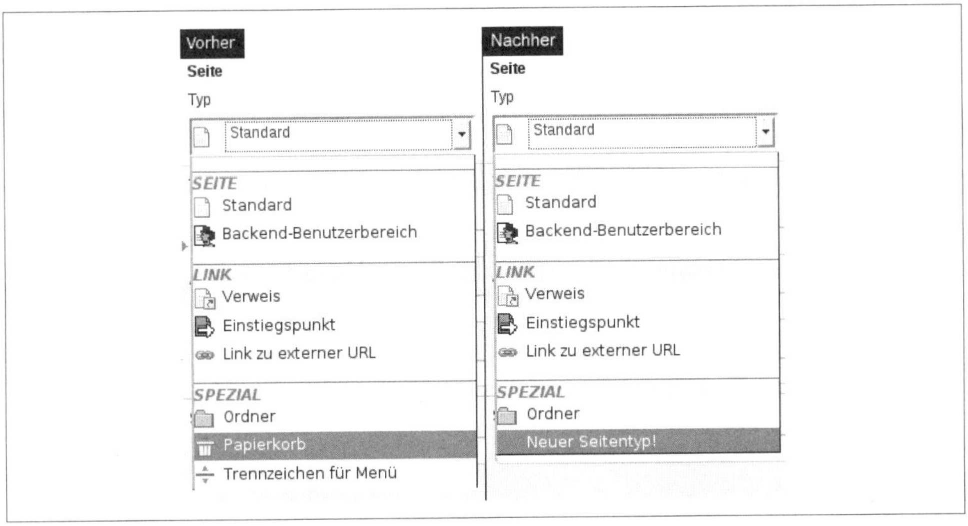

Abbildung 15-23: Das Seitentyp-Auswahlfeld vor und nach der Anpassung

Standardinhalte vorgeben

Die Vorgabe von Standardinhalten kann z.B. dazu verwendet werden, Gruppen von Redakteuren bei der Erstellung einer News die richtige Newskategorie zuzuordnen.

TYPO3 bietet diese Möglichkeit sowohl mithilfe einer Benutzer/USER-TSconfig-Konfiguration innerhalb eines Backend-Benutzers und/oder einer -Gruppe als auch in der Seiten/Page-TSconfig, die dabei die Benutzer/USER-TSconfig-Konfiguration überschreibt.

```
TCAdefaults.<tabellen_name>.<feld_name> = <wert>
```

Die <wert>-Zuweisung wird nun als Standardinhalt für das angegebene Feld genutzt. Je nach Konfiguration von <feld_name> können Sie als Standardinhalt Zeichenketten, Zahlen oder bei Auswahllisten den Indexwert der Option, die vorausgewählt sein soll, vergeben. Des Weiteren gibt es bei der Zuweisung der Standardinhalte eine Reihenfolge zu beachten, da diese den jeweils vordefinierten `<wert>` überschreiben:

1. Wert aus dem $TCA
2. Wert aus der Benutzer/USER-TSconfig-Konfiguration
3. Wert aus der Seiten/Page-TSconfig-Konfiguration
4. Wert aus dem GET-Parameter `defVals` (siehe *alt_doc.php*)
5. Wert aus dem vorherigen Datensatz, basierend auf `useColumnsForDefaultsValues`

Sollte ein Backend-Benutzer oder eine -Gruppe keine Zugriffsrechte für ein Eingabefeld haben, für das ein Standardinhalt gesetzt wurde, gilt die nachfolgende Reihenfolge:

1. Wert aus dem $TCA
2. Wert aus der Benutzer/USER-TSconfig

Das bedeutet, dass man sogar bei Eingabefeldern, für die ein Redakteur eigentlich keine Zugriffsrechte hat, vordefinierte Standardinhalte setzen kann, die dann beim Speichern eines Datensatzes übernommen werden.

Die Konfiguration in Beispiel 15-5 sowie Abbildung 15-24 verdeutlichen nochmals die Besonderheiten des Überschreibens und der Zugriffsberechtigung. Die Benutzer/USER-TSconfig legt bei einem Redakteur für die Felder `author`, `layout` und `hidden` Standardinhalte fest. Der Redakteur hat für das Feld `hidden` allerdings keine Zugriffsberechtigung, was zur Folge hat, dass durch die Seiten/Page-TSconfig-Konfiguration nur das Feld `layout` überschrieben wird, der Wert für `hidden` aber auf `1` bleibt und beim Speichern übernommen wird.

Beispiel 15-5: Standardinhalte setzen

```
# Benutzer/USER-TSconfig
TCAdefaults.pages {
    author = Max Mustermann
    layout = 2
    hidden = 1
}
# Seiten/Page-TSconfig überschreibt die Benutzer/USER-TSconfig unter
# Berücksichtigung der Zugriffsberechtigungen.
TCAdefaults.pages {
    layout = 1
    hidden = 0
}
```

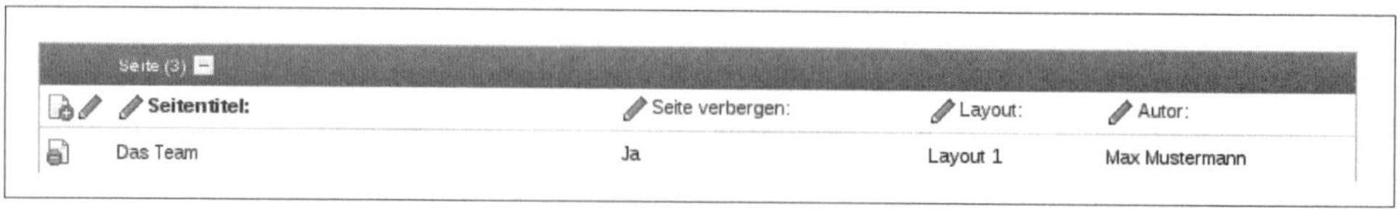

Abbildung 15-24: Die neue Seite unter Berücksichtigung der vorgegebenen Inhalte und der Zugriffsrechte auf die Eingabefelder

Feldtyp anpassen

Diese Einstellung erlaubt es, die $TCA-Feldkonfiguration zu überschreiben, und bietet somit eine flexible Möglichkeit, Eigenschaften von Eingabefeldern anzupassen. Dabei beeinflusst die Einstellung die in $TCA[<tabellen_name>]['columns'][<feld_name>]['config'][<schlüssel>] hinterlegte Konfiguration:

```
TCEFORM.<tabellen_name>.<feld_name>.config.<schlüssel> = <wert>
```

Abhängig vom $TCA-Typ des Eingabefelds, sind die <schlüssel> aus Tabelle 15-1 erlaubt:

Tabelle 15-1: $TCA-Typen und mögliche Schlüssel zum Anpassen

$TCA-Typ	<schlüssel>
input	size, max
text	cols, rows, wrap
check	cols, showIfRTE
select	size, autoSizeMax, maxitems, minitems
group	size, autoSizeMax, max_size, show_thumbs, maxitems, minitems, disable_controls
inline	appearance, foreign_label, foreign_selector, foreign_unique, maxitems, size, autoSizeMax, symmetric_label

Die Konfiguration in Beispiel 15-6 ändert die Größe des Eingabefelds title und beschränkt die maximale Zeicheneingabe auf 25 (Abbildung 15-25).

Die Änderung zwingt den Redakteur, einen aussagekräftigen Seitentitel zu formulieren, und gewährleistet so die Einhaltung von Vorgaben.

Beispiel 15-6: Feldtyp anpassen

```
TCEFORM.pages.title.config {
    # Vorher 30
    size = 10
    # Vorher 255
    max = 25
}
```

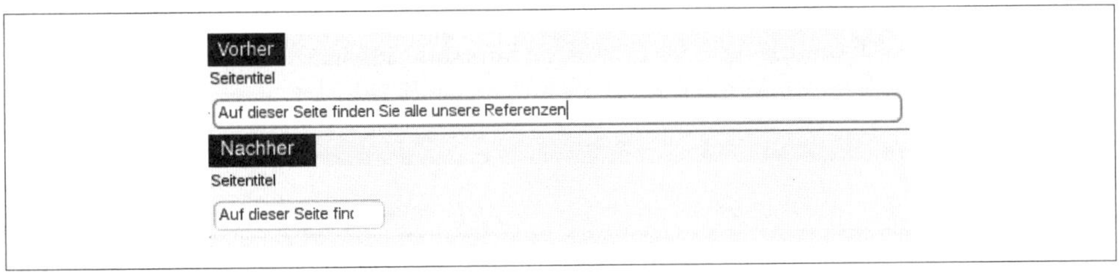

Abbildung 15-25: Die Größe des Eingabefelds wurde verringert

Inhaltsspalten anpassen

Für TYPO3-Redakteure kann es verwirrend sein, dass im TYPO3-Backend standardmäßig immer vier Spalten zum Einpflegen von Inhalten vorhanden sind, obwohl vielleicht nur zwei benötigt werden. Eventuell werden aber auch mehr als vier Inhaltsspalten benötigt. Oder vielleicht entspricht die Benennung der Spalten (*Links*, *Normal*, *Rechts* und *Rand*) nicht der Positionierung im Frontend? In diesem Abschnitt erfahren Sie, wie man überflüssige Inhaltsspalten ausblendet, umbenennt oder neue Spalten hinzufügt.

Inhaltsspalten sind im Wesentlichen als Schnittstelle zum Frontend zu verstehen, sie repräsentieren im Backend die Struktur der Webseite und können mit Inhaltselementen gefüllt werden. Die Inhaltsspalten werden über das $TCA definiert und mithilfe von TypoScript oder eigenem PHP-Code in einem Template an die dafür vorgesehene Stelle gesetzt.

Überflüssige Inhaltsspalten ausblenden

Bei der Arbeit im Backend sehen Redakteure in der TYPO3-Basisinstallation immer die vier Standardspalten von TYPO3: *Links*, *Normal*, *Rechts* und *Rand*. Was aber, wenn nur die beiden Spalten *Normal* und *Rechts* benötigt werden, da das Frontend-Layout nur zwei Spalten umfasst?

Für diesen Fall gibt es eine Seiten/Page-TSconfig-Konfiguration, mit der genau definiert werden kann, welche Spalten im Backend zur Verfügung stehen sollen.

```
# Seiten/Page-TSconfig-Syntax zum Definieren der Spalten im BE
mod.SHARED.colPos_list = <anordnung>
```

Verwenden Sie die Konfiguration auf der Startseite eines Seitenasts, bei dem die Spaltenanzahl angepasst werden soll. Öffnen Sie die Seiteneigenschaft der Seite und fügen Sie die Syntax in das *TSconfig*-Feld ein. Dabei ersetzen Sie die `<anordnung>` durch die Indexwerte der Spalten, die im Backend angezeigt werden sollen, wie in Abbildung 15-25 zu sehen.

Beispiel 15-7: Nur die Spalten Normal und Rechts anzeigen

```
# Nur die Spalten Normal und Rechts im BE anzeigen
mod.SHARED.colPos_list = 0,2
```

Sobald Sie die geänderten Seiteneigenschaften speichern und über das Modul *Seite* auf die von Ihnen bearbeitete Seite oder eine der Unterseiten gehen, sollte sich die Darstellung der Spalten wie in Abbildung 15-26 zu sehen geändert haben.

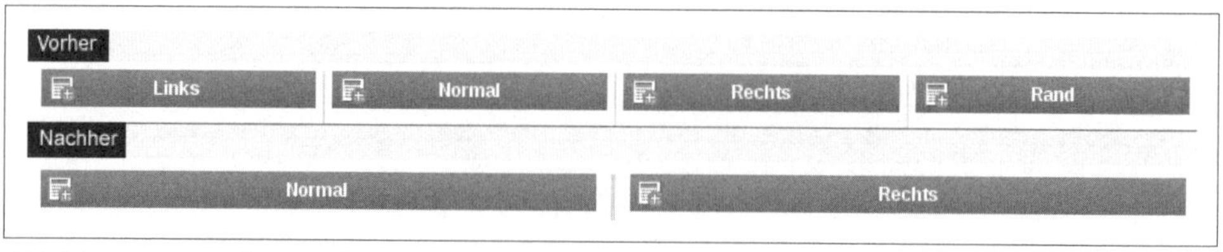

Abbildung 15-26: Inhaltsspalten im Backend – von vier auf zwei reduziert

Nachdem Sie in der Spaltenansicht die Anzahl der Spalten erfolgreich geändert haben, müssen Sie jetzt noch die Auswahllisten bei den Inhaltselementen anpassen. Wie man Auswahllisten anpasst, erfahren Sie im Abschnitt »Auswahloptionen ausblenden oder erweitern« auf Seite 474. Gehen Sie nun wieder in die Seiteneigenschaft der Seite und fügen Sie im *TSconfig*-Feld die Konfiguration aus Abbildung 15-26 hinzu. Achten Sie darauf, dass Sie hier diesmal die Indexwerte der Spalten angeben, die Sie nicht mehr brauchen.

Beispiel 15-8: Inhaltsspalten auch in den Auswahllisten ausblenden

```
# Spalten in den Auswahllisten der Inhaltselemente ausblenden
TCEFORM.tt_content.colPos.removeItems = 1,2
```

Wenn Sie die Seite jetzt wieder speichern und ein neues Inhaltselement auf der Seite oder einer der Unterseiten anlegen, müssten Sie die gleichen Auswahloptionen wie im rechten Teil von Abbildung 15-27 sehen.

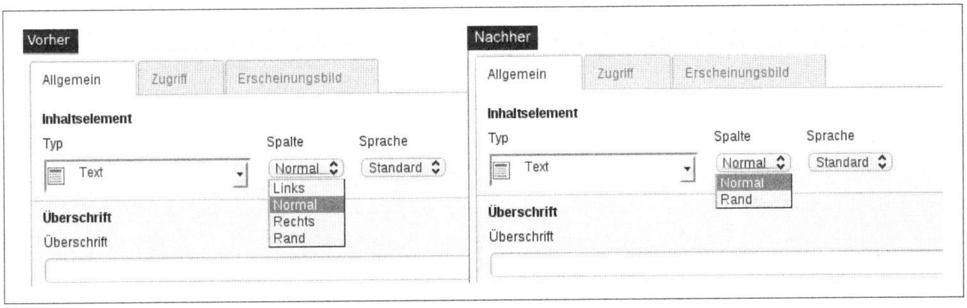

Abbildung 15-27: Mögliche Spaltenauswahl – ebenfalls reduziert

Weitere Inhaltsspalten anlegen

Sie benötigen mehr als die standardmäßigen vier Spalten von TYPO3, weil Ihr Webdesigner ein komplexes Sechs-Spalten-Layout entworfen hat, ähnlich dem aus Abbildung 15-28? Dann haben wir genau das Richtige für Sie, denn durch die Erweiterung des $TCA können Sie jederzeit so viele Spalten anlegen, wie Sie gerade für Ihre Webseite benötigen.

Gehen Sie dazu in den Ordner *typo3conf* innerhalb Ihrer TYPO3-Webseite und öffnen Sie dort die hinterlegte Datei *extTables.php*. (Sollten Sie diese Datei nicht vorfinden, lesen Sie sich den Abschnitt »$TCA«« auf Seite Seite 462 durch.) Fügen Sie der Datei folgenden PHP-Code hinzu:

```
# $TCA-Syntax zum Anlegen neuer Spalten
$TCA['tt_content']['columns']['colPos']['config']['items'][<wert>] = Array(
   0 => <name> oder <locallang_datei>,
   1 => <index>
);
```

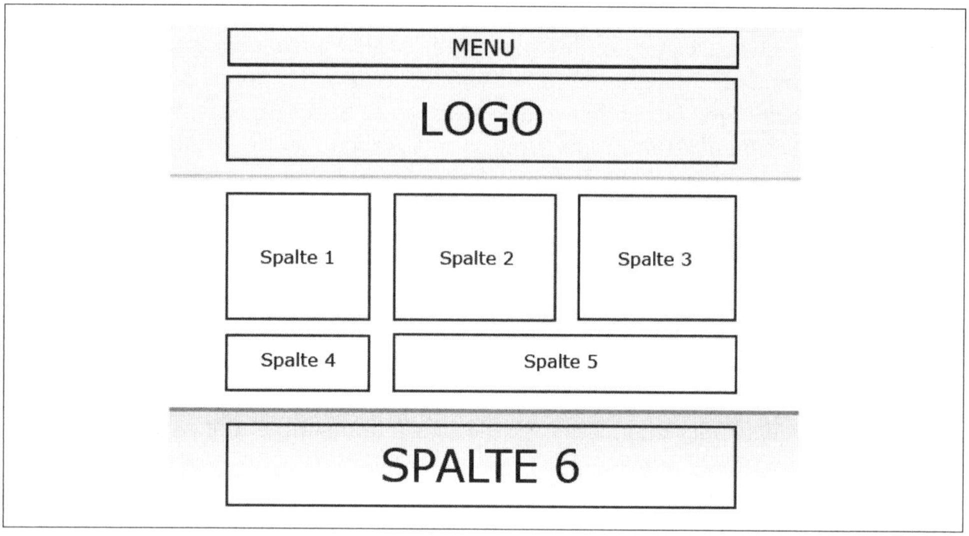

Abbildung 15-28: Sechs-Spalten-Layout

Ersetzen Sie den <wert> durch eine einmalige Zahl; im Gegensatz zu den Feldern <name/ locallang_datei> und <index> hat der <wert> für die Spalte keine wichtige Bedeutung. Für die Spaltenbenennung können Sie entweder <name> durch eine Zeichenkettensyntax wie in Beispiel 15-9 ersetzen, oder Sie geben einen Pfad zu einer <loacallang_datei> an – beide Möglichkeiten bieten die Verwendung der Mehrsprachigkeit. Zuletzt müssen Sie noch den <index>-Wert durch eine ebenfalls bis dato nicht vorhandene Zahl ändern. Diese Zahl dient später dazu, mit TypoScript auf die neue Spalte zuzugreifen und Inhalte auszulesen. Sehen Sie sich dazu Beispiel 15-9 genauer an:

Beispiel 15-9: Weitere Inhaltsspalten für das Backend erzeugen

```
# extTables.php
$TCA['tt_content']['columns']['colPos']['config']['items'][4] = Array(
     0 => 'My Columns||Meine Spalte||||||||',
     1 => 4
);

# Spalte über TypoScript ansprechen.
# Dazu definieren wir ein neues styles.content-Objekt, nehmen als
# Vorlage styles.content.get und passen es für unsere neue Spalte an.
styles.content.getMyColumn < styles.content.get
styles.content.getMyColumn.select.where = colPos=4

# Inhalt der neuen Spalte auf der Webseite ausgeben.
pages.10 < styles.content.getMyColumn
```

Jetzt haben Sie die Basis für Ihre neue Spalte geschaffen, technisch steht diese Ihnen nun zur Verfügung. Allerdings wissen weder die Auswahllisten der Inhaltselemente noch die

Spaltenansicht des Seitenmoduls etwas von der neuen Spalte, da Sie diese dort erst noch hinzufügen müssen. Bearbeiten Sie die Seiteneigenschaften der Seite, ab der Sie die neue Spalte im Backend darstellen möchten, und fügen Sie dem *TSconfig*-Feld folgende Konfiguration hinzu (die Werte beziehen sich dabei auf)(Beispiel 15-9):

```
# Neue Spalte im Backend hinzufügen, gilt für alle Module.
mod.SHARED.colPos_list = 1, 0, 2, 3, 4

# Neue Spalte in den Auswahllisten der Inhaltselemente hinzufügen.
TCEFORM.tt_content.colPos.addItems.4 = Default Title||DE Titel||||||||
```

Wenn Sie alle diese Schritte durchgearbeitet haben und in Ihr Backend gehen, sollte nun die neue Spalte sowohl in der Spaltenansicht als auch in den Auswahllisten zur Verfügung stehen. Gelegentlich kann es sein, dass Sie den Konfigurations-Cache von TYPO3 leeren müssen, damit Sie das Gleiche wie in Abbildung 15-29 sehen. Nun sind Sie in der Lage, noch weitere Inhaltsspalten anzulegen.

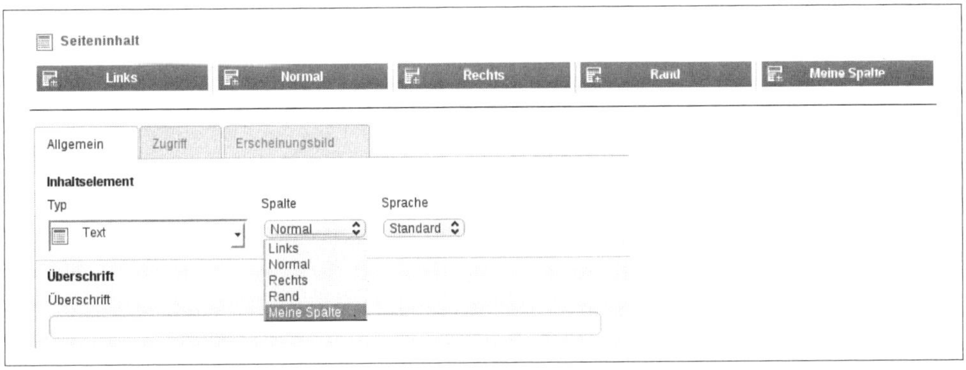

Abbildung 15-29: Die neue Inhaltsspalte erscheint nun auch in der Auswahlliste

Beschriftung von Inhaltsspalten anpassen

Sollten Ihnen die Beschriftungen der Spalten im Backend nicht zusagen, da Sie zum Beispiel die Spalte *Rand* eigentlich für den Fußbereich Ihrer Webseite nutzen, ist es sinnvoll, die Spalte entsprechend umzubenennen.

Dafür öffnen Sie die *extTables.php*, die sich im Ordner *typo3conf* Ihrer Webseite befindet, und binden folgenden PHP-Code in die Datei ein:

```
# $TCA-Syntax zum Umbenennen einer Spalte
$TCA['tt_content']['columns']['colPos']['items'][<wert>][0] = <name> oder <locallang_
datei>
```

Den `<wert>` ersetzen Sie durch die entsprechende Spalte, die Sie umbenennen möchten, und <name> durch die von Ihnen gewünschte Beschriftung. Wenn Sie Beispiel 15-10 nachvollziehen, sollten sich die Beschriftungen wie in Abbildung 15-30 bei Ihnen im Backend ändern. Falls nicht, leeren Sie Ihren TYPO3-Konfigurations-Cache.

Beispiel 15-10: Spalten Normal und Rand umbenennen

```
# extTables.php
# Code muss einzeilig sein, hier jedoch aus Platzgründen durch \\ umbrochen.
$TCA['tt_content']['columns']['colPos']['config']['items'][1]\\
[0] = 'Middle||Mitte||||||||';
$TCA['tt_content']['columns']['colPos']['config']['items'][3]\\
[0] = 'Footer||Fusszeile||||||||';
```

Jetzt fragen Sie sich vielleicht, warum man die Beschriftung der Spalten nicht wie bei den Eingabefeldern und Auswahllisten durch eine TSconfig-Konfiguration anpassen kann. Möglich ist das schon, wobei die Anpassung durch TSconfig nur die Auswahllisten der Inhaltselemente oder die Schnelleingabeansicht beeinflusst. Daher empfehlen wir, die Spaltenbeschriftungen generell durch die $TCA-Manipulierung umzubenennen, damit Sie sicher sein können, dass die Beschriftung auch überall im System übernommen wird.

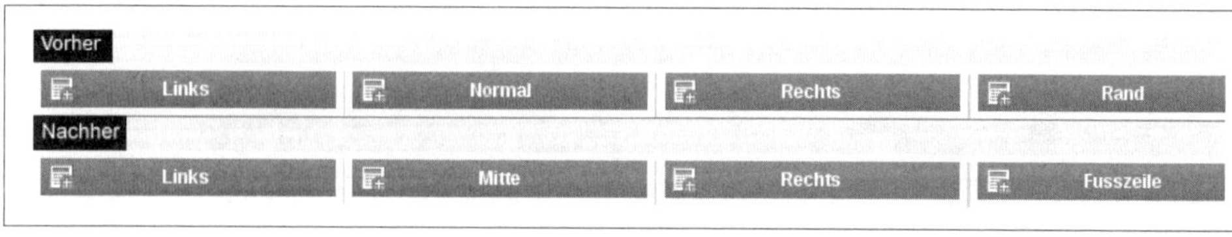

Abbildung 15-30: Inhaltsspalten lassen sich nach Bedarf umbenennen

Datensätze anpassen

TYPO3 bietet einen großen Pool an Einstellungen und Konfigurationsmöglichkeiten, um das Backend anzupassen. Das Problem hierbei ist, dass vielen Nutzern diese Features unbekannt sind – beispielsweise die Anpassung der Auswahlmöglichkeiten bei der Erstellung eines neuen Datensatzes oder das Freischalten einer Funktion, die einen schnelleren Arbeitsablauf bei der Erstellung gleicher Datensätze gewährleistet. Um das zu ändern, behandeln wir im Folgenden dieses Thema.

Beschränkung der Auswahlmöglichkeiten für neue Datensätze

Haben Sie auch eine Webseite mit vielen Extensions, und die Auswahlmöglichkeiten beim Erstellen neuer Datensätze wird immer unübersichtlicher? Hinzu kommt, dass Sie eigentlich für die unterschiedlichen Datensätze, Nachrichten, Produkte usw. extra Ordner angelegt haben, damit diese Datensätze dort hinterlegt werden und nicht überall verstreut sind? Hier erfahren Sie, wie die Auswahlmöglichkeit der Datensätze eingeschränkt wird und dadurch das Backend übersichtlicher bleibt.

Zum Anpassen der Auswahlmöglichkeiten gibt es zwei Seiten/Page-TSconfig-Konfigurationen. Gehen Sie in die Seiteneigenschaften der Seite, ab der die Einstellung greifen soll, und fügen Sie dem *TSconfig*-Feld eine der folgenden Konfigurationsmöglichkeiten hinzu:

```
# Seiten/Page-TSconfig-Konfiguration zum Definieren der erlaubten Datensätze,
# bezeichnet als Whitelist-Verfahren.
mod.web_list.allowedNewTables = <tabellen_name>

# Seiten/Page-TSconfig-Konfiguration zum Definieren der nicht erlaubten
# Datensätze, bezeichnet als Blacklist-Verfahren.
mod.web_list.deniedNewTables = <tabellen_name>
```

Bei beiden Möglichkeiten ist `<tabellen_name>` durch eine kommaseparierte Liste mit den Tabellen zu ersetzen, für die die Konfiguration zutreffen soll. Mit der ersten Syntax definieren Sie die Tabellen, die als Auswahlmöglichkeit bei der Erstellung eines neuen Datensatzes angezeigt werden sollen. Alle nicht angegebenen Tabellen werden auch nicht als Auswahl angeboten. Die zweite Syntax bewirkt das Gegenteil. Die hier definierten Tabellen werden aus den Auswahlmöglichkeiten bei der Erstellung eines neuen Datensatzes ausgeschlossen und nicht mehr als Auswahl angeboten. Wird eine Tabelle in beiden Syntaxen definiert, hat die `<deniedNewTables>`-Konfiguration Vorrang.

Eine mögliche Konfiguration der `<allowedNewTables>` können Sie Beispiel 15-11 entnehmen:

Beispiel 15-11: Datensätze einschränken

```
# Seiten/Page-TSconfig-Konfiguration zum Unterbinden aller Datensätze bis auf
# Seiten (pages) und Inhaltselemente (tt_content).
mod.web_list.allowedNewTables = pages, tt_content
```

Wenn Sie diese Konfiguration übernommen haben, sollten Sie beim Anlegen über den Kontext *Neu* die gleiche Ansicht wie in Abbildung 15-31 bekommen.

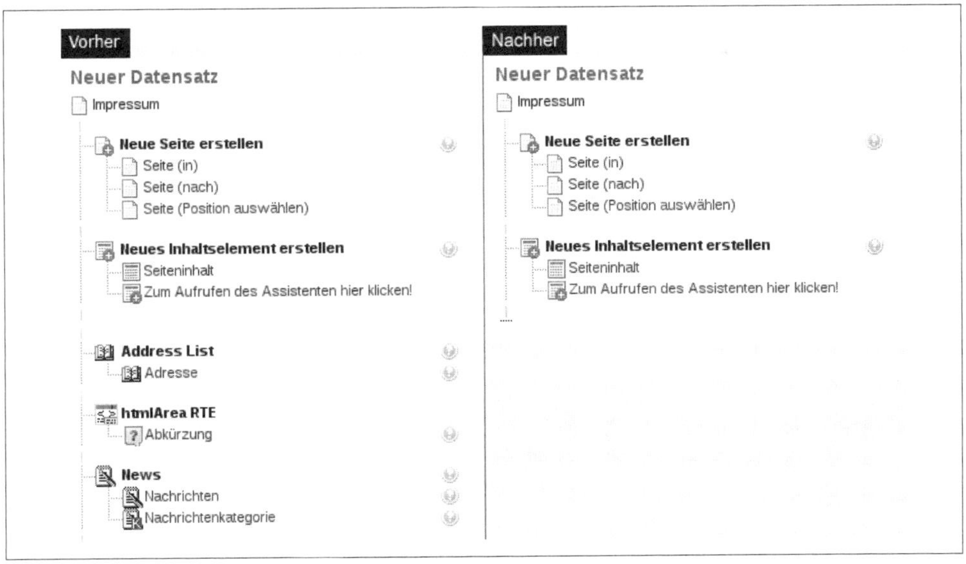

Abbildung 15-31: Die Auswahlmöglichkeiten wurden auf Seiten und Inhaltselemente beschränkt

Um nur Datensätze wie Nachrichten, Adressen oder Website-Benutzer zu erstellen, kann man für die jeweiligen Datensätze einen Ordner oder eine Seite anlegen und die Konfiguration dort überschreiben. Beispielsweise können Sie die Konfiguration aus Beispiel 15-12 in das Seiten/Page-*TSconfig*-Feld eines Ordners eintragen, in dem ausschließlich Datensätze für die *News*-Extension erzeugt werden dürfen.

Beispiel 15-12: Nur Datensätze von tt_news erlauben

```
# Erlaubt ab dieser Seite nur die Erstellung von tt_news-Datensätzen.
mod.web_list.allowedNewTables = tt_news, tt_news_cat
```

Jetzt werden innerhalb des Ordners nur noch die Datensätze für neue Nachrichten und Rubriken zur Auswahl gestellt, wie Abbildung 15-32 zeigt.

Abbildung 15-32: Die Auswahlmöglichkeiten wurden auf die Datensätze der Extension tt_news beschränkt

Für eine exemplarische Verwendung der Konfiguration `<deniedNewTables>` können Sie Beispiel 15-13 nutzen. Sie sorgt dafür, dass bei der Erstellung eines neuen Datensatzes die Auswahlmöglichkeiten um die in der Konfiguration definierten Tabellen reduziert werden.

Beispiel 15-13 : Datensätze einschränken

```
# Seiten/Page-TSconfig-Konfiguration zum Unterbinden der Datensätze.
# Nachrichten (tt_news) und Rubriken (tt_news_cat)
mod.web_list.deniedNewTables = tt_news, tt_news_cat
```

Die Auswirkung der Konfiguration aus Beispiel 15-13 wird in Abbildung 15-33 dargestellt. Wie man sieht, werden bei der Auswahlmöglichkeit die Datensätze der *tt_news*-Extension nicht mehr angeboten.

> Falls Sie die Konfiguration nutzen, achten Sie darauf, dass bei Installation oder Updates von Extensions neue Datensätze hinzukommen können und Sie die Konfiguration daran anpassen müssen, damit auch neue Datensatztypen als Auswahl im Kontext *Neu* erscheinen.

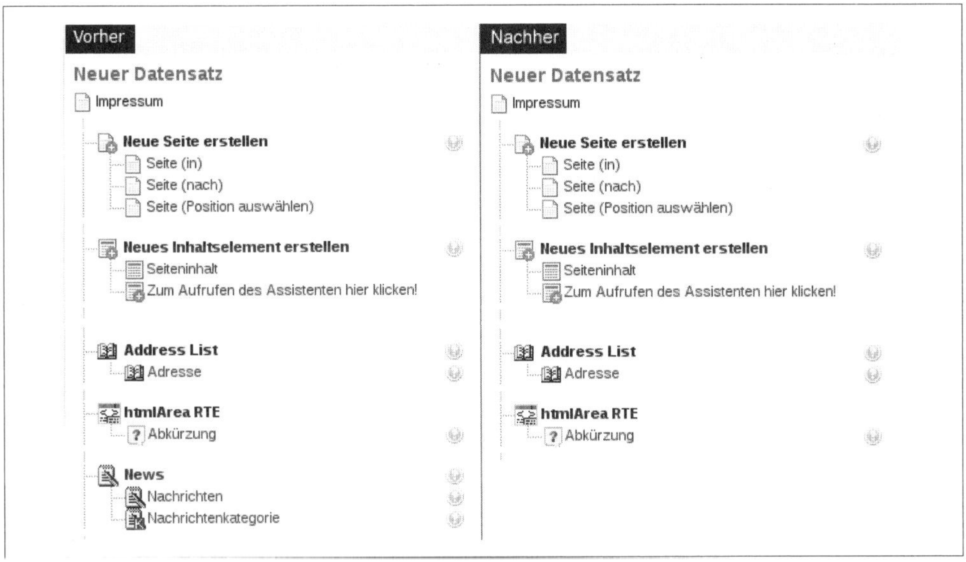

Abbildung 15-33: Die tt_news-Datensätze Nachrichten und Rubrik wurden unterbunden

Funktion Dokument speichern und neues erstellen aktivieren

Die Erstellung von mehreren gleichen Datensätzen erweist sich meist als langwierig: Maske ausfüllen, speichern und wieder einen neuen Datensatz erzeugen. Dabei wäre es doch viel angenehmer, wenn man zusätzlich zu den Funktionen *Speichern*, *Speichern & Schließen* usw. so etwas wie eine »Den aktuellen Datensatz speichern und einen leeren Datensatz vom gleichen Typ erstellen«-Funktion hätte. Und die gibt es, sie heißt *Dokument speichern und neues erstellen* und macht genau das. Allerdings ist die Funktion standardmäßig für die meisten Datensätze deaktiviert.

Damit man die Funktion für alle Datensätze individuell aktivieren kann, verwendet man eine Benutzer/USER-TSconfig, die Sie bei den Backend-Benutzern oder -Gruppen in das *TSconfig*-Feld eintragen:

```
# Benutzer/USER-TSconfig zum Aktivieren der Funktion Dokument speichern und neues
# erstellen für alle Datensätze
options.saveDocNew = <1> oder <0>

# Benutzer/USER-TSconfig zum Aktivieren der Funktion Dokument speichern und neues
# erstellen für jeden Datensatz individuell
Options.saveDocNew.<tabellen_name> = <1> oder <0>
```

Mit der ersten Syntax kann man die Funktion entweder für alle Datensätze aktivieren (`<1>`) oder deaktivieren (`<0>`). Die zweite Syntax erlaubt das individuelle Einstellen für jede `<tabellen_name>`. Hinzu kommt, dass man die beiden Möglichkeiten kombinieren kann. So könnte man beispielsweise nach dem *Whitelist*-Verfahren nur bestimmte Datensatztypen freigeben, zu sehen in Beispiel 15-14:

Beispiel 15-14: Nur Datensätze von tt_news erlauben

```
# Funktion für alle Datensätze deaktivieren
options.saveDocNew = 0
# Datensätze freischalten, für die die Funktion verfügbar sein soll
options.saveDocNew.tt_news = 1
options.saveDocNew.tt_news_cat = 1
```

Oder man könnte anstatt des *Whitelist-* auch das *Blacklist*-Verfahren anwenden, so wie in Beispiel 15-15:

Beispiel 15-15: Für alle Datensätze bis auf tt_news erlauben

```
# Funktion für alle Datensätze aktivieren
options.saveDocNew = 1
# Datensätze deaktivieren, für die die Funktion nicht verfügbar sein soll
options.saveDocNew.tt_news = 0
options.saveDocNew.tt_news_cat = 0
```

Jetzt wissen Sie, wie die Funktionalität für jeden Datensatz individuell oder global freigeschaltet wird. Eine kleines Feature bietet die Aktivierung allerdings noch, denn wenn man bei Inhaltselementen wie *tt_content* anstelle des Werts <1> die Zeichenkette <top> vergibt, bewirkt dies, dass die neu erzeugten Inhaltselemente beim Speichern nicht unterhalb des vorherigen Inhaltselements gesetzt werden, sondern oberhalb. Den Unterschied können Sie in Abbildung 15-34 sehen.

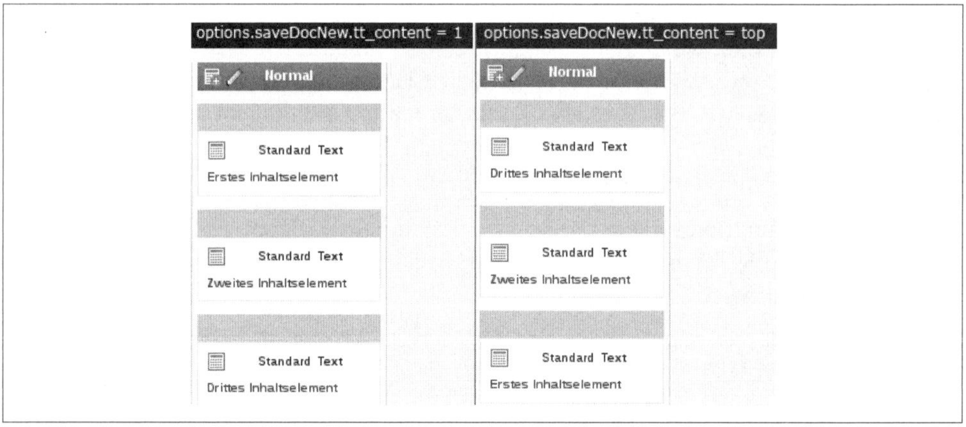

Abbildung 15-34: Neu erzeugte Inhaltselemente erscheinen jetzt oben

Datei-Upload in Inhaltselementen

TYPO3 bietet beim Einbinden von Dateien grundsätzlich zwei Möglichkeiten an. Dateien können entweder in einen Ordner innerhalb des *Fileadmin*-Bereichs kopiert und dann referenziert oder direkt hochgeladen werden (Abbildung 15-35).

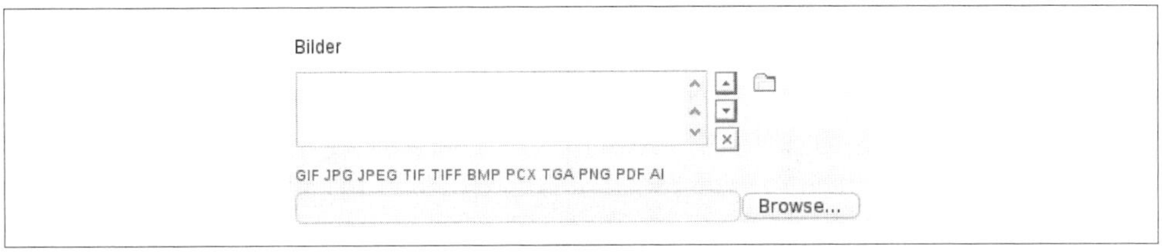

Abbildung 15-35: Sie können Bilder aus dem Fileadmin-Bereich auswählen oder direkt hochladen

Der Unterschied ist nicht unerheblich. Bilder, die direkt über *Durchsuchen* hochgeladen werden, stehen nicht mehr im *Fileadmin* Bereich zur Verfügung. Das bedeutet, dass dieses Bild bei einer weiteren Verwendung wieder hochgeladen werden muss. Wird dagegen ein Bild zuerst in den *Fileadmin*-Bereich hochgeladen, kann es immer erneut verwendet werden. Da die Bilder bei einem Verweis aus dem *Fileadmin*-Bereich intern kopiert werden, bleibt die Ausgabe auf der Webseite auch dann bestehen, wenn die Bilder im *Fileadmin*-Bereich gelöscht wurden. Der Vorteil bei der Verwendung des *Fileadmin*-Bereichs liegt darin, dass Bilder nur einmal zugeordnet werden. Wenn allerdings feststeht, dass das Bild lediglich an dieser einen Stelle verwendet werden wird, ist der direkte Upload schneller.

In der Regel empfiehlt es sich, das Feld für den direkten Upload auszublenden, da nur dann sichergestellt werden kann, dass die Bilder wirklich in den *Fileadmin*-Bereich hochgeladen werden und somit zu einer späteren Wiederverwendung bereitstehen.

Mit dem Befehl `setup.override.edit_docModuleUpload = 0` kann im Benutzer/USER-TSconfig definiert werden, dass dem Benutzer das Upload-Feld nicht mehr zur Verfügung stehen soll (Abbildung 15-36). Somit wird erzwungen, dass alle Dateien in den *Fileadmin*-Bereich hochgeladen werden (Abbildung 15-37).

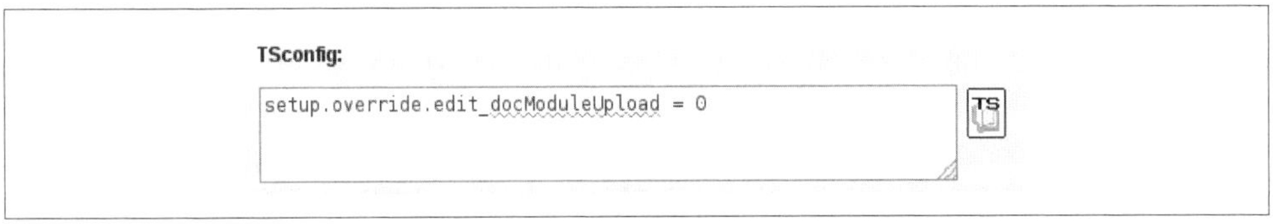

Abbildung 15-36: Im USER-TSconfig werden die Einstellungen für den Bilder-Upload angepasst

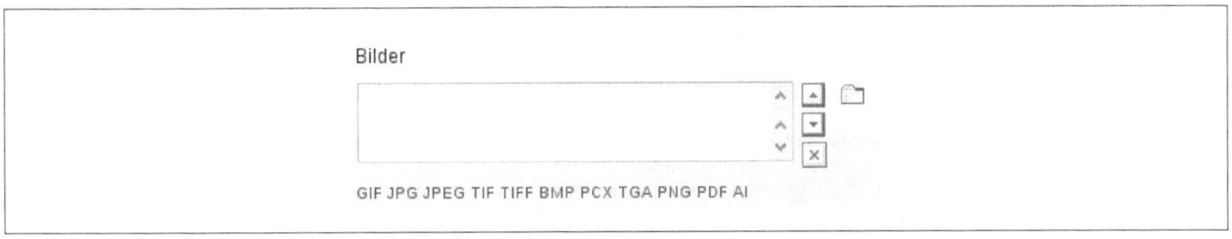

Abbildung 15-37: Das Upload-Feld steht nicht mehr zur Verfügung

Das Backend für Wartungsarbeiten sperren

Vor einem Umzug Ihrer Webseite oder bei umfangreichen Änderungen an der Struktur kann es hilfreich sein, das TYPO3-Backend vorübergehend für Änderungen durch Redakteure zu sperren. Die Sperrung wird über das TYPO3-Install-Tool aktiviert. Unter *All Configuration* kann mit der Eigenschaft `adminOnly` die Sperrung des TYPO3-Backends festgelegt werden (Abbildung 15-38). Die Webseite ist von dieser Sperrung nicht betroffen, alle Seiten werden wie gewohnt ausgeliefert.

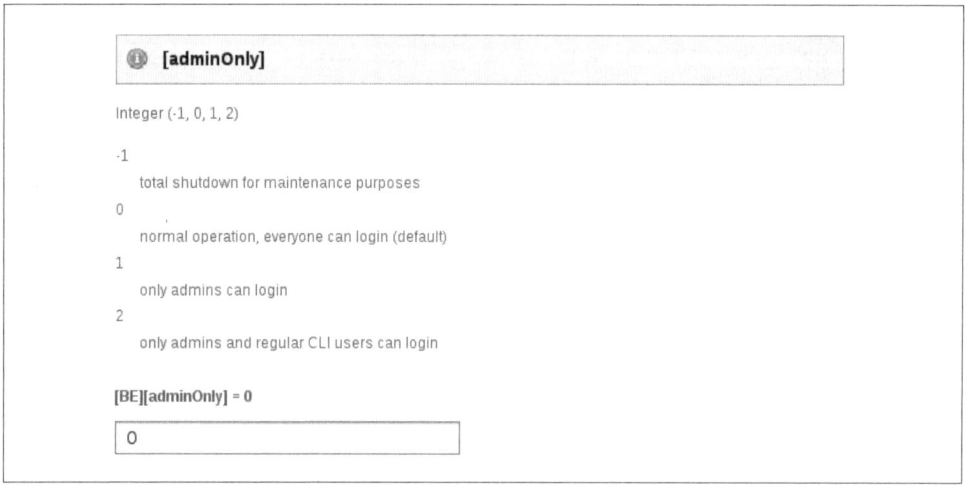

Abbildung 15-38: Über die Einstellung adminOnly können Sie das Backend sperren

Ein Wert größer als `0` sperrt das Backend nur für Redakteure, Administratoren können sich weiterhin einloggen und normal in TYPO3 arbeiten. Redakteure dagegen sehen einen Hinweis, der ihnen mitteilt, dass TYPO3 aufgrund von Wartungsarbeiten gesperrt ist (Abbildung 15-39).

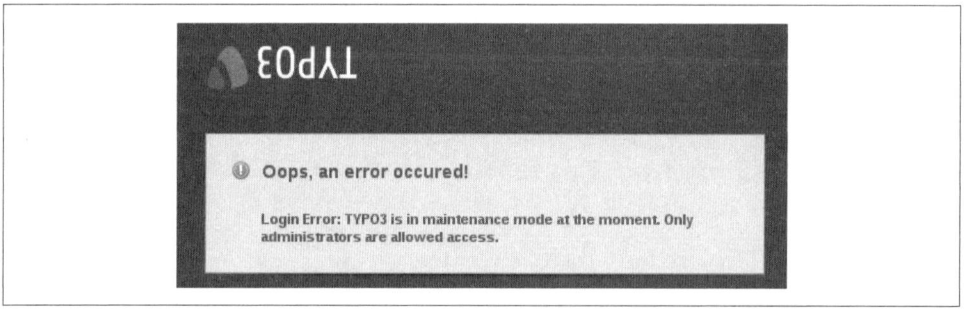

Abbildung 15-39: Redakteure sehen bei einem gesperrten Backend eine entsprechende Nachricht

Wenn die Eigenschaft `adminOnly` auf einen Wert kleiner als `0` gesetzt wird, ist das Backend für jeden Benutzer gesperrt. In diesem Modus erscheint allerdings keinerlei Hinweis mehr. Der Benutzer bekommt lediglich eine leere Seite angezeigt. Daher sollte diese Einstellung nur getroffen werden, wenn sichergestellt werden muss, dass auch Administratoren sich nicht mehr einloggen können. Durch diese Einstellung wird dann auch das Install-Tool selbst gesperrt. Die Einstellung kann daher nur noch durch eine manuelle Änderung der Datei *typo3conf/localconf.php* zurückgenommen werden. Dort muss der Eintrag `$TYPO3_CONF_VARS['BE']['adminOnly'] = '-1';` entsprechend auf `0` oder `1` gesetzt werden. Dadurch steht das TYPO3-Backend dann wieder zur Verfügung.

Translation Handling – TYPO3 lokalisieren

Haben Sie eine neue TYPO3-Installation aufgesetzt, begrüßt TYPO3 Sie stets auf Englisch – weitere Sprachen sind dem System vorerst fremd. Auch in einer schon konfigurierten Umgebung kann es vorkommen, dass eine neue Erweiterung Ihnen englische Bezeichnungen anstelle der deutschen Übersetzungen präsentiert.

Die Übersetzungen für TYPO3 und für oft verwendete Extensions werden vom TYPO3-Translation-Team in einem zentralen Übersetzungsserver gepflegt. Sie können jederzeit den aktuellen Stand von dem Übersetzungsserver einspielen. Rufen Sie dafür das Modul *Erweiterungen* auf und wechseln Sie über das zentrale Auswahlmenü links oben zum Punkt *Übersetzungen* (Abbildung 15-40). Hier müssen Sie unter *Übersetzungseinstellungen* festlegen, welche Sprache Sie für Ihre TYPO3-Installation benötigen – sollten Sie mehrere Sprachen nutzen wollen, können Sie durch Drücken der Strg-Taste weitere Sprachen selektieren. *Auswahl speichern* sichert dauerhaft Ihre Einstellungen.

Abbildung 15-40: Deutsch als ausgewählte Sprache

Mit dem Button *Status mit Bibliothek vergleichen* veranlassen Sie TYPO3, nach neuen Lokalisierungen für Ihre ausgewählten Sprachen zu suchen. Sie erhalten anschließend eine Übersicht darüber, zu welchen Systembestandteilen Aktualisierungen vorliegen. Diese können Sie über den Button *Aus Bibliothek aktualisieren* einspielen. Anhand Ihrer Sprachauswahl wird TYPO3 eigenständig beim Import einer Extension die entsprechenden Sprachpakete installieren – wenn diese zur Verfügung stehen.

Sollte eine Erweiterung zum Zeitpunkt der Installation keine gewünschte Übersetzung beinhalten, lohnt es sich, von Zeit zur Zeit die beschriebene Prozedur zu wiederholen, gegebenenfalls stehen dann neue Sprachpakete bereit.

Das Translation Handling arbeitet jedoch global, daher kann es vorkommen, dass sich gewohnte Bezeichnungen Ihres TYPO3-Backends verändern, weil auch das TYPO3-Translation-Team Anpassungen und Korrekturen an den verschiedenen Lokalisierungen vornimmt.

Den RTE individuell einrichten

Die Abkürzung RTE steht für Rich Text Editor, das Rich Text Format wiederum ist ursprünglich auf eine Erfindung von Microsoft zurückzuführen und dient dazu, formatierten Text zwischen verschiedenen textverarbeitenden Programmen auszutauschen. Der TYPO3-RTE gehört zur Gattung der Online-Rich-Text-Editoren, die es sich zur Aufgabe gemacht haben, dieses Prinzip auf das Internet zu übertragen.

Dabei funktioniert der RTE wie jede moderne Textverarbeitung nach dem *What-you-see-is-what-you-get*-Prinzip, kurz WYSIWYG, wodurch es möglich ist, die einzugebenden Textbausteine eins zu eins auf der Website umzusetzen. Allerdings bezieht sich die Art der Eins-zu-eins-Beziehung im Bereich der Onlineeditoren in erster Linie auf den Erhalt der Formatierungsanweisungen, wie Überschriften und Fließtext, und nicht auf das tatsächliche Aussehen dieser Elemente in Form von Schriftgrad und -stil (dazu mehr im Abschnitt »WYSIWYG mit eigener CSS-Datei erzielen« auf Seite 496).

Mit dem Rich Text Editor enthält TYPO3 ein elegantes Werkzeug für den Redakteur, um wie gewohnt schnell und flexibel Textinhalte einpflegen zu können. Andererseits wird mit der Verwendung des Rich Text Formats zur Texteingabe ein gewaltiger Spagat beschritten, denn dieses Format unterscheidet sich von dem im Internet gebräuchlichen HTML. Auf die dadurch auftretenden Fallstricke und Besonderheiten des RTE soll Sie dieser Abschnitt aufmerksam machen und Lösungswege bieten.

Installation und Konfiguration

Mit den letzten Releases von TYPO3 hat der RTE regelrechte Sprünge in seiner Entwicklung und bei der Integration in TYPO3 gemacht. Durch die hohe Entwicklungsdynamik sind viele neue Funktionen – gerade auch im Hinblick auf das Zusammenspiel mit der Extension *Digital Asset Management* (*DAM*) – hinzugekommen.

Wenn Sie den *htmlArea RTE* – wie sein vollständiger Name lautet – über den Extension Manager aktivieren, sehen Sie sich zunächst mit einer Fülle von Grundeinstellungen konfrontiert. Einige dieser Einstellungen sind recht selbsterklärend, daher sollen hier nur die ausschlaggebenden Punkte Beachtung finden:

Die ersten vier Einstellungsmöglichkeiten beziehen sich auf die frei erhältliche Rechtschreibprüfung *aspell*, die serverseitig installiert werden muss. Sollte Ihr Webserver über diese Software verfügen, können Sie die Werte `[noSpellCheckLanguages]`, `[AspellDirectory]`, `[defaultDictionary]` und `[dictionaryList]` entsprechend setzen. Da mittlerweile aber fast jeder moderne Browser eine eigene Rechtschreibkorrektur mitbringt, gerät dieses Feature zunehmend ins Hintertreffen.

Als Nächstes finden Sie unter der Rubrik *Enable features* Einstellungen zur »Verhaltensweise« des RTE:

Default configuration settings [defaultConfiguration]
: Der RTE ist komplett per TypoScript konfigurierbar und liefert aus diesem Grund drei verschiedene Presets für verschiedene Szenarien mit: *Typical* bietet, wie der Name bereits verrät, die gängigsten Bearbeitungswerkzeuge, während *Minimal* ein Minimum an Funktionalität zur Verfügung stellt und *Demo* das Gegenteil davon darstellt und wirklich nur zu Demonstrationszwecken der maximalen Fähigkeiten des RTE benutzt werden sollte. Wie sich die unterschiedlichen Presets in der Praxis darstellen, können Sie in den Abbildungen 15-41, 15-42 und 15-43 sehen.

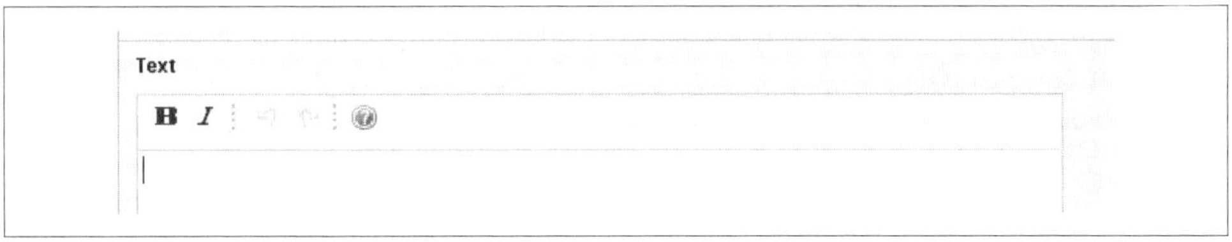

Abbildung 15-41: Funktionsübersicht des Presets Minimal

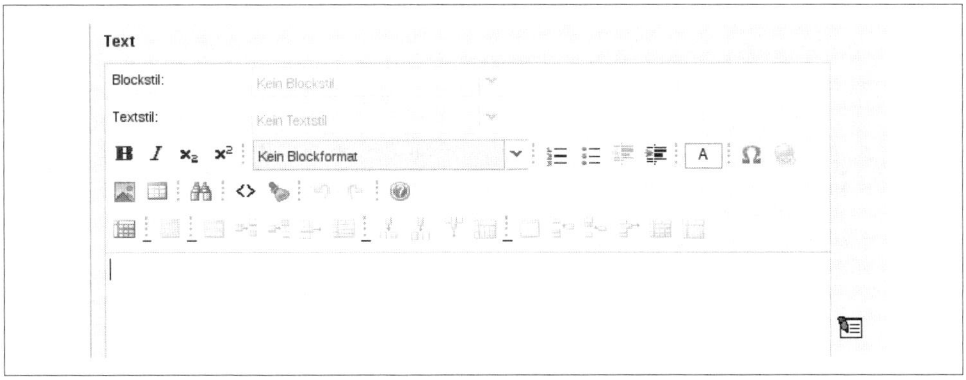

Abbildung 15-42: Funktionsübersicht des Presets Typical

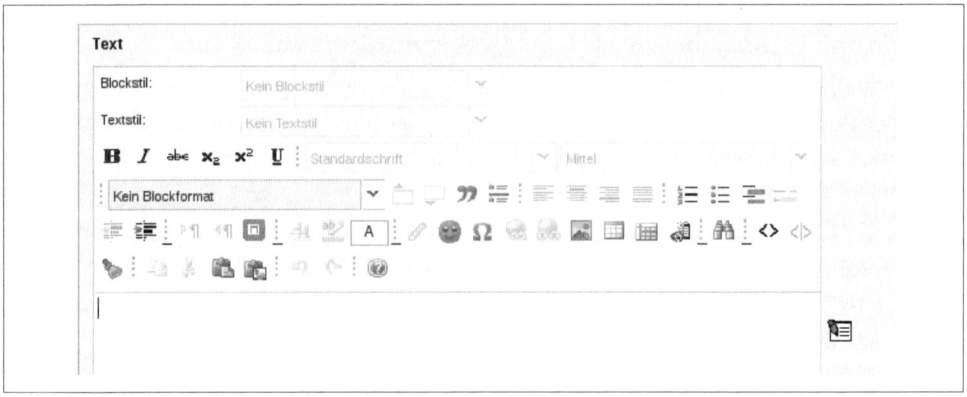

Abbildung 15-43: Funktionsübersicht des Presets Demo

> Jedes dieser Sets kann durch eine eigene TypoScript-Konfiguration im Umfang noch erweitert bzw. reduziert werden. Wählen Sie am besten das Preset *Typical* und passen Sie es an Ihre Bedürfnisse an.

Enable images in RTE [enableImages]
: Aktivieren Sie diese Einstellungen, wenn Sie die Verwendung von Bildern direkt im RTE freigeben möchten. Allerdings ist diese Option abhängig von der Wahl Ihres Basissets, nur *Typical* und *Demo* unterstützen die Bildintegration.

Enable additional inline elements [enableInlineElements]
: Um mehr Übersicht in die Bearbeitungssymbole des RTE zu bringen, eignet sich dieses Feature: Einmal aktiviert, werden Inline-Formate wie *Fett* und *Kursiv* erst freigegeben, wenn der Redakteur einen Textbereich markiert, ansonsten sind die entsprechenden Bearbeitungssymbole »ausgegraut« und können nicht benutzt werden.

Enable links accessibility icons [enableAccessibilityIcons]
: Viele Internetseiten heben Links zusätzlich mit einem vorangestellten Icon hervor, meist auch in Abhängigkeit vom Ziel, sodass ein Link auf eine E-Mail-Adresse anders ausgezeichnet wird als ein Link zu einer internen Seite. Aktivieren Sie diese Option, stellt der RTE jeder Verlinkung, die Sie über den TYPO3-Dateibrowser einfügen, eine definierte Grafik voran.

> Da diese Icons direkt im RTE eingebunden und somit in den Quellcode der Seite geschrieben werden, zieht jeder Link einen HTTP-Request der entsprechenden Grafik nach sich, was sich bei einer hohen Anzahl von Links negativ auf die Ladegeschwindigkeit der Seite auswirken kann.
>
> Wenn Sie das Einbinden der Icons deaktiviert lassen, ergänzt der RTE alternativ jeden Link mit einer CSS-Klasse, der Sie ebenso eine Grafik zuordnen können, die dann aber nur ein einziges Mal geladen werden muss. Zudem entfällt auch das zusätzliche HTML-Markup für die Icons im Quelltext der Seite.

Lassen Sie diese Option deaktiviert und nutzen Sie alternativ zur direkten Icon-Integration die korrespondierenden CSS-Klassen des RTE.

Enable the DAM media browser [enableDAMBrowser]
Die Extension *DAM* bringt eine modifizierte Version des bekannten TYPO3-Dateibrowsers mit, der den Möglichkeiten des *DAM* gerecht wird. Sollten Sie die Erweiterung einsetzen, kann der RTE mit dieser Option veranlasst werden, den *DAM*-Mediabrowser für die Bild- und Dateiauswahl zu nutzen.

> Haben Sie bereits die Version 1.1+ der *DAM*-Extension im Einsatz, können Sie diese Option ignorieren. Stattdessen wird die Integration des *DAM*-Browsers direkt in den Einstellungen des *DAM* aktiviert.

Aktivieren Sie den *DAM*-Browser nur, wenn Sie das *DAM* in einer Version vor 1.1 einsetzen.

Enable compressed scripts [enableCompressedScripts]
Wenn diese Einstellung aktiv ist, werden die JavaScript- und CSS-Dateien, die der RTE verwendet, komprimiert. Dadurch kann der RTE schneller geladen werden. In seltenen Fällen kann es vorkommen, dass bestimmte Firewall-Regelungen in Firmennetzen mit diesen komprimierten Versionen nicht zurechtkommen. Wenn der RTE fehlerhaft arbeitet, sollten Sie diese Einstellung deaktivieren.

Den RTE-Funktionsumfang individuell anpassen

Wie Sie anhand der Konfigurationsübersicht erkennen können, sind viele Faktoren ausschlaggebend für das Verhalten des RTE. Um Ihnen einen möglichst reibungslosen Einstieg in die Welt des RTE zu gewährleisten, werden die folgenden Grundeinstellungen vorausgesetzt:

- Als `defaultConfiguration` ist *Typical* ausgewählt.
- Das Einfügen von Grafiken ist per `enableImages` erlaubt.
- Die visuelle Hervorhebung möglicher Auszeichnungsformate ist per `enableInlineElements` aktiviert.
- Bei Verwendung der Extension *DAM* wird auf den erweiterten Mediabrowser zurückgegriffen.

Der RTE bezieht seine Konfiguration über das Seiten/Page-TSconfig, somit müssen Sie sämtliches TypoScript der nachfolgenden Beispiele in dem Feld *TSconfig* des Registers *Optionen* in den Seiteneigenschaften Ihrer Startseite ablegen.

Die Bearbeitungsleiste aufräumen

Selbst in der Grundeinstellung *Typical* kann aus der Bearbeitungsleiste noch so mancher Button entfernt werden, der nicht benötigt wird. Welche Bearbeitungsmöglichkeiten Sie für Ihre Redakteure deaktivieren wollen, ist maßgeblich abhängig vom Charakter der Inhalte: Arbeiten Sie viel mit Tabellen, sollten Sie diese Optionspalette selbstverständlich aktiv lassen, benötigen Sie hingegen außer *Fett* und *Kursiv* keine weiteren speziellen Textauszeichnungen, sollten Sie diese aus dem RTE entfernen. Die aktiven Buttons des Presets *Typical* sehen wie folgt aus:

Beispiel 15-16: Übersicht über die freigeschalteten Buttons der Grundeinstellung Typical

```
RTE.default.showButtons (
    class, blockstylelabel, blockstyle, textstylelabel, textstyle,
    formatblock, bold, italic, subscript, superscript,
    orderedlist, unorderedlist, outdent, indent, textindicator,
    insertcharacter, link, table, findreplace, chMode, removeformat, undo, redo, about,,
    toggleborders, tableproperties,
    rowproperties, rowinsertabove, rowinsertunder, rowdelete, rowsplit,
    columninsertbefore, columninsertafter, columndelete, columnsplit,
    cellproperties, cellinsertbefore, cellinsertafter, celldelete, cellsplit, cellmerge
)
```

Angenommen, Sie möchten die Formate für tiefgestellt (`subscript`), hochgestellt (`superscript`), Einzug vergrößern und verkleinern (`outdent`, `indent`), die Anzeige *Momentaner Stil* (`textindicator`) und die vorangestellten Bezeichnungen der Auswahlfelder *Block-* sowie *Textstile* ausblenden. Dazu können Sie die Liste `showButtons` bearbeiten oder den Antagonisten `hideButtons` nutzen:

Beispiel 15-17: hideButtons als Gegenstück zu showButtons

```
RTE.default.hideButtons (
    blockstylelabel, textstylelabel, subscript, superscript,
    outdent, indent, textindicator
)
```

Der Vorteil an dieser Methode besteht daran, dass Sie nicht die Standardliste überschreiben, sondern nur Teilbereiche aus dieser Liste entfernen. Sollte ein zukünftiges Update des RTE mehr Funktionen bieten, bleiben diese automatisch unter `showButtons` aufgeführt.

Ebenso können Sie einzelne Einträge der Absatzarten streichen. Als Absatzformat werden HTML-Blockelemente wie Überschriften, Absätze und Zitate bezeichnet. Sie finden die vom RTE gebotenen Möglichkeiten in dem Auswahlfeld *Absatz*. Aus dieser Liste sollen nun die H1-/H6-Überschriften und Behälter entfernt werden, wozu folgendes TypoScript eingesetzt werden kann:

```
RTE.default.hidePStyleItems = h1, h6, div, pre, address
```

Beachten Sie, dass anstelle der drei zuvor genannten Formate fünf im Skript zu finden sind. Dies liegt darin begründet, dass per Voreinstellung schon die Blockelemente *Präformatierter Text* und *Adresse* ausgeblendet sind.

Werden nur selten tabellarische Inhalte über den RTE eingepflegt, ist es durchaus sinnvoll, die Tabellenfunktionen aus der Bearbeitungsleiste zu entfernen. Mit dem folgenden Befehl können Sie das realisieren:

```
RTE.default.hideTableOperationsInToolbar = 1
```

Einzig der Button zum Einfügen einer Tabelle bleibt in der RTE-Leiste bestehen. Die Tabellenoptionen können allerdings nach wie vor verwendet werden – selektieren Sie die Tabelle und wählen Sie per Rechtsklick die gewünschte Funktion aus dem Kontextmenü aus.

TYPO3-Mediabrowser beschränken

Fügen Ihre Redakteure über den Dateibrowser Bilder ein, stehen ihnen drei Bildmodi zur Verfügung: *Neues Zauberbild*, *Neues Normales Bild* und *Drag & Drop*.

Neues Zauberbild [magic]

Ein Zauberbild kann eine – in Grenzen – beliebige Grafik in beliebiger Größe sein. Das Ausgangsmaterial wird automatisch in ein Webgrafikformat umgewandelt, wobei die Grafikfähigkeiten von TYPO3 die Anzeigequalität und Dateigröße der Grafik optimieren.

Neues Normales Bild [plain]

Ein normales Bild muss zwingend einem Webgrafikformat (JPG, GIF oder PNG) entsprechen und kann bis zu 640 × 680 Pixel groß sein. Dieser Modus ist zur Verwendung bereits für das Web optimierter Grafiken vorgesehen.

Die Maximalgröße kann zudem über die TypoScript-Einstellungen `RTE.default.buttons.image.options.plain.maxWidth` und `RTE.default.buttons.image.options.plain.maxHeight` verändert werden.

Drag & Drop [dragdrop]

Per Drag-and-Drop können Sie mehrere Bilder nacheinander in den RTE ziehen – ein Vorteil gegenüber den beiden vorherigen Modi, die nur jeweils die Auswahl eines Bilds erlauben. Dabei werden die Bilder nach den Richtlinien des Normalbildmodus verarbeitet, können aber größer als die standardmäßigen 640 × 480 Pixel sein.

> Die Modi *Normales Bild* und *Drag & Drop* fügen die Originaldatei in die Seite ein, d.h., ein Bild von über 1.000 Pixeln Breite wird über den RTE nur auf eine kleinere Ansicht herunterskaliert, das Bild selbst wird nicht neu berechnet und gespeichert.
>
> Verwenden Sie daher den Modus *Zauberbild*, um eine neue Version des skalierten Bilds zu erzeugen.

Jeder dieser Modi hat seine Vor- und Nachteile, und somit ist es durchaus möglich, dass Sie einen davon deaktivieren wollen. Anhand des Werts in den eckigen Klammern der vorherigen Übersicht können Sie die TypoScript-Bezeichnung der verschiedenen Modi erkennen. Folgende Anweisung kann somit nach Ihren Belieben abgeändert werden:

```
RTE.default.blindImageOptions = plain [, dragdrop [,magic]]
```

WYSIWYG mit eigener CSS-Datei erzielen

Der RTE arbeitet bekanntlich im *What-you-see-is-what-you-get*-Modus. Im Gegensatz zu einer Textverarbeitung legt der Editor aber nicht das Aussehen der verschiedenen Textformate fest, sondern diese werden auf einer modernen Website über CSS-Anweisungen definiert. Diese individuellen Formate stehen dem RTE im Backend nicht zur Verfügung, und so kann das Schriftbild im Allgemeinen und das Aussehen der verschiedenen Formate im Besonderen stark von der Ansicht im Frontend abweichen.

Damit die tägliche Arbeit des Redakteurs vereinfacht wird, sollte der RTE so angepasst werden, dass die Textformatierung im RTE mit der Formatierung auf der Webseite übereinstimmt. Dafür wird dem RTE eine CSS-Datei zugewiesen, die die entsprechenden CSS-Styles für die Textformatierung enthält. Somit kann sich der Redakteur beim Einpflegen von Texten über den RTE darauf verlassen, dass seine Formatierungen auch wie gewünscht auf der Seite erscheinen:

```
RTE.default.contentCSS = fileadmin/styles/website-styles.css
```

Über den Befehl `contentCSS` wird nur der Pfad zur gewünschten Datei angegeben, und schon übernimmt der RTE sämtliche CSS-Formate (Abbildung 15-44).

> Idealerweise sollten Sie dieselbe CSS-Datei verwenden, die auch für die Darstellung der Inhalte auf der Website benutzt wird. Um die Ladezeiten für den RTE zu verkleinern, sollten Sie Ihre CSS-Styles nach Funktionsgruppen ordnen und in einzelnen Dateien ablegen, sodass Sie beispielsweise eine Datei für Inhaltsformatierungen und eine Datei für das Layout der Internetseite verwenden.
>
> CSS-Frameworks wie YAML arbeiten grundsätzlich nach dieser Methode, hier müssen Sie nur die »Content-CSS« einbinden.

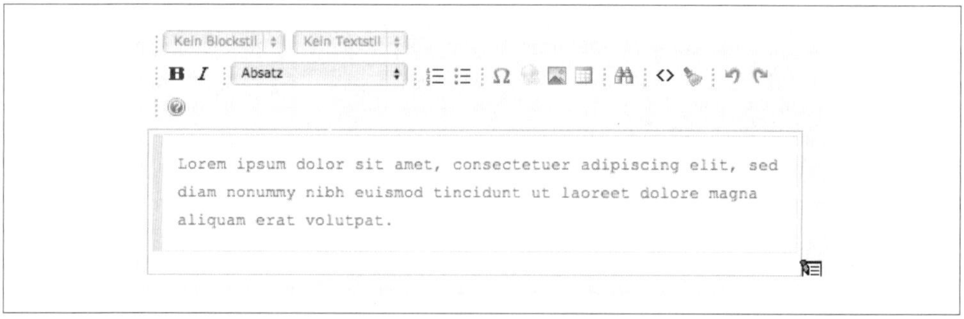

Abbildung 15-44: Die Auszeichnung Zitat im RTE, so wie sie auch im Frontend erscheint

Ein weiterer Vorteil der Einbindung einer eigenen CSS-Datei ergibt sich aus der Möglichkeit zur Definition spezieller CSS-Klassen in dieser Datei. Nicht nur die allgemeinen Formatierungen, wie beispielsweise Zeilenabstand für Fließtext oder Farbe der H1-Überschrift, übernimmt der RTE automatisch, sondern auch sämtliche CSS-Klassen. Allerdings sind hierfür einige Arbeiten im Vorfeld zu erledigen:

Zuerst müssen Sie zwischen den Block- und Inline-Elementen unterscheiden – Blockelemente erstrecken sich automatisch über die verfügbare Breite, während Inline-Elemente sich auf den auszuzeichnenden Bereich beschränken und sich somit in den »Fluss« einfügen. Das <p>-Tag für die Auszeichnung von Absätzen ist ein klassisches Blockelement, während ein fett gesetztes Wort sich nur über die Breite des Worts selbst erstreckt – ein Inline-Tag.

Für Inline-Elemente müssen Sie eine an das jeweilige HTML-Tag gebundene CSS-Klasse verwenden, während Blockelemente auch ohne eine Beschränkung auf ein HTML-Tag benutzt werden können. In Beispiel 15-18 sind drei CSS-Klassen definiert, auf die nachfolgend eingegangen wird:

Beispiel 15-18. Drei CSS-Definitionen für die Verwendung im RTE

```
span.mono, em.mono {
    font-family: monospace;
    padding: 0.2em;
    border: 1px #CCD dotted;
}

p.box {
    padding-left: 0.5em;
    border-left: 8px red solid;
}

.bluebox {
    padding: 0.2em;
    border: 1px #ccd solid;
    background: #F0F0F4;
}
```

Die erste CSS-Definition `mono` gilt für die beiden Inline-Tags `<span>` und `<em>`, entsprechend können auch nur diese beiden Elemente mit der Klasse kombiniert werden. Die zweite CSS-Klasse `box` bezieht sich einzig auf das `<p>`-Tag, während `bluebox` keinem HTML-Tag zugeordnet ist und somit auf jedes Blockelement angewendet werden kann. Stellen Sie den RTE folgendermaßen auf die Verwendung der CSS-Klassen aus Beispiel 15-18 ein:

Beispiel 15-19: RTE-Konfiguration zur Einbindung der CSS-Definitionen

```
RTE.default {
    showTagFreeClasses = 1
    classesCharacter = mono
```

Beispiel 15-19: RTE-Konfiguration zur Einbindung der CSS-Definitionen (Fortsetzung)

```
    classesParagraph = box, bluebox
    proc {
        allowedClasses < RTE.default.classesCharacter
        classesParagraph < RTE.default.classesParagraph
    }
}
```

Zuerst werden in Beispiel 15-19 über `showTagFreeClasses` alle CSS-Klassen, die nicht an ein bestimmtes HTML-Tag gebunden sind, zur Verwendung für Blockelemente freigegeben – mühselige Zuweisungen der gewünschten HTML-Tags entfallen somit. Trotzdem behalten Sie die volle Kontrolle über die CSS-Formate für Blockelemente, da Sie – wie im Fall der Klasse `box` – auch die Klassen auf ein bestimmtes HTML-Tag beschränken können.

In den Zeilen 3 und 4 werden die Klassen der CSS-Datei auf die Auswahlfelder *Blockstil* und *Textstil* im RTE aufgeteilt.

Abschließend werden diese Zuordnungen auf die Textverarbeitungsroutinen des RTE übertragen, damit unter anderem die Textbereinigung beim Speichern diese nicht wieder aus dem Quellcode des RTE entfernt (Zeilen 5-8). Die Klasse `mono` hebt jetzt den Nebensatz hervor (Abbildung 15-45).

Abbildung 15-45: Die CSS-Klasse mono, im RTE angewandt

Workspaces konfigurieren

In Kapitel 11 wird das grundlegende Arbeiten mit Workspaces sowie deren Einrichtung erläutert. Mithilfe von TypoScript kann auch das Verhalten der Workspaces noch weiter angepasst werden.

Ablaufzeitraum für den Preview-Link anpassen

Im *Workspace*-Modul gibt es die Möglichkeit, einen Vorschau-Link (Preview-Link) zu erzeugen. Dieser Link verweist auf eine Vorschau des aktuellen Stands in einem bestimmten Workspace, ohne dass ein Backend-Login nötig ist. Dieser Link ist 48 Stunden gültig. Wenn der Link an einem Freitag verschickt wurde, ist er bereits am folgenden Montag nicht mehr gültig. Dieses Ablaufdatum des Preview-Links kann über das Benutzer/USER-TSconfig angepasst werden (Abbildung 15-46).

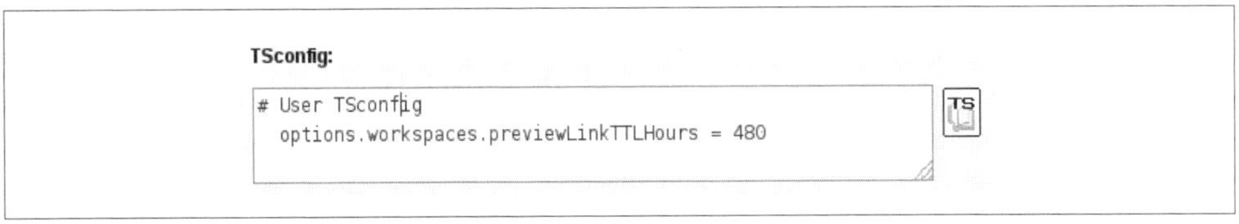

Abbildung 15-46: Die Gültigkeitsdauer des Links wird auf 480 Stunden (20 Tage) gesetzt

Text der Benachrichtigungs-E-Mail anpassen

Die E-Mail mit der Nachricht, dass Inhalte geändert wurden, kann ebenfalls angepasst werden – und zwar sowohl die Betreffzeile als auch der eigentliche Text. Diese Anpassung kann im Benutzer/USER-TSconfig oder auch in der Seiten/Page-TSconfig vorgenommen werden. Die Einstellungen aus der Benutzer/USER-TSconfig haben dabei Vorrang gegenüber den Einstellungen aus der Seiten/Page-TSconfig. Wenn der Text für verschiedene Seitenäste unterschiedlich ausfallen soll, darf die Konfiguration nur in der Seiten/Page-TSconfig gesetzt werden, nicht aber in der Benutzer/USER-TSconfig.

Der Befehl `tx_version.workspaces.stageNotificationEmail.subject` ermöglicht, den Betreff anzupassen. In der Benutzer/USER-TSconfig muss das Präfix page. hinzugefügt werden (`page. tx_version.workspaces.stageNotificationEmail.subject`).

Der Text der E-Mail wird über den Befehl `tx_version.workspaces.stageNotificationEmail.message` bzw. `page.TCEMAIN.notificationEmail_message` geändert (Abbildung 15-47). Es besteht die Möglichkeit, den Text mit den Markern direkt einzutragen oder aber eine Referenz auf eine *locallang*-Datei zu verwenden. Benutzen Sie wie üblich das Präfix `LLL:`. Es stehen mehrere Marker bereit, die an beliebiger Stelle eingebaut werden können:

`###RECORD_TITLE###`: Der Titel des Elements, das geändert wurde.

`###RECORD_PATH###`: Der Pfad zu dem Element im TYPO3-Backend.

`###SITE_NAME###`: Sitename – der Name der TYPO3-Installation.

`###SITE_URL###`: Der Link zu der TYPO3-Login-Maske.

`###WORKSPACE_TITLE###`: Der Name des Workspace, in dem die Änderung vorgenommen wurde.

`###WORKSPACE_UID###`: Die interne Nummer des Workspace.

`###ELEMENT_NAME###`: Das geänderte Element im Format Tabellenname:ID.

`###NEXT_STAGE###`: Die nächste Freigabestufe.

`###COMMENT###`: Der Kommentar.

`###USER_REALNAME###`: Der Name des Benutzers, der die Änderungen vorgenommen hat.

`###USER_USERNAME###`: Der Benutzername desjenigen, der die Änderungen vorgenommen hat.

Diese neuen Konfigurationsvariablen lösen die alten Variablen `TCEMAIN.notificationEmail_subject` und `TCEMAIN.notificationEmail_body` ab. In Version 4.5 sind diese Einstellungen als veraltet (DEPRECATED) markiert. Wenn Sie dennoch diese Einstellung verwenden, sollten Sie das umstellen. Beachten Sie, dass die alten Platzhalter `%1$s` usw. den entsprechenden Markern gewichen sind.

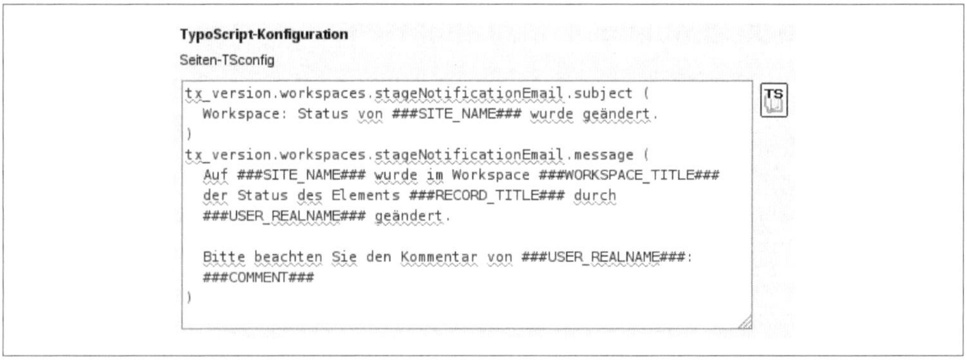

Abbildung 15-47: Betreff und Text der E-Mail werden im Seiten/Page-TSconfig angepasst

KAPITEL 16

Techniken und Tipps für die Arbeit am Frontend

In diesem Kapitel erfahren Sie, wie Sie automatisiert wiederkehrende Inhalte bequem über TypoScript in Seiten einbinden und vererben können oder Adressdaten und Mikroformate in die Fußzeile der Website integrieren. Wortmarken finden auch im Internet eine zunehmende Verbreitung. Nehmen Sie Ihren Redakteuren die Arbeit der korrekten Schreibweise und Gestaltung der Wortmarken durch ein entsprechendes TypoScript-Setup ab.

Weiterhin werden sinnvolle Ergänzungen für Bildelemente besprochen, unter anderem das automatische Beschneiden von ausgewählten Bilddaten, um eine ausgeglichene Seitendarstellung zu ermöglichen. Zudem werden Ihnen Beispiele zur visuellen Aufwertung der Funktion *Klick-Vergrößern* gezeigt.

Das Bearbeiten von Inhalten direkt auf der Website wird Frontend Editing genannt. Sie erfahren, wie Sie Ihren Redakteuren diese Alternative zur normalen Inhaltspflege im Backend zur Verfügung stellen.

Wie Sie Ihre TYPO3-Installation für Suchmaschinen optimieren und den ausgegebenen Quellcode der Website optimieren, wird Ihnen genauso vermittelt wie die Funktionsweise des TYPO3-Cache-Systems, die oft zu vermeintlich unerklärlichem Verhalten führt.

Abschließend geht das Kapitel auf die Möglichkeiten der URL-Erzeugung ein und vergleicht die TYPO3-Methode *SimulateStaticDocuments* mit der Erweiterung *RealURL*.

Inhalte automatisiert einblenden und vererben

Wenn in der rechten Spalte einer Webseite fast immer der gleiche Inhalt angezeigt werden soll – mit ein paar wenigen Ausnahmen auf bestimmten Seiten –, können Sie eine komfortable Lösung mit TypoScript konfigurieren. Dafür benötigen Sie ein oder mehrere

Inhaltselemente, die entsprechend verwendet werden sollen. Wir empfehlen, dafür einen Ordner anzulegen und dort die Inhalte abzulegen.

Wenn Sie jetzt den Marker der rechten Spalte mit Inhalt füllen, erweitern Sie das Konstrukt um ein paar Zeilen TypoScript.

```
marks.RECHTS < styles.content.getRight
marks.RECHTS.stdWrap.ifEmpty.cObject = RECORDS
marks.RECHTS.stdWrap.ifEmpty.cObject {
  tables = tt_content
  source = 10,11,12,13
  dontCheckPid = 1
}
```

> In den folgenden Beispielen wird vorausgesetzt, dass die Systemerweiterung `css_styled_content` verwendet wird. Denn nur dann stehen Objekte wie `styles.content.getRight` zur Verfügung.

`styles.content.getRight` liefert ein `CONTENT`-Objekt zurück. Wurden auf einer Seite in der rechten Spalte keine Inhalte angelegt, liefert das `CONTENT`-Objekt einen leeren Inhalt zurück. Über die Funktion `ifEmpty` wird dann ein alternativer Inhalt definiert. Mit der `cObject`-Funktion können wir entsprechend ein `RECORDS`-Objekt erzeugen, das die Datensätze `10`, `11`, `12` und `13` aus der Tabelle *tt_content* (Inhaltselemente) ausliest. Die Einstellung `dontCheckPid = 1` stellt sicher, dass die Datensätze auch ausgelesen werden können, wenn sie z. B. in einem Systemordner liegen.

Wenn Sie jetzt das Inhaltselement `10` verändern, wird diese Veränderung nicht direkt auf der Webseite angezeigt. Es muss erst ein neuer Cache erzeugt werden. Dies ist in der Regel nach 24 Stunden der Fall. Wenn es Ihnen wichtig ist, dass diese Änderungen sofort auf allen Seiten sichtbar sind, müssen Sie ein `COA_INT` verwenden. Das `COA_INT` wird nicht in den Cache geschrieben, sondern bei jedem Seitenaufruf neu erzeugt. Das belastet den Server deutlich stärker. Daher kann es sinnvoll sein, den Seiten-Cache von 24 Stunden (Standard) auf eine kürzere Zeit einzustellen, anstatt ein `COA_INT`-Objekt zu verwenden.

Der folgende Code zeigt die Verwendung des `COA_INT`-Objekts:

```
marks.RECHTS < styles.content.getRight
marks.RECHTS.stdWrap.ifEmpty.cObject = COA_INT
marks.RECHTS.stdWrap.ifEmpty.cObject {
  10 = RECORDS
  10 {
    tables = tt_content
    source = 10,11,12,13
         dontCheckPid = 1
     }
}
```

Falls in der rechten Spalte kein Inhalt existiert, wird das Objekt `COA_INT` verwendet. Dieses wird nicht gecacht, sondern bei jedem Seitenaufruf neu erzeugt. Somit werden immer die aktuellen Datensätze `10`, `11`, `12` und `13` angezeigt.

CONTENT Slide – Inhalte automatisch vererben

Wenn jede Seite automatisch den Inhalt der übergeordneten Seite übernehmen soll, sofern kein eigener Inhalt vorhanden ist, kann dafür die TypoScript-Funktion `slide` aus dem Objekt `CONTENT` verwendet werden.

```
marks.RECHTS < styles.content.getRight
marks.RECHTS.slide = -1
```

Diese zwei Zeilen sind ausreichend, um den Inhalt der rechten Spalte automatisch zu füllen. `Styles.content.getRight` liefert ein `CONTENT`-Objekt zurück. Der Wert `-1` legt fest, dass die Funktion so lange den Seitenbaum nach oben durchsuchen soll, bis Inhalt gefunden wurde.

Editierbare Adressdaten im Footer generieren

Häufig werden auf einer Website die Kontaktdaten in der Fußzeile statisch im HTML-Template festgelegt und sind dann für einen Redakteur nicht mehr zu ändern. Auch wenn Änderungen hier meist nicht besonders häufig vorkommen, können Sie mit ein wenig TypoScript auch diese Stellen pflegbar machen. Das hat den weiteren Vorteil, dass dort verwendete Links und E-Mail-Adressen von TYPO3 erzeugt werden. Der E-Mail-Link verhält sich dann so wie an allen anderen Stellen. Die JavaScript-Verschlüsselung wird z.B. automatisch übernommen. Und wenn Sie einen Link auf die Kontaktseite gesetzt haben, können Sie die Seite im Seitenbaum verschieben – der Link wird von TYPO3 aktualisiert.

Für die Pflege von Adressdaten empfiehlt sich die Extension *tt_address*. Legen Sie einen neuen Adressdatensatz an. Damit dieser für den Redakteur später wiederzufinden ist, empfehlen wir, einen besonderen Ordner für solche Fälle festzulegen.

Beispiel 16-1: Einen Marker füllen

```
FOOTER = RECORDS
FOOTER {
  tables = tt_address
    // Die ID des Datensatzes
  source = 1
    // Wenn der Datensatz z.B. in einem Ordner liegt,
    // muss diese Option gewählt sein.
  dontCheckPid = 1
  conf.tt_address = COA
  conf.tt_address {
```

Beispiel 16-1: Einen Marker füllen (Fortsetzung)

```
    10 = TEXT
    10 {
      field = company
      typolink.parameter.field = email
      wrap = <p>|</p>
    }
  }
}
```

Mit dem TypoScript-Objekt `RECORDS` ist es möglich, einen oder mehrere bestimmte Datensätze auszugeben. Der Parameter `conf` legt für die verwendeten Tabellen fest, wie der Datensatz ausgegeben werden soll. Da wir nur den Datensatz aus der Tabelle *tt_address* auslesen, müssen wir auch nur die Ausgabe dafür in `conf` definieren.

Adressdatensatz im Inhaltsbereich wiederverwenden

Die gleichen Informationen benötigen Sie üblicherweise auch im Impressum oder auf der Kontaktseite. Dort werden sie allerdings nicht in bestimmte Marker gefüllt, sondern sollten vom Redakteur ganz normal in den Text eingebunden werden können. Dafür steht in diesem Beispiel ein Plug-in zur Verfügung. Wenn Sie dieses Plug-in nicht verwenden wollen oder wenn Sie einen anderen Datensatztyp als *tt_address* verwenden, für den kein entsprechendes Plug-in vorliegt, können Sie das Inhaltselement *Datensatz einfügen* nutzen (Abbildung 16-1).

Abbildung 16-1: Verwendung des Inhaltselements Datensatz einfügen

Das Inhaltselement *Datensatz einfügen* entspricht dem TypoScript-Objekt RECORDS. Damit der *tt_address*-Datensatz auf der Webseite ausgegeben werden kann, benötigt das RECORDS-Objekt entweder einen konfigurierten conf-Parameter, oder es verwendet die Definition des Top-Level-TypoScript-Objekts mit dem gleichen Namen wie die Tabelle. In diesem Fall muss also ein Top-Level-Element *tt_address* definiert sein.

Beispiel 16-2 zeigt, wie ein solches Top-Level-Element definiert sein könnte. Fügen Sie diese Definition in das Setup Ihres Main-Templates mit ein.

Beispiel 16-2: Das Top-Level-Element tt_address definieren

```
tt_address = COA
tt_address {
  wrap = <div class="vcard">|</div>
  10 = TEXT
  10 {
    field = company
    htmlSpecialChars = 1
    wrap = <div class="org">|</div>
  }
  20 = TEXT
  20 {
    field = email
    typolink {
      parameter.field = email
      ATagParams = class="email"
    }
    required = 1
  }
  30 = COA
  30 {
    stdWrap.wrap = <div class="adr">|</div>
    stdWrap.required = 1
    10 = TEXT
    10 {
      htmlSpecialChars = 1
      field = address
      wrap = <div class="street-address">|</div>
    }
    15 = TEXT
    15 {
      field = zip
      noTrimWrap = |<span class="postal-code">|</span> |
    }
    20 = TEXT
    20 {
      field = city
      htmlSpecialChars = 1
      wrap = <span class="locality">|</span>
      required = 1
    }
```

Beispiel 16-2: Das Top-Level-Element tt_address definieren (Fortsetzung)

```
  }
  40 = TEXT
  40 {
    field = phone
    wrap = <div class="tel">|</div>
    required = 1
  }
}
```

Mikroformate

Normalerweise sind die Kontaktinformationen auf einer Website nicht eindeutig als solche gekennzeichnet. Suchmaschinen dagegen können nur raten, ob es sich bei den gezeigten Daten um einen Adressdatensatz handelt. Ein einfacher und flexibler Ausweg sind die sogenannten *Mikroformate* (*www.microformats.org*). Ein Adressdatensatz wird durch eine bestimmte CSS-Klasse vcard festgelegt. Innerhalb dieses Elements werden die einzelnen Elemente einer Adresse wie E-Mail-Adresse, Telefonnummer usw. jeweils durch bestimmte CSS-Klassen markiert. In unserem Beispiel auf der vorigen Seite haben wir die folgenden Felder (CSS-Klassen) verwendet:

```
vcard = Definiert einen Datensatz
org = Organisation / Firma
email = E-Mail-Adresse
adr = Enthält die relevanten Daten für die Anschrift:
  street-address = Straße
  postal-code = Postleitzahl
  Locality = Stadt
tel = Telefonnummer
```

Das bedeutet, dass die HTML-Struktur beliebig ist und es ausreicht, die entsprechenden CSS-Klassen korrekt zu setzen. Das Mikroformat vcard hat somit keinen Einfluss auf das Aussehen Ihrer Webseite, aber Suchmaschinen und Browser-Plug-ins wie *Operator* für den Firefox können jetzt die Adressdaten automatisch auslesen (Abbildung 16-2).

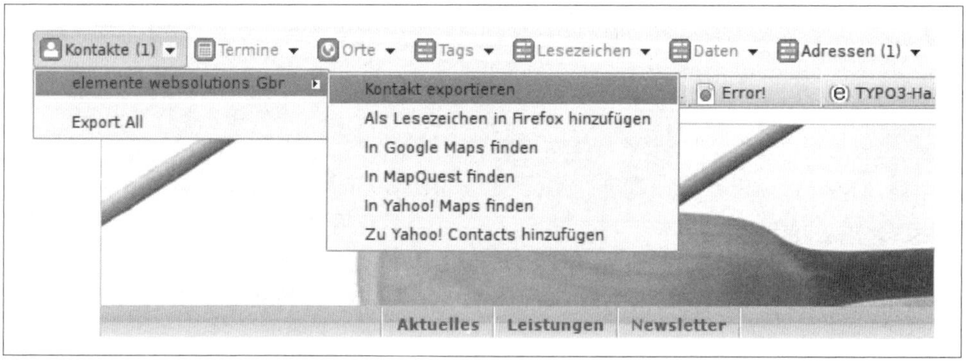

Abbildung 16-2: Das Firefox-Plug-in Operator exportiert die Adresse als vcf-Datensatz

Wortmarken korrekt ausgeben

Wortmarken sind geschützte Markenbegriffe, dabei wird eine besondere Schreibweise als eingetragene Marke geschützt. Ein Beispiel für eine Wortmarke ist TYPO3. Alle vier Buchstaben müssen großgeschrieben werden, und die 3 wird ohne Leerzeichen angefügt (*http://typo3.org/teams/design/style-guide/spelling-typo3-correctly/*). Die Rechte für den Begriff liegen bei der TYPO3 Association.

Solche Wortmarken in TYPO3 zu pflegen, ist nicht besonders einfach. Wenn z.B. jeder Buchstabe in einer anderen Farbe angezeigt werden soll, müssen Sie bei jedem Auftreten der Marke jeden Buchstaben einzeln im Editor anpassen. Kommt die Marke in einem Menü oder in einer Überschrift vor, ist es ohne HTML-Kenntnisse nicht möglich, die Marke entsprechend darzustellen.

Mit der TypoScript-Funktion `parseFunc.short` ist es möglich, den Redakteuren einen Automatismus an die Hand zu geben, sodass bei der Eingabe von »typo3« automatisch *TYPO3* auf der Webseite ausgegeben wird.

Mit dem TypoScript-Template `css_styled_content` werden unter anderem zwei Konfigurationen für Texte mitgeliefert. `lib.parseFunc_RTE` wird für Felder mit RTE verwendet, `lib.parseFunc` wird häufig für Felder ohne RTE-Funktionalität verwendet (Abbildung 16-3).

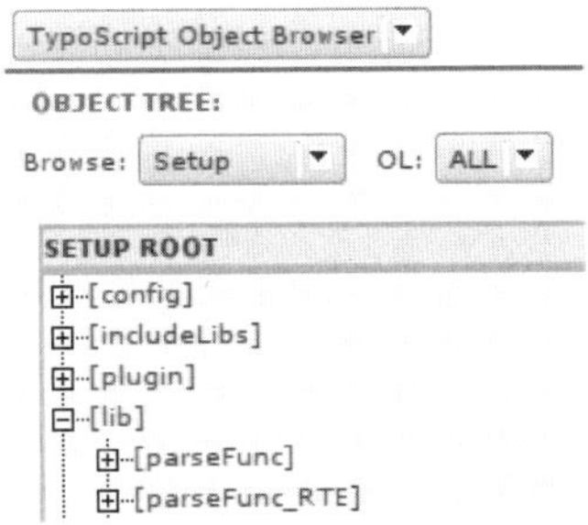

Abbildung 16-3: lib.parseFunc und lib.parseFunc_RTE im Object-Browser

Die Funktionalität der Wortmarken wird über eine Ersetzungstabelle erzeugt. Dafür wird der Funktion `parseFunc` über den Parameter `short` mitgeteilt, welcher Begriff mit welchem Inhalt ersetzt werden soll. Der zu ersetzende Begriff darf nur aus Buchstaben (a–z), Zahlen (0–9), dem Bindestrich (-) und dem Unterstrich (_) bestehen. Groß- und Kleinschreibung ist erlaubt, deutsche Umlaute sind es nicht. Bei der Ersetzung wird zwischen Groß- und Kleinschreibung unterschieden (Abbildung 16-4). Daher kann es hilfreich sein, mehrere mögliche Schreibweisen zu definieren.

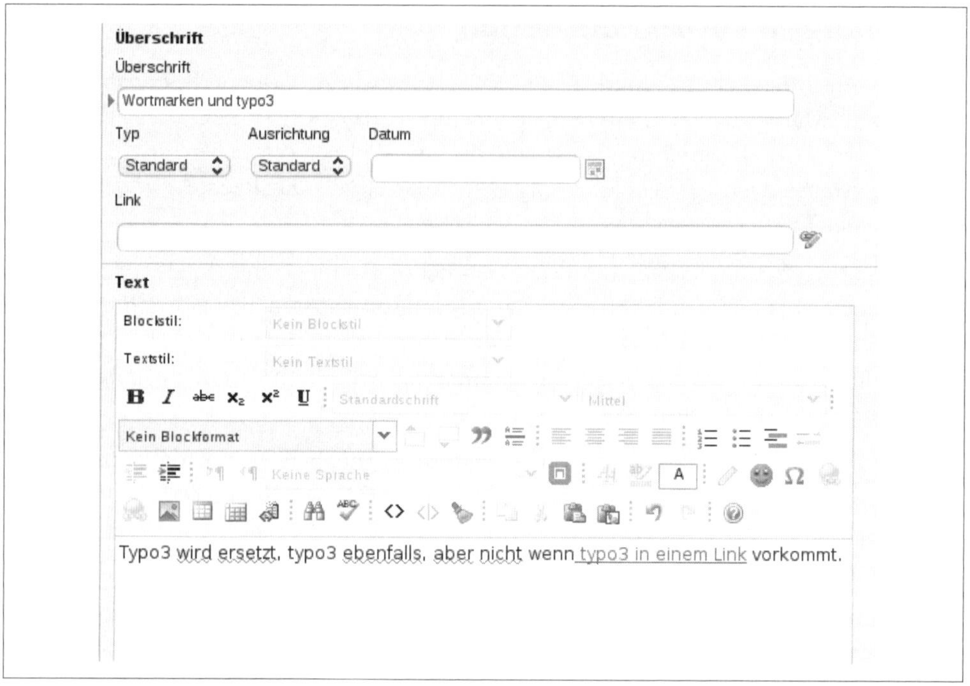

Abbildung 16-4: Eingabe des Texts im RTE; die Überschrift des Inhaltselements lautet Wortmarken und typo3

Mit der folgenden Konfiguration werden die Begriffe »typo3« und »Typo3« ersetzt (Abbildung 16-5).

```
lib.parseFunc_RTE.short {
  typo3 = TYPO3
  Typo3 = TYPO3
}
```

Somit ist sichergestellt, dass TYPO3 auf der Webseite immer richtig geschrieben angezeigt wird. Dieses gilt allerdings nur für Felder, auf die `lib.parseFunc_RTE` angewendet wird.

Abbildung 16-5: In der Überschrift und im Linktext wurde typo3 noch nicht durch TYPO3 ersetzt

Der Linktext erfährt eine besondere Behandlung. Sichtbar wird dieses im TypoScript-Object-Browser, dort wird gezeigt, dass es für das `link`-Tag eine eigene `parseFunc`-Definition gibt (Abbildung 16-6).

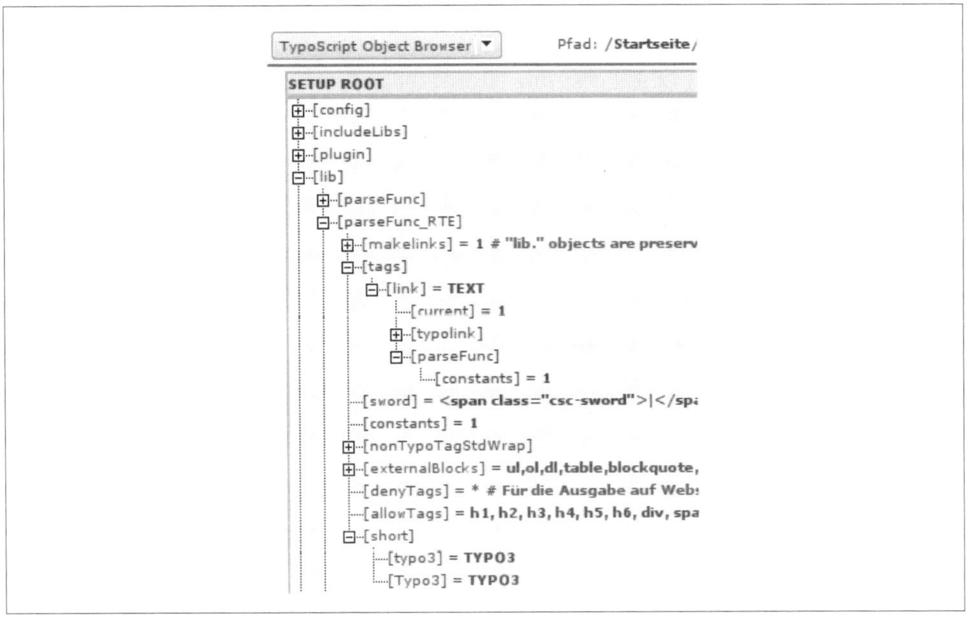

Abbildung 16-6: Das link-Tag inklusive eigener Definition der Funktion parseFunc

Der `parseFunc`-Funktion für das Tag `link` fehlt die Ersetzungsanweisung, die mit einer Zeile TypoScript hinzugefügt wird (Abbildung 16-7). Dafür wird die bisherige Definition von `lib.parseFunc_RTE.short` in die `parseFunc` des `link`-Tags kopiert:

```
lib.parseFunc_RTE.tags.link.parseFunc.short < lib.parseFunc_RTE.short
```

Abbildung 16-7: TYPO3 erscheint im Linktext korrekt, das Linkziel wird dabei nicht verändert

Damit auch in der Überschrift TYPO3 korrekt geschrieben wird, muss die Funktion `parseFunc` entsprechend nun auf die Überschrift angewendet werden (Abbildung 16-8):

```
lib.stdheader.10.setCurrent.parseFunc.short < lib.parseFunc_RTE.short
```

Abbildung 16-8: TYPO3 wird in der Überschrift, im Fließtext sowie im Linktext ersetzt

Die Definition lib.stdheader wird für die Überschriften aller Content-Elemente verwendet, somit muss nicht jedem Content-Element die parseFunc zugewiesen werden. An vielen Stellen wird außerdem die Funktion lib.parseFunc verwendet, eine Zuweisung der Ersetzung ist also empfehlenswert:

```
lib.parseFunc.short < lib.parseFunc_RTE.short
```

Diese Ersetzung muss jedoch für jedes eingesetzte Plug-in individuell konfiguriert werden. Möglich ist das nur an Stellen, an denen die stdWrap-Funktion implementiert wurde, denn die Funktion parseFunc ist eine Unterfunktion der stdWrap-Funktion.

Wortmarken mit HTML-Code

Es ist ebenfalls möglich, die Zeichenfolge durch statischen HTML-Code zu ersetzen. Typo3 soll z.B. durch <span class="typo3">TYPO3</span> ersetzt werden, da über die CSS-Klasse noch eine besondere Gestaltung vorgenommen werden soll. Dieses führt in dem Beispiel allerdings dazu, dass das <span>-Tag in der Überschrift als Text ausgegeben wird (Abbildung 16-9).

Abbildung 16-9: In der Überschrift wird das <span>-Tag ausgegeben

Die Ursache ist in der Konfiguration von lib.stdheader.10 zu suchen. Dort ist üblicherweise htmlSpecialChars = 1 gesetzt. Diese Funktion verhindert, dass HTML-Tags in die Überschrift geschrieben werden. Durch eine kleine Umstellung kann zuerst die Ersetzung durch htmlSpecialChars erfolgen und danach die parseFunc auf das Ergebnis angewendet werden.

Die bisherige Konfiguration ohne weitere Anpassungen sieht wie folgt aus:

```
lib.stdheader.10.setCurrent.parseFunc.short < lib.parseFunc_RTE.short
lib.stdheader.10.setCurrent.htmlSpecialChars = 1
```

Zuerst wird die Funktion parseFunc und danach die Funktion htmlSpecialChars ausgeführt. Das bedeutet, die Ersetzung wird zuerst durchgeführt, und danach wird die Funktion htmlSpecialChars angewendet, die alle HTML-Zeichen zu lesbaren Zeichen konvertiert. Die beiden Zeilen im TypoScript zu vertauschen, hilft nicht, da die Reihenfolge der Definition nicht berücksichtigt wird. Die Lösung liegt darin, eine weitere Zeile mit der Funktion stdWrap hinzuzufügen:

```
lib.stdheader.10.setCurrent.stdWrap.htmlSpecialChars = 1
lib.stdheader.10.setCurrent.parseFunc.short < lib.parseFunc_RTE.short
lib.stdheader.10.setCurrent.htmlSpecialChars = 0
```

Die stdWrap-Funktion bietet wiederum die Funktion htmlSpecialChars an. Somit wird zuerst die Funktion stdWrap.htmlSpecialChars ausgeführt. HTML-Sonderzeichen werden entsprechend umgewandelt. Erst anschließend wird die Ersetzungsanweisung aufgerufen. Schließlich wird in der dritten Zeile die ursprüngliche Funktion `htmlSpecialChars` ausgeschaltet.

> Die Aufrufreihenfolge entspricht der Reihenfolge, wie sie in der TypoScript-Referenz für die Funktion `stdWrap` angegeben wurde.

Tipps für Inhaltselemente mit Bildern

Einer der großen Pluspunkte von TYPO3 ist die serverseitige Bildverarbeitung und die einfache Verwendung von Bildern. Dadurch steht dem Redakteur eine Fülle verschiedenster Möglichkeiten zum Gebrauch von Bildern und zur Bildmanipulation zur Verfügung. Allerdings können einige dieser wichtigen Optionen nicht umgehend vom Redakteur eingesetzt werden, da sie in den Default-Einstellungen von TYPO3 nur unzureichend implementiert oder nur versteckt vorhanden sind. So ist es für den Redakteur nicht ohne Weiteres möglich, den Bildern eines Inhaltselements verschiedene Links zuzuweisen oder Bilder unterschiedlicher Größe automatisch auf das gleiche Format zu beschneiden. Die folgenden Beispiele zeigen, wie der Funktionsumfang beim Verwenden von Bildern in TYPO3 deutlich erweitert werden kann.

Bilder automatisch auf die gleiche Größe beschneiden

Wenn Sie Bilder mit unterschiedlichen Formaten in mehreren Spalten und Zeilen ausrichten, erhalten Sie zwischen den Bildern Lücken (Abbildung 16-10). In dieser Situation ist es besser, wenn alle Bilder in der gleichen Größe vorliegen (Abbildung 16-11). Im Folgenden zeigen wir Ihnen, wie Sie die Bilder auf die gleiche Größe beschneiden. Bei Verwendung der Funktion *Klick-Vergrößern* wird dann wieder das Originalbild angezeigt.

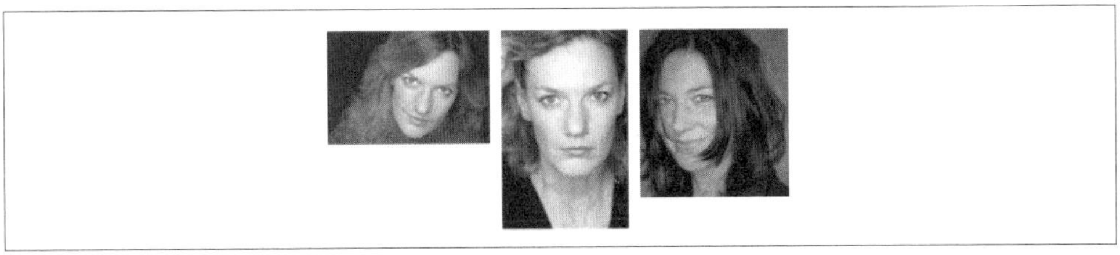

Abbildung 16-10: Drei Bilder mit unterschiedlichen Ausgangsformaten

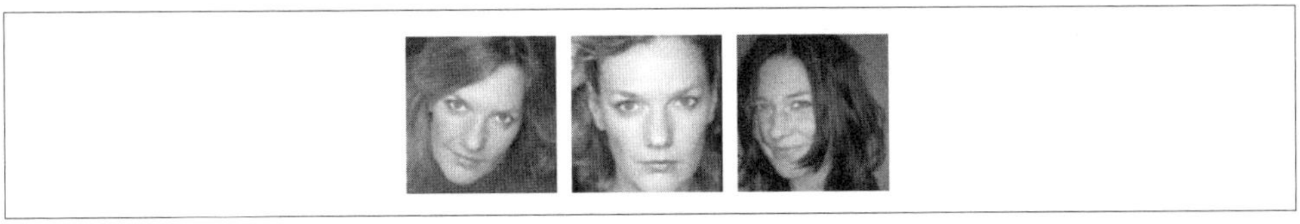

Abbildung 16-11: Die drei Bilder, nun zugeschnitten auf 100 x 100 Pixel

Wir nutzen dabei die Möglichkeit von TYPO3, nicht nur die Größe eines Bilds anzugeben, sondern auch festzulegen, dass das Bild auf eine bestimmte Größe beschnitten wird. Dies verhindert, dass das Bild verzerrt wird.

```
lib.bild = IMAGE
lib.bild.file = dasbild.gif
lib.bild.width = 100c
```

Für die Eigenschaften `width` und `height` ist neben der Angabe der Pixel auch noch eine Verarbeitungsanweisung `m` oder `c` erlaubt. Wenn Sie an die Angabe ein `m` anhängen, bleiben die Proportionen des Bilds erhalten, `width` und `height` werden als maximale Werte interpretiert. Das erzeugt ein Bild, das in die definierte Höhe und Breite passt. Dadurch entstehen dann Lücken zwischen den Bildern. Mit der Option `c` aktivieren Sie das Cropping (Beschneiden). Das Bild wird zuerst so skaliert, dass es nur noch in der Höhe oder Breite größer als `width` und `height` ist. Anschließend wird der überstehende Teil abgeschnitten. Sie können dabei noch mit einem prozentualen Wert einstellen, ob das Bild zentriert oder zum Rand verschoben wird, bevor es abgeschnitten wird.

```
lib.bild.width = 100c-50
```

Das Bild wird um 50% nach links verschoben, bevor es beschnitten wird. Mit dem folgenden Code fügen Sie an die Bilddefinition ein `c` an. Die Bilder werden ab sofort automatisch beschnitten.

Beispiel 16-3: Anpassen der Breiten- und Höhenangaben

```
tt_content.image.20 {
    equalH >
    1.file {
        width {
            append = TEXT
            append.value = c
        }
        height {
            append = TEXT
            append.value = c
            field = imageheight
        }
    }
}
```

In diesem Beispiel wird die Default-Konfiguration für das Bildobjekt angepasst. Die Option `equalH` muss gelöscht werden, da sonst die Einstellungen für Breite und Höhe überschrieben werden. Bei der Eigenschaft `height` muss festgelegt werden, dass diese den Inhalt des Felds `imageheight` bekommt. Zusätzlich wird sowohl an die Höhe als auch an die Breite das `c` für das Beschneiden angehängt.

Bildelemente, deren Bilder beschnitten werden sollen, auswählen

Jetzt haben wir dafür gesorgt, dass jedes Bild entsprechend beschnitten wird. In der Regel benötigen wir dieses Feature aber nicht für die gesamte Webseite, sondern nur für ausgewählte Elemente. Wir erweitern das Auswahlfeld *Effekte* um den zusätzlichen Eintrag *Beschneiden* (Abbildung 16-12). Wenn der Redakteur diesen auswählt, sollen die obigen Änderungen angewendet werden, andernfalls soll sich das Bildelement wie gewohnt verhalten.

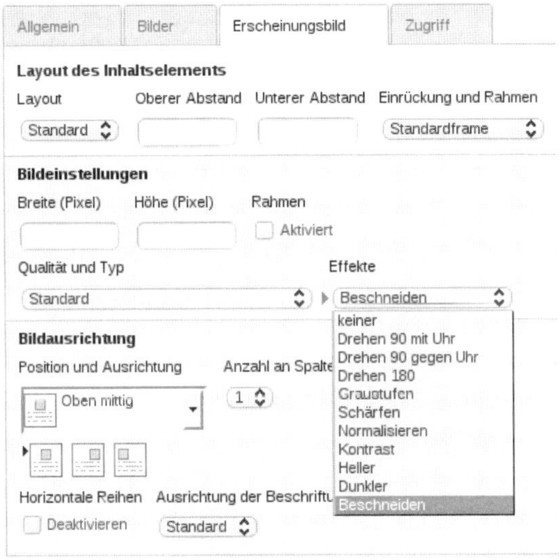

Abbildung 16-12: Auswahl des neuen Effekts Beschneiden

Damit wir die Option auswählen können, müssen wir das Feld um einen entsprechenden Beitrag erweitern. Fügen Sie im Seiten/Page-TSconfig Ihrer Startseite folgende Zeile hinzu:

```
TCEFORM.tt_content.image_effects.addItems.30 = Beschneiden
```

Die Zahl 30 hat keine wirkliche Bedeutung – einzig wichtig ist, dass sie noch nicht verwendet wird. Sie sollten also die vorhandenen Werte von `image_effects` überprüfen.

Für die Auswertung benötigen Sie nun eine Fallunterscheidung. Dafür verwenden Sie das `CASE`-Objekt. So haben wir später die Möglichkeit, noch weitere Fälle mit einzubringen. Im ersten Schritt kopieren Sie die Definition für das Bildelement in ein temporäres Objekt `temp.image`. Dann löschen Sie das alte Bildobjekt und setzen an die Stelle ein `CASE`-Objekt für die Fallunterscheidung. Als Schlüssel (`key`) für die Fallunterscheidung ziehen Sie nun das Feld `image_effects` heran. Mit `default` und `30` sind jetzt zwei mögliche Fälle definiert, `default` steht hier für alle Fälle, die nicht definiert wurden. Dort kopieren Sie das temporäre Image-Objekt hinein. Wenn `image_effects` einen anderen Wert als `30` enthält, also nicht *Beschneiden* ausgewählt ist, verhält sich das Element wie gewohnt. Wurde dagegen *Beschneiden* gewählt, wird der von uns geänderte Code ausgeführt, und die Bilder werden zugeschnitten.

Beispiel 16-4: Bildzuschnitt nur für den entsprechenden Bildeffekt aktivieren

```
temp.image < tt_content.image.20
tt_content.image.20 >
tt_content.image.20 = CASE
tt_content.image.20 {
    key.field = image_effects
    default < temp.image
    30 < temp.image
    30 {
        equalH >
        1.file {
            width {
                append = TEXT
                append.value = c
            }
            height {
                append = TEXT
                append.value = c
                field = imageheight
            }
        }
    }
}
```

Diese Konfiguration hat den Nachteil, dass Sie jetzt gleichzeitig keine anderen Effekte mehr anwenden können. Dafür könnten Sie einen zweiten Fall definieren – z.B. *Graustufen und Beschneiden* – und diesen entsprechend implementieren, oder aber Sie nehmen z.B. den Rahmen `section_frame`. Basierend auf dieser Vorlage, sollte das jetzt schnell gelöst werden können. Dem `section_frame` wird via Seiten/Page-TSconfig ein neuer Eintrag hinzugefügt, und der Key des `CASE`-Objekts wird entsprechend auf `section_frame` geändert.

Lupen und andere Symbole in Bilder integrieren

Die Möglichkeiten der Bildmanipulation in TYPO3 sind sehr mächtig. Unter anderem gibt es Funktionen wie das *Klick-Vergrößern*, mit dem Redakteure Bilder einpflegen können, die auf Mausklick vergrößert werden.

So einfach diese Funktion auch anwendbar ist, so problematisch ist allerdings ihr Erscheinungsbild auf der Website selbst: Der Besucher kann auf den ersten Blick nicht zwischen Klick-vergrößerten, verlinkten und normalen Bildern unterscheiden. Hier wäre es einfacher, wenn der Besucher z.B. anhand eines zusätzlichen Icons direkt erkennen könnte, dass das Bild eine Funktion besitzt. Ebenso verhält es sich mit der einfachen Funktion *Verweis* zur Verlinkung von Bildern.

Eine Lupe als Symbol für Klick-vergrößerte Bilder (Abbildung 16-13) und eine Art Pfeil für *Verweise* (Abbildung 16-14) eignen sich gut, um dem Besucher einen visuellen Hinweis zu bieten.

Abbildung 16-13: Die Lupe als Vergrößerungshinweis

Abbildung 16-14: Der Pfeil als Hinweis auf einen Verweis

Diese Icons jedes Mal über eine Bildbearbeitungssoftware wie Photoshop in das gewünschte Bild zu integrieren, ist recht aufwendig. Zudem würde speziell das Lupensymbol auch erscheinen, wenn die vergrößerte Ansicht des Bilds aufgerufen wird – schließlich handelt es sich bei Vorschau und Vergrößerung um die gleiche Bildressource.

Die Lösung für diese Problematik liefert TypoScript kombiniert mit JavaScript und etwas CSS. Im *Setup* Ihres Templates tragen Sie den Code aus Beispiel 16-5 ein, um den `stdWrap` des Inhaltstyps *Bild* – der ebenso in *Text mit Bild* verwendet wird – zu erweitern:

Beispiel 16-5: Inhaltselement IMAGE erweitern

```
tt_content.image.20 {
    1 {
        stdWrap.innerWrap (
            |<a href="#" class="linkedImage"
                onclick="openLinkedImage(this); return false;">
            <img src="fileadmin/template/img/icons/pfeil.gif" alt=""
            title="Klicken, um den Link zu &ouml;ffnen" /></a>
        )
        stdWrap.innerWrap {
            if.isTrue.field = image_link
        }
```

Beispiel 16-5: Inhaltselement IMAGE erweitern (Fortsetzung)

```
        stdWrap.innerWrap2 (
            |<a href="#" class="linkedImage"
                onclick="openClickEnlarge(this); return false;">
            <img src="fileadmin/template/img/icons/lupe.gif" alt=""
            title="Klicken, um Bild zu vergr&ouml;&szlig;ern" /></a>
        )
        stdWrap.innerWrap2 {
            if.isTrue.field = image_zoom
            if.isFalse.field = image_link
        }
    }
}
```

TYPO3 speichert die Bildoptionen unter der Bezeichnung `image_zoom` für *Klick-Vergrößern* und `image_link` für *Verweis* ab. Für beide Zustände wird nun das gewünschte Verhalten definiert, dies geschieht mit den `stdWrap`-Subfunktionen `innerWrap` und `innerWrap2`. Hiermit wird hinter dem eigentlichen Link für die *Klick-Vergrößern-* bzw. *Verweis*-Funktion ein weiterer Link eingefügt, der mit der notwendigen JavaScript-Funktion versehen ist und das zugehörige Icon enthält – eben die Lupe bzw. den Pfeil als visuellen Hinweis.

Die verwendeten `if`-Bedingungen sorgen dafür, dass dies nur dann geschieht, wenn tatsächlich die jeweilige Bildeigenschaft vom Redakteur aktiviert wurde.

Eine Besonderheit stellt die zweite `if`-Bedingung dar: Da die Unterfunktionen `innerWrap2` und `innerWrap` nacheinander ausgeführt werden und sich nicht gegenseitig aufheben, werden beide Grafiken angezeigt, wenn beide Bildeinstellungen in dem Inhaltselement aktiviert sind. Die `if`-Bedingung `if.isFalse.field = image_link` sorgt dafür, dass die Bildverlinkung sozusagen Vorrang vor der Klick-Vergrößerung hat – die Anzeige beider Hinweisgrafiken wird damit ausgeschlossen.

TYPO3 zeichnet verlinkte Bilder nun grafisch mit dem gewünschten Icon aus. Damit aber auch die ursprüngliche Aktion bei Klick auf die Lupe oder den Pfeil ausgelöst wird, bedarf es der JavaScript-Funktionen `openClickEnlarge` für die *Klick-Vergrößerung* (Beispiel 16-6) und `openLinkedImage` für *Verweise* (Beispiel 16-7).

Beispiel 16-6: JavaScript-Funktion openClickEnlarge( )

```
function openClickEnlarge(el) {
    el.parentNode.getElementsByTagName('a')[0].onclick();
}
```

Beispiel 16-7: JavaScript-Funktion openLinkedImage( )

```
function openLinkedImage(el) {
    url = el.parentNode.getElementsByTagName('a')[0].getAttribute('href');
    target = el.parentNode.getElementsByTagName('a')[0].getAttribute('target');
    switch (target) {
        case '_top':
```

Beispiel 16-7: JavaScript-Funktion openLinkedImage( ) (Fortsetzung)

```
            document.location.href = url;
        break;
        case '_blank':
            window.open(url);
        break;
    }
}
```

Beide Funktionen nutzen den Originallink des Bilds, um die gewünschte Aktion auszuführen. Da das *Klick-Vergrößern* von Hause aus mit JavaScript gesteuert wird, führt die Funktion `openClickEnlarge` nur das ursprüngliche JavaScript aus.

Anders sieht es bei `openLinkedImage` aus, hier existiert ein reiner HTML-Link im zugehörigen Bild. Die Attribute `href` (Zielseite) und `target` (Zielfenster) werden ausgelesen, und anhand des Zielfensters entscheidet sich, ob der Link im gleichen oder in einem neuen Browserfenster aufgerufen wird.

Zum Abschluss muss noch ein kleiner Schönheitsfehler korrigiert werden: Der neu eingefügte Link liegt im HTML-Quellcode hinter der ursprünglichen Verlinkung, das jeweilige Icon wird dadurch unterhalb des Bilds angezeigt. Um einen »runden« Eindruck zu erzielen, sollte per CSS die Anordnung korrigiert werden. Dazu ist in Beispiel 16-5 in Zeile 4 bzw. 12 dem Link eine CSS-Klasse zugewiesen worden, die mit dem Code aus Beispiel 16-8 die Hinweisgrafik samt Link in der rechten Bildecke platziert – das Ergebnis können Sie in Abbildung 16-13 und Abbildung 16-14 sehen.

Beispiel 16-8: CSS-Formatierung

```
.linkedImage {
    display: block;
    height: 16px;
    margin: -20px 5px 10px 0;
    text-align: right;
}
```

Frontend Editing nutzen

Vielen Redakteuren ist das Anlegen von Inhalten über das Backend eine zu abstrakte Vorgehensweise, fehlt hier doch der Bezug zum Layout und somit auch zum Arrangement der Inhaltselemente. TYPO3 bietet daher mit dem sogenannten *Frontend Editing* ein viel geschätztes Konzept, um Inhalte direkt auf der Website eingeben und bearbeiten zu können.

Wie in Abbildung 16-15 zu sehen, erscheint bei aktiviertem Frontend Editing für jedes Inhaltselement ein Bearbeitungssymbol in Form eines Stifts. Ein Mausklick auf den Stift öffnet ein Pop-up-Fenster mit der für das jeweilige Inhaltselement bekannten Eingabemaske.

Abbildung 16-15: Das aktivierte Frontend Editing

Mit dem Frontend Editing erhält der Redakteur ein Werkzeug, um schnell und unkompliziert Inhalte zu bearbeiten – alles im fertigen Layout der Website.

Das Frontend Editing – ein Bestandteil des Admin-Panel

Das Frontend Editing ist eigentlich keine losgelöste Funktionalität, sondern Bestandteil eines weitaus mächtigeren Werkzeugs, des *Admin-Panel*. Das Admin-Panel steht in erster Linie für den Administrator bereit und bietet eine Vielzahl an Informations- und Manipulationsmöglichkeiten für die Website. Es wird per TypoScript aktiviert, dazu reicht die folgende Anweisung im *Setup* Ihres Main-Templates:

```
config.admPanel = 1
```

TYPO3 blendet nun automatisch das Panel am unteren Rand einer jeden Seite ein (Abbildung 16-16). Hierdurch wird allerdings der TYPO3-Cache für den angemeldeten Backend-(BE-)Benutzer deaktiviert, was gegebenenfalls zu einem langsameren Seitenaufbau führen kann, da jede Seite nun beim Aufruf erst zusammengestellt wird. Für normale Besucher Ihrer Website ändert sich hingegen nichts.

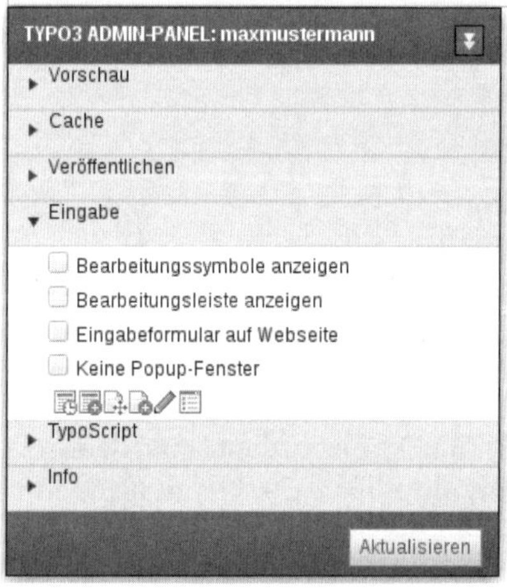

Abbildung 16-16: Das Admin-Panel für Administratoren

Da das Admin-Panel in erster Linie für den Administrator gedacht ist, müssen die zu aktivierenden Optionspaletten des Admin-Panel für Redakteure noch zusätzlich über einen

Eintrag im *TSconfig* des BE-Benutzers oder einer BE-Benutzergruppe freigeschaltet werden (Beispiel 16-9). Nutzen Sie am besten eine Gruppe, damit Ihre Einstellungen für jedes Gruppenmitglied gelten.

> Damit Sie das Frontend Editing verwenden können, müssen Sie die Systemerweiterung feedit installieren.

Beispiel 16-9: Freigabe der Optionspalette Eingabe des Admin-Panel für Redakteure im TSconfig des BE-Benutzers oder der BE-Gruppe

```
admPanel {
    enable.edit = 1
}
```

Für Redakteure ist vor allem die Optionspalette *Eingabe* des Admin-Panel interessant. Damit stehen ihnen die Möglichkeiten des Frontend Editing zur Verfügung (Abbildung 16-17). Bei Administratoren ist grundsätzlich immer der Zugriff auf alle Paletten aktiviert.

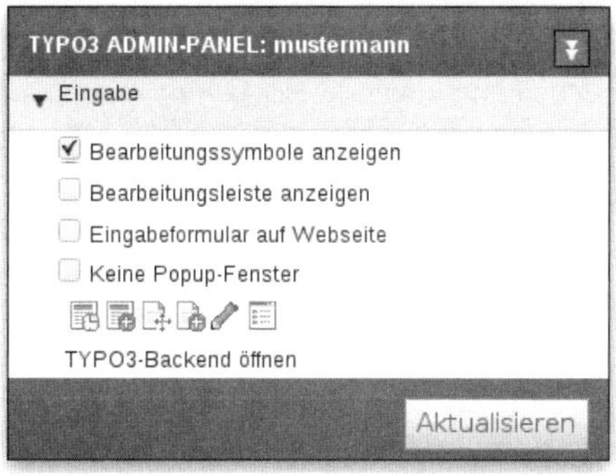

Abbildung 16-17: Das eingeschränkte Admin-Panel für Redakteure

Der Redakteur erhält vier Optionen unter *Eingabe*, wie in Abbildung 16-17 zu sehen:

Bearbeitungssymbole anzeigen
: Hiermit werden die Bearbeitungsstifte, auch Feld-Icons genannt, direkt hinter den verschiedenen Bausteinen eines Inhalts – wie beispielsweise Überschrift und Text – aktiviert, wodurch eine direkte Bearbeitung der Felder möglich ist.

Bearbeitungsleiste anzeigen
: Hiermit kann unterhalb der Inhalte eine zusätzliche Leiste mit weiteren Bearbeitungsmöglichkeiten eingeblendet werden (Abbildung 16-18).

  Im Gegensatz zum normalen Feld-Icon wird über die Leiste die Eingabemaske für das gesamte Inhaltselement aufgerufen. Auch kann über die Leiste der Inhalt nach oben oder unten verschoben und gelöscht werden. Dazu können neue Inhalte eingefügt werden.

Eingabeformular auf Webseite
Wird diese Option aktiviert, öffnet sich die Eingabemaske direkt auf der Seite – dies gilt allerdings nur für die Bearbeitungsleiste, nicht für die einfachen Stifte.

Keine Popup-Fenster
Diese Option bezieht sich wiederum nur auf die Bearbeitungsstifte und nicht auf die Leiste. Einmal aktiviert, öffnet sich die Eingabemaske nicht mehr im Pop-up, sondern direkt in der Seite.

Der Administrator sieht zusätzlich die Optionspaletten *Vorschau*, *Cache*, *Veröffentlichen*, *TypoScript* und *Info*.

Die beiden letzten Paletten *TypoScript* und *Info* können den TYPO3-Entwickler mit wichtigen Informationen versorgen, sind aber für die tägliche Arbeit weniger relevant. Ähnlich verhält es sich mit der Palette *Veröffentlichen*: Mit dieser ist es möglich, die TYPO3-Seiten in statische HTML-Seiten zu exportieren.

Über die Palette *Cache* kann der TYPO3-Seiten-Cache beeinflusst werden, er kann hier gelöscht oder grundsätzlich deaktiviert werden.

> Gehen Sie mit den Funktionen dieser Optionspalette sorgsam um, da das Löschen des Caches den Webserver für eine gewisse Zeit stark beansprucht. Diese Palette sollten Sie – wenn überhaupt – nur erfahrenen TYPO3-Benutzern zur Verfügung stellen.

Nicht nur für den Administrator interessant ist hingegen die Palette *Vorschau*. Mit *Vorschau* ist es möglich, ausgeblendete Inhalte oder Seiten anzeigen zu lassen, einen Zeitpunkt zu simulieren, um zeitgesteuerte Inhalte sichtbar zu machen, oder Gleiches für eine Frontend-Benutzergruppe zu ermöglichen.

Konfiguration des Admin-Panel

Das Frontend Editing ist selbst mit den Default-Einstellungen ohne Weiteres nutzbar. Durch die Konfiguration des Admin-Panel in den Benutzer- oder Gruppeneinstellungen sind individuelle Ausführungen realisierbar. Oft ist das Einblenden des Admin-Panel für den Redakteur gar nicht notwendig, allein die Funktionen des Frontend Editing sind wichtig:

Beispiel 16-10: Das Frontend Editing als »Extrakt« des Admin-Panel

```
admPanel {
    # Aktivieren der Optionspalette Eingabe
    enable.edit = 1
    # Bearbeitungsleiste einblenden
    override.edit.displayIcons = 1
```

Beispiel 16-10: Das Frontend Editing als »Extrakt« des Admin-Panel (Fortsetzung)

```
    # Bearbeitungsstifte ausblenden
    override.edit.displayFieldIcons = 0
    # Ausblenden des Admin-Panel
    hide = 1
}
```

Ob Ihre Redakteure die Feldstifte und die Feldleiste benötigen, hängt auch stark von den persönlichen Vorlieben ab. In Beispiel 16-10 sind die Stifte nicht aktiviert (Zeile 7), mit aktivierten Stiften sähe das Frontend Editing wie in Abbildung 16-18 gezeigt aus.

Abbildung 16-18: Reduzierung des Admin-Panel auf das Frontend Editing

Eine oft benötigte Variante besteht darin, das Admin-Panel mit den beiden Paletten *Eingabe* und *Vorschau* zu aktivieren. Dem Redakteur steht somit frei, die verschiedenen Bearbeitungsmodi des Frontend Editing einzublenden, zusätzlich stehen ihm die Möglichkeiten der *Vorschau*-Palette zur Verfügung.

Beispiel 16-11: Erweitertes Frontend Editing: die Eingabe- und Vorschau-Palette

```
admPanel {
    # Aktivieren der Optionspalette Eingabe
    enable.edit = 1
    # Aktivieren der Optionspalette Vorschau
    enable.preview = 1
}
```

Die Bearbeitungsleiste feintunen

Bisher haben die verschiedenen Beispiele die Anzeige des Admin-Panel an sich behandelt. Allerdings kann die Ansicht der Bearbeitungsleiste des Frontend Editing per TypoScript noch detaillierter eingestellt werden. Standardmäßig werden dem Redakteur nur Funktionen angeboten, die sich auf die Inhalte der aktuellen Seite auswirken. Dabei kann auch Einfluss auf die Seite und den Seitenbaum genommen werden.

Das TypoScript-Objekt `editPanel` ist hierfür verantwortlich. Dieses Objekt lässt sich an jede vorhandene `stdWrap`-Funktion anfügen und kann für die verschiedenen Datensätze – wie *Seite* oder *Seiteninhalt* – separat konfiguriert werden. Für TYPO3-Inhalte kann die Konfiguration wie in Beispiel 16-12 aussehen:

Beispiel 16-12: editPanel-Einstellungen für TYPO3-Inhaltselemente

```
tt_content {
    stdWrap {
        editPanel {
            # Aktivieren folgender Funktionen
            allow = new,move,edit,hide,delete
            # Titel des Datensatzes, wird über %s eingefügt, wenn vorhanden
            label = Datensatz: <b>%s</b>
            # Eine horizontale Linie nach jeder Leiste einziehen
            line = 5
            # Umrandung um ausgeblendete/zeitgesteuerte Elemente
            previewBorder = 1
        }
    }
}
```

In Zeile 5 können Sie als weitere Funktion noch `toolbar` ergänzen, womit Sie die Bearbeitungsfunktionen für die Seite, das Änderungsprotokoll und das Backend-Modul *Web > Liste* freischalten. Da es sich aber um ein Panel für Inhalte handelt, sollten Sie diese Option ruhig deaktiviert lassen – hierzu weiter unten mehr.

Über `label` (Zeile 7) wird die Überschrift oder der Titel des aktuellen Datensatzes angezeigt. Sie können das Format wie gewünscht anpassen, nur auf den Platzhalter `%s` für den Titel sollten Sie achten. Da nicht jeder Inhalt über einen Titel verfügt, kann es durchaus auch sinnvoll sein, diese Information komplett auszublenden. Ändern Sie dafür die Zeile in `label >`.

Um eine visuelle Abgrenzung der Bearbeitungsleiste auf einer Seite zu gewährleisten, können Sie `line` (Zeile 9) auf einen gewünschten Wert stellen, der den Abstand in Pixel von Panel zu Linie angibt.

Ebenso verfahren Sie mit einer Umrandung um unsichtbare Inhalte, deren Randstärke Sie in Pixel angeben, in Beispiel 16-11 beträgt diese genau ein Pixel (Zeile 11).

Wie erwähnt, eignet sich das Panel für Inhalte nicht grundsätzlich für die Funktionalitäten der `toolbar`. Um aber dennoch Nutzen hieraus ziehen zu können, bietet TYPO3 ein eigenes Panel für Seiten an, das Sie mit einer einzigen Zeile TypoScript aktivieren:

```
page.XY < styles.content.editPanelPage
```

Das `XY` im Beispiel steht für eine beliebige Zahl: Wählen Sie eine möglichst kleine Zahl, um die Bearbeitungsleiste am Anfang, oder eine möglichst große, um das Panel am Ende der Seite erscheinen zu lassen.

Achten Sie darauf, dass Sie mit Ihrer Wahl keinen bereits bestehenden Container des page-Objekts überschreiben.

Die Default-Einstellungen sind meist ausreichend. Möchten Sie dennoch Änderungen vornehmen, können Sie auf `editPanel` wie folgt zugreifen, wobei in Beispiel 16-13 das Ende der Seite als Anzeigeplatz mit der Zahl `9998` markiert wird:

Beispiel 16-13: editPanel-Einstellungen für Seiten

```
page.9998 < styles.content.editPanelPage
page.9998 {
    10 {
        editPanel {
            # Hier folgen Ihre Einstellungen.
        }
    }
}
```

Frontend Editing auf weitere Inhaltstypen anwenden

Auf einer Seite Ihrer Internetpräsenz haben Sie die *News*-Extension als Plug-in eingebunden. Was passiert nun, wenn das Frontend Editing aktiviert ist? Der Redakteur kann die Eingabemaske für das Plug-in aufrufen (falls er dazu die Rechte besitzt), aber er kann nicht die einzelnen News selbst bearbeiten.

Dieser Umstand liegt darin begründet, dass das Plug-in ein »normales« TYPO3-Inhaltselement darstellt, die News-Datensätze aber zur Erweiterung gehören und die zuvor gezeigten Beispiele zur Konfiguration des Frontend Editing die *News*-Extension nicht mit einbeziehen.

Wie eingangs erwähnt, muss das Frontend Editing für jeden Datensatztyp – wie eben die News-Datensätze – einzeln eingestellt werden. Wenn die TYPO3-Erweiterung die `stdWrap`-Funktionalität für die Ausgabe ihrer Inhalte unterstützt, können Sie das TypoScript-Objekt `editPanel` an jedes implementierte `stdWrap` anfügen. Meist hilft ein kurzer Blick in die TypoScript-Referenz der Dokumentation zur eingesetzten Extension, um festzustellen, ob die `stdWrap`-Funktion Anwendung findet.

Beispiel 16-13 aktiviert das Frontend Editing für die Datensätze der *News*-Extension. Dabei wird auf das TypoScript-Objekt `general_stdWrap` zurückgegriffen, das die `stdWrap`-Funktion für die News-Felder *Anreißer*, *Text* und *Links* zur Verfügung stellt.

Sie erkennen an der Namensgebung `general_stdWrap` bereits, dass ein Extension-Programmierer das `stdWrap` auch hinter einem ähnlich lautenden Objektnamen verbergen kann. Aus diesem Grund empfiehlt sich immer der Blick in die Dokumentation.

Beispiel 16-14: Frontend Editing für News-Datensätze aktivieren

```
plugin.tt_news {
    general_stdWrap.editPanel = 1
    general_stdWrap.editPanel {
        allow = new,edit,hide,delete
        label = %s
```

Beispiel 16-14: Frontend Editing für News-Datensätze aktivieren (Fortsetzung)

```
        line = 5
        previewBorder = 1
    }
}
```

Beachten Sie, dass die Funktionen `move` und `toolbar` für News-Datensätze nicht sinnvoll sind bzw. im Fall von `move` erst gar nicht in der Bearbeitungsleiste angezeigt werden, da News-Datensätze über andere Kriterien als die Standard-TYPO3-Sortierreihenfolge angezeigt werden.

Frontend Editing individuell ein- und ausblenden

Wenn das Admin-Panel am unteren Seitenrand eingeblendet wird, können die Feld-Icons und Bearbeitungsleisten des Frontend Editing unter Umständen das Layout der Website in Mitleidenschaft ziehen, da falsche Umbrüche und Layoutversätze entstehen. Bei aktivem Admin-Panel kann das Frontend Editing zwar jederzeit per Mausklick ab- und wieder zugeschaltet werden, das ständige Wechseln zwischen den Modi ist allerdings mühselig. Haben Sie nur das Frontend Editing aktiviert, entfällt diese Option sogar vollständig.

Sehr viel angenehmer ist ein vom Admin-Panel unabhängiger »Ein- und Ausschalter« direkt auf der Seite – gerade für das Szenario des »Nur Frontend Editing« eine deutliche Komfortverbesserung. Einen solchen Schalter können Sie einfach per TypoScript realisieren. Damit der Schalter auch effektiv funktioniert, muss das TypoScript-Beispiel 16-10 wie folgt abgeändert werden:

Beispiel 16-15: Das veränderte Frontend Editing für die Schalter-Funktion

```
admPanel {
    # Aktivieren der Optionspalette Eingabe
    enable.edit = 1
    # Bearbeitungsleiste einblenden
    module.edit.forceDisplayIcons = 1
    # Bearbeitungsstifte ausblenden
    module.edit.forceDisplayFieldIcons = 0
    # Ausblenden des Admin-Panel
    hide = 1
}
```

Im Grunde haben sich in Beispiel 16-15 nur die Zeilen 5 und 7 geändert, anstelle der zuvor benutzten Anweisungen `override.edit.displayIcons` und `override.edit.displayFieldIcons` werden nun die Anweisungen `module.edit.forceDisplayIcons` und `module.edit.forceDisplayFieldIcons` verwendet. Die Auswirkungen der ausgetauschten Anweisungen entsprechen den zuvor benutzten Befehlen, einzig ein Merkmal unterscheidet `displayFieldIcons` von `forceDisplayFieldIcons`: Die zuvor verwendete `override`-Variante erzwingt die Anzeige der Feld-Icons und muss daher an der richtigen Stelle unter `editIcons` im TypoScript für jedes Element einzeln ausgeblendet werden, was sehr mühsam ist. Mit der folgenden Anweisung werden beispielsweise die Feldstifte des Inhaltselements *Überschrift* ausgeblendet:

```
lib.stdheader.stdWrap.editIcons >
```

Aber wo ein Vorteil, da besteht auch meist ein Nachteil, und so sind die beiden in Beispiel 16-15 verwendeten `module.edit`-Anweisungen als *Deprecated* gekennzeichnet. Das bedeutet, dass man diese Befehle eigentlich nicht mehr einsetzen sollte, denn in einer zukünftigen Version von TYPO3 könnten die Anweisungen nicht mehr unterstützt werden. Da aber nicht absehbar ist, wann die Unterstützung für `module.edit` eingestellt wird oder ob es hierfür eine Alternative geben wird, können Sie dennoch beruhigt fortfahren und den Schalter realisieren.

Fügen Sie das TypoScript aus Beispiel 16-16 am einfachsten unter *Setup* Ihres Main-Templates ein, damit diese Konfiguration global zur Verfügung steht:

Beispiel 16-16: Realisierung des Ein- und Ausschalters über Conditions

```
[globalVar = TSFE : beUserLogin > 0]
   page.9999 = TEXT
   page.9999.value = Vorschau-Modus
   page.9999.typolink.parameter.data = TSFE:id
   page.9999.typolink.additionalParams = &preview=1
[else]
   page.9999 >
[end]

[globalVar = GP:preview > 0]
   tt_content.stdWrap.editPanel >
   plugin.tt_news.general_stdWrap.editPanel >
   # Deaktivieren des Frontend Editing für Seiten, siehe Beispiel 5
   page.9998 >
   page.9999 = TEXT
   page.9999.value = Bearbeiten-Modus
   page.9999.typolink.parameter.data = TSFE:id
   page.9999.typolink.additionalParams = &preview=0
[end]
```

In dem Beispiel werden zwei TypoScript-Conditions eingesetzt, um einen Link zur Aktivierung oder Deaktivierung des `editPanel` einzublenden. Über `[globalVar = TSFE : beUserLogin > 0]` wird gewährleistet, dass der nachfolgende Link mit der Bezeichnung *Vorschau-Modus* nur für angemeldete Backend-Benutzer gezeigt wird. Der Link wird in das page-Objekt an der Stelle 9999 eingebunden, was zur Folge hat, dass er am Ende der Seite erscheint. Die gleichen Regeln zur Integration des Links – wie weiter oben bereits aufgezeigt – gelten natürlich auch an dieser Stelle.

In Zeile 4 wird über die `typolink`-Funktion ein Link auf die aktuelle Seite erzeugt und in Zeile 5 mit dem GET-Parameter `preview=1` ergänzt. Über die zweite Conditions `[globalVar = GP:preview > 0]` in Zeile 10 wird genau dieser Parameter wieder abgefragt: Sollte der Wert größer als `0` sein, löschen die Zeilen 11 und 12 die `editPanel`-Konfiguration für TYPO3-Inhalte und News-Datensätze. Abschließend wird der vorhandene Link mit dem Parameter `preview=0` und der Bezeichnung *Bearbeiten-Modus* in die Seite geschrieben.

> Sollten Sie für weitere Datensatztypen anderer Extensions `editPanel`-Konfigurationen angelegt haben, müssen Sie diese ebenfalls berücksichtigen.

Mit diesem Beispiel erhalten Ihre Redakteure eine unkomplizierte und vor allem schnelle Möglichkeit, das Frontend Editing nach eigenen Wünschen aktivieren und deaktivieren zu können.

Interface-Auswahl in der Login-Maske

Die bisherigen Beispiele haben die Detailkonfiguration von Admin-Panel und Frontend Editing besprochen. Für kleine Textkorrekturen ist das Frontend Editing ideal, für umfangreiche Änderungen ist das Backend von TYPO3 besser geeignet. Dem Redakteur kann mit der Login-Maske ein Auswahlfeld angeboten werden, in dem er sich entscheiden kann, ob er im Backend oder im Frontend arbeiten möchte.

Wechseln Sie dafür im Install-Tool zu *5: All Configuration* und scrollen Sie zum Punkt `[interfaces]` unter der Rubrik `EXT`. An dieser Stelle finden Sie normalerweise nur den Eintrag `backend`. TYPO3 zeigt dann die Ihnen bekannte Verhaltensweise: Ein Login führt den Benutzer ins Backend. Anders, wenn Sie den Wert wie folgt ändern:

```
[BE][interfaces] = frontend,backend
```

TYPO3 zeigt nun ein Auswahlfeld in der Login-Maske an (Abbildung 16-19). Dem Benutzer stehen jetzt zwei Möglichkeiten des Logins offen: Entweder er wählt *Backend* und gelangt nach wie vor in das TYPO3-Backend, oder er wählt *Frontend* und wird direkt nach der Anmeldung in das Frontend umgeleitet.

Das Interface, das Sie als Erstes definieren, erscheint auch in der Login-Maske als erster Eintrag, somit melden sich Redakteure mit den oben aufgeführten Einstellungen immer direkt im Frontend an, sollten sie sich nicht explizit für ein Backend-Login entscheiden. Ist nur `frontend` als Wert erlaubt, wird die Auswahl wiederum unterdrückt, und der Benutzer kann nach erfolgreichem Login direkt im Frontend arbeiten.

Trotz der umgehenden Weiterleitung des Redakteurs bei Auswahl von `frontend` ist er ein Backend-Benutzer – bei dieser Install-Tool-Option handelt es sich also tatsächlich nur um eine automatische Weiterleitung, TYPO3 bietet hier keinen neuen Bearbeitungsmodus.

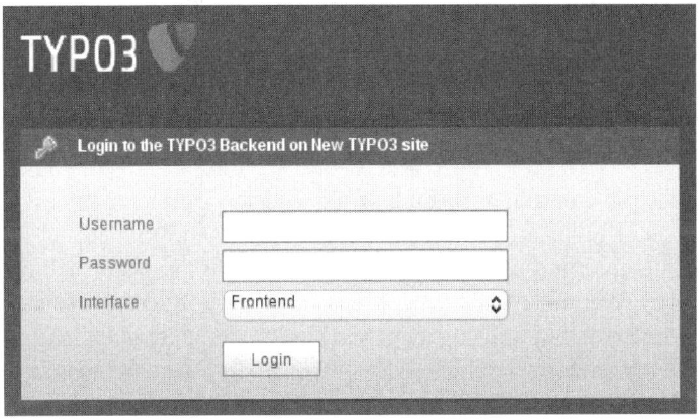

Abbildung 16-19: Auswahl des Interface in der Login-Maske

Dem Benutzer stehen somit alle seine definierten Gruppen- und Benutzerrichtlinien und -einstellungen zur Verfügung. Er kann auch jederzeit über den bekannten Weg ins Backend wechseln, eine erneute Anmeldung an das Backend ist nicht nötig.

Sie sollten Ihre Redakteure deutlich auf diese Tatsache hinweisen, denn nach vollbrachter Arbeit muss der Benutzer zumindest ein einziges Mal in das TYPO3-Backend wechseln, um sich dort systemkonform abzumelden. Unterlässt er den Abmeldevorgang, bleibt er bis zum automatischen Abmelden durch TYPO3 im System eingeloggt und stellt somit ein Sicherheitsrisiko dar, sollten noch andere, unbefugte Anwender seinen Computer mitbenutzen.

Die Zeitspanne zur automatischen Abmeldung von inaktiven Benutzern durch TYPO3 können Sie ebenfalls im Install-Tool unter `[sessionTimeout]` definieren. Dieser Wert sollte möglichst klein gewählt werden und wird in Sekunden angegeben.

Mittel der Suchmaschinenoptimierung in TYPO3

Das Angebot des Internets ist heutzutage erdrückend, und jede neu ins Netz gestellte Website droht in diesem Informationsmeer unterzugehen. Umso wichtiger ist es für den Betreiber einer Internetpräsenz, diese bekannt zu machen. Dazu eignet sich u.a. die Suchmaschinenoptimierung oder *Search Engine Optimization* – kurz SEO. Im Folgenden soll es nicht um eine umfassende Abhandlung zu diesem Thema gehen, vielmehr wird auf die TYPO3-Bordmittel in Bezug auf eine »Grundoptimierung« eingegangen.

Einhaltung von Webstandards

Unter dem Begriff *Webstandards* versammeln sich verschiedenste Auffassungen und Definitionen. Allen gemeinsam ist das Ziel, eine Website nach bestimmten Regeln zu erstellen – Auslegungssache bleibt, wie umfassend diese Regeln anzuwenden sind, da Projektvorgaben oft bereits den Einsatz der Standards einschränken.

Allerdings bildet die konsequente Einhaltung eines »Grundregelsatzes« beim Aufbau einer Website nicht nur das Rückgrat der Suchmaschinenoptimierung, auch der Besucher kann profitieren: Eine auf Webstandards aufbauende Seite hält sich nicht nur an die bestehenden Spezifikationen wie (X)HTML, CSS, RSS, sondern auch an Vorgaben wie die Erzeugung eines validen und zugänglichen Codes, der zudem noch semantisch ausgezeichnet ist und anwenderfreundliche URLs benutzt. Im Idealfall entsteht eine schlanke, strukturiert aufgebaute Website, die eine größtmögliche Zugänglichkeit bietet und benutzerfreundlich ist.

Die auf diese Weise erzeugten Webpräsenzen können von Suchmaschinen qualifizierter erfasst werden, Struktur und Inhalt werden klar voneinander getrennt und Inhalte semantisch bewertet. Als einfaches Beispiel kann hier die Auszeichnung einer Überschrift dienen:

Eine Überschrift, die nur durch größere oder fettere Schrift für den Menschen erkennbar ist, bleibt für eine Suchmaschine »unsichtbar«. Erst durch die Vergabe der richtigen Auszeichnung mit einem `<Hx>`-Tag kann eine Suchmaschine die Überschrift korrekt erfassen.

Optimierungsmöglichkeiten mit TYPO3

Um die eigene Website für Suchmaschinen bzw. deren Such-Robots optimieren zu können, sollte zuerst eine Unterscheidung nach technischen und redaktionellen Gesichtspunkten erfolgen.

Rein technische Ansatzmöglichkeiten sind:

- Standardkonforme HTML-Templates und/oder die Verwendung eines entsprechenden CSS-Frameworks wie YAML für Layout und TYPO3-Erweiterungen.
- Optimierung des Quellcodes und verschiedener Parameter per TypoScript, Verschlanken des TYPO3-Backends für den Redakteur (Kapitel 15) und Konfiguration des RTE (»Den RTE individuell einrichten« auf Seite 490).
- Einsatz der Extension *RealURL* für anwenderfreundliche URLs (»SimulateStaticDocuments und RealURL einsetzen« Seite 543).
- Erstellen einer normalen Sitemap und Einrichten einer Google-Sitemap über eine entsprechende TYPO3-Erweiterung.
- Gebrauch einer *robots.txt*-Datei und der Apache-*RewriteRules* als zusätzliche Maßnahmen.

Redaktionelle Aufgaben können wie folgt zusammengefasst werden:

- Semantisch korrekte Aufbereitung der Inhalte, d.h. richtiges Auszeichnen der verschiedenen Inhaltstypen wie Überschriften, Absätze oder Hervorhebungen.
- Vermeiden von Inhaltsduplikaten (*Duplicated Content*), d.h., Inhalte sollten möglichst nur einmal angelegt sein und nicht mehrfach auf verschiedenen Seiten existieren.
- Einsatz von Querverlinkungen innerhalb der Webpräsenz als Alternative zu identischen Inhalten auf mehreren Seiten.
- Nutzen des `title`-Tags für Verweise, speziell für downloadbare Dateien wie PDFs, und Vergabe von aussagekräftigen Bild- und Dateibezeichnungen inklusive Setzen des `title`-/ALT-Tags oder einer Bildunterschrift.

Unter den aufgelisteten technischen Gesichtspunkten sollen im Folgenden die Punkte »TypoScript-Optimierungen« und »Zusätzliche Maßnahmen« besprochen werden. Informationen zu den Punkten »Optimierungen des Backends und des RTE« und »Einsatz von RealURL« finden Sie in Kapitel 15.

Auf die Einbindung einer Google-Sitemap bzw. das Erstellen einer normalen Sitemap wird nicht weiter eingegangen.

Optimierungen des Quellcodes

Die TypoScript-Beispiele sind teilweise mit Kommentaren versehen, sodass schnell die Funktion der jeweiligen Skriptstelle deutlich wird. Sie können die Skripten in Ihrem Main-Template unter *Setup* einbinden.

Bereinigung des Quellcodes

TYPO3 und verschiedene Extensions schreiben JavaScript-Code und Inline-CSS in den Kopf einer jeden Seite. Die Anweisungen in Zeile 1 und 2 verlagern beides für einen schnelleren Seitenaufruf in je eine externe Datei, die von TYPO3 eingebunden wird. Zeile 3 entfernt vorangestellte HTML-Kommentare von Inhaltselementen, und die vierte Anweisung versucht, den gesamten Quellcode (X)HTML-konform auszugeben:

Beispiel 16-17: Auslagern unnötigen Codes und Unterbinden von HTML-Kommentaren

```
config.removeDefaultJS = external
config.inlineStyle2TempFile = 1
config.disablePrefixComment = 1
config.xhtml_cleaning = all
```

Verschlanken von Inhaltselementen

Weiterer Ballast kann durch Optimierungen verschiedener Inhaltselemente aus dem Quellcode entfernt werden, wie zum Beispiel im Fall von Überschriften (Beispiel 16-18) oder durch Steuerung der Textaufbereitung im RTE (Beispiel 16-19):

Beispiel 16-18: Unnötigen Quelltext aus Überschriften entfernen

```
lib {
    stdheader {
        # Umschließende DIVs entfernen
        stdWrap.dataWrap =
        # CSS-Klasse der ersten Überschrift auf einer Seite entfernen
        3.headerClass =
        3.headerClass.noTrimWrap =
    }
}
```

Beispiel 16-19: Ausgabe des RTE optimieren

```
lib {
    parseFunc_RTE {
        nonTypoTagStdWrap {
            encapsLines {
                # Umschreiben veralteter Tags in den XHTML-Standard
                remapTag.B = STRONG
                remapTag.I = EM
                # <div>-Tags (z.B. per Copy-and-Paste) zu Absätzen wandeln
                remapTag.DIV = P
                # CSS-Klasse "bodytext" aus Absätzen entfernen
                addAttributes.P.class >
            }
            # XHTML-konformes "Remapping"
            HTMLparser.tags {
            b.remap = strong
            i.remap = em
        }
    }
}
```

Ebenso kann für die Rahmenoptionen bei Inhaltselementen der HTML-Code verschlankt werden. Normalerweise wird für jede dieser Optionen ein <div>-Tag vor, nach oder das Element umschließend eingebracht. Gerade aber für die Wahlmöglichkeiten *Linie davor* bzw. *Linie danach* kann viel besser das dafür definierte <hr>-Tag als horizontale Trennlinie verwendet werden. Dieses Tag können Sie auch global per CSS formatieren. Sie benötigen keine zusätzlichen CSS-Klassen wie im Fall des <div>-Containers.

Beispiel 16-20: Setzen des <hr>-Tags für horizontale Linien

```
tt_content {
    stdWrap {
        innerWrap {
            cObject {
                # Linie davor
                5 >
                5 = TEXT
                5.value = <hr id="c{field:uid}" />|
                5.insertData = 1
```

Beispiel 16-20: Setzen des <hr>-Tags für horizontale Linien (Fortsetzung)

```
                # Linie danach
                6 >
                6 = TEXT
                6.value = |<hr id="c{field:uid}" />
                6.insertData = 1
            }
        }
    }
}
```

Gezielte Maßnahmen für Suchmaschinen

Die bisherigen Beispiele verschlanken den von TYPO3 generierten Code, zielen aber nicht direkt auf Suchmaschinen ab. TypoScript bietet allerdings auch Möglichkeiten, die eigene Website mit für Suchmaschinen relevanten Zusatzinformationen auszustatten.

Lesbare Dateinamen bei dynamisch erzeugten Bildern

Von TYPO3 erzeugte Bilder werden mit einem Zufallsnamen gespeichert, was den Informationsgehalt des Bildnamens für eine Suchmaschine auf null reduziert. Sinnvoller ist es, zumindest einen Teil des Originalnamens mit in den temporären Dateinamen einfließen zu lassen, sodass ein Such-Robot auch den Dateinamen verwerten kann.

Beispiel 16-21: Ergänzen des temporären Bildnamens um bis zu 100 Zeichen des Originalnamens der Datei

```
config.meaningfulTempFilePrefix = 100
```

> Mit dieser Einstellung bereiten Sie als Administrator nur die Grundvoraussetzung, der Redakteur ist damit in der Pflicht, auch tatsächlich sinnvolle Bezeichnungen für seine Bilddateien zu vergeben.

Konfiguration von Metaangaben

Metaangaben sind heutzutage nicht mehr so relevant für Suchmaschinen wie noch vor ein paar Jahren, gänzlich auf diese Zusatzinformationen verzichten sollten Sie aber dennoch nicht. Nutzen Sie zumindest die folgenden Metatags – insbesondere sollten Sie mit den Anweisungen `page.meta.keywords.field` und `page.meta.description.field` die Grundlage für Redakteure schaffen, damit sie über die Seiteneigenschaften für jede Seite individuelle Stichwörter und eine prägnante Kurzbeschreibung vergeben können.

Beispiel 16-22: Einstellungen für die Metaangaben im Seitenkopf

```
page.meta {
    robots = all
    copyright = 2011
    content-language = de
```

Beispiel 16-22: Einstellungen für die Metaangaben im Seitenkopf (Fortsetzung)

```
    author = Max Mustermann
    # Stichwörter der Seiteneigenschaften verwenden
    keywords.field = keywords
    # Beschreibung der Seiteneigenschaften verwenden
    description.field = description
    # Textlänge nach 160 Zeichen abschneiden, mehr bleibt meist unberücksichtigt
    description.stdWrap.crop = 160
}
```

Erstellen eines aussagekräftigen Seitentitels

Ein bezeichnender Seitentitel gehört mittlerweile zum guten Ton und kann deutlich zu einer guten Positionierung in Suchmaschinen beitragen. Hierbei sind allerdings einige Faktoren zu beachten:

- Der Titel sollte auf jeder Seite anders sein.
- Der Titel sollte nicht nur einfach den Seitennamen, sondern vielmehr eine Art »beschreibenden Pfad« oder eine Hierarchie wiedergeben.

Als praxistauglich hat sich die Konstruktion des Titels aus folgenden drei Elementen erwiesen:

- Titel der aktuellen Seite.
- Titel des aktuellen Hauptnavigationspunkts.
- Marken- oder Domainname.

In Beispiel 16-23 wird der automatisch von TYPO3 erstellte Seitentitel deaktiviert und stattdessen ein eigener Titel nach den oben genannten Kriterien generiert. Dabei müssen allerdings einige Sonderfälle berücksichtigt werden, denn wenn zum Beispiel die aktuelle Seite auch gleichzeitig Hauptnavigationspunkt ist, muss diese Komponente unter Umständen entfallen.

Beispiel 16-23: Neuformatierung des Seitentitels

```
# Automatisch erzeugten Seitentitel abschalten.
config.noPageTitle = 2

# Erstellen des neuen Titelformats.
page.headerData.5 = COA
page.headerData.5 {
    wrap = <title>|</title
    10 = TEXT
    10 {
        field = subtitle
        ifEmpty.field = title
    }
    20 = TEXT
    20 {
```

Beispiel 16-23: Neuformatierung des Seitentitels (Fortsetzung)

```
        data = leveltitle : 1
        noTrimWrap = | - ||
        # if.isFalse: Wenn die folgenden Bedingungen false zurückgeben,
        # wird der Inhalt von .20 gerendert.
        if.isFalse.cObject = COA
        if.isFalse.cObject {
            # ... wenn Titel gleich dem von Level 1 ist.
            1 = TEXT
            1.value = 1
            1.if {
                value.cObject = TEXT
                value.cObject {
                    field = subtitle
                    ifEmpty.field = title
                }
                equals.data = leveltitle : 1
            }
            # Spezielle Seiten/Systemordner auf Level 1 nicht einbeziehen,
            # wenn aktuelle Seiten-ID gleich 9, 13 und 56 ist.
            2 = TEXT
            2.value = 2
            2.if {
                value.data = leveluid : 1
                IsInList = 9,13,56
            }
        }
    }
    30 = TEXT
    30.value = Marken-/Domainname oder Name der Website
    30.noTrimWrap = | - ||
}

# Auf der Startseite (ID=1) nur den Domainnamen anzeigen
[globalVar= TSFE:id=1]
    page.headerData.5.10 >
    page.headerData.5.20 >
    page.headerData.5.30.noTrimWrap >
[global]
```

Um mehr Flexibilität für die Titelgestaltung zu erhalten, wird unter `.10` zuerst der Subtitel abgefragt. Nur wenn dieser leer sein sollte, greift der Seitentitel. Danach folgt unter `.20` der Hauptnavigationspunkt, in diesem Beispiel auf Level 1 im Seitenbaum. Hier finden sich auch die Ausnahmeregeln in Form verschiedener `if`-Bedingungen wieder.

Sollte der Hauptnavigationspunkt denselben Namen wie die aktuelle Seite aufweisen (1. Abfrage) oder gehört dieser zu einem Pool an Seiten, die aus gewissen Gründen nie mit in den Seitentitel aufgenommen werden sollen (2. Abfrage), wird die Anzeige unterbunden.

Der `if.isFalse`-Container bietet Ihnen den Vorteil, weitere Anweisungen notieren zu können. Somit können Sie in jeder Situation den gewünschten Seitentitel erzeugen. Ebenso ist ein Übertragen der `isFalse`-Bedingungen auf die Skriptstellen `.10` und `.30` möglich, um auch hier Einfluss zu nehmen.

Abschließend wird unter `.30` der Marken-/Domainname oder einfach der Name der Website an den bisherigen Titel angehängt.

Eine weitere Besonderheit findet sich zum Abschluss des Skripts in der Verwendung einer TypoScript-Condition: Auf der Eingangsseite mit der `ID=1` sollen die beiden ersten Bestandteile des Titels deaktiviert werden, ausschließlich der Marken- oder Domainname – ohne den vorangestellten Bindestrich – bleibt bestehen.

Setzen richtiger Fehlercodes

Hat eine Suchmaschine Ihre Seite schon einmal indiziert, kann es bei einem erneuten Besuch zur Ansteuerung nicht mehr vorhandener Seiten kommen. Um diese Seiten automatisch aus dem Index der Suchmaschinen entfernen zu können, bietet TYPO3 über das Install-Tool Möglichkeiten zur Fallbehandlung.

Sie sollten unter dem Menüpunkt *5: All Configuration* folgende Werte setzen, damit TYPO3 bei einer nicht mehr vorhandenen Seite eine Fehlerseite mit dem entsprechenden Fehlercode *404* anzeigt:

Beispiel 16-24: Konfiguration der Fehlerbehandlung

```
pageNotFound_handling = 1
pageNotFound_handling_statheader = HTTP/1.1 404 Not Found
```

Setzen Sie die Erweiterung *RealURL* ein, sollten Sie einen Blick auf das Weblog *TYPO3intervation.de* werfen. Unter *http://typo3.intervation.de/snippets/realurl/fehlermeldung-error-reason/* werden Ihnen ausführlichere Konfigurationsmöglichkeiten aufgezeigt (siehe dazu auch »SimulateStaticDocuments und RealURL einsetzen« auf Seite 543.)

Suchmaschinen ausgrenzen mit der robots.txt

Mittels spezieller Anweisungen in der Textdatei *robots.txt* können Sie festlegen, welche Verzeichnisse Ihrer Website von Suchmaschinen ausgelesen werden dürfen. Auf diese Art können Sie ganz gezielt verhindern, dass Suchmaschinen überflüssige oder unerwünschte Inhalte in ihren Index aufnehmen.

Dieser De-facto-Standard wird von der Mehrheit moderner Such-Robots unterstützt – aber sie können sich auch über diese Anweisungen hinwegsetzen.

Webbrowser ignorieren generell die *robots.txt*, somit ist es nicht möglich, über diese Technik den Zugriff eines Besuchers zu beschränken.

Die *robots.txt* muss unbedingt im Wurzelverzeichnis der Website abgelegt und durchgängig kleingeschrieben werden, um wirksam zu sein. Inhaltlich ist sie aus sogenannten Datensätzen, den *records*, aufgebaut: Für jeden dieser Datensätze geben Sie zuerst an, für welche Suchmaschine (`User-agent`) die nachfolgenden Verbote (`Disallow`) gelten:

Beispiel 16-25: Der Inhalt einer robots.txt

```
# Anweisung für alle Robots
User-agent: *
Disallow: /fileadmin/_temp_/
Disallow: /beispiel.xml

# Spezielle Anweisung für den Robot "SearchRobot"
User-agent: SearchRobot/1.0
Disallow: /fileadmin/template/
```

Der erste Anweisungsblock umfasst alle Suchmaschinen – das Sternchen * dient dabei als Platzhalter. Das Verzeichnis `fileadmin/_temp_/` sowie die XML-Datei `beispiel.xml` sollen nicht ausgelesen und somit auch nicht in den Index einer Suchmaschine aufgenommen werden. Wie Sie im Beispiel sehen, können sowohl ganze Verzeichnisse als auch einzelne Dateien gesperrt werden.

> Achten Sie bei Verzeichnisangaben immer auf den abschließenden Schrägstrich /, da ansonsten auch gleichnamige Dateien mit einbezogen werden.

> Der Platzhalter * ist nur in der Angabe des `User-agent` erlaubt, innerhalb der `Disallow`-Anweisung müssen existierende Verzeichnisse oder Dateien enthalten sein.

Der zweite Block bezieht sich speziell auf den Such-Robot *SearchRobot*: Das Beispiel nimmt an, dass diese Suchmaschine das Verzeichnis `fileadmin/template/` auslesen möchte, worin sich die HTML-Templates für TYPO3 befinden. Die Templates an sich sind aber für eine Suchmaschine nicht relevant, daher der Ausschluss.

> Die Bezeichnung eines Robots können Sie leicht dem Server-Logfile entnehmen, ebenso können Sie hier sehen, welche Verzeichnisse von Suchmaschinen überhaupt angesteuert werden.

Die Rewrite-Engine des Webservers

Wie eingangs erwähnt, sollten die Inhalte auf Ihrer Website nach Möglichkeit nur einmal vorhanden sein. Gleiches gilt auch für die Erreichbarkeit der Inhalte: Ihr Internetangebot sollte nicht unter verschiedenen Domains erreichbar sein, denn dann könnten Suchmaschinen auch von *Duplicated Content* ausgehen und Ihre Website abwerten.

In der Praxis kann diese Richtlinie allerdings nicht immer umgesetzt werden, gerade bei größeren Webauftritten oder bei schwierigen Domainnamen findet sich oft eine Vielzahl an Domains, teils in einer alternativen Schreibweise oder mit Umlauten.

An dieser Stelle setzt die *Rewrite-Engine* des Webservers an, um Ordnung in das Domain-Chaos zu bringen. Die *Rewrite-Engine* (von engl. rewrite = umschreiben und engine = Maschine), die im Apache-Webserver in dem Modul *mod_rewrite* verankert ist, ermöglicht es Ihnen, an den Webserver gestellte Anfragen auf vielfältige Weise zu manipulieren.

Dieses Beispiel geht davon aus, dass der Apache-Webserver mit aktivierter *Rewrite-Engine* Verwendung findet und *.htaccess*-Konfigurationsanweisungen ausgeführt werden dürfen. *.htaccess*-Dateien sind reine Textdateien und können eine Vielzahl unterschiedlicher Serverkonfigurationen für Verzeichnisse beinhalten. Im Gegensatz zu Einträgen in der globalen Konfigurationsdatei *httpd.conf* des Webservers kommen die *.htaccess*-Anweisungen nur ab dem Verzeichnis zum Tragen, in dem die Datei abgelegt wurde.

Durch die Verwendung von sogenannten *RewriteRules* sollen alle Domains und Subdomains auf eine festgelegte Hauptdomain verweisen, und der Suchmaschine soll über einen Fehlercode mitgeteilt werden, dass die aufgerufene URL permanent umgeleitet wird. Die Suchmaschine kann nun die ursprüngliche Adresse durch die »Umleitungs-URL« mit der gewünschten Hauptdomain in ihrem Index ersetzen.

Legen Sie eine *.htaccess*-Datei im Wurzelverzeichnis Ihrer TYPO3-Installation an:

Beispiel 16-26: Domainumleitungen mittels RewriteRules

```
# Umleitung Hauptdomain auf www.hauptdomain.de
RewriteCond %{HTTP_HOST} ^hauptdomain\.de$ [NC]
RewriteRule ^(.*)$ http://www.hauptdomain.de%{REQUEST_URI} [R=301,L]

# Umleitung der Nebendomain1 inklusive möglicher Subdomains
RewriteCond %{HTTP_HOST} nebendomain1\.de$ [NC]
RewriteRule ^(.*)$ http://www.hauptdomain.de%{REQUEST_URI} [R=301,L]

# Umleitung der Nebendomain2 exklusive möglicher Subdomains
RewriteCond %{HTTP_HOST} ^nebendomain2\.de$ [NC]
RewriteRule ^(.*)$ http://www.hauptdomain.de%{REQUEST_URI} [R=301,L]
# Explizite Umleitung der Subdomain www.nebendomain2.de
RewriteCond %{HTTP_HOST} ^www.nebendomain2\.de$ [NC]
RewriteRule ^(.*)$ http://www.hauptdomain.de%{REQUEST_URI} [R=301,L]
```

Jede Umleitungsregel besteht in der ersten Zeile aus einer Bedingung (`RewriteCond`), die zutreffen muss, damit die festgelegte Regel (`RewriteRule`) greifen kann. Über die *RewriteRules* wird auch der Fehlercode für die Suchmaschine übermittelt, erkennbar an dem Code in den eckigen Klammern: `[R=301,L]` = permanente Umleitung.

Beispiel 16-26 führt je eine Regel für die Hauptdomain und die Nebendomain1 sowie zwei für die Nebendomain2 aus. Der Regelsatz lässt sich wie folgt lesen: »Finde die definierte Domain in der aufgerufenen URL und leite die gesamte Anfrage auf die gewünschte Ausgabe um.« Der Aufruf von *http://nebendomain1.de/ueber-uns/kontakt.html* würde somit auf *http://www.hauptdomain.de/ueber-uns/kontakt.html* umgeleitet.

Per Definition soll die Hauptdomain immer über `www.hauptdomain.de` erreichbar sein, daher werden in Zeile 3 alle Aufrufe beginnend mit `hauptdomain` und abschließendem `.de` auf `www.hauptdomain.de` geleitet. Das ^ kennzeichnet also den Beginn der Suchbedingung, während das `$` den Abschluss bildet. Da der Punkt in der Domain für die *RewriteCond* ein Sonderzeichen darstellt, wird dieser mit einem umgekehrten Schrägstrich gesperrt.

Beim Aufruf einer Seite über `www.hauptdomain.de` greift der erste Regelsatz nicht, da mit dem Setzen von ^ explizit alle Zeichen vor `hauptdomain` ausgeschlossen werden. In der Bedingung zur Domain `nebendomain1` in Zeile 7 fehlt hingegen das ^ – hier werden also automatisch alle möglichen Subdomains zu `nebendomain1.de` mit einbezogen.

Der Regelsatz für die Domain `nebendomain2` ist etwas umfangreicher: In Zeile 11 werden zunächst alle Aufrufe an die Domain `nebendomain2` berücksichtigt, nicht aber mögliche Subdomains. Zeile 14 hingegen geht explizit auf die Subdomain `www.nebendomain2.de` ein und leitet um. Weitere Subdomains werden allerdings nicht berücksichtigt.

Hintergrund ist hier die Annahme, dass mit *website.nebendomain2.de* noch eine Subdomain eingerichtet ist, die tatsächlich auf ein weiteres Internetangebot verweist.

Caching-Probleme in den Griff bekommen

Wenn eine Seite das erste Mal aufgerufen wird, muss TYPO3 diese Seite erst erzeugen. Dieser Prozess kann relativ komplex und aufwendig sein. Anstatt also den Prozess bei jedem Besucher erneut anzustoßen, setzt TYPO3 auf einen Zwischenspeicher (Cache). Nach der erfolgreichen Erzeugung einer Seite wird diese gespeichert. Bei der nächsten Anfrage muss die Seite nicht erneut erzeugt, sondern kann direkt aus dem Cache geladen werden. Die Seite wird deutlich schneller ausgeliefert und der Server nicht so stark belastet.

Wenn Sie jetzt den Inhalt einer Seite ändern, indem Sie einen Satz in einem Textelement korrigieren, setzt TYPO3 einen internen Zeitstempel in die Seite, auf der sich das Inhaltselement befindet. Anhand dieses Zeitstempels erkennt TYPO3 dann, dass der zwischengespeicherte Zustand älter ist als die letzte Änderung der Seite. Bei dem nächsten Aufruf der Seite im Frontend löscht TYPO3 den Zwischenspeicher und generiert die Seite neu. Das bedeutet, dass, wenn Sie einen Inhalt ändern, TYPO3 diese Änderung direkt umsetzt – so ist jedenfalls der reguläre Ablauf.

Oftmals scheint sich TYPO3 allerdings anders zu verhalten. Manchmal liegt es an einem zwischengeschalteten Proxy, einer Firewall oder auch an dem Caching-Verhalten des Browsers. In der Regel liegt es aber an der fehlenden Konfiguration von TYPO3.

Verwenden Sie auf mehreren Seiten das *News*-Plug-in, um die letzten aktuellen Nachrichten in der rechten Spalte anzuzeigen, liegen die News-Datensätze in der Regel an einer zentralen Stelle. Bei einer Änderung eines solchen Datensatzes wird nur der Cache von der Seite gelöscht, auf der sich der Datensatz befindet. Der Cache der anderen Seiten wird dagegen nicht gelöscht – Ihre aktuelle Nachricht wird hier noch nicht angezeigt.

Es gibt verschiedene Wege, mit dieser Situation umzugehen.

Cache automatisiert löschen

Sie können über das Seiten/Page-TSconfig bestimmen, dass bei einer Änderung nicht nur der Cache der geänderten Seite, sondern auch der Cache von weiteren Seiten gelöscht wird. Nehmen wir an, Ihr Ordner mit den Datensätzen hat die Seiten-ID 10 und die Datensätze werden, z.B. je nach Kategorie, auf den Seiten 20, 21 und 22 angezeigt. Dann fügen Sie die folgende Zeile in das Seiten/Page-TSconfig Ihres SysOrdners (`ID=10`) ein:

```
TCEMAIN.clearCacheCmd = 20,21,22
```

Dieser Befehl legt fest: Wenn auf dieser Seite 10 etwas geändert wird, soll auch der Cache der Seiten 20, 21 und 22 gelöscht werden.

Diese und noch weitere Informationen finden Sie bei *typo3.org* im Bereich *Core Documentation* unter der Bezeichnung *doc_core_tsconfig*.

Jedes Mal, wenn Sie jetzt eine neue Seite anlegen, auf der ein *News*-Plug-in die letzten aktuellen Nachrichten anzeigen soll, müssen Sie entsprechend den Befehl `TCEMAIN.clearCacheCmd` auf der Seite mit den News-Datensätzen um die Seiten-ID der neu angelegten Seite erweitern.

Extension clearcacheextend

Die Extension *clearcacheextend* ermöglicht erweiterte Angaben für den Befehl `TCEMAIN.clearCacheCmd`. Unter anderem kann sichergestellt werden, dass der Seiten-Cache aller Seiten, auf denen sich ein *News*-Plug-in befindet, gelöscht wird. Wenn Sie anstelle der Seiten-IDs die folgende Codezeile auf der Seite mit den News-Datensätzen eintragen, werden automatisch alle Seiten-Caches, die ein `tt_news`-Plug-in enthalten, gelöscht:

```
TCEMAIN.clearCacheCmd = contains(plugin;tt_news;0)
```

Die `0` legt fest, dass alle Seiten entsprechend überprüft werden sollen. Wenn anstelle der `0` eine Seiten-ID angegeben wird, wird nur der Cache der angegebenen Seite und der Seiten unterhalb der Seite gelöscht. Die Extension bietet noch weitere Möglichkeiten, die Sie dem Manual entnehmen können.

Problematik mit zeitgesteuerten Einträgen

TYPO3 selbst bietet nur die Möglichkeit, Seiten zu einer bestimmten Uhrzeit auszublenden. Bei Datensätzen besteht dagegen standardmäßig lediglich die Möglichkeit, ein bestimmtes Datum zu definieren.

Eine Extension wie z.B. *date2cal* bietet eine komfortable Möglichkeit, aus einem Kalender ein Datum auszuwählen. Dabei wird auch angeboten, bei Datensätzen eine bestimmte Uhrzeit einzugeben.

Allerdings wird die Uhrzeit von TYPO3 nur auf Seitenebene voll berücksichtigt. Wenn eine Seite neu erzeugt wird, weil der Cache gelöscht wurde oder veraltet ist, werden von allen Datensätzen und Seiten sowohl Datum als auch Uhrzeit berücksichtigt. Bei einer bereits im Cache befindlichen Seite wird allerdings nur die eingestellte Start- und Stoppzeit der Seite berücksichtigt. Eine womöglich eingestellte Start- oder Stoppzeit eines Datensatzes auf der Seite wird dann nicht mehr berücksichtigt.

Wenn also ein Inhaltselement um 15.00 Uhr ausgeblendet werden soll, die Seite aber um 14.00 Uhr in den Cache geschrieben wird, bleibt das Inhaltselement sichtbar. In der Voreinstellung bleibt der Seiten-Cache für 24 Stunden erhalten, somit wird das Inhaltselement erst um 14.00 Uhr des Folgetages ausgeblendet.

> Mit der Version 4.6 wird dieses Problem behoben. Dann kann TYPO3 auch die Uhrzeit von Start- und Stoppfeldern in Inhaltselementen bei der Erstellung des Caches berücksichtigen. Es wird auch möglich sein, per TypoScript andere Datensätze zu definieren, die berücksichtigt werden sollen. Weitere Informationen finden Sie unter folgender URL *http://forge.typo3.org/issues/20473*.

Ohne die Extension *date2cal* können Sie in Datensätzen und Inhaltselementen nur ein Datum eingeben. Wenn Sie dann im TypoScript-Setup `cache_clearAtMidnight` setzen, wird der Cache um 0.00 Uhr ungültig, alle Seiten werden also erneut erzeugt. Bei der Neuerzeugung der Seite wird dann das Start- und Stoppdatum berücksichtigt.

```
config.cache_clearAtMidnight = 1
```

Möchten Sie allerdings auf die Möglichkeit, eine bestimmte Zeit einzustellen, nicht verzichten, können Sie das Caching der Seite über die Seiteneigenschaften auf ein ausreichend kurzes Intervall setzen. Setzen Sie die Eigenschaft *Cache verfällt* auf die für Sie akzeptable Zeitspanne. Bei hoher Serverlast ist jede Minute hilfreich, in der die Seite nicht wieder erzeugt werden muss.

Sie können für die gesamte Website die Standardverfallsdauer wie folgt festlegen:

```
# Cache verfällt nach 1200 Sekunden (20 Minuten)
config.cache_period = 1200
```

COA_INT – nicht cachen

Wenn nur bestimmte Bereiche der Seite stets aktuell sein müssen oder nicht gecacht werden dürfen, weil z.B. Benutzerdaten des eingeloggten Frontend-Benutzers ausgegeben werden sollen, müssen Sie das Caching für diese Bereiche verbieten.

Es gibt zwei TypoScript-Objekte, die nicht in den Cache geschrieben werden: COA_INT und USER_INT. Das Objekt COA_INT definiert einen Container, der mit beliebigen Inhalten gefüllt werden darf. Das Objekt USER_INT steht für TYPO3-User-Plug-ins, die nicht gecacht werden dürfen. Üblicherweise sind das z.B. die Ergebnisse einer Suchanfrage oder Benutzerdaten. Wenn eine Seite ein Element enthält, das nicht gecacht wird, wird bei einem Seitenaufruf nur dieser Bereich dynamisch erzeugt – die restlichen Inhalte werden dennoch aus dem Seiten-Cache geladen. Diese Methode ist immer noch deutlich effizienter, als gänzlich auf einen Cache zu verzichten.

```
lib.user = COA_INT
lib.user.10 = TEXT
lib.user.10.data = TSFE:fe_user|user|username
lib.user.10.noTrimWrap = |<p>Hallo |</p>|
```

In diesem kurzen Beispiel wird der gerade eingeloggte Benutzer mit seinem Benutzernamen begrüßt. Würde diese Information gecacht, würde der Benutzername nicht aktualisiert. Die persönliche Anrede wäre nicht möglich. Da die Ausgabe als COA_INT definiert wurde, wird sie stets dynamisch erzeugt, aber der Großteil der auszugebenden Seite kann aus dem Cache geladen werden.

Seite nicht cachen

Mit der Seiteneigenschaft *nicht cachen* schalten Sie den Cache für die betroffene Seite ab. Dadurch muss bei jedem Seitenaufruf die Seite neu erstellt werden. Dieser Prozess ist bei TYPO3 in der Regel sehr aufwendig und erzeugt eine große Serverlast. Die Seite kann daher auch nur sehr langsam ausgeliefert werden. Steigen die Zugriffszahlen, wird auch ein üppig ausgestatteter Server schnell an seine Grenzen gelangen. Sie sollten diesen Zustand wenn möglich vermeiden.

Reload löscht den Seiten-Cache

Bei der Anlage neuer Seiten oder dem Einbinden von Datensätzen kann es wie bereits erläutert vorkommen, dass bei einer Änderung der Cache der betroffenen Seite nicht gelöscht wird. Sie sehen bei späteren Änderungen unter Umständen einen älteren Stand, wenn Sie sich die Seite ansehen. Wenn Sie eine bestimmte Tasten gedrückt halten und dabei die Reload-Funktion des Browsers aufrufen, sendet der Browser einen *No-Cache*-Hinweis mit an den Server:

- Firefox: Umschalt Reload
- Microsoft Internet Explorer: Strg Reload
- Opera: Reload

Diese Funktion kann derzeit weder in Safari noch in Google Chrome verwendet werden.

Dieser Hinweis weist TYPO3 an, die Seite neu zu erzeugen. Allerdings funktioniert die Funktion nur, wenn Sie im Backend eingeloggt sind. Stellen Sie dabei sicher, dass die Domain Ihres Backends exakt mit der Domain, die Sie im Frontend aufgerufen haben, übereinstimmt. Wenn Sie im Backend *www.typo3.org* aufgerufen haben, müssen Sie auch im Frontend *www.typo3.org* aufrufen. Haben Sie stattdessen im Frontend *typo3.org* (ohne *www*) aufgerufen, funktioniert der *No-Cache*-Hinweis bereits nicht mehr.

Eine Browserweiche, die mit einer TypoScript-Condition umgesetzt wurde, führt dazu, dass TYPO3 für jede Bedingung einen eigenen Cache-Eintrag erzeugt. Es gibt dann für den Microsoft Internet Explorer einen anderen Cache-Eintrag als für den Mozilla Firefox. Wenn Sie nun via Reload den Seiten-Cache löschen, wird dieser Cache nur für Ihre Browserversion gelöscht, nicht für alle Browser. In einem solchen Fall müssen Sie dann doch wieder auf die Backend-Funktion *Cache löschen* zurückgreifen.

Die Extension AOE Link Handler nutzen

Die Erweiterung *AOE Link Handler* erweitert den TYPO3-Link-Browser um eine sinnvolle Funktion: Eine entsprechende Konfiguration vorausgesetzt, können Sie jeden gewünschten Datensatz verlinken, beispielsweise sind so direkte Links innerhalb eines Texts auf einen Datensatz des *News*-Systems möglich.

Sie können also die Inhalte von beliebigen Extensions, die normalerweise über ein entsprechendes Plug-in angezeigt werden, auf einfache Art und Weise zugänglich machen: Ihre Redakteure wählen diese wie gewohnt über den TYPO3-Link-Browser aus und müssen sich nicht mit der Konfiguration eines Plug-ins auseinandersetzen – wenn sie dazu überhaupt die Rechte besitzen.

Ein Preset für die Einbindung der *News*-Extension wird mitgeliefert, sodass Sie ohne viel Aufwand direkt starten können. Für die Integration weiterer Erweiterungen lesen Sie die Dokumentation von *AOE Link Handler*, da nachfolgend nur auf die Behandlung der News-Datensätze eingegangen wird.

Installation und Konfiguration

Die Erweiterung können Sie über den Extension Manager laden und aktivieren, die Option *Add Patch (for TYPO3 versions 4 and 4.1) [applyPatch]* können Sie ignorieren.

Um die Voreinstellung für Newsdatensätze nutzen zu können, müssen Sie ein sogenanntes *Static TypoScript Template* einbinden, das das Preset beinhaltet (Abbildung 16-20). Dazu wählen Sie Ihr Startseiten-Template aus und klicken auf *Click here to edit whole template record*. Wechseln Sie zum Register *Enthält* und fügen Sie aus der rechten Liste das Template *link handler (linkhandler)* unter *Statische Templates einschließen (aus Erweiterungen)* ein.

Viele Extensions – wie auch das *News*system – arbeiten mit einer Übersichtsseite, auf der die Datensätze angerissen werden. Per Mausklick wird der gesamte Inhalt auf einer Detailseite präsentiert.

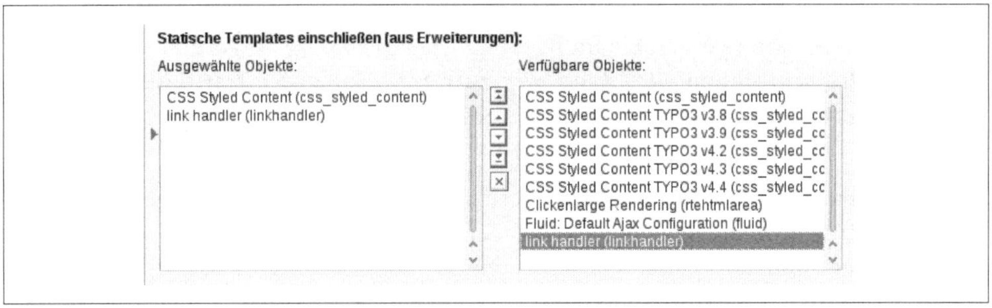

Abbildung 16-20: Auswahl des statischen TypoScript-Templates für den Link Handler

Damit der Link Handler für die Newsdatensätze einwandfrei funktionieren kann, muss die Detailseite der Nachrichten per TypoScript gesetzt werden. Tragen Sie das TypoScript aus Beispiel 16-27 im *Setup* Ihres Startseiten-Templates ein:

Beispiel 16-27: Übertrag der Detailseite des Newssystems auf den Link Handler

```
plugin.tx_linkhandler {
    tt_news.parameter = {$plugin.tt_news.singlePid}
}
```

Beachten Sie, dass anstelle einer Seiten-ID der korrespondierende Constants-Wert der *News*-Extension verwendet wird. Sie sparen sich also eine doppelte Konfiguration und übernehmen einfach die Einstellung des Newssystems!

An dieser Stelle ist die *AOE Link Handler*-Erweiterung auch schon einsetzbar. Ruft ein Redakteur den TYPO3-Link-Browser auf, kann er über das neu hinzugekommene Register *News* bequem einzelne News direkt verlinken (Abbildung 16-21).

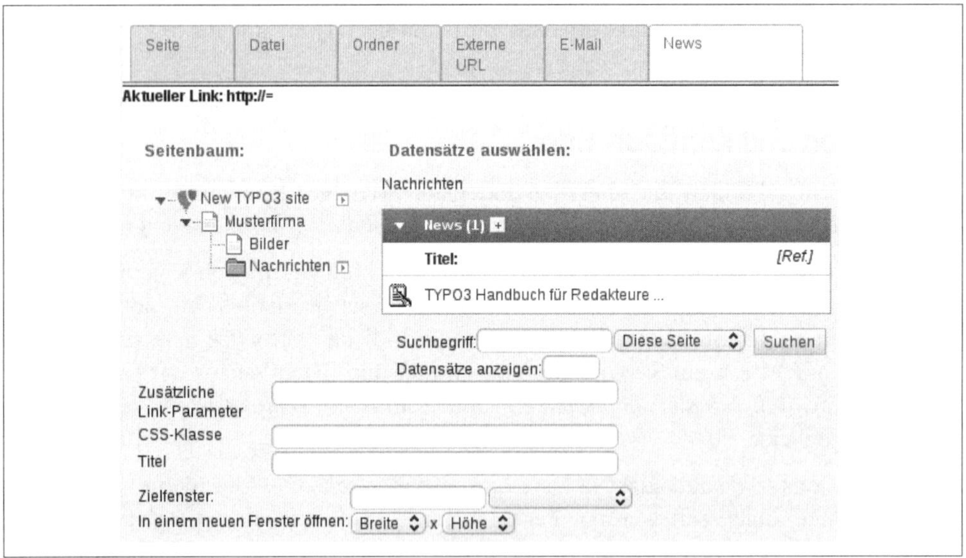

Abbildung 16-21: Der Link-Browser mit den Modifikationen des Link Handler

SimulateStaticDocuments und RealURL einsetzen

TYPO3 erzeugt den gesamten Inhalt einer Website aus der Datenbank heraus, einzelne Seiten existieren nur virtuell, und für die Ausgabe besteht keinerlei Hierarchie. Egal in welcher Ebene im Seitenbaum die Seite zu finden ist, augenscheinlich liegt diese zusammen mit alle Seiten in nur einem einzigen Verzeichnis. Dieses Vorgehen liegt in der ursprünglichen Arbeitsweise von TYPO3 mit Seiten-IDs und Parametern begründet: Der Aufruf der Seite 123 erscheint in der Adresszeile des Browsers als *index.php?id=123*, Seite 1 als *index.php?id=1*. Seiten mit TYPO3-Extensions wie dem *News*system können mitunter eine kryptischere Gestalt annehmen: *index.php?id=125&tx_ttnews[tt_news]=19&tx ttnews[backPid]=124*.

Diese Beispiele haben gemeinsam, dass sie wenig verständlich und somit auch nicht anwenderfreundlich sind, zudem kann diese Formatierung für die Aufnahme in den Index einer Suchmaschine aufgrund der übergebenen Parameter (getrennt durch *?* und *&*) hinderlich sein.

Lösungen für dieses Problem bieten die in TYPO3 integrierte Methode *SimulateStaticDocuments* und die Extension *RealURL*. Beide Konzepte schließen sich allerdings gegenseitig aus.

> Es empfiehlt sich der Einsatz von *RealURL. RealURL ist deutlich flexibler und besser für große und komplexe Seiten geeignet als* SimulateStaticDocuments. Entsprechend ist auch gegebenenfalls der Aufwand für die Konfiguration höher. Wenn feststeht, dass die Webseite nur aus wenigen Seiten bestehen wird und die Flexibilität von RealURL nicht benötigt wird, ist dagegen SimulateStaticDocuments zu empfehlen.

Voraussetzungen für den Einsatz

Bevor Sie *SimulateStaticDocuments* oder *RealURL* einsetzen können, müssen Sie den Webserver selbst entsprechend vorbereiten. Sollten Sie keine Erfahrungen im Umgang mit dem im Zusammenhang mit TYPO3 am häufigsten eingesetzten Webserver Apache haben, können Sie dennoch beruhigt weiterlesen – die Anforderungen beider Lösungen an den Webserver sind wohl in allen Serverumgebungen als De-facto-Standard inbegriffen.

Die *Rewrite-Engine* Ihres Apache-Webservers muss aktiviert sein – zu erkennen am Vorhandensein des Moduls *mod_rewrite*. Weiterhin sollte Ihr Server Konfigurationsanweisungen nach dem Konzept der *.htaccess-Dateien* verarbeiten dürfen. *.htaccess-Dateien* können eine Vielzahl unterschiedlicher Serverkonfigurationen für Verzeichnisse beinhalten. Im Gegensatz zu Einträgen in der globalen Konfigurationsdatei *httpd.conf* des Webservers kommen die *.htaccess-Anweisungen* nur ab dem Verzeichnis zum Tragen, in dem die Datei abgelegt wurde.

Haben Sie sich vergewissert, dass beide Voraussetzungen für Ihren Server zutreffen, können Sie unbesorgt fortfahren.

TYPO3-Bordmittel: SimulateStaticDocuments

Bei der in TYPO3 integrierten Funktionalität zur Adressumschreibung wird die Seiten-ID und der type-Wert für die URL genutzt, die Seite 123 kann der Besucher mit *123.html* oder aber auch mit *123.0.html* aufrufen – wenn der Seitentyp mit einbezogen wird. Vergibt der Redakteur Aliase für Seiten, werden diese anstelle der Seiten-ID genutzt.

Eine weitere Variante besteht darin, immer die ersten x Zeichen des Seitentitels in Verbindung mit dem Seitentyp zu kombinieren, beispielsweise *startseite.0.html*.

Weiterhin ist es möglich, verschiedene Parameter zu verschlüsseln, sodass aus dem einleitenden Adressbeispiel des *News*systems folgende URL werden könnte: *nachricht+M5a247e775d1.html*.

Für den Einsatz müssen Sie zuerst eine einfache Textdatei namens *.htaccess* unter Unix-/Linux-Systemen bzw. *_htaccess* unter Windows im Wurzelverzeichnis der TYPO3-Installation anlegen:

Beispiel 16-28: Die .htaccess-Anweisungen für SimulateStaticDocuments

```
RewriteEngine On
RewriteRule   ^[^/]*\.html$ index.php
```

Die Anweisung gibt vor, dass alle Aufrufe, die mit *.html* enden, von der Datei *index.php* – und somit von TYPO3 – behandelt werden sollen. Im *Setup* Ihres Main-Templates fügen Sie nun folgende Zeilen hinzu:

Beispiel 16-29: Möglichkeiten der SimulateStaticDocuments-Methode

```
# Aktivieren von SimulateStaticDocuments.
config.simulateStaticDocuments = 1

# Ignorieren des Seitentyps, wenn dieser nicht gesetzt ist.
# seite.0.html erscheint als seite.html, seite.1.html bleibt bestehen.
config.simulateStaticDocuments_noTypeIfNoTitle = 1

# Optional: Anstelle der Seiten-ID oder des -Alias immer die ersten 30 Zeichen
# des Titels verwenden, die vorherige Anweisung wird dadurch aufgehoben.
config.simulateStaticDocuments_addTitle = 30

# URL-Parameter verschlüsseln, mögliche Werte: md5 oder base64.
config.simulateStaticDocuments_pEnc = md5
# Auflistung der zu verschlüsselnden Parameter.
config.simulateStaticDocuments_pEnc_onlyP = MP, RDCT, cHash, L, print, type, no_cache,
swords, tx_ttnews[backPid], tx_ttnews[tt_news], tx_ttnews[pS], tx_ttnews[pL], tx_ttnews[arc],
tx_ttnews[cat], tx_ttnews[pointer], tx_ttnews[swords]
```

> Die korrekten Parameterbezeichnungen erhalten Sie über die Adresszeile des Browsers: Sollte TYPO3 oder eine Erweiterung Parameter einsetzen, die noch nicht in Ihrer Liste vorhanden sind, werden diese einfach unverschlüsselt an die URL angehängt und sind somit direkt identifizierbar.

Lösungsweg à la RealURL

Die Extension *RealURL* bereitet die Ausgabe sämtlicher TYPO3-generierter Verlinkungen derart auf, dass eine einprägsame, aussagekräftige Form für Mensch wie auch Maschine entsteht. Dazu werden die verschiedenen Parameter in eine strukturierte und lesbare Form transformiert.

Eine Verlinkung zu einer Nachricht des *News*systems wandelt sich in der *RealURL*-Variante beispielsweise zu *aktuelles/meldung/titel-der-news.html*. Es entsteht ein virtueller Verzeichnispfad und eine grundlegende Hierarchie – man könnte meinen, dass die Seite *titel-der-news.html* im Verzeichnis *aktuelles/meldung/* auf dem Server abgelegt ist.

Da sich *RealURL* am Seitenbaum orientiert, wird dem Besucher auch über die Adresszeile der strukturelle Aufbau Ihrer Website vermittelt. Suchmaschinen können über den virtuellen Pfad den einzelnen Seiten eine Gewichtung zuteilen, die Startseite mit aktuellen Meldungen oder das Impressum auf der ersten Seitenebene wird oft höher bewertet als eine Seite auf der fünften Unterebene.

Um *RealURL* einsetzen zu können, wird wie für *SimulateStaticDocuments* eine *.htaccess*-Datei im Wurzelverzeichnis von TYPO3 benötigt:

Beispiel 16-30: Der Inhalt der .htaccess-Datei für RealURL

```
RewriteEngine On

RewriteRule ^typo3$ - [L]
RewriteRule ^typo3/.*$ - [L]

RewriteCond %{REQUEST_FILENAME} !-f
RewriteCond %{REQUEST_FILENAME} !-d
RewriteCond %{REQUEST_FILENAME} !-l
RewriteRule .* index.php
```

Die *Rewrite-Engine* von Apache wird hiermit angewiesen, die an den Webserver gestellten Anfragen, die nicht zu einer Datei, einem Verzeichnis oder einem symbolischen Link führen, an die Datei *index.php* weiterzureichen, sodass die Adresse in das Format Ihrer *RealURL*-Konfiguration umgeschrieben werden kann.

Sollten Sie sich näher mit der Apache-*Rewrite-Engine* auseinandersetzen wollen, finden Sie einen »Schnelleinstieg« im Anhang der *RealURL*-Dokumentation und natürlich in der Apache-Dokumentation unter *apache.org*.

Installation und Konfiguration

Seit Version 1.4 kann eine automatische Konfiguration für die eigentliche Transformation der URL-Parameter vorgenommen werden. Da die manuelle Methode grundlegende Kenntnisse in PHP und den *RealURL*-Direktiven voraussetzt – sehen Sie hierzu in der mitgelieferten Dokumentation nach –, beschränkt sich diese Anleitung auf die Auto-Konfiguration. In 80 bis 90% aller TYPO3-Websites kann diese *AutoConf* problemlos genutzt werden, nur spezielle oder nicht auf *RealURL* abgestimmte Extensions können hiermit nicht abgedeckt werden. In diesem Fall werden Sie auf die manuelle Konfiguration zurückgreifen müssen.

Weiterhin ist zu beachten, dass *RealURL* die Konfigurationsdatei nur einmalig anlegt. Sollten Sie also im Laufe der Zeit Ihrer Website neue Extensions hinzufügen oder eine zusätzliche Sprache anlegen, muss die Datei */typo3conf/realurl_autoconf.php* gelöscht werden – *RealURL* legt umgehend eine neue, aktualisierte Version an.

RealURL installieren Sie wie gewöhnlich über den Erweiterungs-Manager. Nach der Installation müssen Sie noch grundlegende Einstellungen vornehmen (Abbildung 16-22), die sogenannten *Enable features*:

Path to configuration file [configFile]
: Falls Sie eine selbst erstellte Konfigurationsdatei verwenden, geben Sie hier den Pfad zu Ihrer Datei an, standardmäßig ist */typo3conf/realurl_conf.php* vorgegeben. Eine bestehende Auto-Konfiguration wird ignoriert.

  Lassen Sie diese Einstellung unverändert.

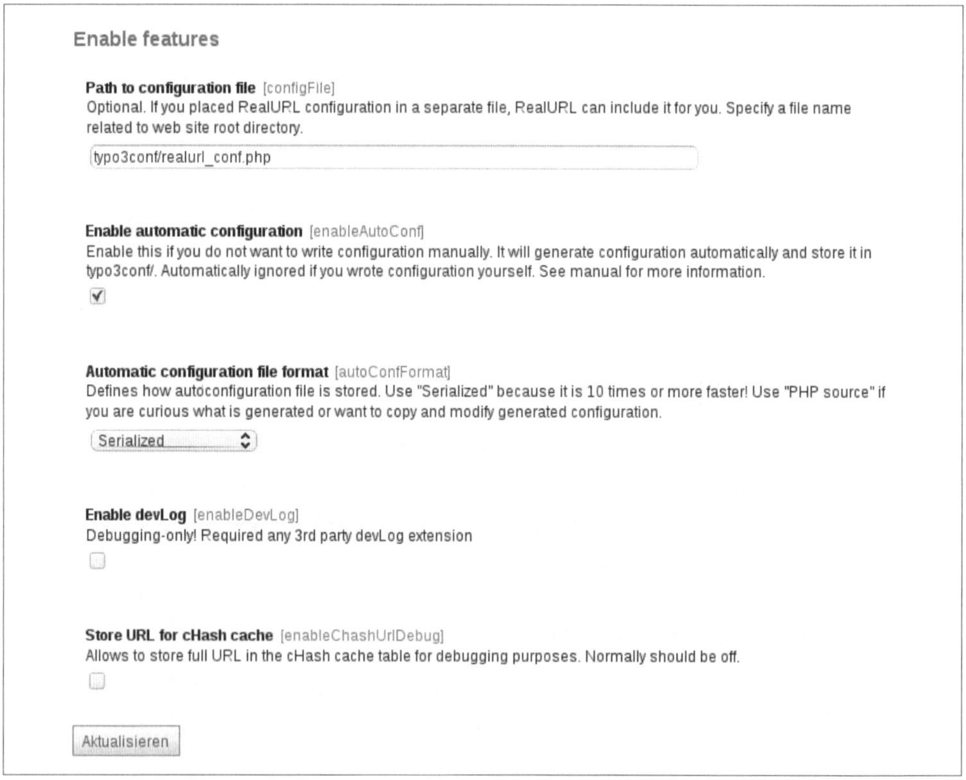

Abbildung 16-22: Die Grundeinstellungen von RealURL

Enable automatic configuration [enableAutoConf]

Anstelle Ihrer eigenen Konfiguration können Sie *RealURL* anweisen, eine automatisierte Konfiguration zu erstellen.

Aktivieren Sie die automatische Konfiguration.

Automatic configuration file format [autoConfFormat]

Hiermit geben Sie vor, ob die automatisch generierte Konfiguration als normale PHP-Datei oder als serialisiertes PHP-Array gespeichert werden soll. Der Unterschied besteht darin, dass Sie die PHP-Datei noch lesen und somit Teile kopieren oder verändern können, während das serialisierte Array quasi nur noch aus einer Zeile besteht. Diese Form kann bis zu zehnmal schneller von TYPO3 verarbeitet werden und sollte somit Verwendung finden.

Belassen Sie das Dateiformat auf serialisiert.

Enable DevLog [enableDevLog]

Diese Einstellung aktiviert das »Entwickler-Log« für die Fehlersuche. Sie benötigen die Dritterweiterung *devLog*, um diese Funktion nutzen zu können. Zudem sollte in einer Produktivumgebung diese Option nicht gesetzt sein.

Vergewissern Sie sich, dass diese Einstellung nicht aktiv ist.

Store URL for cHash cache [enableChashUrlDebug]

Diese Einstellung wird ebenfalls nur für die Fehlersuche aktiviert. In einer Produktivumgebung sollte diese Option nicht gesetzt sein.

Klicken Sie auf den Button *Aktualisieren*, um Ihre Einstellungen dauerhaft zu sichern. Damit wäre die Konfiguration von *RealURL* abgeschlossen. Im Verzeichnis */typo3conf* befindet sich nun die fertige Datei *realurl_autoconf.php*.

Nach der Installation von RealURL müssen Sie TYPO3 mitteilen, dass nun für die Erzeugung von URLs die Erweiterung RealURL verwendet werden soll. Fügen Sie dazu dem *Setup* Ihres Main-Templates folgende Zeilen hinzu:

Beispiel 16-31: Aktivieren von RealURL per TypoScript

```
config.simulateStaticDocuments = 0
config.baseURL = http://www.example.com/
config.prefixLocalAnchors = all
config.tx_realurl_enable = 1
```

In Zeile 1 wird die TYPO3-interne URL-Konfiguration SimulateStaticDocuments deaktiviert, da diese nicht mit *RealURL* kompatibel ist.

Die Zeile 2 setzt das <base>-Tag auf die Domain Ihrer Website. Hierauf beziehen sich alle von *RealURL* erzeugten Verweise, denn die Links im Quelltext der Website besitzen diese »Basisadresse« nicht. Wichtig ist der abschließende Schrägstrich nach dem Domainnamen.

Mit der Anweisung in Zeile 3 werden alle HTML-Anker im Inhalt mit dem aktuellen Pfad versehen, aus <a href="#c1234"> wird <a href="aktueller/beispiel/pfad/#c1234">. Das

Setzen von `prefixLocalAnchors` ist notwendig geworden, da sich alle Links wie auch die Ankerpunkte auf die `baseURL` aus Zeile 2 beziehen: Sollte diese Einstellung nicht gesetzt sein, würde der normalerweise gültige Anker `<a href="#c1234">` vom Browser um die `baseURL` ergänzt, und ein Mausklick würde die nicht existente Adresse *http://www.example.com/#c1234* anstelle von *http://www.example.com/aktueller/beispiel/pfad/#c1234* aufrufen.

Zeile 4 aktiviert abschließend die *RealURL*-Extension.

Fazit

Mit *RealURL* erhalten Sie ein mächtiges Werkzeug, um das Erscheinungsbild sämtlicher TYPO3-Links Ihrer Website aufzuwerten. Sie erhalten anwenderfreundliche URLs, Ihre Besucher und auch Suchmaschinen können hiervon profitieren, das gesamte Erscheinungsbild der Website wird verbessert, und die Grundkonfiguration erledigt sich quasi per Mausklick.

Nutzen Sie allerdings TYPO3-Erweiterungen, die keine Unterstützung für *RealURL* mitliefern, gelangt die automatische Konfiguration an ihre Grenzen, und ein manuelles Feinjustieren wird unumgänglich. Hierzu sind erweiterte Kenntnisse im Umgang mit den *RealURL*-Direktiven notwendig, die erst noch erlernt werden wollen.

Neuerungen in TYPO3-Version 4.5 und Ausblick auf TYPO3-Version 5

Das TYPO3-Entwicklerteam beschloss 2010, zuverlässig alle sechs Monate ein neues TYPO3-Release zu veröffentlichen. Somit kann schneller als bisher auf aktuelle Veränderungen reagiert und Verbesserungen den Benutzern zur Verfügung gestellt werden. Für die Version 4.5 LTS (Long Term Support) wird allerdings ein dreijähriger Support versprochen. Somit besteht für den Benutzer die Möglichkeit, alle drei Jahre auf die jeweilige LTS-Version oder alle sechs Monate auf die aktuellste TYPO3-Version zu wechseln.

Neben dieser organisatorischen Neuerung sind mit der neuen Version 4.5 von TYPO3 ein paar erwähnenswerte Neuerungen und Verbesserungen hinzugekommen, die wir Ihnen hier kurz vorstellen. So wurden die Anordnung und die Benennung der Seiten- und Inhaltselemente überarbeitet und nach inhaltlichen Zusammenhängen angeordnet. Auch wurden zahlreiche Funktionalitäten in System-Extensions ausgelagert und das Workspace-Modul neu implementiert. Alle Änderungen und Auswirkungen werden Ihnen im Weiteren erläutert.

Allgemeine Änderungen

Performance
: Die Verbindung zu Datenbanken auf anderen Servern wurden im Caching-Framework optimiert.

Verbesserter E-Mail-Versand
Die Möglichkeiten, aus TYPO3 heraus E-Mails zu versenden, wurden deutlich verbessert, und es wurde eine einheitliche Programmierschnittstelle definiert. Somit können auch Erweiterungen einfach auf den Versand von TYPO3 zurückgreifen.

Änderungen, die das Backend betreffen

Systemnachrichten
Es ist jetzt einfach möglich, Systemnachrichten zu erzeugen, die dann unterhalb des Login-Fensters angezeigt werden (Abbildung 16-23).

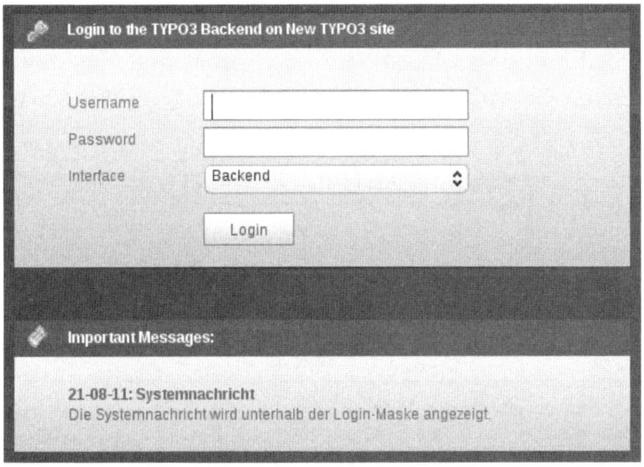

Abbildung 16-23: Systemnachrichten werden unterhalb der Login-Maske angezeigt

Änderungen an den Feldern zum Editieren von Seiten und Inhalten
Die Formulare zum Editieren von Seiten und Inhalten wurden überarbeitet. Einige Felder haben verbesserte Bezeichnungen bekommen, die meisten Felder wurden neu sortiert und nach inhaltlichen Zusammenhängen neu angeordnet.

Tooltipp anstelle des Hilfe-Icons
Das Hilfe-Icon wurde durch einen Tooltipp ersetzt (Abbildung 16-24). Wenn der Mauszeiger einen kurzen Augenblick auf einem Element ruht, wird ein zugehöriger Hilfetext angezeigt.

Workspace
Bestehende Probleme mit der Versionierung wurden behoben, das Interface zum Verwalten der Workspaces wurde komplett neu geschrieben und um die Möglichkeit erweitert, eigene Workflow-Stufen zu definieren.

Linkvalidator
Ein neues Modul zum Validieren von Links auf der Webseite wurde implementiert. Es überprüft sowohl interne als auch externe Links auf ihre Gültigkeit.

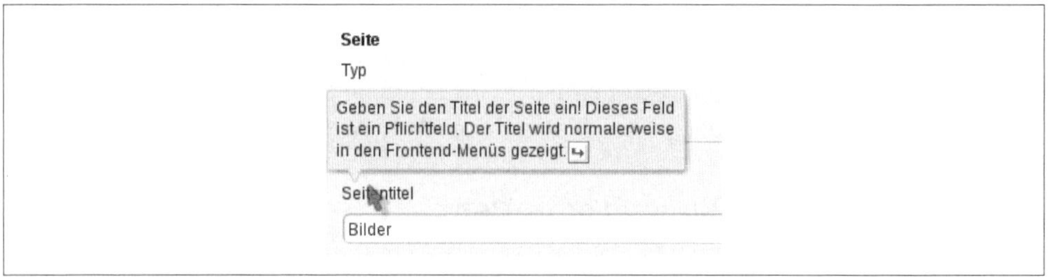

Abbildung 16-24: Die Hilfe-Icons wurden durch Tooltipps ersetzt

Neuer Erweiterungs-Manager

Der Erweiterungs-Manager wurde ebenfalls neu geschrieben und unterstützt die Verwendung von mehreren Repositories. Dieser Extension Manager ist in der Version 4.5 optional und parallel zu dem bisherigen Modul zu verwenden (Abbildung 16-25). Ab Version 4.6 wird der neue Extension Manager den alten gänzlich ersetzen.

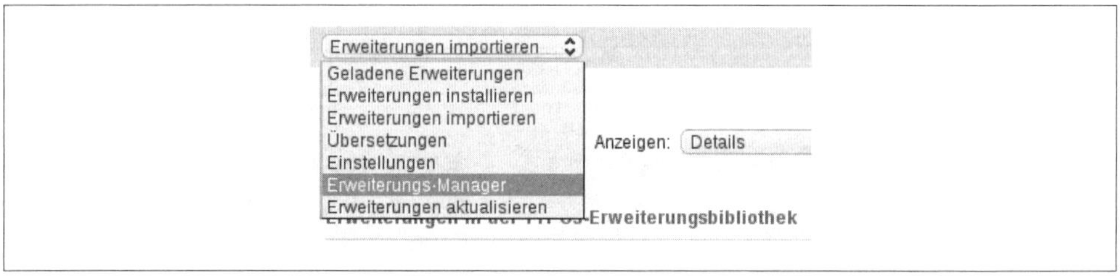

Abbildung 16-25: Der neue Erweiterungs-Manager wird über das Menü des bisherigen aufgerufen

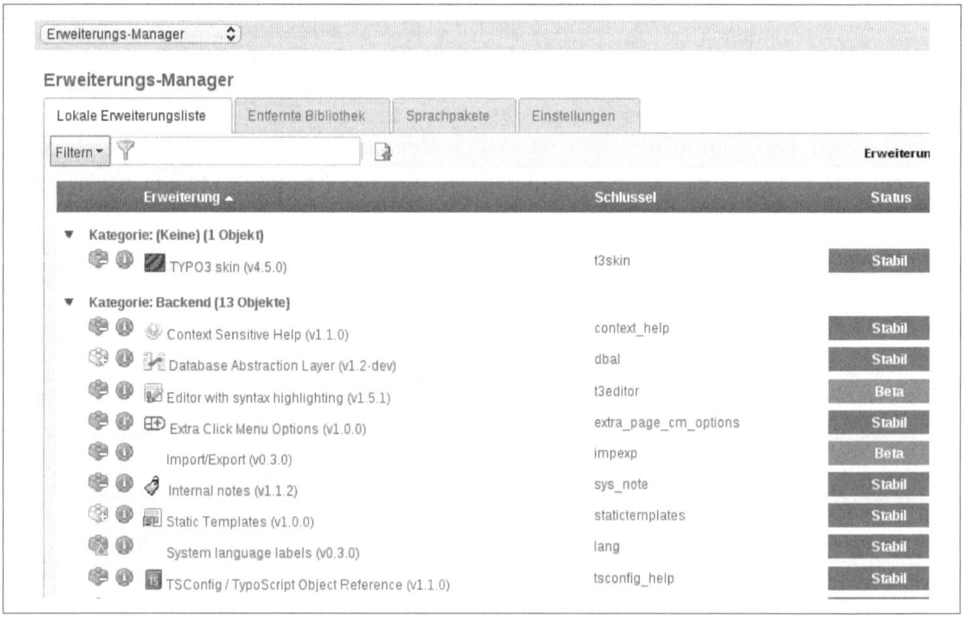

Abbildung 16-26: Der neue Erweiterungs-Manager

Frameset wurde aufgelöst

Das Backend der bisherigen Versionen wurde mit Framesets erstellt. Diese wurden nun durch ein ExtJS Viewport ersetzt. Das erhöht die Flexibilität des Backends und ermöglicht unter anderem, einfache Drag-and-Drop-Funktionalitäten zu implementieren.

Neuer Seitenbaum

Auch der Seitenbaum von TYPO3 wurde neu implementiert, sodass neue Drag-and-Drop-Funktionen möglich sind und der Titel direkt im Seitenbaum editiert werden kann. Diese Änderung wurde so implementiert, dass sie auch für Erweiterungen zur Verfügung steht und auch dort für mehr Flexibilität sorgt.

Assistent zum Erzeugen von mehreren Seiten

Der Assistent zum Erzeugen von mehreren Seiten erlaubt es, jetzt mehr als neun Seiten auf einmal anzulegen. Außerdem ist es möglich, den Seitentyp direkt bei der Anlage zu definieren.

Sicherung gegen Cross Site Request Forgery

Alle Backend-Formulare wurden gegen einen CSRF-Angrif (Cross Site Request Forgery) abgesichert. Bei dieser Angriffsart versucht der Angreifer, das Opfer dazu zu bewegen, auf einen manipulierten Link z.B. in einer E-Mail zu klicken und damit eine Aktion im TYPO3-System auszulösen.

Live-Search

Die Backend-Suche wurde überarbeitet und als Vorschlagsuche implementiert. Während des Tippens werden bereits mögliche Treffer angezeigt. Dabei wird direkt das Icon der Tabelle mit angezeigt.

Änderungen, die das Frontend betreffen

SVG-Unterstützung in TypoScript

Es gibt ein neues TypoScript-Objekt, das die Verwendung von `SVG`-Objekten browserübergreifend ermöglicht. Wenn ein Browser die Darstellung von SVG nicht unterstützt, wird ein entsprechendes `FLASH`-Objekt als Alternative geladen.

FLUIDTEMPLATE

Das neue TypoScript-Objekt `FLUIDTEMPLATE` wurde implementiert. Es verwendet zur Ausgabe des Templates die Renderengine Fluid.

GIFBUILDER

Der GIFBUILDER wurde um das Objekt `ELLIPSE` erweitert. Damit kann der GIFBUILDER dynamisch Ellipsen zeichnen.

stdWrap für alle Objekte

Alle TypoScript-Objekte wurden um die Eigenschaft `stdWrap` erweitert. Dieses erhöht die Flexibilität bei der Konfiguration der Ausgabe deutlich. Dabei wurde auch die bisherige Implementierung von `stdWrap` optimiert, sodass `stdWrap` deutlich weniger Ressourcen benötigt als bisher.

TYPO3 5.0 und FLOW3

Bereits vor einigen Jahren war klar, dass TYPO3 seine Arbeit als Content-Management-System hervorragend erledigt, mittelfristig allerdings an seine Grenzen geraten wird. Denn die Grundsteine von TYPO3 wurden 1999 gelegt. Inzwischen besteht TYPO3 aus über 300.000 Zeilen Code, wobei der Quellcode aus über 5.000 veröffentlichten Erweiterungen nicht berücksichtigt wird.

Als TYPO3 programmiert wurde, waren einige Programmierkonzepte unbekannt, oder sie wurden von PHP 3 damals noch nicht unterstützt. Inzwischen hat sich viel getan, und die Ansprüche an TYPO3 sind gestiegen. Moderne Programmierkonzepte sollen Einzug halten.

Somit wurde entschieden, dass TYPO3-Version 5 eine vollkommen neue Entwicklung sein sollte und dass dabei keine Rücksicht auf technische Altlasten genommen werden kann. Auch sollte eine Basis entwickelt werden, mit der nicht nur ein Content-Management-System wie TYPO3, sondern darüber auch noch andere Anwendungen erstellt werden können. FLOW3 bildet diese Basis und bietet grundlegende Funktionalitäten, die auch von anderen webbasierten Programmen benötigt werden. TYPO3-Version 5 besteht daher aus zwei Teilen. Die Grundlage basiert auf dem Framework FLOW3, darauf aufbauend entsteht dann das Redaktionssystem TYPO3 in der Version 5.

Dennoch haben die Kernentwickler von FLOW3 und TYPO3-Version 4 bereits im Oktober 2008 Konzepte entwickelt, die den späteren Übergang möglichst einfach machen sollen. Das erklärte Ziel ist, dass sich für Redakteure möglichst wenig ändert. Für Administratoren wird sich aber vermutlich einiges ändern, so werden voraussichtlich die unterschiedlichen Konfigurationsparameter neu benannt. Für Programmierer wird die TYPO3-Version 5 mit FLOW3 eine komplette Umstellung bedeuten. Die neuen Konzepte müssen beherrscht werden, und neue Befehle müssen erlernt werden.

Daher wird die TYPO3-Version 4 sicher noch einige Jahre lang parallel zu TYPO3-Version 5 weiterentwickelt. Solange sich Entwickler finden, die die Version 4 weiterführen, wird es diese Version auch noch geben. Und bis TYPO3-Version 5 bedenkenlos eingesetzt werden kann, wird vermutlich das eine oder andere Jahr vergehen.

ANHANG A

FAQ – Frequently Asked Questions

Sie können sich nicht anmelden? Ihre Seite wird im Frontend nicht mit dem neuen Inhalt dargestellt? Oder das soeben erstellte Inhaltselement erscheint partout nicht auf der Website? Dann sind Sie hier richtig. In diesem Kapitel finden Sie ausführliche Antworten sowie Hinweise auf weiterführende Hilfe für die wichtigsten Redakteursfragen des Alltags.

Arbeiten im Backend

Warum kann ich mich nicht einloggen?

- Möglicherweise haben Sie einen falschen Benutzernamen oder ein falsches Kennwort angegeben. Überprüfen Sie auch, ob es vielleicht an Ihrer Hochstelltaste liegt. Möglicherweise ist Ihr Zugang aber generell deaktiviert worden. Fragen Sie hierzu Ihren Administrator. Ein vergessenes Passwort kann man sich – wie von vielen Webseiten gewohnt – nicht automatisiert zusenden lassen. In solch einem Fall bleibt Ihnen nichts anderes übrig, als es bei Ihrem Administrator neu anzufordern.
- Eventuell ist Ihr Browser nicht richtig konfiguriert. Lesen Sie mehr zu diesem Thema unter »Die richtigen Browsereinstellungen für TYPO3« auf Seite 388.

Warum werden meine soeben geänderten Inhalte nicht auf der Website angezeigt?

- Vielleicht haben Sie Inhalte auf einer Seite eingepflegt, die im Frontend nicht sichtbar ist. Überprüfen Sie im Bereich *Seiteneigenschaften bearbeiten*, ob die Option *Seite verbergen* aktiviert ist.
- Die Seite oder das Inhaltselement ist eventuell zeitgesteuert und wird nicht mehr oder wird erst noch angezeigt. Lesen Sie mehr zu diesem Thema unter »Seiten und Inhalte zeitgesteuert veröffentlichen« auf Seite 59.
- Die Inhalte wurden möglicherweise in eine falsche Spalte eingepflegt. Das Layout jeder Seite wird von seinem Template (der Gestaltungsvorlage) bestimmt. Unter Umständen ist es nicht vorgesehen, die Spalte, in der Ihre Inhalte eingepflegt wur-

den, auch anzeigen zu lassen. Abhilfe schafft hier der Wechsel in eine andere Spalte oder die Auswahl eines anderen Templates. Lesen Sie mehr zu diesem Thema unter »Wohin mit dem Content? Die Arbeit mit Spalten« auf Seite 174.

- Browser können manchmal hartnäckig auf veraltete Inhalte zurückgreifen, die sie in ihrem Cache (Zwischenspeicher) vorhalten. Löschen Sie den Cache Ihres Browsers, um die Seite mitsamt Bildern neu zu laden. Im Internet Explorer löschen Sie den Cache der aktuellen Seite mit der Tastenkombination Strg+F5.

Wie kann ich Inhalte zu einem bestimmten Datum automatisch veröffentlichen?

Jedes Inhaltselement und jede Seite besitzt Optionsfelder, mit denen sowohl das Veröffentlichungsdatum als auch das Datum des automatischen Ausblendens definiert werden kann. Um Inhaltselemente zeitgesteuert zu veröffentlichen, klicken Sie in der Detailansicht der betreffenden Seite auf den Stift; dies bringt Sie in die Bearbeitungsmaske. Auf der Registerkarte *Zugriff* befinden sich die zwei Optionsfelder *Veröffentlichungsdatum* und *Ablaufdatum*, mit denen das gewünschte Verhalten eingestellt werden kann. Bei Seiten befinden sich diese Einstellungen in der Bearbeitungsmaske der Seiteneigenschaften an gleicher Stelle. Lesen Sie mehr zu diesem Thema unter »Seiten und Inhalte zeitgesteuert veröffentlichen« auf Seite 59.

Wie kann ich Inhalte im Backend (wieder)finden?

Das Backend ist normalerweise eine Eins-zu-eins-Abbildung des Frontends. Das heißt, wenn Sie eine Seite oder ein Inhaltselement im Frontend sehen, werden Sie im Backend an derselben Stelle im Seitenbaum fündig. Es kann aber vorkommen, dass Inhalte auf speziellen Seiten abgelegt worden sind und im normalen Seitenbaum nicht abgebildet werden. Eventuell haben Sie auch nicht die entsprechenden Rechte, um die gesuchte Seite zu editieren. In einem solchen Fall sollten Sie Ihren Administrator fragen.

Anders verhält es sich bei Seitentypen vom Typ *Einstiegspunkt*. Um herauszufinden, welche Inhalte hier tatsächlich abgebildet werden, belassen Sie die Maus einen Augenblick über dem Seitensymbol im Seitenbaum. In dem anschließend erscheinenden Tooltipp wird der Pfad der aufgerufenen Seite angezeigt.

Inhaltselemente vom Typ *Datensatz einfügen* können Sie folgendermaßen lokalisieren: Öffnen Sie die Bearbeitungsmaske des Inhaltselements. Auf der Registerkarte *Datensatz einfügen* sehen Sie das Objekt, auf das der Verweis Bezug nimmt. Rechts neben dem Auswahlfeld wird der Originaldatensatz mit Titel und typspezifischem Icon abgebildet. Klicken Sie mit der linken Maustaste auf das Icon. In dem sich öffnenden Kontextmenü können Sie den Originaldatensatz dann bearbeiten.

Im Backend von TYPO3 existiert zudem eine komfortable Suche, die sich rechts oben am Bildschirmrand befindet. Geben Sie im Textfeld Ihren Begriff, oder besser einen prägnanten Teil davon, ein. Die dynamische Vorschlagssuche liefert Ihnen in einem Fly-out erste Suchergebnisse. Mit Klick auf die Funktion *Alle anzeigen* werden die Suchergebnisse in Form von Datensätzen in einer Listenansicht dargestellt. Lesen Sie mehr über die Backend-Suche unter »Schnell gefunden: die Backend-Suche« auf Seite 353.

Wie pflegt man Inhalte, die an mehreren Stellen gleichzeitig angezeigt werden sollen, möglichst sinnvoll ein?

Dafür stehen Ihnen mehrere Wege zur Verfügung. In TYPO3 ist es möglich, ganze Seiten an mehreren Stellen abzubilden, wobei nur eine Seite die Ursprungsseite ist und auch nur diese gepflegt wird. Alle anderen Seiten beziehen ihren Inhalt automatisch von dieser Ursprungsseite. Der Seitentyp, der dies ermöglicht, heißt *Einstiegspunkt*. Lesen Sie mehr über diesen speziellen Seitentyp unter »Typ Einstiegspunkt« auf Seite 100.

Für Inhaltselemente, die an mehreren Stellen gleichzeitig vorkommen, aber nur einmal gepflegt werden sollen, verwenden Sie am besten das Inhaltselement *Datensatz einfügen*. Informieren Sie sich über dieses Inhaltselement unter »Typ Datensatz einfügen« auf Seite 221.

Wenn Sie immer gleiche Inhalte an identischen Stellen in der Website abbilden möchten, kann dies auch per Programmierung voreingestellt werden. Wie das genau geht, lesen Administratoren unter »Inhalte automatisiert einblenden und vererben« auf Seite 501.

Kann man Inhalte vor der Suche schützen?

TYPO3 bietet die Möglichkeit, ganze Seiten von der internen Suche der Website auszunehmen. Dafür muss – auf der Registerkarte *Verhalten* – die Option *In Indexsuche einbeziehen (deaktivieren)* in den Seiteneigenschaften einer Seite aktiviert sein. So geschützt, wird die Seite inklusive Inhalt nicht im Suchergebnis auftauchen, wenn die Suchmaske im Frontend verwendet wird.

Diese Option verhindert jedoch nicht, dass die Inhalte der Seite von Google oder vergleichbaren Suchmaschinen erfasst werden. Dazu muss die Option *Seite deaktivieren* in den Seiteneigenschaften aktiviert sein. Es reicht auch nicht aus, die Option *In Menüs verbergen* zu aktivieren. Sollte die betreffende Seite an irgendeiner Stelle der Website verlinkt sein, obwohl sie nicht über ein Menü zu erreichen ist, wird sie von Suchmaschinen gefunden!

Wie kann ich versehentlich gelöschte Inhalte wiederherstellen?

Um gelöschte Inhalte in noch existenten Inhaltselementen wiederherzustellen, gehen Sie folgendermaßen vor: Beinahe jedes Inhaltselement, das bereits mehr als eine Änderung »durchlebt« hat, kann zu seinem letzten Zustand zurückkehren. Dazu gehen Sie in die Bearbeitungsmaske des Elements und wählen die Funktion *Letzte Änderung zurücknehmen/ausführen* am oberen Bildschirmrand. Der letzte Zustand des Inhaltselements wird mit Ausführen dieser Aktion wieder sichtbar. Um noch frühere Versionen dieses Elements zu aktivieren, müssen Sie mit dem Änderungsverlauf des Datensatzes arbeiten. Lesen Sie mehr zu diesem Thema unter »Die Undo-Funktion« auf Seite 346 und »Mit dem Änderungsverlauf arbeiten« auf Seite 347.

Wenn Sie gelöschte Seiten samt Inhalt wieder sichtbar machen möchten, verwenden Sie am besten das Submodul *Papierkorb*. Lesen Sie mehr zu diesem Modul unter »Das Modul Papierkorb: Seiten und Seiteninhalte wiederherstellen« auf Seite 350.

Warum werden meine News nicht aktualisiert?

Newsmodule können in TYPO3 sehr speziell konfiguriert sein. Grundsätzlich gibt es zwei Möglichkeiten, Newsmodule einzubinden:

- Fall 1: Die News sind als Datensätze auf der Seite angelegt, auf der sich auch das Plug-in befindet, das für die Darstellung der News erforderlich ist. Wenn die News im Frontend trotz Aktualisierung des Browsers nicht geändert werden, löschen Sie den Browser-Cache des Internet Explorer mit der Tastenkombination Strg+F5. Falls diese Vorgehensweise keine Wirkung zeigt, löschen Sie den Seiten-Cache im TYPO3-Backend. Wählen Sie dazu in der Detailansicht der betreffenden Seite oben rechts die Funktion *Cache dieser Seite löschen*. Wenn Sie die Seite nun erneut im Frontend aufrufen, sollten die News aktualisiert sein.
- Fall 2: Die News sind in einem eigenen Ordner angelegt. Das kann durchaus sinnvoll sein, wenn News nicht nur auf einer Seite im Frontend abgebildet werden, sondern auch an anderer Stelle. In diesem Fall bekommt das Plug-in auf der entsprechenden Seite natürlich nichts davon mit, dass sich im betreffenden Ordner »etwas getan« hat. Schnelle Abhilfe schafft hier das Löschen des Seiten-Caches auf der Seite des Plug-ins. Wählen Sie dazu in der Detailansicht oben rechts der betreffenden Seite die Funktion *Cache dieser Seite löschen*. Wenn Sie die Seite nun erneut im Frontend aufrufen, sollten die News aktualisiert sein.

Lesen Sie mehr zum Thema News unter »Den Seiten-Cache für News optimieren« auf Seite 296.

Textbearbeitung

Was kann ich tun, wenn mein Text falsch dargestellt wird und/oder Sonderzeichen enthält?

Hier handelt es sich um einen Konvertierungsfehler, da der Originaltext wahrscheinlich aus einer anderen Anwendung (Word o.Ä.) stammt. Einige Programme erzeugen unsichtbare Steuerzeichen oder Textauszeichnungen, die in TYPO3 übertragen werden. Sobald diese Texte aus Ihrer Zwischenablage in TYPO3 eingefügt werden, sorgen sie für Fehler in der Darstellung. Um dies zu verhindern, gehen Sie wie folgt vor: Kopieren Sie den Text in Ihre Zwischenablage und öffnen Sie das Programm Editor auf Ihrem PC. Dieses Programm finden Sie unter *Alle Programme/Zubehör*. Fügen Sie den Text dort in ein neues Dokument ein. Anschließend kopieren Sie den Text aus dem Editor erneut in Ihre Zwischenablage und von da aus in den RTE des TYPO3-Inhaltselements. Während dieses Vorgangs verliert der Text seine Formatierungen, und Sie können ihn nun im RTE erneut auszeichnen.

Wie füge ich spezielle Sonderzeichen (z. B. @) in meinen Text ein?

Dafür hält der RTE eine komfortable Hilfe bereit. Setzen Sie den Textcursor an die Stelle, an der das Zeichen abgebildet werden soll, und wählen Sie danach das Symbol Ω. In dem Pop-up klicken Sie auf das gesuchte Zeichen und verlassen das Dialogfeld mit der Funktion *Schließen*. Das Sonderzeichen befindet sich nun an der Position des Cursors.

Wie verhindere ich die Trennung von Telefonnummern u.Ä.?

Um Trennungen von Telefonnummern, Bankleitzahlen, Maßeinheiten oder Ähnlichem zu verhindern, müssen die Leerzeichen – die für die Trennungen verantwortlich sind – durch nicht trennende Leerzeichen ersetzt werden. Dazu entfernen Sie das Leerzeichen und setzen stattdessen den Textcursor. Nun öffnen Sie mit der Funktion Ω das Pop-up-Fenster, über das Sonderzeichen zum Text hinzugefügt werden können. In der linken oberen Ecke befindet sich ein scheinbar freies Feld. Hierbei handelt es sich aber tatsächlich um das nicht trennende Leerzeichen (Non-braking space). Wählen Sie es aus und verlassen Sie das Fenster mit der Funktion *Schließen*. Nun sollte statt des Textcursors ein Leerzeichen in Ihrem Text zu sehen sein, aber die Telefonnummer kann an dieser Stelle nicht mehr getrennt werden. Verfahren Sie mit allen anderen Leerzeichen ebenso.

Warum gibt es keine Silbentrennung auf meiner Website?

Die sogenannte Silbentrennung, die in allen Printmedien Standard ist, wird im Web sehr stiefmütterlich behandelt. Die aktuellen Browser trennen Texte nicht automatisiert. Dafür bedarf es manuell hinzugefügter weicher Trennzeichen im HTML-Code (der HTML-Code dafür ist ``). Und selbst dann wäre das Ergebnis nicht in allen Browsern gleich, da nicht alle Browser diese Funktion unterstützen!

Wir müssen also momentan damit leben, dass Texte im Internet keine Silbentrennung besitzen. Setzen Sie aber auf keinen Fall manuelle Trennstriche, wie Sie es vielleicht aus Ihrer Textverarbeitung gewohnt sind. Texte werden auf unterschiedlichen Systemen und Browsern auch unterschiedlich dargestellt, sodass es durchaus vorkommen kann, dass der Text auf Ihrem System in Ordnung scheint, während sich die Trennstriche auf einem anderen PC plötzlich mitten im Wort wiederfinden. Lesen Sie zu diesem Thema auch »Texte erstellen, bearbeiten und formatieren« auf Seite 115.

Wie importiere ich Texte und Tabellen aus anderen Anwendungen?

- Texte aus anderen Anwendungen können nicht importiert, sondern nur per Copy-and-Paste in TYPO3 übernommen werden. Gehen Sie dafür wie folgt vor: Kopieren Sie den Text der Originaldatei in Ihre Zwischenablage und öffnen Sie auf Ihrem PC das Programm Editor. Dieses Programm finden Sie unter *Alle Programme/Zubehör*. Anschließend kopieren Sie den Text aus dem Editor erneut in Ihre Zwischenablage und von da aus in den RTE des TYPO3-Inhaltselements. Wenn Sie Texte direkt aus Ihrer Anwendung in den RTE kopieren, kann es vorkommen, dass im Text Steuerzeichen oder Formatierungen auftauchen, die dort nicht hingehören. Lesen Sie mehr zu diesem Thema unter »Formatierung entfernen« auf Seite 148.

- Tabellen aus anderen Programmen, z.B. Excel, können leider nicht in TYPO3 übernommen werden. Hier ist die Neuerstellung der kompletten Tabelle unvermeidlich. Lesen Sie mehr zu diesem Thema unter »Tabellen – Daten mit dem RTE übersichtlich einpflegen« auf Seite 155.

Rund um Bilder und Bildbearbeitung

Warum haben meine Bilder eine schlechte Qualität?

Die Qualität eines Bilds im Frontend wird durch mehrere Faktoren bestimmt:

1. Die Darstellung von Bildern wird in TYPO3 global geregelt. TYPO3 besitzt eine eigene Grafikbearbeitung (ImageMagick), die für die Ausgabe der Bilder und Grafiken auf der Website zuständig ist. Wenn Sie ein Bildmotiv im Inhaltselement mit einer festen Breite oder Höhe versehen, tritt automatisch ImageMagick in Aktion. Die Parameter, nach denen ein Bild verkleinert, vergrößert oder komprimiert wird, sind vom Administrator konfigurierbar. Es ist möglich, dass hier die Ursache für die generell schlechte Bilddarstellung liegt. Sprechen Sie in einem solchen Fall mit Ihrem Administrator.
2. Versuchen Sie, die Qualität des Bilds mit TYPO3-eigenen Bordmitteln zu verbessern. Zu diesem Zweck können Sie in der Editiermaske des Inhaltselements die Qualität des Bilds nachträglich beeinflussen. Im Auswahlmenü *Qualität und Typ* können Sie – unabhängig von den globalen TYPO3-Voreinstellungen – die Abbildungsqualität jedes einzelnen Bilds verändern. Wählen Sie hier *JPG/hoch*, um eine optimale Darstellungsqualität zu erreichen.
3. Es kann natürlich sein, dass keine der Maßnahmen Wirkung zeigt. Das deutet dann eher darauf hin, dass schon das Ursprungsmotiv von zu schlechter Qualität war. Ein Motiv, das von Beginn an eine zu geringe Auflösung hat oder JPG-Artefakte aufweist, lässt sich auch in TYPO3 nicht verbessern. Versuchen Sie, das Motiv in einer besseren Qualität zu besorgen, um es anschließend erneut hochzuladen.

Lesen Sie zu diesem Thema auch »Bildbearbeitung mit TYPO3« auf Seite 404.

Wie kann man die Abbildungsgröße von Bildern beeinflussen?

- Bilder in Inhaltselementen lassen sich sowohl in der Breite als auch in der Höhe individuell verändern. Im Bereich *Bildeinstellungen* auf der Registerkarte *Erscheinungsbild* des betreffenden Inhaltselements können Breite und Höhe des Bilds in Pixeln angegeben werden. Sie brauchen allerdings nur eine der beiden Optionen auszufüllen, da die verbleibende Option automatisch berechnet wird.

- Bilder in News werden prinzipiell alle gleich behandelt. Die Änderungsmöglichkeiten, die bei normalen Inhaltselementen zur Verfügung stehen, sind hier nicht vorhanden. Nur der Administrator kann Bilder und Grafiken in News beeinflussen. Und das auch nur global für alle News!

Wie ordnet man Bildunterschriften mehreren Bildern zu?

Bildunterschriften werden dem Inhaltselement auf der Registerkarte *Bilder* hinzugefügt. Dort im Textfeld *Bildunterschrift* wird einfach der entsprechende Text eingetragen. Enthält ein Inhaltselement mehrere Bilder, werden die Bildunterschriften mit einem Umbruch (Return) voneinander getrennt und so dem jeweils nächsten Motiv in der Reihe zugeordnet. Das HTML-Symbol `<br />` erzeugt dabei einen Absatz innerhalb der Bildunterschrift eines einzelnen Bilds.

Wie kann ich Bilder mit Klick-Vergrößern und Verlinkungen kennzeichnen?

Bilder, die mit einem Link auf eine andere Datei oder Seite versehen oder mit der Klick-Vergrößern-Funktion belegt sind, können per TypoScript mit einem Icon versehen werden, sodass sie auch von außen erkennbar sind. Administratoren und Entwickler erfahren mehr zu diesem Thema unter »Lupen und andere Symbole in Bilder integrieren« auf Seite 514.

Kann man Bilder in TYPO3 bearbeiten?

Ja. TYPO3 bietet einige grundsätzliche Bildbearbeitungsmöglichkeiten. Diese befinden sich alle auf der Registerkarte *Erscheinungsbild* des Inhaltselements und dort im Bereich *Bildeinstellungen*. Mit den Optionen im Bereich *Breite* und *Höhe* lassen sich die Abbildungsgrößen der Bilder auf der Website bestimmen. Im Bereich *Qualität und Typ* können Bildqualität (Komprimierungsfaktor) und einige Effekte (drehen, in Graustufen ändern usw.) eingestellt werden. Lesen Sie mehr zum Thema unter »Bildbearbeitung mit TYPO3« auf Seite 404.

Kann man Bilder in TYPO3 beschneiden?

Jein. Bilder lassen sich in TYPO3 eigentlich nicht beschneiden. Die Bestimmung des gewünschten Bildausschnitts muss in einer entsprechenden Bildbearbeitungssoftware erfolgen. Lesen Sie dazu auch »Software für die Bildbearbeitung« auf Seite 408. Es gibt aber Möglichkeiten, wie Bilder automatisiert per TypoScript beschnitten werden können. Dieser Vorgang ist nur auf alle Bilder einer Seite anwendbar und nicht individualisierbar. Administratoren und Entwickler erfahren mehr zu diesem Thema unter »Bilder automatisch auf die gleiche Größe beschneiden« auf Seite 511.

Kann ich meine Bilder vor dem Kopieren schützen?

Nein. Bilder auf Webseiten lassen sich generell nicht vor dem Kopieren schützen. Es gibt zwar Möglichkeiten, per JavaScript das Kontextmenü im Browser auszublenden, über das Bilder auf dem eigenen Computer gespeichert werden. Hierbei handelt es sich aber eher um einen umgehbaren harmlosen Trick als um einen echten Kopierschutz. Letztendlich kann jeder Surfer schlicht und einfach einen Screenshot des Bildschirms anfertigen und diesen lokal weiterverarbeiten.

Im Workspace (Arbeitsumgebung)

Wie sehe ich alle Änderungen in meinem Workspace auf einen Blick?

Um alle Änderungen im Workspace auf einen Blick zu sehen, genügt es, auf das Submodul *Arbeitsumgebungen* (resp. Workspaces) zu klicken. In der Detailansicht werden alle Änderungen in einer Listenansicht dargestellt. Lesen Sie mehr zu diesem Thema unter »Workspaces (Arbeitsumgebungen)« auf Seite 362.

Wie veröffentliche ich Änderungen in meinem Workspace?

Innerhalb eines Workflows kann es vorkommen, dass nur Besitzer des Workflows Inhalte veröffentlichen können. Sollte das bei Ihnen der Fall sein, sind Sie auf die Veröffentlichung durch den jeweiligen Besitzer angewiesen.

Voraussetzung zur Veröffentlichung ist die Arbeit in einem eigenen Workspace und das Recht, Veröffentlichungen vorzunehmen. Im Submodul *Arbeitsumgebungen* sehen Sie dann alle geänderten Elemente der kompletten Arbeitsumgebung. Sie können einzelne Elemente im Workspace mittels Auswahlfeld markieren und veröffentlichen. Wählen Sie dazu aus dem Optionsfeld am Fuß der Liste die Option *veröffentlichen*.

Wie kann ich jemandem eine Vorschau zukommen lassen, ohne dass diese Person einen TYPO3-Zugang hat?

Für den Fall, dass Sie ohne Workspaces – also in einer LIVE-Arbeitsumgebung – arbeiten, haben Sie folgende Möglichkeiten:

- Erstellen Sie eine Seite, bei der die Option *In Menüs verbergen* (in den Seiteneigenschaften) aktiviert ist. Betrachten Sie die Seite in der Vorschau und versenden Sie den in der Adresszeile angegebenen Link per E-Mail an die betreffende Person.

Wenn Sie in einer eigenen Arbeitsumgebung arbeiten, können Sie folgendermaßen vorgehen:

- Im Submodul *Arbeitsumgebung* können Sie mit der Funktion *Generate Workspace Preview Link* einen Vorschau-Link erzeugen. Diesen Link können Sie kopieren und per E-Mail an die betreffende Person senden. Dabei handelt es sich um eine voll navigierbare Website, in der alle Änderungen sichtbar sind, die Sie im Workspace angelegt haben.

Suchmaschinenoptimierung und Barrierefreiheit

Was ist Suchmaschinenoptimierung?

Unter Suchmaschinenoptimierung versteht man die suchmaschinenfreundliche Aufbereitung von Website-Inhalten und das Ergreifen von geeigneten Maßnahmen, um auf den Ergebnisseiten von Suchmaschinen einen möglichst hohen Rang zu erreichen.

Wie pflege ich Inhalte suchmaschinenoptimiert ein?

Pflegen Sie Inhalte auf jeden Fall HTML-standardkonform ein. Was heißt das? Suchmaschinen lassen lesen – und zwar von Webcrawlern, Programmen, die unermüdlich alle Webseiten auf geänderte Inhalte prüfen und diese Informationen auswerten. Für Sie bedeutet das, die Inhalte so bereitzustellen, dass diese Programme es besonders einfach haben, die Bedeutung Ihrer Inhalte zu verstehen. Lesen Sie mehr zu diesem Thema unter »Semantik« auf Seite 6 und »Webstandards für ein besseres Web« auf Seite 7.

Kann ich einzelne Seiten für Suchmaschinen optimieren?

Ja. Wichtig für Google und Co. ist tatsächlich vor allem der Inhalt einer Seite. Wenn Sie möchten, dass eine einzelne Seite besonders gut auf Suchmaschinenergebnisseiten abschneidet, müssen Sie vor allem die Inhalte dieser Seite auf den gewünschten Suchbegriff abstimmen. Der abgebildete Text und insbesondere der Seitentitel sollten daher möglichst viele der sogenannten Keywords enthalten. In den Seiteneigenschaften einer Seite können auf der Registerkarte *Metadaten* auch suchmaschinenrelevante Keywords eingetragen werden. Tragen Sie im Textfeld *Schlagworte* kommagetrennt ca. drei bis sechs Begriffe ein. Diese Begriffe werden in den HTML-Code der Seite eingebunden, wenn diese Funktion vom Administrator vorbereitet wurde.

Was ist Barrierefreiheit?

Als barrierefrei bezeichnet man Webangebote, wenn sie unabhängig von körperlichen, geistigen und technischen Möglichkeiten nahezu uneingeschränkt genutzt werden können. Dabei geht es nicht nur um Menschen mit Behinderungen, sondern auch um Menschen mit altersbedingten Einschränkungen sowie um Benutzer von Mobiltelefonen/PDAs und sogar, um Suchmaschinen bzw. Webcrawler. Da eine vollständige Barrierefreiheit unter den genannten Bedingungen nicht erreicht werden kann, wird stattdessen oft von »Zugänglichkeit« oder »Barrierearmut« gesprochen.

Wie überprüfe ich meine Seiten auf Barrierefreiheit und gewährleiste barrierefreie Inhalte?

Grundvoraussetzung ist die Validität Ihrer Website. Damit ist der technische Grundaufbau – die HTML-Syntax – gemeint. Zur Überprüfung verwenden Sie am sinnvollsten einen kostenlosen Webdienst. Auf der Website *http://validator.w3.org* können Sie die Website eintragen, die Sie überprüfen möchten. Lesen Sie mehr zu diesem Thema unter »Die externe Validierung« auf Seite 315.

Ob Ihre Inhalte barrierefrei sind, können Sie nur manuell prüfen. Der Maßnahmenkatalog reicht von verständlicher Sprache, dem Gebrauch von möglichst wenigen Fremdwörtern, der korrekten Auszeichnung von Überschriften über ausreichend hohe Kontraste bis hin zu diversen technischen Anforderungen. Den Katalog der möglichen Fehlerquellen hier aufzulisten, würde den Rahmen dieses Kapitels deutlich sprengen. Deshalb verweisen wir an dieser Stelle auf die Website der »Initiative Mensch«, die sich schon seit Jahren mit dieser Thematik auseinandersetzt. Auf *www.einfach-fuer-alle.de/biene-2010/kriterien/* finden Sie einen 92 Punkte umfassenden Bewertungskatalog, nach dem Sie Ihre Website überprüfen – und natürlich auch verbessern – können.

Um Inhalte barrierefrei anzubieten, achten Sie darauf, dass Sie sie semantisch korrekt einpflegen, um diesen Zustand in Zukunft zu erhalten. Lesen Sie mehr zum Thema unter »Semantik« auf Seite 6.

Index

A

B

C

F

G

H

I

S

T

U

V

W

Y

Z